사자가 부르짖은즉 누가 두려워하지 않겠느냐?

(아모스서 원전연구 및 주해)

조 휘

사자가 부르짖은즉 누가 두려워하지 않겠느냐?

2011년 5월 5일 초 판 1쇄 인쇄
2011년 5월 10일 초 판 1쇄 발행

저 자 • 조 휘
발행인 • 조 경 혜
발행처 • 도서출판 그리심
156-763 서울시 동작구 사당5동 196인정 B동(B01)

등록번호 • 제 7-258호(1998. 4. 23)
출 판 사 • 전화 523-7589 팩스 523-7590
홈페이지 • http://grisim.biz
전자우편 • grisimcho@hanmail.net

값: 표지 뒷면에

ISBN 978-89-5799-280-7 93230

사랑하는 아내, 권정림에게 이 책을 드립니다.

"나의 사랑, 나의 어여쁜 자야 일어나서 함께 가자."

קוּמִי לָךְ רַעְיָתִי יָפָתִי וּלְכִי־לָךְ

차 례

서문 · *10*

약어표 · *14*

표 · *16*

제1장 구조를 통해서 본 아모스서

I. 아모스서의 저자와 연대에 대한 전통적인 견해 · *20*

II. 저작연도와 시대적 배경 · *22*

III. 아모스서의 내용개요 및 신학적 주제 · *23*

1. 내용개요 · *23*
2. 신학적 주제 · *24*

IV. 논쟁적 이슈들 · *28*

1. 저작자와 본문의 형성과정 · *28*
2. 아모스의 고향과 직업 · *30*
3. 아모스의 사역기간 · *32*
4. 아모스 본문의 진정성 · *33*

V. 아모스서의 서술형식 · *34*

1. 신탁(oracle) · *34*
2. 설교 : "들으라"(שמעו) · *37*
3. 환상(vision) · *37*
4. 예언적 서사(prophetic narrative) · *38*

VI. 아모스서의 구조 · *39*

1. 구조이해의 중요성과 분석과정 · *39*
2. 제안된 구조들 · *43*
3. 대안적 구조 · *47*

제2장 북이스라엘의 피할 수 없는 심판 (1:3-2:16)

I. 도입: 1:1-2 · *53*
II. 다메섹에 대한 심판신탁(a): 1:3-5 · *59*
III. 가사에 대한 심판신탁(b): 1:6-8 · *66*
IV. 두로에 대한 심판신탁(c): 1:9-10 · *72*
V. 에돔에 대한 심판신탁(d): 1:11-12 · *77*
VI. 암몬에 대한 심판신탁(e): 1:13-15 · *83*
VII. 모압에 대한 심판신탁(f): 2:1-3 · *88*
VIII. 유다에 대한 심판신탁(g): 2:4-5 · *92*
IX. 북이스라엘에 대한 심판의 신탁(h): 2:6-16 · *99*
X. 심판신탁연속물의 절정과 핵심주제 · *117*
XI. 아모스서 전체에서의 심판신탁연속물의 역할 · *118*
XII. 아모스 1:3-2:16과 아모스 9:1-10의 관계 · *119*
XIII. 아모스 1:3-2:16의 현재적 적용 · *120*

제3장 언약적 의무를 거부한 북이스라엘에 대한 심판선포 (3:1-15)

I. 언약적 관계에 근거한 심판선언(a): 3:1-2 · *128*
II. 심판선포의 필연성에 대한 논증(b): 3:3-8 · *133*
III. 언약적 고소(c): 3:9-10 · *145*
IV. 심판선언(d): 3:11-12 · *151*
V. 심판선언(d'): 3:13-1560) · *156*
VI. 주제적 연관성 및 발전 · *161*
VII. 현재적 적용 · *163*

제4장 여호와의 개입과 북이스라엘의 패역 (4:1-13)

I. "바산의 암소들"(פָּרוֹת הַבָּשָׁן)을 향한 심판신탁: 4:1-3 · *171*
II. 죄를 더하는 종교적 행위에 대한 비난(a): 4:4-5 · *180*
III. 하나님의 개입(기근)과 북이스라엘의 패역(b): 4:6 · *186*
IV. 하나님의 개입(가뭄)과 북이스라엘의 패역(c): 4:7-8 · *188*
V. 하나님의 개입(재해)과 북이스라엘의 패역(d): 4:9 · *191*
VI. 하나님의 개입(전염병/전쟁)과 북이스라엘의 패역(e): 4:10 · *195*
VII. 하나님의 개입(파괴)과 북이스라엘의 패역(f): 4:11 · *197*
VIII. 신적 선언: 4:12-13 · *200*
IX. 4:1-13의 절정의 문제 · *206*
X. 1-4장의 주제적 연관성과 발전 · *208*
XI. 전체 구조 안에서의 위치와 기능 · *210*
XII. 아모스 4:1-13의 현재적 적용 · *211*

제5장 애가와 회개촉구 (5:1-17)

I. 이스라엘의 집을 위한 애가: 5:1-3 · *218*
II. 여호와의 권면(a): 5:4-5 · *224*
III. 아모스의 첫 번째 권면 (a'): 5:6-7 · *229*
IV. 여호와의 속성에 대한 선포(b): 5:8-9 · *238*
V. 북이스라엘의 범죄에 대한 지적(b'): 5:10-13 · *243*
VI. 아모스의 두 번째 권면 (a"): 5:14-15 · *254*
VII. 신적 선언: 5:16-17 · *264*
VIII. 5장 1-17절의 절정 · *270*
IX. 주제적 연관성 및 발전 · *271*
X. 현재적 적용 · *273*

제6장 이스라엘의 포로선포: "화있을진저" (5:18-6:7)

I. הוֹי와 대상에 대한 언급(a): 5:18a · *282*

II. "화" 신탁의 원인(b), 여호와의 날에 대한 오해: 5:18b-20 · *284*

III. "화" 신탁의 원인(b), 언약적 의무를 버린 종교행위: 5:21-25 · *291*

IV. 심판선언(c): 5:26-27 · *300*

V. הוֹי와 대상에 대한 언급(a'): 6:1 · *306*

VI. "화" 신탁의 원인(b'), 자신에 대한 오해: 6:2-3 · *309*

VII. "화" 신탁의 원인(b'), 이기적인 사치와 향락: 6:4-6 · *315*

VIII. 심판선언(c'): 6:7 · *320*

IX. 5:18-6:7의 절정 · *322*

X. 주제적 발전과 연관성 · *323*

XI. 현재적 적용 · *325*

제7장 야곱의 교만으로 인한 심판선포 (6:8-14)

I. 도입: 8a-b · *331*

II. 심판원인, 야곱의 교만(a): 6:8b-d · *333*

III. 심판선언, 파괴와 죽음(b): 6:8e-11d · *335*

IV. 심판원인, 불의와 사반(a′): 6:12-13 · *343*

V. 심판선언, "한 나라"와 억압(b′): 6:14 · *347*

VI. 6:8-14의 핵심메시지 · *349*

VII. 아모스 1-6장 안에서의 6:8-14의 역할 · *350*

VIII. 현재적 적용 · *352*

第8장 아모스의 환상: 임박한 심판의 확실성 (7:1-9 & 8:1-3)

I. 첫 번째 환상신탁(황충): 7:1-3 · *358*

II. 두 번째 환상신탁(불): 7:4-6 · *364*

III. 세 번째 환상신탁(다림줄): 7:7-9 · *368*

IV. 네 번째 환상신탁(여름과일이 담긴 광주리): 8:1-3 · *376*

V. 7:1-8:3의 절정/핵심 메시지 · *382*

VI. 현재적 적용 · *383*

第9장 이스라엘의 포로 확언 (7:10-17)

I. 아모스에 대한 아마샤의 고발(a): 7:10-11 · *389*

II. 아모스를 향한 아마샤의 경고(b): 7:12-13 · *394*

III. 예언의 불가피성에 대한 아모스의 답변(c): 7:14-15 · *398*

IV. 아마샤와 북이스라엘을 향한 심판선언(d): 7:16-17 · *404*

V. 7:10-17의 절정/핵심메시지 · *408*

VI. 주제적 연관성과 발전 · *410*

VII. 환상신탁연속물(7:1-8:3) 안에서의 7:10-17의 기능과 의미 · *411*

VIII. 7:1-8:3의 핵심메시지 · *414*

IX. 현재적 적용 · *415*

第10장 심판을 위한 여호와의 날(8:4-14)

I. 심판원인(a), 사회적 불의: 8:4-7 · *421*

II. 심판선언(b): 8:7-8 · *427*

III. "괴로운 날"(כְּיוֹם מָר)과 같이 될 "그날"(בַּיּוֹם הַהוּא): 8:9-10 · *431*

IV. 다시 일어설 수 없는 멸망이 임할 "그날"(בַּיּוֹם הַהוּא): 8:11-14 · *436*

V. 아모스 8:4-14의 위치와 기능 · *446*

VI. 아모스 8:4-14의 현재적 적용 · *449*

제11장 북이스라엘의 피할 수 없는 심판(아모스 9:1-10)

I. 피할 수 없는 심판의 환상(a): 9:1-4 · *454*
II. 심판을 행하시는 여호와의 속성(b): 9:5-6 · *465*
III. 심판확정과 남은 자(c): 9:7-10 · *468*
IV. 아모스 9:1-10의 주제적 연관성과 발전 · *478*
V. 아모스 9:1-10의 현재적 적용 · *480*

제12장 회복을 위한 여호와의 날(아모스 9:11-15)

I. 다윗의 무너진 장막의 회복과 남은 자(a): 9:11-12 · *485*
II. 이스라엘의 회복(b): 9:13-15 · *492*
III. 아모스 9:11-15의 진정성 논의 · *500*
IV. 아모스 9:11-14의 현재적 적용 · *507*

○ **참고문헌** · *510*

서 문

바울 사도가 디모데에게 전한 것처럼 "성경은 하나님의 사람으로 온전케 하며 모든 선한 일을 행하기에 온전케"(딤후 3:17) 하기 때문에 성경을 읽고 연구할 수 있다는 것은 하나님의 사람들에게 주어진 가장 귀한 축복이며 특권이다. 하나님 앞에서의 삶의 모습뿐만 아니라 사람들 앞에서의 삶의 모습에 대한 중요한 메시지를 전하고 있는 아모스서는 사회와 공동체 안에서 살아가고 있는 하나님의 사람들이 어떤 "온전한 모습"과 "선한 일"을 행하여야 하는지에 대해 분명하게 전달하고 있으며 큰 도전을 던져준다. 신중하고 세밀하게 아모스서를 읽을 때 한글번역본을 통해서도 하나님께서 아모스 선지자를 통하여 전달하시고자 하는 메시지를 분명하게 들을 수 있다. 진리의 영이신 성령님의 감동과 인도하심이 더욱 명확하게 하나님의 뜻을 우리에게 밝혀주심 또한 결코 부인할 수 없다. 그럼에도 불구하고 원전연구를 통해서 얻게 되는 유익을 결코 간과할 수 없다. 따라서 본서는 아모스서의 원전을 중심으로 히브리어 구문분석과 단어연구 및 각 단락의 내용분석을 시도하였다. 원전연구를 통하여 보다 아모스의 글에 가까이 다가가서 그가 전달하고자 하는 메시지를 느끼고자 한 것이다. 아모스서의 배열과 구성이 아모스 선지자의 의도를 반영하고 있을 뿐만 아니라 전체 구조에 대한 이해가 저자의 의도를 파악하는 핵심적 요소라는 전제에 따라 아모스서를 분석하고 주해하였다.

본서를 통해 의도하는 바는 다음과 같다. 첫째, 원전연구를 통하여 아모스 선지자의 메시지를 보다 견실하게 파악하고 전달하는 것이다. 성경을 기록한 저자와 우리 사이에 있는 역사적, 시간적, 문화적, 문학적 간격 때문에 본래 저자가 전달하고자 하는 의도를 정확하게 파악하는 것은 결코 쉬운 일이 아니다. 하지만 원전을 다룰 수 있다면 저자에게 보다 가깝게 접근하여 그의 의도를 파악할 수 있는 유익이 있다. 원전연구가 번역본을 통해 파악할 수 있는 메시지와 전혀 다른 새로운 메시지를 전달하는 것은 아니지만 저자의 의도를 확인하는 작업에 있어서 보다 명확한 해석적 근거를 제공한다. 그렇기 때문에 원전은 회피의 대상이 아니라 연구의 대상임을 인식할 필요가 있다.

둘째, 히브리어 구문과 문학적 기교에 대한 이해를 제공하는 것이다. 본서의 주 대상은, 히브리어에 대한 기초적인 이해를 가지고 있지만 히브리어 구문과 원전분석에 익숙하지 않은 신학생과 목회자들이다. 따라서 원전을 설명할 때 기초적인 히브리어 문법에 대한 언급은 생략하고 있다. 하지만 일반적으로 사용하고 있는 원문읽기 소프트웨어를 활용하면서 원전분석 단락을 읽어 간다면 쉽게 히브리어 구문과 문학적 기교에 대한 설명을 이해할 수 있다. 신학교 교육과정이 기초적인 히브리어 문법을 학습하는 과목을 제공하지만 원전읽기에 필요한 구문연구의 기회가 부족한 것이 신학교 교육과정의 현실이다. 따라서 본서를 통해서 이러한 부족을 부분적으로나마 채울 뿐만 아니라 원전에 보다 친숙해질 수 있는 기회를 제공하려고 한다. 원전에 관심이 있는 독자들이 본서를 통해 원전분석의 과정과 예를 접하면서 하나님의 말씀연구에 진보를 이루길 기대한다. 또한 아모스서 연구를 시작으로 동일한 분석 작업을 다른 구약성경에도 적용하면서 성실한 성경연구에 진전이 있기를 바란다.

셋째, 비평적 견해에 근거한 본문분석과 해석의 문제를 복음주의 입장에서 어떻게 다루어야 하는지에 대한 예를 제시하고자 한다. 비평적 논의가 제기되는 본문들을 다룸에 있어서 비평적 견해가 기초하고 있는 근거들을 언급할 뿐만 아니라 이에 대한 복음주의 입장에서의 해석적 대안을 원전연구에 근거하여 제시한다. 비평적 견해에 대한 논의는 직간접적으로 아모스서 전체의 진정성에 대한 논의가 될 것이다. 본문 밖의 가정된 정황이나 추정적인 본문형성의 역사가 아닌 최종형태의 본문에 반영된 아모스 선지자의 메시지를 찾아가는 것은 중요한 작업이다.

넷째, 의사소통이론(communication theory)에 근거하여 구문론(syntactics), 의미론(semantics), 활용론(pragmatics)을 중요한 분석적 작업의 영역으로 간주하고 있는 텍스트언어학(textlinguistics)을 성경주해에 어떻게 활용하는 지에 대한 예를 전달하고자 한다. 텍스트언어학적 분석은 전통적인 주해방법인 역사적 문법적 분석(historical-grammatical analysis)을 포함할 뿐만 아니라 최근의 문학적, 언어적, 해석학적 관심을 반영하고 있기에 복음주의적 주해를 위한 대안적 도구로서의 역할을 할 수 있다. 각 단락의 분석과정을 면밀히 살필 때 텍스트언어학적 분석이 본문연구에 어떻게 적용되는지를 볼 수 있을 것이다.

다섯째, 궁극적으로는 보다 정확한 본문주해에 근거하여 현재적 적용을 제시하는 것이다. 단지 석의나 주해에서 머무는 것이 아니라 아모스 선지자의 메시지가 오늘 우리에게 어떤 도전을 주고 있는지를 고민하는 것은 성경연구의 핵심이다. 따라서 각 단락의 마지막 부분에 현재적 적용에 대한 기본적인 예들을 간략하게 서술하였다. 설교자들은 본서에서 제시하고 있는 기본적인 현재적 적용들을 시작으로 자신의 정황에 따라 보다 구체적이고 풍성한 적용을 도출하기 위해 고민할 필요가 있다.

본서를 통해 의도한 바가 충분히 서술되고 제시되지 않을 수도 있지만 독자들에게 원전을 통한 말씀연구의 즐거움과 도전이 미흡하나마 전달되는 것이 본인의 작은 바람이다. 지난 성경연구의 역사를 통하여 이미 훌륭한 학자들의 귀한 연구서들이 많이 출판되었기에 본서가 단지 또 다른 지면들을 추가하는 작업이 될 수 있겠지만 부족하나마 아모스서 연구와 하나님의 말씀연구에 작은 보탬이 될 수 있기를 간절히 소망한다. 본서를 읽는 모든 이에게 하나님의 말씀을 연구하는 즐거움과 그의 말씀에 따라 살아가는 은혜가 임하기를 간절히 기도한다.

한국성서학연구소(KIBS)의 제4회 원전마당 강의(2009년)를 준비하면서 본서의 집필이 시작되었고 합동신학원 석/박사 수업(2009년, 2학기), 아세아연합신학대학교 석/박사 수업(2010년 1학기), 총신신대원 목회학석사 수업(2009년 2학기), 총신대학원 석/박사 수업(2010년 2학기)을 하면서 본서의 연구가 보다 진전될 수 있었다. 이 수업들을 통하여 하나님의 말씀을 나누고 연구하는 작업에 함께 동참해준 여러 학우들에게 깊은 감사를 표한다. 미국 버지니아 소재의 열린문 교회에서 여러 주에 걸친 금요성경공부를 인도하면서 일반 성도들에게 아모스의 메시지를 전달할 수 있는 기회를 갖게 된 것(2009년 여름)은 현재적 적용을 보다 구체화하고 고민할 수 있는 귀한 기회였다. 무엇보다도 본서의 출판을 기꺼이 허락해 주신 그리심 출판사의 조경혜 사장님과 쉽지 않은 편집과 교정 등의 모든 출판 작업을 흔쾌히 맡아주신 장종길 편집장님의 노고에 진심어린 감사의 마음을 전한다. 또한 본서의 한글교정에 수고를 해 주신 조의숙 학우와 김윤정 학우에게도 감사의 마음을 전하지 않을 수 없다. 학기 중에는 자녀들의 양육을 도맡아 생활하면서도 항상 기쁨으로 인내하고 함께 하여준 나의 사랑하는 아내, 정림과 하나님의 소중한 선물인 예린, 예나에게 이 책을 바친다. 끝으로 본서를 출판하게 된 것은 하나님의 전적인 은혜임을 확신하기에 하나님께 모든 영광을 드린다.

그의 말씀과 함께

그와의 만남이 내 삶에 참된 의미와 소망을 줍니다.
그 의미를 찾아 언제나 그의 말씀과 함께 가길 원합니다.
그 소망이 현실이 되기 위해 그의 말씀과 함께 고민하며 갈등합니다.

내 안에 새겨진 그의 말씀과 함께
내 삶에 피어나는 그의 말씀과 함께
내 생각을 다스리는 그의 말씀과 함께
언제나… 그리고 성실하게…

2011년 2월
조 휘

약어표

ASOR	American Schools of Oriental Research
AB	Anchor Bible
ASV	American Standard Version
BHRG	van der Merwe, Naud?, and Kroeze's *A Biblical Hebrew Reference Grammar*
BHS	Biblia Hebraica Stuttgartensia
BS	Bibliotheca Sacra
CBQ	Catholic Biblical Quarterly
CTM	Current in Theology and Mission
EBC	The Expositor's Bible Commentary
GKC	Gesenius' Hebrew Grammar
HALOT	Koehler and Baumgartner's *The Hebrew and Aramaic Lexicon of the Old Testament*
HTR	Harvard Theological Review
JBL	Journal of Biblical Literature
JETS	Journal of the Evangelical Theological Society
JNES	Journal of Near Eastern Studies
JSOT	Journal for the Study of the Old Testament
JTSA	Journal of Theology for Southern Africa
KJV	King James Version
NAB	The New American Bible
NAC	New American Commentary
NEB	New English Bible
NJB	The New Jerusalem Bible

NLT	New Living Translation
NRSV	New Revised Standard Version
OTL	Old Testament Library
RQ	Restoration Quarterly
SR	Studies in Religion
TB	Tyndale Bulletin
TNK	Jewish Publication Society Tanakh
VT	Vetus Testamentum
WBC	World Biblical Commentary
WOC	Waltke and O'Connor's *An Introduction to Biblical Hebrew Syntax*
WTJ	Westminster Theological Journal

표

표 1. 심판신탁의 구성요소 및 구조 · 35
표 2. 구조 분석의 요소들 · 42
표 3. Dorsey의 칠중구조분석 · 45
표 4. 아모스서의 대안적 구조분석 · 47
표 5. 아모스 1:1-2:16의 구조 · 53
표 6. 아모스 3:1-15의 구조 · 128
표 7. 아모스 3:3-12에 사용된 짝을 이루는 반복들 · 155
표 8. 신탁의 대상을 중심으로 본 3장과 4장의 교차평행 · 169
표 9. 아모스 4:1-13의 구조 · 170
표 10. 아모스 4:4-11의 세부단락구분 · 171
표 11. 아모스 5:1-17의 구조 · 217
표 12. 아모스 5장 4-7절의 흐름분석 · 236
표 13. 아모스 5장 14절과 15절의 평행구조 · 262
표 14. 아모스 5:18-6:7의 이중구조 · 281
표 15. 아모스 6:8-14의 이중구조의 심판신탁 · 331
표 16. 아모스 7:1-8:3의 구조 · 357
표 17. 아모스 7:10-17의 구조 · 389
표 18. 아모스 8:4-14의 구조 · 420
표 19. 아모스 8:4-14에서 사용된 주요단어 분포 · 448
표 20. 아모스 9:1-10의 구조 · 454
표 21. 아모스 9:11-15의 구조 · 484

아모스 3:8

"사자가 부르짖은즉
누가 두려워하지 아니하겠느냐
주 여호와께서 말씀하신즉
누가 예언하지 아니하겠느냐."

**אַרְיֵה שָׁאָג
מִי לֹא יִירָא
אֲדֹנָי יְהוִה דִּבֶּר
מִי לֹא יִנָּבֵא**

제1장

구조를 통해서 본 아모스서

아모스서는 총 9장으로 구성되어 있으며 북이스라엘을 향한 확정된 하나님의 심판신탁을 선포한 예언서로 잘 알려져 있다. 한글성경 배열에 따르면 아모스서가 요엘서 다음에 위치하지만 아모스는 문서선지자들(이사야-말라기) 중에서 신탁을 가장 먼저 기록으로 남긴 선지자로 간주되고 있다.[1] 예언서 중에서 상당히 많은 주석서와 단행본, 소논문들이 저술된 것이 아모스서이다.[2] 그러나 학자들마다 각기 다른 목소리를 내고 있는 것은 아모스서의 해석이 쉽지 않다는 사실과 많은 논쟁의 대상이 되어왔음을 확연히 보여준다. 그러나 이것은 아모스서 연구를 주저하게 만드는 것이 아니라 오히려 더욱 흥미를 가지고 접근할 수 있도록 만들어 준다. 왜냐하면 그 만큼 학문적 매력을 가진 예언서가 아모스서

---

1) 아모스를 가장 먼저 자신의 신탁을 글로 남긴 선지자로 보는 일반적인 견해와는 달리 Archer의 경우, 오바댜, 요엘, 요나가 아모스 보다 앞선 선지자들로 그들의 신탁을 글로 남겼다고 본다(글리아슨 L. 아처, 『구약총론』 김정우 역 [서울: 기독교문서선교회, 1985], 363).

2) 1986년에 van der Wal이 출판한 *Amos: a Classified Bibliography*, 3d ed. (Amsterdam: Free University Press, 1986)은 177페이지에 달하며 1000개가 넘는 소논문들과 책들을 소개하고 있다. 2009년 현재까지 더 많은 글과 책들이 저술되어 추가될 수 있음을 고려한다면 아모스서 연구에 대한 학계의 관심과 열정을 충분히 짐작해 볼 수 있다.

이기 때문이다. 이제까지 논의되어 온 논쟁들을 모두 다 다룰 수는 없지만 아모스서의 원전 연구에 집중하면서 필요한 경우에 관련된 논쟁들을 직간접적으로 다루려고 한다. 아모스의 원전은 다른 예언서들에 비해서 읽고 이해하기가 비교적 쉽다. 구문이 분명하고 단락구분에 어려움이 없는 점도 원전을 읽는데 도움이 된다. 아모스의 원전을 구체적으로 다루기에 앞서 본 장에서는 아모스서에 대한 전반적인 이해를 도모하고자 한다. 따라서 아모스서의 저자 및 시대적 배경, 일반적인 내용개요, 신학적 주제, 논쟁적 이슈들, 서술형식, 구조 등을 다룰 것이다.

I. 아모스서의 저자와 연대에 대한 전통적인 견해

전통적 견해는 1장 1절과 7장 10-17절이 제공하는 있는 저자, 그의 직업, 및 시대적 배경에 대한 정보를 그대로 수용한다. 이 정보에 따르면 아모스서의 저자는 아모스(עמוס)가 된다. 아모스는 여로보암 2세(북이스라엘; 주전 793-753년)와 웃시야(남유다; 주전 791-739년)가 통치하였던 8세기에 활동한 선지자이다.[3] 그와 동시대에 활동하였던 선지자들로는 호세아(750년), 이사야(740년) 등이 있다. 아모스의 고향인 드고아는 예루살렘의 남쪽으로 16km 정도 떨어진 지역이다. 이것은 아모스가 남유다 출신의 목자로 북이스라엘에 가서 하나님의 신탁을 전한 것을 의미하게 된다(cf. 7:10-17).

아모스 1장 1절은 아모스의 사역시기를 추정할 수 있는 근거를 제시한다. 즉 역사적 정황에 대해 북이스라엘의 여로보암과 남유다의 웃시야를 함께 언급하고 있다. 웃시야는 섭정통치기간(791년-767년)을 포함하여 52년간 남유다를 통치하였다(791-739년).[4] 북이스라엘의 여로보암도 그의 아버지 요아스의 죽음(782년)과

3) 본서에서는 Payne의 연대분류를 따라 여로보암과 웃시야의 통치연대를 추정한다(cf. J. B. Payne, "Chronology of the Old Testament," Zondervan Pictorial Encyclopedia of the Bible. Vol. 1. edited by M. C. Tenney [Grand Rapids: Zondervan, 1975]). Payne의 연대분류와 달리 여로보암과 웃시야의 통치연대를 각각 주전 786-746년과 783-742년으로 제시하기도 한다(cf. Gordon McConville, Exploring the Old Testament: A Guide to the Prophets [Downers Grove: InterVarsity Press, 2002], 163; J. L. Mays, H. W. Wolff, S. M. Paul).

더불어 섭정통치를 마치고 실제적인 왕으로 그의 통치권을 발휘하여 753년까지 41년을 통치한다(793-753년). 하지만 아모스 1장 1절이 이 두 왕들의 섭정통치를 시사하고 있지 않으므로 이 두 왕들의 독립적 통치가 중복되는 기간이 되는 767년(아마샤의 죽음 및 웃시야의 독립적 왕권획득)에서 753년(여로보암의 사망)을 아모스의 사역시기로 보는 것이 가능하다.[5] 여전히 이 기간 중 특정한 연도를 정확히 지정할 수는 없지만 일반적으로 지진이 발생한 시점과 관련하여 주전 760년경 내지는 760년대에 아모스가 사역하였을 것으로 추정한다.[6]

---

4) 북이스라엘의 왕 여로보암은 초기에 그의 아버지 요아스와 섭정통치를 하다가 요아스가 죽은 782년 이후 독립적인 왕권을 행사하게 된다. 이때가 바로 남 유다왕 요아스의 아들 아마샤가 통치한 지 15년이 되는 해이며 열왕기하 14장 23절이 묘사하고 있는 정황이다. 여로보암의 총 41년 통치기간 중 처음 11년간(793-782년)은 그의 아버지 요아스와 함께 통치하는 섭정통치를 하였으며, 요아스가 죽은 782년부터는 독립적인 통치권을 가지고 30년간 통치를 하게 된다(782-753년). 따라서 여로보암은 753년에 그의 죽음과 함께 41년간의 통치를 마무리하게 된다(793-753년). 웃시야의 아버지 아마샤는 총 29년(796-767년)을 통치하는데 왕위에 오른 후 북이스라엘의 요아스와 전쟁을 하지만 패하고 약 15년간 북이스라엘에 포로로 잡혀있게 된다. 그러나 아마샤는 북이스라엘의 요아스가 죽고 여로보암이 독립적인 통치권을 행사하는 782년에 여로보암에 의해 석방된다. 아마샤는 석방된 후 남유다로 돌아와 15년간 웃시야와 섭정을 하다가 살해를 당하게 된다(cf. 왕하 14:17-22). 이때 웃시야가 독립적인 왕권을 갖게 되는데, 왕하 15장 1절이 묘사하고 있는 767년이다. 767년은 여로보암이 그의 섭정통치를 시작한 지 27년이 되는 해이다. 따라서 767년으로부터 27년을 거슬러 올라가면 793년에 여로보암이 섭정통치를 시작한 것이 된다. 웃시야는 섭정통치를 포함하여 총 52년간 남유다를 통치하였다. 그의 아버지 아마샤가 포로로 잡혀간 후 섭정통치를 시작하였으며(791년경), 아마샤의 석방 후 15년 동안에도 여전히 섭정을 하였을 것이다(791-767년). 하지만 아마샤가 살해 된 767년 이후부터 독립적 통치권을 행사하다가 539년에 그의 52년간의 통치를 마무리하게 된다(791-739년). 따라서 웃시야의 전체 통치기간 52년 중 초기 24년은 섭정통치기간이며(791-767년), 나머지 28년은 독립적 통치기간이 된다(767-739년). 아모스 1장에서 요아스와 아마샤가 거론되지 않는 것으로 보아 여로보암과 웃시야의 독립적 통치 기간을 말하는 것으로 고려할 수 있다. 따라서 이들의 독립적 통치가 겹치는 기간인 주전 767-753년을 아모스서의 역사적 배경으로 추정하게 된다.

5) Cf. H. C. Bullock, 『구약 선지서 개론』 류근상 역 (서울: 크리스챤출판사, 2001), 75; R. B. Chisholm Jr. *Handbook on the Prophets* (Grand Rapids: Baker, 2002), 377; J. Niehaus, "Amos," in *The Minor Prophets: An Exegetical and Expository Commentary*, ed. T. McComiskey (Grand Rapids: Baker, 2000), 316.

6) Schmidt는 760년경에 아모스가 활동한 것으로 보며 그의 사역기간을 수개월로 제안한다 (Werner H. Schmidt, *Old Testament Introduction* [Louisville: Westminster John Knox

전통적인 견해를 정리하면, 아모스서의 저자는 아모스이며, 그는 남왕국의 드고아 출신으로 목자였으며 뽕나무 경작자였다. 그는 하나님의 강권적인 부르심을 받고 북이스라엘에서 심판신탁을 전하였다. 그가 사역한 시기와 정황은 기원전 8세기 중반의 북이스라엘이었다. 그러나 19세기 말부터 역사 비평적 접근이 시도되면서 아모스서의 전통적 견해(아모스의 저작권, 아모스서의 통일성, 아모스의 고향과 신분)가 심각한 도전을 받게 되었다. 이와 관련된 논의들은 필요한 부분에서 다룰 것이다.

II. 저작연도와 시대적 배경

아모스서의 저작연도와 시대적 배경에 대한 논의는 아모스서의 저작권에 대한 논의와 연계되어 있다. 편집적 과정을 주장하는 학자들은 기원전 8세기에서부터 포로후기에 이르는 광범위한 시대적 배경을 고려한다. 하지만 최종 형태의 아모스서의 형성과정에 대한 다양한 비평적 논의에도 불구하고 아모스서의 근간을 이루는 아모스는 기원전 8세기에 북이스라엘을 대상으로 활동하였던 선지자이다. 따라서 기원전 8세기의 북이스라엘의 역사적 정황에 대한 이해는 무엇보다도 중요한 의미를 갖는다. 더욱이 기원전 8세기의 북이스라엘의 역사적 정황에 제한하여 아모스서의 시대적 배경을 고려하는 것이 가능하다. 왜냐하면 아모스가 직접적으로 언급하고 있는 기원전 8세기 외의 다른 시대들에 대한 비평적 학자들의 주장은 가정에 근거한 추론들이며 본문 밖의 객관적 증거를 직접적으로 제시하지 못하고 있기 때문이다.

주전 8세기 북이스라엘의 정황을 간단히 서술하면 다음과 같다. 1절에 언급된

Press, 1995], 196). Stuart와 Wolff 역시 760년대를 아모스의 사역시기로 추정한다(D. Stuart, *Hosea-Jonah*, WBC [Waco: Word Books, 1987], 297; Hans W. Wolff, *Joel and Amos: A Commentary on the Books of the Prophets Joel and Amos,* trans. W. Janzen, S. D. McBride, Jr., and C. A. Muenchow, Hermeneia [Philadelphia: Fortress, 1977], 90). 지진이 발생한 정확한 연도를 정할 수는 없지만 웃시야왕 시대에 지진이 발생하였던 것을 스가랴 14:5에서 확인해 주고 있다: "유다 왕 웃시야 때에 지진을 피하여 도망하던 것 같이." 이것은 이때 발생한 지진이 후대에도 기억될 만큼 심각한 지진이었음을 짐작해 볼 수 있다.

여로보암(주전 793-753년; cf. 왕하 14:23-29)은 북이스라엘 예후왕조의 네 번째 왕이다.[7] 여로보암은 예후왕조 중에서 가장 긴 기간을 통치하였으며 다메섹과 하맛을 회복하는 등 영토를 확장하고 정치적 안정을 이루었다. 이것은 자연스럽게 경제적 풍요와 번영으로 연결되었고 기득권자들은 상당히 사치스러운 생활을 누린 것을 볼 수 있다(cf. 암 2:8; 4:1; 6:1-6). 경제적, 정치적 안정 속에서 종교적인 행위들은 상당히 왕성하였지만 북이스라엘 백성들은 전반적으로 사회적 부조리와 부정 및 윤리적, 종교적 부패 등의 심각한 문제들을 가지고 있었다(cf. 암 2:7-8; 5:10-12, 21-23; 8:14). 즉 표면적이고 형식적인 종교는 화려하였지만 사회 전반에 있어서 부와 권력의 남용, 착취와 억압, 불의 등이 만연하였다. 결국 친 앗수르 정책을 가지고 있었던 여로보암 정권은 앗수르 왕국의 쇠퇴와 더불어 그의 통치 중반을 넘어 말기로 가면서 내적 위기상황을 맞이하게 될 뿐만 아니라 주변 국가들의 침입의 위협에 직면하게 된다(cf. 암 3:11; 5:3, 27; 6:7-14; 9:4).

III. 아모스서의 내용개요 및 신학적 주제

1. 내용개요

최종형태의 아모스서를 살필 때, 다음과 같이 아모스서의 내용을 간략히 서술해 볼 수 있다. 남부출신의 아모스는 하나님의 부르심을 받고 북이스라엘에 와서

7) 여호사밧의 아들 예후가 요람왕을 배반하고 그의 왕조를 세워 예후왕조 시대를 열게 된다(왕하 9:14-37). 예후왕조를 이룬 왕들은 예후(28년), 여호아하스(17년), 요아스(16년), 여로보암 2세(41년), 스가랴(여섯달)이다. 예후왕조는 친 앗수르 정책을 가지고 있었기에 앗수르가 국제적 세력을 장악하고 있는 동안 정치적, 경제적 안정을 누릴 수 있었다. 마찬가지로 앗수르의 약화된 정치적 상황은 반 앗수르 정책을 가지고 있는 하맛과 다메섹 등의 아람왕국의 견제와 압박을 가능하게 하였다. 예후왕조 시대의 역사적, 정치적 배경과 주변 정세에 대한 내용을 간단하면서도 깊이 있게 살펴보길 원하면 John H. Hayes, *Amos the Eight-Century Prophet: His Times & His Preaching* (Nashville: Abingdon Press, 1988), 15-27; J. A. Soggin, *The Prophet Amos: A Translation and Commentary*, trans. John Bowden. (London: SCM, 1987), 1-6; Stanely Rosenbaum, *Amos of Israel* (Macon: Mercer University Press, 1990), 9-27을 참조하라.

하나님의 심판신탁을 전한다. 아모스의 메시지는 사마리아의 부요한 자들(기득권자들)이 권력과 부와 특권을 남용하고 사치할 뿐만 아니라 가난한 자들을 압제하는 잘못과 북이스라엘 백성들 사이에 만연한 종교적, 사회적 문제들을 지적한다. 특히 남유다의 아모스가 그들을 향한 하나님의 심판이 확정적이며 임박하였음을 선포한 것은 기득권자들의 저항을 불러일으키게 된다.

무엇보다도 아모스는 여호와의 날에 대한 사람들의 잘못된 견해(*vox populi*)를 공격한다. 즉 여호와의 날을 축복과 번영의 날로 보는 이들에게 그들의 기대와는 달리 여호와의 날이 무섭고 피할 수 없는 심판의 날이 될 것임을 선포한다. 이것은 북이스라엘이 하나님의 선택을 받은 민족이지만 하나님의 뜻에 따라 살지 않을 때에는 열방과 같이 심판의 대상이 될 수밖에 없음을 전하는 것이다. 아모스는 재앙이 임하지 않을 것이라고 자랑하던 백성들이 하나님의 피할 수 없는 심판을 맞이하게 될 것임을 선포한다(cf. 9:10). 아모스가 선포하고 있는 심판신탁은 레위기 26장과 신명기 28장의 저주와 축복의 율법에 근거하고 있는 것을 볼 수 있다. 그러나 전반적으로 심판신탁에 집중하던 메시지가 특이하게도 구원의 신탁으로 마무리된다(cf. 9:11-15). 이와 같이 구원의 신탁으로 아모스서를 마무리하는 것은 하나님께 충성을 다하는 남은 자들에게 회복의 소망을 주며 하나님의 언약이 완전히 파기되지 않았음을 상기시켜주기 위한 것으로 보인다.[8)]

2. 신학적 주제

아모스서가 제시하고 있는 신학적 주제를 대략 네 가지로 정리해 볼 수 있다. 첫째, 하나님의 우주적 주권, 둘째, 우상숭배와 사회정의, 셋째, 언약갱신과 남은

8) Bullock은 최종형태의 아모스서의 내용과 목적에 대해 다음과 같이 설명한다: "이 책의 최종형태는 1) 그가 북왕국에서 2년 전에 받은 신탁과 환상에 대해 자세히 밝히고 2) 지진으로 말미암아 자신의 예언이 입증되었음을 확인하고 3) 아직 이름이 알려지지 않은 앗수르에 의해 닥쳐올 임박한 재난을 앞둔 백성들에게 미래적 희망의 메시지를 전하고 있다. 따라서 이 책의 기록 목적은 실제로 발생한 사건에 대해 아모스가 얼마나 정확히 예언했는지를 알려주며 이스라엘에게 아직도 더 올 것이 있다는 것을 보여주기 위해 쓰여졌다" (Bullock, 『구약 선지서 개론』, 79-80).

자, 넷째 여호와의 날이다. 여기서는 이 주제들을 간략히 서술하고 아모스서의 본문들을 구체적으로 석의하고 주해하면서 이 신학적 주제들이 어떻게 표현되고 전달되는지 살필 것이다.

1) 하나님의 우주적 주권

하나님의 우주적 주권은 두 가지 사실에 의해 선포된다. 첫째, 하나님께서 열방을 통치하시고 심판하신다는 것이다(1:2; 1:3-2:16). 둘째, 하나님이 창조주라는 것이다(4:13; 5:8-9; 8:8; 9:5-6). 이것은 아모스서 전체에 거쳐 견지되고 있는 일관된 신학적 관점이다.[9] 하나님의 우주적 주권을 더욱 구체적으로 드러내 주는 것은 (1) 하나님께서 그의 백성을 포기하고 심판하시는 것을 자유롭게 하실 수 있다는 것과 (2) 여호와의 이름을 간직하고 의와 정의를 행하는 이방인을 그의 백성 중에 포함시키실 수 있다는 것이다. 창조주 하나님에 대한 찬양은 하나님의 우주적 주권을 설명할 수 있는 틀이 된다.[10] 아모스서가 유다를 포함하여 열국으로 향하고 있는 것은 아모스의 심판의 메시지가 북이스라엘의 역사적 상황에만 제한되지 않는다는 것을 보여준다. 마찬가지로 회복의 신탁(9:11-15)에서도 열방을 향한 하나님의 회복이 그의 우주적 주권을 그려주고 있다.

2) 우상숭배와 사회정의

하나님을 버리고 우상을 숭배하는 것(cf. 2:8; 5:5, 26; 7:9-13; 8:14)과 사회정의와 공의를 거부하는 것(cf. 2:6-7; 3:10; 4:1; 5:11 12; 6:4-6; 8:4)은 하나님의 심판의 직접적인 원인이 된다.[11] 이스라엘을 자신과의 유일한 언약적 관계로 부르신 하나님은 그의 관계를 다른 우상들과 나누는 것을 허락하지 않으신다. 더 나아가 이 언약적 관계는 하나님의 속성에 맞는 삶의 모습을 요구한다. 즉 정의와 공의가 요구된다.[12] 따라서 북이스라엘 백성들이 이 언약적 요구를 저버리게 될 때에는 다

---

9) W. A. 반 게메렌, 『예언서 연구』 김의원/이명철 역 (서울: 엠마오, 1993), 221; Stuart, *Hosea-Jonah*, 289-90.

10) Cf. 반 게메렌, 『예언서 연구』 222.

11) Cf. A. G. Auld, *Amos* (Sheffield: JSOT Press, 1990), 60-72. Adul의 설명과 함께 제공되는 참고문헌은 이 주제를 연구하는데 유익하다.

른 열방과 동일하게 심판의 대상이 될 수밖에 없다. 북이스라엘의 물질적인 축복은 윤리적, 종교적, 사회적 타락과 부패로 연결되었기에 하나님은 심판을 통하여 자신이 가난한 자, 과부, 고아의 보호자이심을 나타내신다. 아모스의 중보에도 불구하고 북이스라엘은 하나님의 확정된 심판을 맞이할 수밖에 없다는 사실이 아모스의 환상을 통하여 분명히 전달된다(7:1-9; 8:1-3; 9:1-4). "내가 저희에게 주목하여 화를 내리고 복을 내리지 아니하리라"(9:4[개역]; cf. 7:8; 9:8)는 표현은 하나님의 심판의 작정을 잘 묘사해 준다. 하나님의 심판의 결과는 피할 수 없는 죽음과 애곡과 버림받음(포로)이다(cf. 3:12; 5:3, 5, 16, 27; 6:7, 9; 8:3; 9:1-4). 북이스라엘 백성들의 실패는 그들의 교만과 직접적인 관련이 있다(cf. 6:1-6, 13; 8:7). 북이스라엘 백성들이 하나님의 말씀을 거부하고 자신들의 부와 권력을 과신하며 안일한 가운데 재앙이 임하지 않을 것이라고 생각하였기 때문이다(cf. 9:10). 하나님과의 언약적 관계에서 건강하게 형성된 경건과 신앙의 내용이 사회적 관계 속에서 정의와 공의로 드러나야 하는데, 북이스라엘의 사회적 부패와 부조리, 억압과 착취는 그들의 경건과 신앙이 그릇된 것임을 드러내었다. 따라서 하나님의 심판이 불가피하였던 것이다.

3) 언약갱신과 남은 자

아모스의 언약에 대한 고소(covenant lawsuit)는 언약적 관계를 전제로 한다.[13] 여전히 학자들 간에 논쟁이 되고는 있지만 아모스가 최소한 그의 사역에 있어서 자신이 모세의 흐름을 따르는 선지자적 역할을 감당한 것으로 생각하였다고 볼 수 있다(cf. 3:7). 아모스는 하나님의 부르심을 받고 그의 비밀을 받았기에 선포하

---

12) Stuart, *Hosea-Jonah*, 291-93.

13) Archer는 아모스가 견지하고 있는 언약적 관점을 다음과 같이 설명한다: "이 예언의 중심되는 주제는 여호와께서는 자기의 언약과 거룩한 율법에 대해 신실하시다는 것과 그의 백성 이스라엘은 그들의 언약을 이행할 엄숙한 책임을 지니고 있다는 것이다"(아처, 『구약총론』, 363). Cf. Niehaus, "Amos," 317-26; J. L. Mays, *Amos: A Commentary,* OTL (Philadelphia: Westminster, 1969), 7; Ray B. Dillard and Tremper Longman III, *An Introduction to the Old Testament* (Grand Rapids: Zondervan, 1994), 383. Stuart는 아모스서가 갖는 언약의 중요성을 다음과 같이 서술한다: "The covenantal perspective governs the content to a substantial degree" (Stuart, *Hosea-Jonah*, 288).

지 않을 수 없음을 분명히 선포하고 있다. 또한 그는 이것이 이전 선지자들에게 역사하신 하나님의 방법이라고 말한다. 따라서 그의 메시지는 자연스럽게 언약과 언약적 관계를 전제로 하여 전개된다. 또한 아모스가 선포한 북이스라엘을 향한 심판신탁이 신명기 28장과 레위기 26장에서 제시하고 있는 저주의 목록과 일치한다는 사실이 이러한 설명을 가능하게 한다.[14] 언약적 요구가 이행되지 않았을 때 하나님의 심판이 임하기도 하지만 언약에 신실하신 하나님께서 그의 언약을 완전히 저버리시지는 않는다. 그러므로 하나님은 다윗의 무너진 왕조를 다시 세우심으로 언약적 관계를 회복시키실 것을 계획하신다(9:11-15). 이 언약갱신의 축복을 누리게 되는 자들이 바로 남은 자들이다. 그러므로 아모스가 말하는 "남은 자"란 첫째, 하나님의 심판을 경험하지만 생존하여서 하나님의 백성을 이어가는 자들이다. 이들은 아모스가 외친 회개의 메시지에 반응하는 자들로, 여호와를 찾아 생명을 얻게 되는 자들이다(cf. 5:4-6, 14-15). 둘째, 남은 자들은 여호와의 이름을 간직한 자들이다. 셋째, 하나님의 회복을 경험하고 누리게 될 자들이다(9:11-15). 언약갱신을 통한 회복은 단순히 이스라엘과 유다의 남은 자들에게만 국한되는 것이 아니라 열방의 남은 자들까지 포함한다. 이것은 아모스가 제시하고 있는 하나님의 우주적 주권과 관심에 근거한 자연스러운 결과이다. 사도행전 15:15-19에서 야고보가 칠십인경(LXX)의 아모스 9:11-15을 인용하면서 그리스도인의 공동체 안에 이방인들이 유입되는 것을 정당화하는 것에 주목할 필요가 있다.

4) 여호와의 날

아모스는 북이스라엘 백성들이 일반적으로 생각하였던 여호와의 날에 대한 잘못된 기대와 환상을 깨려고 한다. 그들의 기대처럼 여호와의 날이 하나님께서 북이스라엘을 신원하시는 날, 즉 축복의 날이 아니라 무서운 심판의 날임을 선포한다(5:18-20). 여호와의 날은 암흑의 날이며 피할 수 없는 심판의 날이다. 더 나아가 아모스는 여호와의 날을 기다리는 것 자체가 저주가 될 것임을 선포한다. 실제적으로 여호와의 날이 북이스라엘에 임하게 되어 북이스라엘은 기원전 722년에 앗수르에 의해 패망하게 된다. 이 날이 기원전 586년에는 바벨론 제국에 의해 남

---

14) Cf. Bullock, 『구약 선지서 개론』, 69, 73; Stuart, *Hosea-Jonah*, 288.

유다에도 임하게 된다. 하지만 여호와의 날은 심판으로만 끝나지 않는다. 다른 선지자들이 선포하고 있는 여호와의 날의 이중적 측면(심판과 구원)을 아모스서에서도 동일하게 볼 수 있다(cf. 욜 3:1-23). 여호와의 날이 남은 자들에게는 하나님의 구원과 회복을 경험하게 되는 날이 될 것이다(9:11-15). 이 회복의 메시지가 절망 속에서도 하나님께 대한 충성을 포기하지 않은 남은 자들에게 진정한 소망의 빛이 된다.

IV. 논쟁적 이슈들

아모스서 연구가들 간에 논의되고 있는 논쟁적 주제들은 다양하다. 그 동안 출판된 주석서들과 소논문들은 이러한 논쟁의 폭풍을 잘 반영해 준다. 주로 논의가 되고 있는 주제들은 (1) 저작자와 본문의 형성과정; (2) 아모스의 고향과 직업; (3) 아모스의 사역기간; (4) 본문의 진정성이다.

1. 저작자와 본문의 형성과정

19세기 말부터 역사 비평적 접근방법이 구약연구에 본격적으로 도입되면서 저작권과 본문의 진정성에 대한 논의가 예언서 연구에서도 전반적으로 제기되었다. 당연히 아모스서도 예외가 될 수 없었다. 비평적 학자들은 아모스서가 점진적 삽입과 편집의 과정("a gradual process of growth")을 통하여 현재의 형태를 갖게 되었다고 주장한다. 예를 들면, Schmidt는 다음과 같이 본문의 형성과정을 설명한다.

> "The book of Amos, then, reached its present form through a gradual process of growth, as the words and visions of Amos himself were supplemented by the third-person account (7:10-17), perhaps also by sayings from a circle of friends or disciples whose existence is a matter of inference ("the school of Amos"), and finally by later additions. This development of the book took place in the southern kingdom (see 1:1f.; 2:4f.; 7:10; etc.), from which Amos had come and to which he was sent back (7:12)."[15]

아모스서의 본문형성에 관한 비평적 논의의 문을 본격적으로 열어준 학자는 Wolff(1969년)이다.[16] 그는 아모스서의 형성과정을 여섯 단계로 나누어 설명하고 있으며 이 형성과정이 기원전 8세기부터 포로후기시대에까지 이르는 것으로 주장한다. Wolff가 제시하는 여섯 단계는 다음과 같다: (1) 아모스 선지자의 말(주로 3-6장에 등장); (2) 환상들(7-9장)과 1-2장에 나오는 주변 국가들에 대한 심판신탁(두로, 에돔, 유다부분은 제외); (3) 아모스 선지자의 사역 이후 이십여 년 지나서 활동하였던 것으로 가정하는 "아모스의 제자" 또는 "아모스의 옛 학파"에 의해 작성된 본문(5:13-15; 6:2; 7:10-17; 브엘세바와 요셉에 대한 언급); (4) 7세기 후반 요시아의 통치 기간 중의 편집 작업(4:13; 5:8-9; 9:5-6); (5) 포로기 중에 이루어진 신명기사가들의 작업(아모스의 메시지를 유다와 예루살렘에 적용 & 에돔과 두로에 대한 신탁의 추가); (6) 포로후기의 편집 작업(9:11-15). Wolff는 첫 번째와 두 번째 단계의 본문을 선지자 아모스의 것으로 간주한다. 하지만 Wolff가 제안하는 아모스 이후의 작업들에 대해서는 가정만 있을 뿐 직접적인 증거들은 없다.

Coote는 Wolff의 여섯 단계를 세 단계로 축소하고 있으며 역사적 정황도 포로후기까지 확장하지는 않는다.[17] Mays의 경우에도 오랜 기간에 걸친 편집적 작

---

15) Schmidt, *Old Testament Introduction*, 196. M. E. Polley는 아모스의 저작권을 부인하면서, 구선으로 전승되던 아모스의 신탁이 기원전 722년에 북이스라엘이 멸망하고 난 후 얼마 지나지 않아 비로소 문헌으로 남게 되었다고 주장한다: "That Amos wrote any of this material himself is doubtful. It was probably transmitted orally but was not written not until sometime after 722/1 B.C.E." (M. E. Polley, *Amos and the Davidic Empire: A Socio-Historical Approach* [New York: Oxford University Press, 1989], 5-6). Polley는 아모스가 남왕국 출신으로 다윗왕조의 분열을 가져온 북이스라엘을 비난하였던 것으로 이해한다.

16) Wolff, *Joel and Amos*, 106-13.

17) Cf. R. B. Coote, *Amos among the Prophets: Composition and Theology* (Philadelphia: Fortress, 1981), 3-24. Coote의 견해에 따르면, Stage A ("The Prophet Amos")는 8세기의 아모스가 이스라엘의 상류계층에 대해 비난한 내용들을 포함하고 있으며 희망의 메시지가 없다. Stage B ("Justice and the Scribe")는 Stage A에 추가된 단순한 삽입이 아니라 아모스의 메시지를 새로운 시대에 다시 현실화하기 위해 새롭게 편집한 것("a new edition")이다. 이때 유다 및 신명기사가와 관련된 작업이 이루어진 것으로 본다. Stage C ("Exile and Beyond")는 포로기에 이루어진 작업으로 Stage B의 아모스서에 대한 미드라쉬(midrash)로 본다. 이 단계에서 회복과 희망의 메시지가 첨가되었다는 것이다.

업을 인정하지만 포로기까지 작업이 있었던 것으로 보며 예루살렘의 제의와 관련된 작업에 대해서는 극히 제한된 견해를 갖고 있다.[18] Wolff와는 달리 Andersen과 Freedman은 아모스가 아모스서 형성과정에 직간접적으로 관여하였음 견지하면서 네 단계의 형성과정을 제안하기도 한다.[19]

최근의 아모스서 연구는 아모스서 이면에 있었을 것으로 추정되는 편집적 형성과정에 집중하기 보다는 최종형태의 본문에 관심을 기울이고 있다.[20] 이것은 통시적 접근(diachronic approach)에서 공시적 접근(synchronic approach)으로 전환하고 있는 학계의 관심을 반영하는 것이며, 이러한 관심은 문학비평(Literary Criticism), 수사비평(Rhetorical Criticism), 정경비평(Canonical Criticism), 텍스트 언어학적 접근(Textlinguistic Approach) 등에 의해 더욱 조명을 받고 있다.[21] 본서는 아모스의 저작권을 인정하며 아모스 이외의 저작 손길에 대한 가능성을 배제하는 입장을 따르고 있다. 따라서 본문의 석의과정에서 아모스서의 진정성과 관련된 논의를 다루면서 선지자 아모스가 제시하고 있는 아모스서의 통일성을 재조명하고 기원전 8세기의 저작을 변론할 것이다.

2. 아모스의 고향과 직업

아모스 1장 1절에 언급된 아모스의 고향 드고아의 위치에 대한 논의가 있다.

---

18) Mays, Amos, 12-14, 160.

19) Francis I. Andersen and David Noel Freedman, *Amos: A New Translation with Introduction and Commentary*, AB 24A (New York: Doubleday, 1989), 74-83. Rosenbaum은 아모스를 남왕국 출신으로 보는 전통적 견해를 반박하지만 아모스의 저작권을 강하게 옹호한다: "There is no compelling reason, then, for assuming the present text to be anything but largely authentic and the work of its traditional author" (Rosenbaum, *Amos of Israel*, 84).

20) 구약의 연구 파라다임 전환에 대한 논의를 상세히 보려면, L. G. Perdue, *The Collapse of History* (Minneapolis: Fortress, 1994)를 참조하라. Cf. J. J. M. Roberts, "Recent Trends in the Study of Amos," *RQ* 13 (1970): 1-16.

21) Wolff의 견해를 따르는 학자들은 Coote와 Soggin 등이다. 편집적 작업을 인정하면서도 최종형태에 관심을 두고 있는 학자는 A. Park (*The Book of Amos as Composed and Read in Antiquity* [New York: Peter Lang], 2001)이다. 반면에 최종형태의 본문에 보

전통적으로는 드고아를 남왕국 유다의 한 지역으로 보는 반면, 드고아가 북이스라엘의 지역이라는 반론이 제기되어 왔다. 성경에 드고아로 언급된 지역은 예루살렘 남부에 위치하고 있는 마을이다. 하지만 아모스가 북이스라엘에서 사역한 것과 뽕나무 경작이 고지대인 예루살렘 남부의 드고아에서는 불가능하다는 것에 근거하여 전통적 견해를 거부한다.[22] 하지만 아모스의 사역지가 이 논의에 대한 결정적인 근거가 되지 못한다. 뿐만 아니라 아모스가 뽕나무 경작을 위해 경작이 가능한 지역으로 이동하였을 가능성을 배제할 수 없다.

아모스의 직업과 관련하여 그의 사회적 신분에 대해 상당히 많이 논의되었다. 그의 사회적 신분을 결정하는 데에는 그의 직업을 묘사하는 표현들에 대한 해석이 중요한 역할을 한다. 선지자로 활동하기 전 아모스의 직업을 소개하는 세 개의 히브리어 표현이 사용되는데, (1) "목자"로 번역하고 있는 1장 1절의 נקד; (2) 7장 14절의 בוקר; (3) "뽕나무를 배양하는 자"(개역)로 번역된 7장 14절의 בולס שקמים이다.[23] 특이하게도 아모스는 목자를 의미하는 일반적인 표현인 רעה를 아모스서에 두 번 사용하지만(1:2; 3:12), 자신에게 적용하지는 않는다. 단순히 "목자"라는 신분을 고려하여 아모스가 사회적 하류계층에 속하는 사람으로 보는 견해가 있는 반면 언급한 바와 같이 목자에 대한 일반적인 표현인 רעה가 쓰이지 않고 נקד가 사용되는 것에 근거하여 상류계층에 속한 사람으로 보기도 한다.[24] 1950년대 이후에 נקד를 대규모 가축 중개상을 의미하는 유사한 우가릿어

다 관심을 두고 있는 학자들은 Stuart; G. V. Smith (*Amos: A Commentary* [Grand Rapids: Zondervan, 1988); Andersen과 Freedman (1989); S. M. Paul (*Amos: A Commentary on the Book of Amos*, Hermeneia [Philadelphia: Fortress, 1991) 등이다.

22) 아모스가 남왕국 출신이 아니라 북왕국에서 사회적 지위를 누렸던 이스라엘인이었다는 주장을 보려면 Rosenbaum, *Amos of Israel*을 참고하라.

23) 한글 성경에서는 아모스의 직업을 나타내는 히브리어 표현을 다음과 같이 번역하고 있다: נקד= "목자"(개역, 개정개역, 쉬운성경, 우리말, 표준새번역) & "양을 치던 목자"(공동); בוקר="목자"(개역, 개역개정, 공동, 쉬운성경, 우리말) & "나는 집짐승을 먹이며"(표준새번역); בולס שקמים="뽕나무를 배양하는 자"(개역), "뽕나무를 재배하는 자"(개역개정), "돌무화과를 가꾸는 농부"(공동), "무화과나무를 기르며 사는 사람"(쉬운성경), "뽕나무를 기르는 사람"(우리말), "돌무화과를 가꾸는 사람"(표준새번역). 아모스의 직업과 신분에 대한 다양한 견해들을 간단히 살피길 원하면 Soggin, *The Prophet Amos*, 6-12; Rosenbaum, *Amos of Israel*, 41-69를 참조하라.

와 왕실과 제의에 필요한 동물을 공급하는 중간계층의 직책을 나타내는 아카드 동족어에 비교하면서 후자의 주장이 제기되었다.[25] 더욱이 아모스의 서술형식이 지혜 문헌적이며 아모스가 국제적 정세에 밝다는 것이 이러한 견해를 뒷받침해 주고 있다고 본다. 따라서 아모스를 단순히 하류계층의 목자로 볼 수 없다는 것이다. 그러나 어떤 견해를 따르던 아모스가 여호와의 부르심을 받고 북이스라엘 왕국을 향하여 선지자의 임무를 감당하였다는 사실에는 변함이 없다.[26] 특히 그의 신분과는 관계없이 선지자로서의 아모스의 권위에는 변화가 없다. 왜냐하면 그는 하나님의 부르심을 받고 사역한 선지자였기 때문이다.

3. 아모스의 사역기간

아모스의 사역기간도 역시 학자들 간의 논의의 주제가 되어 왔다. 제안된 사역기간은 아주 짧게는 20분의 열변(Rosenbaum; Morgenstern), 또는 하루내지는 수일, 수개월(Schmidt), 1년 이내(Stuart) 등이 있다.[27] 1장 1절에서 언급하고 있는 "지진"이 일어난 해를 정확하게 말할 수는 없지만 이 사건이 2년 안에 이루어진 것을 고려할 때 길지 않은 사역기간을 추정해 볼 수 있다. 그러나 아모스의 사역기간을 확실히 결정하는 것이 아모스서의 해석에 직접적인 영향을 미치지 않는다.

---

24) Archer의 경우, 아모스의 아버지 이름이 언급되지 않는 것과 그가 경작하였던 뽕나무의 과일이 하류층 사람들이 먹었다는 것에 근거하여 아모스가 미천한 출신이었을 것으로 추측한다(아처, 『구약총론』, 365).

25) Dillard와 Longman은 우가릿과 아카드 동족어에 근거한 논의가 문화적, 시간적, 지역적 비약을 요구하기에 전통적인 견해를 따르는 것이 가능하다고 본다(Dillard and Longman, *An Introduction*, 375; P. C. Craigie, "Amos the noqed in the Light of Uagritic," *SR* 11 [1982]: 29-33). 반면에 Craigie는 직업과 신분에 대해 "Amos was not a simple shepherd. He was in the sheep business, a manager of herds, contributing both wool and meat to the economy"라고 결론을 내린다(ibid., 33).

26) 아모스 7장 14절을 해석함에 있어서 학자들 간에는 아모스가 선지자였는가 또는 그가 자신을 선지자로 생각하였는가 등에 대한 논의가 있다. 이 논의에 대해서는 해당 본문을 석의하는 단락에서 다룰 것이다.

27) Cf. Dillard and Longman, *An Introduction*, 375; Schmidt, *Old Testament Introduction*, 196; Stuart, *Hosea-Jonah*, 284; Rosenbaum, *Amos of Israel*, 76, 100.

따라서 이 논의가 학문적 호기심의 주제가 되기는 하지만 중요한 해석적 이슈가 되는 것은 아니다.

4. 아모스 본문의 진정성

Wolff(1969년)가 아모스서 본문의 형성과정에 대한 논의를 제기한 이후 아모스서의 진정성에 대한 논의가 가속화 되었다. 이 논의는 아모스의 저작권과 아모스서의 통일성 문제와 직결된 중요한 주제이다. Wolff의 주장을 기본 틀로 삼고 여전히 아모스서의 진정성과 통일성의 논의가 끊이지 않고 있다는 것이 그 중요성을 충분히 반영해 주고 있다.[28)]

진정성의 문제가 주로 제기된 본문은 두로(1:9-10)와 에돔(1:11-12)과 유다(2:4-5)에 대한 심판신탁들과 찬양본문들(1:2; 4:13; 5:8-9; 8:8; 9:5-6)이다. 심판신탁들은 1장과 2장에 사용된 다른 신탁형식과 차이가 있기 때문이며 찬양본문들은 예루살렘제의와 관련되어 후대에 삽입된 것으로 보기 때문이다. 하지만 이 본문들과 주변 본문들과의 주제적 발전관계 및 해당 본문 안에서의 위치와 역할을 설명할 수 있다면 이 본문들을 후대삽입으로 보는 견해가 설득력을 잃게 된다. 이 논의는 관련본문들의 석의를 통해서 구체적으로 다룰 것이다.

그 외에 신명기적 삽입으로 간주되는 본문들(3:7; 5:13)이 있는데, 이러한 견해는 가정된 본문형성 논의에 근거하고 있음을 기억할 필요가 있다. 가장 많이 후대삽입으로 논의되고 있는 본문은 소위 말하는 "전기적 3인칭 기록"(7:10-17)과 아모스서를 마무리하고 있는 회복신탁(9:11-15)이다. 이 두 본문을 석의하는 단락에서 비평적 견해를 구체적으로 설명한 후 이 본문들의 진정성을 변론할 것이다.

---

28) Wolff의 비평적 견해가 제시된 1966년에 Harrison은 심각하지 않은 삽입의 가능성을 인정하지만 아모스가 전체 기록에 대한 책임이 있었다고 보는 것이 타당하다고 주장한다(R. K. Harrison, *Introduction to the Old Testament* [Grand Rapids: Eerdmans, 1969], 890-94).

V. 아모스서의 서술형식

아모스는 자신이 말하는 것처럼 선지자로 훈련을 받은 사람은 아니지만(cf. 암 7:14), 다양한 서술형식을 사용하여 그의 메시지를 정확하게 전달하여 하나님을 외면하고 살아가고 있는 북이스라엘 백성들의 마음에 하나님의 말씀을 새겨 주고자 한다. 아모스가 사용하고 있는 서술형식을 대략 네 가지로 정리해 볼 수 있다. 첫째, 전형적인 신탁형식(oracle), 둘째, "들으라"로 시작되고 있는 설교형식(preaching), 셋째, 그가 본 이상을 전달하는 환상형식(vision), 넷째, 사건을 서술을 해 주고 있는 예언적 서사(prophetic narrative)이다.[29)]

1. 신탁(oracle)

선지자들은 하나님의 말씀(신탁)을 선포하는데 있어서 상당히 자유롭지만 일정한 형식을 따라 선포하고 있는 것을 볼 수 있다. 신탁은 크게 두 개의 단락으로 구성된다. 상황에 대한 고소/비난 부분과 이에 근거한 신적 선언 부분이다. 전자에서 신적 선언의 근거가 되는 실패나 성공 또는 정황에 대한 설명이 주어지며 후자에서는 전자의 내용에 근거한 하나님의 선언이 주어진다. 즉 원인과 결과의 관계로 볼 수 있다. 주로 "…하기 때문(יען: 상황에 대한 고소/비난)에 그러므로(לכן: 신적 선언)…할 것이다"의 흐름을 이루고 있다. 신적 선언의 내용에 따라 신탁은 심판신탁과 구원신탁으로 구분된다. 즉 신적 선언이 심판에 대한 내용이면 심판신탁이 되며 반대로 실패와 잘못에도 불구하고 신적 선언의 내용이 회복과 구원에 관한 것이면 회복(구원)의 신탁이 된다.

심판신탁(judgment oracle)은 아래와 같은 보다 세부적인 형태 속에서 전달된다. 아래의 요소들이 모든 심판신탁에 항상 동일하게 나타나는 것은 아니지만 대부분 포함되고 있는 요소들이다.[30)]

---

29) 아모스서에 사용된 서술형식을 보다 세부적으로 다루고 있는 소논문을 보려면 S. L. Bramer, "The Literary Genre of the Book of Amos," *BS* 156 (1999): 42-60을 참조하라.

30) Cf. J. H. Hayes, ed., *Old Testament Form Criticism* (San Antonio: Trinity University

〈표1〉 심판신탁의 구성요소 및 구조

1. 도입형식(כה אמר): "여호와께서 말씀하시되"
2. 사자 위임: 전달자를 부르심(commissioning of the messenger)
3. 상황에 대한 언급/고소 또는 비난(diatribe/criticism): יען
4. 전환: "그러므로"(לכן: 도입형식[כה אמר])
5. 재앙과 심판에 관한 하나님의 선언(divine prediction/statement)
6. 결언(the concluding remark)

선지자들은 "여호와께서 말씀하시되"(כה אמר יהוה), "여호와의 말씀이…에게 임하여 말씀하시되"(ויהי דבר יהוה אל…לאמר) 등 다양한 "도입형식"(1)으로 신탁을 시작한다. 이렇게 시작된 신탁은 신탁을 전달할 전달자에 대한 언급과 신탁을 받을 대상에 대한 언급으로 이어진다("사자 위임"[2]). 신탁의 대상이 개인이거나 집단(나라, 공동체, 무리)에 따라 개인신탁 또는 공동체(국가)신탁으로 구분하기도 한다. "사자 위임"(2)에 대해 언급한 후 "상황에 대한 언급"(3)이 주어진다. 이 부분에서 종교적, 사회적, 정치적 상황이 언급되며 예언의 말씀을 들어야 하는 자들과 여호와의 관계가 언급된다. 심판신탁은 주로 하나님과의 부정적 관계, 또는 종교적, 정치적, 사회적 부패와 불의를 비난하고 고소하게 된다. "상황에 대한 언급"은 "전환"(4)을 거쳐 신적 선언("하나님의 선언"[5])으로 이어진다. "전환"은 주로 "그러므로"(לכן)라는 표현으로 드러나며 선언을 위한 도입형식(כה אמר)이 이어지기도 한다. 이 경우 신탁선언은 더욱 무게감을 갖게 된다. 이러한 표현들이 등장하지 않더라도 논리적 흐름을 볼 때 전환이 이루어지는 것을

Press, 1974); D. B. Sandy and R. L. Giese, eds., *Cracking Old Testament Codes* (Nashville, Tenn.: Broadman and Holman, 1995); K. Koch, *The Growth of the Biblical Tradition*, trans. S. M. Cupitt (New York: Charles Scribner's Sons, 1969); C. Westermann, *Basic Forms of Prophetic Speech*, trans. H. C. White (Philadelphia: Westminster, 1966); idem, *Prophetic Oracles of Salvation in the Old Testament*, trans. K. Crim (Louisville: John Knox, 1991); G. W. Ramsey, "Speech-forms in Hebrew Law and Prophetic Oracles," *JBL* 96 (1977): 45-58; G. Synder, "The Law and Covenant in Amos," *RQ* 25 (1982): 158-66.

알 수 있다. 상황에 대한 언급에서는 주로 과거형이나 현재형이 사용된다. 전환이 이루어지고 난 후에는 "재앙과 심판에 관한 하나님의 선언"(5)이 주어진다. 주로 미래형으로 번역되며 심판신탁에서 주목해야할 중요한 부분이 된다. 따라서 상황에 대한 고소단락에서 언급된 문제를 하나님께서 어떻게 다루시는지를 보려면 "하나님의 선언"(5)에 집중할 필요가 있다. 끝으로 "여호와의 말씀이니라"(נאם יהוה), "여호와께서 말씀하셨다"(כה אמר יהוה), "그들이 내가 여호와인 줄 알리라"(וידעו כי־אני יהוה), "나 여호와는 말하고 이루느니라"(אני יהוה דברתי ועשיתי) 등의 결언으로 신탁이 마무리된다. 하지만 이러한 결언이 항상 주어지는 것은 아니다. 아모스서는 이러한 전형적인 심판신탁 형식을 취하여 신탁을 전하고 있다. 따라서 이러한 형식에 따라 본문을 구분하고 단락을 나누는 것이 필요하다. 전형적인 심판신탁을 취하고 있음을 아모스서 1-2장을 보면 쉽게 알 수 있다.

구원신탁은 심판신탁에 비해 간단한 형태를 취하고 있다. 기본적인 형태는 (1) 상황에 대한 언급(situation by means of a statement)과 (2)구원 또는 약속의 선언(prediction of salvation, or promise)을 이루고 있다. 신적 선언의 내용을 살펴서 쉽게 구원신탁을 구별해 낼 수 있다.

신탁의 형식을 분석하고 이해하는데 있어서 한 가지 주의가 요구된다. 예언서가 일정한 문학적 형태를 가지고 신탁을 전달하고 있지만 하나의 특정한 형태를 가지고 그 틀 안에 신탁을 맞추려고 하기보다는 선지자들의 융통성을 고려하는 가운데 본문을 살펴야 한다는 것이다. 선지자들은 하나님의 말씀을 선포하는데 있어서 일정 형식에 제한되지 않고 보다 효과적인 선포를 위해 다양한 형식을 자유롭게 취하고 있다.

예를 들면, 양식 비평학자인 Westermann은 심판과 구원의 신탁이 함께 등장할 수 없음을 주장하며 심판과 구원의 신탁을 완전히 분리하여 두 권의 출판물에서 다루고 있다. 하지만 선지자들이 형태가 고정된 틀 안에 갇혀 선포하기보다는 자유롭게 그 형식을 응용하여 사용하였던 것을 볼 수 있다. 심판신탁과 구원신탁이 한 본문 안에 함께 등장하기도 하며(cf. 겔 17장), 상황에 대한 설명 부분이 특별히 장황하게 나열되거나 반복되기도 하며 신적 선언에 관한 부분이 더 확장되어 반복되기도 한다.

2. 설교: "들으라"(שִׁמְעוּ)

아모스 3:1-15, 4:1-13, 5:1-17, 8:4-14은 "들으라"는 표현으로 시작되는 설교 형식을 취하고 있다. 선지자들이 사용하였던 설교형식을 특정한 형태로 특별히 분류할 수 있는 것은 아니다.[31] 하지만 (1) 단락을 시작하는 "들으라"라는 표현, (2) 신탁 전달자가 여호와를 3인칭으로 표현하는 것, (3) 여호와의 신탁을 자신의 말로 선포하거나 이에 근거하여 논쟁을 하고 있는 점 등을 고려하여 일반적인 신탁과는 구분하여 살필 수 있다.[32] 설교형식으로 분류하여 고려할 수 있는 본문들도 큰 틀 속에서는 신탁의 형식을 취하고 있다. 즉 상황에 대한 고소와 신적 선언의 흐름을 가지고 있다. 하지만 여호와의 신탁의 직접적인 선포와는 달리 선포하는 내용에 선지자의 개입이 두드러지며, 청자들을 설득하거나 동의를 구하는 전달자의 의도와 역할이 나타나는 면에 있어서 다소 차이가 있다. 설교형식 본문을 분석함에 있어서 전하는 선지자의 창조적 작업을 고려하기도 하지만 그의 창조적 작업이 하나님의 계시에 의해 조정을 받는다는 사실을 기억할 필요가 있다.[33] 따라서 설교형식의 본문에 직접적인 신탁이 함께 등장하는 것을 볼 수 있다.

3. 환상(vision)

아모스서에서 아모스가 본 환상을 담고 있는 본문은 7:1-9; 8:1-3; 9:1-6이다.[34] 환상의 특정한 형식이나 구조가 있는 것은 아니다. 하지만 "주 여호와께서

31) 학자들이 아모스서의 구조를 크게 신탁(1:3-2:16), 설교(3:1-6:14), 환상(7:1-9:8b)으로 나누는 것을 볼 때 3:1-6:14을 문학적 형식에 있어서 다른 본문들과 구분하여 고려하는 것을 알 수 있다.

32) Soggin은 설교형식 본문의 장르를 "증언"(testimony)으로 칭하고 신탁과 구분된 장르로 보며 내용의 구성에 있어서 전달자의 관여를 언급한다: "In Amos the 'testimony' (German Zeugenrede) is distinguished from the previous genre [the 'messenger formula'], not always clearly, by the liberty which is left to the prophet to formulate the content of his own message" (Soggin, *The Prophet Amos*, 14).

33) Cf. Stuart, *Hosea-Jonah*, 285.

34) Cf. B. O. Long, "Report of Visions among the Prophets," *JBL* 95 (1976): 353-65.

보이신 것"이라는 표현이 이 단락들이 환상(이상)인 것을 알 수 있게 하며, 내용면에서도 그래픽이미지, 상징들이 사용되는 것을 보아 알 수 있다. 아모스서의 환상단락들에서는 아모스와 여호와와의 대화내용 및 그가 본 상황 등이 전달되고 있다. 신탁전달형식 및 "여호와께서 보이신"이라는 표현(4:2; 6:8; 8:7)은 아모스가 전하고 있는 환상의 기원이 여호와께 있으며 신적 권위가 있다는 것을 보여준다.

4. 예언적 서사(prophetic narrative)

선지서의 상당히 많은 부분이 시(poem)로 서술되고 있지만 산문(prose)으로 기록된 부분들도 있다. 사건에 대한 언급과 소명 기사들은 산문형태, 즉 이야기체(narrative)로 서술되기도 한다. 이야기체라는 면에서는 다른 역사서의 기록형식과 유사하다. 따라서 서사(narrative)라는 표현으로 서술형식을 나타낼 수 있다. 하지만 선지서에 등장하는 이야기체 서술(narrative; 서사)은 예언적 서사(prophetic narrative)로 표기하여 역사서의 이야기체 서술과 구분할 필요가 있다. 왜냐하면 선지서에 등장하는 이야기체 서술(narrative)은 선포된 다른 신탁들과의 관계 속에서 갖는 기능과 역할이 있기 때문이다. 예를 들면, 이사야 36-39장의 히스기야 왕에 대한 역사적 기록은 역사서 본문에서도 볼 수 있는 기록이지만 이사야서 안에서 이것은 단순히 사건에 대한 기록이 아니다. 왜냐하면 하나님이 그의 절대적 주권을 통하여 이스라엘의 운명을 주관하고 계심을 선포하고 있는 신탁에 대한 구체적인 증거로 제시되고 있다는 점에서 이야기체 기록(서사)이 선지자에 의해 의도된 기능을 가지고 있기 때문이다. 유사하게 다니엘서 1-6장의 역사적 사건에 대한 기록은 단순히 역사적 기록으로서의 기능만을 갖는 것이 아니라 하나님의 우주적 주권을 근거로 하여 인류의 역사흐름과 하나님의 나라를 선포하고 있는 7-12장의 묵시 본문에 대한 해석적 틀을 제공해 준다. 다니엘과 세 친구들의 이야기들이 세부적인 이상과 묵시의 내용을 구체적으로 해석해 주는 것은 아니지만 하나님의 주권과 그의 능력이 인류의 역사흐름을 결정하고 인도할 수 있음에 대한 충분한 증거를 제공해 주고 있다는 것이다. 그러므로 예언적 서사를 분석함에 있어서는 이야기체 분석방법을 우선적으로 적용하는 것이 필요하다. 이와 더불어 전체 선지서의 신탁 및 신학적 주제들과 연관하여 선지서 안에서의 위치와 기능

을 반드시 살펴야 한다.[35)]

아모스서에서는 7장 10-17절이 예언적 서사로 분류될 수 있다. 흔히 이 본문을 "전기적 기록"(biographical narrative)으로 이해한다. 서술형식은 아모스가 3인칭으로 묘사된 이야기체(narrative)이다. 비평적 학자들은 이 단락을 아모스서의 1인칭 서술과 구분하여 후대에 삽입되었을 가능성이 있는 것으로 제안한다. 하지만 주변의 신탁흐름과 내용을 고려할 때 이러한 예언적 서사의 등장이 저자에 의해 의도된 것으로 설명할 수 있다. 이에 대한 구체적인 논의는 7장 10-17절을 다루는 단락에서 언급할 것이다.

VI. 아모스서의 구조

1. 구조이해의 중요성과 분석과정

구조(structure)에 대한 이해는 본문(text)에 나타난 저자의 의도를 파악하는데 중요한 역할을 한다.[36)] 왜냐하면 본문은 임의적으로 모아진 것이 아니라 분명한 의미전달을 위해 저자에 의해 의도된 것이기 때문이다. 본문은 저자가 그의 의도(illocution)를 효과적으로 전달하여 독자들로부터 의도된 결과(perlocution)를 얻기 위해 의도적으로 부여한 형태(locution)이다. 따라서 의미를 담고 있는 본문의 구조는 자연스럽게 저자의 의도를 반영하게 된다. 달리 말하면 본문의 구조란 저자가 그의 의도(illocution)를 효과적으로 전달하기 위해 의도한 형태라는 것이다. 저

35) 서사(narrative)에 대한 분석적 방법과 논의를 보려면 R. L. Pratt, Jr. *He Gave Us Stories* (New Jersey: P & R Publishing, 1993); R. Alter. *The Art of Biblical Narrative* (New York: Basic Books, 1981); D. M. 하워드, 『구약 역사서 개론』 류근상 역 (서울: 크리스찬출판사, 2001)를 참조하라.

36) 여기서 말하는 "본문"(text)은 한 단어에서부터 한 권의 책으로도 확장될 수 있는 의미이다. 구조이해의 중요성에 대한 논의를 보려면 다음을 참조하라: David A. Dorsey, *The Literary Structure of the Old Testament: A Commentary on Genesis-Malachi* (Grand Rapids: Baker, 1999), 15-44; S. Barr Efrat, "Some Observations on the Analysis of Structure in Biblical Narrative," *VT* 30 (1980): 155-73.

자에 의해 고안된 형태로서의 구조는 본문의 언어적 응집력(linguistic cohesion)과 주제적 일관성(thematic coherence)을 전제로 한다. 능숙한 저자는 효과적인 의미 전달을 위해 선택(selectivity)과 배열(arrangement) 및 구성(texture)의 원리를 적절히 사용하여 전체 본문을 짜임새 있게 연결시킨다. 그러므로 구조는 본문의 의미가 발전되고 확정되는 해석적 정황(interpretive context)이 된다. 결과적으로 본문의 구조에 대한 적절한 이해는 본문의 의미를 이해하는데 결정적인 역할을 하게 된다.

구조분석은 선지서의 내용을 정리하고 단락을 구분하는 단순한 작업 이상의 의미를 갖는다. 구조분석의 작업은 최종형태의 선지서를 의미론적 단락에 따라 구분하는 것을 시작으로 구분된 단락들의 배열(arrangement)과 구성(texture)을 살피는 작업으로 이어져야 한다. 첫째, 올바른 구조분석을 위해서는 하나의 완성된 의미를 전달하는 의미론적 단락(a discourse unit)을 구별해 내는 것이 시작점이 된다. 의미론적 단락은 구문론적 응집성(syntactic cohesion)과 의미론적 일관성(semantic coherence)에 의해 외적으로 그리고 내적으로 묶여 있게 된다. 그러므로 의미론적 단락을 구분하기 위해서는 두 가지 측면을 고려해야만 한다. 한 측면은 외형적 특징(external/ formal features)이며 다른 한 측면은 내적 일관성(internal coherence)이다. 달리 말하면 본문의 표면구조(surface structure)와 내면구조(deep structure)이다. 전자는 언어적 특징(linguistic feature), 문법적 의존성(grammatical dependence), 구문(syntactics), 관용적 표현(formulaic expression), 문학적 표기와 기교(literary marker and device) 등을 포함하며 후자는 주제(theme)와 화제(topic)에 의한 일관성, 화자와 청자의 변화, 및 수사적 기교(rhetorical technique) 등을 포함한다.[37]

---

37) 두 번째 측면에 대한 고려는 양식비평의 단락분석과 다른 점이다. 양식비평은 문학적 형식(literary types; genre)에 근거하여 본문의 단락범주를 정하며 주어진 본문을 더 작은 단위로 잘라내려는 경향이 있다. 또한 문학적 형식의 혼용을 하나의 의미론적 단락(a discourse unit) 안에서 허용하지 않는다. 즉 하나의 의미론적 단락 안에 심판신탁과 구원신탁이 함께 사용될 수 없고 이 두 신탁은 두 개의 분리된 의미론적 단락들로 구분되어야 한다는 것이다. 그러나 저자는 명확하고 효과적인 의미전달을 위해 하나의 문학적 형식에 제한되지 않는다. 저자가 융통성을 가지고 제한된 범위 안에서 자유롭게 문학적 형식과 서술적 기교들을 사용할 수 있다는 가능성을 거부할 정당한 이유는 없다.

둘째, 구분된 의미론적 단락들의 배열(arrangement)을 살피는 것이다. 배열이란 의미론적 단락들의 순서(order)와 흐름(flow)을 의미한다. 따라서 본문의 배열을 살핀다는 것은 단순히 단락들의 순서만을 고려하는 것이 아니라 배열의 원리를 파악하여 단락들의 흐름을 파악하는 것이다. 시간적 원리에 따른 배열은 시간적 흐름을 보일 것이며 주제적 원리에 따른 배열은 주제적 흐름을 나타낼 것이다.[38] 또한 논리적 배열의 원리를 따르면 원인과 결과의 흐름을 보일 것이다. 특히 배열이 수사적 원리를 따를 경우, 표면적으로는 주변 단락들과 어울리지 않는 것 같은 단락이라도 그 자리에 그대로 놓고 그 배열과 흐름 속에서 저자의 의도를 파악하는 것이 중요하다.[39] 예를 들면, 아모스 7:10-17(전기적 기록)이 표면적으로 주변의 환상 단락들과 어울리지 않으며 환상의 순서와 흐름을 방해한다. 서술형식을 보면 1인칭으로 서술된 환상들 중에 3인칭으로 기술된 예언적 서사가 위치하고 있는 것이다. 이 서사 뒤에는 다시 1인칭 환상본문이 나온다. 따라서 이 서사를 제거하면 순서와 흐름이 더욱 자연스럽게 보인다. 하지만 분석자의 해석적 이해에 따라 이러한 단락들을 제거하거나 재배열하는 것은 지양되어야만 한다. 왜냐하면 본문의 배열은 저자에 의해 의도된 형태이기 때문이다. 그러므로 우선되어야 할 질문은 어떤 의도에 의해 이 단락이 왜 여기에 위치하고 있는가이다. 본문 이면에 있었을 것으로 추정되는 본문형성의 역사를 추론하여 단락들을 분리하거나 재배열하는 것은 최종형태의 본문을 이해하는데 결정적인 역할을 하지 않는다.

셋째, 구성(texture)이란 의미론적 단락들 간의 언어적, 구문론적, 의미론적, 논리적, 주제적 짜임새 또는 엄개(network)를 말한다. 달리 말하면 단락들이 어떻게 서로 얽혀 있는지를 살피는 것이다. 이것은 동일하거나 상반되는 주제가 어디에 등장하고 몇 번 반복되는지 등을 고려하는 것이며 단락 간의 종속관계 또는 나열관계 등을 규정짓는 작업이다. 특히 이와 더불어 단락들 간의 주제적 발전

---

38) 수미쌍관(inclusio) 및 7중 구조의 교차평행법(chiastic parallelism)도 배열의 원리로 고려할 수 있다. 수미쌍관의 원리에서는 시작하는 단락과 마무리하는 단락의 유사성을 기대할 수 있다. 교차평행법의 경우, 대칭되는 단락의 연관성을 기대할 수 있게 된다.

39) Karl Moller는 Hayes의 견해를 발전시켜 수사적 관심이 본문의 배열에 원리로 작용할 수 있음을 주장한다(Karl Moller, "'Hear this Word against You': A Fresh Look at the Arrangement and the Rhetorical Strategy of the Book of Amos," *VT* 50 [2000]: 501).

(thematic progression)을 살피는 것이 중요하다. 이것은 저자의 의도를 좀더 명확하게 파악할 수 있게 하며 핵심주제(main theme)와 부주제들(sub-themes)을 구분하는 것을 도와준다. 같은 주제가 여러 단락들을 통해 반복되어 핵심 주제를 이루기도 하지만 한번 등장하는 주제라도 단락의 주어진 위치와 기능 및 단락 간의 짜임새에 따라 핵심 주제가 될 수 있다. 구성과 주제적 발전을 살피는 작업이 이러한 차이를 분명하게 볼 수 있게 한다.

결론적으로 의미론적 단락의 구분, 단락들의 배열과 구성, 및 주제적 발전에 대한 이해가 구조분석에 반영되어야만 한다. 왜냐하면 각 단락들이 저자의 의도에 따라 전체 구조를 형성하며 이 구조는 각 단락의 의미가 발견되어지는 해석적 정황(interpretive context)이 되기 때문이다. 아래의 표 2는 구조를 분석할 때 고려해야 할 요소들을 정리한 것이다.

〈표 2〉 구조 분석의 요소들

I. 배열(arrangement)
  1. 순서(order)
  2. 흐름(flow)
  3. 배열의 원리(principles of arrangement)
    3.1. 시간적(temporal)
    3.2. 주제적(thematic)
    3.3. 논리적(logical)
    3.4. 수사적(rhetorical)
    3.5. 순차적(sequential)
    3.6. 심화적(intensifying)

II. 구성(texture)
  1. 단락 안의 주제적 얼개(thematic network within a section)
    1.1. 핵심주제(main theme)
    1.2. 부 주제(sub-theme)
  2. 단락들 간의 연결성(relation/connectivity among sections)

2.1. 표면적 연결성(the connectivity on the surface level)
  2.1.1. 언어적(linguistic/lexical)
  2.1.2. 구문론적(syntactic)
  2.1.3. 구조적(structural)
2.2. 내면적 연결성(the connectivity on the deep level)
  2.2.1. 의미론적(semantic)
  2.2.2. 논리적(logical)
  2.2.3. 화제적(topical)
  2.2.4. 주제적(thematic)
3. 주제적 발전(thematic progression)

2. 제안된 구조들

아모스서의 구조에 대해 다양한 분석들이 제시되고 있는데, 문학적 형식과 내용에 따라 대부분 삼중구조로 분석하는 경향을 볼 수 있다.[40] 하지만 세부적인 단락의 범위구분에 있어서는 차이가 나타난다. McConville은 첫 번째 단위를 1:1-2:16로 구분하는 반면에 Stuart는 6장 14절까지 확장한다.[41] 이러한 차이는 자연스럽게 두 번째와 세 번째 단위들의 상이한 구분으로 이어진다.

일부 학자들은 신탁과 환상으로 구분하여 이중구조를 제안하기도 한다. 예를 들면, Gordis는 1:2-7:9과 8:1-9:15로 구부하며 두 번째 단위가 첨가되기 전에 7:10-17이 먼서 첫 번째 단락에 삽입된 것으로 본다.[42] Van der Wal은 아모스 1장 1절에 근서하여 신탁과 환상의 이중구조(1-6장과 7-9장)를 주장한다.[43] 1-6장이

40) 아모스서의 구조분석에 대한 다양한 견해들을 정리해 주고 있는 S. J. Bramer, "Analysis of the Book of Amos," *BS* 156 (1999): 160-74를 참조하라.

41) McConville의 삼중구조는 (1) 1:1-2:16, Amos accuses foreign nations-and Israel and Judah; (2) 3:1-6:14, Judgement speeches and woe-oracles against elect Israel; (3) 7:1-9:15, visions이다(McConville, *Exploring*, 166). Stuart도 동일한 3중 구조를 제안하지만 단락 구분에 차이가 있다: (1) First group of oracles, 1:2-6:14; (2) Visions, with related narrative, 7:1-8:3; (3) Final group of oracles, 8:4-9:15 (Stuart, *Hosea-Jonah*, 287).

42) R. P. Gordis, "The Composition and Structure of Amos," *HTR* 33 (1940): 239-51.

주로 신탁으로 구성되어 있으며 7-9장은 환상으로 구성되어 있는 점에 주목한다. 같은 맥락에서 McComiskey도 이중구조(1-6장과 7-9장)를 제안한다.[44] Stuart의 삼중구조는 첫 번째 단락에서 이들과 동일하지만 두 번째 단락(7-9장)을 환상(7:1-8:3)과 최종신탁(8:4-9:15)으로 세분화하여 후반부의 신탁을 부각시킨 것이다. 이것은 아모스서 전체를 신탁과 환상으로 단순화하여 구분하는 이중구조분석의 단점을 보완하기 위한 것이다.

Archer, VanGemeren, Andersen과 Freedman 등은 사중구조를 제안하는데, 이들도 역시 세부적인 단락구분에 있어서는 다소 차이를 보인다. Archer와 VanGemeren는 유사한 단락구분을 따른다.[45] 반면에 Andersen과 Freedman은 첫 번째 단락을 4장까지 확장하여 구분하고 있으며 마지막 단락에서도 다른 구분을 보인다.[46]

이중구조, 삼중구조, 및 사중구조는 주로 문학적 형식(genre)과 내용에 따른 분석이다. 위에서 언급한 구조분석들을 통해서 내용적 배열과 흐름을 알 수 있지만 주제적 연관성 및 발전을 살피기는 어렵다. 예를 들어, Archer의 세부적인 분석은 내용을 파악하는데 상당한 유익을 주지만 반복되는 주제들과 주제적 얼개(thematic network)를 보여주지는 못한다. 이들의 경우와는 달리 Dorsey의 칠중구조는 구성(texture), 즉 단락들 간의 연관성을 나타내고자 한 면에서 주의를 끈다.[47] 하지만 Dorsey가 제시하고 있는 단락간의 관계("구성" [texture])에 대한 몇

---

43) Van der Wal은 이중구조 분석을 정당화하기 위해 추가적으로 구문론적, 문법적 요소들도 언급한다(A. van der Wal, "The Structure of Amos," *JSOT* 26 [1983]: 107-13.

44) T. E. McComiskey, "Amos," in *EBC* 7 (Grand Rapids: Zondervan, 1985), 278.

45) Archer의 구조는 I. 여호와의 열방심판(1:1-2:16); II. 이스라엘의 불법과 하나님의 경고(3:1-6:14); III. 이스라엘의 운명에 관한 다섯 가지 환상(7:1-9:10); IV. 회복의 약속(9:11-15)이며 VanGemeren의 사중구조는 A., 열방을 향한 신탁(1:3-2:16); B. 다섯 개의 신탁(3:1-6:14); C. 다섯 개의 심판환상(7:1-9:10); D. 결어(9:11-15)이다. Cf. 아처,『구약총론』363-64; 반 게메렌, 『예언서 연구』, 222-23. VanGemeren의 구조는 각 단락들 간의 연관성을 나열적 관계로 보는 듯하다.

46) Andersen과 Freedman이 제안하는 사중구조는 다음과 같다: (1) the Book of Doom, with oracles against the nations and Israel (chaps. 1-4); (2) Woes and Lamentations (chaps. 5-6); (3) the Book of Visions (7:1-9:6); (4) the Epilogue (9:7-15) (Andersen and Freedman, *Amos*, 23-72).

47) Dorsey, *The Literary Structure*, 278. Limburg도 거의 유사한 구분의 칠중구조를 제안한

가지 이의를 제기할 수 있다.

〈표 3〉 Dorsey의 칠중구조분석

a. 이스라엘과 이웃 나라에 임할 심판 (1:1-2:16)
  b. 선지자의 충동: 이스라엘과 벧엘의 제사 센터의 붕괴 (3:1-15)
    c. 부유한 이스라엘 아녀자들에 대한 비난:
      공허한 종교행위와 하나님의 심판 (4:1-13)
      d. Center: 회개 촉구와 애가 (5:1-17)
    c'. 부유한 이스라엘 남성들에 대한 비난:
      공허한 종교행위와 하나님의 심판 (5:18-6:14)
  b'. 선지자의 충동: 벧엘의 제사 센터의 붕괴 (7:1-8:3)
a'. 이스라엘에 임할 심판(열방 가운데 흩어짐)과 열방 가운데에서의 회복 (8:4-9:15)

첫째, Dorsey는 첫 번째 단락(1:1-2:16; "a")과 마지막 단락(8:4-9:15; "a'")을 심판이라는 주제로 연결시키고 있는 것으로 보인다. 하지만 "a'" 단락에 "열방 가운데에서의 회복"이라는 새로운 주제가 등장하기 때문에 정확한 주제적 연관성을 말하기는 어렵다. 오히려 회복의 주제를 다루고 있는 9:11-15을 따로 구분하는 것이 더 자연스러운 구조분석으로 보인다. 얼핏 살피기에는 처음과 끝이 유사한 수미쌍관(*inclusio*)을 이루는 듯 보이지만 회복의 신포는 첫 번째 단락에서 언급되지 않은 주제이며 아모스서 전체를 놓고 볼 때도 구부되는 주제이다. 하지만 이 단락을 분리하여 "e"단락으로 놓을 경우 Dorsey의 칠중구조가 파괴된다. 따라서 Dorsey가 아모스서를 칠중구조 안에 인위적으로 담고 있다는 느낌을 갖게 된다.

둘째, "c"단락(4:1-13)의 제목을 "이스라엘 아녀자들에 대한 비난("condemnation of wealthy Israelite women")"으로 표기하고 있는데, 이 단락(4:1-13)의 전체 내용

다(J. Limburg, "Sevenfold Structures in the Book of Amos," *JBL* 106 [1987]: 217-22). Limburg는 칠중구조 형식이 아모스서의 구조의 원리라고 주장한다. P. Noble은 주제적 접근을 통한 분석의 예를 제시한다(P. R. Noble, "The Literary Structure of Amos: A Thematic Analysis," *JBL* 114 [1995]: 209-26).

을 아녀자들에게만 제한하기는 무리가 있어 보인다. 왜냐하면 4장이 아녀자들에 대한 신탁으로 시작되기는 하지만 신탁의 대상을 아녀자들에게만 제한할 수 없기 때문이다.[48] 4장 5절에 "이스라엘 자손"에 대한 언급을 볼 수 있다. 이것은 2인칭 대명사의 형태로 등장하면서 4장 12절까지 계속해서 이어진다. 마찬가지로 "c'"단락(5:18-6:14, "condemnation of wealthy Israelite men")의 내용을 남성들에 대한 비난으로 제한하는 것도 문제가 된다. 왜냐하면 심판신탁의 대상이 남자들에게만 제한된다고 볼 수 없기 때문이다. Dorsey는 그의 구조분석을 통해 "c"단락과 "c'"단락의 주제적 연관성(심판)과 대조적 연관성(남성과 여성)을 나타내려고 했지만 후자의 대조적 연관성에는 무리가 있어 보인다. 단락의 제목은 단락의 핵심주제를 반영해야 하기에 파악된 내용을 제목에 정확히 담아주는 것이 필요하다. 이러한 작업이 적절하게 이루어지면 구조분석만을 보고도 내용과 주제의 흐름을 명확히 살필 수 있다.

셋째, 아모스서의 핵심주제와 관련된 이의이다. 교차대칭법으로 일곱 개의 단락이 구성될 경우, 네 번째 단락이 가운데("d")에 자리하면서 중심(center)을 이루게 된다. 대부분의 경우 이 중심이 전체 흐름 속에서 의미론적 무게를 갖게 되며 핵심메시지가 될 수 있다. 따라서 Dorsey의 구조분석을 놓고 볼 때 "회개촉구와 애가"(5:1-17) 단락이 아모스서의 핵심메시지로 제시되는 듯하다. 하지만 아모스서의 핵심 메시지가 과연 회개촉구와 애가에 있는지에 대한 의문을 갖게 된다. 이 견해가 틀리다면 Dorsey의 구조가 담고 있는 본문들의 구성은 잘못된 이해와 해석을 전달하게 된다.

아모스서가 심판신탁과 환상으로 구성되어 있기에 문학적 형식(*genre*)을 중심으로 구조를 분석하는 것이 가능하다. 하지만 본문의 배열(*arrangement*)과 구성(*texture*) 및 주제적 발전(*thematic progression*)을 고려하여 본문의 구조를 살피는 것이 필요하다. 왜냐하면 아모스서가 신탁이나 환상의 단순한 모음집이 아니라 메시지를 전달하기 위해 의도된 구조를 가진 책이기 때문이다.

---

48) Dorsey는 이 제목을 정한 구체적인 이유를 설명하지 않는다. 단지 3장의 청자들이 4장에서 "아녀자들"로 바뀌게 된 점을 언급할 뿐이다(cf. Dorsey, *The Literary Structure*, 280-81).

3. 대안적 구조

구조분석은 해석자의 이해와 분석 방법론 및 본문의 이해정도에 따라 달라질 수 있다. 그러므로 하나의 절대적인 구조를 주장할 수는 없다. 단지 어느 구조분석이 저자의 의도를 가장 잘 반영하고 있는지에 따라 선호하는 구조를 선택하게 되는 것이다. 이러한 맥락에서 본서는 "또 하나"의 대안적 구조(an alternative structure)를 제시할 뿐이다.

표 4에서 보는 바와 같이 1장 1-2절은 도입으로 전체 아모스서의 역사적 정황에 대한 정보 및 선포될 메시지의 색채를 알려준다. 도입 이후의 본문들은 12개의 작은 단락들로 구분할 수 있다. A와 A'는 북이스라엘에 임하게 될 피할 수 없는 심판이라는 주제로 연결이 되며 서술적 형식에서도 유사성을 나타내고 있다. 죄를 범한 북이스라엘이 열방과 동일하게 심판을 받게 된다는 것이 강조된다.

B와 B'는 교만이라는 주제로 묶일 수 있다. B단락은 하나님과의 언약적 관계를 거부한 북이스라엘의 타락을 다루고 있으며 이것은 하나님의 심판의 이유가 된다. B' 단락은 언약적 관계를 거부하는 태도를 야곱의 교만(גְּאוֹן יַעֲקֹב)으로 규정하고 있으며 이에 따른 심판선포가 주어진다.

〈표 4〉 아모스서의 대안적 구조분석

도입: 1:1-2
A 북이스라엘의 피할 수 없는 심판: 1:3-2:16
 B 언약적 의무를 거부한 북이스라엘에 대한 심판선포: 3:1-15
  C 여호와의 개입(과거)/ 북이스라엘의 패역, "돌아오지 않으므로" (his name):4:1-13
   D 애가와 회개의 촉구, 심판을 확인: 5:1-17
  C' 여호와의 개입(미래)/ 패역에 대한 포로선포(his name): 5:18-6:7(twofold)
 B' 야곱의 교만으로 인한 심판 선포: 6:8-14
    E 아모스의 환상: 확정된 심판/ 아모스의 의도가 아님: 7:1-9

C" 북이스라엘의 포로를 확인/하나님의 말씀 vs. *vox populi*: 7:10-17

E' 아모스의 환상: 임박한 심판: 8:1-3

F 심판으로서의 여호와의 날/ "그 날에": 8:4-14

A' 북이스라엘의 피할 수 없는 심판: 9:1-10

F' 회복의 날: "그 날에": 9:11-15

C와 C'와 C"은 여호와의 개입과 "포로" 심판의 주제로 연관되어 있다. C(4:1-13)는 과거에 행하신 하나님의 다양한 개입에 개의치 않고 돌아오지 않은 이스라엘의 문제를 지적하면서 하나님의 심판을 선포한다. 하지만 심판의 구체적인 내용이 언급되지 않고 보류된다(cf. 4:12). C'(5:18-6:7)는 여호와의 날에 대한 언급을 통해 여호와의 개입을 미래적으로 그려주고 있다. 여호와의 날이 이스라엘 백성들의 기대와는 달리 심판의 날이 될 것이며 그들에게 화가 미칠 것임을 이중적 구조(5:18-27 & 6:1-7)를 통해 선포한다. 그들에게 미칠 화는 포로이다. 따라서 C에서 언급이 보류된 심판의 내용이 C'에서 구체적으로 언급된다. C"(7:10-17)에서는 아모스로 하여금 선지자적 사역을 감당하게 하시는 것으로 하나님의 개입이 나타나며 아마샤에 대한 심판선포는 이스라엘에게 미치게 될 포로의 운명을 확언해 준다. 여기서 아마샤는 하나님의 말씀을 거부하는 백성들의 목소리(*vox populi*)를 대변하고 있으며 그에게 미칠 심판의 내용은 백성들에게 미칠 포로의 심판을 상징적으로 나타낸다. 이 단락들의 흐름 속에서 심판에 대한 암시(C), 심판선포(C'), 심판확언(C")이라는 주제적 발전을 볼 수 있다.

D(5:1-17) 단락은 회개촉구를 심도 있게 다루지만 심판에 대한 선포로 마무리되는 심판신탁이다. 확정된 하나님의 심판에서 살 수 있는 길은 여호와를 찾고 선을 구하는 것임을 선포한다. 전체적인 주제와 주제적 발전에 있어서 D단락은 C단락들과 심판선포의 측면에서 연관성을 가지고 있지만 회개촉구의 주제가 강조되고 있는 점을 고려하여 따로 구분할 필요가 있다.

E(7:1-9)와 E'(8:1-3)은 문학적 형식(genre)과 주제적 연관성을 가지고 있다. 즉 아모스가 본 환상들이 나열되면서 심판의 주제가 다루어진다. 이 나열은 단순한 반복이 아닌 주제적 발전을 가지고 있다. 처음 두 환상(7:1-6)에서는 아모스의 중

보에 따라 하나님께서 심판을 돌이키시지만 세 번째 환상(7:8-9)에서는 심판이 확정된 것을 알려주며 네 번째 환상(8:1-3)에서는 이 확정된 심판이 임박하였음을 선포한다. 결국 E와 E'의 주제적 발전은 여호와의 날을 선포하는 다음 단락(F)의 등장을 도와준다.

F(8:4-14)는 F'(9:11-15)과 대조적 주제의 연관성을 갖는다. 즉 "여호와의 날"("그날")이라는 모티브가 이 두 단락을 묶어주며 이 날은 심판과 구원이라는 대조를 이룬다. F에서는 심판의 날로서의 "여호와의 날"을 묘사하고 있는 반면에 F'에서는 구원의 날로서의 "여호와의 날"을 그려주고 있다.

결론적으로 위에 언급한 배열과 구성에 근거하여 본서는 크게 두 개의 단락으로 구분될 수 있는 이중구조를 제안한다. 하지만 이중구조를 주장하는 학자들의 분석과는 단락의 범위에 있어서 큰 차이점이 나타난다. 도입(1:1-2) 이후의 아모스서를 크게 1:3-8:14과 9:1-15로 구분한다. 첫 번째 단락(1:3-8:14)은 피할 수 없는 심판의 선포(A)로 시작되며 여러 단락들을 거쳐 결국 심판의 날로서의 여호와의 날에 대한 선포(F)로 마무리된다. 이와 유사하게 두 번째 단락(9:1-15)도 피할 수 없는 심판의 선포(A')로 시작되지만 구원의 날로서의 여호와의 날에 대한 선포(F')로 마무리되면서 아모스서에서도 희망의 메시지를 듣게 한다.

이러한 아모스서의 구조분석을 살필 때, 심판의 메시지가 두드러지게 나타나고 있는 것을 볼 수 있다. 따라서 아모스서의 메시지의 무게는 심판에 있다고 말할 수 있다. 하나님은 북이스라엘이 언약적 의무를 거부하고 불의를 행하는 것을 더 이상 참지 않으시고 확정된 심판으로 해결하실 것이다. 왜냐하면 신택된 백성들이 언약적 요구에 따라 살지 않고 하나님의 백성으로서의 정체성을 지키지 못한 때는 열방과 동일한 심판의 대상이 될 수밖에 없기 때문이다. 이스라엘을 향한 확정된 심판이 있기는 하지만 여호와를 찾고 선을 구하는 자들, 곧 남은 자들에게는 하나님의 회복의 메시지가 위로를 주게 된다. 이 회복은 하나님께서 다윗언약을 회복시키시는 것을 통해 이루어지게 될 것이다.

본서에서 제안하고 있는 대안적 구조는 단순히 주제적 연관성에만 근거한 것이 아니라 아모스가 사용한 서술기법, 단어, 구문, 문학적 기교 등의 표면적 구조의 연관성에도 기초하고 있다. 개별 단락들의 원전연구를 통해 이러한 연관성들이 보다 구체적으로 언급될 것이다. 아모스서의 구조에 대한 이해, 즉 아모스서의 배열, 구성, 및 주제적 발전에 대한 관심은 아모스 선지자가 전하고 있는 하나님의 신탁에 보다 가깝게 접근하게 할 것이다.

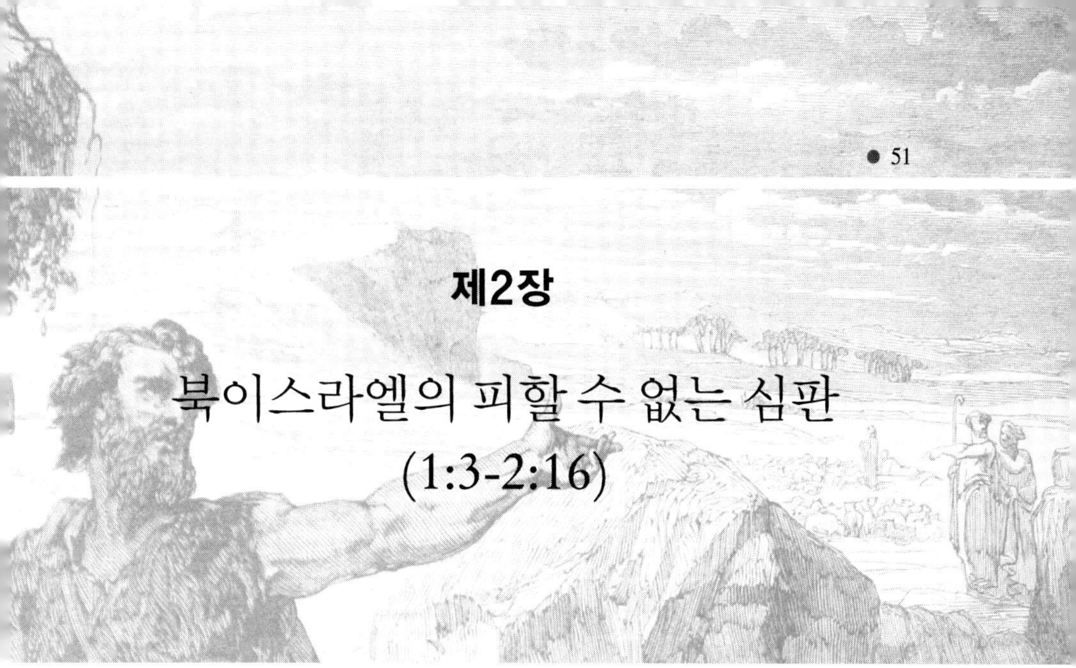

제2장

북이스라엘의 피할 수 없는 심판 (1:3-2:16)

본 장에서는 아모스서를 열어주고 있는 도입(1:1-2)과 단락 A(1:3-2:16), "북이스라엘의 피할 수 없는 심판"을 다루고자 한다. 단락 A를 함께 묶어 하나의 단락으로 구분하는 것은 대부분의 구조분석에서 쉽게 볼 수 있다. 그런데 이 단락에 대한 제목들을 눈여겨 볼 필요가 있다. 대부분의 제목들은 "열방에 대한 신탁들"이며 단순히 이 단락의 내용만을 반영하고 있다.[1] 하지만 제목은 이 단락의 핵심메시지에 대한 이해를 반영할 필요가 있다. 이는 아모스서 구주분석만을 보고서도 전체의 주제적 흐름과 단락 간의 관계를 가늠해 볼 수 있어야 하

---

1) 다음은 아모스 1:3-2:16에 대한 제목의 예들이다: "여러 나라에 대한 여호와의 심판"(아처); "각 나라에 대한 신탁"(Bullock); "열방에 대한 심판신탁"(벤 게메렌); "이스라엘과 주변국에 임박한 심판"(Dorsey); "The Oracle Against the Nations" (Soggin, Mays, Dillard and Longman, Paul); "A Poem of Judgment Against Various Nations" (Niehaus); "Cycle of Oracles against Foreign Nations (Schmidt); "Amos Accuses Foreign Nations" (McConville); "Judgment for International and Israelite Atrocities"(Stuart); "A Speech Against the Nations"(Hayes). 모티어(Motyer)는 1:3-2:16을 따로 구분하지 않고 1:2-3:8을 하나의 큰 다락으로 보아 "사자의 포효"라는 제목을 주고 있다(J. A. 모티어, 『아모스』 강성열 역 [서울: 두란노, 1987], 55-80, 27-92).

기 때문이다. 더 나아가 제목은 단락의 핵심메시지에 대한 해석자의 이해를 담고 있다. 본서에서 제안하는 대안적 구조에서는 이 단락의 제목을 "북이스라엘의 피할 수 없는 심판"으로 정하였다. 왜냐하면 이 단락이 전달하고자 하는 핵심메지지가 북이스라엘에 집중하고 있으며 그 메시지의 내용이 결코 피할 수 없는 심판이기 때문이다.[2)]

단락 A(1:3-2:16)는 하나의 의미론적 단락을 이루며 이 안에는 8개의 개별 심판신탁들이 나열되면서 신탁연속물(a series of oracles)을 이룬다.[3)] 난락 A를 하나의 의미론적 단락으로 구분할 수 있는 근거는 다음과 같다.

첫째, 1장 3절이 신탁도입형식(כה אמר)으로 시작되고 있다. 직접적으로는 이 시작이 5절의 결언(אמר יהוה)으로 마무리되지만 동일한 신탁양식("x의 서너 가지 범죄로 인하여")으로 선포되고 있는 신탁들이 나열되는 것을 볼 때 이 신탁이 북이스라엘을 향한 심판의 신탁(2:6-16)까지 연결되어 하나의 신탁연속물을 이루고 있는 것을 알 수 있다. 약간의 차이가 나타나기는 하지만 여덟 개의 신탁이 형식에 있어서 유사성을 가지고 있다는 점이 이 신탁들을 함께 묶어 주는 중요한 요소가 된다. 마지막 신탁(2:6-16)이 2장 16절에서 결언(נאם יהוה)으로 마무리되면서 이 연속물도 종결된다.

둘째, 3장 1절의 "들으라"(שמעו)라는 표현이 새로운 단락을 시작하고 있음을 나타내고 있기에 이 신탁연속물이 2장 16절로 마무리되는 것으로 볼 수 있다. 따라서 아모스 1:1-2:16을 하나의 의미론적 단락으로 묶고 표 5와 같이 세부적인 구조로 분석할 수 있다.

---

2) Wolff는 "A Guiltiest of the Guilty"라는 제목으로 이 단락의 주제를 반영해 주고 있다. 이와 유사하게 Dorsey는 "Israel is As Guilty as Its Nations"라는 제목을 주고 있다. Chisholm의 제목("Placing the Noose around Israel's Neck")도 역시 이스라엘에 집중하고 있는 단락의 주제를 반영해 주고 있다.

3) Park은 이 단락에서 언급되고 있는 나라들이 모두 다윗왕조와 연관이 있음을 지적하면서 2절의 시온전승 및 다윗왕조를 통한 회복의 메시지와 연관을 짓고 있다(Park, *The Book of Amos*, 78).

〈표 5〉 아모스 1:1-2:16의 구조

1. 도입 1:1-2
2. 북이스라엘의 피할 수 없는 심판: 1:3-2:16
    a. 다메섹에 대한 심판신탁: 1:3-5
        b. 가사에 대한 심판신탁: 1:6-8
            c. 두로에 대한 심판신탁: 1:9-10
                d. 에돔에 대한 심판신탁: 1:11-12
                    e. 암몬에 대한 심판신탁: 1:13-15
                        f. 모압에 대한 심판신탁: 2:1-3
                            g. 유다에 대한 심판신탁: 2:4-5
                                h. 북이스라엘에 대한 심판신탁: 2:6-16

신탁연속물(1:3-2:16)은 다메섹에 대한 심판신탁으로 시작하여 결국 북이스라엘의 심판신탁으로 마무리된다. 이 흐름에 따라 각 단락을 다루면서 원문을 분석하고 주해하고자 한다. 각 단락을 다룸에 있어서 (1) 원문; (2) 사역(私譯); (3) 원문분석; (4) 원문주해의 순서를 따를 것이다. (1)에서는 최소단위의 문장(sentence)으로 분절하여 원문을 제시하며, (2)에서는 분절된 원문에 근거한 개인번역을 소개하고 필요에 따라서는 한글번역본들의 차이를 각주로 설명할 것이다. (3)에서는 히브리어 구문분석, 단어연구, 문학적/수사학적 기교, 본문비평 등이 다루어지며, (4)에서는 원문분석에 근거한 주해를 제시할 것이다.

I. 도입: 1:1-2

1. 원문[4)]

---

4) 히브리어 원문은 BHS를 사용하였으며 각 절을 최소단위의 문장들(kernel sentences)로 잘라내어 표기하였다. 같은 절에 속한 문장들은 장과 절이 동일하게 표기되며 문장의 순서에 따라 영어 알파벳을 부여하였다(예, 1:1a, 1:1b, etc.). 들여쓰기는 문장들 간의 종속관계 또는 등위관계, 평행관계 등을 나타낸다. 같은 선상에 있는 문장(sentence)은 등위관계 또는 평행관계를 가지고 있음을 의미한다. 왼편으로 들여쓰기의 간격을 가지고 있는 문장들은 종속관계(주절과 종속절) 또는 바브-연계형(waw-consecutive)에 의한 점진적 관계를 가지

1:1a דִּבְרֵי עָמוֹס

אֲשֶׁר־הָיָה בַנֹּקְדִים מִתְּקוֹעַ

1:1b אֲשֶׁר חָזָה עַל־יִשְׂרָאֵל בִּימֵי עֻזִּיָּה מֶלֶךְ־יְהוּדָה

וּבִימֵי יָרָבְעָם בֶּן־יוֹאָשׁ מֶלֶךְ יִשְׂרָאֵל שְׁנָתַיִם לִפְנֵי הָרָעַשׁ

1:2a וַיֹּאמַר

1:2b יְהוָה מִצִּיּוֹן יִשְׁאָג

1:2c וּמִירוּשָׁלַםִ יִתֵּן קוֹלוֹ

1:2d וְאָבְלוּ נְאוֹת הָרֹעִים

1:2e וְיָבֵשׁ רֹאשׁ הַכַּרְמֶל

2. 사역

1:1 드고아의 목자들 중 한 명인 아모스의 말씀입니다. 이것은 그가 지진이 있기 2년 전 유다왕 웃시야의 시대와 요아스의 아들 이스라엘왕 여로보암의 시대에 이스라엘에 관하여 본 것입니다.

1:2 그가 말하였습니다. “여호와께서 시온에서부터 부르짖으시며 그의 목소리를 예루살렘에서부터 발하시니 목자들의[5] 초장들이 애통하며[6] 갈멜 산 꼭대기가 메말라 버리게 될 것입니다.

고 있는 것을 의미한다. 특히 אמר 동사와 לאמר에 의해 소개되고 있는 말의 내용은 왼편으로 더 들여쓰기를 하여서 확연히 볼 수 있게 하였다. 구(句) 형태이지만 하나의 문장(sentence)으로 해석될 수 있을 경우 따로 구분하여 표기하였다. 들여쓰기를 통해 이러한 구와 종속되는 주절과의 관계를 나타낸다. 앞의 단어나 문장을 꾸며주는 종속절과 구(句)의 경우 꾸밈을 받은 표현 바로 밑에 위치하게 하여 종속적 관계 및 꾸밈관계를 표기하였다. 이유, 시간, 양보를 나타내는 부사절의 경우 주절 보다 훨씬 왼쪽으로 들여쓰기를 하여 구문적 연관성을 나타내었다.

5) 해석적 번역을 하고 있는 탈굼(Targum)은 목자들을 “왕들”에 대한 상징으로 해석하여 “왕들”로 표기한다. 즉 왕들의 거처가 황폐하게 되고 그들의 요새들이 폐허가 될 것이라고 번역한다.

6) אבל 동사는 문자적으로 “애통하다”를 의미한다. 하지만 동사의 주어가 “초장”이기에 2e의 동사 יבשׁ(“메마르다”)에 맞추어 이 동사를 “마르고” 또는 “시들고”로 번역하기도 한다. Cf. 개역개정(“마르고”); 공동(“탄다”); 쉬운성경, 우리말, 표준새번역(“시들고”).

3. 원문분석

1:1. דִּבְרֵי עָמוֹס("아모스의 말씀")라는 표현과 유사한 형식으로 한 권의 예언서가 시작되는 것은 이사야서(חֲזוֹן יְשַׁעְיָהוּ), 예레미야서 (דִּבְרֵי יִרְמְיָהוּ), 오바댜서(חֲזוֹן עֹבַדְיָה), 나훔서(חֲזוֹן נַחוּם) 등에서도 볼 수 있다.[7] "아모스의 말씀"(דִּבְרֵי עָמוֹס)에 뒤이어 두 개의 형용사절(אשר)이 연이어 등장하는데, 첫 번째 형용사절(1a)은 선지자 아모스에 대해 설명을 하는 것이며 두 번째 형용사절(1b)은 דִּבְרֵי("말씀")을 꾸며준다.[8] 아모스에 대한 정보 중에서 "목자들 중에 있었다"는 표현(הָיָה בַנֹּקְדִים)은 그가 목자들 중의 한 명이었음을 의미한다. "목자"로 번역된 נֹקֵד는 열왕기하 3장 4절에서 모압 왕 메사를 묘사할 때 성경에 한번 사용되었다(וּמֵישַׁע מֶלֶךְ־מוֹאָב הָיָה נֹקֵד). 이 단어에 대한 여러 논의가 있지만 아모스가 목자를 의미하는 일반적인 용어(רֹעֶה)로 묘사되지 않고 있다는 것은 그가 일반적인 목자들과 구분되는 일을 하였던 것으로 보인다.[9] 왜냐하면 נֹקֵד가 양의 품종을 관리하는 일(breeder)과 새끼 양들을 공급하는 일을 하였을 것으로 추정해 볼 수 있기 때문이다. 그의 직업과 관련하여 7:14에 언급된 추가적인 정보가 아모스를 일반적인 목자들과 구분하는 근거가 되기도 한다. 지역을 나타내는 תְּקוֹעַ(드고아)가 출처를 나타내는 전치사 מִן과 함께 쓰이면서 מִתְּקוֹעַ는 아모스가 드고아 출신임을 알려준다.

두 번째 형용사절(1b)은 아모스가 전하는 말씀의 내용과 성격, 및 주어진 시대에 대한 자세한 정보를 전달해 준다. "보다"(חזה)라는 동사는 선지자들이 이상(또는 환상)을 본 것을 묘사할 때 사용하는 전문적인 용어이다. 이 동사의 어근에서 חָזוֹן("이상")이라는 명사가 파생되었다. 아모스가 전하는 말을 "본 것"으로 묘

---

7) דבר의 복수형이 사용된 것은 "신탁들의 모음집"이라는 개념으로도 이해할 수 있다(cf. Mays, *Amos*, 19).

8) 1절에 두 개의 형용사절이 연이어 서술되는 현상에 대해 Mays는 1절이 여러 단계를 거쳐 발전된 것으로 설명한다(ibid., 18-19). 하지만 이에 대한 객관적인 증거를 제시하는 것은 불가능하다.

9) 학자들 간에 여러 논란이 있지만 일반적으로 נֹקֵד가 양의 품종을 관리하는 일(breeder)에 관련된 것으로 보아 일반적인 목자들과 구분한다.

사하는 것은 그의 말이 신적 계시였음을 암시해 주는 것이다. 전치사 עַל에 의해 유도된 부사구 עַל־יִשְׂרָאֵל("이스라엘에 관한")은 아모스가 본 것의 내용이 이스라엘에 관한 것임을 나타낸다. 여기서 이스라엘은 10지파로 구성된 북왕국을 가리킨다. 전치사 בְּ와 יוֹם("날")의 복수형으로 구성된 부사구 בִּימֵי는 "시대" 또는 "때"를 나타내는 관용적 표현이다. רַעַשׁ("지진")에 정관사 ה가 사용되는 것(הָרָעַשׁ)은 이 지진이 잘 알려진 사건이었음을 암시해 준다. לִפְנֵי는 전치사 לְ와 "얼굴"을 의미하는 명사 פָּנֶה가 결합된 표현으로 "…이전" 또는 "…앞에"라는 관용적 의미를 갖는다.

1:2. 본 절은 바브-미완료연계형(*wayyqtl*) וַיֹּאמַר에 의해 앞 절과 연결되며 2b-e는 그가 말한 내용이다. 2b가 일반적인 어순을 따르면 동사–주어–부사구(יִשְׁאָג יְהוָה מִצִּיּוֹן)가 되어야 하는데, 주어-부사구-동사의 어순을 취하여 주어와 부사구가 강조된다. 즉, 부르짖는 자가 누구인지(יְהוָה) 그리고 어디서 부르짖는지(מִצִּיּוֹן)가 강조되고 있는 것이다. 이러한 강조는 2c에서 유사한 어순과 의미의 반복에 의해 더욱 강화된다. 2b와 2c는 부분적인 교차평행(partial chiastic parallel)을 이루고 있다.

יְהוָה מִצִּיּוֹן יִשְׁאָג 1:2b

[c (동사) - b (부사구)] - a (주어; "여호와")

וּמִירוּשָׁלַ͏ִם יִתֵּן קוֹלוֹ 1:2c

a' (목적어; "그의") - [c' (동사)- b' (부사구)]

2d와 2e는 각각 바브-완료연계형(וְאָבְלוּ וְיָבֵשׁ)에 의해 2c의 미완료동사(יִתֵּן)에 연결된 문장들이며 2b-c의 결과를 묘사하는 논리적 관계를 갖는다. 즉, 여호와께서 부르짖고 목소리를 높인 것의 결과로 목자들의 초장들이 애통하며 갈멜산 꼭대기가 마르게 된다는 것이다. 동사 "부르짖다"(שׁאג)는 주로 사자의 부르짖음을 묘사할 때 사용되는 동사이며 성경에서 사자의 부르짖음은 심판에 대한 은유적 표현이다(cf. 암 3:8; 렘 25:30; 호 5:14). 일반적으로 קוֹל("소리/목소리")이 נתן("주다")동사와 사용될 때는 "천둥이 치다," "천둥소리를 내다"를 의미한다(cf. 출 9:23; 19:16; 20:18; 시 18:13; 46:7).[10] צִיּוֹן("시온")은 하나님께서 그의 이름을 둔

장소로 그의 거처이며 임재의 장소이다(cf. 신 12장; 왕상 9:1-9; 욜 3:16-17, 21). 시온과 평행을 이루면서 예루살렘 역시 하나님의 거처를 의미한다(cf. 사 24:23; 31:9). 요엘 3:16-17에서도 시온과 예루살렘이 함께 언급하면서 하나님의 거룩한 처소를 묘사해 주고 있다. “초장들”과 “꼭대기”에 대한 언급은 하나님의 부르짖음의 결과가 미칠 범위가 광범위하다는 것을 묘사해 준다. 즉 낮은 곳(“초장”)과 높은 곳(“꼭대기”)의 극단을 언급하면서 전체를 나타내는 양극대칭기법(merismus)이 사용되고 있다.

4. 원문주해

1:1. 본 절은 신탁의 전달자(아모스)와 대상(북이스라엘), 시대(웃시야왕과 여로보암왕의 통치기간 중, 지진 2년 전)에 대한 정보를 주면서 전체 아모스서를 열어 주는 역할을 한다. “말씀”(דָּבָר)과 “보다”(חזה)라는 표현이 사용된 것은 뒤에 등장하게 될 내용이 신탁과 환상인 것을 예시해 준다.[11] 특히 아모스의 말(דִּבְרֵי עָמוֹס)을 꾸며주는 1b(“그가 이스라엘에 관하여 본,” אֲשֶׁר חָזָה עַל־יִשְׂרָאֵל)는 주어지는 신탁이 아모스 자신의 자의적인 말이 아니라 하나님의 계시에 의한 것임을 분명히 밝혀 준다. 따라서 아모스의 말은 신적 기원을 가지고 있는 여호와의 말씀이다(cf. 암 3:8). 그가 신탁을 전할 때 진형적인 신탁도입형식(כה אמר)을 사용하고 있는 것과 그가 하나님의 부르심을 받고 선지자사역을 하게 되었다는 고백(7:14)은 이러한 사실을 더욱 확실하게 해 준다. 아모스가 언급하고 있는 지진은 스가랴에 의해 확인이 된다(cf. 슥 14:5). 이 지진은 후대에도 기억될 만큼 엄청난 사건이었음을 짐작해 볼 수 있다. 이 사건은 아모스가 선포한 심판신탁의 성취의 전조적인 역할을 하였을 것이다. 달리 말하면 지진을 경험한 북이스라엘 백성들에게는 심판

10) Cf. Niehaus, “Amos,” 338. 영어번역본에서는 “to thunder”로 번역하기도 한다(cf. NIV). Stuart는 여호와의 천둥소리는 비를 동반하는 일반적인 현상과는 달리 메마름을 수반하게 되는 것을 지적하며 심판의 측면이 강조되는 것으로 설명한다(Stuart, *Hosea-Jonah*, 301).

11) Cf. Brevard S. Childs, *Introduction to the Old Testament as Scripture* (Philadelphia: Fortress, 1979), 400.

신탁이 실현될 확실성이 더욱 분명하게 인지되었을 것이다. 따라서 지진을 경험한 후 아모스의 권고에 따라 여호와를 찾고 회개하는 자들에게 희망의 메시지가 주어지는 것은 자연스러운 흐름이 될 수 있다. 시대적 정황이 언급되는 것은 아모스서를 해석하는데 이 시대의 정황에 대한 이해가 요구된다는 것을 시사한다. 유다 왕 웃시야가 언급되고 있는 것은 아모스가 그의 신탁을 북이스라엘을 향하여 선포하였지만 기록으로 남겨진 그의 신탁은 남유다 백성들도 그의 독자로 고려하고 있음을 시사한다.[12)]

1:2. 2절은 아모스서의 핵심주제를 간략하게 요약해 주고 있을 뿐만 아니라 아모스서의 서론적 역할을 한다. 여호와의 부르짖음은 심판의 행위에 대한 은유적 표현이다. 그러므로 아모스가 선포하게 될 메시지는 북이스라엘을 향한 하나님의 심판이 될 것임을 예시해 준다. 시온은 예루살렘과 짝을 이루어 하나님이 거하시는 장소를 묘사해 준다. 이것은 하나님의 거처를 마음대로 벧엘로 정한 북이스라엘에게 그들이 범한 잘못을 분명히 볼 수 있게 한다(cf. 신 12장). 2b-c는 사자가 자기 굴에서 나와 사냥감을 찾은 후 공격하기 바로 직전에 포효하는 장면을 연상시킨다. 따라서 하나님께서 그의 처소를 떠나 심판을 행하시려는 장면을 그려 볼 수 있다. 하나님의 심판의 결과는 애통(אבל)과 메마름(יבשׁ)이다.[13)] 사자의 포효와 같은 부르짖음과 천둥소리와 같은 소리를 수반하는 하나님의 현현(theophany)은 두려움을 자아낼 것이며 어느 것도 그 앞에서 견딜 수 없게 될 것이다. 특히 재앙이 결코 임하지 않을 것이라고 생각하는 북이스라엘 사람들에게는 하나님의 심판이 더욱 큰 두려움이 될 것이다(cf. 6:4-6; 9:10). 하나님의 심판이 임하게 되면 그 결과로 가축들에게 풍부한 먹이를 공급해 주던 목초지뿐만 아니라 울창한 살림을 자랑하는 갈멜산도 메말라 버리게 될 것이다. 이것은 철저하고 전체적인 심판을 묘사하는 것이다. 하나님의 심판의 참혹함은 계속해서 주어지는 신탁들 속에서 더욱 분명히 드러난다. 그 결과가 애통과 애곡뿐이라는 사실도 반복해서 확언된다(cf. 5:16-17; 8:8-10; 9:5).

---

12) Cf. Stuart, *Hosea-Jonah*, 299.

13) 기근은 모세율법에서 언약적 관계를 파기한 것에 대한 저주로 언급된다(cf. 레 26:19; 신 28:22-24).

II. 다메섹에 대한 심판신탁(a): 1:3-5

1. 원문

כֹּה אָמַר יְהוָה 1:3a
עַל־שְׁלֹשָׁה פִּשְׁעֵי דַמֶּשֶׂק וְעַל־אַרְבָּעָה לֹא אֲשִׁיבֶנּוּ 1:3b
עַל־דּוּשָׁם בַּחֲרֻצוֹת הַבַּרְזֶל אֶת־הַגִּלְעָד 1:3c
וְשִׁלַּחְתִּי אֵשׁ בְּבֵית חֲזָאֵל 1:4a
וְאָכְלָה אַרְמְנוֹת בֶּן־הֲדָד 1:4b
וְשָׁבַרְתִּי בְּרִיחַ דַּמֶּשֶׂק 1:5a
וְהִכְרַתִּי יוֹשֵׁב מִבִּקְעַת־אָוֶן 1:5b
וְתוֹמֵךְ שֵׁבֶט מִבֵּית עֶדֶן 1:5c
וְגָלוּ עַם־אֲרָם קִירָה 1:5d
אָמַר יְהוָה 1:5e

2. 사역

1:3 여호와께서 이같이 말씀하셨습니다.
"다메섹의 서너 가지 범죄로 인하여 내가 이것을 돌이키지 않을 것이다.
왜냐하면 그들이 날카로운 철 타작기구로 길르앗을 타작하였기 때문이다.
1:4 그러므로 내가 하사엘의 집에 불을 보낼 것이며 그 불이 벤하닷의 요새들
을 삼켜버릴 것이다.
1:5 내가 다메섹의 성문빗장을 꺾어버릴 것이며 아웬 골짜기에서 보좌에 앉은
자를 끊어버리고 벧에덴에서 홀을 잡은 자를 끊어버릴 것이다. 아람 백성
이 길로 사로잡혀 갈 것이다."
여호와께서 말씀하셨습니다.

3. 원문분석

1:3. 신탁을 도입하는 공식에 사용되는 불변화 부사 **כֹּה**는 앞의 단락에 근거

한 결과를 나타내는 "그러므로"로 번역하거나 또는 뒤 따르는 내용을 지시하는 "이와 같이," "이같이"로 번역할 수 있다. 본 절에서는 후자의 역할을 감당하고 있다. "서너 가지"라는 표현은 지혜문헌에 자주 사용되는 "x / x + 1"의 점진적 숫자 나열의 기법을 따른 것으로 "많음"을 상징적으로 나타낸다(cf. 잠 6:16-19; 30:15-16, 18-19; 호 6:2; 시 62:11; 미 5:5).[14] 실제적인 숫자에 근거하여 세 가지 내지는 네 가지 범죄를 따져보는 것을 의도하고 있는 것이 아니라 많은 범죄에 주목하게 한다. 이 관용적 표현이 담고 있는 의미를 살리고자 공동번역본은 "그 쌓이고 쌓인 죄"로 번역한다. 이러한 번역은 의미를 잘 전달해 주는 면이 있지만 본문이 가지고 있는 관용적 표현을 그대로 반영하는 것도 중요하다.

דַּמֶּשֶׂק("다메섹")은 도성국가이며 북이스라엘의 북동쪽에 위치하였던 시리아(아람) 왕국의 수도이다. 다메섹은 이 왕국 전체를 연상시키는 제유(synechdoche)의 역할을 한다. 동사 אֲשִׁיבֶנּוּ에 첨가된 대명사어미(3인칭, 남성, 단수)는 앞에 나오는 명사를 선행사(anaphoric)로 갖는 것이 아니라 뒤에 나오는 하나님께서 행하실 징벌의 행위(4a-5d; cataphoric)를 가리키는 것이다.[15] 따라서 구체적으로 4-5절에

14) Cf. R. Chisholm, "'For Three Sins…Even for Four': The Numerical Sayings in Amos," *BS* (1990): 188-97; W. M. Roth, "The Numerical Sequence x / x + 1 in the Old Testament," *VT* 12 (1962): 300-311; M. Weiss, "The Pattern of Numerical Sequence in Amos 1-2: A Re-examination," *JBL* 86 (1967): 416-23.

15) 대명사어미의 해석에 관한 자세한 논의를 보려면 M. L. Barré, "The Meaning of *L"sybnw* in *Amos* 1:3-2:6," *JBL* 105 (1986): 611-31을 참조하라. Mays는 현재 본문의 흐름에서는 대명사어미의 선행사가 2절의 여호와의 목소리가 될 수 있지만 2절이 후대에 삽입된 것으로 본다면 대명사어미의 선행사는 뒤 따르는 언급되는 심판선언이라고 제안한다(Mays, *Amos*, 24; cf. Paul, *Amos*, 46). Hayes는 2절의 여호와의 목소리 ("그의 목소리")를 선행사로 제안하고 있으며 동사 אֲשִׁיבֶנּוּ를 "철회하다"의 의미로 보아 "I will not recall it"으로 번역한다(Hayes, *Amos*, 68, 71). Barré는 대명사어미의 선행사를 앞에 언급된 지역명("다메섹")으로 본다(Barré, "The Meaning," 613). A. R. Creresko는 대명사어미가 anaphoric과 cataphoric의 두 가지 기능을 모두 행하고 있는 것으로 본다 (A. R. Creresko, "Janus Parallelism in Amos's Oracle against the Nations," *JBL* 113 [1994]: 485-93). 따라서 Barré의 해석도 가능하며 대명사어미가 뒤에 나오는 불(אֵשׁ)을 가리키는 것도 가능하다고 설명한다. 하지만 후자의 경우, 동일한 표현을 사용하고 있는 북이스라엘을 향한 심판신탁(2:6)이 불을 언급하지 않으므로 일관성 있게 적용되지 않는 문제점이 있다. Stuart는, אֲשִׁיבֶנּוּ의 3인칭 남성 대명사어미가 불이나 하나님의

서 설명되기 전까지는 "이것"으로 번역하여 저자가 의도하고 있는 긴장감을 나타낼 필요가 있다. 이러한 긴장감이 아모스에 의해 의도된 것으로 보이기 때문이다. 아모스는 북이스라엘을 향한 심판을 언급하기까지 주변 나라들을 하나씩 언급하며 점차적으로 북이스라엘로 다가가면서 긴장감을 주고 있으며 4장 12절에서도 유사한 기법를 사용하고 있다.[16] 기본적으로 פֶּשַׁע("범죄," transgression)는 권위에 대한 반항 또는 배반을 의미하는데, 구약성경에서는 주로 이스라엘이 하나님의 율법을 어긴 죄를 언급할 때 사용되는 단어이다(cf. 사 1:2; 미 1:13; 렘 2:8; 33:8; 겔 2:3; 호 7:13; 8:1). 하나님의 율법이 직접적으로 다메섹에게 주어지지 않았지만 이 단어가 다메섹에게 사용된 것은 하나님의 주권적이고 우주적인 질서 내지는 규범을 어긴 죄를 지칭하는 것으로 이해할 수 있다(cf. 창 9:6).[17] 3c는 "עַל+분사+대명사어미"로 시작되면서 3b의 עַל 구문들과 동격을 이룬다. 따라서 앞의 부사구에서 언급한 범죄의 내용이 무엇인지를 구체적으로 설명하는 원인절로 해석할 수 있다. דּוּשָׁם은 동사 דּושׁ의 칼(*qal*) 부정사 연결형이며 3인칭 남성 대명사어미는 동사의 주어 역할을 한다. 이 동사는 두 가지 의미가 가능하다:(1) "짓밟다"와 (2) "타작하다." 이 동사가 "타작하다"의 의미를 갖게 되는 것은 타작행위와 관련이 있다. 근동에서 사용되는 타작기구는 널판 모양에 날카로운 철심 또는 돌을 달아 놓은 것으로 이 널판에 사람이 올라타고 소가 끌어 타작마당에 놓인 곡식들을 타

심판을 가리키는 것도 가능하지만 심판에 대한 하나님의 뜻을 암시하는 것으로 해석하는 것을 선호한다: "Here, the 3 m sg object suffix may well connote Yahweh's will or decision to punish (lit., 'I will not revoke it'), though alternatives such as 'I will not hold it (i.e., fire) back' or 'Indeed (taking as an asseverative) I will pay it (i.e., my revenge/ punishment) back,' are quite possible" (Stuart, *Hoseah-Jonah*, 307).

16) 4장 13절에서 심판선언이 주어질 때 구체적인 심판의 내용이 언급되지 않고 단지 "내가 이것을 행할 것이다"(כִּי־זֹאת אֶעֱשֶׂה־לָּךְ)라고 선언한다. 여기서 "이것"은 다음에 주어지는 신탁들 속에서 점차적으로 설명되어진다. 즉 독자/청자는 신탁이 진행되면서 내용을 확인해 가는 긴장감을 갖게 된다.

17) Mays는 하나님의 우주적 주권과 권위에 대한 반항의 의미에서 이 단어가 사용되었다고 본다(Mays, *Amos*, 27-28). Chisholm은 이 단어의 사용이 하나님께서 노아에게 명한 살해금지 명령에 근거할 수 있다고 설명한다(Chisholm, *Handbook*, 381). 이들과는 달리 Hayes는 국제적 관례법(international customary law)과 통상적인 윤리적 기준(customary standards of morality)에 호소한다(Hayes, *Amos*, 59).

작한다. 따라서 밟는 것과 타작이 함께 이루지는 모습을 연상하게 된다. חֲרֻצוֹת는 문자적으로 "날카로운"이라는 의미를 갖는 형용사인데, 동사 דוּשׁ와 함께 등장하면서 타작기구를 의미하게 된다. בַּרְזֶל("철," 또는 "철을 함유한 돌")은 타작기구에 부착된 철심 또는 돌을 가리키는 것으로 보인다.[18] "타작기로 곡식을 타작하듯"이라고 비유적으로 번역하기 보다는 타작의 모습을 그대로 반영하는 것이 더 적절하다. 왜냐하면 실제로 사람을 타작기로 밟은 잔혹한 행위를 직접적으로 의미할 수도 있기 때문이다.[19] 어떤 번역을 따르던 간에 이것은 다메섹의 잔혹성과 가혹한 압제를 반영하는 표현이다(cf. 왕하 13:7). הַגִּלְעָד("길르앗")은 요단강 동편에 위치하여 북으로는 갈릴리 바다와 남으로는 사해까지 이르는 넓은 지역이며 울창한 산림과 향유로 유명하다(cf. 렘 8:22; 22:6-7). 가나안 정복 당시 르우벤과 갓과 므낫세 지파가 길르앗을 차지하였는데(cf. 신 2;13-15), 이 지역의 풍요로움으로 인하여 길르앗은 암몬과 시리아 등 주변 나라들의 침략의 대상이었다.

1:4. וְשִׁלַּחְתִּי은 바브-완료연계형으로 앞 절과의 관계를 원인과 결과의 관계로 볼 수 있게 한다.[20] 다메섹의 범죄로 인한 결과로 하나님의 대응이 바브-연계형 시리즈로 나열된다(וְשִׁלַּחְתִּי[4a], וְאָכְלָה[4b], וְשָׁבַרְתִּי[5a], וְהִכְרַתִּי[5b], וְגָלוּ[5d]). 이 시리즈는 하나님의 심판행위의 순차적 흐름을 보여준다. 하나님께서 불을 보내시는 것은 철저한 심판에 대한 이미지이며 불은 전쟁을 통한 심판의 환유(metonymy)이다.[21] 전쟁에 대한 이미지는 5절에서 성문빗장이 파괴되는 것으로 더욱 분명해진다. בֵּית חֲזָאֵל은 하사엘의 "왕궁" 또는 "왕조"(dynasty)를 의

---

18) Niehaus는 בַּרְזֶל를 현무암(basalt)으로 번역한다(Niehaus, "Amos," 341).

19) Cf. Ibid.

20) 미완료형 동사로 시작된 바브-연계형 시리즈는 바브와 완료형 동사들로 구성된다. 신탁의 선언단락에서는 이 시리즈에 등장하는 동사들을 주로 미래형으로 해석한다. 반면에 완료형 동사로 시작된 바브-연계형 시리즈는 바브와 미완료형 동사들로 구성되며 주로 과거에 일어난 사건들을 묘사할 때 이야기체 기록에서 사용되는 용법이다. 이 시리즈가 부정어(לֹא)나 주어 또는 부사 등으로 단절될 때 동사는 처음에 시작한 동사의 형태(완료형 또는 미완료형)를 취하게 된다.

21) Cf. Stuart, *Hosea-Jonah*, 311; P. D. Miller, Jr., "Fire in the Mythology of Canaan and Israel," *CBQ* 27 (1965): 256.

미할 수 있는데, "벤하닷의 요새"와 평행을 이루는 것으로 볼 때 "왕조"보다는 "왕궁"으로 이해하는 것이 적절하다. בֶּן־הֲדַד("벤하닷")은 "하닷의 아들"이라는 의미를 갖는 이름으로 이집트의 바로(Pharoah)와 같은 왕좌명이다. 하닷(הֲדַד)은 폭풍의 신(바알)을 의미한다.

1:5. 3b의 미완료형(*yqtl*) אֲשִׁיבֶנּוּ로 시작된 바브-연계형 시리즈가 5절에서도 וְשָׁבַרְתִּי("내가 꺾어버릴 것이다")에 의해 계속해서 이어지면서 하나님의 심판행위가 서술된다. 동사 כרת가 히필형(*hiphil*, 사역동사형)으로 쓰일 경우 전쟁을 통한 전멸, 즉 완전히 끊어 버리는 것을 의미한다(cf. 수 23:4; 삿 4:24; 사 10:7; 렘 44:11).[22] 5b의 יוֹשֵׁב에 대해 두 가지 해석이 제시되고 있다. 일반 "거주민"으로 해석하거나 아니면 "왕"을 의미하는 표현으로 해석하는 것이다.[23] Niehaus는 יוֹשֵׁב가 남성단수분사라는 것과 이어서 등장하는 "홀을 잡은 자"(וְתוֹמֵךְ שֵׁבֶט, 5c)와 평행을 이루고 있는 것에 근거하여 이것을 "보좌에 앉은 자"(the enthroned)로 번역할 것을 제안한다.[24] 즉 יוֹשֵׁב가 일반 거주민을 가리키는 것이 아니라 지도자를 가리킨다는 것이다. "홀"(שֵׁבֶט)은 통치권에 대한 은유적 표현이다. 따라서 תוֹמֵךְ שֵׁבֶט는 통치권을 가지고 있는 사람, 즉 왕과 관료와 같은 통치자를 의미한다. 그러므로 יוֹשֵׁב가 이끄는 구문(5b)과 וְתוֹמֵךְ שֵׁבֶט가 이끄는 구문(5c)이 구문론적, 의미론적 평행을 이루는 것에 주목할 때 Niehaus의 제안은 설득력이 있다. 그렇다면 5b와 5c가 통치자들의 제거를 강조하여 묘사하고 있는 것으로 볼 수 있다. 정확히 위치를 규명할 수는 없지만 בִּקְעַת־אָוֶן(비크아트 아벤["아웬 골짜기"])은 지역이름인 것으로 보인다. אָוֶן이 문자적으로 "악"(evil)을 의미하므로 우상숭배가 이루어진 장소에 대한 명칭으로 짐작해 볼 수 있다. 벧에덴

22) Cf. Niehaus, "Amos," 342.

23) "그 주민들을"(개역개정); "주민들을"(쉬운성경); "사는 사람들"(우리말); "그 주민을"(표준새번역); "군림한 자"(공동); "inhabitants/inhabitant" (ESV, NRS, ASV, NJB, TNK; "those who live" (NAB); "the king who is" (NIV).

24) Niehaus, "Amos," 342. 같은 맥락에서 Stuart도 "him who reigns"로 번역한다(Stuart, *Hosea-Jonah*, 304). Soggin의 경우에도 "him who is enthroned there"라고 번역한다(Soggin, *The Prophet Amos*, 32). Hayes는 이 통치자를 르말랴의 아들 베가로 보며 홀을 잡은 자를 Shamshi-ilu와 연결시킨다(Hayes, *Amos*, 76-77).

(בֵּית עֶדֶן)은 문자적으로 "쾌락의 집"을 의미한다. Wolff는 이 표현을 "House of Pleasure"라고 번역하면서 문자적 의미를 강조하는데 본문의 흐름상 지역이름으로 보아 음역을 따르는 것이 적절하다.[25] 다메섹의 주요 지역에서 통치자들이 제거되는 것이 백성들의 문제(5d)로 연결된다. 즉 백성들이 "길"(קִיר)로 포로로 사로잡혀 가게 된다. קִירָה에는 방향을 나타내는 처격 ה 어미(the locative ה)가 사용되어 사로잡혀가는 방향이 표기된다.

4. 원문주해

1:3. 신탁도입공식(כה אמר)과 함께 다메섹(דַּמֶּשֶׂק)을 향한 하나님의 심판신탁이 선포된다.[26] 이것은 하나님이 단지 이스라엘의 하나님으로만 제한되는 것이 아니라 창조주로서 열방의 하나님이심을 입증해 주는 것이다. 신탁형식에 따라 이 단락을 구분하면 다음과 같다.

3a. 도입형식: כה אמר
3b-c. 고소/비난(diatribe/criticism)
4a-5d. 신적 선언(divine prediction/statement)
5e. 결언: אמר יהוה

심판신탁의 구성요소 중 "사자위임"과 "전환"이 등장하지 않지만 심판신탁인 것을 서술형식과 내용을 보아 충분히 알 수 있다.[27] 이 신탁을 시작으로 주변 나라들을 향한 신탁연속물이 시작된다. 3b-c는 다메섹이 심판을 받을 수밖에 없는

---

25) Wolff, *Joel and Amos*, 129; cf. Stuart, *Hosea-Jonah*, 307.

26) 주변 나라들을 향한 신탁의 배열과 구조에 대한 논의를 보려면 A. E. Steinmann, "The Order of Amos's Oracles against the Nations: 1:3-2:16," *JBL* (1992): 683-89; D. L. Christensen, "The Prosodic Structure of Amos 1-2," *HTR* 67 (1974): 427-36; S. M. Paul, "Amos 1:3-2:3: A Concatenous Literary Pattern," *JBL* 90 [1971]: 397-403을 참조하라.

27) 두로, 에돔, 유다에 관한 신탁에서는 결언이 생략된다.

문제점을 고소한다. 심판의 원인이 되는 다메섹의 죄는 정복행위 자체가 아니라 길르앗에 행한 비인간적인 가혹한 압제와 파괴이다. 일반적으로 열왕기하 13장 1-9절이 기록하고 있는 사건을 이 신탁의 배경으로 제시한다.[28] 신탁연속물에서 계속해서 반복되는 "[ ]의 서너 가지 범죄로 인하여"는 두 가지 역할을 한다. 첫째, 수많은 범죄를 지적한다.[29] 둘째, 다른 나라들과 유다 및 북이스라엘을 향한 심판신탁들이 서로 연결되어 있다는 것을 표기하는 방법이다. 이것은 마치 서로를 묶어주는 연결고리와 같은 역할을 한다.[30]

1:4-5. 고소단락에서 선언단락으로의 전환을 나타내는 "그러므로"(לָכֵן)가 사용되지는 않지만 4a의 바브-완료 연계형은 신적 선언으로의 전환을 분명하게 나타내면서 심판선언의 내용을 묘사한다. 하사엘은 기원전 9세기 후반에 다메섹의 왕이며 벤하닷은 그의 아들이다(왕하 13:3, 22-25). 이들이 이스라엘을 심판하는 도구로 사용되었지만 지나치게 잔혹한 행위를 행한 것으로 인해 심판의 대상이 된다(왕하 8:7-15; 13:3). 그러므로 다메섹은 하나님의 철저한 심판을 경험하게 될 것이다. 왕궁과 요새가 파괴되고 성문빗장이 꺾이게 되면서 적들이 침투할 수 있게 된다. 결국 통치자들이 전멸을 당하고 백성들은 포로로 잡혀가는 심판을 겪게 될 것이다. 다메섹과 더불어 아웬 골짜기와 벧에덴이 함께 언급되는 것은 심판이 다메섹에만 제한되는 것이 아니라 다메섹과 동맹관계에 있는 모든 지역에까지 미치게 될 것임을 선포하는 것이다. Chisholm이 지적하는 바와 같이 아웬 골짜기를 레바논의 비카 골짜기("Biq'ah Valley")와 연관을 짓고 벧에덴을 다메섹 북쪽의 빗

---

28) Niehaus는 왕하 10:32-33과 왕하 13:1-7을 가혹한 행위의 배경으로 언급한다(Niehaus, "Amos," 340); cf. Mays, *Amos*, 30.

29) Chisholm은 이 표현에서 범죄의 실제적인 수를 기대할 수 있는 것으로 본다. 주변 나라들의 신탁에서는 이 숫자가 채워지지 않지만 북이스라엘의 범죄 서술에서는 이 숫자가 채워지는 것으로 설명한다(Chisholm, "For Three Sins," 188-97). 반대로 Hayes는 이 표현이 형식적인 것이지 실제적 숫자를 의도한 것이 아니라고 본다: "The numerical expression was probably intended to function formulaically rather than realistically in any case" (Hayes, *Amos*, 70).

30) 이와 더불어 열방을 향한 심판신탁에 사용된 동일한 구문, 표현, 및 단어들의 반복이 이러한 연결을 분명하게 보여준다.

아디니(Bit Adini)와 연관을 시키는 것이 가능하다면 아람 왕국의 전 지역이 심판의 대상임을 의미하게 된다.[31] 9장 7절을 고려해 볼 때 "길"(קִיר)은 본래 그들이 있었던 지역으로 보인다. 그렇다면 하나님의 심판으로 인해 아람 백성들은 그들이 나온 그 곳으로 포로가 되어 되돌아가게 될 것이다.[32] 결언(אָמַר יְהוָה)은 이 신탁을 마무리해 줄뿐만 아니라 이 신탁의 신적 기원과 확실성을 강조하는 역할을 한다. 이 신탁은 기원전 732년에 앗수르 왕 디글랏빌레셀 3세에 의해 성취된다: "앗수르 왕이 그 청을 듣고 곧 올라와서 다메섹을 쳐서 취하여 그 백성을 사로잡아 길로 옮기고 또 르신을 죽였더라" (왕하 16:9).

III. 가사에 대한 심판신탁(b): 1:6-8

1. 원문

כֹּה אָמַר יְהוָה	1:6a
עַל־שְׁלֹשָׁה פִּשְׁעֵי עַזָּה וְעַל־אַרְבָּעָה לֹא אֲשִׁיבֶנּוּ	1:6b
עַל־הַגְלוֹתָם גָּלוּת שְׁלֵמָה לְהַסְגִּיר לֶאֱדוֹם	1:6c
וְשִׁלַּחְתִּי אֵשׁ בְּחוֹמַת עַזָּה	1:7a
וְאָכְלָה אַרְמְנֹתֶיהָ	1:7b
וְהִכְרַתִּי יוֹשֵׁב מֵאַשְׁדּוֹד	1:8a
וְתוֹמֵךְ שֵׁבֶט מֵאַשְׁקְלוֹן	1:8b
וַהֲשִׁיבוֹתִי יָדִי עַל־עֶקְרוֹן	1:8c
וְאָבְדוּ שְׁאֵרִית פְּלִשְׁתִּים	1:8d
אָמַר אֲדֹנָי יְהוִה	1:8e

2. 사역

31) Chisholm, *Handbook*, 382.

32) Stuart는 아람 백성이 길로 되돌아가는 것을 그들이 이루어놓은 것들을 잃게 되고 본래의 비천한 상태로 되돌아가는 것으로 해석한다(Stuart, *Hosea-Jonah*, 311; cf. Mays, *Amos*, 31).

1:6 여호와께서 이같이 말씀하셨습니다.
"가사의 서너 가지 범죄로 인하여 내가 이것을 돌이키지 않을 것이다. 왜냐하면 그들이 사로잡은 자들을 전부 잡아서 에돔에 넘겨주었기 때문이다.
1:7 그러므로 내가 가사의 성벽에 불을 보낼 것이며 그 불이 그 요새들을 삼켜버릴 것이다.
1:8 내가 아스돗에서 보좌에 앉은 자를 끊어버릴 것이며 아스글론에서 홀 잡은 자를 끊어 버릴 것이다. 내가 에그론을 마주하여 내 손을 돌이킬 것이다. 그러면 블레셋의 남은 자들이[33] 사라질 것이다."
주 여호와께서 말씀하셨습니다.

3. 원문분석

1:6. 심판신탁의 대상인 가사(עַזָּה)는 블레셋의 다섯 도성 중에 가장 남쪽에 위치한 성으로 무역이 성행하였다(가사, 아스돗, 아스글론, 가드, 에그론; 수 13:3; 삼상 6:17).[34] 다메섹과 같이 가사는 전체 블레셋 왕국을 연상시키는 제유(synechdoche)이다. 가사의 죄를 "범죄"(פֶּשַׁע)로 규정하는 것을 다메섹의 경우와 동일한 이유로 설명할 수 있다. עַל־הַגְלוֹתָם에서 גלה의 히필형은 "포로로 잡아가다," 또는 "사로잡아가다"를 의미한다. 이 동사와 함께 동족목적어(גָּלוּת, "포로")가 사용되

---

33) שְׁאֵרִית를 겔 36:3-4의 용례에 근거하여 "마지막 사람까지"(the last man)로 번역하여 철저하고 처참한 심판의 의미를 강조하기도 한다(NAB; NIV; TNK; Mays; Stuart; Hayes).

34) Stuart는 가드가 하사엘 또는 유다에 의해 정복되어 세력이 약화되었기 때문에 이 신탁에서 언급되지 않은 것으로 설명한다(Stuart, *Hosea-Jonah*, 312; Mays, *Amos*, 33; cf. 삼하 21:11-16, 27-30; 삼하 15:18; 대하 11:8-10; 26:6). 또한 렘 25:20; 습 2:4; 슥 9:5-7에서도 가드가 언급되지 않는 것을 지적한다. 이와는 달리 Hayes는 그 당시에 가드가 반앗수르 연합에 가담하지 않았으므로 반이스라엘이나 반유다 행보가 없었기 때문에 언급되지 않은 것으로 설명한다(Hayes, *Amos*, 81). 또한 가드가 언급되지 않은 것이 후대삽입의 가능성을 시사하는 것으로 간주한다. 하지만 가드가 언급되지 않은 것을 후대삽입에 대한 근거로 제시하기에는 무리가 있다.

면서 사로잡혀감의 의미가 더욱 강조된다. "전부" 또는 "전체"의 의미를 갖는 형용사 שְׁלֵמָה가 명사 גָּלוּת를 꾸며주어 사로잡힌 자들(the entire exiled ones)이 하나도 빠짐없이 모두 다 에돔에 넘겨졌다는 표현이 된다.[35] 이것은 가사가 전혀 자비를 베풀지 않은 비정함을 시사한다. לְהַסְגִּיר(לְ+히필 부정사)는 주동사(הִגְלוֹתָם)가 전달하고 있는 행위의 목적 또는 결과를 나타내는 역할을 한다. סגר("닫다")의 히필형은 "넘겨주다"의 의미를 갖는다. 따라서 "*에돔에 넘겨주기 위하여* 전체 백성을 포로로 사로잡아 갔기 때문이다"(목적) 또는 "전제 백성을 포로로 사로잡아가서 *에돔에 넘겨주었기* 때문이다"(결과)로 해석하는 것이 가능하다. 히필 부정사(הַסְגִּיר)를 "팔아넘기다"로 의역을 하기도 한다.[36] 요엘 3:4-8은 블레셋과 시돈과 두로가 노예매매에 관여하였음을 보여준다.

1:7 다메섹의 신탁에서와 같이 선언단락으로의 전환을 나타내는 לָכֵן이 쓰이는 것은 아니지만 7a의 바브-완료연계형 וְשִׁלַּחְתִּי("내가 보낼 것이다")가 논리적 전환을 이루어 준다. 달리 말하면 바브-연계형의 바브(ו)가 "그러므로"의 의미를 담고 있다는 것이다. 바브-완료연계형 시리즈가 6b의 미완료형 אֲשִׁיבֶנּוּ에서 시작되어 8c의 וְאָבְדוּ까지 이어지면서 하나님께서 행하실 심판을 묘사한다. בְּחוֹמַת(전치사+여성/단수명사)에서 전치사 בְּ는 위치를 나타낸다. 명사 חוֹמָה(연결형, חוֹמַת)의 문자적 의미는 "벽"이지만 짝을 이루고 있는 7b의 אַרְמְנֹתֶיהָ("요새")와 함께 고려할 때 방어를 위한 "성벽"(또는 "방어벽")을 의미하는 것으로 볼 수 있다.[37] 특히 7a가 5a의 성문빗장을 꺾어버리는 장면을 함축하고 있는 것으로 보면 "성벽"이라고 번역하는 것이 가능하다.

1:8. 바브-완료연계형 וְהִכְרַתִּי는 신적 선언을 계속해서 이어간다. 8a에 사용된

---

35) Niehaus는 이 표현이 "전체 인구"(entire population)로 의역될 수 있다고 본다(Niehaus, "Amos," 345).

36) Cf. "에돔에 팔아넘긴"(공동번역); "에돔으로 팔아넘겼기"(쉬운성경); "에돔에 팔아넘겼기"(우리말); NLT("selling them as slaves in Edom"); NIV ("sold them to Edom");

37) 한글번역본들처럼 חוֹמָה를 단순히 "성"으로 번역하면 이러한 관계를 적절히 반영하지 못하게 된다.

יוֹשֵׁב는 5b의 경우와 같이 "보좌에 앉은 자"로 번역하여 구문론적 평행을 유지하는 것이 적절하다. 이러한 번역은 8b와 의미론적, 구문론적 평행을 자연스럽게 반영하게 된다. 8c-d는 앞의 단락(1:3-5)에서 언급되지 않은 표현이다. 8c와 8d는 바브-완료연계형(וַהֲשִׁיבוֹתִי와 וְאָבְדוּ)으로 연결되어 있는데, 이 두 문장은 원인과 결과로 해석하거나 순차적 사건들의 나열로 볼 수 있다. 전자의 경우, 에그론을 마주하여 손을 들었기 때문에 그 결과로 남은 자들이 죽음을 맞이하게 되는 것으로 해석이 된다.[38] 후자의 경우, 손을 에그론을 마주하여 드는 행위와 그 다음에 남은 자들의 죽음이 나열되는 것이다.[39] 심판을 위한 하나님의 개입과 그 결과를 드러내는 면에서 공동번역, 쉬운성경, 우리말성경, 표준새번역은 8c의 주어(שְׁאֵרִית פְּלִשְׁתִּים, "블레셋의 남은 자들")를 목적어로 번역하고 있는데, 문장에 나타난 그대로 주어로 번역하는 것이 적절하다(cf. 개역, 개역개정). 왜냐하면 문법적인 주어를 유지하는 것이 5d("아람 백성이 길로 사로잡혀갈 것이다")와의 구문론적 평행을 반영할 수 있기 때문이다. 아스돗(אַשְׁדּוֹד)은 가사의 북동쪽으로 약 34km 거리에 위치한 도시이다. 아스글론(אַשְׁקְלוֹן)은 가사(가자)와 아스돗의 중간에 위치한 해안도시이다. 네 번째 언급된 에그론(עֶקְרוֹן)은 아스돗의 북동쪽으로 약 19km 거리에 위치한 도시이며 블레셋 다섯 도성 중 가장 북쪽에 위치하였다. "나의 손"(יָדִי)은 하나님의 능력을 상징하는 비유적 표현이며 구체적으로는 심판의 행위를 상징적으로 나타낸다(cf. 사 1:25; 슥 13:7). 8d의 שְׁאֵרִית는 "남은 자들" 또는 "남겨진 자들"을 의미하며 이 문장에서는 "마지막 사람까지"로 번역하여 전면의 의미를 강조할 수도 있다. 다섯 번째 도시인 가드가 언급되는 대신 블레셋(פְּלִשְׁתִּים)이 언급되는데, 이것은 블레셋 왕국 전체를 나타내면서 신탁을 마무리하는 표현이 될 수 있다. 또는 שְׁאֵרִית פְּלִשְׁתִּים을 가드에 대한 암시적 표현으로 제안하기도

---

38) "또 손을 돌이켜 에그론을 치리니 블레셋의 *남아 있는 자가* 멸망 하리라"(개역); "또 손을 돌이켜 에그론을 치리니 블레셋의 *남아 있는 자가* 멸망하리라"(개역개정); "손을 돌이켜 에크론을 쳐, 남아 있는 블레셋 사람을 다 멸하리라"(공동); "또 손을 돌려 에그론을 쳐 블레셋의 *남은 사람*들을 없애 버리겠다"(우리말).

39) "나의 손을 돌이켜 에그론 백성을 치고 블레셋의 남은 사람을 벌할 것이다"(쉬운성경); "손을 돌이켜 에그론을 치고, 블레셋 족속 가운데서 남은 자를 모조리 멸하겠다"(표준새번역).

한다. 결언(8e)에 있어서 BHS는 칠십인경 번역에 אֲדֹנָי가 나오지 않는 점을 지적하면서 אֲדֹנָי를 생략할 것을 제안한다. 하지만 다른 사본들이 이 표현을 가지고 있으며 아모스서에서도 אֲדֹנָי가 사용된 문장이 네 번이나 나오고 있기 때문에 이것을 생략할 필요가 없다(1:8; 3:11; 5:3; 7:6).

4. 원문주해

1:6. 신탁도입형식(כֹּה אָמַר יְהוָה)이 새로운 신탁이 시작되고 있음을 보여 주고 있으며 신탁의 대상은 가사(עַזָּה)이다. 신탁의 대상이 북이스라엘의 북동쪽(다메섹)에서 남서쪽으로 이동한다. 이 단락을 신탁형식에 따라 다음과 같이 구분할 수 있다.

6a. 도입형식: כה אמר
6b-c. 고소/비난(diatribe/criticism)
7a-8d. 신적 선언(divine prediction/statement)
8e. 결언: אמר ארני יהוה

이 신탁에는 앞의 단락(1:3-5)과의 유사성이 두드러지게 나타나기도 하지만 차이점도 나타난다. 큰 틀 속에서 문장의 흐름과 구문이 거의 유사하다. 6절과 7절은 마치 이름과 내용만 바꾸어 끼어 넣기만 해도 될 만큼의 유사성을 가지고 있다. 하지만 8절에는 5d의 문장이 생략되었고 새로운 표현과 단어가 사용되는 차이점이 나타난다. 가사가 하나님의 심판의 대상이 될 수밖에 없는 원인을 파악하기 위해서는 상황에 대한 고소/비난 단락(6b-c)을 살펴볼 필요가 있다. 가사의 범죄는 군인뿐만 아니라 민간인들을 포함하여 사로잡힌 자들을 하나도 빠짐없이 모두 에돔에 노예로 팔아 넘겨버린 것 곧 자비가 없는 잔혹한 행위이다. 모세의 율법은 이러한 행위를 사형으로 처벌할 것을 명한다(출 21:16). Niehaus는 역대하 21:16-17을 이 범죄행위의 배경으로 제시하면서 포로들이 이스라엘 백성이었을 것으로 본다.[40] 하지만 신탁 안에는 이스라엘 백성들에 대한 직접적인 암시가 없다. 이것은 심판고소가 행위의 대상보다는 잔혹한 행위자체에 주목하고 있기 때문인 것으로 보인다.

1:7–8. 심판선언은 가장 대표적인 성읍으로 시작하여 주요 성읍들을 모두 다루고 있다. 가사를 향한 신탁에는 "성문빗장을 꺾어버리겠다"는 5a의 표현이 없다. 하지만 가사의 성벽에 불을 보낸다는 표현 속에서 유사한 의미를 찾아 볼 수 있다. חוֹמָה가 성의 방어를 위해 세운 벽을 의미하는 것이라면 표현의 차이는 나타나지만 방어물이 파괴된다는 의미가 동일하게 전달된다. 전쟁을 통해 하나님은 먼저 가사의 성을 파괴할 것이며 아스돗과 아스글론에서는 통치자들을 끊어버릴 것이다. 또한 그의 손을 들어 에그론을 칠 것이다. 이 선언들이 각 성에 행한 각각 분리된 행위들을 묘사하는 것으로 보기 보다는 오히려 전쟁을 통해 이러한 심판의 행위들이 모든 성에 임하게 될 것으로 보는 것이 자연스럽다. 예를 들면 에그론을 치는 하나님의 손이 그 성을 불태우고 통치자를 제거할 것임을 기대할 수 있다. 최남단에 있는 가사와 최북단에 위치한 에그론이 언급되는 것을 볼 때 블레셋의 전 지역에 하나님의 심판이 임하게 될 것임을 알 수 있다. 이것은 하나님의 철저하고 완벽한 심판에 대한 기술적인 묘사이다. 블레셋의 다섯 도성들 중에 가드가 언급되지 않기 때문에 일부 주석가들은 "블레셋의 남은 자들"이 가드의 거민들을 의미하는 것으로 보기도 한다.[41] 그러나 가드가 언급되지 않은 이유가 분명하지는 않지만 이 표현이 가드에만 제한되지 않고 블레셋 전체를 의미하는 것으로 이해할 수 있다. 따라서 심판선언을 마무리하는 문장에 쓰인 "블레셋의 남은 자들"은 블레셋 전체를 향한 하나님의 철저한 심판을 더욱 명확하게 그려볼 수 있게 한다. 즉 자비를 베풀지 않은 잔혹한 행위로 인하여 블레셋의 모든 배성들이 한 명도 빠짐없이 하나님의 심판을 겪게 될 것이다. 이것은 가사가 사로잡은 자들을 한 명도 빠짐없이 에돔에 넘겨준 사건과 평행을 이루는 심판이 된다(גָּלוּת שְׁלֵמָה, 6c). 결국 하나님의 철저한 심판은 블레셋 왕국의 멸절을 가져올 것이다. 달리 말하면 블레셋 자체가 사라지게 될 것이다. Chisholm은 이 예언이 8세기 후반에

40) Niehaus, "Amos," 345; cf. Hayes, *Amos*, 84-85. Mays는 신탁에서는 포로들의 정체가 정확하게 암시되지는 않지만 블레셋이 북이스라엘과 유다에 인접하였으므로 가능성이 있음을 시사한다(Mays, *Amos*, 32).

41) Cf. Niehaus, "Amos," 346.

유다의 웃시야 왕과 히스기야 왕 또한 앗수르 왕들에 의해 성취된 것으로 본다(cf. 대하 26:6-7; 왕하 18:8).[42] 신탁을 마무리하는 결언(אָמַר אֲדֹנָי יְהוִה)은 이 신탁의 신적 기원과 권위를 확언해 준다.

IV. 두로에 대한 심판신탁(c): 1:9-10

1. 원문

כֹּה אָמַר יְהוָה 1:9a

עַל־שְׁלֹשָׁה פִּשְׁעֵי־צֹר וְעַל־אַרְבָּעָה לֹא אֲשִׁיבֶנּוּ 1:9b

עַל־הַסְגִּירָם גָּלוּת שְׁלֵמָה לֶאֱדוֹם 1:9c

וְלֹא זָכְרוּ בְּרִית אַחִים 1:9d

וְשִׁלַּחְתִּי אֵשׁ בְּחוֹמַת צֹר 1:10a

וְאָכְלָה אַרְמְנֹתֶיהָ 1:10b

2. 사역

1:9 여호와께서 이같이 말씀하셨습니다.
"두로의 서너 가지 범죄로 인하여 내가 이것을 돌이키지 않을 것이다. 왜냐하면 사로잡은 자들을 그들이 전부 에돔에[43] 넘겨주었고 형제의 언약을 기억하지 않았기 때문이다.[44]
1:10 그러므로 내가 두로의 성벽에[45] 불을 보낼 것이며 그 불이 그 요새들을 삼켜버릴 것이다.

---

42) Chisholm, *Handbook*, 382.

43) ד 대신에 ר로 수정하여 에돔(אדום)을 아람(ארם)으로 읽으려는 시도가 있지만 고대 사본이나 번역본의 지지를 받지 못한다(cf. Soggin, *The Prophet Amos*, 37).

44) 9d의 번역: "그들이 그 형제의 계약을 기억하지 아니하고"(개역개정); "의형제를 맺고는 약조를 저버리고"(공동); "그들이 이스라엘과 맺은 형제의 언약을 기억하지 아니하고"(쉬운성경); "그들이 형제의 계약을 어기고"(우리말); "그들이 형제의 언약을 기억하지 않고"(표준새번역). 쉬운성경은 형제의 언약을 이스라엘과의 협정으로 이해하여 번역하고 있다.

45) 7a와 10a에서 동일한 단어(חוֹמָה)가 사용되는데 우리말성경은 전자는 "가사의 성"으로

3. 원문분석

1:9. 신탁도입어가 새로운 신탁의 시작을 분명하게 해 준다. 이 신탁의 대상은 두로(צֹר)이다. 두로는 그 당시 페니키아의 가장 중요한 두 도시들 중의 하나였다.[46] 갈멜산 북쪽으로 약 48km 떨어진 지역에 있었으며 해상무역이 발단한 상업도시였다. 6c에서는 סגר("닫다"[칼]; "넘겨주다"[히필])가 히필 부정사형으로 목적 또는 결과를 나타내는 구로 사용된 반면에 9c에서는 전치사 עַל과 함께 원인을 나타내는 부사구를 이루어 두로의 범죄내용을 서술한다. 9d는 9c의 부사구(עַל־הַסְגִּירָם)에 연결되는 문장으로 범죄내용을 보다 구체적으로 지적한다. "언약을 기억하다(זכר)"라는 표현은 "언약을 준수하다(שׁמר)"를 의미하는 관용적 표현이다(cf. 창 9:16; 출 2:24; 레 26:45; 대상 16:15; 말 3:22). 따라서 וְלֹא זָכְרוּ는 두로가 "형제의 언약"을 파기한 것을 가리키는 것이다. "형제의 언약"(문자적으로는 "형제들의 언약," בְּרִית אַחִים)은 양자 간의 동등한 협정을 의미하는 것이며 우호적이고 평화적 관계가 요구된다.

1:10. 10a-b의 구문과 단어는 앞의 신탁분석을 참조하라(cf. 7a-b).

4. 원문주해

1:9. 두로를 향한 신탁(1:9-10)은 형식에 있어서 앞의 두 신탁들과 유사한 패턴을 따르고 있지만 세 가지 특징을 가지고 있다. 첫째, 고소부분이 이중적이다. 둘째, 형식적인 표현 외에는 구체적인 심판의 내용이 서술되지 않는다. 이것은 두로의 신탁이 범죄사실에 더 무게를 두고 있음을 보여준다. 셋째, 결언이 언급되지 않는다. 이것은 에돔(:11-12)과 유다(2:4-6)를 향한 신탁들에서도 나타나는 특징이다. 이 단락을 신탁형식에 따라 구분하면 다음과 같다.

후자는 "두로의 성벽"으로 번역하고 있다. 하지만 חוֹמָה를 동일하게 번역하여 의도된 평행을 반영하는 것이 필요하다.

46) 페니키아의 중요한 두 도시는 두로와 시돈이다(cf. 사 23:12).

9a. 도입형식: כה אמר
9b-d. 고소/비난(diatribe/criticism)
10a-b. 신적 선언(divine prediction/statement)

신탁의 대상이 지역적으로 북이스라엘의 북동쪽(다메섹)에서 남서쪽(블레셋)으로 내려왔다가 다시 북쪽(두로)으로 이동한다. 하지만 거리에 있어서는 북이스라엘로 더 접근하게 된다. 두로의 범죄(פֶּשַׁע)가 두 가지로 요약되고 있다. 첫째, 자비를 베풀지 않은 잔악한 행위이다(9c). 동일한 단어와 구문이 사용되는 것을 볼 때 두로의 범죄(1:9)가 블레셋 왕국의 범죄(1:6)와 유사한 것임을 알 수 있다. 하지만 6c와는 달리 9c에서는 הַגְלוֹתָם("그들이 사로잡다")가 사용되지 않고 넘겨준 행위(הַסְגִּירָם)가 강조된다. 이것은 두로가 포로들을 노예로 파는 일에는 가담을 하였지만 직접적으로 포로를 사로잡는 일에는 관여하지 않았음을 의미할 수도 있다.[47] 에스겔 27:13과 요엘 3:4-8은 두로가 노예상의 역할을 하였음을 암시해 준다. 두로가 사람들을 사로잡아 포로로 삼는 일에는 관여하지 않았지만 자신에게 넘겨진 포로들을 모두 다시 에돔에 팔아넘기면서 전혀 자비를 베풀지 않고 물질적 이득을 추구한 것이 범죄의 핵심내용이다. 둘째, 두로가 형제의 언약을 파기한 것이다(9d). 이것은 두로의 범죄를 보다 구체적으로 설명한다. 언약이라는 단어가 사용된 것에 근거하여 이 표현(בְּרִית אַחִים)을 신명기사가적 후대삽입으로 설명하기도 하지만 설득력 있는 논증이나 증거가 제시된 것은 아니다.[48] "형제의 언약"이 의미하는 바에 대해 세 가지 견해가 있다. 첫째, 야곱과 에서가 실제 형제관계였던 것에 근거하여 בְּרִית אַחִים를 북이스라엘과 에돔의 실제적 관계를 가리키는 것으로 보는 것이다. 이 경우 두로가 북이스라엘과 에돔의 언약에 개입하여 이들 간의 협약이 정상적으로 유지되지 못하는 방향으로 유도한 것이다. 둘째, "형제의 언약"(בְּרִית אַחִים)의 배경을 두로 왕 히람과 솔로몬 사이에 맺은 언약으로 보는 견해이다(cf. 왕상 5:12; 왕상 9:13). 이 형제의 관계는 아합왕이 시돈 왕 엣바알의

47) Cf. Hayes, *Amos*, 86; Niehaus, "Amos," 348.
48) 이 표현에 대한 Stuart의 설명이 흥미롭다. Stuart에 따르면, 이 표현을 통해 아모스가 나름대로 페니키아와 이스라엘 사이에 있었던 오랜 역사를 통해 유지해 왔던 동맹관계를 요약하고 있다는 것이다(Stuart, *Hosea-Jonah*, 313).

딸 이세벨을 아내로 맞이하면서 더욱 견고하게 되었을 것이다. 하지만 두로가 이 언약을 기억하지 않고 사로잡은 자들을 에돔에 노예로 보낸 것이 하나님께 문제가 되었다는 것이다. 이 견해는 두로의 범죄가 이스라엘에게 행해진 것임을 전제로 한다.[49] 이러한 추측이 가능할 수도 있겠지만 신탁 안에서는 구체적인 대상이 언급되지 않고 있음에 주목할 필요가 있다.[50] 따라서 세 번째 견해가 제시된다. 세 번째 견해는 "형제의 언약"을 두로와 다른 상대와 맺은 일반적인 동등한 협약관계를 지칭하는 것으로 해석하는 것이다. 이 견해를 따르면 9d는 두로가 "형제의 언약"을 기억하지 않은 것은 나라 간의 협약에 있어서 신의를 지키지 않은 잘못을 지적하는 것이 된다. 대상에 집중하지 않고 행위에 집중하고 있는 신탁의 흐름을 고려할 때 세 번째 견해가 적절해 보인다. 하지만 형제의 언약에 대한 대상을 구체적으로 언급하지 않는 것은 북이스라엘 백성들에게 더 자극적인 충격을 주기 위해 의도된 것일 수 있다. 즉 두로의 악행의 대상이 정확하게 언급되지는 않지만 북이스라엘 백성들은 이 신탁을 들으면서 자연스럽게 두로가 자신들에게 행한 악행을 기억하며 하나님의 심판을 기뻐하였을 것이다. 북이스라엘 백성들은 신탁이 언급하지 않고 있는 대상을 스스로 그려 보면서 충분히 신탁에 젖어들게 되고 자신들을 향한 하나님의 신원을 기대하게 된다. 결과적으로 자신들을 결코 심판의 대상으로 생각하지 않게 된다. 하지만 이러한 기쁨은 오래가지 못한다. 마침내 자신들도 역시 하나님이 심판의 대상임을 듣게 되기 때문이다(cf. 2:6-16). 이것은 자신들을 향한 심판신탁을 전혀 기대하지 못한 자들에게 더 큰 충격이 되었을 것이다. 이와 같이 아모스는 신탁연속물을 점진적으로 진행시키면서 북이스라엘 백성들로 하여금 신탁에 젖어 들게 할 뿐만 아니라 그들을 전혀 예상치 못한 상황으로 인도하고 있는 것으로 이해할 수 있다. 이러한 이해는 첫 번째와 두 번째 견해를 선택할 수 있는 근거가 될 수 있다. 하지만 제시된 견해들 중 어떤 견해를 따르던 간에 신의를 저버리거나 신의를 저버리게 하는 두로의 문제는 분명하게 드러난다.

---

49) Bullock은 이 언약이 파기된 사건이 예후가 오므리 왕조를 제거하면서 발생하였을 것으로 본다(Bullock, 『구약 선지서 개론』, 87).

50) 동일한 의도가 가사의 신탁에서도 나타난다(cf. 1:6-8).

1:10. 두로의 범죄가 하나님의 심판의 원인이 되는 것은 당연하다. 왜냐하면 하나님은 우주적 주권과 통치권을 가지고 계시기 때문이다. 형식적인 심판선언과 함께 두로 외에 다른 지역에 대한 언급이 없는 것은 이 신탁이 두로에만 집중하기 때문이며 심판보다는 범죄에 더 무게를 두고 있기 때문이다.[51] 비평가들이 두로의 신탁을 포로기나 포로후기의 삽입으로 보는 이유는 두 가지이다. 첫째, 결언의 생략이다.[52] 그러나 결언의 생략은 오히려 후대삽입의 가능성을 약화시킬 수 있다. 왜냐하면 추가 삽입을 시도하는 사람은 본래 본문과 동일한 권위를 부여하기 위해 본래의 본문과의 유사성을 유지하려고 할 것이기 때문이다. 그렇지 않다면 조심성이 없는 후대의 조악한 작업으로 설명하게 된다. 그러나 아모스가 이 신탁을 전하였다면 이러한 유사성을 유지하려는 노력은 오히려 약화될 수 있다. 왜냐하면 어찌하든 그가 전하는 신탁이 확실하기 때문이다. 결언의 생략이 신탁 간의 차이를 보일지라도 그에게 중요한 관심사는 두로를 향한 하나님의 심판선언을 전하는 것이다. 둘째, 포로기와 포로후기에 두로와 유다가 적대적 관계를 형성하게 되었다는 것이다. 후대에 아모스의 신탁을 유다에 적용하면서 두로의 신탁이 삽입된 것으로 본다.[53] 유다와의 적대적 관계로 인해 두로의 범죄가 지적되고 심판이 선언되는 것으로 본문의 기원을 이해하는 것은 가정적인 것이다. 유다와 두로의 적대적 관계의 형성시기가 본문의 저작시기를 정하는 결정적인 근거가 될 수 없다. 왜냐하면 두로가 심판의 대상이 되는 것은 유다와의 관계가 직접적인 원인이 아니기 때문이다. 무엇보다도 아모스가 두로의 범죄행위 자체에 집중하고 있으며 범죄행위의 대상을 직접적으로 언급하지 않는 것을 주목할 필요가 있다. 아모스의 신탁이 역사적으로 성취되어 바벨론 시대에 느부갓네살 왕이 두로를 정복하여 다스렸으며, 결국 알렉산더 대왕이 기원전 332년에 두로를 역사에서 사라지게 하였다.

---

51) 심판의 내용보다는 범죄행위를 강조하는 형식이 뒤이어 등장하는 에돔의 신탁에서도 나타난다(cf. 암 1:11-12).

52) Mays는 결언의 생략 등의 이유로 후대삽입의 가능성을 주장한다(cf. Mays, *Amos*, 25-26). 반면에 Soggin은 두로 신탁의 후대삽입의 가능성이 결정적이지 않음을 인정한다(Soggin, *The Prophet Amos*, 40).

53) 신탁들 간의 유사성과 차이점은 후대삽입과 진정성에 대한 논의에 결정적인 증거가 되지 못한다(cf. Dorsey, *The Literary Structure*, 279; Paul, "Amos 1:3-2:3," 397-403).

V. 에돔에 대한 심판신탁(d): 1:11-12

1. 원문

כֹּה אָמַר יְהוָה	1:11a
עַל־שְׁלֹשָׁה פִּשְׁעֵי אֱדוֹם וְעַל־אַרְבָּעָה לֹא אֲשִׁיבֶנּוּ	1:11b
עַל־רָדְפוֹ בַחֶרֶב אָחִיו	1:11c
תְוֹשִׁחֵ רַחֲמָיו	1:11d
וַיִּטְרֹף לָעַד אַפּוֹ	1:11e
וְעֶבְרָתוֹ שְׁמָרָה נֶצַח	1:11f
וְשִׁלַּחְתִּי אֵשׁ בְּתֵימָן	1:12a
וְאָכְלָה אַרְמְנוֹת בָּצְרָה	1:12b

2. 사역

1:11 여호와께서 이같이 말씀하셨습니다.
"에돔의 서너 가지 범죄로 인하여 내가 이것을 돌이키지 않을 것이다. 왜냐하면 그가 칼을 가지고 그의 형제를 뒤쫓으며 그의 형제인연을 끊어버렸기 때문이다. 그의 분노가 끊임없이 찢어버렸고 그의 격분은 끝없이 지속되었다.
1:12 그러므로 내가 데만에 불을 보낼 것이며 그 불이 보스라의 요새들을 삼켜버릴 것이다.

3. 원문분석

1:11. אֱדוֹם("에돔")은 에서의 후손들이며 야곱의 후손들(이스라엘)과 오랜 역사를 통해 증오와 적대적 관계를 가지고 있었다.[54] 11c에 나오는 단수 3인칭

---

54) Cf. 창 27:40-41; 36:9, 16-17, 43; 민 20:14-21; 삿 11:17-18; 삼상 14:47-48; 삼하 8:13-14; 왕상 11:15-16; 대상 18:11-13. 에돔을 향한 심판의 신탁을 전하는 선지서 본문들은 사 34:5-15; 렘 49:7-22; 겔 25:12-14; 옵 1:1-21; 말 1:2-5이다.

대명사어미(רָדְפוֹ; אָחִיו)의 선행사는 에돔이다. 이 어미를 한글성경에서는 단수 또는 복수로 번역하고 하는데, 단수로 번역하는 것이 선호된다.[55] 왜냐하면 에돔과 이스라엘의 관계를 형제로 표현하는 것은 에서와 야곱의 관계를 전제로 하는 것이기 때문이다. 단수로 해석을 하지만 의미적으로는 에돔 족속 전체를 담고 있다. רָדְפוֹ("그가 뒤쫓다")는 주로 전쟁에서 대적을 추격하는 행위를 묘사하는 것이며 "칼을 가지고"(בַחֶרֶב)라는 표현이 이러한 장면을 더욱 분명하게 해 준다. רָדְפוֹ의 3인칭, 남성, 대명사어미는 주격으로 부정사의 주어 역할을 한다. בַחֶרֶב에서 בְּ는 도구나 수단을 나타내는 전치사이다. אָחִיו("그의 형제")는 어렵지 않게 야곱의 후손인 이스라엘로 이해할 수 있다. 11c의 전치사 עַל은 רָדְפוֹ뿐만 아니라 11d의 וְשִׁחֵת(접속사 ו + 피엘완료, "망가트리다")에도 영향을 미친다. 달리 말하면 וְשִׁחֵת가 바브-접속사에 의해 부사구 עַל־רָדְפוֹ에 연결된다.

רַחֲמָיו에 대한 다양한 해석이 제안되어 왔다. רֶחֶם(복수형; רַחֲמִים)은 두 가지 해석이 가능하다. "태(胎)," 또는 "자비"/"긍휼"로 해석할 수 있다.[56] Paul은 רֶחֶם을 추상명사, 즉 "자비," "긍휼"로 해석하는 것에 이의를 제기한다.[57] 동사 שׁחת가 인간의 감정과 관련하여 사용되지 않고 있기 때문이다. Paul은 이 단어를 태라고 하는 어근과 관련하여 여인들을 가리키는 것으로 제안하며 이것은 앞의 אָחִיו("그의 형제")와 평행을 이루어 남자와 여자를 모두 멸하는 에돔의 잔인한 범죄를 가리키는 것으로 이해한다. 또한 이러한 행위가 임신한 여인의 배를 가르는 암몬의 범죄와 짝을 이루는 것으로 본다. 하지만 남자와 여자를 가리키기 위해 אָח("형제")가 사용되었다면 רֶחֶם이 아닌 אָחוֹת("자매")가 더 자연스럽다. Barré는 11절의 구문과 동사에 근거하여 רֶחֶם을 동맹국(ally)으로 해석할 것을 제안한

---

55) 단수해석: "저가…그 형제를"(개역); "그가…그의 형제를"(개역개정); "그들이. . . 그의 형제인"(쉬운성경); "그들이…자기 형제를"(우리말); "그들이…제 형제를"(표준새번역); "he. . . his brother"(ASV; KJV; NIV; NJB; TNK).

56) 전자의 의미를 따르는 한글번역본: "동기간의 정을 끊고"(공동번역); "형제 사이의 정마저 끊고서"(표준새번역). 후자의 의미를 따르는 한글번역본: "긍휼을 버리고"(개역개정); "자비로운 마음을 버렸기"(쉬운성경); "한 가닥의 동정심도 없이"(우리말). LXX은 "땅에서"라는 부사구를 추가하여 이 단어를 "땅에서 어머니를 멸한"(καὶ ἐλυμήνατο μήτραν ἐπὶ γῆς)것으로 해석한다.

57) Paul, *Amos*, 64-65.

다.[58] Barré는 אָחִיו와 רַחֲמָיו는 의미론적 평행을 이루는 것으로 이해하며 특히 동사 רדף와 שׁחת는 전투행위에서 쫓고 멸하는 것을 묘사하는 것으로 동일한 목적어를 기대하여야 한다는 것이다. 따라서 11절을 다음과 같이 번역한다: “Because he pursued *his treaty-partner* with the sword and utterly destroyed *his allies*, With his anger raging perpetually and his wrath ever fuming.”[59] 그러나 앞의 문장에서 형제관계(אָחִיו)를 언급하고 있기 때문에 רֶחֶם을 단순히 “자비”로 해석하기 보다는 같은 태에서 나온 형제간의 관계를 고려하는 것이 필요하다. 그러면 에돔의 범죄는 이러한 관계를 거절한 것이다. 또한 בְּרִית אַחִים(“형제의 언약”)을 기억하지 않은 두로의 범죄가 지적되는 바로 앞 신탁과의 흐름을 고려할 때 이 단어를 “형제의 인연”으로 해석할 수 있다.[60] 하지만 “자비”의 의미를 취하여 동정심을 전혀 베풀지 않은 에돔의 행위에 대한 고소로 해석하는 것도 가능하다. וְשִׁחֵת(3인칭, 남성, 단수 피엘[*piel*] 완료형)은 “망가트리다” 또는 “파괴하다”를 의미하는데, רַחֲמָיו를 “형제의 인연”으로 해석할 경우 “끊어버리다”로 의역할 수 있다.

11e의 וַיִּטְרֹף는 바브-미완료연계형(*wayyqtl*)으로 11d의 완료형동사 וְשִׁחֵת를 이어간다. 11e는 문법적으로 두 가지 구문해석이 가능하다. 첫째, וַיִּטְרֹף의 주어를 11b에 언급된 에돔으로 간주하고 אַפּוֹ(“그의 분노”)를 목적어로 해석하는 것이다. 이 경우 11e의 구문은 동사(וַיִּטְרֹף) + 부사구(לָעַד) + 목석어(אַפּוֹ)의 형식이 된다. 반면에 다른 구문해석은 אַפּוֹ(남성, 3인칭, 명사)를 וַיִּטְרֹף(3인칭, 남성, 미완료동사)의 주어로 보고 목적어는 11c의 אָחִיו(“그의 형제”)가 임시된 것으로 해석하는 것이다. 첫 번째 구문해석을 따르면서 동사 טרף의 의미(“찢다”)를 그대로 반영하여 번역하면 “그[에돔]가 그의 분노를 찢었다”는 표현이 되어 의미전달이 자연스럽지 못하다. 따라서 첫 번째 구문해석을 유지하면서 BHS는 페쉬타(Peshitta)와 벌게잇(Vulgate)에 근거하여 וַיִּטְרֹף를 נטר(“간직하다”; “유지하다”)에서 온 וַיִּטֹּר로 수정하여 읽을 것을 제안한다.[61] 하지만 이것은 사본들의 지지를 받지 못하는

---

58) Michael L. Barré, “Amos 1:11 Reconsidered,” *CBQ* 47 (1985): 420-427.

59) Ibid., 427. 이탤릭은 강조를 위해 추가됨.

60) Cf. Chisholm, *Handbook*, 383; Niehaus, “Amos,” 351.

61) NRSV와 NJB은 이러한 수정독법을 따라 번역하고 있다: “…he maintained his anger

문제점을 가지고 있다. 뿐만 아니라 두 번째 구문해석을 따른다면 MT 독법이 이 문맥에서 의미전달에 무리가 없기 때문에 이러한 수정은 불필요하다. טרף("찢다")는 사자가 먹이를 찢는 것을 묘사할 때 사용되는 동사이다(cf. 시 7:2). 앞의 동사 רדף("추격하다")와 함께 쓰여 공격자가 대상을 추격하여 사로잡은 후 찢어버리는 장면을 연상할 수 있다. 따라서 11e에 וַיִּטְרֹף의 목적어가 등장하지 않지만 에돔의 분노가 그의 형제를 물어서 찢는 장면을 연상해 볼 수 있게 한다. 이것은 분노의 정도를 가늠해 볼 수 있게 하는 표현이다. 그러므로 11e의 문장에 의미상의 목적어 "그의 형제"를 염두에 둔다면 וַיִּטְרֹף를 그대로 유지하면서 "그의 분노(אַפּוֹ)가 [그의 형제를] 끊임없이 찢어 버렸다"는 의미로 번역하여 문맥의 의미를 전달할 수 있다.[62] 이러한 분노가 일시적인 것이 아니고 지속적이며 맹렬하다는 것이 11e와 11f에 동일한 의미를 갖는 부사구(לָעַד, "끊임없이")와 부사(נֶצַח, "끝없이")가 반복되면서 강조된다.[63]

11f는 상황절(circumstantial clause)로 바브-연계형 시리즈를 잠시 중단하고 11e를 재차 설명해 주는 역할을 한다. 특히 11e와 의미론적, 구문론적 교차평행을 이루고 있는 것에 주목할 필요가 있다. שְׁמָרָה의 MT 모음부호는 3인칭 남성 단수 칼(*qal*) 완료동사에 여성 3인칭 대명사어미가 첨가된 것으로 읽는다. 따라서 에돔이 동사의 주어가 되며 목적어가 반복되는 구문이 된다(동사의 대명사어미와 עֶבְרָתוֹ). 이 구문을 그대로 번역하면, "*그의 격분*, 그가 *그것을* 끝없이 간직하였다"가 된다. 이와는 달리 BHS는 여러 고대 번역본에 근거하여 שְׁמָרָה נֶצַח를 שָׁמַר לָנֶצַח로 읽을 것을 제안한다. 이 경우 3인칭 남성 동사 שָׁמַר의 주어는 에돔이 되며 여성 대명사어미 ה는 제거가 된다. 따라서 이 수정독법은 "그가 그의 격분을 끝없이 간직하였다"로 해석된다. 한글번역본들은 주로 이 수정독법을 따르

perpetually"(NRSV); "…and [he] perpetually nursed his anger and constantly cherished his rage"(NJB).

62) 이와는 달리 목적어가 등장하지 않는 점을 고려하여 분노가 맹렬히 표출되는 것으로 번역하기도 한다: "노가 항상 맹렬하여"(개역), 이러한 번역은 11f가 분노를 간직하고 있는 모습을 묘사하고 있는 면과 연관성을 갖는다.

63) נֶצַח가 "영원"을 의미하는 명사로 이 문장에서 부사적 대격으로 사용된 것으로 설명할 수도 있다.

고 있다.[64] 하지만 모음부호를 제거하고 자음으로만 MT를 읽으면 שמרה는 3인칭, 여성, 단수, 칼(*qal*) 완료동사이며 이 동사의 주어는 여성, 단수, 명사인 עֶבְרָתוֹ("그의 격분")가 된다. 이것은 자연스럽게 "그의 격분이 끊임없이 지속되었다"로 해석될 수 있다. 11e와 11f의 의미론적, 구문론적 교차평행은 MT의 자음독법을 지지해 준다.

וַיִּטְרֹף לָעַד אַפּוֹ 1:11e
c (주어) - [b (부사구) - a (동사)]

וְעֶבְרָתוֹ שְׁמָרָה נֶצַח 1:11f
[b′ (부사) - a′ (동사)] - c′ (주어)

이 평행구문을 유지하고 MT의 자음독법에 따라 11e와 11f를 읽으면 "그의 분노(에돔의 분노)가 끊임없이 [그의 형제를] 찢어 버렸고 [이러한] 그의 격분은 끝없이 지속되었다"는 의미가 전달된다.

1:12. וְשִׁלַּחְתִּי는 11b의 동사 אֲשִׁיבֶנּוּ에 연결되는 바브-완료연계형이다. 이 두 동사 사이에 등장하는 11d-f는 구문론적으로 11c의 רָדְפוֹ에 연결된 문장들이다. 12b의 וְאָכְלָה("그것이 삼켜버릴 것이다")는 12a의 바브-완료연계형 וְשִׁלַּחְתִּי("내가 보낼 것이다")를 이어가면서 하나님께서 보내신 불이 하게 될 일을 설명한다.

4. 원문주해

64) "이는 저가 칼로 그 형제를 쫓아가며 긍휼을 버리며 노가 항상 맹렬하며 *분을 끝없이 품었음이라*"(개역); "이는 그가 칼로 그의 형제를 쫓아가며 긍휼을 버리며 항상 맹렬히 화를 내며 *분을 끝없이 품었음이라*"(개역개정); "이는 그들이 칼을 들고 그의 형제인 이스라엘 백성을 뒤쫓았으며, 자비로운 마음을 버렸기 때문이다. 에돔 백성은 언제나 화를 냈으며 *분노를 거두어들이지 않았다*"(쉬운성경); "그들이 한 가닥의 동정심도 없이 칼을 가지고 자기 형제를 뒤쫓으며 그들이 항상 맹렬하게 화를 내며 끝없이 분노를 품었기 때문이다"(우리말); "그들이 칼을 들고서 제 형제를 뒤쫓으며, 형제 사이의 정마저 끊고서, 늘 화를 내며, *끊임없이 분노를 품고 있기 때문이다*"(표준새번역).

1:11. 비평적 접근은 에돔과 유다의 적대적 관계가 포로기 또는 포로후기에 형성되었을 것이기에 에돔의 신탁이 후대에 삽입되었을 것으로 본다. 실제 에돔에 대한 신탁이 주로 이 시기의 예언서에 나타난다(렘 49:7-22; 겔 25:12-14; 옵 1:10-14; 말 1:4). 하지만 유다와의 적대적 관계가 형성된 시기는 포로기나 포로후기에만 제한되지 않는다.[65] 구약성경은 오랜 역사를 통해 이들 간의 적대적 관계가 형성되어 왔음을 말하고 있다.[66] 따라서 포로기나 포로후기에 형성된 에돔과 유다의 적대적 관계가 이 심판신탁을 후대삽입으로 간주할 수 있는 결정적인 근거가 되는 것은 아니다. 더욱이 에돔의 형제를 야곱의 후손에 제한하지 않고 동맹관계에 있는 일반적인 상대로 해석할 경우 포로기나 포로후기의 에돔과 유다의 적대적 관계에 근거한 후대삽입의 주장은 더욱 설득력을 잃게 된다.[67] 신탁형식에 따라 에돔의 신탁을 아래와 같이 구분할 수 있다.

11a. 도입형식: כה אמר
11b-f. 고소/비난(diatribe/criticism)
12a-b. 신적 선언(divine prediction/statement)

신탁의 대상이 지역적으로 북쪽(두로)에서 다시 남동쪽으로 이동하지만 북이스라엘과의 관계 면에서 보면 훨씬 더 가깝게 이동한 것이다. Niehaus는 에돔의 범죄의 배경으로 에돔이 블레셋과 아라비아와 더불어 유다를 공격한 여호람 시대의 사건을 언급한다(cf. 대하 21:16-17).[68] 그러나 신탁연속물의 전체적인 흐름을 볼

65) Stuart는 에돔의 범죄의 배경으로 출애굽 당시에 에돔이 이스라엘에게 길을 내어주지 않은 사건을 제안한다(Stuart, *Hosea-Jonah*, 313). 이 사건을 다루고 있는 민 20:14-21에서 동일한 표현인 בחרב가 사용되고 있는 점을 지적한다.

66) 역사적으로 에돔과의 적대적 관계를 나타내는 사건들은 사울(삼상 14:27), 다윗(삼하 8:12-14), 솔로몬(왕상 11:14-25), 여호람(왕하 8:20-21), 아마샤(왕하 14:7-10), 웃시야(왕하 14:22)와 관련이 있다(Stuart, *Hosea-Jonah*, 313).

67) Chisholm은 에돔의 형제를 두로 신탁의 경우와 같이 이스라엘에 제한하지 않고 동맹의 일반적인 대상으로 이해한다: "However, it seems more likely that the term 'brother' is used in its idiomatic sense of 'treaty partner' (as in v. 9)." (Chisholm, *Handbook*, 383). 같은 맥락에서 רַחֲמָיו을 에돔의 동맹국으로 본다.

68) Niehaus, "Amos," 351.

때 특정사건을 배경으로 규정하는 것이 큰 의미가 없다. 왜냐하면 주변 나라들에 대한 신탁들은 범죄의 특정사건보다는 범죄사실을 지적하는 데 무게를 두고 있기 때문이다.[69] 이 신탁을 통해 아모스가 지적하고자 하는 것은 에돔의 분노와 그 분노에 따른 행동이다. 형제에 대한 끊임없는 증오와 분노가 칼을 가지고 형제를 뒤쫓고 결국 형제의 인연을 끊어버리는 것으로 드러났다. 에돔은 끓어오르는 분노를 멈추지 못한 것이다. 이것이 하나님의 심판의 이유이다.

1:12. 데만(תֵּימָן)은 에돔의 최남단에 있는 주요도시이며 보스라(בָּצְרָה)는 최북단의 주요도시이다. 따라서 이 두 도시가 언급되는 것은 하나님의 심판이 전 에돔에 임하게 될 것을 의미한다. 불에 의한 하나님의 심판이 있으라는 형식적인 심판선언만을 언급하면서 심판선언보다는 심판의 원인을 지적하는 것에 무게를 두고 있다.

VI. 암몬에 대한 심판신탁(e): 1:13-15

1. 원문

1:13a כֹּה אָמַר יְהוָה
1:13b עַל־שְׁלֹשָׁה פִּשְׁעֵי בְנֵי־עַמּוֹן וְעַל־אַרְבָּעָה לֹא אֲשִׁיבֶנּוּ
1:13c עַל־בִּקְעָם הָרוֹת הַגִּלְעָד
1:13d לְמַעַן הַרְחִיב אֶת־גְּבוּלָם
1:14a וְהִצַּתִּי אֵשׁ בְּחוֹמַת רַבָּה
1:14b וְאָכְלָה אַרְמְנוֹתֶיהָ בִּתְרוּעָה בְּיוֹם מִלְחָמָה
בְּסַעַר בְּיוֹם סוּפָה
1:15a וְהָלַךְ מַלְכָּם בַּגּוֹלָה הוּא וְשָׂרָיו יַחְדָּו
1:15b אָמַר יְהוָה

---

69) 구체적인 범죄내용에 집중하는 것은 북이스라엘을 향한 신탁에서 나타난다. 이것이 북이스라엘의 신탁을 핵심단락으로 보게 하는 이유가 되기도 한다.

2. 사역

1:13 여호와께서 이같이 말씀하셨습니다.
"암몬 자손들의 서너 가지 범죄로 인하여 내가 이것을 돌이키지 않을 것
이다. 왜냐하면 그들이 자신들의 영토를 넓히기 위하여 길르앗의 임신
한 여인들을 베어 갈랐기 때문이다.[70]
1:14 그러므로 내가 랍바의 성벽에 불을 놓을 것이며 그 불이 전쟁의 날에
전투함성과 폭풍우의 날에 폭풍 속에 그곳의 요새를 삼켜 버릴 것이다.
1:15 그들의 왕이 그의 관료들과 함께 사로잡혀 갈 것이다."
여호와께서 말씀하셨습니다.

3. 원문분석

1:13. 암몬(עַמּוֹן)은 아브라함의 조카 롯과 그의 둘째 딸 사이에 얻은 아들이며 그의 자손들이 암몬족속이다(cf. 창 19:30-38). 암몬족속은 요단강을 따라 아람(북)과 모압(남) 사이에 위치하였으며 북쪽으로 길르앗과 접해 있었다. "암몬 자손"(בְּנֵי־עַמּוֹן)은 문자적으로 "암몬의 아들들"을 의미한다. 암몬을 칭할 때 항상 בְּנֵי־עַמּוֹן이란 표현이 사용되는 것은 Niehaus가 제안하는 바와 같이 이들이 체계적인 국가조직을 갖추지 못하였기 때문인 것으로 보인다.[71] 부정사구 בִּקְעָם의 3인칭, 남성, 복수, 대명사어미는 주격으로 부정사의 주어 역할을 하며 이 대명사어

---

70) 한글번역본들은 주로 "배"라는 표현을 첨가하여 동사의 의미를 설명하고 있다: "이는 저희가 자기 지경을 넓히고자하여 길르앗의 아이 밴 *여인의 배를* 갈랐음이니라"(개역); "이는 그들이 자기 지경을 넓히고자 하여 길르앗의 아이 밴 *여인의 배*를 갈랐음이니라"(개역개정); "길르앗에서 임신한 *여인의 배까지* 가르며 영토를 넓힌 죄 때문이다"(공동); "이는 그들이 땅을 넓히려고 길르앗으로 쳐들어가서 아이 밴 *여자들의 배*를 갈랐기 때문이다"(쉬운성경); "그들이 자기 영토를 넓히려고 길르앗의 임신한 여인들의 *배*를 갈랐기 때문이다"(우리말); "그들이 땅을 넓히려고 길르앗으로 쳐들어가서 아이 밴 *여인들의 배*를 갈랐기 때문이다"(표준새번역).

71) Ibid., 354. 일반적인 표현은 בְּנֵי־עַמּוֹן이지만 עַמּוֹן만 표기하는 예외적 경우를 삼상 11:11과 시 83:7에서 볼 수 있다.

미의 선행사는 "암몬 자손"이다. 동사 בקע의 의미는 "쪼개어 가르다," "찢다," "나누다"이다. 따라서 בִּקְעָם의 의미는 "그들[암몬 자손]이 쪼개어 갈랐다"이다. הָרוֹת는 "임신한"을 의미하는 여성, 복수, 연결형 형용사이지만 실명사의 역할을 하여 부정사구 בִּקְעָם의 목적어가 된다. 전쟁 중에 임신한 여인의 배를 베어 가르는 행위는 고대 근동에서 일반적으로 행해진 것이며 왕하 8:12, 15:16, 호 13:16에서도 언급된다. 13d의 לְמַעַן은 부정사 הַרְחִיב(히필 부정사 연결형, רחב, "넓히다," "확장하다")와 함께 부정사구 בִּקְעָם가 묘사하는 행동의 목적을 나타낸다. 따라서 임신한 여인들의 배를 가른 목적은 자신들의 영토를 넓히기 위한 것이다(לְמַעַן הַרְחִיב אֶת־גְּבוּלָם). "그들의 영토"(אֶת־גְּבוּלָם)는 부정사 הַרְחִיב의 직접목적어이며 3인칭, 남성, 복수, 대명사어미는 소유격의 역할("그들의")을 감당한다. 이 대명사어미의 선행사는 여전히 "암몬 자손"이다. 길르앗이 암몬의 북쪽에 있었고 풍부한 목초지였기 때문에 암몬이 북쪽으로 영토를 넓히고 길르앗을 영구히 장악하려고 하였던 것으로 보인다.

1:14. 암몬을 향한 심판선언에는 앞의 신탁들에서 사용된 וְשִׁלַּחְתִּי אֵשׁ("그리고 내가 불을 보낼 것이다")가 아닌 וְהִצַּתִּי אֵשׁ("내가 불을 놓을 것이다")가 사용된다(cf. 렘 17:27; 49:2, 27). Wolff는 다른 신탁과 유사성을 고려하여 וְשִׁלַּחְתִּי אֵשׁ로 대체하는 것이 타당하다고 제안한다.[72] 하지만 사본이나 번역본들이 MT 독법을 유지하고 있는 점을 주목할 필요가 있다. 또한 필사자들이 유사성을 유지하기 보다는 변형을 기록하고 있는 것은 MT 독법이 원문일 가능성이 높다는 것을 시사한다.[73] 랍바(רַבָּה)는 암몬의 핵심도시이며 얍복강의 발원지에 위치하였다. 랍바는 기원전 3세기에 프톨레미 2세 필라델푸스(기원전 285-246)의 이름을 따라 필라델피아로 이름이 바뀌게 되며 현재 요르단의 수도인 암만이다. "전투함성"(בִּתְרוּעָה)은 "폭풍"(בְּסַעַר)과 평행을 이루고 "전쟁의 날"(בְּיוֹם מִלְחָמָה)은 "폭풍우의 날"(בְּיוֹם סוּפָה)과 평행을 이루면서 의미를 강화시키고 있다.[74] תְּרוּעָה

72) Wolff, *Joel and Amos*, 131.

73) Cf. Stanislav Segert, "A Controlling Device for Copying Stereoptype Passage? (Amos I 3-II 8, VI 1-6)," *VT* 34 (1984): 481-82.

는 "소리"나 "함성" 자체를 의미하는데 이 소리가 정황에 따라 기쁨의 함성/소리, 전투를 할 때 지르는 함성, 또는 의식적 행위 중에 지르는 기쁨의 소리가 될 수 있다. 여기서는 뒤따르는 부사구 מִלְחָמָה בְּיוֹם("전쟁의 날에")에 의해 "전투함성"으로 보는 것이 적당하다.

1:15. וְהָלַךְ("그가 갈 것이다")는 바브-완료연계형으로 앞의 וְאָכְלָה에 연결되어 연계형 시리즈를 이어간다. וְהָלַךְ는 3인칭, 남성, 단수, 칼(*qal*)형인데, 이 동사의 주어는 "그들의 왕"(מַלְכָּם)이다. "그와 그의 관료들이"(וְשָׂרָיו הוּא)이라는 표현으로 이 주어가 보다 구체적으로 다시 언급된다. 따라서 이 문장을 문자적으로 "그들의 왕, 그와 그의 관료들이 함께, 사로잡혀 갈 것이다"로 번역할 수도 있다. 의미상으로는 왕 뿐만 아니라 그를 섬겼던 관료들이 모두 사로잡혀 가게 되는 것이 강조된다.

4. 원문주해

1:13. 다른 신탁들과 같이 암몬을 향한 신탁도 동일한 신탁도입형식으로 시작된다. 이 신탁은 다른 신탁과의 유사성을 나타냄과 동시에 차이점도 분명히 가지고 있다. 이 신탁을 신탁형식에 따라 다음과 같이 구분할 수 있다.

13a.	도입형식: אמר כה
13b-d.	고소/비난(diatribe/criticism)
14a-15a.	신적 선언(divine prediction/statement)
15b.	결언: יהוה אמר

암몬 자손들은 자신들의 영토를 넓히기 위해 임신한 여인의 배를 가르는 잔인한 행위를 서슴지 않았다. 출애굽 당시 이스라엘 백성이 암몬을 지날 때 하나님께서

74) Mays는 "전쟁의 날"과 "폭풍우의 날"을 "여호와의 날"의 변형으로 본다(Mays, *Amos*, 38).

는 암몬의 영토를 그대로 둘 것을 명하셨다. 왜냐하면 하나님께서 암몬의 영토를 이스라엘에게 기업으로 주지 않고 롯의 자손에게 주셨기 때문이다(cf. 신 2:19). 하지만 암몬 자손들은 그들에게 주어진 영토에 만족하지 않고 길르앗을 차지하여 영토를 넓히고자 하였다. 이것을 위해 임신한 여인을 베어 가르는 잔인한 행동을 하였다는 것이 문제가 된다.[75] 왜냐하면 이러한 잔인한 행위가 길르앗의 대를 완전히 끊어버리고 그 땅을 영원히 차지하겠다는 확고한 의지를 보여주기 때문이다. 결국 암몬 자손의 비인간적인 잔혹한 행위와 이기적인 동기가 심판의 원인이며 암몬의 범죄내용이다. 그들의 행위가 잔인했던 만큼 하나님께서 그들을 폭풍우처럼 거세게 몰아쳐서 가혹한 심판을 행하실 것을 선포하신다(14절).

1:14-15. 짝을 이루어 서술되고 있는 14b의 부사구 בִּתְרוּעָה בְּיוֹם מִלְחָמָה와 בְּסַעַר בְּיוֹם סוּפָה는 불의 심판선언(14a)이 전쟁과 관계되었음을 분명하게 보여준다. 뿐만 아니라 암몬의 잔인한 행위에 맞게 하나님의 가혹한 심판이 임하게 될 것임을 강조해 준다. 마치 폭풍우가 내리는 날에 폭풍이 몰아치는 것처럼 전쟁이 일어나게 될 것을 그려주고 있다. 즉 치열하고 거센 전투를 치르는 가운데 불이 랍바의 요새를 삼켜 버릴 것이다. סַעַר("폭풍우")와 סוּפָה("폭풍")은 여호와의 현현(theophany)을 묘사하는데 주로 사용되는 단어들이다(cf. 사 17:13; 29:6; 40:24; 66:15; 렘 23;19; 겔 1:4; 13:13; 나 1:3). 따라서 이러한 표현들은 암몬의 심판에 여호와께서 주체적인 역할을 감당할 것임을 암시해 준다.[76] 암몬의 그릇된 행위가 잔인한 만큼 하나님께서 적극적인 개입을 통해 이들을 강력하게 심판하실 것임을 선포하신다. 형식적인 심판선언으로 마무리되고 있는 에돔의 신탁(11-12절)과는 달리 심판선언 부분이 보다 장황하게 서술되면서 강조된다. 15절에서 왕과 그의 관료들이 포로가 된다는 것은 암몬의 존립 자체가 불가능하게 될 것임을 선포하는 것이다. 아모스는 신탁을 전형적인 결언으로 마무리하면서 신탁의 확실성을 분명하게 밝혀준다.

---

75) 암몬 자손들의 잔인한 행위의 대상을 길르앗에 거주하였던 이스라엘인들로 볼 수 있다 (cf. 삿 10:6-9).

76) Cf. Stuart, *Hosea-Jonah*, 314.

VII. 모압에 대한 심판신탁(f): 2:1-3

1. 원문

כֹּה אָמַר יְהוָה 2:1a
עַל־שְׁלֹשָׁה פִּשְׁעֵי מוֹאָב וְעַל־אַרְבָּעָה לֹא אֲשִׁיבֶנּוּ 2:1b
עַל־שָׂרְפוֹ עַצְמוֹת מֶלֶךְ־אֱדוֹם לַשִּׂיד 2:1c
וְשִׁלַּחְתִּי־אֵשׁ בְּמוֹאָב 2:2a
וְאָכְלָה אַרְמְנוֹת הַקְּרִיּוֹת 2:2b
וּמֵת בְּשָׁאוֹן מוֹאָב בִּתְרוּעָה בְּקוֹל שׁוֹפָר 2:2c
וְהִכְרַתִּי שׁוֹפֵט מִקִּרְבָּהּ 2:3a
וְכָל־שָׂרֶיהָ אֶהֱרוֹג עִמּוֹ 2:3b
אָמַר יְהוָה 2:3c

2. 사역

2:1 여호와께서 이같이 말씀하셨습니다.
"모압의 서너 가지 범죄로 인하여 내가 이것을 돌이키지 않을 것이다. 왜냐하면 그가 에돔 왕의 뼈들을 불태워 재로 만들었기 때문이다.
2:2 그러므로 내가 모압에 불을 보낼 것이며 그 불이 그리욧의 요새들을 삼켜버릴 것이다.[77] 고함소리와 전투함성과 나팔소리 속에 모압이 죽게 될 것이다.
2:3 내가 그 성 중에서 통치자를 끊어 버릴 것이며 그와 함께 그 성의 모든 관료들을 죽일 것이다."
여호와께서 말씀하셨습니다.

3. 원문분석

---

77) Hayes는 정관사의 사용에 근거하여 הַקְּרִיּוֹת를 지역이름이 아닌 "성읍들"로 해석한다 (Hayes, *Amos*, 100).

2:1 모압(מוֹאָב)은 롯과 그의 첫째 딸 사이에서 얻은 아들이며 암몬의 형제이다. 모압 나라는 북쪽의 암몬과 남쪽의 에돔 사이에 위치하였다. 앞의 신탁들에서와 같이 부사구 עַל־שָׂרְפוֹ가 유도하는 1c를 원인절로 해석할 수 있다. שָׂרְפוֹ의 3인칭, 남성, 단수, 대명사어미의 선행사는 모압이며 부정사 שׂרף("태우다")의 주어 역할을 한다. 단수 대명사어미를 복수로 해석하기도 하는데, 단수로 해석하여 의인법(personification)을 유지하는 것이 필요하다. 왜냐하면 의인법이 2c에서도 유지되고 있기 때문이다("모압이 죽게 될 것이다"). 그러나 의미에 있어서 "모압"은 모압왕국 또는 모압 족속을 가리킨다. לַשִּׂיד는 전치사(לְ), 정관사(ה), 명사(שִׂיד, "회반죽, 석회")의 구성을 가지고 있다. 전치사의 모음부호(파타흐, *Patah*)와 명사의 첫 글자에 있는 다게쉬(*Dagesh*)를 통해 정관사가 있는 것을 알 수 있다. לְ 전치사는 상황의 변화나 특성의 변화를 나타내는 역할을 하는데, 여기서는 동사 שׂרף("사르다," "불태우다")의 행위에 의해 "뼈"(עַצְמוֹת)의 특성이 변화되는 것을 나타낸다. "석회"(lime)를 의미하는 명사 שִׂיד를 이 문맥에서는 타고 남은 "재"로 해석하기도 한다. 한글번역본들은 주로 "재로"로 번역하고 있다. 1c는 에돔 왕의 뼈를 불에 태워서 흰색 가루로 만든 행위를 지적하는 것이다. 이 흰색 가루를 반죽을 하여 벽에 바르는 회반죽으로 사용하기도 하였다.

2:2. 1b의 미완료형 동사 אֲשִׁיבֶנּוּ에 연결된 바브-완료연계형 시리즈가 2a에서 시작해서 3b까지 이어진다(וְשִׁלַּחְתִּי[2a], וְאָכְלָה[2b], וּמֵת[2c], וְהִכְרַתִּי[3a]). 따라서 2a-3b가 신탁의 심판선언부분이 된다. 형식적인 심판선인으로 시작되지만 심판내용이 더 확장되어 보다 상세히 전달된다. 그리욧(הַקְּרִיּוֹת)은 모압의 주요도시이며 모압의 신 그모스(Chemosh)를 섬기던 제의장소이다. 그리욧은 모압왕국 전체를 상징하는 제유(synecdoche)이다. 기원전 9세기 말의 메사 비문(the Mesha inscription)에 이 도시가 언급되었다.[78] 2c에서 다시 모압이 의인화되고 있으며 그의 죽음은 모압족속 전체의 죽음을 의미한다. 2c의 문장에 전치사 בְּ가 이끄는 세 개의 부사구가 등장한다: (1) בְּשָׁאוֹן("고함소리에"); (2) בִּתְרוּעָה("전투함성

78) 메사 비문(the Mesha Inscription)은 모압 왕 메사가 모압의 독립을 기념하기 위해 세운 것이다. 아합이나 여호람의 지배로부터 해방되었을 때 세운 것으로 본다.

에"); (3) בְּקוֹל שׁוֹפָר("나팔소리에"). 이 부사구들의 반복은 치열한 전투장면을 연상시킨다. שָׁאוֹן는 거센 소리를 의미하는데, 문맥상 전투와 관련된 고함소리로 이해할 수 있다(cf. 호 10:14).

2:3. וְהִכְרַתִּי는 바브-완료연계형 시리즈를 이어가고 있으며 3b는 목적어의 וְכָל־שָׂרֶיהָ("그 [성의] 모든 관료들")로 시작되면서 이 시리즈가 단절된다. 따라서 וְכָל־שָׂרֶיהָ의 바브(ו)는 단순히 접속사의 역할을 하면서 3a를 보다 구체적으로 설명하는 상황절이 된다. שׁוֹפֵט는 동사 שׁפט("재판하다," "다스리다")의 남성, 단수, 분사로 "재판을 행하는 자," "재판장" 또는 "다스리는 자," "왕" 을 의미하는데, 일반적인 표현인 מֶלֶךְ("왕")이 아닌 שׁוֹפֵט가 사용된 것에 대해 Hayes는 그 당시 독자적 주권을 갖지 못한 모압의 상태를 보여주는 것으로 이해한다.[79] 반면에 Stuart는 שׁוֹפֵט를 시문에서 주로 사용되는 "왕"(מֶלֶךְ)의 동의어로 간주한다(cf. 시 2:10; 잠 8:16).[80] Stuart의 견해를 따라 שׁוֹפֵט를 "왕"으로 번역하기보다는 다른 단어가 사용된 점을 반영하여 독자적이든 아니면 종속적이든 간에 나라를 다스리는 위치에 있는 자에 대한 표현으로 "통치자"라고 번역하는 것이 적절해 보인다.[81] 아모스의 독자들은 왕(מלך)과 שׁוֹפֵט에를 분명히 구분하여 이해하였을 수도 있기 때문이다. מִקִּרְבָּהּ("그것의 중앙에서": 전치사 מִן + 명사 קֶרֶב + 대명사어미 H)에서 3인칭, 여성, 대명사어미의 선행사는 문법적으로 2b에 언급된 그리욧이다. 그리욧이 모압을 상징하는 제유(synecdoche)로 본다면 선행사를 모압으로 번역할 수도 있다.[82] 하지만 그리욧을 선행사로 보아 제유기법을 그대로 이어가는 것이 필요하다. 3b에서 목적어 וְכָל־שָׂרֶיהָ가 먼저 서술되면서 바브-완료연계형 시리즈가 단절되고 있기 때문에 미완료형 동사 אֶהֱרוֹג("내가 죽일 것이다")가 자연스럽게 사용되었다. עִמּוֹ("그와 함께")의 대명사어미의 선행사는 שׁוֹפֵט이다.

---

79) Hayes, *Amos*, 100.

80) Stuart, *Hosea-Jonah*, 315; Mays, *Amos*, 40.

81) Cf. "내가 그 중에서 *재판장*을 멸하며"(개역; 개역개정); "*집권자*들을 고관들과 함께 죽여 버리리라"(공동번역); "내가 *모압의 왕*을 없애고"(쉬운성경); "내가 *그들의 왕을 없애고*"(우리말); "*모압의 통치자*를 멸하고"(표준새번역).

82) "내가 모압의 왕을 없애고 그의 신하들도 다 죽이겠다"(쉬운성경); "모압의 통치자를 멸하고, 모든 신하들도 그와 함께 죽이겠다"(표준새번역).

4. 원문주해

2:1. 여섯 번째에 등장하는 심판신탁의 대상은 모압이다. 이 신탁을 신탁형식에 따라 구분하면 아래와 같다.

1a. 도입형식: **כה אמר**
1b-c. 고소/비난(diatribe/criticism)
2a-3b. 신적 선언(divine prediction/statement)
3c. 결언: **אמר יהוה**

신탁도입형식(1a)과 결언(3c)은 이 신탁의 시작과 끝을 명확하게 보여준다. "뼈를 불태워 재로 만들었다"(שָׂרְפוֹ עַצְמוֹת…לַשִּׂיד)는 표현에 대해 여러 가지 해석이 제시되고 있다. 첫째, 뼈가 자연스럽게 부패해서 사라지게 하는 것이 아니라 불에 태워 형질을 바꾸어서 멸하는 잔혹한 행위를 가리키는 것으로 해석한다. 둘째, 무덤을 훼손하는 행위로 해석한다. Hayes는 뼈에 대한 언급을 시체보다는 무덤을 가리키는 것으로 간주하여 1c를 에돔 왕의 무덤에 행한 모욕적인 행위로 본다.[83] Soggin의 경우, 부사구 לַשִּׂיד에 근거하여 뼈를 태우는 것이 시체를 화장하는 풍습을 의미하는 것이 아니라 무덤을 약탈하는 것에 대한 표현으로 이해한다.[84] 셋째, שִׂיד("석회, 회반죽")의 의미를 강조하여 1c를 암몬이 에돔 왕의 뼈를 불에 태워서 집에 칠할 회반죽으로 만든 행위에 대한 묘사로 이해하기도 한다.[85] 어떤 견해를 따르던 간에 죽은 자의 뼈를 불태우는 행위가 죽은 자의 부활을 막고 영원한 죽음을 가져온다는 고대 근동의 신앙에 따른 것이라면 에돔에 대한 모압의 증오를 쉽게 짐작해 볼 수 있다.[86] 그러므로 1b-c의 고소단락에 언급되고 있는

83) Hayes, *Amos*, 98.
84) Soggin, *The Prophet,* 44.
85) Polley, *Amos*, 81.
86) 모압과 에돔의 적의에 대한 역사적 증거를 보려면 N. Glueck, *Explorations in Easter Palestine* II, ASOR 15 (New Haven: American Schools of Oriental Research, 1934-35), 104-6을 참조하라(Stuart, *Hosea-Jonah*, 314에서 재인용).

모압의 범죄는 에돔 왕을 죽인 것뿐만 아니라 그의 시체를 모욕한 것과 극단적인 증오심의 표출이다.

2:2. 각 신탁에서 반복되고 있는 형식적인 심판선언(2a-b)과 함께 모압의 죽음에 대한 직접적인 언급(2c)이 추가적으로 서술된다. 인간의 기본적인 존엄성을 파괴하는 것과 증오에 의한 잔인한 행위는 불의 심판을 받게 될 것이며 처참한 죽음을 피할 수가 없다. 왜냐하면 이것은 창조질서와 노아에게 준 명령(창 9:5-6)을 범하는 행위이기 때문이다.[87] "고함소리와 전투함성과 나팔소리"라는 표현을 고려할 때 하나님의 심판이 치열한 전쟁을 통해 이루어지게 될 것임을 알 수 있다. 이 전쟁은 모압의 죽음이라는 결과(2-3절), 곧 모압의 멸망을 가져올 것이다.

2:3. 전쟁의 장면을 생생하게 연상시켜 주는 표현들이 사용되는 점(1:14b; 2:2c)과 왕과 함께 그의 관료들이 심판의 직접적인 대상으로 묘사되고 있는 점(1:15a; 2:3a-b)에서 모압을 향한 심판선언은 암몬신탁과 유사하다. 모압(족속)의 죽음(2c)과 통치자들의 멸절(3a-b)은 나라의 총제적인 멸망을 의미한다. 결언(3c)은 신탁을 마무리할 뿐만 아니라 심판의 확실성을 재확인해 준다.

VIII. 유다에 대한 심판신탁(g): 2:4-5

1. 원문

כֹּה אָמַר יְהוָה	2:4a
עַל־שְׁלֹשָׁה פִּשְׁעֵי יְהוּדָה וְעַל־אַרְבָּעָה לֹא אֲשִׁיבֶנּוּ	2:4b
עַל־מָאֳסָם אֶת־תּוֹרַת יְהוָה	2:4c
וְחֻקָּיו לֹא שָׁמָרוּ	2:4d
וַיַּתְעוּם כִּזְבֵיהֶם	2:4e
אֲשֶׁר־הָלְכוּ אֲבוֹתָם אַחֲרֵיהֶם	2:4f
וְשִׁלַּחְתִּי אֵשׁ בִּיהוּדָה	2:5a
וְאָכְלָה אַרְמְנוֹת יְרוּשָׁלִָם	2:5b

2. 사역

2:4 여호와께서 이같이 말씀하셨습니다.
"유다의 서너 가지 범죄로 인하여 내가 이것을 돌이키지 않을 것이다. 왜냐하면 그들이 여호와의 율법을 거부하였고[88] 그의 규례를 지키지 않았을 뿐만 아니라 그들의 조상들이 따랐던 그들의 거짓된 것들이 그들을 곁길로 가게 하였기 때문이다.[89]
2:5 그러므로 내가 유다에 불을 보낼 것이며 그 불이 예루살렘의 요새들을 삼켜버릴 것이다."

3. 원문분석

2:4. **מָאֳסָם**의 남성, 복수, 대명사어미는 부정사(**מאס**, "거부하다, 경멸하다")의 주어 역할을 하고 있으며 선행사는 유다이다. 직접목적어 표기인 **אֶת**는 부정사 **מאס**의 목적어 **תּוֹרַת יְהוָה**("여호와의 율법")를 유도한다. **תּוֹרַת יְהוָה**와 **חֻקָּיו**("그의 규례")는 평행을 이루는 표현으로 언약적 관계에 있는 하나님의 백성들이 순종해야 할 하나님의 가르침과 원리원칙 및 행동원리들을 가리킨다. **תּוֹרָה**("율법")는 **ירה**("던지다," "쏘다")에서 파생된 명사이며 제시되고 있는 "방향"이나 "가르

87) Polley는 아모스가 북이스라엘이 다윗왕조를 분열시킨 것을 정죄하였다는 견해를 가지고 있다. 이 견해에 근거하여 1:3-2:16을 해석하고 있기에 이스라엘이 암몬의 범죄의 직접적인 대상이 아님에도 불구하고 에돔과 이스라엘의 친족관계 속에서 암몬의 범죄를 이스라엘과 연관시키려고 한다(Polley, *Amos*, 82). 이것은 자신의 전제된 견해 속에서 본문을 해석하는 것에 불과하다.

88) "그들이 여호와의 율법을 *멸시하며*" (개역; 개역개정); "야훼의 법을 *거부하고*" (공동); "그들이 나 여호와의 율법을 *저버리고*" (쉬운성경); "그들은 여호와의 율법을 *거부하고*" (우리말); "그들이 주의 율법을 *업신여기며*" (표준새번역).

89) "그들의 조상들이 따라갔던 거짓 것에 미혹되었음이라" (개역개정; cf. 개역); "선조들이 따르던 거짓 신들에게 미혹된 죄 때문이다" (공동); "그들의 조상들이 따르던 거짓 신들을 좇았기 때문이다" (쉬운성경); "자기 조상들이 따라가던 거짓 신을 좇아 헤매기 때문이다" (우리말); "오히려 조상이 섬긴 거짓 신들에게 홀려서, 그릇된 길로 들어섰기 때문이다" (표준새번역).

침"을 의미하게 된다. 따라서 תּוֹרַת יְהוָה("여호와의 율법")는 언약백성들이 따라야 할 "방향"과 "가르침"을 제시하여 이들의 삶의 목적과 방향 및 방식을 규정한 것을 의미한다. יְהוָה("여호와")는 유다와의 언약적 관계 속에서 사용되는 하나님의 이름이다. 이것은 언약적 관계가 이 신탁의 배경과 범죄의 기준이 되는 것을 분명하게 해준다.

4b의 미완료형 동사 אֲשִׁיבֶנּוּ에 연결되는 바브-완료연계형 시리즈는 5a의 וְשִׁלַּחְתִּי("내가 보낼 것이다")와 함께 시작된다. 4b와 5a 사이에 등장하는 4c-f는 유다의 범죄행위를 서술한다. 4d는 상황절로 4c의 의미를 반복하면서 여호와의 율법과 규례를 거부하고 지키지 않은 범죄를 강조한다. 4e의 바브-미완료연계형 וַיַּתְעוּם("그[것]들이 그들을 곁길로 가게 하였다")은 4d의 완료동사 שָׁמָרוּ에 연결되면서 연계형 시리즈를 이어간다. 4e-f는 여호와의 율법을 버린 유다의 범죄를 보다 구체적으로 설명한다. וַיַּתְעוּם에 사용된 히필형 תעה("방황하게 하다," "길을 잃게 하다")는 배교를 의미하는 동사이다. 즉, 유다 백성들이 걸어가야 할 길에서 벗어나 곁길로 간 것을 지적한다. וַיַּתְעוּם의 주어는 כִּזְבֵיהֶם("그들의 거짓된 것들")이며 동사에 첨가된 3인칭, 남성, 복수 대명사어미의 선행사는 "유다"이다. 히필형 동사는 "그들의 거짓된 것들"이 유다를 곁길로 벗어나게 하였음을 시사한다. 달리 말하면 유다가 조상들의 거짓된 것들을 답습한 것을 가리킨다. כָּזָב는 문자적으로 "거짓말," "속이는 것"을 의미하는데, 4f에 사용된 관용적 표현(הלך --- אחר)을 고려할 때 주로 "우상"을 뜻하는 것으로 볼 수 있다.[90] 하지만 이 단어가 이와 같이 우상을 의미하는 것으로 번역하는 경우가 아모스서 외에 구약의 다른 곳에는 없다. 그러므로 이 단어 자체에 무게를 두어 거짓선지자들의 "거짓예언"이나 "속이는 예언"으로 해석하기도 한다.[91] 예레미야에 유사한 구문(예, 렘 2:5, וַיֵּלְכוּ אַחֲרֵי הַהֶבֶל)이 사용되는데, 예레미야는 הֶבֶל이라는 단어를 사용하여 "우상"을 지칭한다.[92] Hayes는 כִּזְבֵיהֶם을 "그들의 우상들"로 번역하는 것에 이의를 제기하며 세 가지 이유를 제시한다: (1) 이 용어가 우상을 의미하는 것으로 사용된 경우가 없다; (2) 아모스와 동시대 인물인 이사야가 유다의 종교적 배교나

90) Cf. Niehaus, "Amos," 361.

91) Andersen and Freedman, *Amos*, 301-6.

92) Cf. 렘 8:19; 14:22.

우상숭배를 정죄하지 않았다; (3) 이 용어가 사용된 문맥은 종교적인 정황이 아닌 정치적 정황이다.[93] 하지만 유다의 경우 이것을 정치적 정황으로 제한할 필요가 없다. 왜냐하면 유다와 하나님과의 언약적 관계가 전제되고 있으며 여호와의 율법은 종교적, 사회적, 정치적 측면을 모두 포함하고 있기 때문이다. 따라서 유다의 범죄를 정치적 문제로 보거나 כִּזְבֵיהֶם을 의역하여 "우상들"로 번역하기 보다는 문자적 의미를 따라 "거짓된 것들" 또는 "속이는 것들"로 번역하여 우상에만 제한하지 않는 것도 필요하다. 왜냐하면 아모스의 신탁연속물이 특정 사건이나 행위보다는 개념에 무게를 두고 있기 때문이며, 언급한 바와 같이 여호와께서 언약 백성들에게 요구하시는 행동원리는 포괄적이기 때문이다.

4f의 הָלְכוּ("그들이 걸어갔다")는 אַחֲרֵיהֶם("그것들을 따라")와 함께 쓰여 "종속되는 것" 또는 "예속되는 것"을 의미하는 관용적 표현이 된다. אַחֲרֵיהֶם의 대명사어미("그것들")의 선행사는 유다의 조상들이 따랐던 כִּזְבֵיהֶם("그들의 거짓된 것들")이다. 4f는 אֲשֶׁר가 이끄는 형용사절로 "그들의 속이는 것들"(כִּזְבֵיהֶם)을 보다 구체적으로 설명해 준다. 이것은 유다가 조상들이 걸었던 그릇된 길을 여전히 따르면서 그들의 고질적인 문제에서 벗어나지 못한 문제를 지적한다.

2:5 다른 신탁들에 사용되고 있는 형식적인 심판선언만 간략하게 언급된다. 이것은 신탁의 무게가 고소와 비난에 있음을 시사한다. 5절의 구문과 단어, 문법에 대한 설명은 앞의 신탁들의 원문분석을 참조하라.

4. 원문주해

2:4. 일곱 번째로 유다를 향한 심판신탁이 선포되면서 유다의 범죄(2:4)에 대한 지적과 이에 대한 하나님의 심판선언(2:5)이 주어진다. 이 신탁을 심판신탁형식에 따라 구분하면 다음과 같다.

---

93) Hayes, *Amos,* 103.

4a. 도입형식: כה אמר
4b-f. 고소/비난(diatribe/criticism)
5a-b. 신적 선언(divine prediction/statement)

두로와 에돔의 신탁과 같이 유다를 향한 신탁에서도 결언이 생략된다. 주변 나라들의 범죄와는 달리 유다의 범죄는 하나님과의 관계와 직접적인 연관이 있다. 유다의 범죄는 두 가지이다. 첫째, 하나님의 율법과 규례를 순종하지 않은 것이다(4c-d). 유다는 선택된 언약백성으로서 감당해야 할 언약적 의무와 책임이 있었음에도 불구하고 이 의무와 책임을 거역하였다. 4c와 4d는 의미론적, 구문론적 교차평행을 이루며 하나님과의 언약적 관계의 요구에 대한 거부행위가 강조된다.

עַל־מָאֳסָם אֶת־תּוֹרַת יְהוָה 2:4c
b (목적어) - a (동사)
וְחֻקָּיו לֹא שָׁמָרוּ 2:4d
a' (동사) - b' (목적어)

둘째, 하나님을 버리고 우상을 포함하여 조상들의 거짓된 것들을 따른 것이다(4e-f). 이것은 유다가 조상들의 고질적인 문제를 극복하지 못한 것에 대한 지적이다. 이와 같이 하나님의 언약 백성으로서의 정체성을 포기한 유다는 하나님의 심판을 결코 피할 수가 없다(5절).

2:5. 유다를 향한 심판선언이 주변 나라들의 신탁에 사용된 전형적인 선언형식을 그대로 따르고 있다. 이것은 유다가 선택된 백성이며 하나님과의 언약적 관계에 있지만 언약적 책임과 의무를 다하지 못할 때는 열방과 동일하게 하나님의 심판의 대상이 될 수밖에 없다는 사실을 보여준다. Bullock은 유다신탁(2:4-5)이 주변 나라들의 신탁들(1:3-2:3)과 북이스라엘의 신탁(2:6-16)을 이어주는 "연결고리의 역할"을 하는 것으로 설명한다.[94] 같은 맥락에서 Stuart는 유다신탁을 북이스라엘의 범죄를 구체적으로 설명하기 위한 서막(prelude)으로 본다.[95] 이들의 견해

---

94) Bullock, 『구약 선지서 개론』, 83.

는 신탁들의 흐름을 적절하게 설명해 준다.

Mays는 세 가지 이유에 근거하여 유다를 향한 신탁을 신명기적 편집자에 의한 후대삽입으로 간주한다.[96] 첫째, 유다의 신탁에 동사 שָׁמַר가 사용되면서 단수 תּוֹרָה와 복수 חֻקִּים이 함께 등장하는 것은 신명기적 사가의 특징이라는 것이다. 둘째, כָּזָב가 "우상"을 의미하는 용례는 아모스 2장 4절이 유일한 경우이며 예레미야서(렘 2:5; 14:22)와 신명기적 사가의 표현양식(신 4:3; 6:14; 8:19; 11:28)에서만 유사한 용례가 발견된다는 것이다. 셋째, 여호와의 율법을 버리고 우상을 섬기는 것이 신명기적 편집자들의 주요 관심사였다는 것이다. 따라서 Mays는 신명기적 편집자에 의해 준비된 유다신탁이 아모스의 예언을 후대에 적용하는 과정에서 열방신탁연속물에 삽입되었다는 결론을 내린다.[97] Mays가 주장하는 것처럼 유사한 표현들을 공유하고 있는 구약본문들이 있는데, 이것들을 모두 신명기적 학파의 특징이나 작업으로 규정하는 데에는 무리가 있다. 왜냐하면 설령 신명기적 학파를 인정한다고 하더라도 이 학파가 이러한 표현들을 처음으로 사용했다고 보는 견해가 가능한지에 대한 근본적인 의문이 있기 때문이다.[98] 또한 구약성경 전체에 신명기 학파의 작업이 일관성이 있게 이루어졌다는 전제도 문제가 된다. 이것은 성경 외의 객관적 증거에 의한 전제나 주장이 아니라 구약성경에 나타난 일관된 현상에 대한 가정적 설명이다. 더욱이 신명기적 학파의 존재도 가설에 불과하다.

아모스가 북이스라엘을 향한 심판신탁만 선포하도록 부름을 받았기에 유다신탁을 후대삽입으로 보기도 하는데, 이러한 견해 역시 설득력이 없다. 왜냐하면 아모스가 주변 나라들을 향한 심판신탁을 선포하라는 부르심을 받지 않았지만 비평적 접근을 하는 학자들도 다메섹과 모압과 암몬의 신탁(두로와 에돔을 제외하더라

95) "A special value of the Judah oracle lies in its expanded citation of evidence, as a prelude to the greatly expanded evidence of guilt presented in the Israel oracle" (Stuart, *Hosea-Jonah*, 316; cf. Soggin, *The Prophet*, 50).

96) Mays, *Amos*, 41-42.

97) "The evidence indicates, then, that the Judah oracle is an addition to the series, prepared and inserted by the Deuteronomic editors of Amos. By its inclusion these later theologians contemporize the prophecy of Amos for their time and situation" (ibid., 42).

98) Cf. Paul, *Amos*, 20-21.

도)을 여전히 아모스의 신탁으로 보기 때문이다. 이것은 일관성이 결여된 논리의 적용이다.[99] 유다신탁을 후대삽입으로 주장하는 비평적 견해에 대한 답변으로 Childs의 말을 고려해 볼 필요가 있다.

> "There is a rather wide consensus (Wellhausen, G. A. Smith, Harper, Wolff, Mays) that the original oracle of Amos against the nations has been expanded to include an oracle against Judah (2.4f.; cf. also 2.9f., 11f.) Indeed, the oracle does reveal significant differences in form and content from the dominant pattern. In recent times the expansion has been often attributed to the work of a Deuteronomic redaction (W. H. Schmidt). I tend to agree that 2.4.f. does represent a secondary level within the text of Amos. *However, the evidence for seeing a different hand at work is neither as clear nor as decisive as Schmidt and Wolff would suggest (cf. Kellermann).*"[100]

Childs는 후대삽입의 가능성에 동의하지만 후대삽입에 대한 주장이 추측과 가정에 근거하여 제시되고 있음을 간접적으로 지적한다.[101] 결국 Childs가 후대삽입의 가능성에 동의하면서도 결정적인 증거의 부족을 인정하는 것은 후대삽입에 대한 견해가 단지 선호의 문제임을 나타내는 것이다. 그렇다면 Childs의 말은 최종형태의 본문을 아모스의 저작이 아니라고 단정적으로 말할 수 없다는 것을 의미한다.

---

99) Soggin은 열방신탁연속물에 북이스라엘의 주변 나라들과 더불어 북이스라엘도 등장하고 있으므로 특별히 유다를 제외할 이유가 없다고 본다(Soggin, *The Prophet*, 46).

100) Childs, *Introduction*, 402.

101) Hayes는 본문의 짜임새 있는 구조에 근거하여 주변 국가들을 향한 신탁들의 진정성에 대해 다음과 같이 서술한다. "None of these arguements against the genuineness of any of the nation oracles seems well founded. The entire section appears to be a well-structured, artistic unit with sufficient framing to provide repetition and regularity, allowing the hearer/reader to anticipate, and yet with sufficiently varied structural blocks to stimulate interest and appeal to the intellect (so, most recently, *Rudolph; *Gordis; Paul)" (Hayes, *Amos*, 55).

IX. 북이스라엘에 대한 심판의 신탁(h): 2:6-16

1. 원문

2:6a כֹּה אָמַר יְהוָה
2:6b עַל־שְׁלֹשָׁה פִּשְׁעֵי יִשְׂרָאֵל וְעַל־אַרְבָּעָה לֹא אֲשִׁיבֶנּוּ
2:6c עַל־מִכְרָם בַּכֶּסֶף צַדִּיק
2:6d וְאֶבְיוֹן בַּעֲבוּר נַעֲלָיִם
2:7a הַשֹּׁאֲפִים עַל־עֲפַר־אֶרֶץ בְּרֹאשׁ דַּלִּים
2:7b וְדֶרֶךְ עֲנָוִים יַטּוּ
2:7c וְאִישׁ וְאָבִיו יֵלְכוּ אֶל־הַנַּעֲרָה
2:7d לְמַעַן חַלֵּל אֶת־שֵׁם קָדְשִׁי
2:8a וְעַל־בְּגָדִים חֲבֻלִים יַטּוּ אֵצֶל כָּל־מִזְבֵּחַ
2:8b וְיֵין עֲנוּשִׁים יִשְׁתּוּ בֵּית אֱלֹהֵיהֶם
2:9a וְאָנֹכִי הִשְׁמַדְתִּי אֶת־הָאֱמֹרִי מִפְּנֵיהֶם
2:9b אֲשֶׁר כְּגֹבַהּ אֲרָזִים גָּבְהוֹ
2:9c וְחָסֹן הוּא כָּאַלּוֹנִים
2:9d וָאַשְׁמִיד פִּרְיוֹ מִמַּעַל וְשָׁרָשָׁיו מִתָּחַת
2:10a וְאָנֹכִי הֶעֱלֵיתִי אֶתְכֶם מֵאֶרֶץ מִצְרָיִם
2:10b וָאוֹלֵךְ אֶתְכֶם בַּמִּדְבָּר אַרְבָּעִים שָׁנָה
2:10c לָרֶשֶׁת אֶת־אֶרֶץ הָאֱמֹרִי
2:11a וָאָקִים מִבְּנֵיכֶם לִנְבִיאִים וּמִבַּחוּרֵיכֶם לִנְזִרִים
2:11b הַאַף אֵין־זֹאת בְּנֵי יִשְׂרָאֵל
2:11c נְאֻם־יְהוָה
2:12a וַתַּשְׁקוּ אֶת־הַנְּזִרִים יָיִן
2:12b וְעַל־הַנְּבִיאִים צִוִּיתֶם
2:12c לֵאמֹר
2:12d לֹא תִּנָּבְאוּ
2:13a הִנֵּה אָנֹכִי מֵעִיק תַּחְתֵּיכֶם
2:13b כַּאֲשֶׁר תָּעִיק הָעֲגָלָה הַמְלֵאָה לָהּ עָמִיר

2:14a וְאָבַד מָנוֹס מִקָּל
2:14b וְחָזָק לֹא־יְאַמֵּץ כֹּחוֹ
2:14c וְגִבּוֹר לֹא־יְמַלֵּט נַפְשׁוֹ
2:15a וְתֹפֵשׂ הַקֶּשֶׁת לֹא יַעֲמֹד
2:15b וְקַל בְּרַגְלָיו לֹא יְמַלֵּט
2:15c וְרֹכֵב הַסּוּס לֹא יְמַלֵּט נַפְשׁוֹ
2:16a וְאַמִּיץ לִבּוֹ בַּגִּבּוֹרִים עָרוֹם יָנוּס בַּיּוֹם־הַהוּא
2:16b נְאֻם־יְהוָה

2. 사역

2:6 여호와께서 이같이 말씀하셨습니다.
"이스라엘의 서너 가지 범죄로 인하여 내가 이것을 돌이키지 않을 것이다. 왜냐하면 그들이 은을 위해 무고한 자를 팔고 가난한 자를 신 한 켤레 때문에 팔기 때문이다.
2:7 그들이 힘없는 자들의 머리를 흙먼지에 짓밟고 비천한 자들의 길을 굽게 할 뿐만 아니라 아들과 아버지가 같은 여인에게 드나들어 내 거룩한 이름을 더럽히기 때문이다.
2:8 그들이 모든 제단 옆에서 저당으로 잡은 옷에 기대어 눕고 그들의 신전에서 벌금으로 취한 포도주를 마시기 때문이다.
2:9 그러나 나는 그들 앞에서 신장이 백향목의 크기와 같고 상수리나무 같이 강한 아모리인을 완전히 멸하였으며 위로부터는 그 열매를, 그리고 아래로부터는 그 뿌리를 완전히 멸하였다.[102)]
2:10 또한 내가 너희를 이집트 땅에서 이끌어내었으며 너희를 광야에서 40년 동안 인도하여 아모리인의 땅을 차지하게 하였다.
2:11 내가 너희 자손들 중에서 선지자들을 세웠으며 너희 젊은이들 중에서

---

102) 개역성경은 9절의 두 번째 문장을 수사적 의문문으로 해석하여 강조된 의미를 전달한다: "내가 아모리 사람을 저희 앞에서 멸하였나니 그 키는 백향목 높이와 같고 강하기는 상수리나무 같으나 내가 그 위의 열매와 그 아래의 뿌리를 진멸하지 아니하였느냐."

나실인들을 세웠다. 이스라엘 자손들아, 정말 그렇지 않느냐? 여호와의 말이니라.

2:12 그러나 너희는 나실인들로 하여금 포도주를 마시게 하였으며 선지자들에게 명하여 '예언하지 말라' 고 말하였다.

2:13 보라. 곡식 단으로 가득 찬 수레가 짓누르듯 내가 너희를 그대로 짓누를 것이다.[103)]

2:14 그러므로 날랜 자도 도망할 수 없으며 힘센 자도 자신의 힘을 쓸 수 없으며 용사도 자신의 목숨을 구하지 못할 것이다.

2:15 활을 잡은 자도 서지 못할 것이며[104)] 발이 빠른 자도 도망갈 수 없으며 말을 탄자도 자신의 목숨을 구하지 못할 것이다.

2:16 그 날에는 용사들 중에 마음이 굳센 자도 벌거벗고 도망갈 것이다."

여호와의 말씀입니다.

3. 원문분석

2:6. 아모스는 원인을 나타내는 부사구 עַל־מִכְרָם("그들이…팔고")을 시작으로 북이스라엘의 범죄를 구체적으로 지적한다. 3인칭, 남성, 복수 대명사어미의 선행사는 이스라엘이며 부정사 מכר의 주어역할을 한다. 보세의 율법은, 물질적 손해를 면하거나 정당한 상황에서 사람을 파는 것에 대한 규정들을 제시하고 있다(cf. 출 21:7; 레 25:35-37, 39-40). 하지만 이 규정들에도 인간의 존엄성을 존중할

103) 분사 מֵעִיק(원형: עוק)의 의미가 분명하지 않다. 따라서 13절의 다양한 번역과 해석을 볼 수 있다. 또한 목적어가 나타나지 않으므로 자동사로 해석하는 것이 제안되기도 한다. 예를 들면, Chisholm은 이 동사를 자동사로 간주할 뿐만 아니라 아랍어 동족어에 근거하여 "신음하다"로 해석한다: "I groan beneath you, just as a cart filled with grain groans" (Chisholm, *Handbook*, 386, n. 124). 이 해석을 따르면 13절이 북이스라엘의 수많은 범죄로 인해 괴로워하시는 하나님의 모습을 묘사하는 것이다. 하지만 이러한 해석은 14-16절의 흐름과 맞지 않는다. 왜냐하면 하나님의 심판이 선포되지 않은 상황에서 14-16절의 묘사가 등장하는 것이 자연스럽지 않기 때문이다.

104) Cf. "아무리 활 잘 쏘는 군인이라도 별 수 없고"(공동); "활과 화살을 가진 군인도 버티지 못하고"(쉬운성경); (우리말); "활을 가진 자도 버틸 수 없고"(표준새번역).

것을 명하고 있다. 따라서 아모스가 지적하고 있는 범죄는 인간의 존엄성이 전혀 존중되지 못한 것이다. "은"(כֶּסֶף)과 "신 한 켤레"(נַעֲלָיִם)로 인간의 가치를 측정하는 것에 대해 언급하고 있는 6c가 이러한 이해를 가능하게 한다. 화폐가 사용되기 전 고대근동에서는 "은"(כֶּסֶף)을 화폐 대용으로 사용하였다. 따라서 כֶּסֶף를 "돈"으로 번역할 수도 있다. 어떤 번역을 따르든 문장의 의미는 분명하다. צַדִּיק는 "의로운," "정당한," "올바른"을 의미하는 형용사인데, 실명사의 역할을 하여 부정사구 מִכְרָם의 목적어가 된다. 여기서는 본질적인 의로움보다는 법정적 차원에서의 무고함을 의미한다(cf. 출 23:7; 신 25:1).[105] 따라서 "무고한 자"로 번역하는 것이 적절하다.[106] אֶבְיוֹן("가난한")은 물질적 필요가 있는 상태를 의미하며 압제와 억압을 받는 상태를 나타내기도 한다. 명사 עֲבוּר([밭의] "소출")는 항상 전치사 בְּ와 결합되어 사용되는데, 명사를 목적어로 취하는 복합전치사나 절을 취하는 접속사의 역할을 하면서 이유를 서술해 준다. "은을 위해 무고한 자를 팔았다"(6c)는 것은 뇌물을 받고 무고한 자의 송사를 불의하게 다루는 것을 의미한다. "신발 한 켤레 때문에 가난한 자를 팔았다"(6d)는 것은 빚을 갚지 못한 자의 부채를 대신해 팔아버린 행위를 의미하는 것으로 볼 수 있다. 적정한 가격으로 볼 수 없는 "신발 한 켤레"(נַעֲלָיִם)라는 표현은 신발 한 켤레라도 남겨서 물질적 손해를 최대한 줄여 보겠다는 과도한 탐욕내지는 많지 않은 부채를 악착같이 얻어내고자 하는 무정함을 묘사하는 것으로 볼 수 있다.[107] 6c의 부사구(בַּכֶּסֶף)-목적어(צַדִּיק) 어순이 6d의 목적어(וְאֶבְיוֹן)-부사구(בַּעֲבוּר נַעֲלָיִם) 어순과 교차평행을 이루는 것을 볼 수 있다.

---

105) Cf. Hayes, *Amos*, 108.

106) 한글번역본들은 주로 "의인" 또는 "의로운 자"로 번역하고 있다: "그들이 은을 받고 *의인*을 팔며 신 한 켤레를 받고 가난한 자를 팔며" (개역개정); "*죄 없는 사람*을 빚돈에 종으로 팔아넘기고, 미투리 한 켤레 값에 가난한 사람을 팔아넘긴 죄 때문이다"(공동); "그들이 은을 받고 *의로운 사람*을 팔았으며, 가난한 사람을 신발 한 켤레 값에 팔았기 때문이다"(쉬운성경); "그들이 은을 받고 *의인*을 팔고 신발 한 켤레를 받고 가난한 사람들을 팔았기 때문이다"(우리말); "그들이 돈을 받고 *의로운 사람*을 팔고, 신 한 켤레 값에 빈민을 팔았기 때문이다"(표준새번역).

107) Cf. Ibid., 109-10.

2:7. **הַשֹּׁאֲפִים**은 정관사 **ה**와 남성 복수형 분사(**שׁאפים**)가 결합된 것으로 연이어 북이스라엘의 범죄내용을 서술한다. **שָׁאַף**는 문자적으로 "짓밟다, 짓뭉개다" 또는 "숨을 헐떡이다, "갈망하다"를 의미한다. 전자의 의미를 따를 경우, 억압에 대한 묘사가 되며 후자의 의미를 따를 경우, 과도한 탐욕에 대한 극적인 묘사가 된다. 개역성경은 후자의 의미를 따라 "가난한 자의 머리에 있는 티끌을 탐내며" 라고 번역한다(cf. ASV, KJV).[108] 정관사 **ה**는 이 분사가 이스라엘과 연결된 것을 보여준다.[109] **בְּרֹאשׁ דַּלִּים**는 전치사 **בְּ**와 함께 분사 **הַשֹּׁאֲפִים**의 목적어 역할을 한다.[110] **דַּלִּים**은 형용사 **דַּל**의 복수형으로 "천한," "가난한," "연약한"을 의미한다. **עֲנָוִים**은 형용사 **עָנָו**의 복수형으로 "비천한," "가난한," "억눌린"의 의미를 가지고 있으며 **דַּל**의 동의어이다. **יַטּוּ**는 3인칭, 남성, 복수 히필 미완료형(**נטה**, "펴다," "뻗치다," "기울이다")인데, 히필형인 경우 이 동사는 "벗어나게 하다," "굽게 하다," "기울어지게 하다"의 의미를 갖는다. 따라서 "비천한 자들의 길을 굽게 한

108) "*가난한 자*의 머리에 있는 티끌을 *탐내며* 겸손한 자의 길을 굽게 하며 부자가 한 젊은 여인에게 다녀서 나의 거룩한 이름을 더럽히며"(개역); "*힘없는 자*의 머리를 티끌 먼지 속에 *발로 밟고 연약한 자*의 길을 굽게 하며 아버지와 아들이 한 젊은 여인에게 다녀서 내 거룩한 이름을 더럽히며"(개역개정); "또 흙을 밟듯이 *가난한 사람*을 *짓밟았고*, 연약한 자의 길을 굽게 하였다. 아버지와 아들이 한 여자와 잠자리를 같이하여 나의 거룩한 이름을 더럽혔다"(쉬운성경); "그들은 *가난한 사람들*의 머리를 땅에 *짓밟고* 연약한 사람들의 정의를 부정했다. 또 아버지와 아들이 한 젊은 여인에게 다니며 욕보여서 여호와의 거룩한 이름을 더럽혔다"(우리말); "그들은 *힘없*는 사람들의 머리를 흙먼지 속에 처넣어서 *짓밟고*, *힘 약한 사람들*의 길을 굽게 하였다. 아버지와 아들이 같은 여자에게 드나들며, 나의 거룩한 이름을 더럽혔다"(표준새번역). 쉬운성경은 의역을 하여 의미의 이해를 돕고 있다. 7a의 דַּלִּים과 7b의 עֲנָוִים이 평행을 이루고 있기 때문에 개역개정이나 표준새번역처럼 동의어가 반복되는 것으로 번역할 수도 있지만 같은 부류의 사람들의 특징에 대한 다양한 설명으로 간주하여 그 특성들을 나타내는 것이 필요하다. 즉, "힘없는 자"와 "비천한 자" 등으로 다양하게 번역하는 것이다.

109) 공동번역의 경우 **הַשֹּׁאֲפִים**의 정관사 **ה**를 호격으로 간주하여 청자들에 대한 직접적인 표현으로 번역한다: "너희는 힘없는 자의 머리를 땅에다 짓이기고 가뜩이나 기를 못 펴는 사람을 길에서 밀쳐 낸다. 아비와 아들이 한 여자에게 드나들어 나의 거룩한 이름을 더럽힌다"(cf. TNK: "*Ah*, you who trample the heads of the poor Into the dust of the ground, And make the humble walk a twisted course! Father and son go to the same girl, And thereby profane My holy name.").

110) Cf. Niehaus, "Amos," 366.

다"는 것은 정의를 의도적으로 파괴하는 것을 말한다.[111]

출애굽기 23장 6절과 이사야 29장 21절에서와 같이 דֶּרֶךְ("길" 또는 "방식")를 מִשְׁפַּט("정의")의 동의어로 간주하여 우리말성경은 "연약한 사람들의 정의를 부정했다"로 번역한다. 7c의 וְאִישׁ וְאָבִיו는 문자적으로 "한 남자와 그의 아버지"를 의미하는데, "아들과 아버지"로 번역하는 것이 가능하다. אֶל־הַנַּעֲרָה의 전치사 אֶל은 방향을 나타내며 정관사 ה와 함께 쓰인 נַעֲרָה는 "처녀," "아가씨," "젊은 여인"을 의미한다. 정관사는 아들과 아버지가 같은 여인에게 다가가는 것을 나타낸다. 따라서 הַנַּעֲרָה를 "한 젊은 여인" 내지는 "같은 여인"으로 번역한다. 이 여인을 제의와 관계된 창녀로 보기도 하는데 단어 자체는 이러한 해석에 대한 어떤 암시도 주지 않는다.[112] יֵלְכוּ는 3인칭, 남성, 복수, 미완료형(הלך, "가다," "오다," "걷다")인데, 미완료형이 지속적인 행위 또는 반복되는 행위를 묘사하는 것으로 이해할 수 있다. 이 동사는 문자적으로 아들과 아버지가 한 여자에게 가는 것을 말하는데, 성적 관계가 내포된 것으로 볼 수 있다.[113] לְמַעַן חַלֵּל אֶת־שֵׁם קָדְשִׁי의 לְמַעַן은 목적 또는 결과를 나타내는 접속사인데, 이 구문에서는 결과절을 유도한다. 즉 아들과 아버지가 같은 여자와 성관계를 갖는 것이 여호와의 거룩한 이름을 더럽히는 결과를 가져왔다는 것이다. 이것은 율법이 분명하게 금하는 행위이다(레 18:8, 15, 17; 20:11, 12, 14; 신 22:30; 27:20).

2:8. חֲבֻלִים(칼[*qal*], 남성, 복수, 수동형분사; "묶다," "서약하다")은 부채를 갚지 못하는 상황에서 저당물을 취하는 행위를 묘사한다. 저당물을 취하는 것은 모세의

---

111) Cf. Stuart, *Hosea-Jonah*, 317.

112) Soggin은 정관사 ה가 같은 여인을 가리킬 수도 있지만 그 당시의 성전창녀에 대한 용어로 이해한다(Soggin, *The Prophet*, 48). 그러나 Paul은 성전창녀를 의미하는 קְדֵשָׁה가 사용되지 않은 것을 지적하면서 נַעֲרָה 자체가 이 의미를 갖는 것이 아님을 강조한다(Paul, *Amos*, 81-82).

113) Chisholm은 동사 הלך가 전혀 성적 관계를 의미하는데 사용되지 않았다는 것을 지적하면서 암 6:4-7에서 묘사하고 있는 것과 같은 이교도의 *marzeah* 향연을 암시하는 것으로 본다(Chisholm, *Handbook*, 385). 따라서 7c에 언급된 여인을 이 향연에서 시중들던 여인으로 이해한다. 그렇다면 북이스라엘의 범죄는 약자들을 억압하는 것과 더불어 쾌락을 추구하고 이교도의 행위를 따르는 것이 된다. 하지만 7c가 이 향연을 배경으로 하고 있다면 왜 여인만을 언급하고 있는지에 대한 적절한 설명을 제시하기가 어렵다.

율법이 허용하는 바이지만 생명을 위협하는 것들을 저당물로 취하는 것은 금하고 있다(cf. 출 22:26-27; 신 24:6, 17; 24:12-13). 7b에 사용된 동일한 동사(יַטּוּ)가 8a에 다시 사용되고 있는데, 우리말성경은 성적 행위가 내포된 것으로 의역한다: "그들은 모든 제단 옆에서 저당 잡은 옷을 *깔고 누워 행음하며*." 성적 행위가 내포되었는지는 분명하지 않지만 분명한 것은 6절부터 계속해서 언급되고 있는 기득권자들의 사회적 약자들에 대한 불의한 행위이다. כָּל־מִזְבֵּחַ("모든 제단," "제단마다")는 우상숭배를 위해 북이스라엘에 세워진 제단들을 가리킨다. 가장 대표적인 북이스라엘의 제단은 벧엘에 세워진 제단이다. עֲנוּשִׁים(칼[*qal*], 남성, 복수, 수동형분사; "벌금을 부과하다")는 부채를 지불하지 못할 때 벌금을 부과하는 행위를 가리킨다. 따라서 יֵין עֲנוּשִׁים는 "벌금으로 취한 포도주"를 의미하게 된다. בֵּית אֱלֹהֵיהֶם의 표현에 사용된 אֱלֹהִים에 대한 해석적 문제가 제기된다. 만약 אֱלֹהִים이 여호와 하나님을 가리킨다면 자연스럽게 בֵּית אֱלֹהֵיהֶם은 여호와의 전을 의미하게 된다. 그러나 어떻게 북이스라엘인들이 남유다의 성전에서 포도주를 마신다고 표현할 수 있는지에 대한 의문을 갖게 된다. בֵּית אֱלֹהֵיהֶם을 북이스라엘인들이 자신들의 제단과 종교행위를 통해 여호와 하나님을 섬기고 있다고 생각하는 것을 조롱하는 은유적 표현으로 본다면 "여호와의 전"이라는 해석도 가능할 수 있다. 하지만 이 단락이 북이스라엘에서 행해지고 있는 범죄(פֶּשַׁע)를 직접적으로 지적하고 있는 점을 고려할 때 이러한 해석은 설득력이 없다. 오히려 אֱלֹהִים을 일반적인 의미의 "신"으로 해석하는 것이 적절해 보인다.[114] 그렇다면 בֵּית אֱלֹהֵיהֶם을 "그들의 신전"으로 번역하여 8a의 כָּל־מִזְבֵּחַ와 평행을 이루는 것으로 고려할 수 있다. 대부분의 한글성경이 이러한 해석을 따르고 있다(cf. 개역; 개역개정; 공동; 우리말; 쉬운성경).[115] 더욱이 8a와 8b의 구문론적 평행이 이러한 해석을 가능하게 한다.

---

114) 아모스서에 이방신 숭배나 혼합종교에 대한 비판이 없는 것에 근거하여, Soggin은 אֱלֹהֵיהֶם을 여호와 하나님을 의미하는 하나님으로 해석할 것을 제안한다(Soggin, *The Prophet*, 49; Niehaus, "Amos," 367). 아모스가 북이스라엘인들에게 조롱하는 표현을 사용하고 있다고 본다.

115) "*모든 단 옆에서* 전당 잡은 옷 위에 누우며 *저희 신의 전에서* 벌금으로 얻은 포도주를 마심이니라"(개역); "*모든 제단 옆에서* 전당 잡은 옷 위에 누우며 *그들의 신전에서* 벌금으로 얻은 포도주를 마심이니라"(개역개정); "저당물로 잡힌 겉옷을 *제단들 옆에* 펴 놓

2:8a וְעַל־בְּגָדִים חֲבֻלִים יַטּוּ אֵצֶל כָּל־מִזְבֵּחַ
c (부사구) - b (동사) - a (부사구 [저당으로 잡은 옷])
2:8b וְיֵין עֲנוּשִׁים יִשְׁתּוּ בֵּית אֱלֹהֵיהֶם
c' (부사구) - b' (동사) - a' (목적어[벌금으로 취한 포도주])

2:9. 아모스는 1인칭 대명사(וְאָנֹכִי)를 문두에 놓아 강조하면서 북이스라엘 사람들과 하나님을 명확하게 구분하고 있을 뿐만 아니라 북이스라엘 사람들의 행위와 하나님의 행위를 대조시키고 있다. 9b-c는 אֲשֶׁר가 이끄는 형용사절로 9a의 הָאֱמֹרִי("아모리인")를 꾸미면서 그들이 어떤 자들인지에 대해 설명해 준다. 9c의 3인칭 대명사 הוּא의 선행사는 הָאֱמֹרִי이다. גָּבְהוֹ, פִּרְיוֹ와 שָׁרָשָׁיו에 사용된 대명사어미의 선행사도 역시 הָאֱמֹרִי이다. 9d의 וָאַשְׁמִיד("내가 완전히 멸하였다")는 바브-미완료연계형(*wayyqtl*)으로 9a의 완료동사 הִשְׁמַדְתִּי에 연결된다. 특히 동사 שׁמד("완전히 멸하다")가 두 번 반복되면서 아모리인들의 전멸이 강조되고 있는 점에 주목할 필요가 있다(הִשְׁמַדְתִּי[9a]; וָאַשְׁמִיד[9d]). 9d는 9b-c에 사용된 비유를 그대로 이어서 아모리인들의 완전한 멸망을 나무의 파괴로 묘사한다. 위(מִמַּעַל)와 아래(מִתַּחַת), 열매(פִּרְיוֹ)와 뿌리(וְשָׁרָשָׁיו)가 짝을 이루어 서술되는 것을 아모리인들의 철저하고 완전한 멸망을 의미하는 양극대칭기법(*merismus*)으로 볼 수 있다.

2:10. 동사 הֶעֱלֵיתִי("내가 이끌어내었다")에 주어가 표기되기에 1인칭 대명사 וְאָנֹכִי가 불필요하지만 행위의 주체를 강조하기 위해 사용되고 있다. 이것은 동일하게 1인칭 대명사를 사용하면서 행위의 주체를 강조하고 있는 9a(וְאָנֹכִי הִשְׁמַדְתִּי)와 평행을 이룬다. 동사 עלה("올라가다")가 히필형을 취하여 "이끌어내다"의 의

고 그 위에 딩굴며, 벌금으로 받은 술을 저희의 신당에서 마신다" (공동); "*그들의 신전에서* 예배할 때도 가난한 사람에게서 빼앗은 옷 위에 누웠다. 벌금으로 거둔 돈으로 포도주를 사서 *그들의 신전에서* 마셨다" (쉬운성경); "그들은 모든 제단 옆에서 저당 잡은 옷을 깔고 누워 행음하며 *그들의 신전에서* 벌금으로 거둔 포도주를 마시고 있다" (우리말); "그들은 전당으로 잡은 옷을 *모든 제단 옆에* 펴 놓고는, 그 위에 눕고, *저희가 섬기는 하나님의 성전에서* 벌금으로 거두어들인 포도주를 마시곤 하였다" (표준새번역).

미가 된다. 이제까지 3인칭으로 표기되던 북이스라엘인들이 2인칭 אֶתְכֶם("너희를")으로 표기되면서 심판신탁연속물(1:3-2:16)의 실제 청자가 북이스라엘인 것을 밝혀준다. 10b의 וָאוֹלֵךְ("내가 인도하였다")는 바브-미완료연계형(*wayyqtl*)으로 10a의 완료형 동사 הֶעֱלֵיתִי에 연결되어 과거의 사건을 서술하는 바브-연계형 시리즈를 이루면서 하나님께서 그의 백성들을 위해 행하신 일을 서술한다. 10c의 부사구 לָרֶשֶׁת(전치사 + 부정사[ירשׁ, "차지하다, 소유하다"])가 유도하는 문장은 목적 또는 결과로 해석하는 것이 가능하며 하나님의 적극적인 개입을 나타내는 1인칭 히필형 동사 הֶעֱלֵיתִי와 וָאוֹלֵךְ의 의미를 보완해 준다. 즉 하나님께서 이끌어내시고 인도하신 행위의 목적 또는 결과는 아모리인들의 땅을 차지하게 하는 것이다. 부정사 רֶשֶׁת는 אֶרֶץ הָאֱמֹרִי("아모리인의 땅")를 목적어로 취한다.

2:11. 바브-미완료연계형(wayyqtl) וָאָקִים("내가 세웠다")은 10a에서 시작된 바브-연계형 시리즈를 이어가면서 계속해서 하나님께서 그의 백성을 위해 하신 일을 서술한다. לִנְבִיאִים מִבְּנֵיכֶם에 사용된 전치사 מִן은 부분의 의미(partitive value)를 갖는다. 즉 "너희 자손들 중에서 일부"를 선택하여 "선지자들"(נְבִיאִים)이 되게 하였다는 것이다. 선지자와는 달리 나실인(נְזִרִים)의 기능과 역할에 대해 구약성경이 분명하게 기술하는 것은 아니지만 나실인에 대한 일부 정보를 제공한다. 구약성경에는 평생을 나실인으로 드려진 사람들, 예를 들면 삼손, 사무엘과 같은 인물들이나 일시적으로 자원하여 나실인이 된 사람들이 있었다(cf. 민 6:1-21). 나실인에게는 술을 금하고 시체를 만질 수 없는 금욕적인 삶이 요구되었다. 따라서 나실인에 대한 언급은 하나님께 대한 헌신의 예를 하나님께서 그의 백성들에게 알려주신 것을 지적하기 위한 것으로 볼 수 있다.[116] 따라서 11a는 하나님께서 선지자와 나실인을 세워 언약백성들에게 그의 뜻을 전하고 백성들에게 요구되는 삶의 구체적인 예를 보여 주신 하나님의 배려와 관심에 대한 표현이다.[117] 하

116) Cf. Chisholm, *Handbook*, 386.

117) Stuart는 아모스가 제사장들을 언급하지 않는 것을 그 당시 북이스라엘의 제사장들의 타락을 고려한 의도적인 생략으로 본다(Stuart, *Hosea-Jonah*, 318). 아모스 7:10-17을 보면, 제사장 아마샤가 아모스 선지자를 거부하는 것을 기록하고 있다. 하지만 제사장이 생략된 정확한 이유를 말하기는 어렵다.

지만 북이스라엘인들은 하나님께서 세우신 선지자의 기능과 의무 및 나실인의 삶을 존중하지 않았다(12절). 결국 이것이 하나님에 대한 거부로 연결되었기에 심판의 원인이 된다. 의문문 불변화사 ה와 불변화접속사 אַף(“참으로,” “또한”)가 결합된 הַאַף는 11b의 문장을 청자의 동의를 얻어내는 수사적 의문문으로 만든다. אֵין־זֹאת의 지시대명사 זֹאת는 앞에서 언급된 하나님의 행위(11a)를 가리킨다. 따라서 11b의 문장을 “정말 그렇지 않느냐?”로 번역하거나 “정말 그렇게 하지 않았느냐?”로 의역할 수 있다.[118)]

נְאֻם־יְהוָה(“여호와의 말이니라”)는 일반적으로 두 가지 기능을 가지고 있다. 첫째, 확언의 기능이다. 신탁의 중간에 등장하면서 선포된 선언이 여호와의 결정임을 확언해 준다. 둘째, 신탁을 마무리하는 기능이다. 즉 신탁도입형식(כה אמר)이 신탁을 열어준다면 נְאֻם־יְהוָה는 신탁을 닫아준다. 11c의 נְאֻם־יְהוָה는 확언의 역할을 하는 것이며 16b의 נְאֻם־יְהוָה는 북이스라엘을 향한 신적 선언부분을 마무리해 줄 뿐만 아니라 넓게는 신탁연속물 전체(1:3-2:16)를 마무리하는 기능을 가지고 있다.[119)]

2:12. וַתַּשְׁקוּ(2인칭, 남성, 복수, 히필 미완료, שׁקה, “마시게 하다”)는 바브-미완료 연계형(*wayyqtl*)으로 바브-연계형 시리즈를 이어가면서 북이스라엘 백성들이 11절에 언급된 하나님의 행위를 거부하는 행동을 묘사한다. 12b는, 동사 (“너희가 명령하였다”)의 행위가 미치는 대상을 나타내는 부사구 וְעַל־הַנְּבִיאִים(“그리고 선지자들

---

118) 11b의 번역의 예: “이스라엘 자손들아 과연 그렇지 아니하냐”(개역; 개역개정); “이스라엘 사람들아, 사실이 그렇지 아니하냐?”(공동); “이스라엘 백성아, 그렇지 아니하냐?”(쉬운성경); “이스라엘 자손들아, 그렇지 않느냐?”(우리말); “이스라엘 자손아, 사실이 그러하지 않으냐?”(표준새번역).

119) Park은 16절의 נְאֻם־יְהוָה가 북이스라엘의 신탁뿐만 아니라 신탁시리즈를 마무리하고 있음을 지적하지만 완전히 마무리하는 것으로 보지 않는다. אָמַר יְהוָה가 사용되지 않고 נְאֻם־יְהוָה가 사용된 것은 뒤 따르게 될 신탁이 있음을 시사한다는 것이다. 그의 견해를 따르면 이것은 예기적으로 9:15의 완전한 결언을 기대하게 한다: “Therefore, the oracular formula נאם־יהוה prevents the hearer/readers from thinking that this is the end of YHWH's speech. This also points proleptically to the closing formula, אמר יהוה “says the Lord your God' in 9:15” (Park, *The Book of Amos*, 80). 하지만 이것은 נְאֻם־יְהוָה의 적용범위를 과도하게 확장한 것으로 보인다.

에게")은 연계형 시리즈를 단절시키면서 12b를 추가적인 내용을 전하는 상황절로 만든다. הַנְּזִרִים("그 나실인들")과 הַנְּבִיאִים("그 선지자들")의 정관사는 11절에 언급된 선지자들과 나실인들과 동일한 대상인 것을 보여준다. 12c의 לֵאמֹר는 북이스라엘 백성들이 선지자들에게 명한 내용을 직접 인용하기 위한 표현으로 마치 인용부호와 같은 역할을 한다. 12d는 직접 인용문의 내용을 서술한다. תִּנָּבְאוּ("예언하지 말라")의 원형동사 נבא는 수동의 의미를 갖는 니팔형(*niphal*)으로 항상 사용되는데, 이것은 예언이 선지자의 독자적 행동에 의한 것이 아니라 주어진 신탁을 전하는 것임을 암시한다. 이 동사가 니팔형을 취하지만 번역할 때는 능동형으로 한다.

2:13. הִנֵּה("보라")는 고소단락에서 신적 선언단락으로의 전환을 유도할 뿐만 아니라 청자의 주의를 환기시키는 표현이다.[120] 이 경우 주로 "הִנֵּה + 인칭대명사 + 분사"의 형태를 취한다. מֵעִיק는 히필형(hiphil) 분사(עוק, "누르다," "짓누르다")로 1인칭대명사 אָנֹכִי와 함께 가까운 미래 또는 미래에 행할 일을 서술한다.[121] תַּחְתֵּיכֶם은 문자적으로 "너희 아래로"를 의미하는데, 이것을 "너희 자리에서 [너희를]"로 번역하기도 한다(cf. NRS, ASV, NJB).[122] 한글로는 상황 그대로 짓누름을 받게 된다는 이해에 근거하여 "너희를 그대로"라고 번역하여 전치사

---

120) Cf. C. H. J. van der Merwe, J. A. Naudé, and Jan H. Kroeze, *A Biblical Hebrew Reference Grammar* (Sheffield: Sheffield Academic Press, 1999), 328-30 (이후로 BHRG로 표기).

121) Soggin은 13a의 표현에 지진이 예견된 것으로 보지만 정확한 언어적 근거를 제시하지는 않는다(Soggin, *The Prophet*, 51). Mays도 이 표현을 지진에 대한 선포로 제안하는데 분사 מֵעִיק를 "가르다"로 해석하여 땅을 가르는 것으로 이해한다: "The power of Yahweh will split the very earth of the land which he gave them, leaving Israel no security in the encounter" (Mays, *Amos*, 54). 뿐만 아니라 아모스 4:11과 1:1에서 지진이 언급된 것을 지적한다. Paul은 이러한 견해를 거부하면서 2:13-16에서 다루고 있는 것은 북이스라엘 군대가 무기력하게 될 것을 지적하는 것으로 제안한다(Paul, *Amos*, 94).

122) 개역성경이 이러한 번역을 따르고 있다("내가 너희 자리에 너희를 누르리니"). 개역개정, 쉬운성경, 우리말성경은 תַּחְתֵּיכֶם를 목적어 "너희를"로 번역한다. 공동번역은 다른 번역을 제공한다("보아라, 내가 너희를 무거운 짐을 싣고 뭉그적거리는 송아지 꼴로 만들리라").

의 의미를 반영할 수 있다. 13b를 시작하고 있는 כַּאֲשֶׁר는 상황이나 상태를 비교할 때 사용되는 접속사이다. 즉 하나님께서 북이스라엘을 짓누르시는 것이 무거운 수레가 짓누르는 것에 비교되고 있다. 정관사와 함께 사용된 הַמְלֵאָה("가득 찬")는 הָעֲגָלָה("수레")를 꾸며주는 여성, 단수, 한정 형용사(attributive adjective)이다. 따라서 성과 수에 있어서 꾸며주는 명사와 일치한다. 부사구 לָהּ의 대명사어미의 선행사는 "수레"(הָעֲגָלָה)이며 전치사 לְ와 함께 재귀적 용법의 역할을 한다. עָמִיר는 떨어졌거나 베어낸 "곡식 단"을 의미하며 부사적 대격(adverbial accusative)으로 הָעֲגָלָה הַמְלֵאָה לָהּ עָמִיר를 꾸며준다("곡식 단으로 가득 찬 수레").

2:14. וְאָבַד("사라질 것이다")는 바브-완료연계형으로 13a의 분사 מֵעִיק에 연결되면서 원인과 결과의 관계를 만들어 준다. 즉 하나님께서 누르신 것에 대한 결과가 14절에 서술되는 것으로 볼 수 있다. 14a는 문자적으로 "도주가 날랜 자들에게서 사라질 것이다"를 의미한다. 즉 빨리 달리는 자들도 하나님의 심판이 임할 때 도망할 길을 찾지 못할 것을 말한다. 따라서 번역본들은 주로 "날랜 자도 도망할 수 없다"는 의미를 전달하는 의역을 선호한다. 14b는 접속사와 주어(וְחָזָק, "그리고 힘센 자는")로 시작된 14b는 바브-연계형 시리즈의 진행을 멈추고 보다 구체적인 설명을 제공하는 상황절을 제공한다. 14b와 14c는 구문론적 평행을 이루면서 13a-b에서 언급된 선언의 결과에 대한 구체적인 서술을 이어간다.

2:14b	וְחָזָק	לֹא־יְאַמֵּץ	כֹּחוֹ
	a[접속사+주어]	b[동사+부정어]	c[목적어]
2:14c	וְגִבּוֹר	לֹא־יְמַלֵּט	נַפְשׁוֹ
	a[접속사+주어]	b[동사+부정어]	c[목적어]

14b-16a의 문장들은 주어로 시작되면서 하나님의 심판을 피할 수 없는 대상들이 차례로 열거된다.

2:15. וְתֹפֵשׂ הַקֶּשֶׁת("그리고 활을 잡은 자")의 등위접속사 ו는 심판의 결과를 계속해서 나열해 간다. "서지 못한다"(לֹא יַעֲמֹד)는 것은 하나님의 심판을 공격할 수도 없고 맞서 대응할 수도 없음을 선포하는 것이다. 형용사("빠른," "민첩한")

קַל은 실명사의 역할을 하여 동사 יְמַלֵּט("도망갈 것이다")의 목적어 역할을 한다. 부정어 לֹא가 서술되면서 민첩한 자도 하나님의 짓누름을 피해 도망할 수 없음을 지적한다. בְרַגְלָיו("그의 발에 있어서")는 민첩함(וְקַל)의 구체적인 부분을 설명해 준다. 따라서 קַל בְּרַגְלָיו는 "발이 빠른 자"를 의미한다. 하나님의 심판을 피할 수 없는 자들이 언급되면서 어떤 자도, 어떤 방법으로도 하나님의 심판을 피할 수 없음을 한 눈에 볼 수 있게 한다.

2:16. אַמִּיץ לִבּוֹ를 단순히 "용감한 장사"(공동번역), "굳센 자/용사"(개역; 우리말), 또는 "용사"(쉬운성경), "가장 용감한 자"(표준새번역)로 번역하기 보다는 לִבּוֹ("그의 마음")라는 표현을 반영하여 "마음이 굳세 자"로 번역할 때 의미를 보다 명확하게 전달할 수 있다(cf. "그 마음이 굳센 자," 개역개정). 부사구 בַּגִּבּוֹרִים("용사들 중에")는 אַמִּיץ לִבּוֹ를 꾸며주면서 용사들 중에서도 가장 마음이 강한 용사를 가리킨다. 형용사 עָרוֹם("벌거벗은")은 마음이 굳센 자가 도망할 때(יָנוּס)의 상태를 묘사한다. בַּיּוֹם־הַהוּא는 "그 날에는"으로 해석되며 הַהוּא의 선행사는 13절에 언급된 여호와의 심판이 이루어지는 날을 의미한다. 이 표현이 16a의 맨 마지막에 위치하면서 13절에서 시작된 심판선언단락을 마무리해 준다. 위에서 언급한 바와 같이 נְאֻם־יְהוָה는 이 신탁을 마무리할 뿐만 아니라 신탁연속물(1:3-2:16) 전체를 마무리하는 역할을 한다.

4. 원문주해

일곱이라는 숫자가 완전을 의미하는 것으로 이해하는 북이스라엘 백성은 일곱 번째로 선언된 유다의 신탁과 더불어 아모스의 신탁연속물이 마무리되는 것으로 예상을 하였을 것이다.[123)] 그들은 여호와의 날에 주변 나라들이 심판을 맞이하게 되지만 자신들은 번영을 누릴 것으로 기대하였다. 하지만 이들의 예상과는 달리 자신들을 향한 하나님의 심판신탁을 듣게 된다. 신탁연속물의 지역적 흐름을 북이

123) Cf. Jonathan A. Partlow, "Amos's Use of Rhetorical Entrapment as a Means for Climatic Preaching in Amos 1:3-2:16," *RQ* 49 (2007): 23-32.

스라엘을 중심으로 보면, 신탁선포가 북동쪽(다메섹)을 시작으로, 남서쪽(가사), 북서쪽(두로), 남동쪽(에돔, 암몬, 모압), 그리고 남쪽(유다)으로 이동한 후 결국에는 북이스라엘로 향하게 된다. 북이스라엘을 향한 신탁을 신탁형식에 따라 아래와 같이 구분할 수 있다.

6a. 도입형식: כה אמר
6b-12d. 고소/비난(diatribe/criticism)
13a-16a. 신적 선언(divine prediction/statement)
16b. 결언: נאם־יהוה

북이스라엘은 하나님의 특별한 선택을 받은 백성이지만(cf. 2:9-11; 3:2), 이들의 범죄로 인하여 결국 열국들과 같이 동일하게 하나님의 심판의 대상이 된다. 주변의 나라들에 대한 심판이 하나씩 선포되면서 결국 하나님의 심판목록에 북이스라엘도 포함된다. 이 목록에 북이스라엘이 포함되는 것이 신탁연속물을 듣는 북이스라엘에게 충격이었겠지만 더욱 충격적이고 놀라운 것은 북이스라엘을 향한 심판의 신탁에 더 많은 내용이 언급되고 있다는 것이다. 고소단락인 6b-12d를 내용에 근거하여 보다 세부적으로 구분하고 단락 간의 대조적 관계를 나타내면 다음과 같다.

A. 북이스라엘의 범죄: 6b-8b
A'. 하나님의 구원: 9a-10c
B. 하나님의 배려: 11a-c
B'. 북이스라엘의 거부: 12a-d

6b-8b는 북이스라엘이 사회적 약자들에 대해 불의를 행한 행위들을 묘사하고 있으며 이와 대조적으로 9a-10c는 하나님께서 비천하고 연약한 이스라엘 백성들에게 어떤 구원과 은혜를 베푸셨는지를 보여준다.[124] 같은 맥락에서 11a-c는 하

124) Wolff는 아모스가 원래 9절의 땅을 주신 사건만을 언급하였는데, 유다와 예루살렘에 대한 관심을 가졌던 신명기사가적 편집작업을 통해 10-12절이 후대에 삽입된 것으로 설명한다(Wolff, *Joel and Amos,* 112-13, 141-42, 169). 그러나 본서가 제안하는 것과 같이

나님께서 이들과의 특별한 관계를 위해 필요한 자들(선지자와 나실인)을 세우신 것을 묘사하며 이와 대조적으로 12a-d는 이스라엘 백성들이 이러한 특별한 관계와 배려를 거부한 것을 지적한다. 위에 제시한 평행관계와는 달리 행위자에 중점을 두어 단락 간의 관계를 고려하면 다음과 같은 평행구조를 볼 수 있다.

A. 북이스라엘: 6b-8b
  B. 하나님: 9a-10c
  B'. 하나님: 11a-c
A'. 북이스라엘: 12a-d

여기서 인칭의 변화를 살피는 것도 흥미롭다. A단락에서는 북이스라엘이 3인칭으로 묘사되는 반면에 9a-12d에서는 북이스라엘이 2인칭으로 묘사되면서 청자들을 신탁 안으로 깊이 끌어들이려고 하는 의도를 볼 수 있다. 11b의 수사적 질문과 12c-d의 이스라엘 자손들의 생각에 대한 직접적인 인용은 이러한 의도를 반영해 준다. 고소단락의 이러한 세부적 구분과 단락들 간의 관계를 고려하면서 북이스라엘의 범죄(6b-12d)를 살피고 난 후 하나님의 심판(13a-16a)을 다루고자 한다.

2:6-8. 아모스는 다른 신탁에서처럼 형식적인 서술로 북이스라엘을 향한 고소단락을 시작한다. 이것은 다른 신탁과의 연관성을 분명하게 보여준다. 하지만 이스라엘신탁은 여러 가지 면에서 차이점을 가지고 있다.[125] 첫째, 고소단락과 신적 선언단락이 확장되어 서술된다. 둘째, 심판선언에 있어서 반복적으로 사용된 표현들(וְשִׁלַּחְתִּי אֵשׁ; וְאָכְלָה אַרְמְנוֹת)이 등장하지 않는다. 대신에 14-16절에 유사한 내용의 표현이 일곱 번 반복되면서 철저하고 피할 수 없는 심판을 강조한다. 셋째, 다른 신탁에서 등장하지 않는 2인칭 서술(10-12절)을 볼 수 있다. 이것은 신탁연속물의 청자/독자가 북이스라엘 백성인 것을 시사한다. 넷째, 범죄의 내용이 국가 간의 문제가 아닌 개인들과 하나님과의 문제에 집중한다. 다섯 째, 북이스라

각 단락의 내용과 행위자에 따른 평행적 분석이 맞는다면 10-12절을 9절의 설명을 위한 후대삽입으로 보기 어렵다.

125) Hayes, *Amos*, 107.

엘의 범죄를 묘사할 때 미완료형(*yqtl*)을 사용한다. 이것은 현재에도 계속적으로 범하고 있는 죄를 지적하는 것이며 북이스라엘 백성들로 하여금 자신들의 문제를 직접 보게 한다.

6c의 עַל־מִכְרָם는 6d의 동사를 채워주는 이중적 역할을 하는 것으로 보거나 6c와 6d를 두 개의 목적어구가 등장하는 하나의 문장으로 볼 수도 있다. 어찌하든 6c와 6d의 교차평행은 정당하지 못하거나 도가 지나친 방법으로 무고한 자들과 가난한 자들에게 불의를 행한 범죄행위를 강조한다.

2:6c עַל־מִכְרָם בַּכֶּסֶף צַדִּיק
a (목적어) - b (부사구) - c (부정사구)

2:6d [ ] וְאֶבְיוֹן בַּעֲבוּר נַעֲלָיִם
b' (부사구) - a' (목적어)

6c-d와 7a-d에서 연이어 사용되고 있는 צַדִּיק, אֶבְיוֹן, דַל, עָנָו는 사회적 약자를 전체적으로 묘사해 준다. 이들은 힘없고, 가난하고, 비천하며 무고한 자들이다. 이들의 정황은 사회적 강자나 기득권자들에 의해 쉽게 억눌리고 억울한 처우를 겪을 수 있다. 따라서 모세의 율법은 이들을 언약공동체 안에서 존중하고 보호할 것을 명한다. 그러나 모세의 율법이 요구하는 의무와 책임을 다하지 못한 북이스라엘의 범죄(פִּשְׁעֵי יִשְׂרָאֵל)가 하나님의 심판의 중요한 이유가 된다. 인간의 가치가 과도한 물질적 탐욕에 의해 존중받지 못하였으며 폭력과 불의에 의해 인간적 관계 및 윤리적 기준과 도리가 파괴되었다. 북이스라엘의 범죄는 단순히 사회적 불의만이 아니다. 북이스라엘의 불결한 성적 타락(7c-d)은 하나님의 거룩함을 훼손하는 결과를 낳았다. 또한 이들의 종교적 부패는 물질적 탐욕과 연관되어 있다(8a-b). 이들이 취한 저당과 벌금이 합법적인 것이라 할지라도 모든 사람이 기쁨과 평안을 누려야하는 소위 말하는 "제단"과 "성전"에서 약자들에게 상대적 박탈감을 주는 사회적 강자들의 무정함을 볼 수 있기 때문이다. 위에서 언급한 바와 같이 심판고소단락의 흐름(A-A'-B-B')은 북이스라엘 백성의 행위와 하나님의 행위를 대비시키면서 북이스라엘의 범죄를 보다 분명하게 드러낸다. 즉 북이스라엘 백성들은 하나님의 은혜를 경험하였음에도 불구하고 물질적 탐욕으로 인해 사회적 약자

들을 무정하게 다룬 것이다. 이것은 하나님의 은혜와 요구에 정면으로 반항한 것을 의미한다. 따라서 독자들은 이들의 범죄에 대한 하나님의 심판이 정당하다는 것에 동의하게 된다.

2:9-12. 아모스는 9a에서 북이스라엘의 범죄를 서술하는 것을 잠시 중단하고 북이스라엘이 약자의 처지에 있을 때 하나님께서 그들을 어떻게 돌보셨는지를 언급한다.[126] 하나님께서는 북이스라엘이 사회적 약자의 처지에 있을 때 아모리인들의 압제와 억압에서 구원하셨으며(9a-d), 이집트의 노예생활에서 인도하여 내셨고 40년 동안 광야에서 이들을 돌보셨다. 자신들의 역사와 경험을 통해 하나님께서 요구하시는 것이 무엇인지를 알 수 있었음에도 불구하고 실패한 북이스라엘의 문제를 지적하고자 하는 의도를 짐작해 볼 수 있다. 북이스라엘의 범죄는 하나님의 은혜에 반하는 무정함이다. 하나님은 과거의 경험을 통해 그들에게 행동원리를 교훈하셨을 뿐만 아니라 선지자들과 나실인들을 세워 그의 뜻을 알게 하셨고 헌신의 모범을 보여 주셨다(11a-c). 하지만 북이스라엘 백성들은 이것도 정면으로 거부하였다(12a-d). 11a에서 선지자가 먼저 언급되고 나실인이 서술되는 순서에 반하여 12절은 나실인에 대한 북이스라엘의 그릇된 태도를 먼저 지적하고 선지자들에 대한 불의한 행동을 서술하는 순서를 취하는 것 역시 하나님의 요구에 정면으로 대항하는 태도를 분명하게 보여준다. 북이스라엘 백성들은 선지자들에게 예언하지 말라고 명하면서 선지자들을 통해 주어지는 하나님의 말씀에 귀를 막고 자신들의 범죄가 지적되는 것을 원치 않았다. 또한 하나님께 대한 나실인의 헌신이 자신들의 불의를 드러내기에 그들도 자신들과 같이 동화되길 원하였다.

주변 나라들의 범죄가 전쟁과 침략에 관련된 국가 간의 문제였다면 북이스라엘의 범죄는 같은 국가 구성원들 사이에서 하나님의 율법을 준수하지 못한 사회적 불의와 부조리, 윤리적 타락과 종교적 실패이다. 열방의 범죄는 일반적이고 상식적인 인간적 태도, 정의, 신의를 지키지 못한 것이지만 북이스라엘의 범죄는 특

126) Stuart는 9-12절이 오랜 역사를 거쳐 지속적으로 행해진 불순종을 묘사하기 위한 것으로 본다: "The present oracle [vv. 9-12] describes such a long history of Israel's case, by suggestive allusions to its ungratefulness and its tendency to do the exact opposite of what Yahweh wanted" (Stuart, *Hosea-Jonah*, 317-18).

별한 언약적 관계에서의 실패이다.[127] 아모스 2장 6-12절에서 지적하고 있는 북이스라엘의 범죄를 정리하여 서술하면 다음과 같다.

1. 인간의 가치와 존엄성을 무시하는 과도한 물질적 탐욕(6절)
2. 사회적 약자들에게 행한 억압과 불의(7절)
3. 성적타락(7절)
4. 사회적 약자들에 대한 배려가 없는 무정함(8절)
5. 하나님의 은혜와 배려를 정면으로 거부하는 행위(9-12절)

2:13-16. 신적 선언이 시작되는 13a에서 전환을 나타내는 לָכֵן("그러므로")을 볼 수 없지만 논리적 흐름과 동사의 형태가 미래적 사건을 서술하고 있는 것에 근거하여 13a에서 전환이 이루어지고 있는 것을 알 수 있다. 북이스라엘의 범죄에 대한 하나님의 심판선언은 간결하지만 단호하게 서술된다(13절). 하나님의 심판선언은 북이스라엘을 그대로 짓눌러 버리시겠다는 것이다. 14a-16a는 하나님의 짓누르는 심판의 결과를 일곱 개의 다양하지만 의미가 유사한 표현들로 서술한다.[128] 14a-16a의 의미론적, 구문론적 반복은 하나님의 심판이 철저하여 피할 수 없는 것임을 강조할 뿐만 아니라 완전할 것임을 시사한다. 심판의 결과에 대한 묘사를 אבד("멸망하다," "죽다," "사라지다")로 시작하는 것은 하나님의 철저한 심판이 임하게 됨을 예상하게 한다. 또한 반복되는 부정어 לֹא가 이러한 예상을 확증시켜 준다(14b, 14c, 15a, 15b, 15c). 이와 더불어 לֹא־יְמַלֵּט("도망할 수 없다")가 반복되고 있는 것을 주목할 필요가 있다(14c, 15b, 15c). 14a-c는 자신의 능력을 가진 자들("날랜 자," "힘센 자," "용사")을 묘사하고 있으며 15a-c는 가능한 수단을 사용하는 자들("활을 잡은 자," "발이 빠른 자," "말을 탄자")에 대해 묘사하고 있다. 16a는 용사들 중에서도 마음이 굳센 자들에 대한 묘사이다. 그러므로 14a-16a는 "어느 누구도," "어떠한 능력과 수단으로도" 하나님의 짓누르는 심판을 피할 수

---

127) 이것은 유다의 심판에서도 언급된 내용이지만 아모스의 관심은 북이스라엘의 문제에 집중하고 있다.

128) Paul은 2:14-16에 나타난 단어의 반복에 따른 문학적 기교와 평행을 적절하게 지적해 주고 있다(Paul, *Amos*, 95).

없음을 강조한다. 결론적으로 북이스라엘에 임하게 될 하나님의 심판은 다음과 같은 특성을 가지고 있다. 첫째, 완전한 멸망이다. 둘째, 철저한 심판이어서 결코 피할 수 없다. 셋째, 하나님께서 정하신 "그 날"에 임하게 될 것이다. 넷째, 하나님의 심판은 확정된 것이다. 왜냐하면 하나님께서 결코 돌이키지 않으실 것이기 때문이다(לֹא אֲשִׁיבֶנּוּ, 2:6).

X. 심판신탁연속물의 절정과 핵심주제

북이스라엘을 향한 심판의 신탁은 신탁연속물(1:2-2:16)의 절정이다. 이것은 일반적으로 인정되는 견해인데, 이에 대한 근거를 네 가지로 간단히 언급하고자 한다. 첫째, 신탁의 위치가 절정을 암시한다. 확실한 이방민족들(아람인들, 블레셋인, 페니키아인)로 시작된 신탁연속물이 좀더 가깝게 다가와 다소 먼 혈통적 관계를 가지고 있는 민족들(에돔, 암몬, 모압)을 언급한 후 친형제인 유다까지 언급하게 된다. 일곱 번째의 위치에 자리하고 있는 유다에 대한 신탁으로 심판선언이 마무리 될 것이라는 기대가 있었을 것이다. 하지만 이러한 기대는 또 하나의 신탁도입형식(2:6)이 다시 언급되면서 여지없이 깨지게 된다. 더욱 놀라운 것은 이 신탁의 대상이 바로 아모스의 말을 듣고 있는 청중인 북이스라엘이 되는 것이다. 둘째, 신탁의 분량이 절정을 암시한다. 다른 신탁들과 비교해 볼 때 북이스라엘을 향한 심판신탁은 상황에 대한 고소부분과 신적 선언부분이 훨씬 길게 기록하고 있다. 비교적 간단하게 서술되면서 신속하게 선포되던 신탁들이 갑자기 북이스라엘의 신탁에 와서 속도가 느려지게 된다. 왜냐하면 언급되는 내용이 많기 때문이다. 이러한 변화는 청자나 독자의 주의를 사로잡기에 충분하다. 셋째, 신탁의 서술형식이 절정을 암시한다. 북이스라엘을 향한 신탁은 다른 신탁들과는 달리 고소부분 안에 확언을 위한 신적 선언 נְאֻם־יְהוָה가 사용되고 있으며(2:11c), 심판선언단락이 다른 신탁들에서 사용되지 않은 נְאֻם־יְהוָה로 마무리되고 있다. 또한 심판선언(2:13-16)이 일곱 개의 다양한 표현으로 반복되면서 강조되고 있는 것을 주목할 필요가 있다. 넷째, 신탁연속물의 흐름을 볼 때, 주변 나라들을 향한 신탁들은 범죄내용보다 범죄사실에 집중하였다. 하지만 북이스라엘을 향한 신탁은 범죄사실 뿐만 아니라 범죄내용에 집중하는 변화를 보인다. 따라서 이것은 청자나 독자의 관심을 끌기에 충분하다. 이러한 특징들은 북이스라엘을 향한 신탁(2:6-16)이 신탁연속물의 절정으로 보기에 충분한 이유가 된다. 결국 주변 나라들에 대한 신탁들은 절정으로 청자들을 인도해 주고 있을 뿐만 아니라 마지막 신탁을 위한 발판의 역할을 한다.[129)]

1:3-2:16의 핵심주제에 대하여 Chisholm은 북이스라엘의 범죄가 숫자적으로 다른 나라들보다 훨씬 많기 때문에 북이스라엘이 하나님의 심판의 대상이 될 수 밖에 없음을 선포하는 것이라고 주장한다.[130)] Chisholm이 범죄 숫자의 많음에 주목하고 강조하는 것은 "서너 가지 범죄"라는 표현을 숫자적으로 적용하려는 것에서 비롯된다. 하지만 이 표현을 숫자적으로 적용하기 위해서가 아니라 범죄의 많음을 묘사하기 위해 수사적으로 사용하는 것이라면 Chisholm의 견해는 설득력을 잃게 된다. 범죄의 많고 적음을 비교하는 것이 아니라 오히려 북이스라엘이 하나님께서 특별히 선택한 백성이지만 죄를 범할 경우 열방과 구별되지 않으며 동일한 심판의 대상이 될 수밖에 없다는 것을 지적하는 것이 심판신탁연속물의 핵심주제로 보인다. 왜냐하면 다른 나라들의 심판신탁을 선포하는데 사용한 동일한 형식이 북이스라엘의 심판신탁에도 그대로 사용되고 있기 때문이다. 마치 동일한 틀 속에 서로 다른 내용물을 넣지만 동일한 형태의 물건을 찍어내는 것과 같은 느낌을 가질 수 있다. 열방과 구분하여 자신들이 하나님의 축복의 대상이라고 믿고 있었던 북이스라엘 백성들에게 아모스의 심판신탁은 큰 충격으로 다가왔을 것이다. 따라서 아모스의 신탁에 대한 이들의 거부감은 당연해 보인다. 북이스라엘이 죄를 범한 주변 나라들과 동일하게 하나님의 심판의 대상이 되기는 하지만 선택된 백성들에게 적용되는 범죄의 기준은 언약적 요구와 책임이라는 면에서 차이점이 나타난다.

XI. 아모스서 전체에서의 심판신탁연속물의 역할

129) "The structuring design suggests that the first seven messages simply build toward and set the stage for the unit's primary objective-the condemnation of Israel, Amos's own audience" (Dorsey, *The Literary Structure*, 278).

130) Chisholm, "'For Three Sins,'" 196.

단락 A(1:3-2:16)는 전체 아모스서의 구조 안에서 서론적 역할을 한다. 이 단락에서 언급된 북이스라엘의 범죄내용과 심판이 3장부터 전개되는 신탁들과 환상들을 통해 구체화된다. 예를 들면, 여호와의 날에 대한 전조가 2:16a에 "그 날에"(בַּיּוֹם־הַהוּא)로 언급된다. 이것이 3장 14절에는 여호와께서 이스라엘의 범죄를 "보응하는 날"(בְּיוֹם פָּקְדִי)로 표현되며 5-9장에서는 더욱 구체적으로 서술되는 것을 볼 수 있다. 2장 10-12절에서 다룬 출애굽 모티브는 3장에서 하나님과 이스라엘 간의 특별한 언약적 관계를 설명하는 근거가 될 뿐만 아니라 이것이 심판의 원인으로 제시된다(3:2). 아모스는 신탁연속물을 통해 핵심적인 주제들을 제시한 후 이어지는 신탁들과 환상들을 통해 이 주제들을 더욱 발전시키면서 확정된 심판이 임박하였음을 선포한다.

XII. 아모스 1:3-2:16과 아모스 9:1-10의 관계

본서에서 제시하고 있는 아모스서의 대안적 구조는 신탁연속물단락(A; 1:3-2:16)은 아모스 9:1-10절(A')과 짝을 이루는 것으로 분석을 하고 있는데, 이러한 연결은 다음과 같은 특징에 근거한 것이다. 첫째, 서술방법이 유사하다. 2:13-16에 언급된 북이스라엘을 향한 심판선언이 나열적인데, 유사한 서술형식이 9:1-4에 사용된다. 둘째, 주제와 모티브가 동일하다. 예를 들면, 특별한 선택을 받은 이스라엘 백성이지만 죄를 범하게 될 때는 열방과 동일하게 하나님의 심판의 대상이 된다(9:7). 또한 두 단락에서 모두 피할 수 없는 심판이 선포되고 있으며(2:13-16; 9:1-4), 동일하게 출애굽모티브가 등장한다(2:9-10; 9:5-7). 셋째, 신학적 관점이 동일하다. 신탁연속물에서 하나님이 열방의 범죄에 대한 기준이 되시는 것과 열방을 심판하실 수 있다는 것은 하나님의 우주적 주권을 말하는 것인데, 9장 1-10절도 역시 하나님을 우주적 관점에서 서술하면서 그의 우주적 주권을 견지하고 있다. 하지만 9:1-10은 신탁연속물의 주제와 관점을 반복하는 것만이 아니라 9:11-15의 회복신탁이 등장할 수 있는 여지를 마련해 준다. 즉 9장 8-9절에 야곱의 집을 완전히 멸하지는 않으시겠다는 선포가 등장하는데, 이것은 남은 자들의 운명에 대한 의문을 갖게 한다. 이 의문에 대한 답변을 제공하는 것이 9:11-15의 회복신탁이다. 9장 1-10절의 원문분석과 주해를 통해 2:6-16과의 연관성을 좀 더 구체적으로 서술할 것이다.

XIII. 아모스 1:3-2:16의 현재적 적용

선지자들을 통하여 선포된 신탁에서 현재적 적용을 발견하기 위해서는 심판이 주어진 원인을 설명하는 고소단락과 이에 대한 하나님의 대처를 선포하고 있는 선언단락을 면밀히 살피는 것이 중요하다. 특히 고소단락은 특정한 역사적 정황 속에서 발생한 사건이나 행위를 언급하고 있기 때문에 언급된 내용을 그대로 적용하기 보다는 그 사건이나 행위의 바탕에 놓인 실제적인 동기나 문제점을 파악하는 것이 필요하다. 예를 들면, "다메섹이 길르앗을 철 타작기구로 타작하였다"(1:3)는 표현은 그 당시의 경험 속에서 연상할 수 있는 가혹하고 잔인한 행위에 대한 묘사이다. 따라서 이 표현이 전달하고 있는 죄의 문제를 현재에 적용할 때에는 오늘날에 벌어지고 있는 가혹하고 잔인한 행위들을 고려하여 적용의 내용을 살필 필요가 있다. 특히 잔혹한 행위의 바탕에는 인간의 존엄성을 존중하지 않는 근본적인 문제가 담겨 있는 것을 언급해야 할 것이다. 이와 유사하게 선언단락의 내용에 있어서도 기록된 당시의 문화적, 역사적 정황에서 의미하는 바를 고려하여 하나님께서 죄의 문제를 어떻게 다루시고 어떠한 마음으로 바라보시는지를 살피는 것이 중요하다. 예를 들면, 하나님의 심판의 행위로 불로 인해 성이 파괴되는 것을 언급하는데. 이것은 그 당시의 전쟁 장면을 연상시키면서 파괴와 멸망에 대한 그림을 갖게 한다. 따라서 하나님의 철저한 심판이 선언의 핵심 내용이 되는 것이며 이것을 현재에 적용할 경우 하나님의 심판의 행위가 현재에 경험할 수 있는 여러 가지 형태로 나타날 수 있음을 고려해야 한다. 이러한 점들을 고려하여 신탁연속물(1:3-2:16)이 제시하고 있는 현재적 적용을 다음과 같이 정리할 수 있다.

첫째, 창조주 하나님께서 요구하시는 인간의 기본적인 의무를 행하고 있는지를 살펴보아야 한다. 하나님은 그의 형상으로 창조된 모든 인간의 존엄성이 존중될 것을 요구하신다. 이것은 창조주 하나님 앞에서 모든 인간이 지켜야 할 기본적인 의무이며 모든 인간에게서 예외 없이 요구되어지는 하나님의 명령이다(cf. 창 9:6). 이 기본적인 의무를 행하지 않는 것은 하나님의 법을 어기는 범죄(פֶּשַׁע)가 되며 더 나아가 하나님의 심판의 원인이 된다. 인간의 존엄성은 사회적 상식과 선의,

및 신의를 통해 존중되어야 한다. 자비와 덕을 베풀며 사회적 약자들을 돌보는 것을 통해 존중의 행위는 구체화된다. 북이스라엘 주변 나라들이 하나님의 심판의 대상이 된 근본적인 이유가 이러한 기본의무를 지키지 않은데 있다.

둘째, 심판신탁연속물을 통해 그리스도인들에게는 보다 철저한 삶과 행동의 원리가 요구되는 것을 볼 수 있다. 이것은 다음과 같은 이유에 근거한다. 첫째, 그리스도인들에게는 삶과 행동의 원리를 제시한 하나님의 분명한 율법과 규례가 주어졌기 때문이다. 그리스도인들에게는 단지 양심의 소리 또는 선한 의도에 따라 행동하는 것에서 더 나아가 주어진 하나님의 말씀에 따라 보다 철저하게 행동하는 것이 기대되어진다. 둘째, 그리스도인들은 이미 하나님의 은혜를 경험하고 누리고 있기 때문이다(cf. 암 2:10-11). 가난하고 빈곤한 처지에 있었지만 하나님과의 언약적 관계 속에서 그의 자비로운 은혜를 경험하였다는 것은 그 은혜를 베풀며 살 것을 요구한다. 셋째, 하나님께서 그리스도인들에게 하나님의 뜻을 알 수 있는 방편과 헌신의 모범을 이미 배려하셨기 때문이다. 북이스라엘 백성들에게 선지자들을 보내시고 나실인을 세우시면서 하나님의 백성으로서의 삶의 구체적인 모습을 제공하셨다. 때문에 하나님의 뜻이 분명하게 전달되지 않았다고 핑계할 수 없었다. 현재의 그리스도인들은 북이스라엘 백성들보다도 더 분명한 하나님의 배려를 가지고 있다. 성경과 성육신하신 그리스도는 그리스도인의 삶을 보게 하는 하나님의 분명한 배려이다. 따라서 세상보다 못한 교회나 그리스도인의 모습이 아니라 그리스도인들에게는 인간의 기본적인 의무에 더하여 하나님의 율법과 규례를 따르는 삶의 행동강령이 요구된다. 즉 하나님의 은혜와 배려를 반영하는 삶을 사는 것이며 기본적인 상식이 통하고 신의와 인간의 존엄성이 존중되는 가정, 사회, 신앙공동체를 만들어 가는 것이다. 따라서 교회와 성도들의 삶을 통해 사회적 약자들이 보호를 받고 기본적인 권리를 회복할 수 있게 하는 것은 매우 중요하다.

셋째, 그리스도인의 행동강령을 지키기 위해 멀리해야 할 것들이 있다. 첫째, 잔혹성과 잔인함이다(cf. 1:3, 6). 일상적인 삶 속에서 북이스라엘의 주변 나라들이 보여준 잔혹하고 잔인한 일을 행하지 않지만 흔히 드러내는 무례함이나 막말은 이러한 행위들의 한 형태이다. 현대 사회의 정치적, 경제적 측면에서 벌어지고 있는 생존권을 위협하는 착취와 억압 또한 같은 선상에서 이해할 수 있다. 둘째, 적의와 분노이다(cf. 1:11). 상대방에 대한 적의와 분노는 쉽게 파괴적인 행동과 비난으로 연결된다. 셋째, 과욕과 탐욕이다(cf. 1:13). 인간의 존엄성을 존중하는 것을 방해하는 요소들 중 가장 위력이 있는 요소는 이기주의이다. 과욕과 탐욕은 바로 이기주의 결과물이다. 넷째, 관계의 단절이다(cf. 1:11). 에돔이 형제의 인연을 끊고 적의와 분노를 드러내는 것이 하나님의 심판의 중요한 원인이었다. 하나님께서 허락하신 관계에 대한 존중은 결국 가정과 사회 안에서 어떤 역할을 해야 할 지에 대한 지혜를 제공한다.

넷째, 교회 안에서 벌어지는 상대적 박탈감에 대해 주의를 요구한다. 저당으로 잡은 옷과 벌금으로 얻은 포도주는 적법한 것일 수 있다. 하지만 이것들이 모든 사람이 동일한 은혜를 누려야할 제단 앞에서 사용되었을 때 저당으로 옷을 주고 벌금으로 포도주를 준 사람들에게는 상대적 박탈감을 주기에 충분하였을 것이다. 사회에서는 생활환경의 차이와 빈부의 격차로 인해 상대적 박탈감을 쉽게 경험할 수 있다. 동일한 현상이 교회 안에서도 발견되는 점을 주목하여야 한다. 단지 물질적인 측면에서 뿐만 아니라 신앙생활 면에서 이러한 문제가 발생하는 것을 볼 수 있는데, 교회생활을 오래한 성도들이 당연하게 생각하는 행동들 및 연약한 믿음의 상태에 있는 성도들에게 기대하는 무리한 요구들이 영적인 상대적 박탈감을 조장할 수 있다.

다섯째, 그리스도인의 행동강령을 따르기 위해 기억해야 할 것들이 있다. 첫째, 창조주 하나님과 창조의 질서와 목적을 기억하는 것이다. 창조주 하나님은 반목과 적의, 파괴가 아닌 조화와 평안을 원하신다. 둘째, 하나님께로부터 받은 은혜를 묵상하고 기억하는 것이다. 하나님의 은혜를 누릴 수 없는 처지에서 그의 은혜를 누리고 경험하였다면 이 은혜는 동일한 처지에 있는 자들에게 전달되어야 한다. 하나님의 은혜로 그의 백성이 된 성도는 단지 그의 은혜를 누리는 자들이 아니라 그의 은혜를 나누는 자들이 되어야 한다. 셋째, 성경의 원리를 훈련하는 것이다. 하나님의 말씀이 삶의 원리를 제공한다. 성경을 통해 제시된 원리를 실제 삶의 현장에서 훈련한다면 보다 성숙한 그리스도인의 삶을 기대할 수 있을 것이다. 넷째, 거짓된 것을 멀리하는 것이다. 세상이 우리를 속이기 위해 세워 놓은 온갖 거짓된 것들, 즉 물질주의, 능력주의, 외모주의, 종교다원주의, 신비주의, 이성주의 등을 멀리하여 그릇된 길로 인도하지 못하게 하여야 한다. 마지막으로 보다 중요한 것은 심판하시는 하나님을 기억하는 것이다. 은혜와 구원을 베푸시는 하나님은 역시 죄의 문제를 철저하게 다루시는 심판의 하나님이시다. 북이스라엘 백성들이 인정하고 싶어 하지 않았던 것이 바로 이러한 사실이다. 그들은 축복의 하나님만을 기억하고 심판의 하나님을 떠올리지 않았다. 그러나 은혜가 중요한 만큼 죄의 문제를 심각하게 다루시는 하나님의 공의에 대한 확실한 이해는 그리스도인들로 하여금 하나님이 원하시는 삶을 신중하게 고려하게 한다. 너무 쉽게 하나님의 사랑과 구원을 말하고 있는 현대 성도들에게 필요한 것은 죄를 짓게 되면 하나님의 심판의 대상이 될 수 있음을 기억하는 것이다. 하나님의 심판은 그 어느 누구도, 그 어떤 방법으로도 피할 수 없는 철저하고 완전한 심판이다. 우리가 처한 그 자리에서 하나님의 심판을 경험할 수 있음을 기억하다면 그리스도인의 삶은 다른 모습을 보일 것이며 사회와 지역 공동체 안에서 교회의 역할과 모습은 달라질 것이다.

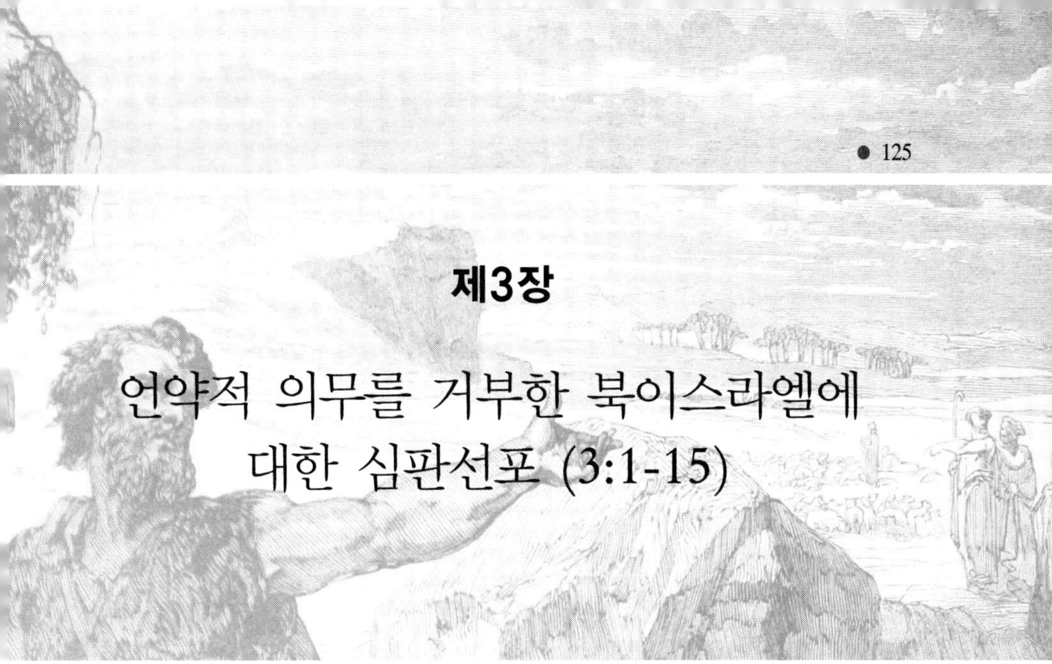

제3장

언약적 의무를 거부한 북이스라엘에 대한 심판선포 (3:1-15)

주변 나라들을 향한 심판신탁을 이스라엘에 대한 심판신탁으로 마무리한 후 아모스는 3장을 시작으로 북이스라엘의 범죄와 이에 대한 하나님의 대응을 보다 구체적으로 지적해 간다. 3장 1-15절은 "들으라"(שִׁמְעוּ)로 시작하는 설교형식(Prophetic Speech)을 취하고 있다. 하지만 단순히 내용만을 선포하는 것이 아니라 전달자와 피전달자 간의 역동적인 상호교감을 의도하고 있다. שׁמע의 2인칭 명령형(1, 9, 13절; cf. וְאִמְרוּ, 9절)을 사용하여 청자의 직극적인 주목을 요구하고 있으며 11절에서는 2인칭 단수 대명사어미를 사용하여 사마리아에게 직접 다가서고 있다. 뿐만 아니라 3-8절의 섬세하게 구성된 수사적 질문들은 청자들을 설득시키고 그들의 동의를 얻기에 충분하다. 따라서 아모스의 선포를 듣는 자들은 자연스럽게 전달 내용에 참여하게 된다. 아모스는 하나님의 선언(3:1-2)을 간결하게 선포한 후 자신이 심판을 선포할 수밖에 없는 필연성(3:3-8)에 대해 논증하고 하나님의 심판원인과 심판선언(3:9-15)을 전한다.

아모스 3:1-15을 분석하고 주해하기에 앞서 학자들 간에 3:1-15과 관련된 다양한 단락구분을 살피는 것이 흥미롭다. 예를 들면, Hayes는 3:1-11을 하나의 단락으로 구분하여 "An Adversary All Around"("사방에 있는 대적")라는 제목을 붙이고 3:12-15을 분리해낸다.[1] 오히려 3:12-15을 4:1-13에 연결시켜 3:12-4:13을 하나의 단락("Prepare to Meet your God" ["네 하나님을 만날 준비를 하라"])으로 간주한다. Hayes는 3장 12절이 총괄적인 선언으로 단락을 열어주고 있으며 세부적인 내용이 뒤따르는 것으로 본다. Motyer는 3:1-2이 2:4-16과 연결된 것으로 분석하여 2:4-3:2을 하나의 큰 단락으로 묶고 있다.[2] 이 단락 안에 하나님의 백성을 향한 네 개의 고발이 함께 제시되는 것으로 간주하며 "유일성의 위기"라는 제목을 붙이고 있다. Motyer의 분석과 구분에 따르면 3:1-2은 연속된 고발의 근원을 추적하는 네 번째 고발이 된다. 즉 3:1-2은 새로운 단락을 열어주는 것이 아니라 단락을 닫아주는 역할을 하게 된다. Stuart는 사마리아를 향한 네 개의 신탁을 함께 묶어 하나의 의미론적 단락으로 구분한다: (1) 3:9-11; (2) 3:12; (3) 3:13-15; (4) 4:1-3.[3] Stuart는 이 세부 단락들이 서로 독립적으로 주어진 것이 아니라 "부요한 자들을 향한 심판신탁"("The Annihilation of the Opulent")이라는 주제로 함께 묶일 수 있다고 본다.[4] 학자들의 상이한 단락구분은 저자의 의도에 대한 각자의 이해정도를 반영해 준다. 따라서 단락구분과 제목은 본문의 이해정도를 보여주는 중요한 의미를 갖는다. 하나의 독단적이고 절대적인 단락구분을 주장하기는 어렵지만 적절하게 저자의 의도를 알 수 있는 단락구분과 구조분석 및 제목을 제시할 필요가 있다.

다음의 이유에 근거하여 아모스 3:1-15을 하나의 의미론적 단락으로 구분할 수 있다.[5]

---

1) Cf. Hayes, *Amos*, 121-150.

2) J. A. 모티어, 『아모스』, 55-80. Gitay는 3:3-6에 나오는 인과율의 논증이 3:2에도 사용되고 있는 것과 3절이 2절에서 언급한 하나님과 이스라엘 백성이 "둘"(שְׁנַיִם)안에 담겨 있다고 해석하면서 3:1-2이 3:1-15의 단락에 포함되어야 함을 주장한다(Gitay, "A Study," 295).

3) Stuart, *Hosea-Jonah*, 329; cf. Park, *The Book of Amos*, 81; M. O. Boyle, "The Covenant Lawsuit of the Prophet Amos: III.1-IV.13," *VT* 21 (1971): 339-62.

4) Stuart가 제시하는 이유는 다음과 같다(Stuart, *Hosea-Jonah*, 329). 첫째, 이 세부 단락들이 사마리아의 타락한 부의 형태를 묘사하면서 언약에 대한 불충성의 정도를 보여주고 있다. 둘째, 모든 단락들이 모세오경의 언약적 저주로 마무리되고 있다. 셋째, 모든 단락들이 여호와를 명확하게 지칭하고 있다. 넷째, 이방 군대에 의해 수도가 멸망하게 될 것을 선포한다. 다섯 째, 사마리아를 호화스러운 삶과 연관시키고 있다. 여섯 째, 모든 단락에서 평행구문의 사용이 나타난다.

첫째, 2장 16절의 신적 선언 נְאֻם־יְהוָה("여호와의 말이다")가 앞의 신탁을 닫아주고 있으며 3장 1절의 שִׁמְעוּ가 새로운 단락을 열어주고 있다. 3장 1절과 같이 "들으라(שִׁמְעוּ) +이 말을(הַדָּבָר הַזֶּה) + 호격"의 형식으로 새로운 단락을 시작하고 있는 예를 아모스 4:1, 5:1에서도 볼 수 있다. 따라서 3:1-2을 앞의 단락의 결론으로 보는 것은 설득력이 약하다. 더욱이 Dorsey가 지적하는 바와 같이, 3:1은 아홉 번째 나라를 언급하지 않으며 앞의 단락에서 반복되고 있는 서술형식의 틀에서 벗어난 것을 볼 수 있다.[6] 둘째, 3장 15절이 결언형식으로 마무리되고 있으며 4장 1절의 형식이 새로운 단락의 시작을 보여주고 있기에 단락의 전환을 명확히 볼 수 있다.

문제는 3장 1절부터 15절까지가 하나의 단락으로 묶일 수 있는가 인데, 이 단락에 나타난 주제적 연결성을 고려하여 하나의 의미론적 단락으로 구분할 수 있다. 첫째, 2절에서 하나님의 심판을 언급하면서 사용된 동사 פקד("방문하다, 보응하다")가 14절에 두 번 반복되면서 하나님의 심판이 선언된다.[7] 둘째, 논리적 흐름에 있어서 3:9-15이 3:2의 심판선언을 구체적으로 서술하고 있다. 즉 2절에 언급된 북이스라엘의 죄악(כָּל־עֲוֹנֹתֵיכֶם, "너희의 모든 죄악")이 9-10절에서는 보다 세분화되어 "큰 혼란"(מְהוּמֹת רַבּוֹת)과 "압제"(עֲשׁוּקִים), "폭력"(חָמָס)과 "착취"(שֹׁד)로 설명된다. 셋째, 2절에서 말하고 있는 하나님의 징벌이 임하는 날에 벌어지게 될 일이 11-15절에 보다 구체적으로 서술된다. 따라서 아모스 3:1-15은 하나의 단락을 이루며 표 6와 같이 다섯 개의 세부 단락으로 구분된다. 이 단락의 제목을 "언약적 의무를 거부한 북이스라엘에 대한 심판선포"로 정할 수 있다. 왜

---

5) Gitay는 양식비평가들에 의해 3:1-15이 분리되고 단절되는 것에 이의를 제기하면서 수사적 관점에서 볼 때 3:1-15은 분리될 수 없는 하나의 단락임을 주장한다: "If we isolate the separate units of the pericope [3:1-15], it is clear that in these units in themselves do not constitute complete statements. The unity is in whole, not in parts" (Gitay, "A Study," 294).

6) Dorsey, *The Literary*, 280.

7) Cf. Paul, *Amos*, 102. Dorsey는 3:1-15에 반복적으로 사용되고 있는 핵심단어와 주제에 근거하여 하나의 단락임을 주장한다(Dorsey, *The Literary*, 280). 또한 3:1-15을 칠중구조로 분석하여 단락의 연결성을 제시하기도 한다. 하지만 Dorsey가 제시하고 있는 연결성에 대한 반론의 여지가 있다.

냐하면 3장 2절이 하나님과 북이스라엘의 언약적 관계가 심판의 원인임을 지적하고 있으며 심판고소는 북이스라엘이 이 언약적 관계가 요구하는 의무를 거부한 것을 고소하고 있기 때문이다. 이에 대한 하나님의 심판은 대적을 통한 철저한 파괴와 약탈이다. 심판선언이 반복되는데, 11-12절(d)은 심판의 방편을 서술하고 있으며 13-15절(d')은 심판의 대상 및 범위를 언급한다.

〈표 6〉 아모스 3:1-15의 구조

언약적 의무를 거부한 북이스라엘에 대한 심판선포: 3:1-15

a. 언약적 관계에 근거한 심판선언: 3:1-2
  b. 심판선포의 필연성에 대한 논증: 3:3-8
    c. 언약적 고소: 3:9-10
      d. 심판선언: 3:11-12
      d'. 심판선언: 3:13-15

I. 언약적 관계에 근거한 심판선언(a): 3:1-2

1. 원문

3:1a שִׁמְעוּ אֶת־הַדָּבָר הַזֶּה [3:1b] בְּנֵי יִשְׂרָאֵל
3:1b אֲשֶׁר דִּבֶּר יְהוָה עֲלֵיכֶם
3:1c עַל כָּל־הַמִּשְׁפָּחָה
אֲשֶׁר הֶעֱלֵיתִי מֵאֶרֶץ מִצְרַיִם
3:1d לֵאמֹר
3:2a רַק אֶתְכֶם יָדַעְתִּי מִכֹּל מִשְׁפְּחוֹת הָאֲדָמָה
3:2b עַל־כֵּן אֶפְקֹד עֲלֵיכֶם אֵת כָּל־עֲוֹנֹתֵיכֶם

2. 사역

3:1 이스라엘 자손들이여, 여호와께서 여러분, 곧 이집트 땅에서 이끌어낸 전체 족속에 대하여 말씀하신 이 말씀을 들으십시오. 말씀하시길,

3:2 "오직 너희만 내가 땅의 모든 족속들 중에서 알았다. 그러므로 내가 너희 모든 죄악을 너희에게 보응할 것이다"라고 하셨습니다.

3. 원문분석

3:1. 남성, 복수, 칼(*qal*) 명령형 שִׁמְעוּ는 설교형식을 유도해 주고 있으며, 주로 שִׁמְעוּ("들으라") + "이 말씀"(הַדָּבָר הַזֶּה) + 호격(명령의 대상)의 형식을 취한다(cf. 암 4:1; 5:1; 호 4:1; 5:1; 사 48:1; 66:5; 렘 5:21; 욜 1:2). אֶת־הַדָּבָר הַזֶּה("이 말씀")의 지시대명사 זה(cataphoric)는 직접적으로는 2절에 언급된 하나님의 선언을 가리키는 것이며 간접적으로는 뒤따르는 신탁 전체를 가리킨다. עֲלֵיכֶם의 전치사 עַל은 "…에 관하여"(concerning), 또는 "에게"(to)로 번역할 수 있다. 선포되는 내용이 부정적인 경우 "…을 적대하여, 쳐서"(against) 등으로 번역하여 의미를 보다 명확히 하기도 한다. 2인칭, 남성, 복수대명사어미(כֶם)의 선행사는 아모스의 말(설교)을 듣고 있는 청중, 즉 호격으로 서술되고 있는 북이스라엘 백성들(בְּנֵי יִשְׂרָאֵל, "이스라엘 자손들이여")을 의미한다. 신탁의 고소와 선언(9-15절)이 사마리아의 부유층에 집중하고 있기는 하지만 1절의 호격은 이 신탁이 이들에게만 제한되지 않는 것을 시사한다. 이것은 신탁연속물(1:3-2:16)의 청자와 같은 사람들로 볼 수 있다(cf. 2:10-12). עֲלֵיכֶם과 עַל כָּל־הַמִּשְׁפָּחָה는 동격으로 "너희, 곧 전체 족속에 대하여"로 번역할 수 있다. 문맥을 고려할 때 כָּל־הַמִּשְׁפָּחָה("전체 족속")가 북이스라엘에 집중하는 것이지만 표현 자체는 북이스라엘뿐만 아니라 남유다도 포함한다. 1c의 הֶעֱלֵיתִי(1인칭, 남성, 단수, 히필 완료형, "내가 이끌어내었다" [עלה, "오르다," "올라가다"])가 1인칭 동사형이므로 주어와 동사를 3인칭으로 서술하고 있는 1b의 דִּבֶּר יְהוָה("여호와께서 말씀하셨다")와 문제가 된다.[8] 대부분의 영어성경에서는 3인칭과 1인칭을 그대로 번역하고 있다(예, "Hear this word

---

8) Wolff는 1c(עַל כָּל־הַמִּשְׁפָּחָה אֲשֶׁר הֶעֱלֵיתִי מֵאֶרֶץ מִצְרַיִם)를 신명기사가적 편집에 의한 후대삽입으로 간주한다. 후대에 남유다 백성들이 이 심판선언을 북이스라엘에만 제한하는 것을 피하기 위해 삽입한 것으로 설명한다(Wolff, *Joel and Amos*, 174-75; cf. Soggin, *The Prophet*, 53). Paul의 경우, 이것이 후대삽입인 것을 인정하지만 신명기사가적 편집 작업으로는 보지 않는다(Paul, *Amos*, 100).

the LORD has spoken against you, O people of Israel-- against the whole family *I brought up* out of Egypt" [NIV]). 하지만 한글성경에서는 세 가지 형태의 번역이 나타난다.[9] 첫째, 1c의 1인칭 주어를 표기하지 않고 암시적으로 1b의 3인칭 주어와 일치시킨다(개역; 개역개정). 둘째, 1c의 1인칭 주어를 3인칭으로 바꾸어 "주" 또는 "여호와"로 번역한다(쉬운성경; 우리말). 셋째, 1-2절의 화자를 아모스가 아닌 여호와로 간주하여 번역한다. 즉 1b의 "여호와"와 더불어 "나"를 첨언하여 1c의 1인칭 서술과 일치시킨다(공동번역; 표준새번역). 본문 비평적 측면에서 볼 때 הֶעֱלֵיתִי의 MT 독법에 대한 이문이 사본들에 나타나지 않는다. 따라서 어려운 독법이 원문에 가깝다는 원리(*lectio difficilior vulgatiori praefertur*)에 근거하여 MT 독법을 그대로 유지하는 것이 필요하다. 하지만 번역에 있어서는 의미전달을 위해 1c의 1인칭과 1b의 3인칭을 일치시켜 번역하는 것이 적절해 보인다.

3인칭("여호와께서")과 1인칭("내가")이 함께 서술되고 있기 때문에 3장 1-2절의 화자에 대한 단정적인 결론을 제시하기는 어렵다. 단지 3-8절로 연결되는 문맥의 흐름상 아모스를 화자로 보는 것이 적절하다고 할 수 있다. מֵאֶרֶץ מִצְרַיִם("애굽 땅에서")에 사용된 전치사 מִן은 분리의 의미를 가지며 공간적 위치의 출처를 보여준다.[10] 즉 이스라엘 족속들이 이끌리어 나오게 된 지역이 이집트 땅임을 밝혀주는 것이다. 1c의 אֲשֶׁר가 이끄는 문장은 형용사절로 כָּל־הַמִּשְׁפָּחָה를 꾸며준다. לֵאמֹר는 "이 말씀"(הַדָּבָר הַזֶּה)의 내용을 직접 인용하는 표기의 역할을 한다.

---

9) 다음의 한글번역들을 참조하라. 1. 첫 번째 형태: "이스라엘 자손들아 *여호와께서* 너희를 쳐서 이르시는 이 말씀을 들으라 *애굽 땅에서 인도하여 올리신 온 족속을 쳐서 이르시기를*"(개역); "이스라엘 자손들아 *여호와께서* 너희에 대하여 이르시는 이 말씀을 들으라 *애굽 땅에서 인도하여 올리신 모든 족속에 대하여 이르시기를*"(개역개정). 2. 두 번째 형태: "이스라엘 백성아, *여호와께서* 너희에게 하신 말씀을 들어라. *주께서* 이집트에서 인도해 내신 백성 모두에게 하신 말씀을 들어라"(쉬운성경); "이스라엘 자손들아, *여호와께서* 너희를 심판하시는 말씀을 들으라. *여호와께서* 이집트 땅에서 이끌어 낸 온 민족을 심판하시는 말씀을 들으라"(우리말). 3. 세 번째 형태: "이스라엘 백성들아, 들어라. *내가 친히* 이집트에서 데려내 온 이 백성들아, *너희를 두고 하는 나 야훼의 말을 다들 들어라*"(공동); "이스라엘 자손아, 이 말을 들어라. 이것은 *나 주가* 너희에게 내리는 심판의 말이다. 이집트 땅에서 데리고 올라온 모든 족속에게, *내가 선언한다*"(표준새번역).

10) Cf. GKC §119v-z; BHRG §39.14..

3:2. רַק("오직")는 꾸며주는 단어나 구에 주의를 집중하게 하는 불변화사 (focus particle)인데, 동사 יָדַעְתִּי("내가 알았다")의 행위가 미치는 대상을 אֶתְכֶם으로 한정할 뿐만 아니라 강조한다(cf. 창 6:5; 수 6:17).[11] 특히 רַק אֶתְכֶם("오직 너희만")이 문장을 시작할 뿐만 아니라 동사 앞에 놓여 더욱 강조된다.[12] יָדַעְתִּי(1인칭, 남성, 단수, 칼 완료형, ידע, "알다")를 "내가 택하였다"로 번역하기도 한다.[13] "알다"(ידע)와 "택하다"(בחר)가 서로 밀접한 의미를 갖고 있기는 하지만 ידע는 보다 친밀한 인격적 관계를 내포한다(cf. 창 18:19). 2a에서는 ידע의 인식적 측면보다는 관계적 측면이 강조된다(cf. 창 4:1). ידע 동사뿐만 아니라 רַק אֶתְכֶם("오직 너만")과 מִכֹּל מִשְׁפְּחוֹת הָאֲדָמָה("땅의 모든 족속들 중에서")라는 표현들이 하나님과 이스라엘 간의 특별한 관계를 시사해 준다. 2b의 עַל־כֵּן("그러므로")은 원인과 결과의 논리적 관계를 명확하게 보여준다. 즉 2a는 2b의 선언이 주어지게 된 원인이 된다(לתק 동사[2a]-עַל־כֵּן - *yqtl* 동사[2b]; "…알았다. 그러므로…할 것이다"). 동사 פקד의 사전적 의미는 "주의하다," "방문하다," "모으다," "지정하다"이다. 이 단어가 사용된 문장의 정황에 따라 주어가 대상을 방문하거나 주의를 기울이는 형태가 달라진다. 즉 징벌을 위한 방문일 수도 있고 돌보기 위한 방문일 수도 있다.[14] 2b에서는 죄악의 문제가 거론되고 있으므로 פקד를 "징벌하다," 또는 "보응하다"로 번역한다. 이것은 하나님께서 북이스라엘의 죄의 대한 책임을 물으시는 것을 의미한다. עֲלֵיכֶם("너희에게")의 전치사 עַל는 동사 אֶפְקֹד("내가 보응할 것이다")의 행위가 이루어지는 대상을 지목해 준다. 아모스는 북이스라엘의 문제를 지적하는데 1-2장에서 사용한 "범죄"(פֶּשַׁע)라는 단어를 사용하지 않고 "죄악"(כָּל־עֲוֹנֹתֵיכֶם עָוֹן, "너희 모든 죄악")이라는 일반적인 용어를 사용하고 있다. 하지만 이 죄악이 9-10절에서 보다 구체적으로 설명된 후 פִּשְׁעֵי־יִשְׂרָאֵל("이스라엘의

11) Cf. BHRG §41.4. 41.4/7.

12) Cf. BHRG §47.

13) "내가 너희만을 골라 내었건만"(공동); "오직 너희만을 선택하였으나"(표준새번역); "You only have I chosen" (NIV). Wolff와 Paul 역시 "택하다"의 의미로 ידע를 번역하고 있다.

14) 예레미야 27:22에서 이 동사가 긍정적인 의미에서 구원과 회복을 위한 방문으로 사용된다: "בָּבֶלָה יוּבָאוּ וְשָׁמָּה יִהְיוּ עַד יוֹם פָּקְדִי אֹתָם נְאֻם־יְהוָה וְהַעֲלִיתִים וַהֲשִׁיבֹתִים אֶל־הַמָּקוֹם הַזֶּה" (렘 27:22; "그것들이 바벨론으로 옮김을 입고 내가 이것을 돌아보는 날까지 거기 있을 것이니라 그 후에 내가 그것을 옮겨 이곳에 다시 두리라 여호와의 말이니라"[개역]).

범죄")라는 표현이 14a에 직접적으로 사용된다.

4. 원문주해

3:1-2. "들으십시오"(שִׁמְעוּ)라는 표현을 통해 아모스는 청중들의 주의를 환기시키고 전달될 메시지의 중요성을 인식시켜 준다. 출애굽사건에 대한 언급은 하나님과 이스라엘 간의 언약적 관계를 상기시켜준다. 또한 이 언약적 관계는 2a에서 언급하고 있는 "알다"(ידע)의 의미를 규정해 준다. "그러므로"(עַל־כֵּן)에 의해 명시된 2a와 2b 간의 원인과 결과의 관계를 고려할 때, 하나님께서 열방 중에서 이스라엘 백성들을 특별히 선택하셨기(2a) 때문에 심판을 하실 수밖에 없다(2b)는 것이다. 이 표현에 암시된 의미를 풀어 보면 다음과 같다. 하나님은 땅의 모든 족속들 중에서 특별히 이스라엘 백성을 택하여 언약적 관계를 맺으셨다. 따라서 그들은 언약적 의무를 수행하여야 할 책임이 있었다. 또한 이러한 책임을 다할 때 이스라엘은 열방 중에서 하나님과 그의 율법을 드러낼 수가 있었다(cf. 신 4:5-7). 하지만 그들이 이 책임을 거부하여 언약적 관계를 유지하지 못하였으므로 하나님이 징벌할 수밖에 없다는 것이다.[15] 그러므로 하나님께서 그들의 죄과를 그들에게 물으실 것이다. 왜냐하면 그들이 누린 혜택은 그에 맞는 책임을 요구하기 때문이다.

Stuart는 2절이 이스라엘의 언약적 의무나 징벌의 원인을 강조하는 것이 아니라 징벌의 행위자와 당위성을 강조하고 있는 것으로 설명한다.[16] 즉 언약적 관계에서 징벌을 행해야 하는 이가 하나님이심을 강조한다는 것이며 이것이 그 당시 북이스라엘이 받아들이기 힘든 것이었음을 지적한다. 하지만 행위자를 강조하려고 했다면 2b에서 동사와 더불어 1인칭 대명사 אֲנִי 나 אָנֹכִי 를 사용하였을 것으로 보인다. 따라서 2절의 핵심은 언약적 의무나 징벌의 행위자를 강조한다기보다는

15) Cf. McConville, *Exploring*, 168.

16) "The point of the oracle, then, is less to make a statement about the reasons for punishment than about the agent of punishment…The oracle stresses not Israel's covenantal accountability, but Yahweh's. He must punish Israel for their sins" (Stuart, *Hosea-Jonah*, 322, italic original).

언약적 관계가 심판의 원인임을 강조해 주고 있는 것으로 보인다. 북이스라엘 백성들은 특별한 언약적 관계가 축복을 의미하는 것으로 이해하고 있었다. 하지만 2절은 언약적 관계가 하나님의 심판의 원인이 된다고 선포한다.[17] 이것은 북이스라엘 백성들이 여호와의 날을 축복의 날로 이해하고 있는 반면에, 아모스는 여호와의 날을 암흑과 재앙의 날로 선포하는 것(5:18-20)과 같은 맥락에서 설명이 된다.

1-2절은 단지 3장의 본문만을 열어주는 것이 아니다. 전체 아모스서의 흐름에서 볼 때 1-2절은 두 가지 추가적인 기능을 가진다. 첫째, 이스라엘이 하나님의 특별한 선택을 받았다는 사실에 대한 언급은 2장 9-10절을 이어가면서 2:6-16에서 선포하고 있는 북이스라엘을 향한 심판신탁의 원인과 결과를 요약해 준다.[18] 둘째, 3장 이후에 등장하는 모든 심판신탁의 근본적인 기초가 된다. 달리 말하면, 3장부터 주어지는 심판신탁들은 3장 2절을 구체적으로 설명하는 것이다. 하나님과 북이스라엘 간의 언약적 관계가 북이스라엘의 범죄를 규정하는 근본적인 기준이다.[19]

II. 심판선포의 필연성에 대한 논증(b): 3:3-8

1. 원문

הֲיֵלְכוּ שְׁנַיִם יַחְדָּו	3:3a
בִּלְתִּי אִם־נוֹעָדוּ	3:3b
הֲיִשְׁאַג אַרְיֵה בַּיַּעַר	3:4a
וְטֶרֶף אֵין לוֹ	3:4b
הֲיִתֵּן כְּפִיר קוֹלוֹ מִמְּעֹנָתוֹ	3:4c
בִּלְתִּי אִם־לָכָד	3:4d
הֲתִפֹּל צִפּוֹר עַל־פַּח הָאָרֶץ	3:5a
וּמוֹקֵשׁ אֵין לָהּ	3:5b

---

17) Cf. Mays, *Amos*, 103-5.

18) Cf. Wolff, *Joel and Amos*, 175; Paul, *Amos*, 100.

19) Cf. Niehaus, "Amos," 375; Stuart, *Hosea-Jonah*, 321.

3:5c הֲיַעֲלֶה־פַּח מִן־הָאֲדָמָה
3:5d וְלָכוֹד לֹא יִלְכּוֹד
3:6a אִם־יִתָּקַע שׁוֹפָר בְּעִיר
3:6b וְעָם לֹא יֶחֱרָדוּ
3:6c אִם־תִּהְיֶה רָעָה בְּעִיר
3:6d וַיהוָה לֹא עָשָׂה
3:7a כִּי לֹא יַעֲשֶׂה אֲדֹנָי יְהוִה דָּבָר
3:7b כִּי אִם־גָּלָה סוֹדוֹ אֶל־עֲבָדָיו הַנְּבִיאִים
3:8a אַרְיֵה שָׁאָג
3:8b מִי לֹא יִירָא
3:8c אֲדֹנָי יְהוִה דִּבֶּר
3:8d מִי לֹא יִנָּבֵא

2. 사역

3:3 만나지 않았는데 둘이 함께 걸을 수 있습니까?

3:4 먹이가 없는데 사자가 수풀에서 부르짖겠으며 움켜잡지 않았는데 젊은 사자가 자기 굴에서 소리를 지르겠습니까?

3:5 미끼가 없는데 새가 땅에 있는 덫으로 내려오겠으며 전혀 움켜잡지 못했는데 덫이 땅에서부터 튀어 오르겠습니까?

3:6 성읍에서 나팔이 울리는데 백성이 두려워 떨지 않겠습니까? 여호와께서 행하시지 않았는데 성읍에 재앙이 임하겠습니까?

3:7 주 여호와께서는 자신의 뜻을 그의 종 선지자들에게 드러내지 않으시고는 결코 어떤 일도 행하지 않으십니다.

3:8 사자가 부르짖는데 누가 두려워하지 않겠습니까? 주 여호와께서 말씀하시는데 누가 예언하지 않겠습니까?

3. 원문분석

3:3. הֲיֵלְכוּ의 의문문 불변화사 הֲ는 이 문장을 긍정적 답변을 의도한 수사적 질문이 되게 한다. 남성, 양수 절대형 שְׁנַיִם은 동사 יֵלְכוּ의 주어 역할을 하며 "둘"을 의미한다. 이것은 반드시 "두 사람"이라는 의미에 제한되지 않는다. אִם־נוֹעָדוּ의 אִם은 조건절을 유도하는데, 완료형 동사 נוֹעָדוּ가 사용되면서 이미 완료된 상황이나 행위를 가정한다.[20] 특히 전치사 בִּלְתִּי("…외에는") 함께 쓰여서 예외적 경우를 가정하게 된다. 따라서 3a는 그들이 만난 경우를 제외한다면 둘이 함께 걷는다는 것이 가능하지 않다는 의미를 전달한다. 바꾸어 말하면 만났기 때문에 둘이 함께 걷는 것이 아니겠느냐는 수사적 질문을 하는 것이다. 동사 יעד가 니팔형으로 쓰일 경우 약속한 시간이나 장소에서 "만나다" 또는 "약속을 정하다"의 의미를 가지고 있는 것으로 번역한다.[21] 그러나 장소나 시간을 나타내는 부사구가 없으므로 반드시 정하거나 약속한 후 만나게 된 것을 의미할 필요는 없다.[22] 오히려 단순히 만났기 때문에 같이 가는 것이 아니냐는 질문이 보다 아모스의 인과율 논지를 분명하게 해 준다. 원인과 결과의 흐름으로 번역해야 하는 한글문법에서는 원문에 나타난 결과와 원인의 흐름을 그대로 반영하기가 어렵다.

3:4. הֲיִשְׁאַג는 의문문 불변화사 הֲ와 함께 수사적 질문("부르짖겠느냐?)을 유도하면서 3a와 평행을 이룬다. כְּפִיר를 "사자"로 제한하지 않고 "짐승"으로 번역하기도 하지만 אַרְיֵה("사자")와 כְּפִיר를 특별히 구분할 필요가 없다.[23] 이 두 단어가 시문에서 의미론적 평행을 이루어 함께 나타나는 것을 흔히 볼 수 있기 때문이다. 히브리어에서 바브(ו) 접속사는 등위접속사, 반의접속사, 귀결절유노, 설

---

20) J. C. L. Gibson, *Davidson's Introductory Hebrew Grammar~Syntax* (Edinburgh: T & T Clark, 1994), 153.

21) 한글성경은 일반적으로 동의나 약속에 의한 만남을 전제하고 있는 것으로 번역한다: "두 *사람이 의합지 못하고야* 어찌 동행하겠으며"(개역); "두 *사람이 뜻이 같지 않은데* 어찌 동행하겠으며"(개역개정); "두 사람이 길을 같이 간다면, *미리 약속되어 있는 것이 아니겠느냐*?"(공동); "*서로 약속도 하지 않고* 어떻게 두 사람이 같이 갈 수 있겠느냐?"(쉬운성경); "두 *사람이 뜻이 같지 않은데* 어찌 둘이 같이 갈 수 있겠는가?"(우리말); "두 *사람이 미리 약속하지 않았는데*, 그들이 같이 갈 수 있겠느냐?"(표준새번역).

22) Cf. Paul, *Amos*, 109-10.

23) Cf. Ibid., 110.

명적 바브(epexegetical ו) 등 다양한 역할을 한다. 바브의 역할을 규정해 주는 것은 문맥이며 또한 바브가 연결해 주고 있는 요소들의 논리적 관계이다. 4b의 וְטֶרֶף에 사용된 바브-접속사는 4a의 수사적 질문의 상황을 설명해준다. הֲיִתֵּן(의문 불변화사 ה + נתן["주다"])과 קוֹלוֹ가("그의 목소리")가 함께 쓰여 "소리를 지르다" 또는 "소리를 내다"로 번역되며 הֲיִשְׁאַג와 평행을 이룬다. Wolff와 Mays는 מִמְּעֹנָתוֹ("자기 굴에서")가 4c의 운율(metre)을 방해하고 בַּיַּעַר("수풀에서")와 짝을 이루기 위한 설명어로 보아 제거할 것을 제안한다.[24] BHS도 מִמְּעֹנָתוֹ가 본문에 추가된 것으로 보고 삭제할 것을 제안한다. 하지만 필사본이나 고대역본들이 MT 독법을 유지하고 있으므로 이 표현을 원문에서 분리할 필요는 없다. 동사 לכד("사로잡다," "움켜잡다")의 목적어가 서술되지 않지만 의미론적 평행을 이루는 4b(וְטֶרֶף אֵין לוֹ)에 근거하여 목적어 טֶרֶף("먹이")가 생략된 것으로 짐작해 볼 수 있다.

3:5. 칼 미완료형(תִּפֹּל)과 함께 의문문 불변화사 הֲ가 사용되면서 수사적 질문이 이어진다. פַּח הָאָרֶץ는 땅에 놓은 덫을 의미하며 방향을 나타내는 전치사 עַל과 함께 동사("내려오다")의 행위가 이루어지는 방향과 장소를 나타내는 부사구의 역할을 감당한다. 즉 5a는 땅에 놓인 덫에 미끼가 있는 것을 보고 "새"(צִפּוֹר)가 덫에 내려앉는 장면을 묘사하는 것이다. וּמוֹקֵשׁ는 "미끼" 또는 "올무"로 해석할 수 있는데 5a의 새가 내려앉는 이유를 설명해 주는 문장이므로 "미끼"로 해석하는 것이 적당하다.[25] הֲיַעֲלֶה־פַּח는 문장의 주어인 "덫"(פַּח)이 새를 잡으려고 튀어 오르는 장면을 묘사한다. 주동사 יִלְכּוֹד와 같은 어근(לכד)을 사용하고 있는 동족부정사 לָכוֹד를 동사 앞에 놓는 것은 동사의 행위를 강조하기 위한 용법이다. 따라서 5d를 "전혀 움켜잡지 못하였는데"로 번역하여 강조용법을 반영

---

24) Cf. Wolff, *Joel and Amos*, 180; Mays, *Amos*, 59, n. a.

25) Cf. Niehaus, "Amos," 379. 한글번역들을 참조하라: "*창애를* 땅에 베풀지 아니하고야 새가 어찌 *거기* 치이겠으며"(개역); "덫을 땅에 놓지 않았는데 새가 어찌 *거기* 치이겠으며"(개역개정); "*미끼가* 없는데도 새가 *창애에* 내려 와 걸리겠느냐?"(공동); "어찌 새가 *미끼*도 없는 덫에 걸리겠느냐?"(쉬운성경); "올무를 놓지 않았는데 새가 *올무에* 걸리겠는가?"(우리말); "덫을 놓지 않았는데, 새가 땅에 놓인 *덫에* 치이겠느냐?"(표준새번역).

하게 된다. 5d의 동사(יְלְכּוֹד)는 4d와 같이 목적어를 취하지 않고 있지만 5절의 문맥상 "새"(צִפּוֹר)를 목적어로 고려할 수 있다.

3:6. 의문문 불변화사 הֲ에 의해 유도된 수사적 질문들을 6절에서는 אִם +미완료형(*yqtl*)으로 이어간다.[26] 즉 אִם은 의문문 불변화 הֲ를 이어가는 의문문 불변화사의 역할을 한다. "나팔"(שׁוֹפָר)은 뿔로 만든 나팔을 의미하며 6c에 비추어볼 때 재앙이 임하고 있음을 경고하는 나팔소리로 이해할 수 있다. בְּעִיר("성읍에서")에 정관사가 사용되지 않는 것은 특정한 성읍을 고려하는 것이 아니라 일반적인 정황을 가정하는 것이다. יֶחֱרָדוּ는 단순히 두려움을 의미하는 것이 아니라 두려움이 실제로 드러나는 상태를 말한다. 즉 두려움에 사로잡혀 떨고 있는 상태를 묘사하는 동사이다. רָעָה는 "악" 또는 "재앙"을 의미하는데, 여기서는 후자의 의미로 사용되었다. 6절의 구문론적 평행 및 원인과 결과에 대한 서술의 순서변화에 대한 설명은 6절의 원문주해를 참조하라.

3:7. 부정어 לֹא와 함께 쓰인 7a의 כִּי는 단언(assertion)을 위한 불변화사이다.[27] 따라서 "단연코," 내지는 "결코"로 해석하게 된다. דָּבָר는 "말" 또는 "일"을 의미하는데, 7a에서는 동사 עשׂה("하다, 만들다")가 함께 쓰이면서 후자의 의미를 취한다. דָּבָר에 정관사를 사용하지 않고 있는 것과 부정어 לֹא를 고려할 때, "어떤 일"로 번역할 수 있다. כִּי אִם־גָּלָה의 כִּי는 부정적 서술 다음에 이에 반하는 내용을 서술할 때 사용한다. 특히 אִם과 함께 쓰여 다른 여지를 주지 않고 유일한 정황을 설명해 준다. 즉 그의 뜻을 알리신 경우가 아니면 행하시지 않는다는 것이다. 7b의 동사 גלה("드러내다," "벗기다")의 주어는 7a의 "주 여호와"(אֲדֹנָי יְהוִה)이며 "그의 뜻"(סוֹדוֹ)은 이 동사의 목적어이다. סוֹד는 "계획"이나 계획을 세운 "뜻"(counsel)을 의미하며 동사 גלה를 고려하여 "감추어진 뜻," 또는 "비밀"(secret counsel)로 번역하기도 한다. "그의 종들"(עֲבָדָיו)과 "선지자들"(הַנְּבִיאִים)

---

26) אִם이 앞에 사용된 의문문 불변화사 ה를 이어가는 예들을 쉽게 찾아 볼 수 있다: 렘 2:14, 31; 16:19; 18:14-15; 49:1; 민 11:12; 사 66:8; 암 6:12; 미 4:9; 합 3:8.

27) Cf. BHRG §40.8/2.

은 동격으로 간주하여 "그의 종들, 곧 선지자들"로 번역하는 것이 가능한데, 후자는 전자를 보다 구체적으로 설명해 주는 역할을 한다. "그의 종들"(עֲבָדָיו)이라는 표현은 선지자들이 하나님의 부르심을 받고 그의 일을 행하는 자들임을 말하는 것이다. 따라서 선지자들이 하나님의 명령에 따라 행하는 일이나 전하는 신탁은 신적 기원과 권위를 갖게 된다(cf. 신 18:18-22).

3:8.8a의 문장은 주어 אַרְיֵה("사자")를 동사 앞에 놓아 주어를 강소하면서 수사적 질문(8b)의 정황을 설명해 준다. יִירָא는 "두려워하다," "경외하다"를 의미하는 동사로 8b에서는 전자의 의미를 갖는다. 8a와 동일하게 8c도 주어 אֲדֹנָי יְהוִה("주 여호와")로 문장을 시작하고 있으며 8d의 정황을 설명해 준다. 동사 יִנָּבֵא는 수동의 의미를 전달하는 니팔형(*niphal*)이지만 능동형 "예언하다"로 번역한다. 니팔형이 사용된 것은 타자로부터 예언이 임하여 선포하게 되는 것을 시사해 준다. 8절의 구문론적 평행이 제시하고 있는 의미에 대한 설명은 8절의 원문주해를 참조하라.

4. 원문주해

3:3. "둘"(שְׁנַיִם)이 지칭하는 대상이 누구인가에 대한 논의가 있다. Niehaus는 7-8절을 고려하여 이 "둘"을 여호와와 아모스로 보는 것이 가능하다고 설명한다.[28] 이 설명을 따를 경우, 3절에서 두 사람이 함께 걷는 원인으로 제시하고 있는 נוֹעָדוּ("합의" 또는 "만남")는 8절에 가서 하나님의 부르심과 아모스의 반응임을 알게 된다는 것이다. 반면에 Hayes는 레위기 26장이 하나님과 이스라엘의 관계를 "걷다"(הלך)로 표현하고 있는 것에 근거하여 이 "둘"이 하나님과 이스라엘을 의미하는 것으로 설명한다.[29] 하지만 특정하지 않은 일반적인 두 사람을 의미하는 것이 전체 흐름에 더 자연스럽다. 왜냐하면 3-8절이 일상적인 생활에서 볼 수 있는 예들을 사용하여 논증하고 있기 때문이다. 특히 3절의 핵심은 누가 누구와 함께 가느냐에 초점이 있는 것이 아니라 "둘"이 만났기 때문에 함께 가게 된다는 원인과 결과에 초점이 있기 때문이다. 따라서 3절은 둘이 함께 걷고 있는 것

28) Niehaus, "Amos," 378.
29) Hayes, *Amos*, 124; cf. Gitay, "A Study," 295.

을 볼 때 쉽게 전제할 수 있는 정황은 그 둘이 만났기 때문이라는 간단하지만 당연히 추론해 볼 수 있는 논리를 전달하면서 청자나 독자의 동의를 유도한다.

3:4-5. 동물세계에서 볼 수 있는 인과율의 예를 제시한다. 먹이가 원인이며 사자의 울부짖음이 결과이다. 사자가 울부짖는 것은 사냥할 먹이감이 있거나 움켜잡은 먹이가 있을 때라는 것이다. 5절의 새의 비유에서는 두 개의 원인과 결과가 제시된다. 첫째, 5a-b에서는 미끼가 원인이 되며 결과는 새가 덫으로 내려앉는 것이며, 5c-d에서는 새가 원인이 되며 결과는 새덫이 움켜잡으려고 튀어 오르는 것이다. 이 비유들에서 인과율과 더불어 공통적으로 나타나는 것은 사로잡힘에 대한 것이다. 사자가 먹이를 사로잡고 새덫이 새를 사로잡는 것이다. 이것은 이스라엘에 임할 심판에 대한 암시이기도 하다.[30]

3:6. 3-5절의 수사적 질문들은 결과를 먼저 서술하고 원인을 지적하는 순서를 따르는 반면에 6a-b에서는 이 순서를 바꾸어 원인을 먼저 지적하고 결과를 서술한다. 반면에 6c-d에서는 다시 원래의 순서(결과/원인)를 따른다. 이러한 변화와 함께 6절의 문장들에는 정확한 구문론적 평행이 나타난다. 이 평행구조에서 나팔(6a)과 재앙(6c), 백성(6b)과 여호와(6d), 두려워 떨다(6b)와 행하다(6d)가 짝을 이루고 있는 것과 6b와 6d에서 주어가 강조되고 있는 것에 주목할 필요가 있다.

אִם־יִתָּקַע שׁוֹפָר בְּעִיר 3:6a (원인)

a (부사구 - 주어 - 동사 + 불변화사)

וְעָם לֹא יֶחֱרָדוּ 3:6b (결과)

b (동사 - 부정어 - 주어)

אִם־תִּהְיֶה רָעָה בְּעִיר 3:6c (결과)

a' (부사구 - 주어 - 동사 + 불변화사)

וַיהוָה לֹא עָשָׂה 3:6d (원인)

b' (동사 - 부정어 - 주어)

---

30) Niehaus는 구약에서 미끼나 덫을 죄에 대한 묘사로 사용하고 있음을 지적하면서 심판의 필연성이 내포되었다고 본다(Niehaus, "Amos," 378).

원인과 결과의 논리에 근거한 논증이 6절에서는 성읍에 미치는 재난이나 전쟁의 장면으로 전환되면서 하나님의 심판에 대한 선포에 좀 더 다가서고 있다. 주목해 보아야 할 것은 재앙의 원인을 "여호와"로 선포하는 것이다. 따라서 6절은 언약적 관계를 심판의 원인으로 선포한 2절의 요지를 이어가는 면이 있다. 여호와를 재앙의 원인이 아니라 축복의 원인으로 생각하는 북이스라엘 백성들에게 여호와께서 재앙의 원인이 될 수 있음을 다시 확언하는 것이다. 원인과 결과의 관계에 대한 긍정적 답변을 유도하고 있는 수사적 질문들의 흐름 속에서 청자들은 이 질문에도 긍정적인 답변을 하게 된다. 하지만 6절이 모든 재앙의 원인이 하나님이라는 절대적인 결론을 주는 것은 아니다.

3:7. 하나님의 행동원리와 선지자의 사명이 서술된다. 하나님께서 어떤 일을 행하실 때에는 반드시 그의 뜻을 선지자들을 통하여 전달하시어 그가 무엇을 행하시고 무엇을 원하시는지를 정확히 알려주신다. 그러면 선지자는 그의 뜻을 반드시 전달해야만 하는 사명을 갖게 된다. 7절은 북이스라엘 백성들이 하나님의 심판을 받을 수밖에 없음을 선포해야하는 아모스의 입장에 대한 변론의 중요한 근거가 된다(cf. 7:14-15).

비평주의 학자들은 다음의 사실에 근거하여 7절을 후대삽입으로 간주하기도 한다.[31] 첫째, 시적 서술 중에 산문적 서술이 등장한다. 둘째, 수사적 질문이 아니다. 셋째, 원인과 결과의 관계를 제시하지 않는다. 넷째, 사용된 어구가 신명기사가적 표현이다. 하지만 이러한 사실들은 후대삽입의 결정적인 근거가 되지 못한다. 첫째, 산문형식을 취하고 있는 7절은 3-6절과 8절 사이에서 전환절의 역할을 한다.[32] 7a가 6d와 교차평행을 이루면서 6d를 이어가고 있으며 7b는 여호와의 행위에 관한 주제에 있어서 8절을 준비한다.

---

31) Cf. Mays, *Amos*, 59, 61-62; Wolff, *Joel and Amos*, 181, 187-88; Auld, *Amos*, 30-32. 신명기사가적 서술형식에 따라 삽입되었다고 주장하는 견해에 대한 반박을 보려면 Paul, *Amos*, 112-13을 참조하라.

32) Cf. Stuart, *Hosea-Jonah*, 324; Park, *The Book of Amos*, 83.

וַיהוָה לֹא עָשָׂה 3:6d
[c (동사) - b (부정어)] - a (주어)

כִּי לֹא יַעֲשֶׂה אֲדֹנָי יְהוִה דָּבָר 3:7a
a'(주어) -[c' (동사) -b' (부정어)]

둘째, 당연한 원인과 결과의 관계를 지적하면서 긍정적인 답변을 요구하는 3-6절의 수사적 질문들은 결국 7-8절의 서술을 선포하기 위한 장치로 볼 수 있다. 셋째, 7a에 사용된 **אֲדֹנָי יְהוִה**가 8c에도 사용되고 있다. 이 표현은 아모스의 저작으로 보는 본문들에서 볼 수 있는 표현이다(cf. 3:11, 13; 4:2, 5, etc.). 넷째, Paul의 주장과 같이, **כִּי**…**אם**…ה의 서술적 기교에 근거하여 7절이 이 흐름을 이어가고 있는 것을 볼 수 있다: (7절)**כִּי**… (6절)**אם**… (3-5절)ה. 이러한 연결성을 고려할 때 7절을 후대삽입으로 보는 견해를 재고할 필요가 있다.[33] 아모스 6장 2절에 **כִּי**…**אם**…ה의 동일한 흐름이 나타난다.

3:8. 6절에 나타난 것과 동일한 구문론적 평행이 8절에서도 나타난다. 의도적으로 주어를 동사 앞에 두어 강조하고 있으며 이렇게 강조된 주어들(**אַרְיֵה**[8a]와 **אֲדֹנָי יְהוִה**[8c])은 서로 대비된다.

אַרְיֵה שָׁאָג 3:8a(원인)
a (동사 - 주어)

מִי לֹא יִירָא 3:8b(결과)
b (동사 - 부정어 - 의문사)

אֲדֹנָי יְהוִה דִּבֶּר 3:8c(원인)
a' (동사 - 주어)

מִי לֹא יִנָּבֵא 3:8d(결과)
b' (동사 - 부정어 - 의문사)

이 평행은 사자가 부르짖을 때 당연히 두려움을 갖게 되는 것처럼 여호와께서 말

33) Hayes는 수사적 질문 형식보다는 산문적 서술이 자신의 선지자적 권위를 선언하는데 더 적절하고 효과적인 것으로 설명한다(Hayes, *Amos*, 126-27).

씀하시면 예언할 수밖에 없다는 의미를 분명하게 전달해 준다. 이것은 예언 선포의 필연성을 의미한다. 하나님께서 심판을 말씀하시는 것이 사자의 부르짖음에 비교되고 있으며, 그 결과는 그 말씀을 받은 자가 선포할 수밖에 없고 듣는 자는 두려움을 갖게 된다는 것이다.

인과율에 근거한 수사적 질문을 통해 아모스가 논증하려고 한 내용에 대해 두 가지 다른 견해가 제시되고 있다. 첫째, 심판의 원인이 하나님이심을 논증하는 것으로 보는 견해이다. 둘째, 아모스가 자신의 선지자적 사명과 신탁의 신적 권위를 변호하는 것으로 보는 견해이다. 이 두 가지 견해에 담겨진 핵심논의는 3-8절의 절정에 대한 질문이다. 즉 첫 번째 견해는 여호와를 심판의 원인으로 논증하는 6절을 이 단락의 절정으로 보는 반면에 두 번째 견해는 8절을 절정으로 간주한다. Gitay가 첫 번째 견해를 주장한다.[34] Gitay에 따르면, 6c-d가 3-8절의 절정이며 이 논증의 핵심은 북이스라엘의 죄와 하나님의 심판 간에 원인과 결과의 완전한 관계가 있음을 선포하는 것이다. 즉 3-8절의 논증은 청중들에게 재앙의 원인이 바로 하나님이시라는 것을 깨닫게 하려는 것이 된다.[35] 8절은 단지 인과율의 예들 중의 하나라는 것이다.[36] 이 견해를 따르면 3-8절은 2절을 지지해 주는 설명이 된다. 주제적 측면에서의 일관성과 연결성을 규정하는 면에서 이 견해의 의미가 있다. 하지만 8절을 이 논증(3-8절)의 절정으로 제시할 수 있다면 두 번째 견해를 따를 수 있다.[37]

---

34) Yehoshua Gitay, "A Study of Amos's Art of Speech: A Rhetorical Analysis of Amos 3:1-15," *CBQ* 42 (1980): 293-309. McConville도 첫 번째 견해를 따른다(McConville, *Exploring*, 168). McConville의 설명에 따르면, 논증단락(3:3-8)에서 6절 하반절이 절정을 이루는 것으로 제안하며 7-8절이 이것을 확언해 주는 것이다.

35) "Amos's main concern is the recognition that God reveals himself not only in the matter of success but also in terms of sins and punishment" (Gitay, "A Study," 296).

36) Ibid., 298.

37) Paul은 두 번째 견해를 다음과 같이 서술한다: "Amos is hereby presenting an 'apologia' for his (and every prophet's) calling. He justifies and legitimizes his prophetic commission by explaining its authority and authenticity as well as its absolute force and necessity" (Paul, Joel and Amos, 104-5). Cf. Chisholm, *Handbook*, 386; Stuart. *Hosea-Jonah*, 324; Soggin, *The Prophet*, 59; Hayes, *Amos*, 124; Mays, *Amos*, 59-60, 62; Wolff, *Joel and Amos*, 188.

수사적 측면과 구문론적 측면에 근거하여 8절을 절정으로 제시할 수 있다.[38] 수사적 측면에서 세 가지 사실을 언급할 수 있다. 첫째, 6절을 이 논증의 절정으로 볼 경우 7-8절의 의미가 모호해 진다. 3-6절의 수사적 질문들은 비유를 통해 원인과 결과의 논리적 관계에 대한 동의를 얻고자 하는 것이다. 이 흐름 속에서 6절은 인과율의 비유들 중의 하나이다. 인과율을 전쟁장면(6a-b)과 여호와의 심판 비유(6c-d)를 통해 말하면서 7-8절의 심판언급을 준비하는 것으로 보인다. 둘째, 여덟 번째에 절정을 두는 아모스의 서술기법이다. 신탁연속물(1:3-2:16)의 절정은 여덟 번째에 해당하는 북이스라엘을 향한 심판신탁(2:6-16)이다. 하지만 6c-d는 일곱 번째 비유이다: (1) 둘의 동행(3a-b); (2) 사자(4a-b); (3) 젊은 사자(4c-d); (4) 새(5a-b); (5) 새덫(5c-d); (6) 경고나팔(6a-b); (7) 여호와의 심판(6c-d). 따라서 아모스의 이러한 서술기법을 고려할 때, 이 논증에서도 여덟 번째에 위치하고 있는 8절을 절정으로 간주할 수 있다.[39] 셋째, 8절은 이 논증의 결론역할을 한다. 8a-b는 6절의 비유를 다시 취하고 있으며 8c-d는 7절을 수사적 질문으로 반복한다.

구문론적 측면에서는 세 가지 사실을 언급할 수 있다. 첫째, 8절의 수사적 질문은 3-6절에서 제시하고 있는 수사적 질문들과는 달리 의문사 מִי를 반복하여 보다 극적인 질문을 만들고 있다.[40] 이것은 청중/독자의 관심을 사로잡기에 충분하다. 둘째, 8a-b와 8c-d가 두 개의 질문을 하고 있지만 위에서 보는 바와 같이 구문론적 평행과 더불어 원인과 결과의 평행을 통해 밀접하게 연결되어 있다. 아모스 1장 2절은 이 두 그림을 합쳐서 표현하고 있다: "여호와가 시온에서부터 부르짖으시며"(יְהוָה מִצִּיּוֹן יִשְׁאָג). 셋째, 8절의 원인을 서술하는 문장들은 주어를 문두에 놓아 강조하고 있으며 접속사 바브(ו)를 사용하지 않는다. 6c와 6d의 경우에도 주어를 전치하여 강조하고 있지만 바브(ו)가 사용되고 있다. 이러한 수사적, 구문론적 특징들은 8절을 절정으로 보기에 충분한 근거가 된다. 더 나아가 3-6절의 인과율에 근거한 수사적 질문들은 8절의 인과율에 대한 동의를 얻기 위한 장치의

---

38) Niehaus는 8절의 질문들이 2-6절의 질문들 속에 담겨져 있던 것을 드러내주고 있기 때문에 이 논증의 절정을 이룬다고 본다(Niehaus, "Amos," 378).

39) Limburg는 아모스서에 나타난 이러한 기법을 "seven-plus-climax" 또는 "seven-plus-one"이라고 칭한다(Limburg, "Sevenfold Structures," 220).

40) Cf. Mays, *Amos*, 59.

역할을 감당하고 있는 것을 볼 수 있다.

8절의 인과율에 따르면, 하나님의 말씀하심이 원인이며 결과는 선지자의 선포이다. 즉 아모스가 심판신탁을 북이스라엘에 선포할 수밖에 없는 이유는 하나님의 말씀이 그에게 임했기 때문이라는 것이다. 따라서 이 논증의 핵심은 아모스가 심판신탁을 선포할 수밖에 없는 불가피성을 설득시키려는 것이며 이와 아울러 그의 선지자로서의 사명과 신탁의 신적 권위를 변호하려는 것이다.[41] 하지만 이 견해를 따를 경우, 굳이 아모스가 3장에서 자신을 변호할 필요가 있었는가라는 질문에 직면하게 된다.

아모스서의 흐름을 볼 때 아모스는 신탁연속물(1:3-2:16)에서 북이스라엘 백성들의 기대에 반하는 메시지를 선포한다. 그들은 자신들이 축복의 대상이라고 생각했지만 아모스는 그들이 심판의 대상임을 선포하였다. 직접적으로는 3장 2절에서부터 북이스라엘 백성들이 아모스의 신탁에 대한 의구심을 가지고 거부하게 되었을 것이다. 따라서 아모스는 본격적으로 심판의 신탁을 전하기에 앞서 자신이 심판신탁을 선포할 수밖에 없는 필연성을 설명할 필요를 갖게 된다. 게다가 아모스가 처한 정황이 이 필연성에 대한 논증을 요구한다. 하나님과의 언약적 관계를 축복으로만 이해하였던 북이스라엘 백성들은 아모스가 선포하는 심판신탁에 대한 신빙성을 의심하였을 것이다. 왜냐하면 그 당시 북이스라엘은 영토 확장과 경제적 번영이라는 축복을 누리고 있었기 때문이다. 특히 열왕기하 14장 25절을 비추어 볼 때 이들은 하나님과의 언약적 관계가 축복이라는 이해를 버릴 수가 없었을 것이다. 이것은 아모스서에서 언급하고 있는 백성들의 태도에서도 잘 드러나고 있다(cf. 암 5:18; 9:10). 따라서 이들은 아모스의 심판선언을 납득할 수 없었을 것이며 이것은 자연스럽게 아모스의 진정성의 문제로 연결되었을 것이다. 아모스의 사명과 권위에 대한 실제적인 충돌이 있었음을 7장 10-17절의 아모스와 아마샤의 사건을 통해 기록하고 있다. 더욱이 하나님이 세우신 참선지자들을 거부하고 방해하였던 것이 북이스라엘 백성들의 기본적인 태도인 것을 고려한다면 아모스가 자신이 선포하고 있는 신탁의 진정성을 논증하는 것은 자연스럽다(cf. 2:12; cf. 6:3; 9:10).

---

41) Park은 3-8절이 선지자의 사역과 신탁을 확언해 주는 소명기사의 기능을 하는 것으로 제안한다(Park, *The Book of Amos*, 83). 하지만 이 제안은 3장의 전체 문맥을 고려할 때 적절하지 않은 것으로 보인다.

아모스는 일상적인 경험에서 취한 비유들을 수사적 질문을 통해 열거하면서 청자들로 하여금 모든 일에 원인이 있으며 원인은 반드시 결과를 낳게 된다는 사실에 동의하게 한다(3-7절). 어떤 것도 우연히 일어나는 것이 아님에 충분히 동의하도록 유도한 후 자신이 심판을 선포할 수밖에 없는 이유를 밝힌다(8절). 즉 심판을 선포할 수밖에 없는 원인을 여호와로 제시한다. 여호와께서 선포하라고 명령하셨기 때문에 그가 선포할 수밖에 없다는 것이다. 이것은 아모스의 심판신탁을 거부하는 것이 곧 하나님을 거부하는 것임을 간접적으로 시사한다. 인과율에 의한 일들이 자연세계(4-5절)나 사회적 관계(6절)에서 뿐만 아니라 종교적 영역(7절)에도 적용되고 있음을 보여준다. 또한 1-2장에서 사용하였던 것과 동일한 서술기법을 3장 3-8절에서도 볼 수 있다. 아모스는 주변 나라들에 대한 신탁을 열거하면서 청중들을 사로잡아 가다가 결국 그들로 하여금 핵심메시지인 북이스라엘을 향한 신탁에 집중하게 하였다. 이와 유사하게 3-6절에서도 점차적으로 청중들을 사로잡아 가다가 결국 그가 전하고자 하는 요지(7-8절)를 받아들이게 만든다.[42] 수사적 질문들을 통해 심판선포의 불가피성을 입증한 후 아모스는 언약적 고소를 통해 북이스라엘의 죄악에 주목하게 한다.

III. 언약적 고소(c): 3:9-10

1. 원문

3:9a הַשְׁמִיעוּ עַל־אַרְמְנוֹת בְּאַשְׁדּוֹד וְעַל־אַרְמְנוֹת בְּאֶרֶץ מִצְרָיִם

3:9b וְאִמְרוּ

3:9c הֵאָסְפוּ עַל־הָרֵי שֹׁמְרוֹן

3:9d וּרְאוּ מְהוּמֹת רַבּוֹת בְּתוֹכָהּ וַעֲשׁוּקִים בְּקִרְבָּהּ

3:10a וְלֹא־יָדְעוּ עֲשׂוֹת־נְכֹחָה

3:10b נְאֻם־יְהוָה

3:10c הָאוֹצְרִים חָמָס וָשֹׁד בְּאַרְמְנוֹתֵיהֶם

---

42) Paul은 신탁연속물에서 일곱 개의 신탁에 하나가 더 추가되면서 청중의 기대를 깨고 핵심

2. 사역

3:9 “아스돗의 요새들과 이집트 땅의 요새들을 향해 선포하여 말하여라.
‘너희는 사마리아의 산들 위에 모여서 그 안에 있는 큰 혼란과 그 중에 있는 압제를 보아라.
3:10 그들은 옳은 것을 행할 줄 모르며 그들의 요새들 안에 폭력과 착취만 쌓는 자들이다. 여호와의 말이니라.’ ”

3. 원문분석

3:9. 9절을 시작하고 있는 הַשְׁמִיעוּ(남성, 복수, 히필 명령형, שׁמע, “듣다”)는 “듣게 하다” 또는 “선포하다”의 의미를 가진다. 이 명령을 받은 자들을 선지자들 또는 아모스의 설교를 듣고 있는 북이스라엘인들 및 사마리아의 부유층으로 제안하기도 한다. 하지만 9절은 명령의 대상을 분명하게 규정하지 않으면서 수사적 효과를 위해 사용된 것으로 보인다(cf. 사 40:3, 6; 57:14; 렘 5:1; 호 5:8).[43] עַל־אַרְמְנוֹת의 전치사 עַל은 선포를 듣게 되는 대상을 나타낸다. 즉 아스돗에 있는 “요새들”과 이집트 땅에 있는 “요새들”을 향해 선포하라는 명령이다. אַרְמְנוֹת를 “궁궐들”로 번역하기도 하는데(cf. 개역, 개역개정, 공동), 1-2장의 번역을 그대로 따라 “요새들”로 번역하는 것이 적절해 보인다. 가사의 북동쪽에 위치한 אַשְׁדּוֹד(“아스돗”)는 블레셋인들을 암시한다.[44] BHS는 칠십인경(LXX)에 근거하여 בְּאַשְׁדּוֹד(“아스돗에”)를 באשור(“앗시리아에”)로 읽을 것을 제안한다. 이는 앗시리아가 주로 이집트와 평행을 이루어 언급되기 때문이다. 공동번역은 칠십인경 독법을 따라서 “아시리아의 궁궐에 말을 전하여라”로 번역한다. 하지만 필사본들이 MT 독법을 따르고 있으므로 MT 독법을 유지할 수 있다. 어떤 독법을 따르든 이방인들을 언약적 고소의 증인들로 부르고 있는 논지에는 변화가 없다. וְאִמְרוּ의 바브(ו)는 등위접

메시지를 전한 것처럼 3-8절에서도 일곱 개의 수사적 질문에 7-8절이 추가되면서 동일한 효과를 의도하고 있다고 분석한다(Paul, *Amos*, 105).

43) Cf. Niehaus, “Amos,” 383; Mays, *Amos*, 63.

44) 아모스 1장 8절의 원문분석 참조하라.

속사로 이 명령형을 앞의 명령형(הַשְׁמִיעוּ)과 연결시키는데, 이것을 중언법으로 보아 "선포하여 말하라"로 번역할 수 있다. 니팔 명령형 הֵאָסְפוּ의 대상은 아스돗과 이집트이며 재귀적 용법으로 볼 수 있다("너희는 스스로 모이라"; cf. ESV, ASV, KJV, NIV). עַל־הָרֵי שֹׁמְרוֹן의 전치사 עַל은 이들이 모이게 되는 장소를 설명해 준다("사마리아의 산들 위에"). 복수형 הָרֵי("산들")가 사용된 것은 사마리아를 바라볼 수 있는 주변의 산들 또는 언덕들을 의미하는 것으로 보인다. 9d의 וּרְאוּ는 등위접속사 바브(ו)에 의해 앞의 명령형 הֵאָסְפוּ과 연결된 중언법이 된다("모여서 보라"). מְהוּמֹת는 "소동," "혼란"을 의미하며 사마리아 성 안의 안정과 평안이 없는 무질서한 상태를 묘사하는 것이다. 따라서 "화평," "조화," "완전"을 의미하는 "샬롬"(שָׁלוֹם)과 대조를 이루는 표현이다. רַבּוֹת는 מְהוּמֹת를 꾸며주는 형용사로 이 혼란과 소동의 심각성을 나타내는 것이므로 מְהוּמֹת רַבּוֹת를 "큰 혼란"으로 번역하는 것이 적절하다. 동사 רְאוּ의 목적어로 서술되고 있는 מְהוּמֹת רַבּוֹת와 עֲשׁוּקִים을 각각 꾸며주는 בְּתוֹכָהּ와 בְּקִרְבָּהּ의 3인칭, 여성, 단수, 대명사어미의 선행사는 사마리아(שֹׁמְרוֹן)이다. 즉 이 표현들은 사마리아 성안에서 벌어지고 있는 큰 혼란과 압제를 가리킨다. 의미가 유사한 전치사들을 반복해서 사용하면서 서술의 다양성을 도모할 뿐만 아니라 의미를 강화하고 있다. עֲשׁוּקִים는 "압제" 또는 "억눌린 자"를 의미하며 주로 권력과 힘을 가진 자들이 약자들에게 행하는 부당하고 불의한 행위를 묘사하는 단어이다(cf. 욥 35:9; 시 103:6; 렘 50:33). Wolff는 이 단어가 압제에 의한 희생자들을 가리키는 것으로 보는 것이 죄를 고소하는 문맥에 들어맞는다고 제안한다.[45] 즉 압제를 당하는 자들("the oppressed")을 주목하라는 의미로 해석한다. 하지만 고소의 내용이 이스라엘의 죄악(כָּל־עֲוֹנֹתֵיכֶם, 3:2b)을 지적한 후, 옳은 것을 *행할 줄 모르는 것*(לֹא־יָדְעוּ עֲשׂוֹת־נְכֹחָה, 10a)과 범죄행위를 *쌓고 있는 것*(אוֹצְרִים חָמָס וָשֹׁד, 10c)에 집중하고 있는 것을 볼 때 범죄자의 행위가 강조되는 해석으로 일관성을 유지하는 것이 필요하다. 또한 עֲשׁוּקִים이 앞의 부사구와 의미론적 구문론적 평행을 이루고 있는 것을 볼 때 더욱 그러하다.

45) Wolff의 번역: "See the boundless terror in her midst and the oppressed within her" (Wolff, *Joel and Amos*, 190, 193).

3:9d וּרְאוּ מְהוּמֹת רַבּוֹת בְּתוֹכָהּ
c (부사구) - b (복수형 명사) - a (동사)
[ ] וַעֲשׁוּקִים בְּקִרְבָּהּ
c'(부사구) -b' (복수형 명사)

3:10. 10a의 등위접속사 바브(ו)가 어디에 연결되는지에 따라 10절의 이해가 달라질 수 있다. 9d에 연결이 되는 것으로 볼 경우 10a는 명령을 받은 아모스의 청자들이 아스돗과 이집트에 전해야 할 말의 내용, 즉 직접화법의 내용을 이어가는 것이 된다. 이와는 달리 전달할 내용이 9d로 마무리되고 10a의 접속사 바브(ו)가 9b의 **וְאִמְרוּ**에 연결되는 것으로 간주하여 9c-d와는 별개의 문장으로 볼 수 있다.[46] 전자의 견해를 따를 경우, 증인들에게 소환명령과 함께 죄인의 죄목을 함께 전하는 형식이 된다. 후자의 견해를 따를 경우, 소환명령과 고소내용이 분명히 구분된다. 즉 증인들을 소환하라는 명령을 아모스의 청자들(2인칭, 남성, 복수)에게

46) 공동번역과 우리말성경이 첫 번째 견해를 따른다: "9. 아시리아의 궁궐에 말을 전하여라. 이집트의 궁궐에 말을 전하여라. '모두들 사마리아 언덕에 올라 와 보게. 그 안엔 억울한 일들뿐, 온통 뒤죽박죽일세.10. 바른 일 하려는 사람은 하나도 없구나. - 야훼의 말씀이시다. 궁궐에는 권력으로 남을 등쳐먹는 자들뿐이다.'" (공동); "9. 아스돗 성채들과 이집트 땅의 성채들에 선포하라. '너희들은 사마리아 산 위에 모여서 그 성안에 있는 큰 혼란과 그 성안에 있는 학대를 보라. 10. 그들은 자기 성에서 폭력을 행하며 강탈을 일삼는 사람들로서 옳은 일을 행할 줄 모른다.' 여호와께서 하신 말씀이다" (우리말). 개역, 개역개정, 표준새번역이 두 번째 견해를 따른다: "9. 아스돗의 궁들과 애굽 땅 궁들에 광포하여 이르기를 너희는 사마리아 산들에 모여 그 성 중에서 얼마나 큰 요란함과 학대함이 있나 보라 하라 10. 자기 궁궐에서 포학과 겁탈을 쌓는 자들이 바른 일 행할 줄 모르느니라 이는 여호와의 말씀이니라" (개역); "9. 아스돗의 궁궐들과 애굽 땅의 궁궐들에 선포하여 이르기를 너희는 사마리아 산들에 모여 그 성 중에서 얼마나 큰 요란함과 학대함이 있나 보라 하라 10. 자기 궁궐에서 포학과 겁탈을 쌓는 자들이 바른 일 행할 줄을 모르느니라 여호와의 말씀이니라" (개역개정); "9. "너희는 아스돗의 요새들과 이집트 땅의 요새들에게 전하여라. 사마리아의 산 위에 모여서, 그 도성 안에서 일어나는 저 큰 혼란과, 그 속에서 자행되는 억압을 보라고 하여라. 10. 나 주가 하는 말이다. 그들은 올바른 일을 할 줄 모른다. 그들은, 폭력과 강탈로 탈취한 재물을 저희들의 요새 안에 쌓아 놓는다" (표준새번역). 쉬운성경의 경우, 이 구분이 모호하다: "9. 아스돗의 요새들과 이집트 땅의 요새들에게 이렇게 전하여라. '사마리아의 산으로 와서 저 큰 혼란을 보아라. 백성이 다른 백성을 해치는 저 모습을 보아라. 10. 이 백성은 올바른 일을 할 줄 모른다.' 여호와의 말씀이다. '그들의 요새는 강제로 빼앗은 보물로 가득하다' " (쉬운성경).

전달한 후 10절에서 죄목을 청자들에게 선포하는 형식이 된다. 어떤 연결이 적절한 지를 구문론과 문법적 측면에서 결정하기는 어렵다. 하지만 어떤 연결을 따르든 실제 9-10절을 듣는 청자들에게 사마리아에서 벌어지고 있는 범죄행위가 분명히 전달된다. 부정어와 함께 3인칭, 남성, 복수형 동사(וְלֹא־יָֽדְעוּ, "그들이 알지 못한다")가 사용되고 있는데 이 동사의 주어가 10a에서는 분명하게 명시되지 않다가 10c에서 정관사와 복수형 분사(הָאוֹצְרִים)로 표기된다. 이들은 옳은 것을 행할 줄을 모르고 폭력과 파괴만 쌓는 자들이다. 동사 ידע ("알다")는 2a에서와는 달리 인식적 측면에서의 앎을 말한다(cf. 호 8:4). עֲשׂוֹת־נְכֹחָה의 부정사 עֲשׂוֹת는 목적어구로 동사구 וְלֹא־יָֽדְעוּ의 의미를 보완해 준다. 부정사 עֲשׂוֹת의 목적어 역할을 하는 נְכֹחָה는 "곧은," "옳은" 또는 "곧은 것," "옳은 것"을 의미한다(cf. 사 59:14; 삼하 15:3; 잠 24:26). 따라서 옳은 것을 행할 줄 모른다는 것은 북이스라엘의 완전한 타락을 지적하는 것이며 언약적 의무를 거부하는 태도를 가리킨다. 10b의 신적 선언 נְאֻם־יְהוָה는 10a와 10b의 고소를 확언해 주는 역할을 한다. Soggin은 9-10절의 화자를 아모스로 간주하며 נְאֻם־יְהוָה가 실수로 삽입된 것으로 설명한다.[47] 하지만 שִׁמְעוּ로 시작하는 13절에서도 נְאֻם־אֲדֹנָי יְהוִה가 등장하는 것에 주목할 필요가 있다. 앞에서 언급한 바와 같이 הָאוֹצְרִים(남성, 복수, 칼형[*qal*], 분사, אצר, "쌓다," "쌓아 올리다")의 정관사는 이 분사가 10a의 암시된 주어를 서술해 주는 것임을 나타낸다. "폭력"(חָמָס)와 "착취"(וָשֹׁד)는 주로 함께 시술되는 단어들이며 압제자들의 행위를 묘사하는데 사용된다(cf. 사 60:18; 렘 6:7; 20:8; 겔 45:9; 합 2:17).[48] 전자는 생명을 위협하는 행위이며 후자는 물질적 손해를 입히는 행위이다. 따라서 "살인"(murder)과 "약탈"(robbery)을 의미하는 것으로도 볼 수 있다. 한글번역에서는 שֹׁד를 "겁탈"(개역; 개역개정) 또는 "강탈"(우리말)로 번역한다.[49] חָמָס וָשֹׁד의 표현을 중언법(hendiadys)으로 보아 "강제로 빼앗은 보물"(쉬운성경),

47) Soggin, *The Prophet*, 61. Mays 역시 9-10절의 화자를 아모스로 간주하고 נְאֻם־יְהוָה를 편집적 삽입이라고 주장한다(May, *Amos*, 63). 이와는 달리 아모스 3장 9절은 선지자의 말(prophetic speech)로 보고 10절은 하나님의 말(divine speech)로 보는 견해도 있다.

48) 욥기 19:7은 "폭력"(חָמָס)을 "공의"(מִשְׁפָּט)의 부재로 묘사한다:
הֵן אֶצְעַק חָמָס וְלֹא אֵעָנֶה אֲשַׁוַּע וְאֵין מִשְׁפָּט("내가 포학(חָמָס)을 당한다고 부르짖으나 응답이 없고 간구할찌라도 신원함(מִשְׁפָּט)가 없구나" [개역])

"권력으로 남을 등쳐먹는 자들"(공동), "폭력과 강탈로 탈취한 재물"(표준새번역)로 번역하기도 한다. 사마리아 성의 압제자들은 그들의 요새에 폭력과 착취를 통해 얻은 부를 축적해 놓지만 이것은 하나님의 심판의 대상이 된다(cf. 11절). בְּאַרְמְנוֹתֵיהֶם("그들의 요새들")이라는 표현을 통해 폭력과 착취를 행하는 자들이 지도자들과 기득권자들인 것을 알 수 있다.

4. 원문주해

3:9-10. 이 단락은 언약적 고소의 내용을 서술하면서 심판선언의 이유를 밝히고 있다. 9c-10c의 화자는 하나님이며 하나님께서 하신 말씀을 아모스가 북이스라엘 백성들에게 그대로 전하는 것이다. 법정에서 사건의 확실성을 위해 증인을 세우는 것처럼 고소내용을 전하기에 앞서 아스돗과 이집트를 증인으로 부르고 있다. 폭력과 착취로 이스라엘을 다룬 이방 민족들을 불러 증인으로 세우는 것은 북이스라엘의 죄악이 이들보다 더 악한 것을 암시적으로 시사한다.[50] 10절에서 하나님은 언약적 관계를 거부한 북이스라엘 백성의 정체성을 규정하신다. 즉 폭력과 착취를 자신들의 요새에 쌓으며 옳은 것을 행할 줄 모르는 자들이라는 것이다. "폭력"(חָמָס)과 "착취"(שֹׁד)를 행하는 것은 언약적 관계를 규정하는 "공의"(מִשְׁפָּט)와 "정의"(צְדָקָה)를 정면으로 거부하는 것이다(암 5:7, 24; 6:12; cf. 겔 45:9).[51] 달리 말하면, 북이스라엘 백성들은 언약적 관계가 요구하는 의무를 행하

---

49) 다양한 한글성경 번역들을 참조하라: "자기 궁궐에서 *포학과 겁탈*을 쌓는 자들이 바른 일 행할 줄 모르느니라 이는 여호와의 말씀이니라"(개역); "자기 궁궐에서 *포학과 겁탈*을 쌓는 자들이 바른 일 행할 줄을 모르느니라 여호와의 말씀이니라" (개역개정); "바른 일 하려는 사람은 하나도 없구나. - 야훼의 말씀이시다. 궁궐에는 *권력으로 남을 등쳐먹는 자들 뿐이다*"(공동); " '이 백성은 올바른 일을 할 줄 모른다.' 여호와의 말씀이다. '그들의 요새는 강제로 빼앗은 보물로 가득하다' "(쉬운성경); "그들은 자기 성에서 폭력을 행하며 강탈을 일삼는 사람들로서 옳은 일을 행할 줄 모른다. 여호와께서 하신 말씀이다."(우리말); "나 주가 하는 말이다. 그들은 올바른 일을 할 줄 모른다. 그들은, 폭력과 강탈로 탈취한 재물을 저희들의 요새 안에 쌓아 놓는다"(표준새번역)

50) Cf. Niehaus, "Amos," 383.

51) Hayes, *Amos*, 128. Cf. "חָמָס וָשֹׁד הָסִירוּ וּמִשְׁפָּט וּצְדָקָה עֲשׂוּ"(겔 45:9; "너희는 강포와 겁탈을 제하여 버리고 공평과 공의를 행하여"[개역]).

지 않고, 오히려 열방보다도 더 폭력과 착취를 동족들에게 행하며 옳은 것을 행할 줄 모르는 완전히 타락한 상태에 있음을 고소한다. 이들은 그들이 누릴 부와 권력을 아무도 공격할 수 없는 안전한 곳, 즉 "요새"에 쌓는다고 생각하였다. 하지만 실제로는 하나님의 심판의 이유들만 쌓고 있는 것이다. 왜냐하면 이들이 쌓은 것으로 인해 하나님께서 이들을 철저하게 보응하실 것이기 때문이다. 이들이 안전하다고 생각하는 장소가 심판의 장소가 된다(cf. 3:11d). 단락의 흐름을 볼 때 10절은 2b에서 언급된 북이스라엘의 죄악(כָּל־עֲוֺנֹתֵיכֶם)을 세부적으로 드러내 주며 규정해 주고 있다. 북이스라엘이 하나님과의 언약적 관계에 있지만 하나님의 백성으로서의 정체성을 갖지 못하고 열방과 같이 된 것이 심판의 원인이 된다.

IV. 심판선언(d): 3:11-12

1. 원문

3:11a לָכֵן כֹּה אָמַר אֲדֹנָי יְהוִה
3:11b צַר וּסְבִיב הָאָרֶץ
3:11c וְהוֹרִד מִמֵּךְ עֻזֵּךְ
3:11d וְנָבֹזּוּ אַרְמְנוֹתָיִךְ
3:12a כֹּה אָמַר יְהוָה
3:12b כַּאֲשֶׁר יַצִּיל הָרֹעֶה מִפִּי הָאֲרִי שְׁתֵּי כְרָעַיִם אוֹ בְדַל־אֹזֶן
3:12c כֵּן יִנָּצְלוּ בְּנֵי יִשְׂרָאֵל [3:12d] בִּפְאַת מִטָּה וּבִדְמֶשֶׁק עָרֶשׂ
3:12d הַיֹּשְׁבִים בְּשֹׁמְרוֹן

2. 사역

3:11 그러므로 주 여호와께서 이같이 말씀하셨습니다.
"대적이다. 땅 사면에 있다. 네게서 네 방어물을 무너뜨릴 것이며 네 요새들이 약탈을 당하게 될 것이다.
3:12 그러므로 여호와께서 이같이 말씀하셨습니다.
"목자가 사자의 입에서 다리 두 개나 귀 조각을 건져내는 것과 같이 사마리아에 사는 이스라엘 자손들도 침대의 모서리나 긴 의자의 다리만 가지고 건짐을 받을 것이다."

3. 원문분석

3:11. לָכֵן("그러므로")은 심판고소에서 심판선언으로의 전환을 보여준다. 11절은 9-10절에 서술된 죄악으로 인하여 이들에게 임하게 될 하나님의 심판을 간략하지만 극적으로 서술한다. 11b(צַר וּסְבִיב הָאָרֶץ)는 동사가 사용되지 않는 명사절(nominal clause)이며 11d까지 이어지는 바브-연계형 시리즈의 시작이다. 아모스는 "대적"(צַר)이 어느 나라인지에 대해 분명하게 언급하지 않는다. 단지 일반적인 단어를 사용하여 이 대적이 하나님의 심판의 도구로 사용될 것을 선포한다(cf. 6:14). 11b의 MT 독법에 대해 BHS는 시리아역본에 근거하여 צַר를 주어로 하고 וּסְבִיב를 동사 יְסוֹבֵב로 수정하여 읽을 것을 제안한다.[52] 필사본들이 MT 독법을 그대로 유지하고 있으며 문법적으로 문제가 되는 표현이 아니므로 MT 독법을 유지할 수 있다. 오히려 MT 독법이 더 효과적이고 극적인 표현이 될 수 있다. וּסְבִיב의 바브(ו)는 설명을 위한 용법으로 간주할 경우 11b는 대적에 대해 먼저 언급하고 그 대적이 땅 사면에 있음을 설명하는 것이 된다: "대적이다. 땅 사면에 있다."[53] 이러한 서술은 상황의 긴박성을 극적으로 반영한다. וְהוֹרִד(3인칭, 남성, 단수, 히필[*hiphil*] 완료형, ירד, "내려가다")는 바브-완료연계형으로 11b에 연결된다. ירד의 히필형은 "끌어내리다," 또는 "내려오게 하다"의 의미를 가지고 있으며 세워진 것을 무너뜨린다는 의미가 된다. 11c와 11d에 반복해서 등장하는 여성, 단수, 2인칭 대명사어미(ךְ)의 선행사는 "사마리아"이다. 신탁의 대상을 가리키는 인칭이 2인칭 단수로 바뀌면서 직접 사마리아를 향하여 신탁을 전달하고 있음을 보여준다. עֻזֵּךְ의 עֹז(עוז)는 "영광" 또는 "힘," "능력"을 의미한다. 후자의 의미에서 "방어물"이란 의미로 발전된다. 대적의 침입과 약탈을 묘사하는 문맥의 흐

---

52) Hayes는 MT 독법에 근거하여 사마리아의 대적의 포위가 이미 벌어지고 있는 현재적 상황을 시사한다고 해석한다(Hayes, *Amos*, 129).

53) Niehaus, "Amos," 384.

름을 볼 때 후자의 의미가 선호된다. 따라서 עֹז가 제거되는 것은 대적을 막을 방법을 모두 잃게 되는 것을 가리킨다. 더욱이 "네게서"(מִמֵּךְ)라는 표현이 사용되면서 사마리아가 대적의 공격에 완전히 노출되게 될 것임이 강조된다. וְנָבֹזּוּ(3인칭, 복수, 니팔완료형, בזז["약탈하다"])는 바브-완료연계형으로 11c의 연계형 시리즈를 이어가고 있으며 대적의 공격의 결과, 즉 약탈당하게 되는 것을 묘사한다. 동사 נָבֹזּוּ의 주어(אַרְמְנוֹתָיִךְ, "네 요새들")가 10c에서 사용된 "요새"라는 단어(אַרְמְנוֹתֵיהֶם, "그들의 요새들")로 다시 등장하는 것은 압제자들이 폭력과 착취로 모은 불의한 재물과 더불어 안전의 상징인 요새가 약탈당하게 된다는 의미를 함축적으로 담아낸다.

3:12. 12절은 11절에서 언급된 대적의 침입의 결과를 보다 구체적으로 설명하며 신탁도입형식(כֹּה אָמַר יְהוָה)은 이것을 확언하는 역할을 한다. כַּאֲשֶׁר는 전치사 כְּ와 관계 불변화사 אֲשֶׁר가 합쳐진 형태로 비교(comparative)나 시간(temporal) 또는 드물게 이유(causal)를 나타내는 절을 유도하는데, 여기에서는 12c의 כֵּן과 함께 비교를 위한 접속사의 역할을 한다. יַצִּיל(원형, נצל)은 "구하다" 또는 "건져내다" 로 번역하는데, 이 문맥에서의 보다 정확한 의미는 "낚아채다" (snatch) 이다(cf. 4:11). הָרֹעֶה("그 목자")와 הָאֲרִי("그 사자")에 사용된 정관사 ה는 특정한 목자나 사자를 의미하는 것이 아니라 개체를 나타낼 때 사용되는 히브리어의 독특한 용법이다.[54] כְּרָעַיִם은 양수(dual)로 "다리 두 개"를 의미하며 "정강이 뼈(shank bone)"로 번역하기도 한다. בְדַל־אֹזֶן는 귀의 끝부분이나 귀에서 잘려진 일부분을 가리키는 표현으로 "귀 조각"으로 번역할 수 있다.

12d의 정관사와 함께 등장하는 분사 הַיֹּשְׁבִים("거하는 자들, 사는 자들")은 동사 יִנָּצְלוּ의 주어 בְּנֵי יִשְׂרָאֵל("이스라엘 자손들")을 꾸며주는 형용사절을 유도하는데, 12c에 나오는 부사구들(בִּפְאַת מִטָּה וּבִדְמֶשֶׁק עָרֶשׂ)이 어디에 연결되는지에 따라 해석의 차이가 나타난다. 이 부사구들이 위의 원전의 문장 분절에서와 같이 주동사 יִנָּצְלוּ에 연결되는 것으로 구문을 해석하거나 분사 הַיֹּשְׁבִים이 이끄는 형용사절에 연결되는 것으로 해석할 수도 있다. 전자의 연결을 따를 경우, בִּפְאַת מִטָּה

54) Cf. GKC §126q.

와 וּבִדְמֶשֶׁק עָרֶשׂ는 심판의 결과로 폐허가 되어 버린 처참한 상태를 묘사하는 것이 된다.[55] 후자의 연결을 따를 경우, 이 부사구들은 사마리아에 거하는 이스라엘 자손들이 누리던 향락과 사치스러운 생활을 묘사하는 것이 된다.[56] כַּאֲשֶׁר (12b)와 כֵּן (12c)의 서술용법을 사용하여 비교를 의도하고 있는 것을 고려할 때, 이 부사구들이 שְׁתֵּי כְרָעַיִם אוֹ בְדַל־אֹזֶן("다리 두 개나 귀 조각")와 평행을 이루는 것으로 간주하여 주동사 יִנָּצְלוּ에 연결하는 것이 더 적절해 보인다. בִּפְאַת מִטָּה와 וּבִדְמֶשֶׁק עָרֶשׂ의 의미가 분명하지 않아 여러 가지 다양한 해석이 제시되고 있다. מִטָּה와 עָרֶשׂ는 "침대"나 "긴 의자"를 가리키는 표현이며 뒤바꾸어 번역되기도 한다. פֵּאַת와 דְמֶשֶׁק의 의미는 분명하지 않다. פֵּאַת는 주로 "모서리"나 "옆면"을 의미한다. דְמֶשֶׁק이 긴 의자의 어느 부분을 가리키는지 정확히 알 수가 없다. 철자의 유사성에 근거하여 다메섹(דַּמֶּשֶׂק)으로 번역하기도 한다.[57] 하지만 사자의 공격을 받고 남은 부위가 다리와 귀로 묘사되는 것을 고려하여 이 표현에서도 "모서리"(또는 "머리," פְּאַת)와 "다리"(דְמֶשֶׁק)로 번역하는 것이 적절해 보인다.[58]

---

55) "사마리아에 살고 있던 이스라엘 백성도 *침대의 모서리나 부러진 의자의 조각처럼* 몇몇 사람만이 피할 수 있을 것이다"(쉬운성경); "사마리아에 사는 이스라엘 자손도 *침대 모서리나 긴 의자의 다리가 겨우 남는 것같이* 구원을 받을 것이다"(우리말); "사마리아에 사는 이스라엘 자손도 구출되기는 하지만 *침대 모서리와 안락의자의 다리 조각만 겨우 남는 것과 같을 것이다*"(표준새번역).

56) 개역, 개역개정, 공동번역이 이러한 구문분석을 따른다: "*사마리아에서 침상 모퉁이에나 걸상에 비단 방석에 앉은 이스라엘 자손이* 건져냄을 입으리라"(개역); "*사마리아에서 침상 모서리에나 걸상의 방석에 앉은 이스라엘 자손도* 건져냄을 입으리라"(개역개정); "이스라엘 백성도 그와 같이 남으리라. *멋진 침대, 화려한 잠자리에서 뒹구는 사마리아 사람들아*"(공동). 하지만 Paul은 동사 ישׁב가 전치사 בְּ와 함께 쓰일 경우 항상 "거하다," "살다"를 의미하며 "앉다"를 의미하지 않기 때문에 בִּפְאַת מִטָּה וּבִדְמֶשֶׁק עָרֶשׂ를 동사 הַיֹּשְׁבִים을 꾸미는 부사구로 간주하여 "…에 앉다"로 해석할 수 없다고 주장한다(Paul, *Amos*, 120).

57) Niehaus는 다메섹을 선택하면서, 여로보암 2세가 다메섹을 회복하였기(왕하 14:28) 때문에 부유한 이스라엘인들이 그곳에 살았을 수도 있음을 지적한다(Niehaus, "Amos," 386).

58) Lawrence Zalcman은 ובדמשק ערש이 "귀 조각"(בְדַל־אֹזֶן)과 평행을 이루는 것을 고려하여, ובד משי קרע로 달리 끊어 읽어서 "찢어진 고급천"(torn fine fabric)으로 해석할 것을 제안한다(L. Zalcman, "Laying *DMSQ 'RS* to Rest," *VT* 52 (2002): 557-559).

59) "The saying does not promise the survival of a remnant, however small and wounded,

4. 원문주해

3:11-12. 증인을 세우고 언약적 고소를 전한 후 이에 근거한 언약적 저주가 서술된다(cf. 레 26:14-33; 신 28:47-57). 12절이 전형적인 신탁도입형식(**כֹּה אָמַר** יְהוָה, "여호와께서 이와 같이 말씀하시니라")으로 시작되고 있기 때문에 12절을 11절과 분리하여 단락을 구분하기도 한다. 그러나 아래의 표 7과 같이 3-9절에 두 개씩 짝을 이루며 서술하고 있는 기법을 고려하면 11절의 신탁도입형식과 12절의 신탁도입형식도 역시 짝을 이루는 하나의 단락으로 구분하는 것이 가능하다.

〈표 7〉 아모스 3:3-12에 사용된 짝을 이루는 반복들

3b בִּלְתִּי אִם
4b וְ···אִין
4d בִּלְתִּי אִם
5b וְ···אֵין

5d וְלָכוֹד
יִלְכּוֹד

6a אִם +미완료형(*yqtl*)
6c אִם +미완료형(*yqtl*)

7a כִּי
7c כִּי

8b מִי
8d מִי

9a עַל־אַרְמְנוֹת בְּאַשְׁדּוֹד וְעַל־אַרְמְנוֹת בְּאֶרֶץ מִצְרָיִם
9d מְהוּמֹת רַבּוֹת בְּתוֹכָהּ וַעֲשׁוּקִים בְּקִרְבָּהּ

10c חָמָס
וָשֹׁד

11a לָכֵן כֹּה אָמַר אֲדֹנָי יְהוִה
12a כֹּה אָמַר יְהוָה

11절은 불의로 모은 재산과 이 재산을 쌓아 두었던 요새가 대적의 침입에 의해 약탈당하게 될 것을 선포한다. 대적의 침입과 파괴와 약탈을 간략하게 서술하면서 신속한 대적의 공격을 묘사하는데, 이것은 피할 수 없는 정황을 극적으로 그려 준다. 마치 2장 14-16절에서 묘사하고 있는 피할 수 없는 하나님의 심판에 대한 구체적인 장면을 보는 것과도 같다. 이것을 이어서 12절은 심판 후에 맞이하게 될 북이스라엘 백성들의 운명에 대해 선포한다. 즉 죄(9-10절)로 인한 심판의 모습(11절), 그리고 그 결과(12절)를 서술하는 흐름을 볼 수 있다. 12절은 돌보던 양이 사자에게 잡아먹히게 되었을 때 이에 대한 증거로 남은 조각들을 제시하여 목자가 배상을 면하게 되는 고대 근동의 관습이나 출애굽기 22:11-13을 배경으로 한다. 이 관습에 따르면 남은 조각들은 죽음에 대한 증거를 의미한다. 따라서 12절은 구원에 무게를 두고 있는 표현이 아니라 보잘것없는 남음이 단지 죽음을 증명해 주고 있음을 말하는 것이다.[59] 특히 여기에 사용된 동사 **יִנָּצְלוּ**는 긍정적 의미에서의 구원을 시사하는 것이 아니라 겨우 건져냄을 받는 것을 의미한다. 하나님은 비유를 통해 참혹한 심판을 극적으로 묘사하시면서 심판의 결과에 대한 그림을 분명하게 그려볼 수 있게 하신다. 사마리아의 부요한 자들이 압제와 폭력, 착취를 통해 얻은 부가 하나님의 심판에 의해 약탈당하고 파괴될 것이다. 이들의 탐욕의 결과는 처참한 멸망이다. 이들이 탐욕을 쌓으며 안전을 확신하였던 요새가 하나님의 심판에 의해 죽음의 자리가 될 것임을 선포하는 것이다.

V. 심판선언(d'): 3:13-15[60]

---

after the coming judgment, but rather shatters any hope of rescue" (Mays, *Amos*, 67; cf. Paul, *Joel and Amos*). Mays와 Paul은 12절의 제목을 각각 "Your deliverance will prove the death of you"와 " 'Rescue' as Proof of Death"로 제시하면서 죽음의 측면을 강조한다.

60) 13절의 **נְאֻם־אֲדֹנָי יְהוִה**와 15절의 **נְאֻם־יְהוָה**를 고려하여 13-15절이 함께 연결된 것으로 볼 수 있다. 14절과 15절은 바브-완료연계형시리즈에 의해 연결된다(**וּפָקַדְתִּי**[14b], **וְנִגְדְּעוּ**[14c], **וְנָפְלוּ**[14d], **וְהִכֵּיתִי**[15a], **וְאָבְדוּ**[15b], **וְסָפוּ**[15c]).

1. 원문

3:13a שִׁמְעוּ
3:13b וְהָעִידוּ בְּבֵית יַעֲקֹב
3:13c נְאֻם־אֲדֹנָי יְהוִה אֱלֹהֵי הַצְּבָאוֹת
3:14a כִּי בְּיוֹם פָּקְדִי פִשְׁעֵי־יִשְׂרָאֵל עָלָיו
3:14b וּפָקַדְתִּי עַל־מִזְבְּחוֹת בֵּית־אֵל
3:14c וְנִגְדְּעוּ קַרְנוֹת הַמִּזְבֵּחַ
3:14d וְנָפְלוּ לָאָרֶץ
3:15a וְהִכֵּיתִי בֵית־הַחֹרֶף עַל־בֵּית הַקָּיִץ
3:15b וְאָבְדוּ בָּתֵּי הַשֵּׁן
3:15c וְסָפוּ בָּתִּים רַבִּים
3:15d נְאֻם־יְהוָה

2. 사역

3:13 "너희는 듣고 야곱의 집에 경고하여라. 만군의 하나님 주 여호와의 말이니라.

3:14 내가 이스라엘의 범죄를 그 집에 보응하는 날에 내가 벧엘의 제단들에 보응할 것이니 그 제단의 뿔들이 쪼개져서 땅에 떨어질 것이다.

3:15 내가 여름 저택과 함께 겨울 저택을 쳐부술 것이니 상아로 꾸민 집들이 파괴될 것이며 큰 집들이 사라질 것이다."
여호와의 말씀입니다.

3. 원문분석

3:13. וְהָעִידוּ(2인칭, 남성, 복수, 히필 명령형)는 "증언하다" 또는 "경고하다"로 번역하는 것이 가능하다. 전자의 번역을 따를 경우, 9절에서 이방민족을 고소의 증인으로 부른 것처럼 이방민족을 다시 선언의 증인으로 세우는 것으로 이해할 수 있다.[61] 후자의 번역을 따를 경우, 법정에서 선언을 고지하는 이가 명령을 받

는 것이 된다. 본 문맥에서는 선언을 선포하는데 증인을 세우는 장면보다는 선언이 주어지기 전에 경고하는 장면이 더 자연스러운 것으로 보인다.[62] "만군의 하나님"(אֱלֹהֵי הַצְּבָאוֹת)이란 표현은 자주 사용되는 명칭은 아니다. 이 명칭이 아모스서에서 자주 사용되는데, 이것은 하나님의 우주적 주권을 견지하고 있는 아모스서의 신학적 관점과 맞는다(cf. 4:13; 5:14, 15, 16, 27; 6:8). 여호와가 우주적 주권을 가지신 하나님이시기에 언약적 고소를 할 때 이방민족을 증인으로 부르시기도 하며(9절), 북이스라엘 백성들을 심판하시기 위하여 이방민족을 대적으로 일으키실 수 있는 것이다(11절). צְבָאוֹת는 "군대" 또는 "무리"를 의미하며 하나님께서 천사들이나 강력한 군대를 주관하심을 표현한다. 이 표현은 심판의 가능성과 확실성을 강화시킨다.

3:14. כִּי는 여호와의 선언을 유도해 주는 용법(asseverative כִּי)이며 번역하지 않는다. 2b에서 사용한 פקד가 부정사(פָּקְדִי)로 다시 사용되면서 부사구 בְּיוֹם("날에")를 꾸며주는 형사절을 유도한다. פָּקְדִי("내가 보응하는")의 1인칭 남성, 대명사어미는 부정사의 주어 역할을 한다. פִּשְׁעֵי־יִשְׂרָאֵל("이스라엘의 범죄")은 2장 6절에서 사용되었던 표현으로 신탁연속물(1:3-2:16)과의 연관성을 보게 한다. 특히 이것은 3장 2절에서 언급한 이스라엘의 모든 죄악(כָּל־עֲוֹנֹתֵיכֶם)을 "범죄"(פֶּשַׁע)로 규정하는 것이다. וּפָקַדְתִּי는 바브-완료연계형으로 14a에 연결되며 바브-연계형 시리즈를 시작한다. 이 시리즈는 15c까지 계속된다. 전치사 와 함께 쓰인 וּפָקַדְתִּי עַל은 언약적 고소에서 심판선언에 사용되는 전형적인 표현인데, 동사의 목적어를 사용하지 않고 전치사 עַל이 이끄는 부사구만 사용하여 보응의 대상에 집중하게 한다. 즉 하나님의 보응이 벧엘의 제단에 임하게 될 것임에 주목하게 한다. "벧엘"(בֵּית־אֵל)은 북이스라엘의 제의의 중심지이며 하나님이 아닌 우상을 섬긴 장소를 가리킨다(cf. 7:13). 이곳에 세워진 제단들(מִזְבְּחוֹת בֵּית־אֵל, "벧엘의 제단들")이 하나님의 보응의 중요한 대상이다. 14c의 바브-완료연계형 동사 וְנִגְדְּעוּ("그리고 그[것]들이 쪼개질 것이다")의 주어는 קַרְנוֹת הַמִּזְבֵּחַ("그 제단의 뿔들")이며 14b에 선언된 하나님의 보응의 결과를 묘사한다. 일반적으로 뿔이 달

---

61) Cf. Chisholm, *Handbook*, 388.

62) Paul, *Amos*, 123.

린 제단은 번제단과 분향단이 있는데, 여기서는 제의행위의 중심이 되는 제단인 번제단을 의미하는 것으로 보인다. וְנִפְּלוּ("그[것]들이 떨어질 것이다")는 바브-완료연계형으로 바브-연계형 시리즈를 이어가면서 쪼개진 제단의 뿔들이 땅으로 떨어지는 장면을 묘사한다. לָאָרֶץ의 전치사 לְ은 제단 뿔이 떨어지는 방향("땅에[으로]")을 나타낸다.

3:15. וְהִכֵּיתִי("그리고 내가 쳐부술 것이다")는 바브-완료연계형으로 바브-연계형 시리즈를 이어가면서 하나님께서 행하시는 심판행위를 묘사한다. 더욱이 이것은 14b의 여호와의 행위(וּפָקַדְתִּי, "내가 보응할 것이다")와 평행을 이룬다. 13-15절에 나타나는 בֵּית("집")의 반복이 흥미롭다. "겨울저택"(בֵּית־הַחֹרֶף)과 "여름저택"(בֵּית הַקָּיִץ)이 한 집 안에 구별된 공간들로 보는 견해가 있기도 하지만, 이 집들은 서로 분리된 별도의 집들이며 사마리아의 부유층들이 기후의 변화에 따라 지내려고 지은 저택들을 말하는 것이다.[63] 부사구 עַל־בֵּית הַקָּיִץ의 전치사 עַל은 위치를 나타내기보다는 "더불어"의 의미를 갖는다.

따라서 "겨울저택"(בֵּית־הַחֹרֶף)과 함께 "여름저택"(בֵּית הַקָּיִץ)이 하나님께서 행하시는 파괴의 대상이 된다. 15b의 וְאָבְדוּ("그[것]들이 파괴될 것이다")는 바브-연계형에 의해 앞 절에 연결되고 있으며 하나님의 심판의 결과를 묘사한다. 동사 אָבְדוּ의 주어인 בָּתֵּי הַשֵּׁן는 문자적으로 "상아의 집들"을 의미한다. 이 표현은 상아로 꾸며진 화려한 집을 가리키는 것으로 사치스러운 삶에 임하게 될 심판을 묘사한다. 15c의 וְסָפוּ("그[것]들이 사라질 것이다")는 바브-완료연계형으로 14a에서 시작된 연계형 시리즈를 마무리해 준다. 15b와 15c는 의미론적, 구문론적 평행을 이루면서 억압과 착취로 얻은 재물로 지은 저택들이 하나님의 심판으로 모두 파괴되고 사라지게 되는 것을 극적으로 묘사해 준다. רַבִּים은 "많은" 또는 "큰," "거대한"으로 번역할 수 있는데, 여기서는 בָּתֵּי הַשֵּׁן("상아의 집들")과 평행을 이루고 있으므로 "큰" 또는 "거대한"의 의미를 취하는 것이 적절해 보인다.[64] 따라

---

63) Cf. S. Paul, "Amos III. 15 Winter and Summer Mansions," *VT* 28 (1978): 358-360.
64) Cf. "그러면 상아로 꾸민 집들이 부서지며, 많은 저택들이 사라질 것이다"(표준새번역); H. Wolff.

서 בָּתִּים רַבִּים을 "많은 집들"보다는 "큰 집들"로 번역하는 것이 적절하다. 이 표현들은 사마리아의 부요한 자들이 누렸던 사치와 부요한 생활을 그려준다. 15c의 신적 선언(נְאֻם־יְהוָה)은 결언의 역할을 하는 것으로 13-15절의 심판선언을 닫아 줄 뿐만 아니라 3:1-15의 전체내용을 마무리한다.

4. 원문주해

3:13-15. 하나님의 심판을 확언하기 위해 "야곱의 집"(בְּבֵית יַעֲקֹב)에 경고할 것을 명하는데, 이 명령이 누구에게 주어진 것인지가 분명하지 않다. 따라서 이 명령의 대상에 대한 결정적인 견해를 제시하기는 어렵다. 그러나 이 명령이 심판선언을 확언하는 수사적 장치의 역할을 하는 것을 볼 수 있다. 열두 지파의 근원이 되는 "야곱"을 언급하는 것은 족장시대에 세워진 언약적 관계를 상기시킨다. 이것은 하나님과 이스라엘의 특별한 언약적 관계에 대해 언급하고 있는 2절과의 연관성을 나타낼 뿐만 아니라 언약의 후손, 즉 "야곱"의 후손이라고 자부하고 있는 북이스라엘의 태도를 조롱하는 표현이 된다. 그러므로 이 언약적 관계가 요구하는 의무를 다하지 못한 북이스라엘은 하나님의 심판의 대상이 된다. 하나님께서 북이스라엘을 찾아오시는데(פקד), 이들을 축복하기 위한 것이 아니라 보응하기 위한 것이다. 따라서 하나님의 보응의 날이 임하게 될 것임이 선포된다(14절). 북이스라엘의 범죄(פִּשְׁעֵי־יִשְׂרָאֵל)는 폭력과 착취로 얻은 부를 가지고 종교적 부패와 사치에 빠진 것이다. 결국 옳은 것을 행할 줄 모르는 완전한 타락에 빠진 자들에게 하나님은 대적을 일으키시고 이들이 쌓아 놓은 것들을 완전히 끊어 버리실 것이다. 14a에서 15c까지 이어지는 바브-연계형 시리즈는 일련의 사건의 흐름을 순차적으로 보여주기도 하지만 원인과 결과의 형태로 다음과 같이 평행을 이루기도 한다.

보응의 날 (3:14a)	כִּי בְּיוֹם פָּקְדִי פִשְׁעֵי־יִשְׂרָאֵל עָלָיו
a. 하나님의 심판: 원인(3:14b)	וּפָקַדְתִּי עַל־מִזְבְּחוֹת בֵּית־אֵל
b. 결과 (3:14c)	וְנִגְדְּעוּ קַרְנוֹת הַמִּזְבֵּחַ
(3:14d)	וְנָפְלוּ לָאָרֶץ

a'. 하나님의 심판: 원인(3:15a) וְהִכֵּיתִי בֵית־הַחֹרֶף עַל־בֵּית הַקָּיִץ
b'. 결과 (3:15b) וְאָבְדוּ בָּתֵּי הַשֵּׁן
(3:15c) וְסָפוּ בָּתִּים רַבִּים

이 평행은 하나님의 심판과 그 결과를 분명하게 보여준다.[65] 북이스라엘의 범죄로 인한 하나님의 보응이 두 가지 영역에 임하게 된다. 첫째, 종교적 영역이다(13b-14d). 하나님은 벧엘에서 행하던 우상숭배를 제거하실 것이다. 죄를 범한 후 범죄자들이 도망하여 목숨을 구하고자 제단 뿔을 붙들고 도피처로 삼았는데 이 제단 뿔을 쪼개버린다는 것은 북이스라엘 백성들이 다가올 심판으로부터 피할 도피처를 찾을 수 없게 될 것을 의미한다.[66] 둘째, 사회적 영역이다(15a-d). 압제와 폭력, 착취로 얻은 정당하지 못한 부를 상징하는 집들을 파괴하므로 사회적 불의와 무질서를 제거하실 것이다. 하나님이 보응하시는 날에 억압하고 탈취하던 자들이 억압당하고 탈취를 당하게 될 것이다. 결론적으로 북이스라엘의 범죄로 인한 여호와의 보응의 날은 우상숭배의 근원을 제거하시며 불의로 얻은 부의 상징을 파괴하는 날이 될 것이다. 언약적 의무를 거부한 결과는 하나님의 피할 수 없는 심판이며 죽음과도 같은 철저한 파멸이다.

VI. 주제적 연관성 및 발전

아모스 3:1-15은 신탁연속물이 주어진 후 심판신탁을 본격적으로 선포하는 첫 번

---

65) 이러한 원인과 결과의 흐름을 고려할 때, 14c의 니팔형(*niphal*)을 그대로 반영하여 번역하는 것이 필요하다. 한글번역본에서는 14b의 흐름을 이어 14c를 여호와를 주어로 하는 능동형으로 번역한다: “내가 이스라엘의 모든 죄를 보응하는 날에 *벧엘의 단들을 벌하여 그 단의 뿔들을 꺾어 땅에 떨어뜨리고*” (개역); “내가 이스라엘의 모든 죄를 보응하는 날에 *벧엘의 제단들을 벌하여 그 제단의 뿔들을 꺾어 땅에 떨어뜨리고*” (개역개정); “나를 거슬러 죄짓는 이스라엘을 찾아오는 날 *내가 베델의 재단에 벌을 내리리라. 그 제단의 뿔들을 때려 부수어 땅바닥에 흩어 버리리라*” (공동); “이스라엘 백성이 죄를 지었으므로 내가 그들을 심판할 것이며, *그 날에 벧엘의 제단도 무너뜨리겠다. 그 제단 뿔을 꺾어 땅에 떨어뜨릴 것이다*” (쉬운성경); “내가 이스라엘의 죄를 심판하는 날에 *벧엘의 제단을 무너뜨리며 제단의 뿔을 꺾어 땅에 떨어뜨릴 것이다*” (우리말); “내가 이스라엘의 죄를 징벌하는 날, *베델의 제단들도 징벌하겠다. 그 때에 제단의 뿔들을 꺾어, 땅에 떨어뜨리겠다*” (표준새번역).

66) Cf. Chisholm, *Handbook*, 388.

째 단락이다. 이 단락은 2:6-16에서 언급한 북이스라엘의 심판신탁을 발전시키고 있다. 2장 6-12절의 고소단락에서 언급된 세부적인 사회적 범죄(פֶּשַׁע)를 "큰 혼란"(מְהוּמֹת רַבּוֹת)과 "압제"(עֲשׁוּקִים), "폭력"(חָמָס)과 "착취"(שֹׁד)로 규정한다. 2장 6-8절의 실패가 하나님의 구원의 은혜(2:9-10)와 대조를 이루는 것처럼 이러한 범죄는 하나님께서 북이스라엘을 특별한 언약적 관계로 부르신 것(3:2)을 정면으로 거부하는 것이다. 이러한 흐름을 볼 때 북이스라엘의 범죄 판단기준은 열방에 적용되는 단순한 사회적 정의나 신의의 차원을 넘어 하나님의 특별한 요구가 있음을 알 수 있다. 2장 6-12절의 심판고소단락이 사회적 문제와 종교적 문제를 다루는 것과 짝을 이루어 3장 13-15절의 심판선언은 사회적 영역과 종교적 영역에 임하게 될 하나님의 심판을 선포한다. 북이스라엘 자손들이 모든 제단(כָּל־מִזְבֵּחַ 2:8a)과 그들의 신전(בֵּית אֱלֹהֵיהֶם 2:8b)에서 행한 범죄로 인해 하나님께서 벧엘의 제단들(מִזְבְּחוֹת בֵּית־אֵל 3:14b)을 파괴하시고 그 뿔(קַרְנוֹת הַמִּזְבֵּחַ 3:14c)을 꺾으실 것이다. 2장 6-8절이 불의한 재물을 쌓아 놓고 누리는 장면을 묘사하는 것이라면 3장 15절은 이것들을 철저하게 파괴하는 장면을 서술하는 것이다. 2장 13-16절의 심판선언이 강조한 피할 수 없는 심판을 3장 11-15절의 심판선언은 대적을 통하여 임하게 될 심판으로 구체화한다. 그러므로 대적에 의한 심판은 피할 수 없는 것(לֹא־יְמַלֵּט)일 뿐만 아니라 처참한 죽음(3:12)인 것을 알 수 있다. 2장 16절은 여호와께서 누르시는 "그날에"(בַּיּוֹם־הַהוּא) 마음이 굳센 용사가 벌거벗은 채로 도망하여 수치를 당하게 될 것을 묘사하고 있다. 마찬가지로 하나님의 보응이 임하는 날(בְּיוֹם פָּקְדִי)의 결과는 침대 모서리나 긴 의자의 다리만 남게 되는 수치와 처참함이다. 하나님의 보응의 날은 아모스의 신탁들이 더 전개되면서 "여호와의 날"(יוֹם יְהוָה)로 구체화된다(cf. 5:18-20, 8:4-14; 9:11-15).

아모스 3:1-15은 "야곱의 교만으로 인한 심판"(6:8-14)단락과 짝을 이룬다. 다음의 사실들이 이 단락들 간의 연관성을 보게 한다. 첫째, 언어적 반복이다. 3:1-15에서 중요하게 사용되었던 단어들이 6:8-14에서 다시 사용된다(אֱלֹהֵי הַצְּבָאוֹת, יַעֲקֹב, אַרְמוֹן, בַּיִת, קֶרֶן). 둘째, 주제적 반복이다. 예를 들면 3장에서와 같이 6장 8절은 요새에 가득 쌓아 놓은 것들을 제거하실 것을 선포한다. 8절을 이어서 9절은 죽음(וָמֵתוּ)에 대해 선포한다. 3장 11절에서는 "대적"(צַר)으로 언급한 것을 6장 14절에서는 "나라"(גּוֹי)로 언급하며 구체화한다. 3장 10절에서 묘사하고 있는 압제와 착취를 자신의 요새에 쌓아 놓는 모습이 6장 13절에서는 자신들의 힘으로 이루어 놓았다고 자부하는 교만한 모습으로 묘사된다. 이러한 연관성을 고려할 때, 언약적 의무를 거부한 북이스라엘의 태도는 야곱의 교만(גְּאוֹן יַעֲקֹב)으로 표현할 수 있다. 즉 그들은 자신들의 권력과 힘으로 얻은 부와 견고하게 세운 요새를 신뢰하며 하나님을 거부하였다. 따라서 하나님이 절실히 필요하지 않았던 그들에게 언약적 의무는 중요하지 않았던 것이다.

VII. 현재적 적용

3장의 핵심주제는 언약적 관계가 요구하는 의무를 행하지 않는 북이스라엘을 향한 하나님의 심판을 선포하는 것이다. 북이스라엘 백성들은 언약적 의무가 요구하는 조화(שָׁלוֹם), 공의(מִשְׁפָּט)와 정의(צְדָקָה)를 거부하고 큰 혼란(מְהוּמֹת רַבּוֹת)과 압제(עֲשׁוּקִים), 폭력(חָמָס)과 착취(שֹׁד)를 행하면서 사치스러운 삶에 빠져 있었다. 그러면서도 종교적 행위를 통해 언약 백성으로서의 의무를 다하고 있다는 착각을 하였다. 이에 대하여 하나님께서 보응의 날을 선포하시면서 북이스라엘의 종교적 영역과 사회적 영역에 미치게 될 심판을 선언하신다. 3장의 핵심주제와 이를 뒷받침해 주는 구체적인 선언들에 근거하여 다음과 같은 현재적 적용을 제시할 수 있다. 또한 하나님의 심판을 선포할 수밖에 없는 사신의 입장을 변호하는 3-8절의 논쟁은 하나님의 말씀에 대한 일반적인 반응과 사역자의 사명에 대한 중요한 교훈을 제시한다.

첫째, 그리스도인의 삶은 언약적 혜택만 누리는 것이 아니라 언약적 의무를 행하는 것이다. 바꾸어 말하면 하나님의 은혜로 그의 자녀가 되었을 때 그의 자녀답게 사는 삶이 요구된다는 것이다. 그의 자녀다운 삶을 살지 않으면서도 자녀의 혜택과 은혜를 누릴 수 있다고 생각하는 것은 잘못된 기대이다. 누가복음 12장 48절이 제시하는 바와 같이 많이 주어진 자에게는 많은 것이 요구된다.

둘째, 하나님은 신앙과 삶이 분리되는 것을 결코 허용하지 않으신다. 올바른 신앙은 올바른 삶의 모습으로 연결되어야 한다. 왜냐하면 올바른 신앙이 올바른 삶을 요구하기 때문이다. 달리 말하면 올바른 신앙이 올바른 삶을 통해 실현되고 검증되어야 한다는 것이다. 같은 맥락에서 마태복음 7장 21절은 신앙고백과 삶의 방식과 태도가 일치해야 함을 지적한다("나더러 주여 주여 하는 자마다 천국에 들어갈 것이 아니요 다만 하늘에 계신 내 아버지의 뜻대로 행하는 자라야 들어가리라"[개역]). 단순히 주일날만 신자처럼 사는 것이 아니라 매일의 삶의 현장 속에서 신자의 모습을 드러내는 것이 중요하다. 하나님의 백성으로서의 정체성은 바른 종교생활(신앙생활)과 바른 삶을 통해 드러나야만 한다.

셋째, 물질적 부요나 "성공" 자체가 신자에게 죄악이 되는 것은 아니다. 그러나 두 가지 문제에서 그릇된 선택을 할 때 물질적 부요나 성공이 죄악이 될 수 있다. 첫째, 방법의 문제이다. 물질적 부요를 얻기 위한 방법이 하나님의 뜻과 질서를 따르는 것인가를 물어야 한다. 억압과 폭력, 착취와 같이 인간을 존중하지 못하는 방법을 통한 물질적 부요는 축복이 아니라 심판의 원인이 됨을 3장의 말씀을 통해 분명히 알 수 있다. 둘째, 목적의 문제이다. 물질적 풍요나 성공을 추구하는 목적이 개인의 만족과 안녕만을 위한 것인가 아니면 섬김을 위한 것인가를 고려해야 한다. 북이스라엘 백성들이 수단과 방법을 가리지 않고 쌓아 놓았던 부와 재물로 자신들만을 위한 사치스러운 생활을 한 것이 결국 심판의 원인이 되고 심판의 대상이 되었음을 기억할 필요가 있다.

넷째, 창조주 하나님께서 세우신 "샬롬," 곧 평안과 조화 및 질서가 유지되고 있는가? 현재 한국교회가 직면하고 있는 가장 중요한 문제는 신앙공동체 안에서 신자들이 스스로 자족하고 있는 "샬롬"이 아니라 하나님이 원하시는 만큼의 샬롬이 이루어지고 있는가이다. 더 나아가 신앙공동체 안에서 실행되어지는 샬롬이 지역공동체와 사회, 국가를 변화시키고 있는가를 자문해 볼 필요가 있다. 일반사회만도 못한 교회는 결코 빛과 소금의 역할을 감당할 수 없다. 정의와 공의가 실현되는지의 여부는 창조주 하나님께서 세우신 평안과 조화 및 질서가 유지되고 있는지를 확인하는 가장 정확한 시금석이다.

다섯째, 죄를 다루시는 하나님을 기억한다면 개인의 삶과 신앙 공동체의 모습은 훨씬 달라질 것이다. 하나님은 회개하고 돌이키는 자의 죄를 용서하시기도 하지만 뉘우치지 않는 자의 죄를 죽음으로 제거하기도 하신다. 북이스라엘 백성들을 향한 하나님의 심판은 그들이 범한 죄를 제거하시는 작업이었다.

여섯째, 하나님의 말씀에 대한 상식적인 반응이 있는가? 사자가 부르짖으면 두려워하지 않겠느냐는 질문은 상식적이며 당연한 반응을 지적하는 것이다. 사자가 부르짖을 때 보이는 상식적인 반응은 두려움이다. 마찬가지로 하나님께서 말씀하시면 이를 선포하는 것이 당연하고 상식적인 반응이다. 과연 우리 안에 이와 같은 하나님의 말씀에 대한 상식적인 반응이 있는가를 물을 필요가 있다. 하나님의 신적 권위와 위엄을 인정한다면 그의 말씀에 대한 경외감, 더 나아가 그의 말씀을 따라야만 한다는 의무감과 결단은 상식적인 반응과 결론이다.

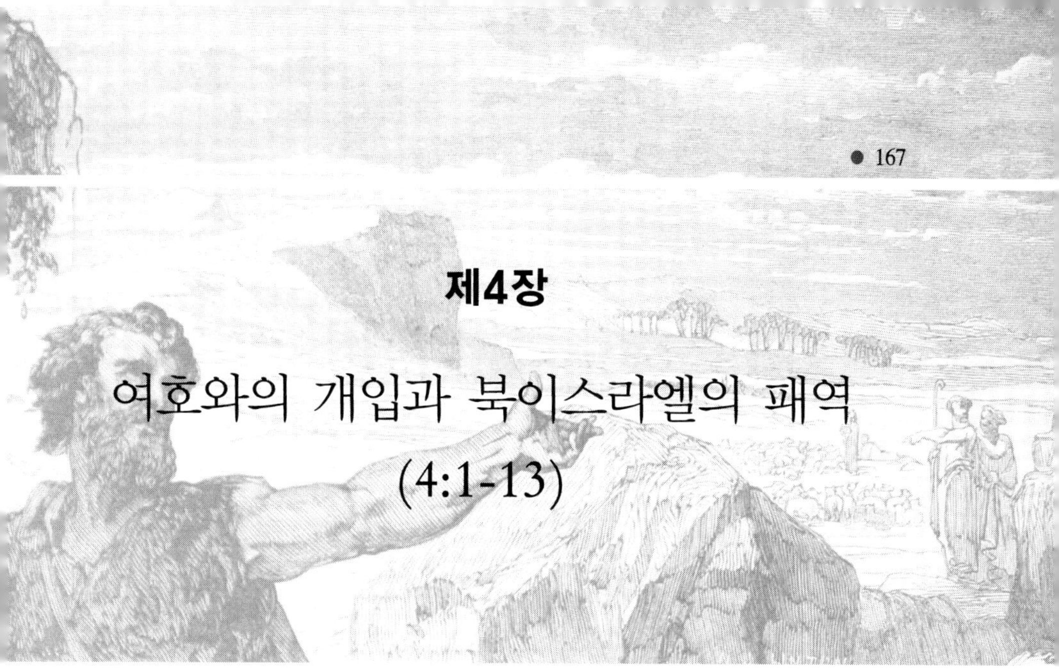

제4장

여호와의 개입과 북이스라엘의 패역 (4:1-13)

아모스 4장 1-13절에서는 사마리아의 부유층 부녀자들을 향한 심판신탁과 하나님께서 요구하시는 언약적 의무를 거부한 북이스라엘의 모습이 더욱 구체적으로 서술된다. 자신들의 이기적이고 쾌락적인 욕구를 충족시키기 위해 남편을 부추겨서 사회적 약자들을 억압하고 짓밟는 행위를 주저하지 않는 사마리아의 부유층 부녀자들의 문제를 지적한 후 하나님께서 북이스라엘과의 언약적 관계를 유지하고자 여러 가지 방편으로 개입하셨지만 계속해서 하나님께로 돌아오지 않은 북이스라엘 백성들의 패역을 지적한다. 4:4-11절에 반복적으로 사용되고 있는 "너희가 내게로 돌아오지 않았다"(וְלֹא־שַׁבְתֶּם עָדַי)라는 표현은 북이스라엘의 패역의 심각성을 잘 드러내 준다. 그러므로 북이스라엘의 패역에 근거하여 하나님의 심판이 선포된다.

아모스 4:1-13을 하나의 의미론적 단락으로 구분할 수 있다. 첫째, 3장 15절에 앞의 신탁을 마무리하는 결언(נְאֻם־יְהוָה)이 나타나며 4장 1절에 새로운 신탁의 시작을 보여주는 명령형 שִׁמְעוּ("들으라")가 등장한다. 둘째, 4장 13절은 소위 말하는 "찬양"(doxology)으로 신탁을 마무리하고 있으며 5장 1절이 3장 1절, 4장 1절과 동일하게 명령형 שִׁמְעוּ로 시작된다. 그러나 4:1-13을 하나의 의미론적 단락으로 구분하는데 있어서 4:1-3과 4:4-13과의 연관성이 논란이 된다. 왜냐하면 4:1-3은 "바산의 암소들"에 대한 심판을 선포하고 있는 반면에 4:4-13은 북이스라엘의 돌아오지 않는 패역의 문제를 다루고 있기 때문이다. 따라서 4:1-3과 4:4-13과의 연관성에 대해 논할 필요가 있다. 다음의 사실들은 이 두 단락간의 연관성을 설명해 준다. 첫째, 4:1-3은 조롱하는 말투로 사마리아 상류층 여인들의 문제점을 고소하고 심판을 선언한다. 이러한 말투가 다음 단락인 4:4-5로 이어지는데, 북이스라엘의 형식적인 종교행위와 우상숭배를 빈정거리는 말투로 지적한다.[1] 북이스라엘에게 계속해서 죄를 지으라는 말(4-5절)은 이들이 하나님의 개입을 거부하고 하나님께로 돌아오지 않는 패역(4-11절)에 대한 조롱으로 볼 수 있다. Jacobs는 북이스라엘이 여호와를 수소에 비유하여 표현한 것을 언급하면서 부유층의 부녀자들이 자신들을 여호와에 대한 여성 상대자(consort)로 추켜세우면서 종교적 의미로 "바산의 암소들"이라는 표현을 사용하였다는 제안을 한다.[2] 더 나아가 아모스가 이 표현을 그대로 인용하면서 이들의 종교적 자만을 조롱하는 것이라고 설명한다. 이러한 견해가 맞는다면 4:1-3과 4:4-5은 종교적 측면에 대한 조롱이라는 주제로 연결될 수 있다. 둘째, 4:12에서 심판선언으로 전환이 이루어지기 전까지의 세부 단락들이 모두 동일한 결언(נְאֻם־יְהוָה)으로 마무리되면서 단락 간의 연결성을 보여준다(4:3, 5, 6, 8, 9, 10, 11). 달리 말하면 4:1-3을 포함해서 נְאֻם־יְהוָה("여호와의 말씀이니라")로 마무리되는 일곱 개의 단락이 주어진 후 심판선언으로 전환된다. 셋째, 4장에서 신탁을 열어주는 부분과 닫는 부분이 서술형식과 구문에 있어서 수미쌍관(*inclusio*)을 이룬다. 아모스는 명령형 "들으십시오"(שִׁמְעוּ)로 설교형식을 시작한 후 2절에서 여호와를 3인칭으로 묘사하고 있다: נִשְׁבַּע אֲדֹנָי יְהוִה בְּקָדְשׁוֹ (4:2, "주 여호와께서"). 이와 동일하게 아모스는 심판선언을 서술하면서 13절에다시 하나님을 3인칭으로 표현한다: יְהוָה אֱלֹהֵי־צְבָאוֹת שְׁמוֹ(4:13, "여호와 만군의 하나님이"). 달리 말하면 선지자적 신탁(prophetic speech)의 서술형식을 전체 4:1-13에서 유지하고 있다는 것이다.[3] 이와 더불어 4장 1절에서 "바산의 암소들"의 특성을 설명하기 위해 분사구문을 사용하는 것과 동일하게 4장 13

---

1) Cf. Chisholm, *Handbook*, 389.

2) P. F. Jacobs, "Cows of Bashan-A Note on the Interpretation of Amos 4:1," *JBL* 104 (1985): 109-10.

절에서도 여호와의 속성을 설명하기 위해 분사구문을 사용하면서 수미쌍관을 이룬다. 넷째, 신탁대상을 중심으로 3장과 4장을 살필 때 표 8과 같은 교차평행을 볼 수 있다. 3:1-2의 신탁은 이스라엘 자손들을 신탁대상으로 지목하면서 시작하지만 본격적인 심판고소와 선언이 주어지는 3:9-15에서는 신탁대상이 사마리아에 집중된다. 이와는 반대로 4:1-3의 신탁은 사마리아의 산에 거하는 "바산의 암소들"을 구체적인 대상으로 언급하지만 본격적인 심판고소와 선언이 주어지는 4:4-13에서는 신탁대상이 이스라엘 자손들로 확장된다. 이러한 교차평행의 흐름을 볼 때 3장 1-15절을 하나의 단락으로 구분한 것과 동일하게 4장 1-13절을 하나의 의미론적 단락으로 구분하는 것이 가능하다.[4)]

〈표 8〉 신탁의 대상을 중심으로 본 3장과 4장의 교차평행

a. 신탁대상: 이스라엘 자손들, בְּנֵי יִשְׂרָאֵל (3:1)

  b. 신탁대상: 사마리아, בְּתוֹכָהּ & בְּקִרְבָּהּ (3:9)

----

  b'. 신탁대상: 사마리아 산에 거하는 바산의 여인들,

  פָּרוֹת הַבָּשָׁן אֲשֶׁר בְּהַר שֹׁמְרוֹן (4:1)

a'. 신탁대상: 이스라엘의 자손들, בְּנֵי יִשְׂרָאֵל (4:5)

---

3) 신적 신탁(divine speech)과 선지자적 신탁(prophetic speech)은 하나님의 신탁을 전한다는 면에서 유사하지만 차이점도 있다. 즉 전자는 하나님을 1인칭으로 서술하면서 직접적인 신탁을 전하는 반면에 후자는 하나님을 3인칭으로 서술하면서 신탁을 전한다.

4) Wolff의 경우, 4장 4-5절은 아모스의 저작으로 보지만 4장 6-13절은 요시아시대의 후대삽입으로 간주한다(Wolff, *Joel and Amos*, 214, 220). Wolff는 두 가지 이유에 근거하여 아모스의 저작물과 맞지 않는다고 본다. 첫째, 아모스가 이스라엘이 하나님의 행위를 거스른 것을 지적할 때는 하나님의 구원의 행위와 대조시킨다(cf. 2:9; 3:2). 둘째, 아모스서의 다른 본문들은 동족들에게 행한 이스라엘의 범죄를 지적하고 있는 반면에 4장 6-13은 하나님의 이전 위협에 외고집으로 대항한 것을 지적하고 있기에 아모스의 형식이 아니라는 것이다. 그러나 아모스가 북이스라엘의 죄를 지적할 때 한 가지 문제에만 제한될 이유가 없다. 또한 하나님과의 언약적 관계를 생각할 때 사회적 약자들에 대한 범죄는 하나님과 무관할 수가 없을 뿐만 아니라 종교적 측면과 별개로 다루어질 수 없다. 더욱이 4장 6-11절

위에서 언급한 사실에 근거하여 보면 아모스 4:1-13은 실제 두 개의 신탁이 결합되어 하나의 의미론적 단락을 이룬다. 4:1-3은 전형적인 심판신탁 형식을 취하지는 않는다. 4장 1절의 분사구문들이 "바산의 암소들"에 대해 설명하는 것이지만 이들이 범하고 있는 사회적 문제를 다루고 있는 점에서 고소와 비난, 즉 심판의 원인을 서술하는 것으로 볼 수 있다.[5] 따라서 4:1-13을 다음과 같이 두 개의 신탁이 결합되어 하나의 단락을 이루는 것으로 구분할 수 있다.

〈표 9〉 아모스 4:1-13의 구조

I. "바산의 암소들"(פָּרוֹת הַבָּשָׁן)을 향한 심판신탁: 4:1-3
   1. 상황에 대한 고소/비난: 4:1
   2. 신적 선언: 4:2-3

II. 북이스라엘 자손들(בְּנֵי יִשְׂרָאֵל)을 향한 심판신탁: 4:4-13
   1. 상황에 대한 고소/비난: 4:4-11
   2. 신적 선언: 4:12-13

두 번째 심판신탁의 고소단락(4:1-11)을 하나님의 개입의 내용과 더불어 계속해서 반복되고 있는 נְאֻם־יְהוָה에 의해 보다 세부적으로 구분하여 표 10과 같이 그 흐름을 나타낼 수 있다. 이 흐름은 돌아오기를 바라는 하나님의 계속적이고 다양한 개입에도 불구하고 북이스라엘이 지속적으로 하나님께로 돌아오기를 완강하게 거부한 패역을 잘 드러내 준다. 4:6-11의 세부 단락들은 첫째, 하나님의 개입을 보여주는 1인칭 동사로 시작되고 있으며, 둘째, 징벌의 행위를 통한 하나님의 개입을 묘사하고, 셋째, 북이스라엘의 패역에 대한 동일한 표현(וְלֹא־שַׁבְתֶּם עָדַי)과 결언(נְאֻם־יְהוָה)으로 마무리된다.

에 사용된 반복 서술기법은 아모스 1-2장과 9장에서도 쉽게 볼 수 있는 기법이다. 12절의 경우 심판의 내용을 명확하게 밝히지 않고 보류하는 것은 이미 신탁연속물(1:3-2:16)에서 반복적으로 사용된 기법("내가 이것을 돌이키지 않을 것이다")이다.

5) Cf. Mays, *Amos,* 71.

〈표 10〉 아모스 4:4-11의 세부단락 구분

1. 상황에 대한 고소/비난: 4:4-11
   - a. 죄를 더하는 종교적 행위에 대한 비난: 4:4-5
   - b. 하나님의 개입(기근)과 북이스라엘의 패역(וְלֹא־שַׁבְתֶּם עָדַי): 4:6
   - c. 하나님의 개입(가뭄)과 북이스라엘의 패역(וְלֹא־שַׁבְתֶּם עָדַי): 4:7-8
   - d. 하나님의 개입(재해)과 북이스라엘의 패역(וְלֹא־שַׁבְתֶּם עָדַי): 4:9
   - e. 하나님의 개입(전염병/전쟁)과 북이스라엘의 패역 (וְלֹא־שַׁבְתֶּם עָדַי): 4:10
   - f. 하나님의 개입(파괴)과 북이스라엘의 패역 (וְלֹא־שַׁבְתֶּם עָדַי): 4:11

I. "바산의 암소들"(פָּרוֹת הַבָּשָׁן)을 향한 심판신탁: 4:1-3

1. 원문

שִׁמְעוּ הַדָּבָר הַזֶּה פָּרוֹת הַבָּשָׁן	4:1a
אֲשֶׁר בְּהַר שֹׁמְרוֹן	4:1b
הָעֹשְׁקוֹת דַּלִּים	4:1c
הָרֹצְצוֹת אֶבְיוֹנִים	4:1d
הָאֹמְרֹת לַאֲדֹנֵיהֶם	4:1e
הָבִיאָה	4:1f
וְנִשְׁתֶּה	4:1g
נִשְׁבַּע אֲדֹנָי יְהוִה בְּקָדְשׁוֹ	4:2a
כִּי הִנֵּה יָמִים בָּאִים עֲלֵיכֶם	4:2b
וְנִשָּׂא אֶתְכֶם בְּצִנּוֹת	4:2c
[ ] וְאַחֲרִיתְכֶן בְּסִירוֹת דּוּגָה	4:2d
וּפְרָצִים תֵּצֶאנָה אִשָּׁה נֶגְדָּהּ	4:3a
וְהִשְׁלַכְתֶּנָה הַהַרְמוֹנָה	4:3b
נְאֻם־יְהוָה	4:3c

2. 사역

4:1 사마리아의 산에 있는 바산의 암소들이여, 힘없는 자들을 압제하며 가난한
자들을 짓뭉개며 자신들의 남편에게 '가져오라. 그래서 우리로 마시게 하
라' 고 말하는 자들이여, 이 말을 들으십시오.
4:2 주 여호와께서 그의 거룩함을 두고 맹세하셨습니다.
"보라. 날들이 너희에게 임할 것이다. 그가 너희를 갈고리로 끌고 가며
너희 중 마지막 사람까지 낚시고리로 끌고 갈 것이다.
4:3 너희 여인들 각자가 성벽의 갈라진 틈으로 줄지어 나가서 하르몬으로 던져
질 것이다."
여호와의 말씀입니다.

3. 원문분석

4:1. 호격으로 서술되면서 신탁의 대상으로 제시되고 있는 פָּרוֹת הַבָּשָׁן("바산의 암소들아")은 여성 복수명사인데, 남성, 복수, 명령형(שִׁמְעוּ)이 사용되는 것은 구어에서 흔히 나타나는 성의 혼돈으로 보여 진다.[6] 유사한 경우를 1e의 אֲדֹנֵיהֶם("자신들의 남편")이라는 표현에 쓰인 남성 대명사어미와 2c-d의 남성과 여성 대명사어미의 혼용에서도 볼 수 있다. 정관사 ה가 함께 쓰인 הַבָּשָׁן은 문자적으로 "그 바산"을 의미하며 요단 동편의 비옥한 지역을 가리킨다. 따라서 "바산의 암소들"이란 표현은 살찌고 기름진 암소들을 말하는 것이다. 관계사 אֲשֶׁר가 이끌고 있는 1b는 "암소들"을 꾸며주는 형용사절의 역할을 한다. הַר שֹׁמְרוֹן("사마리아의 산")은 הַר의 복수형을 사용하고 있는 3장 9절의 הָרֵי שֹׁמְרוֹן("사마리아의 산들")과는 구분이 된다. 복수형은 사마리아를 둘러싸고 있는 산들 내지는 언덕들을 의미하는 것이며 단수형은 사마리아 자체를 의미한다. "산"(הַר)이라는 표현이 사용된 것은 부유층 여인들을 비유하고 있는 "암소들"(פָּרוֹת)이 거하는 장소 곧 사마리아를 비유적으로 표현한 것이다. 따라서 이 암소들이 사마리아의 산에 거하

---

6) Cf. GKC §135o.

는 것을 볼 때 사마리아의 상류층 여인들에 대한 비유적 표현인 것을 알 수 있다. "이 말"(הַדָּבָר הַזֶּה)의 지시대명사가 가리키는 것은 2a-3c에서 언급하고 있는 내용이다. 1c의 הָעֹשְׁקוֹת는 정관사 ה와 칼[*qal*], 여성, 복수형 분사 עֹשְׁקוֹת(עשק, "압제하다," "강탈하다")가 결합된 형태로 바산의 암소들을 보다 구체적으로 설명해 주는 형용사절의 역할을 한다. 동사 עשק와 같은 어근의 복수형 명사 עֲשׁוּקִים가 3장 9절에서 사마리아에서 벌어지고 있는 압제를 지적할 때 사용되었다. 압제의 대상은 "힘없는 자들"(דַּלִּים)이다(cf. 2:7). הָרֹצְצוֹת 역시 정관사 ה와 칼[*qal*], 여성, 복수형 분사 רֹצְצוֹת(רצץ, "짓누르다," "뭉개다")가 결합된 형태로 바산의 암소들이 사회적 약자들에게 행한 가혹한 행위를 묘사해 준다. 아모스 2:6에서는 단수형 명사 אֶבְיוֹן("가난한 자")을 사용한 것과는 달리 1d에서는 복수형 명사 אֶבְיוֹנִים("가난한 자들")을 사용한다. 이것은 동사의 목적어를 복수형(דַּלִּים)으로 서술하고 있는 1c와의 구문론적 평행을 따른 것이다. 1e에서도 계속해서 칼[*qal*], 여성, 복수형 분사 אֹמְרֹת(אמר, "말하다")에 정관사 ה를 붙여 바산의 암소를 꾸며주는 형용사절을 이어간다. לַאֲדֹנֵיהֶם의 전치사 לְ는 말을 듣는 대상을 표기하며 אָדוֹן은 "주," "주인," 또는 "남편"을 의미한다. 남편을 의미하는 일반적인 표현인 בַּעַל이나 אִישׁ를 사용하지 않고 אָדוֹן을 사용하는데, Hayes는 이 단어가 왕실이나 왕족과 관련된 특별한 지위를 암시하고 있는 것으로 분석하면서 단순히 "남편"으로 번역하는 것을 거부한다.[7] 하지만 이 단어가 이렇게 제한적으로 사용되기 보다는 여인들의 요구를 들어주는 남편들이 정치적, 종교적 권력과 지위를 가진 자들임을 묘사하는 것으로 보인다. Paul이 제안하는 바와 같이 실제 주이신 하나님(יְהוִה אֲדֹנָי, 2a)과 대조를 이루기 위해 אָדוֹן이 사용된 것일 수도 있다.[8] 그렇다면 여인들이 하나님 대신에 자신들의 남편을 의존하였음을 간접적으로 시사하는 듯하다. 1f-g는 직접화법으로 바산의 암소들이 자신들의 남편들에게 한 말의 내용을 전달한다. 히필(*hiphil*) 단수 명령형 הָבִיאָה("가져오라")는 목적어를 취하지 않는데, 의미상 "술"을 가져오라는 것으로 짐작해 볼 수 있다. 따라서 "술"이라는 목적어

---

7) Hayes, *Amos*, 138.

8) Paul, *Amos*, 129. T. Kleven은 אֲדֹנֵי를 "남편"(husbands)으로 번역하기 보다는 "주인들"(masters or lords)로 번역해야한다고 주장한다(T. Kleven, "The Cows of Bashan: A Single Metaphor at Amos 4:1-3," *CBQ* 58 [1996]: 220; cf. Hayes, *Amos*, 138).

를 넣어 번역하기도 한다.[9] 단수형 동사가 사용되는 것은 여인들이 개별적으로 모두 동일한 태도를 취하고 있는 것을 시사한다. וְנִשְׁתֶּה("우리로 마시게 하라")는 희구형 동사(cohortative)로 화자의 요구나 기대를 나타낸다. 1f(הָבִיאָה)와 1g(וְנִשְׁתֶּה)는 개역의 번역("술을 가져다가 우리로 마시게 하라")과 같이 연결하여 번역하기 보다는 구분하여 번역하는 것이 필요하다. 왜냐하면 여인들이 자신들의 남편들에게 가져오라는 명령과 마시고자 하는 욕구를 구분할 필요가 있기 때문이다. 전자는 남편들의 압제와 억압을 부추기는 여인들의 태도를 묘사하는 것이며 후자는 불의로 얻은 것들을 누리고자 하는 욕망을 묘사한다. 실제로는 여인들의 부추김을 받은 남편들이 행하는 불의이지만 여인들이 הָעֹשְׁקוֹת("압제하는 자들")과 הָרֹצְצוֹת("짓누르는 자들")로 불린다. 즉 부추기는 자와 부추김을 받는 자가 구분되지 않는다.

4:2. בְּקָדְשׁוֹ의 전치사 בְּ는 수단(*beth instrumenti*)을 나타낸다. 즉 그의 거룩함을 가지고 맹세하는 것이 된다. 이것은 맹세의 확실성과 진실성을 강조해 준다. 2b의 כִּי는 맹세의 내용을 유도해 주는 것으로 번역하지 않는다. הִנֵּה("보라")는 청자들의 주의를 환기시켜 주며 앞으로 오게 될 일에 대한 서술을 유도해 준다. יָמִים בָּאִים עֲלֵיכֶם은 문자적으로 "날들이 너희에게 임할 것이다"로 번역할 수 있는데, 복수형 "날들"을 "때" 또는 단수형 "날"로 번역하기도 한다. 이 날들은 하나님의 보응하시는 날과 연관되어있다(cf. 3:2, 13). 동일한 표현(יָמִים בָּאִים)이 심판의 날을 선포하는 8장 11절과 구원의 날을 선포하는 9장 13절에 동일하게 사용되고 있음에 주목할 필요가 있다. עֲלֵיכֶם("너희에게")의 대명사어미의 선행사는 "바산의 암소들"이다. 계속해서 2인칭 복수형 동사를 사용하면서 화자와 청자 간의 1인칭과 2인칭 관계를 유지한다. 2c의 וְנִשָּׂא는 바브-완료연계형으로 2b의 날들이 임하게 되었을 때 일어날 일을 설명하는 것이 되기도 하며 그날이 임한 결과를 설명하는 것으로 볼 수도 있다. וְנִשָּׂא는 문자적으로 "그가 취하여 갈 것이다" 또는 "사람이 끌고 갈 것이다"를 의미하는 3인칭 남성 단수동사인데, 주로

9) "술을 가져다가"(개역; 개역개정); "술을 가져다"(공동); "술을 가져다 줘요"(쉬운성경); "술을 가져 오라고"(표준새번역).

복수형으로 바꾸어 "그들이(사람들이) 끌고 갈 것이다"로 번역하거나 목적어를 주어로 하는 수동형 문장("너희가 끌려갈 것이다")으로 번역한다. 하지만 3장의 심판 선언과 연관하여 고려할 때 3인칭 주어("그가")가 의미하는 바는 "대적"이다(cf. 3:11). 그러므로 וְנִשָּׂא를 "그리고[그러면] 그가 끌고 갈 것이다"로 번역하여 대적과의 연관성을 반영하는 것이 적절해 보인다. 2d를 2c에 연결시켜 두 개의 목적 어구가 언급되는 하나의 문장으로 볼 수도 있지만 2d를 2c의 동사 נִשָּׂא가 생략된 또 다른 문장으로 분석하는 것도 가능하다. 후자의 경우가 의도된 것이라면 의미가 보다 강화되는 효과가 있다. 즉 2c의 אֶתְכֶם("너희를")이 2d에서 וְאַחֲרִיתְכֶן("너희 중 마지막 사람")으로 서술되면서 남김이 없이 모두 심판을 당하게 된다는 사실이 강조된다. בְּצִנּוֹת와 בְּסִירוֹת דּוּגָה의 전치사 בְּ는 수단(*beth instrumenti*)을 나타낸다. 즉 "바산의 암소들"이 대적에 의해 끌려가게 되는 방편을 설명해 준다. צִנּוֹת는 צִנָּה 또는 צֵן의 복수형이다. צֵן의 어원이 분명하지는 않지만 "가시"나 "갈고리"를 의미하며 צִנָּה는 몸 전체를 가리는 "방패"를 의미한다.[10] 따라서 어떤 단수형 명사를 취하느냐에 따라 צִנּוֹת의 의미가 달라질 수 있다. 예를 들면 Wolff는 צִנּוֹת를 צֵן의 불규칙 복수형으로 간주하고 여기서 의미를 확장하여 צִנּוֹת를 소를 끌기 위해 사용하는 "올가미 줄"(rope)로 해석한다.[11] NEB은 צִנּוֹת를 צִנָּה("방패")의 복수형으로 보아 "그들의 방패들"로 번역한다: "When men shall carry you away on *their shields* and your children in fish-baskets." 하지만 이 단어의 의미를 결정하기 위해서는 이 단어와 평행을 이루는 표현인 בְּסִירוֹת דּוּגָה를 함께 고려할 필요가 있다.[12] סִירוֹת 역시 סִיר(סירה)의 복수형으로 두 가지 의미가 가능하다. 첫째, 가정에서 고기를 끓이는데 사용하는 "단지"나 "솥"을 의미할 수도 있다. 둘째, "가시"나 "갈고리"를 의미할 수도 있다. 따라서 דּוּגָה סִירוֹת는 "물고기를 끓이는 솥"(물고기 솥)이나 "낚시 갈고리"로 번역할 수 있다.

---

10) LXX은 후자의 의미를 발전시켜 "무기"(טלְפע)로 번역하였다.

11) Wolff, *Joel and Amos*, 203-4, 207-8.

12) 이 두 표현의 의미에 대한 자세한 연구를 보려면 S. M. Paul, "Fishing Imagery in Amos 4:2," *JBL* 97 (1978): 183-90과 Kleven, "The Cows of Bashan," 215-227을 참조하라. Kleven은 성경적 자료에 근거하여 갈고리나 낚시바늘로 해석하는 전통적 견해를 주장한다.

Paul은 צִנּוֹת가 "가시"라는 의미에서 "갈고리"로 발전될 연계성이 부족하다는 점을 지적할 뿐만 아니라 실제 물고기를 잡는데 그 당시에 갈고리나 바늘을 사용하지 않았다는 것에 근거하여 צִנּוֹת는 "[물고기를 잡는] 바구니"(basket)로 번역하고 이에 맞추어 סִירוֹת דּוּגָה는 "어부들의 단지"(the fishermen's pots)로 번역하길 제안한다.[13] Wolff는 צִנּוֹת를 소를 끌기 위한 "올가미 줄"(rope)로 번역하고 이에 짝을 이루어 סִירוֹת דּוּגָה는 "작살"(harpoons)로 번역한다.[14] צִנּוֹת의 일반적인 해석은 "갈고리"나 "낚시 바늘"이다. 동일한 단어가 사용되는 것은 아니지만 갈고리를 사용하여 끌고 가는 장면을 묘사하는 다른 성경 본문들을 고려할 때 일반적인 해석을 따르는 것도 무난하다(cf. 왕하 19:28; 대하 33:11; 욥 40:25; 사 37:29; 겔 19: 4, 9; 합 1: 15).[15] 어떤 해석을 따르든 처참하게 끌려가는 상황을 묘사하는 것에는 변화가 없다.[16]

4:3. פְּרָצִים은 פֶּרֶץ의 복수형으로 "파열" 또는 벽 등에 난 "틈"을 의미하며 부사적 대격(adverbial accusative)의 역할을 한다. 이것은 성벽에 난 틈을 가리키는

---

13) Paul, *Amos*, 128, 130-35. Paul은 צִנּוֹת를 "바구니"를 의미하는 아람어 צנא와 연결을 시킬 뿐만 아니라 마리 서신(the Mari letters)에 낚시 바구니에서 꿈틀거리는 포로들에 대해 묘사하고 있음을 지적한다. 따라서 4장 2절을 다음과 같이 번역한다: "And you will be transported in baskets and the very last one of you in fishermen's pots"(ibid., 128).

14) Wolff, *Joel and Amos*, 203-4. 공동번역도 "작살"로 번역한다: "너희를 갈고리로 끌어내고 너희 자식들을 작살로 찍어 낼 날이 이르렀다."

15) Williams는 צִנּוֹת를 "갈고리"로 해석할 것을 주장하는데 신화적 배경을 해석의 근거로 제시한다(A. J. Williams, "A Further Suggestion about Amos IV 1-3," *VT* 29 [1979]: 206-11). Williams는 바산(הַבָּשָׁן)이 뱀을 의미하는 셈족어에 대한 언어유희이기에 뱀이라는 의미에서 혼돈의 괴물을 상징하는 용의 의미로 발전될 수 있다고 주장한다. 결국 이러한 해석은 신화적 전승들을 2절의 배경으로 보는 것을 가능하게 한다는 것이다. 따라서 신화적 전승이 혼돈의 괴물인 용을 공격하는데 갈고리를 언급하고 있기에 צִנּוֹת를 "갈고리"로 해석할 것을 제안한다. 하지만 이러한 신화적 전승이 아모스 4:1-3의 배경이 되는지는 확실하지 않다.

16) Hayes는 4:2-3이 묘사하는 것은 추방이나 강제로 이송되는 장면을 묘사하는 것이 아니라 죽은 시체를 제거하는 장면으로 이해한다(Hayes, *Amos*, 141). 또한 אַחֲרִיתְכֶן이 "남은 사람"(remnant)을 의미하는 것이 아니라 죽은 시체에서 떨어져 나간 "찌꺼기들"(remains) 내지는 자녀를 의미하는 것으로 본다.

것으로 보인다. 동사 תֵּצֶאנָה가 여성복수형이지만 이 주어의 개개인을 서술하기 위해 단수형 "여인"(אִשָּׁה)이 사용되고 있으며 이러한 표현은 배분적 기능(distributive)을 갖는다. 따라서 "너희 여인들 각자가"라는 의미를 갖는다. נֶגְדָּהּ는 여인들이 "각기 앞으로" 또는 "줄지어" 나간다는 의미로 해석된다. וְהִשְׁלַכְתֶּנָה는 MT의 모음을 따르면 바브 연계형과 2인칭, 여성, 복수 히필 동사인데, BHS는 칠십인경(LXX), 심마쿠스(Symmachus), 벌겟이트(Vulgate)의 번역을 따라 호팔(*hophal*) 독법을 제안한다. BHS의 제안을 따르면 이 문장은 능동형 문장이 아니라 수동형 문장이 된다. 이것은 모음부호만 수정하면 되는 작업으로 문맥상 수동형으로 읽는 것이 적절해 보인다. 3b의 바브-완료연계형 וְהִשְׁלַכְתֶּנָה는 3a의 미완료 동사 תֵּצֶאנָה("너희가 나갈 것이다")에 연결되기에 3b의 동사를 수동형으로 읽을 수 있는 정황이 된다. 즉 나간 뒤 던져지게 되는 흐름이 된다. Hayes의 경우 וְהִשְׁלַכְתֶּנָה를 시체가 던져지는 장면을 묘사하는 것으로 보기도 하지만 강제로 끌려 나가는 장면을 묘사는 2c-d와 3a를 고려할 때 추방과 포로를 의미하는 것으로 보는 것이 적절하다. "하르몬"(הַהַרְמוֹנָה)과 연결 지을 만한 지역에 대한 정확한 정보가 없기에 이 표현의 의미가 분명하지 않다. 그러나 처격 ה(the locative ה)가 어미에 붙은 것을 고려하여 주로 알려지지 않은 지역의 이름으로 해석한다. 지역에 대한 여러 가지 제안들이 있지만 음역을 따라 번역하는 것이 적절해 보인다. 분명한 것은 사마리아의 상류층 여인들이 추방을 당하여 보내지게 되는 사마리아 밖의 지역을 말하고 있다는 것이다. נְאֻם־יְהוָה("여호와의 말이니라")는 맹세의 내용을 확언하는 역할뿐만 아니라 1-3절의 단락을 닫아주는 역할을 한다.

4. 원문주해

4:1. 3장 1절과 동일하게 "들으라"(שִׁמְעוּ) + "이 말씀"(הַדָּבָר הַזֶּה) + 호격(명령의 대상)의 형식으로 심판신탁이 시작된다. 이 신탁의 대상은 "바산의 암소들"(פָּרוֹת הַבָּשָׁן)이며 이들에 대한 심판선언이 주어진다. "바산의 암소들"이란 비옥한 바산 지역에서 잘 먹여서 키운 살찌고 기름진 암소들을 의미한다(cf. 신 32:14; 사 2:13; 33:9; 렘 50:19). 이 암소들이 사마리아 산에 거한다. 따라서 "바산의 암소들"은 사마리아 상류층의 여인들을 가리키는 조소적인 표현이다. 세 개의 동

격 분사들을 통해 이 여인들의 특성을 설명한다. 즉 "압제하고"(הָעֹשְׁקוֹת), "짓뭉개고"(הָרֹצְצוֹת), "말하는"(요구하는, הָאֹמְרֹת) 것이다. 주인이 잘 먹여주기를 기대하는 바산의 암소들처럼 이들은 남편에게 자신들의 탐욕과 쾌락적 욕구를 채워줄 것을 요구한다. 분사가 사용되고 있는 것은 이들의 지속적인 행위들을 시사해준다.[17] 여인들의 이기적 욕구를 채우기 위해 결국 희생되는 자들은 사회적 약자들(אֶבְיוֹנִים ,דַּלִּים)이다(cf. 2:6-8). 1f의 인용문은 여인들의 이러한 욕구를 잘 드러내 준다: הָבִיאָה וְנִשְׁתֶּה("가져오라. 그래서 우리로 마시게 하라"). 이 표현에서 동사의 목적어를 표기하지 않고 있는데, 이것은 여인들의 무제한적이고 탐욕적인 태도를 보여주는 듯하다. Jacobs는 "암소들"이라는 표현이 냉담하고 게으른 사마리아의 상류층 여인들을 비난하는 것일 뿐만 아니라 자신들을 사마리아의 소로 표현되는 여호와의 여성 상대자(consort)로 스스로 높이는 것을 조롱하는 것으로 본다. 즉 게으르고 잔인한 여인들이 자신들을 고귀한 종교적 신분을 가진 자들이라고 말하지만 실상은 그 신분에 맞지 않게 사회적 압제와 억압, 착취를 부추기는 자들일 뿐임을 조롱하고 있다는 것이다. 이것은 종교적 타락이 사회적 불의와 연결된 문제를 간접적으로 시사한다. 기득권을 가진 남자들은 하나님과의 언약적 관계가 요구하는 의무를 따르기 보다는 여인들의 요구에 맞추어 행동하는 문제를 가지고 있다. 이들의 행동기준은 언약적 의무가 아니라 탐욕과 쾌락을 추구하는 여인들의 이기적 요구이다. 따라서 4:1-3의 신탁은 "바산의 암소들"을 대상으로 하지만 이들의 잘못된 요구를 따라 행동하는 남자들의 문제도 포함하고 있다고 볼 수 있다. 이 장면은 에덴 동산에서 하와의 부추김을 받아 죄를 범하게 되는 아담의 모습을 떠올리게 한다. 여인들이 실제적으로 사회적 불의를 행하는 것은 아닐지라도 동기를 제공하고 있다는 면에서 4장 1절은 약자들을 압제하고 짓뭉개는 자들이라는 직접적인 표현으로 이들을 묘사한다. 따라서 이들을 향한 심판이 선언된다(2-3절).

4:2-3. 사회적 불의의 원인이 여인들에게 있음을 지적한 후 이들에 대한 심판신탁이 주어진다. 아모스는 심판선언을 전하기에 앞서 하나님의 맹세를 언급한

---

17) Cf. Paul, *Amos,* 129.

다. 하나님의 거룩함에 대한 언급은 이 여인들에게 하나님의 거룩함의 속성을 상기시키며 이들의 경건하지 못한 문제를 보게 한다. 또한 하나님의 거룩함은 하나님의 존재속성을 의미한다. 따라서 이것은 하나님 자신을 두고 하는 맹세이다.[18)] 하나님 자신이 심판의 보증이 되기에 하나님의 맹세는 심판의 확언과 준엄성을 시사한다. 더 나아가 이것은 이들을 향한 하나님의 심판이 확정되었음을 선포하는 것이다. 하나님의 거룩함은 이들의 문제를 확실히 제거할 것이다. 여인들은 "그들의 남편들"(אֲדֹנֵיהֶם, "그들의 주[인]들")에게 자신들의 욕구와 쾌락을 채워줄 것들을 "가져오라"(הָבִיאָה)고 요구하였다. 이에 대해 "주" 여호와(אֲדֹנָי יְהוִה)는 이들의 욕구와 쾌락을 멸망과 수치로 바꿀 날들이 올 것임(יָמִים בָּאִים)을 맹세하신다. 그러므로 반드시 심판의 날들이 사마리아의 상류층 여인들에게 다가올 것이다. 그러면 여인들은 갈고리에 걸려 포로로 끌려가게 될 것이다.[19)] 여인들이 성벽의 갈라진 틈 또는 무너진 곳으로 끌려가게 되리라는 것은 전쟁의 장면을 연상케 한다. 3장 11절에서 언급하고 있는 "대적"의 공격을 전제하고 있는 것으로 보인다. 왜냐하면 이들을 끌고 가는 자가 단수형 동사로 표현되고 있기 때문이다: "그가 끌고 갈 것이다"(וְנִשָּׂא). 4:1-3의 단락에서는 이 동사의 선행사가 언급되지 않지만 3장 11절은 "대적"(צַר)이 임하여 사마리아의 요새들을 파괴하고 약탈할 것을 선포하였다.[20)] 그러므로 전쟁을 통한 하나님의 심판을 짐작해 볼 수 있다. 원문분석에서 살핀 바와 같이 여인들이 끌려가는 방편에 대한 다양한 논의가 있지만, 분명한 것은 처참한 신세가 되리라는 것이다. Hayes는 4:2-3이 추방이나 강

---

18) 거룩함을 두고 맹세하는 것을 6장 8절에서 자신을 두고 맹세하는 것과 동일한 표현으로 해석하기도 한다(cf. Mays, *Amos*, 72).

19) Niehaus는 여인들이 낚시 갈고리에 끌려가는 것이 마치 물에서 물고기를 끌어내듯 여인들이 그들의 안전하고 편안한 곳에서 끌려가게 될 것을 의미하는 것으로 본다(Niehaus, "Amos," 393).

20) 3장 11절은 4장 2-3절을 해석하는 배경이 된다. 4장 2절의 נִשָּׂא는 3인칭, 남성, 단수동사이다. 이 주어가 2절에서는 분명하지 않은데, 이 주어의 선행사로 3장 11절의 צַר("대적")를 고려할 수 있다. 그렇다면 3장 11-15절은 여호와의 보응이 임하는 날 대적의 침입을 말하고 있는 것이며 4장 2절은 이 대적이 행하게 되는 일을 구체적으로 설명하는 흐름이 된다. 4장 3절은 다른 설명이 없이 "파열" 내지는 "틈"을 의미하는 פְּרָצִים만 언급하면서 여인들이 끌려 나가는 장면을 서술하는데, 3장 11절을 고려할 때 이것은 대적에 의해 무너진 성벽(방어벽)의 갈라진 틈으로 끌려가는 장면을 묘사하는 것으로 볼 수 있다.

제로 이송되는 장면을 묘사하는 것이 아니라 전쟁 후에 죽은 시체를 제거하는 장면을 묘사하는 것으로 이해한다.[21] 또한 אַחֲרִיתְכֶן이 "남은 사람"(remnant)을 의미하는 것이 아니라 죽은 시체에서 떨어져 나간 "찌꺼기들"(remains) 내지는 "자녀"를 의미하는 것으로 본다. 그러나 4:2-3에서 말하고 있는 심판은 죽음이 아니라 포로이다.[22] 왜냐하면 2c-d는 끌고 가는 장면을 묘사하고 있으며 3a의 동사 תֵּצֶאנָה(2인칭, 여성, 복수, 칼 미완료형)는 여인들이 성벽의 갈라진 틈으로 걸어 나가는 장면을 묘사하고 있기 때문이다.[23] 또한 아모스서에서 하나님의 심판과 연관하여 포로가 지속적으로 언급되고 있다(cf. 5:5, 27; 6:7; 7:11, 17).[24] 결국 사마리아의 상류층 여인들은 하나님께서 보내시는 대적에 의해 그들이 누리던 모든 것을 탈취당하고 그들의 자리에서 마지막 사람까지도 모두 쫓겨나는 신세가 될 것이다. 사마리아 상류층의 사회적 불의와 종교적 타락은 하나님의 철저하고 치욕적인 심판을 결코 피할 수가 없다. 이들의 운명은, 압제하고 억압하던 자들이 하나님의 심판으로 인해 압제와 착취의 대상이 되어 치욕적인 모습으로 포로로 끌려가는 것이다.

II. 죄를 더하는 종교적 행위에 대한 비난(a): 4:4-5

---

21) "What Amos is apparently depicting in verses 2b-3 is the disposal of human corpses after a siege and battle are over. In other words, this text describes a situation parallel to that in 6:8-10" (Hayes, *Amos*, 141). Hayes는 다음과 같은 이유로 죽음을 묘사하는 것으로 해석한다. 첫째, 사용된 도구가 포로와 관련이 없다. 둘째, 동사 נשׂא가 포로와 관련이 없다. 셋째, 갈라진 틈을 통해 빠져나가는 장면은 주로 포로를 묘사하기 보다는 도주를 묘사하는 것이다. 넷째, שׁלך는 추방이 아닌 폐기와 관련된 동사이다. 다섯 째, 아모스가 포로를 묘사할 때는 일반적인 용어들을 사용하고 있다(cf. 1:5, 6, 9; 5:27; 6:7). Stuart는 죽음(2절)과 포로(3절)가 함께 나타나는 것으로 본다(Stuart, *Hosea-Jonah*, 332-33).

22) Cf. Paul, *Amos*, 135-36; Wolff, *Joel and Amos*, 206-7. Chisholm은 4:1-3에서 물고기가 용기에 담겨 시장에 보내지는 것처럼 여인들이 포로가 되는 것(사로잡힘)을 묘사하고 있는 것으로 이해한다(Chisholm, *Handbook*, 388).

23) 신 29:27은 포로가 되는 것을 묘사하면서 동사 שׁלך를 사용한다.

24) 같은 맥락에서 심판의 결과를 돌이키는 회복에 있어서 약속의 땅으로 돌아와 정착하게 되는 것이 중요한 내용이 된다(cf. 9:14, 15).

1. 원문

4:4a בֹּאוּ בֵית־אֵל
4:4b וּפִשְׁעוּ
4:4c [ ] הַגִּלְגָּל
4:4d הַרְבּוּ לִפְשֹׁעַ
4:4e וְהָבִיאוּ לַבֹּקֶר זִבְחֵיכֶם
4:4f [ ] לִשְׁלֹשֶׁת יָמִים מַעְשְׂרֹתֵיכֶם
4:5a וְקַטֵּר מֵחָמֵץ תּוֹדָה
4:5b וְקִרְאוּ נְדָבוֹת
4:5c הַשְׁמִיעוּ
4:5d כִּי כֵן אֲהַבְתֶּם בְּנֵי יִשְׂרָאֵל
4:5e נְאֻם אֲדֹנָי יְהוִה

2. 사역

4:4 "벧엘로 가서 죄를 범하고 길갈로 가서 더 많은 범죄를 저질러라. 아침마다 너희 제물을 바치고 3일마다 너희 십일조를 바쳐라.
4:5 누룩을 넣은 것 중에서 일부를 감사제로 불에 태워 드리고 자원제를 알려서 듣게 하라. 이스라엘 자손들아, 이렇게 하는 것을 너희가 좋아하기 때문이다."
수 여호와의 말씀입니다.

3. 원문분석

4:4. 4절을 시작하고 있는 בֹּאוּ와 וּפִשְׁעוּ를 중언법(hendiadys)으로 간주하여 "가서 죄를 범하여라"로 번역할 수 있다. 2인칭, 남성, 복수 명령형의 대상은 5d에서 언급하고 있는 "이스라엘 자손들"(בְּנֵי יִשְׂרָאֵל)이다. 4b에서 명령형 וּפִשְׁעוּ("죄를 범하여라")가 사용된 점을 주목할 필요가 있다. וּפִשְׁעוּ는 신탁연속물(1:3-2:16)에서 주변 나라들의 범죄와 이스라엘의 범죄를 지적할 때 사용하였던 단

어 פֶּשַׁע와 동일한 어근 및 의미를 가지고 있다. 이것은 이 단락이 주제와 언어적으로 앞의 심판단락들과 연관이 있음을 보여 준다. 4c에 "길갈"(הַגִּלְגָּל)만 언급되지만 4a의 명령형 동사 בֹּאוּ가 생략된 것으로 볼 수 있다. 따라서 "길갈로 가서"로 번역하는 것이 가능하다. 4b와는 달리 4d는 히필 명령형 הַרְבּוּ("숫자를 늘려라")와 목적어 역할을 하는 부정사구 לִפְשֹׁעַ("죄를 범하는 것을")를 함께 서술하면서 4b의 וּפִשְׁעוּ를 대체한다. 하지만 동일한 동사어근 פשע가 사용된 것을 볼 수 있다. לִפְשֹׁעַ는 전치사 לְ와 연결형 부정사가 결합된 목적어구로 동사 הַרְבּוּ의 의미를 보완해 준다.[25] 명령형 הַרְבּוּ에 의해 "죄를 범하라"는 명령의 의미가 가중된다. 벧엘(lae-tybe)은 북이스라엘의 종교적 행위의 중심지이며 열왕기상 13:1-2에서 이미 하나님의 심판이 선포된 지역이다.[26] וְהָבִיאוּ("그리고 가져오라[바쳐라]")의 바브(ו)는 등위접속사로 명령형을 나열해 준다. לַבֹּקֶר는 배분을 나타는 전치사 לְ(distributive), 정관사 ה, 명사 בֹּקֶר("아침")가 결합된 부사구로 "아침마다"를 의미한다.[27] זִבְחֵיכֶם의 문자적 의미는 "너희의 제물들"이며 זֶבַח("제물")는 동사 זבח("도살하다")에서 파생된 명사이다. 이것은 양이나 염소, 소들을 잡아서 드리는 피의 제물을 가리키는 것이다. 제물을 받는 대상과 헌제자 사이에 연합을 이루기 위한 목적으로 피의 제물을 드린다(cf. 레 3:1-17). 4f에 동사가 생략되었는데 4d의 명령형 וְהָבִיאוּ가 4f에도 적용된다. לִשְׁלֹשֶׁת יָמִים에 사용된 전치사 לְ는 배분적 역할을 하는 것으로 3일의 간격을 말한다. 따라서 "3일마다"로 번역할 수 있다. מַעְשְׂרֹתֵיכֶם는 מַעֲשֵׂר의 복수형에 2인칭, 남성, 복수형 대명사어미가 붙은 것이며 מַעֲשֵׂר는 "열 번째 부분" 또는 헌물로 드리는 "십일조"를 의미한다.

4:5. 등위 접속사 바브(ו)에 연결된 절대형 부정사 קַטֵּר는 앞의 명령형의 효

---

25) Cf. WOC §36.2.3b.

26) 북이스라엘에 있어서 벧엘에 상응하는 종교적 지역이 단(Dan)인데 단이 언급되지 않은 것에 대해 Hayes는 아모스의 시대에 단이 시리아의 점령 하에 있었기 때문일 것으로 추정한다(Hayes, *Amos*, 143).

27) Hayes는 לַבֹּקֶר를 "아침마다"로 해석하는 것을 거부한다(ibid.; cf. Wolff, *Joel and Amos*, 219). "아침마다"로 번역하기 위해서는 לַבְּקָרִים가 사용되었어야 한다는 것이다(cf. 사 33:2; 시 73:14; 101:8). 그러나 לַבֹּקֶר를 "아침마다"로 해석하는데 문법적으로 불가능한 것은 아니다(cf. BHRG §39.11/4).

력을 이어가면서 명령형("불에 태워 드려라")의 역할을 감당한다.[28] 단지 동사의 개념을 전하기 위한 경우와 서둘러 표현을 할 때 이러한 형식을 취한다. מֵחָמֵץ는 부분을 나타내는 전치사 מִן(partitive מִן)과 명사 חָמֵץ("누룩을 넣은 것[빵이나 음식]") 결합된 것으로 문자적으로 "누룩을 넣은 것 중에서 일부"를 의미한다. מֵחָמֵץ는 부정사 קַטֵּר를 꾸며주는 부사구의 역할을 감당한다. תוֹדָה("감사제")는 부정사 קַטֵּר의를 꾸며주는 부사적 대격으로 해석할 수 있다(cf. 개역; 개역개정; 공동; 쉬운성경; 표준새번역). 즉 누룩을 넣은 것을 불에 태워 드리는 것은 감사제를 위한 것임을 설명해 준다(cf. 레 7:11-18). 그러나 누룩을 넣은 것을 불에 태워서 제사로 드리는 것은 율법이 금하는 바이다(cf. 레 2:11). הַשְׁמִיעוּ와 וְקִרְאוּ는 중언법(hendiadys)으로 "알려서 듣게 하라"의 의미를 나타내며 이것은 제물을 드리는 것을 공개적으로 떠들썩하게 자랑하는 행위를 묘사한다. נְדָבוֹת는 자원하여 드리는 제사를 의미한다(cf. 레 7:16-18). 5d의 כִּי는 이유를 나타내는 용법으로 이스라엘 자손들이 공개적으로 자랑하며 제물을 드리는 이유를 설명해 준다. 부사 כֵּן은 "이런 식으로" 또는 "이렇게 하는 것"으로 번역할 수 있으며 4a-5c의 행위들을 가리킨다. נְאֻם אֲדֹנָי יְהוִה("주 여호와의 말씀이니라")는 4-5절의 신탁을 닫아 주는 역할을 한다.

4. 원문주해

4:4-5. 4-5절은 이스라엘 자손들을 향한 심판고소의 첫 번째 단락이다. 이 단락은 사마리아의 상류층 여인들에 대한 조롱을 북이스라엘의 과시적인 종교적 행위에 대한 냉소적 권면으로 이어간다.[29] 하나님이 북이스라엘에게 종교적 행위를

28) Cf. GKC §113z.; WOC §35.5.2. 접속사 바브(ו)가 없이 절대형 부정사만 사용하여 주로 신적 명령, 예언적 명령, 법규정 명령형을 대체한다.

29) Wolff는 양식 비평적 관점에서 4:4-5을 "제사장의 가르침에 대한 풍자"(a parody of a priestly torah)로 규정한다(Wolff, *Joel and Amos*, 211-12). 제사장의 가르침은 제의 규정에 대한 명령과 평가로 구성되는데 이 두 부분에 있어서 아모스는 제의 목적이 생명이 아닌 범죄임을 지적하고 있으며 제의적 지시가 하나님의 뜻에 근거한 것이 아니라 자기사랑에 근거한 것임을 지적하고 있다고 본다. Wolff의 설명을 따르지 않더라도 4장 1-3절에 조소와 조롱이 내포된 것을 본문만으로도 충분히 알 수 있다.

통해 실제로 죄를 지으라고 권면하는 것이 아니다. 종교적 열심과 경건에 대한 권면은 북이스라엘의 종교적 열심과 그들 나름대로의 "경건"에 대한 조소이다. 북이스라엘 백성들은 자신들의 해석에 따라 행하는 종교적 행위들이 하나님의 축복과 은혜를 얻게 할 것이라고 기대하고 있는데, 그들의 기대와는 달리 그들이 단지 범죄(וּפִשְׁעוּ)를 쌓아가고 있음을 수사적으로 표현하고 있는 것이다.[30] 벧엘은 야곱이 하나님을 만난 후 "하나님의 집"으로 명한 곳이며(cf. 창 28:10-22), 여로보암이 북왕국을 건설하면서 하나님을 대신할 금송아지를 세운 곳이다(cf. 왕상 12:25-32). 벧엘은 그들의 종교적 자랑의 자리이다(cf. 7:13). 길갈은 여호수아가 요단강을 건넌 후 그곳에서 취한 열두 돌을 세워놓은 곳이며 가나안을 정복하기 전에 할례를 행한 곳이다(cf. 수 4:1-24). 따라서 예루살렘과 성전을 차지하지 못한 북이스라엘 백성들에게 벧엘과 길갈은 매우 중요한 종교적 장소였다. 벧엘과 길갈에서 전형적인 제사들이 드려지지만 이 제사들이 하나님에게는 범죄의 증거가 될 뿐이다. 종교적 행위나 열심의 부족이 이들의 문제가 아니다. 이들에게는 전통적인 종교적 장소("벧엘," "길갈"), 종교적 열심("아침마다," "3일마다")과 다양한 종교적 행위들("제사," "십일조," "감사제," "자원제")이 있었다. 신명기 14장 28절과 26장 12절에는 3년마다 십일조를 드리는 규정이 있는데 3일을 말하는 것은 북이스라엘의 과시적인 종교행위의 열심을 과장하며 조롱하는 표현으로 보인다. 또한 율법을 따르지 않는 제의에 대한 지적을 볼 수 있다. 감사제로 누룩을 넣은 것을 불에 태워 드리는 것은 율법의 규정에 어긋난다. 왜냐하면 레위기 7장 12-15절이 누룩을 넣은 것을 태워서 바치는 것을 금하고 있기 때문이다. 북이스라엘이 이러한 종교적 열심을 낸 것은 하나님의 인정을 받기 보다는 자신을 드러내고 사람들에게 과시하기 위한 것, 즉 "선포하여 듣게 하기 위한 것"(5c, וְקִרְאוּ … הַשְׁמִיעוּ)이었다. "너희 제물"(זִבְחֵיכֶם)과 "너희 십일조" (מַעְשְׂרֹתֵיכֶם)의 표현에서 "너희"가 강조되는 것 역시 하나님과 관계가 없는 북이스라엘의 자의적인 제의행위를 지적하는 것으로 보인다. 또한 4-5절에 언급된 제사들의 제물은 헌제자들에 의해 소비된다. 따라서 북이스라엘 백성들이 이러한 제사에 열심히 있었던 것은 자신들을 위한 것임을 시사한다. 그렇다면 4-5절의 권면은 Hayes가 지적하는 바와 같이 자신의

30) Cf. Soggin, *The Prophet*, 71.

탐닉을 위한 제사행위에 대한 비난일 수 있다.[31] 북이스라엘의 종교적 행위는 하나님의 언약적 요구에 의한 것이 아니라 자신들의 즐거움과 만족을 위한 것이었다. 즉 하나님이 원하시는 것이 아닌 그들이 좋아한 것을 행하였다(4:5d). 따라서 하나님께서 북이스라엘의 종교행위를 범죄라고 단정하는 것은 이들이 하나님의 권위에 따른 요구를 거부한 것을 지적한다. 4a-b에 사용된 표현이 וּפִשְׁעוּ와 הַרְבּוּ לִפְשֹׁעַ임을 주목해 볼 필요가 있다(cf. 암 2:6; 3:14).[32]

Bramer는 4:4-5에서 지적하고 있는 문제를 피상적인 종교적 형식주의(superficial religious formalism)라고 표현하는데, 북이스라엘의 문제는 단순히 피상적인 형식주의 정도가 아니다.[33] 북이스라엘의 문제는 그 보다 훨씬 더 심각한 문제이다. 제사의 대상에 문제가 있었으며(cf. 5:4-6), 진정한 제사가 요구하는 삶을 살지 않았으며(cf. 2:6-8; 3:9-10; 4:1), 하나님의 말씀을 전달하고 모범을 보이는 선지자들과 나실인을 거부하는 문제(cf. 2:11-12)를 가지고 있었다. 북이스라엘은 율법이 요구하는 것보다도 더 열심을 내어 종교적 행위들을 행하였지만 실제 율법이 요구하는 사랑을 실천하지는 않았다(cf. 2:6-8; 3:9-10; 4:1). 이들이 실제 "사랑한"(כֵּן אֲהַבְתֶּם)것은 하나님도 이웃도 아닌 종교적 행위 자체였다.[34] 그러므로 하나님이 보시기에 북이스라엘의 종교행위는 범죄에 불과하며 단지 공허하고 위선적이며 과시적인 것이다.[35] 내면적, 실제적 삶 속에서 하나님께 돌아옴이 없이 드리는 제사나 종교적 행위는 하나님이 보시기에 범죄행위에 불과하다. 4-5절에 언급된 제사 목록에 속죄제가 없다는 것도 주목해 볼 내용이다. 이것은 죄에 대한 회개를 소홀히 다루고 있었음을 간접적으로 시사해 준다. 이것을 이어서 4:6-11은 구체적으로 회개의 부재를 강조한다("내게로 돌아오지 않았다," וְלֹא־שַׁבְתֶּם עָדַי). 4-5절에서 암시하고 있는 종교적 타락은 하나님의 지속적인 개입에도 불구하고 돌아오기를 거부한 북이스라엘의 패역(6-11절)의 근본적인 원인이 된다.

---

31) Hayes, *Amos*, 145.

32) Stuart는 북이스라엘의 종교행위가 범죄가 되는 세 가지 이유를 제시한다: (1) 부적절한 예배장소; (2) 불법적인 예배방식; (3) 의로운 행위를 예배행위로 대체함(Stuart, *Hosea-Jonah*, 338).

33) Bramer, "The Literary Genre," 58.

34) Cf. Stuart, *Hosea-Jonah*, 338.

35) Chisholm, *Handbook*, 389.

III. 하나님의 개입(기근)과 북이스라엘의 패역(b): 4:6

1. 원문

וְגַם־אֲנִי נָתַתִּי לָכֶם נִקְיוֹן שִׁנַּיִם בְּכָל־עָרֵיכֶם	4:6a
[ ] וְחֹסֶר לֶחֶם בְּכֹל מְקוֹמֹתֵיכֶם	4:6b
וְלֹא־שַׁבְתֶּם עָדַי	4:6c
נְאֻם־יְהוָה	4:6d

2. 사역

4:6 "그렇지만 내가 친히 너희 모든 성읍에서 너희에게 이로 씹을 것을 없게 하였고 너희 모든 지역에서 빵이 부족하게 하였다. 그러나 너희가 내게로 돌아오지 않았다."
여호와의 말씀입니다.

3. 원문분석

4:6. וְגַם־אֲנִי는 강조용법의 표현이며 앞의 단락과 대조가 되는 하나님의 행위를 서술하기 위한 것이다. 따라서 이것을 "그렇지만 내가 친히"로 번역할 수 있다. 이 표현은 북이스라엘 백성들의 종교적 패역에도 불구하고 하나님께서 관계의 회복을 위해 직접 개입하셨음을 보여준다. נִקְיוֹן שִׁנַּיִם은 문자적으로 "이의 청결함" 즉 "청결한 이"를 의미하며 음식을 먹지 않아 깨끗한 상태의 이를 가리킨다.[36] 이것은 음식이 끊어진 상태 즉 기근을 비유적으로 표현한 것이다. נִקְיוֹן은 동사 נקה와 연관된 것으로 이 동사의 니팔형(*niphal*)은 "텅 빈" 상태를 묘사한다. 따라서 이로 씹을 것을 없게 만든 것으로 번역하여 의미를 전달할 수 있다. וְחֹסֶר לֶחֶם ("빵의 부족")은 등위접속사 바브(ו)에 의해 6a의 동사 נָתַתִּי("내가 주었다")에 연결되며 목적어 역할을 한다. 이 동사와 함께 문자적으로는 "내가 빵의 부족을 주었

36) 칠십인경(LXX)은 נִקְיוֹן שִׁנַּיִם을 γομφιασμὸν ὀδόντων("치통")으로 번역하였다.

다"를 의미한다. "내가 빵이 부족하게 하였다" 또는 "양식이 떨어지게 하였다"(개정; cf. 우리말) 등으로 의역할 수 있다. 부사구 בְּכָל־עָרֵיכֶם("너희의 모든 성읍에서")과 בְּכֹל מְקוֹמֹתֵיכֶם("너희의 모든 지역에서")은 평행을 이루면서 북이스라엘의 전 지역이 재앙의 대상이었음을 강조한다. וְלֹא־שַׁבְתֶּם의 바브(ו)는 반의접속사 "그러나"로 해석이 되며 기대하였던 결과가 나타나지 않은 것을 지적한다. עָדַי("내게로")는 전치사 עַד와 1인칭, 남성, 단수 대명사어미가 결합된 것으로 전치사는 공간적 위치를 나타낸다. נְאֻם־יְהוָה("여호와의 말이니라")는 신탁을 확언해 주며 마무리한다. 사역에서 נְאֻם־יְהוָה를 "여호와의 말씀입니다"로 번역하는 것은 4장이 아모스의 관점에서 전하는 설교형식인 점(prophetic speech)을 고려한 것이다.

4. 원문주해

4:6. "그렇지만 내가 친히"(וְגַם־אֲנִי)라는 표현은 4:4-5에서 지적된 북이스라엘의 문제에도 불구하고 하나님께 여전히 이들과의 관계를 회복하기 위하여 북이스라엘 백성들에게 직접적으로 관여하시고 개입하셨음을 보여준다. "그렇지만"을 풀어서 설명하면 "과시적 종교행위에만 집중하고 진정한 회개에 대해 소홀히 하였지만" 그럼에도 불구하고 하나님께서 그들과의 관계를 회복하시기 위하여 지속적으로 개입하셨음을 나타낸다. 하나님의 개입의 근거는 북이스라엘과의 언약적 관계이다(cf. 3:2). 따라서 언약적 관계의 파기에 따른 언약적 저주, 곧 기근의 재앙을 내리셨다. 기근으로 인한 굶주림을 극직으로 묘사하고 있으며 이 기근이 전 지역에 임하였음을 알 수 있다. 이러한 기근의 재앙을 통하여 북이스라엘이 깨닫고 하나님께로 돌아오길 기대하였지만 그들은 하나님께로 돌아오지 않는 패역을 행하였다. 달리 말하면 북이스라엘은 회개하기를 거부하였다(cf. 호 12:6; 14:1; 욜 2:12).

모세의 율법은 하나님께 반항하는 불순종의 결과가 언약적 저주임을 경고한다. 언약적 저주는 전염병(הַדֶּבֶר; 신 28:21, 22, 27-28, 35, 59-62; 레 26:16, 25), 자연재해와 기근(וּבַשִּׁדָּפוֹן וּבַיֵּרָקוֹן; 신 28:22-24, 38-40, 42, 47-48; 레 26:19-20, 26), 대적의 침입에 의한 파멸, 압제와 노략(신 28:25-26, 29-33, 48-57; 레 26:17, 25, 30-32), 포로(신 28:36-37, 41, 64-65; 레 26:33-39)이다. 따라서 북이스라엘이 언약적 의무를

다하지 못하였기 때문에 기근의 저주가 주어진 것이다(cf. 신 28:47-48). 언약적 저주를 경험할 때 북이스라엘은 그들이 언약적 요구를 범하였음을 깨달았어야 했다. 하나님께서 언약적 저주를 행하셨을 때 이것을 기대하셨던 것이다. 그러나 하나님의 개입은 효과가 없었다. 북이스라엘은 여호와께로 돌아오지 않았다.

IV. 하나님의 개입(가뭄)과 북이스라엘의 패역(c): 4:7-8

1. 원문

וְגַם אָנֹכִי מָנַעְתִּי מִכֶּם אֶת־הַגֶּשֶׁם בְּעוֹד שְׁלֹשָׁה חֳדָשִׁים לַקָּצִיר	4:7a
וְהִמְטַרְתִּי עַל־עִיר אֶחָת	4:7b
וְעַל־עִיר אַחַת לֹא אַמְטִיר	4:7c
חֶלְקָה אַחַת תִּמָּטֵר	4:7d
וחֶלְקָה [4:7f] תִּיבָשׁ	4:7e
אֲשֶׁר־לֹא־תַמְטִיר עָלֶיהָ	4:7f
וְנָעוּ שְׁתַּיִם שָׁלֹשׁ עָרִים אֶל־עִיר אַחַת לִשְׁתּוֹת מַיִם	4:8a
וְלֹא יִשְׂבָּעוּ	4:8b
וְלֹא־שַׁבְתֶּם עָדַי	4:8c
נְאֻם־יְהוָה	4:8d

2. 사역

4:7 또한 내가 친히 너희에게서 추수 전 3개월 동안 비를 금하였다. 내가 한 성읍에는 비를 내렸지만 다른 한 성읍에는 비를 내리지 않았다. 어떤 들판에는 비가 내렸지만 비가 내리지 않은 들판은 메말라버렸다.

4:8 그러므로 두세 성읍이 물을 마시기 위해 한 성읍으로 비틀거리며 갔지만 갈증을 풀 수 없었다. 그러나 너희가 내게로 돌아오지 않았다."
여호와의 말씀입니다.

3. 원문분석

4:7. וְגַם אָנֹכִי("또한 내가 친히")는 6a의 시작과 평행을 이루며 하나님께서 북이스라엘에 관여하신 일을 서술한다. 이것은 주어를 강조하는 용법으로 하나님의 적극적인 개입을 시사한다. 6a를 이어가는 표현이므로 여기서는 "또한 내가 친히"로 번역하게 된다. מָנַעְתִּי는 1인칭, 남성, 단수, 완료형 동사(מנן, "억제하다," "금하다," "거절하다")로 과거행위를 서술한다. הַגֶּשֶׁם은 10월부터 2월말 중에 내리는 "겨울비"를 가리킨다. 추수기는 4월말부터 5월초이다. 따라서 1월부터 3월까지 비가 오지 않으면 곡물의 성장에 심각한 영향을 받게 된다. בְּעוֹד는 전치사 בְּ와 불변화 부사 עוֹד("아직," "여전히")가 결합된 형태로 기간(duration)을 나타낸다. 따라서 בְּעוֹד שְׁלֹשָׁה חֳדָשִׁים은 "3개월 동안"으로 번역된다. קָצִיר는 동사 קצר("거두어 들이다")에서 파생된 명사로 "추수" 또는 "수확"을 의미한다. 전치사 לְ는 시간적 개념을 전달하는 것으로 "추수까지" 또는 "추수 전"으로 번역할 수 있다. 7b의 וְהִמְטַרְתִּי("내가 비를 내렸다")는 바브-완료 연계형으로 7a의 완료형동사 מָנַעְתִּי("내가 금하였다")를 이어가면서 하나님의 행위를 묘사해 준다. 일반적으로 바브-연계형 시리즈가 완료형 동사를 이어갈 때는 바브-미완료 연계형(*wayyqtl*)이 기대되지만 완료 연계형이 사용될 수도 있다. 이 경우 뒤에 나오는 완료 연계형은 앞의 완료형 동사가 서술한 상황에 대한 설명을 덧붙이는 역할(an epexegetical situation)을 하거나 결과를 서술하는 역할(a consequent situation)을 한다.[37) 7b의 וְהִמְטַרְתִּי는 전자의 역할을 하여 하나님께서 비를 내리시지 않은 상황을 보다 구체적으로 서술해 준다. 이접 접속사 바브(disjunctive ו)와 부사구 עַל־עִיר אַחַת("한 성읍에는")로 시작되는 7c는 상황절(circumstantial clause)이며 7b의 행위가 이루어실 때 일어난 다른 사건을 묘사해 주는 역할을 한다. 7c-f에 나타나는 미완료 동사들(אַמְטִיר, תַּמְטִיר, תִּיבָשׁ, תִּמָּטֵר, תַמְטִיר)은 현재나 미래시제가 아닌 과거시제로 번역된다. 이는 히브리어에서 완료와 미완료가 함께 사용되면서 과거사건을 묘사하기도 하기 때문이다.[38) 이때 미완료형은 일정기간 동안 반복된 과거의 행위를 묘사하게 된다.[39) 7c와 7d는 교차평행을 이루면서 긍정적 서술과 부정적 서술을 통

37) Cf. WOC §32.3.3.

38) Niehaus는, 동일한 동사의 완료형과 미완료형이 혼용되어 사용될 때 두 동사가 모두 과거시제로 번역할 수 있음을 지적한다(Niehaus, "Amos," 400); cf. WOC §31.1.1d.

39) Cf. GKC §107.d.

해 대조적인 상황을 서술한다. אֶחָד는 숫자 "하나"를 의미하지만 7c의 עַל־עִיר אֶחָת와 7d의 וְעַל־עִיר אַחַת처럼 함께 나열될 때는 "하나"와 "다른 하나"가 비교되거나 불특정의 대상들이 비교되는 것을 묘사하게 된다. 따라서 "한 성읍에서는 … 그러나 다른 한 성읍에는"으로 번역하거나 "어떤 성읍에는 … 그러나 어떤 성읍에는"으로 번역할 수 있다. 여기서는 전자의 번역이 선호된다. 왜냐하면 8절에서 두세 성읍이 한 성읍으로 물을 구하러 가는 모습을 언급하고 있기 때문이다. 7d는 접속사를 생략하고 주어를 문두에 두어 7b-c의 상황을 보다 구체적으로 설명한다. 7d의 חֶלְקָה אַחַת의 אֶחָד는 7b-c에서와 같이 "한 [들판]" 또는 "어떤 [들판]"으로 번역할 수 있는데, 다른 비교대상인 7e의 וְחֶלְקָה에 אֶחָד가 사용되지 않고 있기에 후자로 번역하는 것이 선호된다. 7e의 접속사 바브(ו)는 반의접속사("그러나")로 7d와 7e의 상반된 상황을 대비시킨다. 7f의 אֲשֶׁר는 7e의 חֶלְקָה("들판")를 꾸며주는 형용사절을 유도한다. 따라서 עָלֶיהָ의 3인칭, 여성, 단순 대명사 어미의 선행사는 חֶלְקָה이다. 3인칭 여성(또는 2인칭 남성), 히필 미완료형 동사 תַּמְטִיר("[그것이] 비에 젖다")에 대해 BHS는 여러 필사본의 독법과 칠십인경(LXX), 벨게잇(Vulgate)에 근거해 1인칭 동사 אַמְטִיר("내가 비를 내렸다")로 읽을 것을 제안한다. 하지만 Paul과 Wolff는 3인칭 여성형 동사(תַּמְטִיר)가 수동의 의미를 전달하는 비인칭 중성형으로 사용될 경우 수동형(תִּמָּטֵר)이나 1인칭 동사(אַמְטִיר)로 수정하지 않고 그대로 유지될 수 있음을 지적한다.[40]

4:8. 바브-완료 연계형 וְנָעוּ("그들이 비틀거리며 갔다")는 7c의 וְהִמְטַרְתִּי와는 달리 7a-g에 서술한 행위들의 결과에 대해 서술한다.[41] 동사 נוע는 "떨다," "비틀거리며 나아가다," "배회하다"를 의미하며 갈증으로 인해 탈진한 상태에서 이동하는 모습을 묘사하고 있다. "성읍들"(עָרִים)을 꾸며주는 שְׁתַּיִם과 שָׁלֹשׁ가 ו 접속사나 אוֹ 접속사에 의해 연결되지 않지만 함께 나열되면서 "둘 또는 셋"의 의미를 갖게 된다. 전치사 לְ가 이끄는 부사구 לִשְׁתּוֹת는 성읍으로 가는 목적("…을 마시기

40) Paul, *Amos*, 145. n. 50.; Wolff, *Joel and Amos*, 209. Wolff는 유사한 용례가 시편 68:14와 50:3에 사용되었음을 언급한다.

41) 7f에 서술된 미완료 동사를 이어가는 바브-연계형이기에 완료형 동사가 사용되지만 앞의 미완료형 동사의 시제를 그대로 이어받는 과거시제로 해석한다.

위하여")을 나타낸다. יִשְׂבָּעוּ는 문자적으로 "충분히 만족하다" 또는 "충분히 섭취하다"를 의미하는데 이 문맥에서는 부정어와 함께 갈증을 충분히 해소하지 못한 상태를 묘사한다. 8c는 6c를 그대로 반복하는 표현으로 가뭄을 통한 하나님의 개입에도 불구하고 북이스라엘이 하나님께로 돌아오지 않았음을 지적한다. נְאֻם־יְהוָה는 신탁을 확언하고 마무리하는 역할을 한다.

4. 원문주해

4:7-8. 언약적 의무를 다하지 못한 북이스라엘에 계속해서 가뭄의 재앙으로 개입하시는 하나님의 모습을 볼 수 있다(레 26:26; 신 28:22-24; cf. 호 4:10; 미 6:14). "또한 내가 친히"(וְגַם אָנֹכִי)라는 표현은 하나님의 적극적인 개입과 재앙의 주체가 하나님이심을 강조한다. 가뭄은 단지 곡물수확에만 영향을 미친 것(7절)이 아니라 당장의 생존을 위협하였다(8절). 7c-d의 교차평행은 비를 선택적으로 내리실 수 있는 하나님의 주권을 적절하게 드러내 준다.

4:7c וְהִמְטַרְתִּי עַל־עִיר אֶחָת
a (동사) - b (부사구)

4:7d וְעַל־עִיר אַחַת לֹא אַמְטִיר
b' (부사구) [부정어] a' (동사)

가뭄의 재앙을 볼 때 하나님께서 그의 주권에 따라 선택적으로 재앙을 내리셨으므로 북이스라엘 백성들은 하나님의 개입을 충분히 분별할 수 있었을 것이다. 따라서 하나님은 북이스라엘 백성들이 그의 개입을 분별하고 그에게로 돌아오길 기대하셨다. 하지만 이들은 돌아오기를 거부하는 패역의 모습으로 답을 하였다. 북이스라엘은 하나님의 적극적인 개입에도 불구하고 여전히 하나님께로 돌아오지 않았다.

V. 하나님의 개입(재해)과 북이스라엘의 패역(d): 4:9

1. 원문

4:9a הִכֵּיתִי אֶתְכֶם בַּשִּׁדָּפוֹן וּבַיֵּרָקוֹן
4:9b הַרְבּוֹת גַּנּוֹתֵיכֶם וְכַרְמֵיכֶם וּתְאֵנֵיכֶם וְזֵיתֵיכֶם יֹאכַל הַגָּזָם
4:9c וְלֹא־שַׁבְתֶּם עָדַי
4:9d נְאֻם־יְהוָה

2. 사역

4:9 "내가 마름병과 곰팡이로 너희를 쳤으며 메뚜기들이 되풀이하여 너희 과수원들과 너희 포도원들과 너희 무화과나무들과 너희 올리브나무들을 먹어치우곤 했다. 그러나 너희가 내게로 돌아오지 않았다."
여호와의 말씀입니다.

3. 원문분석

4:9. 7a와는 달리 접속사로 시작하지 않고 곧바로 1인칭, 남성, 단수, 히필 완료형 동사 הִכֵּיתִי("내가 쳤다")로 하나님의 행위가 묘사된다. וּבַיֵּרָקוֹן과 בַּשִּׁדָּפוֹן의 전치사 בְּ는 수단과 방편을 나타내는 것(*beth instrumenti*)이며 שִׁדָּפוֹן은 동사 שׁדף("말리다," "건조시키다")에서 파생된 명사이다. 이것은 뜨거운 바람이나 열로 인해 곡식이 말라 떨어지게 되는 병을 가리키는 것으로 "마름병"으로 번역할 수 있다. יֵרָקוֹן은 녹병균이나 곰팡이에 의해 곡식에 나타나는 질병을 말하는데, "곰팡이"로 번역할 수 있다. 부정사가 동사를 꾸며주는 부사의 역할을 할 수 있는데, 이 경우 주로 히필 절대형의 형태를 취한다.[42] 그러나 부정사 הַרְבּוֹת(רבה, "많게 되다")는 히필형이기는 하지만 연결형이므로 이와 관련하여 다양한 구문론적 해석이 제안되어 왔다. 첫째, הַרְבּוֹת가 연결형이긴 하지만 부사의 역할을 감당하면서 동사 הִכֵּיתִי나 동사 יֹאכַל("그가[그것이] 먹어치울 것이다[먹어치웠다]")을 꾸며 주는 구문으로 해석한다. 우리말성경이 이 구문해석을 따르고 있으며 동사 הִכֵּיתִי를 꾸미는 부사로 간주한다: "크게 들게 해 너희를 쳤으며."[43] Paul도 역시 이 구문해

42) Cf. BHRG §20.2/3.

석을 따르지만 부정사를 동사 יֹאכַל을 꾸미는 부사로 번역한다: "*Repeatedly*… *devoured*."[44] 둘째, Stuart는 הַרְבּוֹת를 시간을 나타내는 부사적 부정사 구문으로 해석한다: "*When your gardens and vineyards increased*, Locusts would devour your fig trees and olive trees."[45] KJV도 이 구문해석을 따르지만 부사절로 번역한다.[46] 셋째, Niehaus와 Hayes는 הַרְבּוֹת를 실명사(substantive)로 간주하여 뒤에 나오는 네 개의 명사 모두에 연결되어 동사 יֹאכַל의 직접 목적어 역할을 하는 것으로 해석한다: "너희 과수원과 너희 포도원들과 너희 무화과나무들과 너희 올리브나무의 농산물을 메뚜기 떼가 먹어치웠다."[47] 넷째, הַרְבּוֹת를 형용사로 간주하여 뒤에 나오는 명사를 꾸미는 것으로 해석한다. 개역과 개역개정이 이 구문해석을 따라 번역하였다: "너희의 *많은* 동산과."[48] 다섯째, BHS는 הַרְבּוֹת를 הֶחֱרַבְתִּי로 수정하여 주어와 동사를 갖는 문장("내가 메마르게 하였다")으로 읽는 독법을 제안한다. 표준새번역과 쉬운성경은 BHS의 제안을 따르고 있으며 공동번역은 BHS 제안과 유사하게 번역하였다.[49] Wolff, Soggin, Mays도 BHS의 제안

---

43) "내가 밀에 잎마름병과 깜부기병이 *크게 들게 해* 너희를 쳤으며 병충해로 과수원과 포도원을 망치고 메뚜기로 무화과나무와 올리브 나무를 다 먹게 했다"(우리말성경).

44) "I struck you with blast and blight. Repeatedly your gardens and vineyards, Your fig trees and olive trees the locust devoured" (Paul, *Amos*, 137).

45) Stuart, *Hosea-Amos*, 335.

46) "When your garden and your vineyards and your fig trees and your olive trees increased, the palmerworm devoured them"(KJV).

47) Niehaus, "Amos," 398, 401. Cf. "I smote you with blight and mildew; *the increase of* your gardens and your vineyards and your fig trees and your olive trees, the locust devoured" (Hayes, *Amos*, 132).

48) "내가 풍재와 깜부기 재앙으로 너희를 쳤으며 팟종이로 *너희의 많은* 동산과 포도원과 무화과나무와 감람나무를 다 먹게 하였으나"(개역); "내가 곡식을 마르게 하는 재앙과 깜부기 재앙으로 너희를 쳤으며 팥중이로 *너희의 많은* 동산과 포도원과 무화과나무와 감람나무를 다 먹게 하였으나"(개역개정).

49) "내가 너희의 농작물을 병충해로 죽게 했다. 너희 동산과 포도밭도 *황폐하게 하였다.* 메뚜기 떼가 무화과나무와 올리브 나무를 먹어치우도록 했다"(쉬운성경); "내가 잎마름병과 깜부기병을 내려서 너희를 치고, 너희의 정원과 포도원을 *황폐하게 하였다.* 너희의 무화과나무와 올리브 나무는, 메뚜기가 삼켜 버렸다"(표준새번역); "이삭은 그 속이 비거나 아니면 깜부기가 되지 않더냐? 너희의 동산과 포도원은 *황폐해지고* 무화과, 감람나무는 메뚜기가 갉아 먹었다"(공동).

을 지지한다.[50] 하지만 이 독법은 필사본이나 고대번역본의 지지를 받지 못한다. 따라서 MT 독법을 유지하는 것이 필요하다. 결론적으로 הַרְבּוֹת는 연결형이긴 하지만 부사로 해석하는 것이 적절해 보인다. 이 경우 동사 יֹאכַל을 꾸미는 것이 된다. 왜냐하면 앞에 나오는 וּבַיֵּרָקוֹן에 이접강세(*segolta*)가 있기 때문이다. 따라서 부사를 문장 앞에 놓으므로 하나님의 심판의 수단으로 지속적인 메뚜기 떼 재앙이 있었음을 시사하게 되며 이것은 하나님께로 돌아오지 않는 북이스라엘의 완고한 태도를 강조해 준다. 즉 되풀이되는 메뚜기 떼 재앙을 경험하면서도 북이스라엘 백성들은 그들의 완고한 태도를 포기하지 않았다. יֹאכַל은 3인칭, 남성, 단수, 칼 미완료형(אכל, "먹다")인데, 미완료형은 과거에 빈번히 일어나곤 했던 사건을 묘사해 준다.[51] 이것은 이 문장을 시작하는 "되풀이하여"(הַרְבּוֹת)와의 자연스러운 연결이다. 그렇다면 이러한 특성을 고려하여 "*되풀이하여…먹어치우곤 했다*"로 번역하는 것이 적절하다. 집합명사로 "메뚜기들" 또는 "메뚜기 떼"를 의미하는 הַגָּזָם은 동사 יֹאכַל의 주어 역할을 한다. 9c-d는 앞의 단락에서 사용된 표현이 그대로 반복되고 있다.

4. 원문주해

4:9. "마름병"과 "곰팡이"는 주로 짝을 이루어 사용되면서(בַּשִּׁדָּפוֹן וּבַיֵּרָקוֹן), 언약적 저주를 가리킨다(신 28:22; 학 2:17). 재앙의 주체는 하나님이며 메뚜기 떼(הַגָּזָם)는 재앙의 도구이다. 이 재앙들은 언약적 의무를 거부한 북이스라엘의 범죄를 전제로 한다. 9a와 9b의 교차평행은 하나님의 개입이 미치는 대상이 강조되고 있으며 개입의 방편은 자연재해이다. 또한 9b의 부사적 역할을 하는 부정사

50) "I smote you with blight and mildew. *I scorched* your gardens and your vineyards" (Wolff, *Joel and Amos*, 210). Cf. "I smote your grain with blight and mildew, *I made worse* your gardens and vineyards: the locusts devoured your figs and your olives" (Soggin, *The Prophet*, 73); "I smote you with withering and blight; *I ravaged* your gardens and vineyards; the locust ate your fig and olive trees" (Mays, *Amos*, 76).

51) Cf. WOC §31.2b. Stuart는 יֹאכַל을 "would devour"로 번역한다: "Locusts would devour your fig trees and olive trees" (Stuart, *Hosea-Joel*, 335).

הַרְבּוֹת("되풀이하여")와 미완료 동사 **יֹאכַל**은 지속적으로 재앙이 임하였음을 보여 준다.

4:9a הִכֵּיתִי אֶתְכֶם בַּשִּׁדָּפוֹן וּבַיֵּרָקוֹן
a (주어/동사) b (목적어) c (부사구)

4:9b הַרְבּוֹת גַּנּוֹתֵיכֶם וְכַרְמֵיכֶם וּתְאֵנֵיכֶם וְזֵיתֵיכֶם יֹאכַל הַגָּזָם
c' (부사) b' (목적어) a' (주어/동사)

하나님의 저주의 대상인 **אֶתְכֶם**("너희를")이 **גַּנּוֹתֵיכֶם**("너희 과수원들"), **כַּרְמֵיכֶם**("너희 포도원들"), **תְאֵנֵיכֶם**("너희 무화과나무들"), **זֵיתֵיכֶם**("너희 올리브나무들")로 세분화되어 표현된다. 9a-b에서 2인칭, 남성, 복수, 대명사어미(**כֶם**)가 두드러지게 반복되고 있음을 주목할 필요가 있다. 이러한 반복은 음성적 효과를 전달할 뿐만 아니라 재앙의 대상인 "너희"에 집중하게 한다. 이들에게 임한 하나님의 직접적인 개입은 그와의 관계를 돌아보기에 충분하였다. 그러나 하나님의 기대와는 달리 북이스라엘은 여전히 하나님께로 돌아오지 않는 패역을 범하였다.

VI. 하나님의 개입(전염병/전쟁)과 북이스라엘의 패역(e): 4:10

1. 원문

4:10a שִׁלַּחְתִּי בָכֶם דֶּבֶר בְּדֶרֶךְ מִצְרַיִם
4:10b הָרַגְתִּי בַחֶרֶב בַּחוּרֵיכֶם עִם שְׁבִי סוּסֵיכֶם
4:10c וָאַעֲלֶה בְּאֹשׁ מַחֲנֵיכֶם וּבְאַפְּכֶם
4:10d וְלֹא־שַׁבְתֶּם עָדַי
4:10e נְאֻם־יְהוָה

2. 사역

4:10 "내가 이집트에서와 같이 너희 중에 전염병을 보냈다. 내가 너희 젊은 이들을 사로잡힌 너희 말들과 함께 칼로 죽였으며 너희 진영의 썩은

냄새를 바로 너희 코에 이르게 하였다. 그러나 너희가 내게로 돌아오지 않았다."
여호와의 말씀입니다.

3. 원문분석

4:10. 9a와 동일하게 접속사가 없이 곧바로 동사 שִׁלַּחְתִּי("내가 보냈다")로 단락을 시작한다. 1인칭 동사를 사용하면서 여전히 하나님을 행동의 주체로 이어간다. בָּכֶם("너희 중에") 전치사 בְּ는 위치를 나타내는 것(*beth locale*)이며 대명사어미의 선행사는 5d의 호격 "이스라엘 자손들"(בְּנֵי יִשְׂרָאֵל)이다. דֶּרֶךְ가 "길" 또는 "방식"을 의미하는데, בְּדֶרֶךְ מִצְרַיִם의 표현에서는 후자의 의미를 취한다. 따라서 이것은 하나님께서 이집트에 전염병을 내리신 것과 동일한 방식으로 전염병을 보내신 것을 의미한다. בַּחוּרֵיכֶם("너희 젊은이들")의 בָּחוּר는 정예군인이 될만한 젊고 건장한 청년을 의미한다. בַּחֶרֶב("칼로")의 전치사 בְּ는 수단 또는 도구(*beth instrumenti*)를 나타낸다. 10b에서 전치사 עִם이 부사구를 유도하며 연결형 명사 שְׁבִי는 "포로" 또는 "포로가 된 상태"를 의미한다. 따라서 부사구 שְׁבִי סוּסֵיכֶם עִם를 "사로잡힌 너희 말들과 함께"로 번역할 수 있다. 1인칭, 남성, 단수, 히필, 미완료동사 וָאַעֲלֶה("그리고 내가 이르게[올라가게] 하였다")는 바브-미완료 연계형으로 10b의 완료형 동사 הָרַגְתִּי("내가 죽였다")에 연결된다. בְּאֹשׁ는 시체가 썩어서 나는 "악취"를 의미하므로 "썩은 냄새"로 번역하는 것이 적절해 보인다(cf. 사 34:3; 욜 2:20). 10b에서 서술하고 있는 살육의 결과로 죽은 시체들에서 나는 악취를 가리킨다. וּבְאַפְּכֶם은 동사 וָאַעֲלֶה를 꾸며주는 부사구이며 바브(ו)는 강조를 위한 것이다. 따라서 "바로 너희 코에"로 번역할 수 있다. 이 표현은 살육의 처참한 결과를 실제적으로 경험하게 되는 상황을 묘사해 주는 역할을 한다. 10d-e는 반복어구로 북이스라엘 자손들이 돌아오지 않은 사실을 계속해서 강조해 준다.

4. 원문주해

4:10. 자연재해를 다루고 있는 9절이 언약적 저주를 다루고 있는 신명기 28:22

의 단어들(בַּשִּׁדָּפוֹן וּבַיֵּרָקוֹן)을 사용한 것처럼 10절도 역시 신명기 28:21(cf. 레 26:25)에 사용된 단어 דֶּבֶר("전염병")를 사용하여 재앙의 원인이 언약적 의무를 거부한 것임을 보게 한다. 이 단락에서 주목해 보아야 할 표현은 "이집트에서와 같이"(בְּדֶרֶךְ מִצְרַיִם, 또는 "이집트에서 했던 방식대로")이다. 하나님께서는 그의 백성을 이집트 땅에서 이끌어내셨지만 북이스라엘 백성들이 하나님의 언약적 관계가 요구하는 의무를 행하지 않고 이 관계를 거부할 때 이집트를 다루셨던 것과 동일한 방법으로 이들을 다루셨다. 이것은 북이스라엘이 이집트와 동일하게 심판의 대상이 되었다는 것을 시사해 준다(cf. 1:3-2:16). 그러나 전염병과 전쟁의 처참한 패배와 죽음을 통하여 하나님께서 북이스라엘에게 회개촉구의 메시지를 전하셨다. 이러한 하나님의 개입을 통하여 북이스라엘 백성들은 하나님과 그들의 관계가 어떠한지를 돌아보아야 했지만 여전히 하나님께로 돌아오지 않는 패역으로 일관된 태도를 보였다.

VII. 하나님의 개입(파괴)과 북이스라엘의 패역(f): 4:11

1. 원문

4:11a הָפַכְתִּי בָכֶם
4:11b כְּמַהְפֵּכַת אֱלֹהִים אֶת־סְדֹם וְאֶת־עֲמֹרָה
4:11c וַתִּהְיוּ כְּאוּד מֻצָּל מִשְּׂרֵפָה
4:11d וְלֹא־שַׁבְתֶּם עָדַי
4:11e נְאֻם־יְהוָה

2. 사역

4:11 "하나님이 소돔과 고모라를 뒤엎은 것처럼 내가 너희 중 일부를 뒤엎었으며 너희는 불에서 끄집어낸 타나 남은 나무와 같았다. 그러나 너희가 내게로 돌아오지 않았다."

여호와의 말씀입니다.

3. 원문분석

4:11. הָפַכְתִּי בָכֶם("내가 너희 중 일부를 뒤엎었다")은 10a와 구문론적 평행을 이루며 새로운 단락을 시작한다. בָּכֶם은 부분을 나타내는 전치사 בְּ(partitive)와 대명사어미가 결합된 것으로 "너희 중 일부"를 의미한다. 소돔과 고모라가 멸망한 것과 비교되는 것을 고려할 때 개역과 개역개정의 번역과 같이 "너희 중의 성읍"으로 번역하는 것이 가능하다. כְּמַהְפֵּכַת는 비교를 위한 전치사 כְּ와 동사 הפך("뒤엎다," "전복시키다")에서 파생된 여성형 명사 מַהְפֵּכָה가 결합된 부사구이다. 칼형 부정사의 경우 아람어 방식을 따라 מ이 어두에 첨가되기도 한다.52) 연결형 부정사의 경우, 동사의 성격이 유지되어 주어와 목적어를 취할 수 있다. 따라서 연결형 부정사의 형태를 가진 실명사에 연결된 속격(genitive) אֱלֹהִים이 מַהְפֵּכַת의 주어가 된다. 목적어는 직접목적격 표기 אֶת에 의해 서술된다: אֶת־סְדֹם וְאֶת־עֲמֹרָה. 구약성경에서 מַהְפֵּכָה는 소돔과 고모라의 파괴를 묘사할 때만 사용되었다(cf. 신 29:22; 사 13:19).53) 한글번역본들은 주로 אֱלֹהִים("하나님")을 주절의 1인칭 동사 הָפַכְתִּי에 맞추어 "나 하나님" 또는 "하나님 내가"로 번역하였으며 쉬운성경은 אֱלֹהִים을 "내가"로 번역하고 있다.54) 그러나 아모스가 אֱלֹהִים을 언급하면서 소돔과 고모라의 심판의 출처를 분명히 밝혀 주고 있으며 하나님을 심판의 주로 소개하고 있는 점에 주목한다면 "하나님"을 그대로 번역에 반영하는 것이 중요하다.55) 11c의 וַתִּהְיוּ는 바브-미완료 연계형으로 11a의 완료

---

52) Cf. GKC § 45e.

53) Cf. 아모스 4:11b와 동일한 표현이 이사야 13:19에 사용된다: וְהָיְתָה בָבֶל צְבִי מַמְלָכוֹת תִּפְאֶרֶת גְּאוֹן כַּשְׂדִּים כְּמַהְפֵּכַת אֱלֹהִים אֶת־סְדֹם וְאֶת־עֲמֹרָה (사 13:19).

54) "내가 너희 중의 성읍 무너뜨리기를 *하나님 내가* 소돔과 고모라를 무너뜨림같이 하였으므로"(개역); "내가 너희 중의 성읍 무너뜨리기를 *하나님인 내가* 소돔과 고모라를 무너뜨림같이 하였으므로"(개역개정); "내가 소돔과 고모라를 멸망시킨 것처럼 너희를 멸망시켰다"(쉬운성경); "*나 하나님이* 소돔과 고모라를 무너뜨린 것처럼 내가 너희를 무너뜨렸다"(우리말); "나 하나님이 옛날에 소돔과 고모라를 뒤엎은 것처럼, 너희의 성읍들을 뒤엎었다"(표준새번역); cf. "나는 *소돔과 고모라를 뒤엎어 버리듯*, 너희를 불 속에서 끄집어 낸 부시깽이처럼 만들리라"(공동).

55) Soggin은 시편 36:7; 80:11에서와 같이 אֱלֹהִים이 최상급의 의미를 나타내는 표현으로 간

형동사 הָפַכְתִּי에 연결된다. 따라서 11c는 11a의 행위에 따른 결과를 나타낸다. 하나님께서 뒤엎으신 결과로 북이스라엘 백성들이 "불에서 끄집어낸 타나 남은 나무"와 같이 된 것이다. כְּאוּד의 אוּד는 수동의 의미를 전달하는 호팔형(*hophal*) 분사 מֻצָּל("끄집어 낸," "건져낸")의 주어 역할을 하며 מִשְּׂרֵפָה("불에서": שְׂרֵפָה + מִן)는 이 분사에 연결된 부사구이다.

4. 원문주해

4:11. 파괴 역시 언약적 저주의 내용이다(cf. 신 28:52; 레 26:30-32). 하나님께서는 북이스라엘의 일부 성읍들을 소돔과 고모라를 뒤엎으신 것처럼 뒤엎으셔서 북이스라엘 백성들이 자신들의 잘못을 돌아보고 여호와께로 돌아오기를 기대하였다. 불에 타나 남은 나무와 같은 그들의 처지는 자신들의 행위를 되돌아보게 하기에 충분하였을 것이다(cf. 암 3:6). 하지만 이러한 하나님의 개입은 소용이 없었다. 왜냐하면 북이스라엘이 여전히 여호와께로 돌아오지 않았기 때문이다. 하나님의 지속적인 개입에도 불구하고 패역으로 일관한 북이스라엘에 대해 하나님의 심판선언이 주어지는 것은 당연한 결과이다. 따라서 상황에 대한 고소단락(4:4-11)은 하나님의 심판이 정당한 것임을 보여준다. 심판고소단락(4:4-11)에서 지적하고 있는 북이스라엘의 문제는 첫째, 종교적 타락이며(4:4-5), 둘째, 돌아오기를 촉구하는 하나님의 지속적인 개입에도 패역으로 일관하는 북이스라엘의 완고한 태도이다(4:6-11). 하나님의 개입을 나타내는 일곱 개의 언약적 저주가 언급되고 있는 것도 주목할 만하다: (1) 기근(6절); (2) 가뭄(7-8절); (3) 자연재해(9절); (4) 메뚜기 떼 재앙(9절); (5) 전염병(10절); (6) 전쟁(10절); (7) 파괴(11절).[56]

주할 수 있음을 언급하면서 "하나님"으로 번역하는 것을 거부한다: "I worked among you destruction, like the more terrible destruction, that of Sodom and Gomorrah" (Soggin, *The Prophet*, 75).

56) Hayes와 Paul은 11절이 지진을 묘사하는 것으로 보기도 한다(cf. Hayes, *Amos*, 147; 모티어, 『아모스』, 116; Paul, *Amos*, 148-49). 사용된 동사나 소돔과 고모라와의 비교가 지진을 의미하지는 않는다. 이것은 오히려 갑작스럽고 철저한 파괴를 연상케 하기 위한 것으로 보인다(cf. 렘 20:16; 49:18; 호 11:8; 습 2:9).

VIII. 신적 선언: 4:12-13

1. 원문

4:12a	לָכֵן כֹּה אֶעֱשֶׂה־לְּךָ יִשְׂרָאֵל
4:12b	עֵקֶב כִּי־זֹאת אֶעֱשֶׂה־לָּךְ
4:12c	הִכּוֹן לִקְרַאת־אֱלֹהֶיךָ יִשְׂרָאֵל
4:13a	כִּי הִנֵּה יוֹצֵר הָרִים
4:13b	וּבֹרֵא רוּחַ
4:13c	וּמַגִּיד לְאָדָם מַה־שֵּׂחוֹ
4:13e	עֹשֵׂה שַׁחַר עֵיפָה
4:13f	וְדֹרֵךְ עַל־בָּמֳתֵי אָרֶץ
4:13g	יְהוָה אֱלֹהֵי־צְבָאוֹת שְׁמוֹ

2. 사역

4:12 "그러므로 이스라엘아, 내가 네게 이같이 행할 것이다. 내가 네게 이것을 행할 것이므로, 이스라엘아, 네 하나님을 만나길 예비하라."

4:13 보십시오. 산들을 지으시고 바람을 창조하시고 인간에게 자신의 생각이 무엇인지 알려 주시며 새벽을 어둠으로 만드시며 땅의 높은 곳들을 밟으시는 분, 바로 여호와 만군의 하나님이 그의 이름입니다.

3. 원문분석

4:12. לָכֵן("그러므로")은 전환을 유도하며 심판선언 단락을 열어주는 역할을 한다. 앞의 단락들에서 언급한 고소와 비난의 내용에 근거하여 하나님의 심판선언이 주어진다. "이같이"(כֹּה)는 심판선언의 내용, 즉 12b-c의 내용을 가리키는데 여기서도 심판의 구체적인 내용은 언급되지 않는다. עֵקֶב는 "결말" 또는 "결과"를 의미하며 כִּי와 함께 등장하면서 עֵקֶב כִּי는 이유나 근거를 설명해 주는 표현이 된다. 즉 12b는 12c의 이유가 되는 것이다. 지시대명사 זֹאת가 가리키고 있는 대상이 이 단락에서는 구체적으로 언급되지 않고 "이것"으로만 지시되고 있다.

“이것” 의 구체적인 내용은 아모스서의 신탁들이 더 전개되면서 점차적으로 구체화되어 전달된다. 아모스는 이러한 서술기법을 통해 청자로 하여금 긴장감과 호기심을 가지고 전달되어지는 신탁에 관심을 가지고 관여하도록 유도하고 있다. אֶעֱשֶׂה־לְּךָ (“내가 네게[남성형] 행할 것이다”)와 אֶעֱשֶׂה־לָּךְ (“내가 네게[여성형] 행할 것이다”)가 반복되면서 두 가지 사실이 강조된다. 첫째, 하나님께서 행동하실 것이라는 사실이다. 둘째, 그 대상이 북이스라엘 전체(יִשְׂרָאֵל)가 될 것임을 분명히 한다. 하나님의 행동의 대상을 지적함에 있어서 2인칭 단수 남성 인칭대명사과 여성 인칭대명사가 함께 사용되면서 심판의 대상(남녀)을 모두 아우르는 포괄적인 의미가 전달된다. 상황에 대한 고소와 비난단락(4-11절)에서는 신탁의 대상에 대한 표현이 이스라엘 자손들(בְּנֵי יִשְׂרָאֵל)과 2인칭 복수 대명사어미(כֶם)로 표현이 되다가 심판선언 단락(12-13절)에서는 이스라엘(יִשְׂרָאֵל)과 2인칭 단수 대명사어미(ךָ, ךְ)로 전환된다. 이것은 신탁의 대상에게 보다 세부적이고 개별적으로 다가가고 있는 수사적 의도이다. 또한 앞에서 언급한 바와 같이 구문론적 평행을 이루는 12a와 12b는 대명사어미를 남성과 여성으로 번갈아 사용하면서 신탁의 대상 모두를 포함하는 효과를 갖는다.[57] 이와 더불어 호격 יִשְׂרָאֵל이 두 번 반복되면서 심판의 대상이 명확하게 제시된다. 니팔형 הִכּוֹן(כון, “견고하다,” “고정되어 있다”)은 준비를 갖추는 것을 의미한다. לִקְרַאת־אֱלֹהֶיךָ(“네 하나님 만나기를”)는 전치사 לְ가 유도하는 부정사구로 동사 הִכּוֹן을 보완해 준다.

4:13. 접속사 כִּי는 이유를 설명해 주는 역할을 한다. 즉 이스라엘이 하나님을 만날 준비를 해야 할 이유를 설명하는 문장을 유도해 준다. הִנֵּה(“보라”)는 동사 ראה(“보다”)의 명령형을 대신하면서 청자의 주의를 선포되는 말에 집중하게 한다. 12c에서 언급한 אֱלֹהֶיךָ(“너의 하나님”)을 남성, 단수, 칼형 분사 יוֹצֵר의 의미상의 주어로 보거나 또는 주어가 보류된 채로 13f까지 분사구들이 이어지다가 13g에서 구체적으로 언급되는 것으로 볼 수도 있다. 13a의 구문형태를 따라 13b-f에서도 동일하게 단수 분사가 유도하는 분사구들을 나열하면서 하나님이 어떤

---

57) 이러한 성의 변화는 “바산의 암소들” 을 향한 심판신탁(4:1-3)에서도 나타난다. “바산의 암소들” 을 선행사로 하는 남성, 복수 대명사어미들이 사용되었다(cf. 4:1e, 2b, 2c, 2d).

분이신지를 설명해 준다. יוֹצֵר("만들다")와 בֹּרֵא("창조하다")는 창세기 1장과 2장에서 하나님의 천지창조를 서술할 때 사용된 동사들이다. רוּחַ는 "바람," "호흡," "영," "방향" 등을 의미하며 이 분사구문에서는 "바람"의 의미를 취한다. 히필 분사 וּמַגִּיד는 등위접속사 바브(ו)와 함께 분사구문을 유도한다. מַה־שֵּׂחוֹ는 의문 대명사(מַה), 명사 שֵׂחַ("생각"), 3인칭 남성 단수 대명사어미(וֹ)가 결합된 형태로 분사 מַגִּיד("알려주다")의 목적어 역할을 한다.[58] Niehaus의 경우, שֵׂחַ를 שִׂיחַ("불평," "걱정," "생각")의 이형으로 간주할 뿐만 아니라 구약에서 שִׂיחַ가 항상 사람과 관련하여 사용된 점을 지적하면서 대명사어미의 선행사를 לְאָדָם의 "인간"으로 제시한다.[59] 즉 하나님께서 인간에게 그의[인간의] 고충을 알려주시는 것으로 해석한다: "and the one who reveals to humankind its musings."[60] 그러나 전체적으로 하나님의 주권과 능력에 관련된 서술이므로 대명사어미의 선행사를 하나님으로 보는 것이 적절하다. 13e의 עֹשֵׂה שַׁחַר עֵיפָה를 해석함에 있어서 명사들의 관계를 어떻게 규정하는지에 따라 차이가 나타난다. 첫째, 두 개의 명사가 연이어 등장하며 형용사적 관계를 갖는 것으로 간주하여 해석할 수 있다.[61] 따라서 "새벽녘 어둠"으로 번역한다. 주로 영어번역본에서 이러한 구문해석을 볼 수 있다(cf. ESV, NRS, RSV, ASV, KJV). 둘째, שַׁחַר עֵיפָה에 접속사가 생략된 것으로 보아 두 명사를 모두 동사의 직접목적어로 번역한다(cf. NAB; Niehaus).[62] BHS는, 접속사를 넣어 ὄρθρον καὶ ὁμίχλην로 번역한 칠십인경(LXX)과 일부 필사본에 근거하여 접속사 바브(ו)의 추가를 제안한다. 셋째, 명사들을 동사 עֹשֵׂה의 이중 대격(double accusatives)으로 간주하는데 첫 번째 대격 명사가 두 번째 대격 명사

58) 칠십인경(LXX)은 מַה־שֵּׂחוֹ를 מְשִׁיחוֹ("그의 기름부은 자," τὸν χριστὸν αὐτοῦ)로 수정하여 번역한다.

59) Niehaus, "Amos," 407.

60) Ibid.

61) Cf. BHRG §25.4/5.; GKC §128p.

62) New American Bible의 경우 두 명사를 그대로 번역한다: "Who made the morning and the darkness."

의 형태로 바뀌게 되는 것으로 해석한다.[63] 즉 שַׁחַר("새벽," "아침," "새벽빛")를 עֵיפָה("어둠")로 만드시는 분으로 번역한다. 주로 한글번역본들이 이 구문해석을 따르고 있다(cf. NIV, NJB, NLT).[64] 이 구문해석은 하나님께서 빛을 어둠으로 바꾸시는 심판의 행위를 연상시켜 준다. 넷째, שַׁחַר와 עֵיפָה의 의미를 달리 해석한다. Paul은 עֵיפָה가 어둠을 의미하지 않는다는 것을 지적하면서 עֵיפָה가 "빛을 내다"는 의미를 가진 동사 יפע와 관련된 것으로 본다.[65] 따라서 עֵיפָה는 "어둠"이 아닌 "새벽빛"을 의미하며 오히려 שַׁחַר가 "어둠"을 의미하는 것으로 해석한다. 이는 שַׁחַר가 "검은" 또는 "어두운"의 의미를 갖는 형용사 שָׁחוֹר와 동사 שׁחר에 관계된 것으로 보기 때문이다. 결과적으로 Paul은 아모스 5장 8절과 유사하게 "어둠을 새벽으로 바꾸신 분"(he who turns blackness into daybreak)으로 번역한다(cf. TNK).[66] 이 번역은 하나님께서 밤을 아침으로 바꾸시는 장면을 연상시켜 준다. 하지만 이러한 수정독법은 필사본이나 고대번역본의 지지를 받지 못한다. 동사 עֹשֵׂה를 고려할 때 명사들을 이중 대격으로 간주하는 세 번째 구문해석이 더 자연스러워 보인다(cf. 민 11:8; 삿 17:4; 왕상 18:32; 삼상 8:1; 신 1:15). דֹרֵךְ는 "밟다" 또는 "걷다"를 의미하며 עַל־בָּמֳתֵי אָרֶץ와 함께 쓰여 하나님의 권위를 나타내는 표현이 된다. עַל־בָּמֳתֵי אָרֶץ의 בָּמָה는 "언덕", "산," "높은 곳," "예배의 장소" 등으로 번역될 수 있는데 여기서는 "땅의 높은 곳들"을 의미한다. 하나님의 속성을 설명하는 13a-f에서 13a의 "산들"(הָרִים)과 13f의 "땅의 높은 곳들"(בָּמֳתֵי אָרֶץ)이 수미쌍관(*inclusio*)을 이루면서 13a-f를 함께 묶어주고 있다. 13g는 동사가 사용되지 않은 명사절(*nominal clause*)이다. "그의 이름"(שְׁמוֹ)이 명사절의 주어로 쓰이는 경우 주로 앞에 위치하는데(cf. 룻 1:2), 13g에서는 יְהוָה אֱלֹהֵי־צְבָאוֹת가 먼저 나오고 있으므로 이것을 주어로 보고 שְׁמוֹ가 술어의 역할을 하는 것으로 간주하게 된다. 전체 문맥의 흐름에 비추어 주어가 강조된 것으로 번

---

63) Cf. WOC §10.2.3c.

64) "*아침을 어둡게* 하며"(개역; 개역개정); "*새벽을 깜깜하게* 하시고"(공동); "*새벽빛을 어둠으로 바꾸시는* 분"(쉬운성경); "*새벽빛을 어둡게* 하시고"(우리말); "*여명을 어둠으로 바꾸시고*"(표준새번역).

65) Paul, *Amos*, 155.

66) "Who turns blackness into daybreak"(TNK).

역할 수 있다. 즉, "바로 여호와 만군의 하나님이 그의 이름이다." 이러한 구문은 여호와 만군의 하나님의 속성이 강조할 뿐만 아니라 그의 이름임을 확인해 준다. 따라서 그의 이름은 단지 명칭 이상의 의미를 갖는다. 그의 이름은 13a-f에서 서술하고 있는 하나님의 능력과 속성을 반영하는 표현이 된다.

4. 원문주해

4:12. 상황에 대한 고소와 비난(4:4-11)에 근거하여 하나님의 심판선언이 주어진다. "그러므로"(לָכֵן)는 이러한 전환을 도와준다. "내가 이같이 행하리라"는 것이 3장에서 언급한 심판내용을 가리키는 것일 수도 있지만 여기서는 그 지시내용이 잠시 보류된다.[67] 이것은 하나님께서 행하실 심판의 내용을 구체적으로 설명하지 않으면서 청자들에게 두려움과 긴장감을 주는 효과를 위한 것으로 보인다. 이러한 기교는 이미 1:3-2:16에서 사용되었다. 심판을 선언하는 표현인 לֹא אֲשִׁיבֶנּוּ (1:3, 6, 9, 13; 2:1, 4, 6)는 문자적으로 "내가 이것을 돌이키지 않을 것이다"인데, 여기에서도 3인칭 남성 대명사어미를 사용하여 돌이키지 않은 것이 무엇인지를 바로 전하지 않고 이어지는 문장들에서 설명해 준다. 이와 유사하게 하나님께서 행할 "이같이"(כֹּה)는 4장 이후의 다른 신탁들이 선포되면서 점진적으로 드러나게 된다.[68] 이 단락에서는 하나님의 하실 일이 구체적으로 무엇인지 밝히지는 않

---

67) Anderson과 Freedman은 12a-b의 1인칭 미완료형 동사들을 현재완료로 해석하면서 12b의 "이것"(זֹאת)의 선행사를 4-11절에서 언급한 하나님의 행위로 본다: "Therefore thus have I done to you, O Israel! Because I have done this to you: prepare to confront your God, O Israel!"(Anderson and Freedman, *Amos*, 450). Stuart는 12b의 미완료형 동사 אֶעֱשֶׂה를 과거의 지속적인 행위를 나타내는 용법으로 간주하여 "Because this is what I *have already been doing* to you"로 번역한다(Stuart, *Hosea-Jonah*, 335, 336, 339). 이러한 구문해석이 12a-b를 불필요한 반복으로 보는 이의를 제거할 수 있다고 본다. BHS는 12b-c가 추가된 것으로 보는데 아모스의 서술기법을 고려할 때 추가된 것으로 보기가 어렵고 오히려 강조를 위해 의도된 표현으로 간주할 수 있다.

68) 흥미롭게도 Wolff는 요시아시대의 설교자가 요시아에 의해 파괴된 벧엘의 제단을 손으로 가리키며 "이같이"라고 지적한 것으로 해석한다(Wolff, *Joel and Amos*, 222, 217-18). 즉 "이같이"가 지시하는 것을 본문이 아닌 자신이 재구성한 사건의 정황 속에서 찾고 있다. 이 경우 12절은 주전 8세기의 아모스와 관련이 없는 본문이 된다.

는다. 하지만 하나님께서 무엇인가 행하실 것이라는 사실이 12a와 12b의 반복을 통해 강조된다. 하나님께서 북이스라엘의 지속적인 패역에 대하여 대처하신다는 사실만으로도 북이스라엘이 하나님을 대면할 준비를 해야 함을 선포하는 것이다. 더욱이 신탁의 대상을 가리키는 인칭이 2인칭 복수(וְלֹא־שַׁבְתֶּם עָדַי)에서 2인칭 단수(אֶעֱשֶׂה־לָּךְ)로 변화된 것은 하나님께서 개개인에게 집중하고 계심을 보여준다. 과거에 하나님의 개입은 북이스라엘에게 돌아올 수 있는 기회와 여지를 남겨두셨다. 하지만 하나님의 어떠한 개입에도 불구하고 전혀 돌아오지 않는 북이스라엘의 지속적인 패역에 대해 하나님께서 "이것"을 행할 것이라는 선언은 아모스의 신탁을 듣는 청자들에게 두려움과 긴장감을 극대화시키는 효과를 갖는다. 하나님은 단지 "네 하나님"을 만날 준비를 하라고만 경고하신다. 하나님께서 이미 여러 가지 방법으로 북이스라엘이 돌아오길 기대하였지만 돌아오지 않았으므로 이제 하나님께서 직접 이들을 대면하겠다는 것이다. 이것은 소위 북이스라엘이 말하는 "네 하나님"(אֱלֹהֶיךָ)이 어떤 하나님인지를 보여주겠다는 선언으로 들린다. 4-5절에서 조롱하는 바와 같이 북이스라엘 백성들이 자신들의 생각대로 하나님을 만나고자 했다면 이제는 실제로 하나님을 만날 준비를 하라는 것이다.[69] 따라서 아모스는 심판선언을 구체적으로 전달하기 전에 북이스라엘이 말하는 하나님이 실제로 어떤 분이신지에 대해 설명하게 된다. 이러한 이유로 13절에서 하나님의 속성에 대한 확언이 전달되는 것으로 보인다. 13절은 단순한 "찬양"(doxology)이 아니라 하나님의 속성에 대한 확언이며 이 속성에 근거하여 심판선언이 주어진다(cf. 5:27; 6:10).

4:13. 심판선언 단락을 마무리하는 13절은 12절에서 언급한 북이스라엘이 만날 준비를 해야 할 하나님의 속성을 다섯 개의 분사구문으로 묘사하고 있다. 13a-b의 처음 두 분사(יוֹצֵר; בֹּרֵא)는 하나님의 창조능력을 묘사한다. 13c의 분사 מַגִּיד는 하나님께서 자신의 뜻을 인간에게 보이시는 계시의 속성을 설명한다. 아모스서의 흐름 속에서 볼 때 이것을 3장 7절과의 연관성 속에서 이해할 수 있다. 13e-f에 언급된 마지막 두 개의 분사(עֹשֵׂה; דֹּרֵךְ)는 하나님의 심판의 행위를 묘

---

69) Cf. Stuart, *Hosea-Jonah*, 336.

사하는 것으로 보인다. 따라서 이것을 정리하면, 창조의 능력을 가지신 하나님께서 그의 뜻을 선지자를 통해 인간들에게 나타내셨기에 인간들은 무엇을 해야 하는지를 충분히 알았을 것이다. 이에 따라 하나님이 심판자로서 심판의 행위와 위엄을 나타내실 것이다.[70] 바로 "여호와 만군의 하나님"이 심판자의 이름이다. "여호와 만군의 하나님"(13g)이라는 이름에는 이러한 중요한 요소들이 모두 담겨져 있다. "하나님"은 창조주임을 시사하며(cf. 창 1:1-2:3), "여호와"는 언약적 관계를 전제하는 명칭이며, "만군의 하나님"은 군사들을 이끌고 전쟁을 하시는 용사로서의 하나님을 묘사하는 명칭이다. 따라서 13절은 하나님의 속성에 대한 단순한 "찬양"(doxology)이 아니라 심판주로서의 하나님의 능력과 위엄을 선포하고 심판을 확언하는 역할을 한다.[71] 아모스는 13절을 통해서 소위 북이스라엘이 말하는 "하나님"이 창조주이시며 그들의 기대와는 달리 심판을 행하시는 여호와이심을 선포한다. 이 하나님을 만나길 예비하라는 것이 심판선언의 내용이다. 하지만 심판의 구체적인 내용이 언급되지 않고 보류되면서 청자들은 불안감과 긴장감을 갖게 된다.

IX. 4:1-13의 절정의 문제

Dorsey는 4:1-13이 1-3장에 사용된 7+1의 형식을 사용하고 있음을 지적하면서

---

70) Cf. Chisholm, *Handbook*, 389.

71) Schmidt는 "찬양" 단락들(4:13; 5:8; 9:5-6)이 본래 하나로 연결된 것이었는데 포로기나 포로후기에 이 "찬양"을 나누어 아모스서에 삽입한 것으로 본다(Schmidt, *Old Testament Introduction*, 195; Mays, *Amos*, 83-84). Childs 역시 이 찬양들을 편집적 작업의 흔적으로 간주한다(Childs, *Introduction*, 405). Childs는 현재의 본문에서 찬양이 임박한 심판을 선언한 하나님의 속성을 설명하는 일종의 주석역할을 하는 것으로 보며 이것은 편집자의 작업에 영향을 미친 신학적 관점을 담고 있다고 설명한다. 하지만 4장 13절을 후대삽입이나 하나의 찬양이 나뉘어져서 삽입된 것으로 볼 결정적인 이유가 없다. 4장 12-13절의 원문주해에서 설명하는 것처럼 13절이 단순한 "찬양"(doxology)이 아니라 12절에서 언급한 만나야할 하나님에 대한 설명을 하는 것이며 이 설명 속에 창조주로서의 심판자를 그리고 있는 것이라면 13절은 12절과 연관된 본문이 된다. 아모스서에 나오는 "찬양" 본문에 대한 학자들의 견해를 보려면, Wolff, *Joel and Amos*, 215-17; Paul,

마지막 심판선언(4:12-13)을 이 단락의 절정으로 제시한다.[72] 즉 아모스가 의도적으로 נְאֻם־יְהוָה로 마무리되는 일곱 개의 단락들을 나열한 후 심판선언으로 전환하면서 이것을 절정으로 제시하고 있다고 본다. 또한 심판선언이 장엄한 찬양(4:13)으로 마무리되는 것이 이 절정을 돕고 있다는 것이다. 따라서 Dorsey는 하나님의 노력에도 불구하고 북이스라엘이 돌아오지 않았으므로 하나님이 친히 북이스라엘을 칠 수 밖에 없다는 것이 강조되고 있다고 주장한다. Limburg는 다른 측면에서 7+1의 형식을 설명하면서 심판선언(4:12)을 절정으로 제시한다.[73] Limburg에 따르면, 1인칭동사와 함께 사용된 2인칭 복수대명사어미(כֶם)가 총 7번 사용된 후 심판선언이 주어졌다는 것이다(4:6, 7, 9, 10[x3], 11). Paul은 4:6-11에서 총 일곱 개의 재앙이 언급된 후 12절에서 여덟 번째의 재앙이 언급되고 있으므로 12절을 절정으로 제안한다.[74] 더욱이 12절이 심판의 내용을 명확하게 밝히지 않는 기법을 통해 청자들에게 어떤 무서운 재앙이 올지에 대한 불안감을 주기 때문에 재앙목록의 절정을 이룬다고 본다.

일반적으로 심판신탁에서 상황에 대한 고소단락보다는 신적 선언단락이 의미론적 무게를 갖게 된다. 따라서 7+1의 기법을 보거나 심판신탁의 일반적 속성을 고려할 때 4장 12-13절을 이 단락의 절정으로 고려해 볼 수 있다. 그러나 다음의 사실들은 이러한 견해를 재고하게 한다. 첫째, 심판선언(12-13절)은 선언자체로 마무리되지 않고 다음을 기대하게 한다. 하나님의 심판을 구체적으로 서술하지 않고 "이같이"(כֹּה)와 "이것"(זֹאת)으로 선포하면서 무엇인가를 지시할 뿐 지시하는 바가 무엇인지에 대해서는 보류하고 있다. 청자들에게 긴장감과 불안감을 주고 있는 수사적 기능과 효과는 분명하지만 심판선언으로서의 충분한 기능을 하지 못하고 있다. 이것은 신탁연속물(1:3-2:16)에서 "내가 이것을 돌이키지 않을 것이다"

Amos, 152-53; T. E. McComiskey, "The Hymnic Elements of the Prophecy of Amos: A Study of Form-Critical Methodology," *JETS* 30 (1987): 139-57을 참조하라.

72) "The linear arrangement of this unit [4:1-13] emphasizes the climatic final position. This climax declares that since Yahweh's preliminary efforts have failed, he is now coming against Israel himself!"(Dorsey, *The Literary,* 280-81).

73) Limburg, "Sevenfold Structures," 220.

74) Paul, *Amos*, 149-50, 151.

(לֹא אֲשִׁיבֶנּוּ)라는 표현에서 "이것"이 청자에게 긴장감을 주면서 그들의 관심을 다음에 언급되는 내용에 집중하게 하는 것과 같다. 4장 12절은 긴장감을 주는 효과는 있지만 그 자체가 의미론적 무게를 갖지는 않는다. 둘째, 고소단락에 더 많은 지면이 할애되고 있다. 즉 아모스는 북이스라엘의 문제를 지적하고 고소하는데 중점을 두고 있다는 것이다. 계속해서 반복되고 있는 "그러나 너희가 내게로 돌아오지 않았다"(וְלֹא־שַׁבְתֶּם עָדַי)와 여호와의 확언(נְאֻם־יְהוָה)은 청자들의 주의를 끌기에 충분하며 이 단락의 중요성을 보게 한다. 따라서 4장 1-13절을 통해 아모스는 심판선언을 강조하기 보다는 북이스라엘의 패역을 지적하면서 확정된 심판의 필연성을 강조하고 있다. 하나님의 언약적 재앙을 경험하였을 때 북이스라엘은 그들의 종교적 타락과 사회적 불의의 문제를 뉘우치고 하나님께로 돌아왔어야 했다. 하지만 북이스라엘은 지속적으로 하나님께로 돌아오길 완강하게 거부하였다. 이것은 하나님의 심판의 충분한 이유가 되며 하나님의 심판을 정당화한다. 북이스라엘이 돌아오지 않으므로 하나님께서 친히 만나실 것을 작정을 하셨기에 이제 북이스라엘은 하나님을 만날 준비를 하라는 것이다. 이 선언과 함께 아모스는 그들이 만나게 될 하나님이 창조주로서의 능력과 위엄을 가진 분이시라는 사실을 확인해 주는 것으로 단락을 마무리한다.

X. 1-4장의 주제적 연관성과 발전

아모스 4장 1-13절은 따로 떨어져 존재하는 것이 아니라 1-3장의 흐름을 이어가고 있다. 즉 독자들은 1-3장을 읽고 난 후 4장을 접하게 된다. 달리 말하면 아모스 1-4장의 배열과 구성은 자연스럽게 아모스의 의도를 반영한다. 따라서 이 장들이 어떻게 연결되고 있는지 살피는 것이 중요하다. 심판신탁의 고소와 선언의 측면에서 1-4장의 주제적 연관성과 발전을 살펴보면 다음과 같다.

1. 심판고소(2:6-12; 3:2, 9-10; 4:1, 4-11)

아모스 2:6-12에서 지적하고 있는 심판의 원인은 하나님의 구원의 은혜를 외면한 사회적 불의, 곧 물질적 탐욕과 성적 타락 및 약자들에게 행한 억압과 무정함이다. 3:2, 9-10에서 언급하고 있는 심판의 원인은 언약적 의무의 거부이다. 언약적 관계가 요구하는 평안과 정의와 공의를 큰 혼란과 압제, 폭력과 착취로 바꾸어 버린 것이다. 북이스라엘은 옳은 것을 행할 줄 모르는 완전한 타락에 빠져있었다. 4장 1절은 2장 6-8절과 3장 9-10절에서 고소하고 있는 사회적 불의의 배후에 여인들의 역할이 있음을 지적해 준다. 4장 4-5절은 언약적 의무를 따르지 않으면서 자신들의 만족을 위한 종교적 행위를 범죄행위로 규정한다. 4장 6-11절은 북이스라엘에게 더욱 문제가 되는 것이 하나님께로 돌아오지 않는 지속적인 패역임을 지적한다. 언약적 의무를 거부한 북이스라엘에게 하나님께서 언약적 저주를 통해 회개의 기회를 주셨지만 효과가 없었다. 이것은 심판의 필연성을 정당화시켜 준다. 패역한 북이스라엘 백성들을 향한 하나님의 심판선언이 주어지는 것은 당연한 결과이다.

2. 심판선언(2:13-16; 3:11-15; 4:2-3, 12-13)

아모스 2:13-16에서는 하나님의 심판을 그가 직접 북이스라엘을 누르시는 것으로 표현하면서 결코 어느 누구도 그의 심판을 피할 수 없음을 선언한다. 3장 11-15절은 이 피할 수 없는 심판이 "대적"에 의한 전쟁을 통해 이루어질 것이며 종교적 영역과 사회적 영역에 모두 미치게 될 것임을 선포한다. 그러면 북이스라엘이 신뢰하였던 거짓된 종교와 부는 모두 제거될 것이다. 4장 2-3절은 범죄를 저지른 자들이 포로로 잡혀갈 것을 암시하고 있으며 4장 12절은 완강한 패역으로 일관하는 자들이 하나님을 만나야 할 것을 선포한다. 하나님의 심판선언과 더불어 이 심판이 임하게 될 날에 대한 주제적 연관성과 발전을 살필 수 있다. 아모스는 2:16에서 하나님께서 누르시는 심판(2:13)이 임하게 될 때를 "그날"(בַּיּוֹם־הַהוּא)로 표현한다. 2장 16절은 "그날"을 구체적으로 설명하지 않는다. 그러나 3장 14절은 "그날"을 "나의 보응하는 날"(בְּיוֹם פָּקְדִי)로 표현하면서 보다 구체적으로 서술한다. 이 날은 북이스라엘의 범죄를 보응하는 날이다(2:6, פִּשְׁעֵי יִשְׂרָאֵל 3:14, פִּשְׁעֵי־יִשְׂרָאֵל). 북이스라엘의 범죄의 내용은 사회적 불의와 종교적 타락이다(2:6-12; 3:9-10). 이 날은 4장 2절에서 하나님의 거룩함을 두고 맹세한 "다가올 심판의 날"(יָמִים בָּאִים, "날들이 임할 것이다")로 이어진다. 이 날은 압제와 억압을 행하던 자들을 제거하는 날이다(4:2-3). 이 날이 5장에서는 "여호와의 날" (יוֹם יְהוָה)로 표현되며 보다 구체적으로 설명된다.

아모스 1-4장에서 심판고소와 심판을 선언함에 있어서 아모스는 하나님의 우주적 주권을 중요한 신학적 관점으로 견지하고 있다. 1-2장에서는 열방을 심판하시는 하나님의 우주적 주권을 보여주고 있으며, 3장에서는 이집트에서 이스라엘을 이끌어내셨을 뿐만 아니라 열방을 심판고소의 증인으로 부르시고 대적을 심판의 도구로 사용하시는 하나님의 우주적 주권을 보여준다. 4장에서는 자연을 통한 언약적 저주를 행하시는 하나님의 우주적 주권을 보여준다. 특히 4장 13절은 창조주로서 우주적 주권을 가지고 계시는 하나님의 속성을 선포하면서 이 하나님을 북이스라엘의 심판자로 제시한다.

XI. 전체 구조 안에서의 위치와 기능

본서의 대안적 구조는 4:1-13(C)이 5:18-6:7(C') 및 7:10-17(C")과 짝을 이루는 것으로 제시한다. 이 단락들은 여호와의 개입과 포로 심판의 주제로 연결된다. 단락 C(4:1-13)는 과거에 하나님께서 언약적 저주를 통해 북이스라엘의 삶에 적극적으로 개입하셨음에도 불구하고 돌아오지 않은 이스라엘의 패역을 지적하면서 심판의 필연성을 다룬다. 하지만 심판의 구체적인 내용이 언급되지 않고 보류된다(cf. 4:12). 4장 12절에서 보류한 심판의 내용이 단락 C'(5:18-6:7)에서 여호와의 날로 구체화되고 여호와의 개입을 미래적으로 그려진다. 다가올 여호와의 날이 북이스라엘 백성들의 기대와는 달리 심판의 날, 곧 그들에게 화가 미치게 될 날임을 이중구조의 "화" 신탁(5:18-27 & 6:1-7)을 통해 선포한다. 북이스라엘에 미칠 화는 포로이다. 따라서 단락 C에서 언급이 보류된 심판의 내용이 C'에서 구체적으로 "사로잡혀감"(포로)으로 언급된다. 아마샤와 아모스의 충돌을 다루고 있는 단락 C"(7:10-17)에서는 아모스로 하여금 선지자적 사역을 감당하게 하시는 것으로 하나님의 현재적 개입이 나타난다. 하나님의 부르심을 받고 심판신탁을 선포한 아모스를 거부하는 아마샤는 부정한 땅에서 죽게 될 것이다. 이 선언은 이스라엘에게 미치게 될 포로의 운명을 확언해 준다. 아마샤는 하나님의 말씀을 거부하는 백성들의 목소리(*vox populi*)를 대변하고 있으며 그에게 미칠 심판은 백성들에게 미칠 포로의 심판을 상징적으로 나타낸다. 이 단락들의 흐름 속에서 심판에 대한 암시(C), 심판선포(C'), 심판확언(C")이라는 주제적 발전을 볼 수 있다.

XII. 아모스 4:1-13의 현재적 적용

아모스가 전하고 있는 4장의 메시지에 근거하여 제시할 수 있는 현재적 적용은 다음과 같다.

첫째, 경건의 모양이 경건의 능력을 의미하지 않는다. 북이스라엘 백성들의 종교적 행위만을 볼 때는 경건해 보였다. 그들은 경건의 모양을 갖추었지만 그 모양이 삶의 영역에까지 실제적인 영향을 미치는 경건의 능력을 갖지는 못했다. 외면적으로는 경건의 모양이 있었지만 그 경건이 요구하는 삶의 모습, 즉 능력은 결여되었다. 그렇기 때문에 삶의 현장에서 사회적 약자들이 억압과 착취를 당하게 되었으며 존중받지 못하였다. 그렇다고 경건의 모양이 중요하지 않다는 것은 아니다. 경건의 모양을 갖추어야 한다. 그러나 더욱 중요한 것은 그 경건의 모양이 삶의 전 영역에서 경건의 능력으로 드러나야 한다. 그렇게 할 때 경건의 모양은 단지 모양이 아닌 경건 그 자체가 될 수 있다. 경건의 모양을 갖추고 있다면 그에 걸맞은 능력이 발휘되어야 한다. 그 능력은 하나님께서 세우신 창조의 질서와 삶의 원리를 따르는 것을 통해서 드러나야만 한다. 경건의 능력과 모양이 함께 있다면 교회에서 드려지는 예배나 모임 숫자만큼 교회 안에서의 성도 간의 관계, 교회와 지역사회와의 관계, 가정과 직장 안에서의 관계도 변화할 것이다. 경건의 모양에 담긴 진정한 경건의 능력은 자신의 삶뿐만 아니라 가정과 공동체의 변화를 가져온다. 하나님은 경건의 능력이 결여된 경건의 모양을 범죄(פֶּשַׁע)로 규정하신다.

둘째, 종교적 행위와 이에 대한 열정은 중요하다. 하지만 이러한 열정이 자기만족이나 과시를 위한 것은 아닌지 돌아보아야 한다. 북이스라엘 백성들에게 종교적 행위에 대한 열정이 없었던 것은 아니다. 그들은 누구보다도 열정을 가지고 소위 말하는 "종교적 행위"에 집중하였다. 율법이 요구하는 것 이상의 종교적 열정을 가지고 있었지만 그 열정은 자기만족을 위한 것이며 자신을 과시하기 위한 것이었다. 그들의 열정은 단지 종교적 행위를 행하는 것에 멈추었다. 즉 그들이 사랑한 것은 단지 종교적 행위였다. 종교적 행위에 대한 진정한 열정은 하나님에 대한 사랑으로 표현되어야 한다. 이러한 사실은 율법준수를 강조하고 있는 신명기서가 제시하고 있는 바이다. 신명기서에서 모세가 가나안에 들어가는 출애굽 2세대들에게 율법준수의 동기와 결과가 "하나님 사랑하기"(the loving God)이어야 함을 반복해서 강조한다. 모세의 권면을 볼 때 하나님에 대한 사랑과 율법준수가 함께 언급되는 것을 주목해야 한다: "그런즉 너는 알라 오직 네 하나님 여호와는 하나님이시오 신실하신 하나님이시라 그를 사랑하고 그 계명을 지키는 자에게는 천대까지 그 언약을 이행하시며 인애를 베푸시되"(신 7:9, 개역; cf. 신 10:12-13; 11:1, 22; 30:6, 16). 두 번째 적용은 자연스럽게 세 번째 적용으로 연결된다.

셋째, 수단으로서의 종교와 목적으로서의 종교를 구분해야 한다. 북이스라엘 백성들이 종교적 열정을 가졌던 것은 자기만족과 과시를 위한 것이었는데, 여기에 한 가지 이유를 더 첨언할 수 있다. 그들이 종교적 열심을 다했던 것은 종교적 행위를 성공과 부유의 수단으로 생각한 것이다. 그들에게 있어서 하나님을 섬기는 것 자체 고귀한 목적이 아니라 자신들의 평안과 안정, 번영을 위한 수단으로 생각하였다. 그렇기 때문에 종교적 행위가 요구하는 삶의 문제를 외면한 채 종교적 행위에만 집중하였던 것이다. 또한 하나님과 더불어 자신들의 안전과 번영을 보장해 줄 것 같은 우상들을 함께 섬긴 것을 볼 수 있다. 신앙생활을 성공과 번영의 수단으로 생각하면 시련이 오고 어려움이 올 때, 또는 기대하는 만큼의 축복이 주어지지 않을 때 갈등과 방황을 하게 된다. 왜냐하면 그 수단이 적절하게 역할을 하지 않은 것으로 이해하기 때문이다. 하나님과의 관계가 회복되어 그의 자녀가 되는 것보다 그 관계를 통해 누리게 되는 혜택에만 집중하는 것은 수단으로서의 종교로 가는 첩경이다. 다니엘서 3장에서 기록하고 있는 사건에 언급된 다니엘의 세 친구의 고백은 하나님께서 그들을 풀무불에서 구원하시지 않는 결정을 하시더라도 하나님과의 관계를 포기할 수 없음을 말하는 것이다(단 3:18). 그들은 하나님의 구원에만 집중한 것이 아니라 하나님의 백성으로서의 정체성을 보다 소중히 여겼고 그들의 하나님을 결코 포기할 수 없었다. 왜냐하면 하나님이 그들의 안전의 수단이 아니라 그들의 목적이었기 때문이다.

넷째, 죄를 부추기는 자와 부추김을 받는 자는 동일하게 하나님의 심판의 대상이 된다. 사마리아의 상류층 부녀자들은 자신들의 이기적인 만족과 쾌락을 위하여 악행을 부추기는 것을 서슴지 않았다. 악을 부추기는 이들의 행위가 문제인 것은 분명하다. 당연히 하나님의 심판의 대상이 될 수밖에 없다. 여기서 한 가지 더 고려해야 할 것은 부추김을 당하는 자들이다. 부추김을 당하여 행한 죄이기에 심판을 면할 수 있는 것은 아니다. 죄를 부추기는 것과 부추김을 당하는 것의 근본적인 문제는 삶의 원리 및 기준의 문제와 연결되어 있다. 부유층 여인들에게 "주"(אֲדֹנָי)는 여호와 하나님이 아니라 자신들의 욕심과 쾌락을 만족시켜 주는 남편들(לַאֲדֹנֵיהֶם, 4:1)이었다. 만약 그들에게 여호와 하나님이 진정한 "주"(אֲדֹנָי)였다면 탐욕과 사회적 약자들에 대한 그들의 태도는 달랐을 것이다. 또한 사마리아 상류층 남자들이 하나님이 제시하시는 삶의 원리와 기준을 확고하게 붙들고 있었다면 그들은 부추김을 당하지 않았을 뿐만 아니라 하나님이 아닌 여인들을 기쁘게 하려는 행동을 하지 않았을 것이다. 그러므로 죄를 부추기거나 죄의 부추김을 당하지 않기 위해서는 하나님의 말씀에서 발견되는 삶의 원리와 기준을 분명히 분별하여 확고히 붙들어야만 한다. 보다 중요한 것은 죄인을 심판하시는 하나님을 기억하는 것이다.

다섯째, 북이스라엘이 열심을 내어 행한 종교적 행위들 중에 속죄제에 대한 언급이 없는 것에 주목해 볼 필요가 있다. 이것은 죄의 문제에 대한 북이스라엘의 태도를 보여준다. 그들은 종교적 행위들이 그들의 죄의 문제를 대체할 수 있다는 생각을 가진 듯하다. 또한 그들의 삶이 어떠하던지 간에 하나님은 그들을 축복해 주셔야만 한다는 결론을 가지고 있었다. 결국 이러한 생각이 하나님의 지속적인 개입에도 불구하고 그에게 돌아오는 것을 선택하지 못하게 한 것이다. 분명히 하나님은 죄인들을 불러 그의 백성으로 삼으신다. 하지만 그의 백성이 되는 죄인들은 죄를 회개하고 속죄의 은혜를 분명히 인식하는 자들이다. 감사와 찬양, 예배와 더불어 죄의 고백을 잊지 않는 자들이다. 반면에 과시와 자기만족을 위한 종교행위는 자신의 잘못을 인정하고 회개하는 속죄의 문제에 관심을 두지 않는다.

여섯째, 내가 범한 죄로 인해 하나님의 징계와 개입이 있을 때 나는 과연 어떤 태도를 취하는가를 생각하게 된다. 하나님께서 죄를 범하는 북이스라엘 백성들의 삶에 여러 가지 재앙으로 개입하신 것이 그들에게 고통을 주었지만 실제로는 그의 사랑의 표현이었다. 왜냐하면 북이스라엘 백성들의 실패에도 불구하고 하나님은 그들과의 관계를 포기하지 않으셨기 때문이다. 또한 하나님께서 재앙으로 그들의 삶에 개입하신 것은 은혜이다. 그러한 개입을 통해 그에게로 돌아올 기회를 주신 것이기 때문이다. 하나님께서 이러한 은혜를 베푸시며 그에게로 돌아오길 요구하실 때 그 요구에 순종해야 한다. "그러나 너는 내게로 돌아오지 않았다" 라는 하나님의 책망을 듣게 되면 결국 심판하시는 하나님을 만날 준비를 해야 함을 기억해야 한다.

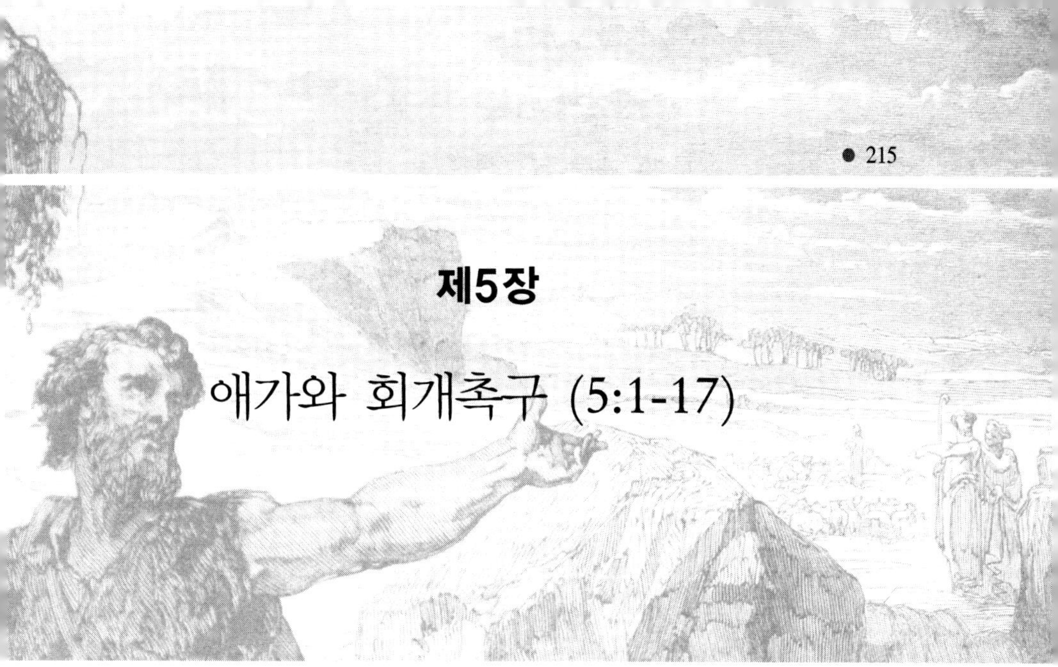

제5장

애가와 회개촉구 (5:1-17)

3장에서 시작된 설교형식의 신탁이 5장에서도 계속된다. 5장 역시 "들으라"(שִׁמְעוּ) + 이 말을(הַדָּבָר הַזֶּה) + 호격의 형식으로 시작되고 있다. 신탁의 대상은 "이스라엘의 집" (בֵּית יִשְׂרָאֵל)이다. 5장 1-17절은 하나의 의미론적 단락을 이루면서 북이스라엘을 향한 심판신탁을 전하는 것이지만 아모스는 여호와께로 돌아오라는 회개촉구(5:6-15)에 무게를 두고 있다. 이것은 4장 6-11절에서 반복적으로 표현한 "그러나 너희가 내게로 돌아오지 않았다"(וְלֹא־שַׁבְתֶּם עָדַי)와 짝을 이루며 죽음에서 생명으로 전환되기 위한 회개의 중요성을 강조해 준다. 이스라엘의 집이 여호와께로 회개하고 돌아오지 않고 여전히 패역을 행하면 여호와께서 친히 이스라엘의 집 가운데로 지나가실 것(5:17)이며 그 결과는 애통(מִסְפֵּד)과 통곡(אֵבֶל)이 될 것(5:16-17)임을 선포한다.

아모스서의 구성원리를 7중구조로 제안하는 Limburg는 5장 1절에서 시작된 단락의 범위를 확장하여 6:14까지가 하나의 큰 단락을 이루는 것으로 본다.[1)]

---

1) Limburg, "Sevenfold Structures," 217-18. Cf. Andersen and Freedman, *Amos*, x-xiii; Park, *The Book*, 88-89. 이들과는 다른 관점에서 P. Noble은 신탁의 형식적 요소보다는

Limburg는 1:3-2:16에 신적 신탁공식이 총 14개 등장하면서 단락을 이루고 있으며, 3장 단락(3:1-15)에서는 총 7개가 사용되었고, 4장 단락(4:1-13)에서도 총 7개가 사용된 것을 지적한다. 따라서 "들으라"(שִׁמְעוּ)는 명령형으로 새롭게 시작된 5장 1절이 마무리되는 것은 총 7개의 신적 신탁공식이 마무리되는 6장 14절이라는 것이다. 또한 5:1-6:14이 내용적으로도 일치하므로 주제적 연관성에 의해 하나의 단락을 이루는 것으로 간주한다. 하지만 대부분의 학자들은 5장 1-17절을 하나의 단락으로 구분한다. 단지 이 단락의 세부적인 흐름에 대한 이해에 있어서 차이점이 있을 뿐이다.[2)]

아모스 5:1-17이 하나의 의미론적 단락으로 구분되는 근거는 다음과 같다. 첫째, 4장 12-13절은 4장의 신탁을 마무리해 주고 있으며 5장 1절은 명령형 "들으라"(שִׁמְעוּ)로 시작하면서 새로운 단락을 열어주고 있다. 둘째, 신탁의 대상에 대한 표현이 "이스라엘"(4:12, יִשְׂרָאֵל)에서 "이스라엘의 집"(5:1, 3, 4, בֵּית יִשְׂרָאֵל)으로 바뀌었다. 셋째, 심판선언 단락인 5장 16-17절이 결언(אָמַר יְהוָה)으로 신탁을 마무리하고 있으며 5장 18절은 "화" 신탁(Woe oracle, הוֹי)의 시작을 보여준

주제적 연관성에 중점을 두어 3:9-6:14을 하나의 단락으로 제안한다(Noble, "The Literary Structure," 210, 213-14).

2) Niehaus도 5:1-17을 애가 형식을 가진 언약적 고소("Covenant Lawsuit-Lament Form")로 하나의 단락을 이루는 것으로 제안한다: (1) Introduction (5:1); (2) Description of Tragedy (5:2-3); (3) Call to Lament (5:4-6); (4) Direct Address to the Fallen (5:7-13); (5) Brief Exhortation (5:14-15); (6) Conclusion (5:16-17) (Niehaus, "Amos," 408-26). Paul의 경우 5:1-17 안에 나타나는 교차평행기법에 근거하여 5:1-17을 하나의 단락으로 구분한다: a (1-3절); b (4-6절); c (7, 10-12, 13절); b' (14-15절); a' (16-17절) (Paul, *Amos*, 158-59). Dorsey는 교차평행적 흐름에 근거하여 5:1-17을 하나의 단락으로 간주한다(Dorsey, *The Literary*, 281). Wolff는 5:1-17을 하나의 단락으로 구분하기는 하지만 본래 아모스의 신탁과 후대삽입을 구분한다(Wolff, *Joel and Amos*, 231). Wolff의 견해에 따르면, 1-3, 4-5, 7, 10, 11, 12, 16-17절이 아모스의 신탁이며 6, 8, 9, 13, 14-15절이 후대에 추가된 것이다. 이들과는 달리 van der Wal은 수미쌍관(*inclusio*)의 서술기법에 근거하여 4:4-5:6을 하나의 단락으로, 5:7-6:12을 또 하나의 단락으로 구분한다(van der Wal, "The Structure," 110-11). 4장 4절의 제의장소에 대한 언급과 5장 5-6절의 제의장소에 대한 언급이 수미쌍관을 이룬다는 것이다. 5장 1-17절의 교차평행적 구조를 다룬 소논문을 보려면 J. de Waard, "The Chaistic Structure of Amos V 1-17," *VT* 27 (1977): 170-77; D. W. Wicke, "Two Perspectives (Amos 5:1-17)," *CTM* 13 (1986): 89-96을 참조하라.

다. 넷째, 5장 1-3절의 애가는 5:16-17절의 선언과 주제적 연관성을 나타내면서 수미쌍관(*inclusio*)을 이룬다.[3)]

아모스 5:1-17은 크게 두 개의 소단락(5:1-3; 5:4-17)으로 더 구분될 수 있으며 두 번째 소단락은 심판신탁형식에 따라 단락의 흐름을 다음과 같이 파악할 수 있다.[4)]

〈표 11〉 아모스 5:1-17의 구조

I. 이스라엘의 집을 위한 애가 (5:1-3)
II. 이스라엘의 집을 향한 회개촉구와 심판선언 (5:4-17)
  1. 상황에 대한 고소: 5:4-15
  2. 전환(לָכֵן)과 도입형식(כֹּה־אָמַר יְהוָה): 5:16a
  3. 신적 선언: 5:16b-17b
  4. 결언(אָמַר יְהוָה): 5:17c

---

3) Cf. Paul, *Amos*, 159: Wolff, *Joel and Amos*, 231; Dorsey, *The Literary*, 281; Noble, "The Literary Structure," 211, 213. Noble은 16-17절을 1-3절이 확대된 것으로 본다.

4) Chisholm은 5:1-17을 교차평행의 구조로 구분하면서 서로 대칭을 이루는 부분들 중 후반부가 앞의 내용을 보다 구체적으로 설명하고 명확히 하고 있음을 지적한다(Chisholm, *Handbook*, 392). 이 교차평행을 고려할 때 하나님의 속성을 제시하고 있는 8-9절은 중심을 차지하게 되며 이것은 후대삽입의 견해를 거부하는 것이라고 본다. Chisholm이 제시하는 교차평행적 구조는 다음과 같다(ibid.).

A Death is around the corner (vv. 1-3)!
 B You need to repent (vv. 4-6),
  C because you stand guilty and doomed before God (v. 7)
   D the all-powerful, sovereign Judge (vv. 8-9)!
  C' You stand guilty and doomed before him (vv. 10-13),
 B' so you need to repent (vv. 14-15)!
A' Otherwise death is around the corner (vv. 16-17)!

Soggin은 이러한 교차평행이 원저자의 저술이라는 결정적인 근거가 되지 못함을 지적한다(Soggin, *The Prophet*, 81). 그러나 후대삽입이라는 객관적인 증거를 제시할 수 없는 상황에서 본문의 응집성은 원저자의 손길을 지지해줄 가능성이 높다.

장례식의 슬픈 노래(5:1-3)는 확정된 하나님의 심판을 기다리고 있는 북이스라엘 백성들로 하여금 그들이 처하게 될 상황을 보게 한다. 이 상황에서 그들이 살 수 있는 길은 오직 하나님께로 돌아오는 것뿐임을 강조한다(5:4-15). 그러나 그들이 회개하지 않는다면 여호와께서 이들 가운데로 지나가실 것이기 때문에 죽음으로 인한 애통과 통곡을 맞이하게 될 것을 선언한다(5:16-17). 상황에 대한 고소단락(5:4-15)은 일반적인 고소형태를 따르지 않고 회개촉구와 심판선언 및 죄의 지적으로 구성되어있다. 회개촉구에 대한 권면이 반복되면서 강조된다. 권면의 내용이 죄의 문제를 언급하는 면에서 고소단락의 역할을 간접적으로 감당하고 있다. 고소단락을 보다 세분화하면 다음과 같은 흐름이 나타난다.

1. 상황에 대한 고소: 5:4-15
   a. 여호와의 권면 (5:4-5)
   a'. 아모스의 첫 번째 권면 (5:6-7)
      b. 여호와의 속성에 대한 선포 (5:8-9)
      b'. 북이스라엘의 범죄에 대한 지적 (5:10-13)
   a''. 아모스의 두 번째 권면 (5:14-15)

북이스라엘의 회개를 촉구하기 위하여 먼저 여호와의 권면을 직접화법(4-5절)으로 전한 후 아모스는 자신의 말(6-7절)로 여호와의 권면을 반복한다. 북이스라엘이 찾아야 할 여호와가 창조주이며 또한 심판자라는 여호와의 속성(8-9절)은 북이스라엘의 부정적인 정체성(10-13절)과 대조를 이룬다. 아모스는 두 번째 권면(14-15절)으로 고소단락을 이어가면서 권면의 중요성을 강조한다. 15절은 상황에 대한 고소단락을 여호와의 은혜에 대한 기대로 마무리하면서 하나님만이 유일한 살길임을 제시한다.

I. 이스라엘의 집을 위한 애가: 5:1-3

1. 원문

5:1a שִׁמְעוּ אֶת־הַדָּבָר הַזֶּה בֲ51ַע בֵּית יִשְׂרָאֵל
5:1b אֲשֶׁר אָנֹכִי נֹשֵׂא עֲלֵיכֶם קִינָה
5:2a נָפְלָה
5:2b לֹא־תוֹסִיף קוּם בְּתוּלַת יִשְׂרָאֵל
5:2c נִטְּשָׁה עַל־אַדְמָתָהּ
5:2d אֵין מְקִימָהּ
5:3a כִּי כֹה אָמַר אֲדֹנָי יְהוִה
5:3b הָעִיר [5:3c] תַּשְׁאִיר מֵאָה
5:3c הַיֹּצֵאת אֶלֶף
5:3d [ ] וְהַיּוֹצֵאת מֵאָה
5:3e תַּשְׁאִיר עֲשָׂרָה לְבֵית יִשְׂרָאֵל

2. 사역

5:1 이스라엘의 집이여. 제가 여러분에 대해 애가로 부르는 이 말을 들으십시오.
5:2 "처녀 이스라엘이 넘어졌고 다시 일어나지 못할 것입니다. 자기 땅에 버려졌고 그녀를 일으켜줄 자가 없습니다.
5:3 왜냐하면 주 여호와께서 이같이 말씀하셨기 때문입니다.
'1000명을 내보낸 성읍이 이스라엘 집에 100명을 남길 것이며 100명을 내보낸 성읍이 10명을 남길 것이다.'"

3. 원문분석

5:1. 아모스는 3:1, 4:1과 동일하게 명령형 שִׁמְעוּ로 5장을 시작한다. 이 명령의 대상은 호격으로 언급된 בֵּית יִשְׂרָאֵל("이스라엘의 집")이다. 연결형 단수 명사인 בֵּית("집")는 북이스라엘 왕국을 가리키는 표현이며 3장 13절에서 언급한 בֵּית יַעֲקֹב("야곱의 집")와 연결이 된다. 한글번역본에서는 בֵּית를 "족속," "백성," "가문" 등으로 다양하게 번역하는데 야곱의 집과의 연관성을 고려할 때 בֵּית를 "집"으로 번역하는 것이 적절하다.[5] הַדָּבָר הַזֶּה("이 말")의 구체적인 내용은 2a-

3e이다. 형용사절을 유도하는 1b의 אֲשֶׁר는 הַדָּבָר הַזֶּה를 꾸며주며 전달하고자 하는 말이 קִינָה("애가")인 것을 밝혀준다. 1인칭 단수대명사 אָנֹכִי("내가")가 분사 נֹשֵׂא의 주어이며 이 구문형식(인칭대명사 + 분사)은 곧 일어날 일을 서술할 때 사용된다. 1-3절의 화자를 아모스로 볼 때 1인칭 대명사의 선행사는 아모스가 된다. 공동번역은 화자를 여호와로 보고 있으며 3a의 3인칭 표현(אֲדֹנָי יְהוִה, "주 여호와")에 1 인칭 대명사("나")를 첨가하여 화자를 일치시킨다.[6] 동사 נשׂא("들다," "취하다")는 קִינָה("애가")와 함께 쓰여 "애가를 부르다"의 의미를 갖는다(cf. 렘 7:29; 9:9; 겔 19:1; 26:17; 27:32; 28:12). קִינָה는 "장송곡," "애가"를 의미하며 죽은 자를 보내며 슬픔을 표현하는 노래이다. 북이스라엘에 관한 애가를 부른다는 것은 죽음을 전제로 하고 있음을 암시적으로 보여준다. עֲלֵיכֶם의 전치사 עַל은 "대하여(관하여)" 또는 부정적 의미에서 "쳐서," "향해"(against)로 번역될 수 있으며 애가의 대상("너희에 대하여")을 나타낸다.

5:2. 니팔 완료형 동사 נָפְלָה를 예언적 완료(prophetic perfect)로 볼 수 있다.[7] 예언적 완료란 앞으로 일어날 일이지만 선지자의 마음에는 이미 이루어진 것으로 고려할 때 사용하는 완료형이다. 따라서 번역할 때는 처녀 이스라엘의 넘어짐이 마치 이미 일어난 것처럼 표현할 필요가 있다.[8] לֹא־תוֹסִיף는 히필 미완료

---

5) "이스라엘 *족속아*"(개역; 개역개정); "이스라엘 *사람들아*"(공동); "이스라엘 *백성아*"(쉬운성경); "이스라엘 *백성아*"(우리말); "이스라엘 *가문아*"(표준새번역).

6) "1. 들어라, 이스라엘 사람들아, 내가 너희를 두고 부르는 이 만가를. 2. 처녀 이스라엘이 죽었구나. 다시 일어나지 못하게 되었구나. 그 쓰러진 곳이 타향도 아니건만 일으켜 줄 사람 하나 없구나. 3. '*나 야훼가* 이스라엘 가문에게 이른다. 천 명이 출정하던 성읍에 백 명만 남고, 백 명이 출정하던 성읍에 열 명만 남으리라'"(공동번역).

7) Cf. GKC §106n.; Niehaus, "Amos," 411; Stuart, *Hosea-Jonah*, 345.

8) 완료형 동사 נָפְלָה를 단순히 현재 상태를 묘사하는 현재시제로 번역할 수 있으며 לֹא־תוֹסִיף의 미완료형 동사가 양태를 나타내는 것으로 보아 일어날 수 없음을 시사하는 현재시제로 번역할 수 있다. 공동번역, 쉬운성경, 표준새번역이 이러한 구문해석을 따라 번역하고 있다: "처녀 이스라엘이 죽었구나. 다시 일어나지 못하게 되었구나. 그 쓰러진 곳이 타향도 아니건만 일으켜 줄 사람 하나 없구나"(공동); "처녀 이스라엘이 쓰러져서 다시는 일어나지 못하게 되었네. 버림받은 채 땅에 쓰러져 있으나 일으켜 줄 사람이 아무도 없도다"(쉬운성경); "처녀 이스라엘이 쓰러져서, 다시 일어날 수 없구나. 제 땅에서 버려졌어도, 일으켜 줄 사람이 하나도 없구나!"(표준새번역).

동사(יסף, "더하다," "추가하다")가 부정어 לֹא와 함께 쓰여서 연결형 부정사 קוּם("일어서다")의 행동이 다시 있을 수 없음을 묘사한다. 이 동사의 주어는 2b의 בְּתוּלַת יִשְׂרָאֵל("처녀 이스라엘")이다. 연결형 부정사 קוּם은 동사구 לֹא־תוֹסִיף의 의미를 보완해 주는 역할을 한다(verbal complement).[9)] בְּתוּלַת יִשְׂרָאֵל의 연결형 명사 בְּתוּלַת("처녀")는 뒤따르는 יִשְׂרָאֵל을 의인화하여 설명하는 설명적 보족어(epexegesis)의 역할을 한다. 따라서 "이스라엘의 처녀"라는 번역보다는 "처녀 이스라엘"이라는 번역이 선호된다.[10)] נִטְּשָׁה(נטשׁ, "남겨두다," "버리다")는 נָפְלָה와 평행을 이루는 니팔 완료형이며 버려진 상태를 묘사해 준다. עַל־אַדְמָתָהּ는 전치사 עַל, 명사 אֲדָמָה("땅"), 대명사어미 הּ(3인칭, 여성, 단수)가 결합된 형태이다. 전치사는 위치를 나타내는 것이며 대명사어미의 선행사는 2b의 בְּתוּלַת יִשְׂרָאֵל이다. מְקִימָהּ("그녀를 일으켜 주는 자")에서 히필형 분사의 목적어 역할을 하는 3인칭, 여성, 대명사어미의 선행사는 "처녀 이스라엘"이다. "일으켜 세워줄 자가 없다"는 것은 북이스라엘에게 도움을 줄 수 있는 자가 주위에 없는 비참한 상태에 처하게 될 것을 묘사한다.

5:3. 3a의 접속사 כִּי는 아모스가 2a-d에서 언급한 것에 대한 원인을 표기해 주는 역할을 한다. 또는 כִּי를 2절의 상황을 확증하기 위한 여호와의 신탁을 유도해 주는 퓨기(asseverative כִּי)로 긴주하여 번역하시 않을 수도 있다.[11)] הָעִיר("그 성읍")에 정관사가 사용된 것은 이 성읍을 설명해 주는 3c의 분사구 때문이다. 동사 תַּשְׁאִיר(3인칭, 여성, 단수, 히필 미완료, שׁאר, "남나")의 주어는 הָעִיר이며 מֵאָה("백")는 실명사(substantive)로 동사의 목적어 역할을 한다. הַיֹּצֵאת는 정관사 הַ와 여성, 단수, 칼형 분사(יצא, "나가다")가 결합된 형태로 3b의 הָעִיר를 꾸며주는 형용사절로 번역한다. אֶלֶף("천")는 분사 הַיֹּצֵאת의 목적어이다. וְהַיּוֹצֵאת는 등

9) Cf. BHRG §20.1/3; WOC §36.2.1d.

10) 속격의 관계로 간주하여 번역할 경우, בְּתוּלַת יִשְׂרָאֵל이 "이스라엘의 처녀"를 의미하게 되는데, 이 표현이 이스라엘 전체가 아니라 수도인 "사마리아"를 가리키는 것으로 해석하기도 한다(cf. Hayes, *Amos*, 154-55). 하지만 아모스의 애가가 기대하지 않은 죽음을 맞이하게 되는 이스라엘의 모습을 묘사하는 것을 고려할 때 이스라엘이 의인화된 "처녀 이스라엘"로 번역하는 것이 적절해 보인다.

위접속사 바브(ו)에 의해 앞의 문장에 연결되며 3c와 평행을 이룬다. 따라서 3c와 같이 הָעִיר를 꾸며주는 형용사적 분사구의 역할을 감당한다. 3e의 동사 תַּשְׁאִיר의 주어는 생략되었으며 3b의 הָעִיר가 이 동사의 주어역할을 한다. 부사구 לְבֵית יִשְׂרָאֵל이 꾸며주는 것과 전치사 לְ의 역할에 따라 달리 번역될 수 있다. 첫째. 이 부사구가 3a의 동사 אָמַר와 연결된 구문으로 해석할 수 있다. 이 경우 "주 여호와께서 이스라엘의 집을 향해(또는 관해) 이같이 말씀하셨다"로 번역한다. 공동번역이 이 구문해석을 따른다(cf. TNK; Paul).[12] 하지만 이 구문해석을 따르려면 3e에 있는 부사구를 3a로 옮겨야 하는 문제가 있다. 둘째, לְבֵית יִשְׂרָאֵל이 3b-c의 문장에도 적용되며 동시에 3e에도 적용되는 이중적 역할을 감당하는 것으로 보는데, 이 경우 전치사 לְ의 기능을 소유를 나타내는 여격(dative of possession) 또는 이익이나 불이익을 나타내는 여격(dative of advantage or disadvantage)으로 달리 해석할 수 있다. 주로 개역, 개역개정, 우리말성경, 표준새번역은 전자의 여격으로 해석한다.[13] 쉬운성경은 이 부사구를 번역에서 생략하였다.[14] 전체 구문을 볼 때 후자의 여격을 선택하여 전쟁의 참혹한 패배가 이스라엘 집에 주어질 것으로 해석하는 것이 적당하다.

4. 원문주해

5:1. 아모스 4장 1-2절과 동일한 구성형식으로 5장을 시작하고 있다. 1절에서

---

11) Cf. BHRG §40.9.II.2b.

12) "나 야훼가 *이스라엘 가문에게 이른다*" (공동번역); "For thus said my Lord About the house of Israel" (Paul, *Amos*, 157; TNK).

13) "주 여호와께서 가라사대 *이스라엘 중에서* 천명이 나가던 성읍에는 백명만 남고 백명이 나가던 성읍에는 열명만 남으리라 하셨느니라" (개역); "주 여호와께서 이와 같이 말씀하시되 *이스라엘 중에서* 천 명이 행군해 나가던 성읍에는 백 명만 남고 백 명이 행군해 나가던 성읍에는 열 명만 남으리라 하셨느니라" (개역개정); "주 여호와께서 이렇게 말씀하셨다. *이스라엘의 집에서* 1,000명이 싸우러 나간 성읍에는 100명만 살아남고 100명이 싸우러 나간 성읍에는 열 명만 살아남을 것이다" (우리말); "주 하나님이 이렇게 말씀하신다. *이스라엘 가문 가운데서* 천 명이 싸우러 나간 성읍에는 백 명만이 살아남고, 백 명이 싸우러 나간 성읍에는 열 명만이 살아 남을 것이다" (표준새번역).

14) "주 여호와께서 말씀하셨다. 천 명의 군인이 싸우러 나간 성에 백 명만이 돌아오겠고, 백

는 "들으라"(שִׁמְעוּ) + "이 말씀"(הַדָּבָר הַזֶּה) + 호격(명령의 대상)의 형식을 사용하여 아모스의 말로 단락을 열어 주면서 청자의 주의를 환기시킨다. 화자인 아모스가 자신의 말로 신탁을 시작한 후 2절에서는 여호와의 말씀을 직접화법으로 전한다. 5장의 신탁을 장송곡(애가)으로 시작하는 것은 다가올 북이스라엘의 상황을 죽음으로 선언하는 것과 같다.[15] 이는 이미 2-4장에서 철저한 심판이 확정되었고 피할 수 없음이 선포되었기 때문이다.

5:2. 2a-b와 2c-d의 의미론적 평행은 북이스라엘의 처참한 상황을 극적으로 표현하면서 슬픔을 나타낸다. 두 번째 평행에서는 의미가 더욱 강화된다: נָפְלָה(2a) → נִטְּשָׁה(2c); לֹא־תוֹסִיף קוּם(2b) → אֵין מְקִימָהּ(2d).

נָפְלָה 5:2a
a (넘어짐; 니팔형)
לֹא־תוֹסִיף קוּם בְּתוּלַת יִשְׂרָאֵל 5:2b
b (다시 일어나지 못함; לֹא ⋯ קוּם)
נִטְּשָׁה עַל־אַדְמָתָהּ 5:2c
a' (버려짐; 니팔형)
אֵין מְקִימָהּ 5:2d
b' (일으켜 줄 자가 없음; אֵין⋯קוּם)

두 가지 사실이 북이스라엘이 맞이하게 될 멸망의 슬픔을 더욱 강조해 준다. 첫째, 북이스라엘을 처녀에 비유하고 있는 것이다. 이것은 북이스라엘을 의인화한 것으로 북이스라엘이 아직 죽음을 맞이할 상태가 아닌 건강하고 생산력이 있는 상태에 있다는 것을 비유적으로 나타낸다.[16] 그러나 죽음을 맞이할 수밖에 없기 때문

명이 싸우러 나간 성에는 열 명만이 돌아올 것이다"(쉬운성경).

15) Cf. Soggin, *The Prophet*, 82. Soggin은 마치 아모스가 애가를 통해서 "You are already dead and do not know it"이라고 말하는 것으로 이해한다.

16) Hayes는 בְּתוּלַת יִשְׂרָאֵל이 북이스라엘 전체가 아니라 사마리아만을 가리키는 것으로 해석한다(Hayes, *Amos*, 154-55). J. Schmitt 역시 "처녀 이스라엘"이 북이스라엘의 수도를

에 슬픔이 더욱 가중된다. 둘째, 이 처녀 이스라엘이 타인의 땅이 아닌 자기 땅에 버려졌음에도 일으켜 세워줄 자가 없다는 것이다. 북이스라엘은 하나님께서 허락하신 약속의 땅에 있지만 그 땅에 넘어져 어느 누구도 일으켜 세워줄 자가 없는 비참한 상황에 처하게 될 것이다.

5:3. 아모스는 여호와의 말씀을 직접화법으로 전하면서 처녀 이스라엘의 넘어짐의 원인을 제시한다. 즉 하나님께서 북이스라엘의 멸망을 선언하셨기 때문에 북이스라엘이 넘어지면 일어날 수 없게 된다. 3절에서 전쟁장면을 연상할 수 있다. 이것은 대적의 침입과 약탈을 묘사하는 3장 11-12절과의 연관성 속에서 이해할 수 있다. 언급된 숫자들은 실제 숫자를 의미하기 보다는 수사적 서술을 위한 상징적 숫자이다. 즉 전투에 나간 군인들 중 90%가 전사하는 참혹한 패배를 묘사해 준다. 긍정적이고 희망적인 의미에서 남은 자를 언급하는 것이 아니라 회복할 수 없는 죽음의 상태를 묘사하는 것이다.[17] 따라서 5장 3절은 3장 12절에서 묘사하고 있는 처참한 죽음과 보잘 것 없는 남겨짐과 평행을 이룬다.

II. 여호와의 권면(a): 5:4-5

1. 원문

간주한다. Schmitt의 자세한 논의를 보려면 J. J. Schmitt, "The Virgin of Israel: Referent and Use of the Phrase in Amos and Jeremiah," *CBQ* 53 (1991): 365-87을 참조하라. 그러나 비유적 성격을 고려하면 북이스라엘 전체를 가리키는 것으로 보는데 무리가 없다. 또한 5장 3절에 בֵּית יִשְׂרָאֵל이 언급되기 때문에 사마리아로 제한할 필요가 없다. 또한 בְּתוּלַת를 설명적 보족어로 볼 경우 더욱 그러하다. Hayes는 "이스라엘의 집"이라는 표현을 북이스라엘의 왕조로 제한하기도 하는데, 이 표현이 "요셉의 집"(5:6)과 평행을 이루는 것으로 볼 때 왕조에만 제한할 수 없다. Wolff의 경우 "이스라엘의 집"이 북이스라엘 왕국 전체를 가리키는 것으로 본다(Wolff, *Joel and Amos*, 236).

17) 5장 15절의 "요셉의 남은 자"는 심판 후의 처참한 상황을 묘사하는 것이기도 하지만 긍정적인 의미도 담고 있다. 심판 후에 남은 자들이 하나님의 은혜의 대상이 될 수 있기 때문이다. 하나님께서는 이들을 통하여 그의 언약을 이어가신다.

כִּי כֹה אָמַר יְהוָה לְבֵית יִשְׂרָאֵל	5:4a
דִּרְשׁוּנִי	5:4b
וִחְיוּ	5:4c
וְאַל־תִּדְרְשׁוּ בֵּית־אֵל	5:5a
וְהַגִּלְגָּל לֹא תָבֹאוּ	5:5b
וּבְאֵר שֶׁבַע לֹא תַעֲבֹרוּ	5:5c
כִּי הַגִּלְגָּל גָּלֹה יִגְלֶה	5:5d
וּבֵית־אֵל יִהְיֶה לְאָוֶן	5:5e

2. 사역

5:4 여호와께서 이스라엘의 집에 이같이 말씀하셨습니다.
"나를 찾으라. 그리하면 살리라.
5:5 너희는 벧엘을 찾지 말며 길갈로 가지 말고 브엘세바로도 넘어가지 말라. 왜냐하면 길갈은 반드시 사로잡혀갈 것이며 벧엘은 공허하게 될 것이기 때문이다."

3. 원문분석

5:4. Niehaus는 4a의 כִּי가 3a의 כִּי와 짝을 이루는 것으로 간주하여 이유를 설명하는 접속사(causal כִּי)로 이해한다.

> כִּי (for) answers to the כִּי in verse 3. These particles introduce the broadest of causalities: Israel is fallen (v. 2), because (כִּי) the Lord affirms her destruction (v. 3), because (כִּי) of the foregoing the Lord pleads for their return to him.[18)]

하지만 4a의 כִּי가 앞에서 언급한 것(2-3절)을 하나님의 권면이 주어지게 되는 이

18) Niehaus, "Amos," 414.

유로 제시하기 위해 사용된 것이라면, 즉 2-3절과 4절이 원인과 결과의 흐름을 나타내는 것이라면 오히려 4a의 כִּי를 생략하고 כֹּה만 사용하거나 לָכֵן כֹּה를 사용하는 것이 더 자연스럽다. 따라서 כִּי를 단순히 여호와의 신탁을 유도해 주는 표기(asseverative כִּי)로 간주하여 번역하지 않는 것이 더 적절해 보인다. דִּרְשׁוּנִי("나를 찾으라")의 1인칭 대명사어미의 선행사는 יְהוָה("여호와")이다. דרשׁ("찾는다")는 단순히 찾아보는 행위를 의미하는 것이 아니라 전적 헌신과 관심을 투자하여 구하는 것을 의미한다. וִחְיוּ("그리고 살라")의 등위접속사 바브(ו)에 의해 두 개의 명령이 나열되는데, 이 경우 앞의 명령 דִּרְשׁוּנִי가 조건(condition)이 되며 바브에 의해 연결된 동사 וִחְיוּ는 앞의 조건이 만족되었을 때 얻게 되는 결과를 나타낸다.[19] 따라서 두 개의 명령형을 나열하기 보다는 이 구문의 의미를 반영하여 "나를 찾으라. 그리하면 살리라"로 번역하는 것이 적당하다.

5:5. וְאַל־תִּדְרְשׁוּ("그리고 너는 찾지 말라")는 등위접속사 바브(ו), 부정어 אַל, 2인칭, 남성, 복수, 칼 미완료형(דרשׁ, "찾다," "구하다")이 결합된 형태이다. 미완료형을 사용하여 금지명령을 나타낼 때는 부정어 לֹא가 사용된다. 미완료형과 부정어 לֹא가 함께 쓰인 경우, 단축형 미완료(jussive)와 אַל이 쓰인 것보다는 강한 금지명령을 나타낸다. 5a-c에 אַל과 לֹא가 함께 사용되는데 이것은 금지명령의 강약을 나타내기 위한 것이 아니다.[20] 5a에 אַל이 사용된 것은 미완료형이 실제 명령을 위한 단축형 미완료(jussive)와 형태의 구분이 없기 때문일 수도 있으며 Paul이 지적하는 바와 같이 בֵּית־אֵל의 אֵל과 음성적 효과를 위한 것으로 볼 수도 있다.[21] 강한 금지를 나타내는 것은 부정어가 아니라 5a-c의 구문론적 교차평행과 반복이다.

בֵּית־אֵל	וְאַל־תִּדְרְשׁוּ	5:5a
b (목적격 대격) -	a (명령형 +부정어)	
לֹא תָבֹאוּ	וְהַגִּלְגָּל	5:5b
a' (명령형+부정어) -	b' (부사적 대격)	

19) Cf. GKC §110f.

20) Cf. Soggin, *The Prophet*, 84.

21) Cf. Paul, *Amos*, 162-63.

5:5c וּבְאֵר שֶׁבַע לֹא תַעֲבֹרוּ

a" (명령형 + 부정어) - b" (부사적 대격)

וְהַגִּלְגָּל("그리고 길갈로")과 וּבְאֵר שֶׁבַע("그리고 브엘세바로도")는 부사적 대격(adverbial accusative)으로 동사의 움직임의 방향을 나타낸다. לֹא תָבֹאוּ("가지 말라")는 금지 명령형으로 앞의 명령과 교차평행을 이룬다. 4장 4-5절에서 북이스라엘의 종교적 문제를 지적할 때는 벧엘과 길갈만 언급했는데 여기서는 브엘세바(וּבְאֵר שֶׁבַע)도 언급된다.[22] 이 장소는 역사적으로 의미가 있는 장소이다. 이곳은 아브라함이 에셀나무를 심고 여호와의 이름을 부른 곳(창 21:31-33)이며 하나님이 이삭(창 26:23-25)과 야곱(창 46:1-5)에게 자신을 보여주신 곳이다. 브엘세바가 예루살렘의 남쪽으로 약 80km 떨어진 곳이지만 북이스라엘 백성들에게도 여전히 의미가 있는 장소였다(cf. 암 8:14). 북이스라엘 백성들이 이곳으로 순례를 가기 위해서는 국경을 넘어가야만 했을 것이다. 따라서 브엘세바와 관련하여서는 "넘어가다"의 의미를 가진 동사 עבר를 사용한다. לֹא תַעֲבֹרוּ("넘어가지 말라")는 부정어와 미완료형이 결합되어 금지명령들과 짝을 이루면서 금지의 의미를 강조한다. 5d의 כִּי는 이유를 나타내는 용법(causal כִּי)이며 4b-5c에서 전달한 명령의 이유를 설명한다. 동사와 동일한 어근을 가진 절대형 부정사 גָּלֹה가 동사 יִגְלֶה 앞에 위치하여 동사의 개념을 강조해 준다.[23] 뿐만 아니라 이 형식은 화자가 자신이 하는 말의 진실성을 확언하는 의도를 보여주고자 할 때 사용된다. 특히 5d에 사용된 단어들의 음성적 효과(ג, ל)를 주목할 필요가 있다. לְאָוֶן의 전치사 לְ는 동사 יִהְיֶה와 함께 쓰여 상태의 변화를 나타낸다. אָוֶן은 "재난," "죄," "속임," "무"(無) 등을 의미한다. "벧엘"(בֵּית־אֵל)은 문자적으로 "하나님"(אֵל)의 "집"(בֵּית)

---

22) Wolff는 "브엘세바"에 대한 언급이 유다에 있는 아모스의 제자에 의해 후대에 삽입된 것으로 간주한다(Wolff, *Joel and Amos*, 228, 239). 또한 브엘세바에 대한 심판이 언급되지 않는 점이 이러한 견해를 지지해 준다고 생각한다. 하지만 브엘세바가 사용된 동사가 국경을 지나는 것을 의미하는 עבר이기에 이 문맥에서 부자연스러운 것이 아니다. 또한 5장 3절이 북이스라엘을 향한 심판에 대한 언급이기 때문에 남왕국의 영토에 속한 브엘세바를 언급하지 않았을 가능성이 높다. 따라서 브엘세바에 대한 심판선언이 없다는 것이 후대삽입의 결정적인 이유가 될 수는 없다.

23) Cf. BHRG §20.2/1.

을 의미하는데, 5e는 바로 이 벧엘(בֵּית־אֵל)이 אֵל의 집이 아닌 אָוֶן의 집(בֵּית־אָוֶן)이 될 것을 선포한다.[24] 즉 하나님(אֵל)이 없는 "무(無)의 집"이 된다는 것이다(cf. 호 4:15; 5:8; 10:5). 따라서 이러한 의미를 반영하려면 אָוֶן을 "공허"(空虛) 또는 "허무"(噓無)로 번역하는 것이 적절하다.[25]

4. 원문주해

5:4-5. 애가가 주어진 후 4절부터 아모스는 "여호와의 권면"(4-5절)을 직접화법으로 전하면서 고소단락을 시작한다. 이 구분과는 달리 Niehaus는 "애가로의 부름"("Call to Lament")이라는 제목으로 4-6절을 하나의 세부 단락으로 구분한다.[26] 그러나 6절을 따로 구분하여 7절과 연결되는 단락으로 보는 것이 보다 적절하다. 왜냐하면 4-5절은 여호와의 권면을 직접화법으로 그대로 전달하는 것이며 6절부터는 이 권면에 근거하여 아모스가 자신의 말로 권면을 전하고 있기 때문이다. 4절에서는 "나를 찾으라"(דִּרְשׁוּנִי)로 권면하고 있으며 6절에서는 "여호와를 찾으라"(דִּרְשׁוּ אֶת־יְהוָה)로 권면하고 있다. 따라서 4-5절과 6-7절은 여호와의 권면(a)과 이에 근거한 아모스의 첫 번째 권면(a')으로 평행을 이룬다. 또한 제목에 있어서도 이 단락이 북이스라엘을 애가로 부르는 것으로 보기보다는 권면을 전하는 것으로 보는 것이 적절해 보인다. 왜냐하면 1-3절의 애가는 북이스라엘이 처하게 될 죽음과도 같은 처참한 상황을 설명하고 있으며 이에 근거하여 4-5절은 생명을 얻을 수 있는 길을 선택하라고 권면하고 있기 때문이다. 7절은 이 권면의 대상의 특성을 구체적으로 설명하면서 이들의 문제점을 보게 한다.

4b-c의 긍정적 명령형과 5a-c의 부정적 명령형이 대조를 이루면서 의미를 보다 분명하게 밝혀준다. 특히 같은 동사 דרשׁ가 4b와 5a에 사용되고 있는 것에 주

---

24) Cf. Paul, *Amos*, 164.

25) 한글번역본들을 참조하라: "벧엘은 *허무하게* 될 것임이라"(개역); "벧엘은 *비참하게* 될 것임이라"(개역개정); "베델은 *빈터만* 남으리라"(공동); "벧엘은 *폐허가* 될 것이다"(쉬운성경); "벧엘은 *무너져 쓸모없을* 것이다"(우리말); "베델은 *폐허가* 될 것이다"(표준새번역).

26) Niehaus, "Amos," 413. Dorsey의 경우, 5:4-6a를 하나의 단락으로 묶는다(Dorsey, *The Literary*, 281).

목할 필요가 있다. 즉 "나를 찾으라"는 명령은 북이스라엘의 종교적 중심지인 벧엘에서 행하는 잘못된 종교적 행위를 중단하라는 명령이다. 따라서 McConville은 이 권면을 북이스라엘이 여호와를 진심으로 예배하면 생명을 얻게 될 것으로 해석한다.[27] 하지만 이것은 단순히 예배행위에만 제한되지 않는다. 더욱이 주목해야 할 것은 여호와의 권면을 듣는 자들의 정체성이다. 4-5절과 평행을 이루는 아모스의 첫 번째 권면에서 이들의 정체성을 공의(מִשְׁפָּט)와 정의(צְדָקָה)를 저버린 자들로 규정한다(7절). 또한 4장 4-5절이 벧엘과 길갈에서 행하는 북이스라엘의 종교적 행위들을 범죄(פשׁע)로 규정하고 있는 것을 주목해야 한다. 이 단어는 북이스라엘의 사회적 불의를 규정하였던 단어이며(2:6-8; 3:14), 5장 12절에서도 다시 사용된다. 그러므로 5a-c의 부정적 명령은 공의와 정의를 이루는 삶과 분리된 과시적이며 자기만족적인 종교행위에 대한 거부이다. 따라서 종교행위와 삶의 영역이 서로 분리되지 않는 것을 볼 수 있다. 북이스라엘 백성들은 종교적 열심과 다양한 제사들을 통하여 여호와와를 찾겠다고 하였지만 실제로는 하나님을 찾을 수 없었으며 하나님을 떠난 범죄를 행한 것이다. 달리 말하면 북이스라엘 백성들이 가치와 의미를 두고 있는 중요한 종교적 장소들이 실제로는 하나님을 찾을 수 없는 장소들이었다. 결국 하나님은 이 장소들을 거부하시고 심판하실 것이다. 길갈은 반드시 사로잡혀갈 것이며 소위 말하는 "하나님의 집," 벧엘(בֵּית־אֵל)은 더 이상 하나님을 찾을 수 없고 하나님이 계시지 않는 "무(無)의 집," 벧아웬(בֵּית־אָוֶן)이 될 것이다(cf. 호 4:15).

III. 아모스의 첫 번째 권면 (a'): 5:6-7

1. 원문

דִּרְשׁוּ אֶת־יְהוָה	5:6a
וִחְיוּ	5:6b
פֶּן־יִצְלַח כָּאֵשׁ בֵּית יוֹסֵף	5:6c

27) McConville, *Exploring*, 169.

וְאָכְלָה 5:6d
וְאֵין־מְכַבֶּה לְבֵית־אֵל 5:6e
הַהֹפְכִים לְלַעֲנָה מִשְׁפָּט 5:7a
וּצְדָקָה לָאָרֶץ הִנִּיחוּ 5:7b

2. 사역

5:6 여호와를 찾으십시오. 그리하면 살 것입니다. 그렇지 않으면 그가 불처럼 요셉의 집에 달려들 것입니다. 그 불이 삼켜버릴 것이며 벧엘에는 그 불을 끌자가 없을 것입니다.

5:7 공의를 쓴 쑥으로 바꾸며 정의를 땅에 내버리는 자들이여.

3. 원문분석

5:6. דִּרְשׁוּ אֶת־יְהוָה("여호와를 찾으라")는 아모스가 דִּרְשׁוּנִי(4b)의 1인칭 대명사어미(נִי)를 목적어 표기 אֶת와 יְהוָה로 바꾸어서 여호와의 권면을 자신의 말로 전하는 것이다. וִחְיוּ는 4c의 וִחְיוּ와 동일한 기능을 갖는다. יִצְלַח(3인칭, 남성, 단수, 칼 미완료형, צלח)가 우선적으로 "성공하게 하다"(타동사) 또는 "성공적이다"(자동사)를 의미하기 때문에 בֵּית יוֹסֵף을 이 동사의 목적어로 볼 경우 의미상의 어려움이 있다. 따라서 BHS는 세 가지 수정독법을 제안한다. 첫째, 동사의 צ를 שׁ로 수정하여 יְשַׁלַּח באשׁ("그가 [야곱의 집을] 불에 던져버릴 것이다")로 읽는 것이다. 둘째, יצלח באשׁ בְּ("그가 불과 같이 [야곱의 집]에서 일어날 것이다")로 읽을 것을 제안한다. 동사를 그대로 유지하면서 전치사 בְּ를 בֵּית יוֹסֵף에 첨가하여 부사구로 수정하여 읽는 독법이다. 셋째, 부사구 כָּאֵשׁ("불처럼")의 전치사 כְּ를 제거한 후 명사 לַהַב("불길")를 첨언하여 לַהַב אשׁ("불꽃")를 동사 יִצְלַח의 주어로 만들면서 "불꽃"이 야곱의 집에서 일어나는 것으로 읽는 것이다: יצלח לַהַב אשׁ בְּ. 하지만 Paul은 아카디어와 히브리어에서 צלח와 같이 "돌진" 등의 빠른 움직임을 나타내는 동사들이 "타오르다"의 의미를 가질 수 있는 사실에 근거하여 MT 독법을 지지한다: "Lest he flare up like fire against the house of Joseph"("그가 불

과 같이 요셉의 집을 향하여 타오르지 않도록").[28] 그러나 Paul의 주장을 따르지 않더라도 동사 צלח의 "뛰어 들다," "달려들다"의 의미를 유지하면서도 "요셉의 집"(בֵּית יוֹסֵף)을 부사적 대격(adverbial accusative)의 역할을 하는 것으로 간주할 경우 6c의 문장을 "그렇지 않으면 그가 불과 같이 요셉의 집에 달려들 것이다"로 번역하면서 야곱의 집을 불과 같이 심판하시는 하나님의 모습을 그려볼 수 있다(cf. 렘 4:4; 21:12).[29] 하나님께서 요셉의 집에 달려드는 장면을 17절에서 선포하고 있는 "네 가운데로 지나갈 것이라"(אֶעֱבֹר בְּקִרְבְּךָ)는 표현과 연관하여 고려할 수 있다. 또한 다른 사본들이 MT 독법을 따르고 있는 점도 고려할 필요가 있다. 부사구 כָּאֵשׁ는 전치사 כְּ에 의해 비교의 대상을 서술하면서 하나님을 불에 비교한다. 6c의 종속 접속사 פֶּן은 부정적 목적을 유도한다. 이 접속사를 그대로 반영하여 "그가 불처럼 요셉의 집에 달려들지 않게 하려면 여호와를 찾으십시오. 그리하면 살 것입니다"로 번역하거나 원전의 어순을 반영하여 "여호와를 찾으십시오. 그리하면 살 것입니다. 그렇지 않으면 그가 불처럼 요셉의 집에 달려 들 것입니다"로 번역할 수 있다. 원전이 긍정적 권면을 앞에 놓고 강조하고 있는 것을 반영하는 후자의 번역이 더 선호된다. בֵּית יוֹסֵף("요셉의 집")의 "요셉" 자체는 에브라임과 므낫세에 제한되지만 בֵּית יוֹסֵף를 4a에 언급된 "이스라엘의 집"(בֵּית יִשְׂרָאֵל)과 연관된 것을 고려할 때 전체 북이스라엘을 지칭하는 표현으로 해석할 수 있다(cf. 슥 10:6; 겔 37:16, 19). 또한 에브라임 지파는 벧엘과 연관이 있으며 므낫세 지파는 길갈과 연관이 있기 때문에 사용이 가능한 표현이다.[30] 6d의 וְאָכְלָה("그리고 그것이 삼켜버릴 것이다")는 바브-완료 연계형으로 앞의 문장에 연결되며 앞의 행동의 결과를 나타낸다. 주어가 명시되지는 않았지만 3인칭, 여성, 단수동사형이므로 6c에서 언급된 부사구 כָּאֵשׁ의 "불"(אֵשׁ)이 주어가 된다. 이 불은 비유적으로 여호와를 가리킨다. וְאֵין־מְכַבֶּה의 바브 접속사(expexegetical ו)는 설명적 역할을 하는 것으로 불이 요셉의 집을 삼켜버릴 때 그 불을 끌자가 없을 것을 서술해 준다. 분사 מְכַבֶּה(남성, 단수, 피엘)는 명사적 역할을 하면서도 동사적 속성을 유지하므로 부사구 לְבֵית־אֵל를 취할 수 있다.[31] 칠십인경(LXX)과 호

28) Paul, *Amos*, 165.

29) פֶּן־תֵּצֵא כָאֵשׁ חֲמָתִי וּבָעֲרָה וְאֵין מְכַבֶּה (렘 4:4).

30) Niehaus, "Amos," 416

10:15에 근거하여 BHS는 לְבֵית־אֵל을 לְבֵית יִשְׂרָאֵל로 읽을 것을 제안한다. יִשְׂרָאֵל에서 יִשְׂרָ가 누락된 것으로 본다. 하지만 고대역본들과 필사본들이 MT 독법을 따르고 있으며 아모스가 지속적으로 북이스라엘의 종교적 중심지인 벧엘에 집중하고 있는 점을 고려할 때 MT 독법을 유지할 수 있다. 부사구 לְבֵית־אֵל의 역할에 대해 상이한 구문해석들이 제안되고 있다. 첫째, 전치사와 명사가 결합된 부사구의 형태를 갖지만 전치사 לְ가 동사의 직접목적어를 유도할 수 있다.[32] 따라서 직접목적어로 해석한다. 이 구문해석을 따를 경우 לְבֵית־אֵל은 וְאָכְלָה의 목적어 역할을 하게 되며 동사와 목적어 중간에 וְאֵין־מְכַבֶּה가 놓이게 된다: "그것[불]이 벧엘을 삼켜버릴 것이다."[33] 둘째, 전치사 לְ를 벧엘과 불타는 것의 관계를 규정해 주는 역할을 하는 것, 즉 동사의 행위가 미치는 대상을 규정하는 것으로 해석한다. 이 경우 "벧엘에 관하여는 그 불을 끌자가 없다"는 번역이 가능하다.[34] 셋째, 전치사 לְ를 이익 또는 불이익을 나타내는 여격(dative)으로 간주하여 "벧엘을 위하여"로 번역한다.[35] 넷째, 전치사 לְ가 부정의 의미를 갖는 אֵין과 함께 쓰여 소유를 나타내는 여격(dative of possession)으로 보면 벧엘이 그곳에 임한 불을 끌 자를 가지지 못한 것을 의미하게 된다. 즉 벧엘에는 불을 끌 자가 없다는 것이다. 한글번역본들 중 개역, 개역개정, 공동, 우리말성경이 이러한 구문해석을 따르면서 לְבֵית־אֵל을 "벧엘에서"라는 표현으로 번역하고 있다.[36] 네 번째 구문해석이 선호된다. 왜냐하면 이것이 자연스러운 구문해석일 뿐만 아니라 6d-e가

31) Cf. WOC §37.2.

32) Cf. BHRG §39.11/5; GKC §119s.

33) "Seek the Lord so that you may live! Lest he flare up like fire against the house of Joseph and *consume Bethel* with none to quench it" (Paul, *Amos*, 157, 166); Stuart, *Hosea-Jonah*, 342; Soggin, *The Prophet*, 84. "불이 *벧엘을* 태워도 그 불을 끌 사람이 아무도 없을 것이다"(쉬운성경); "주께서 요셉의 집에 불같이 달려드시어 *베델을* 살라버리실 것이니, 그 때에는 아무도 그 불을 끄지 못할 것이다"(표준새번역).

34) "Seek Yahweh! Then you shall live. Lest the house of Joseph ignite like fire and devour, and there be none to quench *concerning Bethel*" (Wolff, *Joel and Amos*, 228, 240).

35) "Seek Yahweh so that you may live, lest he break out like fire in the house of Joseph, and it consume, and there be none to quench it for Bethel" (Niehaus, "Amos," 413); Mays, *Amos*, 86; Hayes, *Amos*, 152.

36) "*벧엘에서* 그 불들을 끌 자가 없을까 하노라"(개역); "*벧엘에서* 그 불들을 끌 자가 없으

2c-d와 평행을 이루고 있기 때문이다: “자기 땅에 버려졌고 그녀를 일으켜줄 자가 없다”(נִטְּשָׁה עַל־אַדְמָתָהּ אֵין מְקִימָהּ). 북이스라엘 백성들은 벧엘에서 종교적 행위를 행하면서 자신들의 안전을 보장받고 싶어 하였다. 하지만 하나님의 불과 같은 심판이 그곳에 임하게 되면 그들의 기대와는 달리 벧엘에서는 어떤 구원도 기대할 수 없게 될 것이다. 왜냐하면 벧엘은 비어있는 장소이기 때문이다(cf. 5e; וּבֵית־אֵל יִהְיֶה לְאָוֶן). 즉 그들을 도와줄 어느 누구도 벧엘에서 찾을 수 없게 될 것이다.

5:7. הַהֹפְכִים(“그 바꾼 자들”)의 정관사 ה는 분사 הֹפְכִים를 호격으로 볼 수 있게 한다.[37] 남성, 복수형 분사는 앞의 2인칭, 남성, 복수 명령형을 따라 주어진 것으로 권면의 대상을 보다 구체적으로 설명해 준다. Wolff는 5:18과 6:1에 근거하여 הַהֹפְכִים에서 중자탈락(haplography)이 있었던 것으로 간주하여 הוי(“화”)를 추가하여 해석한다: “Woe (to those) who turn justice into wormwood.”[38] 하지만 이러한 수정은 고대역본들과 사본들의 지지를 받지 못하고 있으며 הַהֹפְכִים을 아모스가 권면의 대상을 부르는 호격으로 보는 것이 적절하다. 7절은 이들의 잘못된 특성을 지적하며 심판의 원인을 제시한다. 부사구 לְלַעֲנָה(“쓴 쑥으로”)의 전치사 לְ는 동사의 행동에 따른 목적어의 특성이나 상태가 변화된 것을 나타낸다. לַעֲנָה는 “쓴 쑥”(wormwood)과 같이 쓴 식물을 의미하며 비유적으로 고통이나 괴로움을 의미한다. 칠십인경은 이 부사구를 “위에서”(εἰς ὕψος)로 번역하고 있는데, 이에 근거하여 BHS는 לְלַעֲנָה가 לְמַעְלָה의 오기가 아닌지에 대한 의문을 제기한다.[39] 그러나 6장 12절에서 이 단어가 다시 반복되고 있으며 칠십인경의 번역이 고대역본이나 필사본의 지지를 받지 못하기 때문에 MT 독법

리라”(개역개정); “*베델에서* 그 불을 끌 자 없으리라”(공동); “*벧엘에*는 불을 끌 사람이 아무도 없을 것이다”(우리말).

37) Cf. GKC §126e.

38) Wolff, *Joel and Amos*, 228-29: cf. NAB. BHS가 이러한 수정을 제한하고 있으며 공동번역이 동일하게 번역한다: “저주받아라! 너희, 공평을 뒤엎어 소태같이 쓰게 만들고 정의를 땅에 떨어뜨리는 자들아.” Mays는 MT 독법을 수정하지 않더라도 6장 13절에 근거하여 7절을 “화” 신탁으로 고려할 수 있다고 제안한다(Mays, *Amos*, 90-91).

39) 칠십인경의 7절의 번역은 부정적 의미보다는 긍정적 의미를 전달한다. 즉 위에서는 공의

을 그대로 유지하는 것이 적절하다. "공의"(מִשְׁפָּט)와 "정의"(צְדָקָה)는 주로 함께 등장하면서 언약적 관계가 요구하는 속성을 나타내는 것이며 3장 10절에서 언급한 "폭력과 착취"(חָמָס וָשֹׁד)와 대조를 이루는 표현이다. וּצְדָקָה의 등위 접속사 바브(ו)는 호격의 흐름을 그대로 이어간다. 7a-b의 교차평행은 분리된 대상에 각각의 동사 행위가 적용되는 것이 아니라 두 가지 행위가 공의와 정의 모두에 적용되는 것으로 볼 수 있게 한다. 즉 공의와 정의를 쓴 쑥으로 바꾸었을 뿐만 아니라 공의와 정의를 땅에 내버린 것이다. 아모스 6장 12절은 이러한 분석을 가능하게 한다.

5:7a הַהֹפְכִים לְלַעֲנָה מִשְׁפָּט

c (목적어) - b (부사구) - a (분사/동사)

5:7b וּצְדָקָה לָאָרֶץ הִנִּיחוּ

a'(동사) - b'(부사구) - c'(목적어)

6:12c כִּי־הֲפַכְתֶּם לְרֹאשׁ מִשְׁפָּט

6:12d [ ] וּפְרִי צְדָקָה לְלַעֲנָה

부사구 לָאָרֶץ("땅에," "땅으로")의 전치사 לְ는 동사의 행동이 이루어지는 방향을 나타낸다. 3인칭, 남성, 복수, 히필 완료형 동사 הִנִּיחוּ(נוּחַ, "쉬다," "정착하다")는 7a를 시작하는 분사와 짝을 이루며 아모스의 권면을 받는 대상의 속성을 이어간다. 이 동사의 히필형은 "놓다" 또는 "버리다"의 의미를 갖는다. 이것은 3장 10절에서 언급한 "그들의 요새들 안에 폭력과 착취만 쌓는 자들"(הָאוֹצְרִים חָמָס וָשֹׁד בְּאַרְמְנוֹתֵיהֶם)과 정확한 대조를 이루는 표현이다. 즉 폭력과 착취는 쌓아올린(הָאוֹצְרִים) 반면에 공의와 정의는 땅에 내던져버린 것(הִנִּיחוּ)이다.

를 실현하고 땅에서는 정의를 펼치는 의미로 번역한다. 따라서 칠십인경은 7절을 여호와께 적용한다: "κύριος ὁ ποιῶν εἰς ὕψος κρίμα καὶ δικαιοσύνην εἰς γῆν ἔθηκεν" (주, 곧 위에서는 공의를 행하시고 땅에서는 정의를 세우신 자여). Watts는 7a의 הַהֹפְכִים를 יהוה פֹּסֵה로 수정하고 칠십인경의 의미를 접목시켜 7절이 여호와를 이 땅의 공의와 정의의 원천으로 제시하는 것으로 해석한다: "It is *Jahweh who pours* out justice from above and who grants righteousness to earth" (J. D. W. Watts, "Notes on the Text of Amos V 7," *VT* 4 [1954]: 216).

4. 원문주해

5:6-7. 여호와의 권면을 직접 인용하여 전한 후 6-7절에서 아모스는 자신의 말로 여호와의 권면을 반복하면서 권면의 심각성을 강조한다.[40] 4-6절의 교차평행적 흐름에 근거하여 4-6절을 하나의 세부 단락으로 보는 것이 일반적인 견해이다. 예를 들면 de Waard는 아래와 같은 교차평행을 제시한다.[41] 4b와 6a를 4절과 6절의 연결고리로 간주한다.

a) Seek me and live [4b-c]
　b) and seek not Bethel [5a]
　　c) and to Gilgal not go [5b]
　　　d) and to Beersheba not to go over [5c]
　　c') for Gilgal shall surely go into exile [5d]
　b') and Bethel shall come to nought [5e]
a') Seek the Lord and live [6a]

이 구조가 반영하고 있는 교차평행적 구조는 분명하게 나타난다. 하지만 6절의 화자가 누구인지에 따라 6절의 단락분류가 달라질 수 있다. 6절에서 화자가 여호와에서 아모스로 바뀌고 있기 때문에 6절에서 새로운 단락이 시작되는 것으로 보아야 한다. 6절에서 아모스는 여호와의 핵심권면인 a) Seek me and live [4b-c]를 그대로 받지만 화자의 차이 때문에 이 권면이 a') Seek the Lord [6a]로 전환이 된다. 이렇게 전환된 권면은 a)와 같이 아모스의 권면단락을 열어준다. 그러므로 a'은 5절과 6절의 연결과 단절을 나타내는 역할을 동시에 감당하는 것으로 볼 수 있다. 이러한 역할과 화자의 변화에 근거하여 4b-7b의 구조를 표 12와 같이 구분할 수 있다.

---

40) Wolff는 6절을 요시아왕이 벧엘의 제단을 파괴했을 시기의 사람이 4-5절을 설명하기 위해 첨가한 것으로 간주한다(Wolff, *Joel and Amos*, 240).

41) J. de Waard, "The Chiastic Structure," 172.

〈표 12〉 아모스 5장 4-7절의 흐름분석

I 여호와의 권면 (5:4-5)

A. 권면자(여호와)와 권면의 대상 (이스라엘의 집, לְבֵית יִשְׂרָאֵל): 4a

B. 긍정적 명령 (4b-c, דִּרְשׁוּנִי וִחְיוּ)

C. 부정적 명령

a. 벧엘 (5a, וְאַל־תִּדְרְשׁוּ בֵּית־אֵל)

b. 길갈 (5b. וְהַגִּלְגָּל לֹא תָבֹאוּ)

c. 브엘세바 (5c, וּבְאֵר שֶׁבַע לֹא תַעֲבֹרוּ)

D. 명령의 이유

b'. 길갈 (5d, כִּי הַגִּלְגָּל גָּלֹה יִגְלֶה)

a'. 벧엘 (5e, וּבֵית־אֵל יִהְיֶה לְאָוֶן)

II. 아모스의 첫 번째 권면 (5:6-7)

B'. 긍정적 명령 (6a-b, דִּרְשׁוּ אֶת־יְהוָה וִחְיוּ)

D'. 명령의 이유 (6c-e)

A'. 권면의 대상 (7a-b)

A는 여호와의 권면의 대상을 전치사 לְ와 함께 "이스라엘의 집"으로 표기하는 반면에 A'는 아모스의 권면의 대상을 호격 הַהֹפְכִים으로 표기하면서 A에서 언급한 권면의 대상의 속성을 구체적으로 서술해 준다. B의 긍정적 명령은 여호와의 권면단락의 핵심명령이 되며 C의 부정적 명령은 B의 긍정적 권면의 의미를 보다 분명하게 밝혀주는 역할을 한다. C와 D에 나타나는 교차평행은 5a-e를 함께 묶어준다. B와 동일하게 B'의 긍정적 명령은 아모스의 권면의 핵심명령이 된다. 왜냐하면 아모스가 여호와의 권면을 그대로 반복하고 있기 때문이다. D'의 명령의 이유(6c-e)는 5d-e에서 말하고 있는 길갈과 벧엘에 미치게 될 심판의 주체가 여호와이심을 밝혀준다. 이것은 여호와께서 친히 벧엘의 제단과 제단 뿔을 파괴하실 것이라는 3장 14절의 심판선언을 반영하는 것이다. 파멸의 측면을 고려할 때는 5:2a-d와도 연관성을 나타낸다. 결론적으로 6-7절은 4-5절과 구분하여 분석할 필요가 있다.

Dorsey는 6절하반절(6c-d)과 7절을 함께 구분하여 "이스라엘의 불의에 대한 비난"(condemnation of Israel's injustice)으로 간주한다.[42] 즉 표 12에서 아모스의 권면의 이유단락(D')와 권면의 대상단락(A')을 함께 묶고 있다. 하지만 4-5절과 6-7절은 비난이나 고소에 무게를 두기보다는 권면에 무게를 두고 있는 것으로 보인다. 왜냐하면 6절이 권면으로 시작되고 있으며 7절은 호격을 사용하여 권면의 대상을 서술하기 때문이다. 5:1-17의 전체 흐름을 볼 때 4-15절은 심판신탁의 형식에서 "상황에 대한 고소"단락에 속한다. 하지만 아모스가 이 단락을 통하여 강조하고 있는 것은 비난이나 고소가 아니라 회개를 촉구하는 권면이다.

아모스의 첫 번째 권면은 5:1-5의 내용을 모두 담고 있다. 여호와의 권면을 자신의 말로 반복하고 있으며(6a-b), 애가에서 언급하고 있는 슬픈 상황에 대한 서술을 반영하고 있기 때문이다(6c-e). 아모스의 권면에서 한 가지 추가하고 있는 사항은 이러한 처지에 놓이게 만든 북이스라엘의 부정적인 정체성을 구체적으로 지적하는 것(7절)이다. 이 지적을 통하여 아모스는 청자들로 하여금 자신들의 실상을 돌아보게 한다. 불로 인한 하나님의 심판(6c-e)은 언약적 저주이다(cf. 신 4:24). 따라서 불의 심판에 대한 언급은 북이스라엘이 언약적 관계를 파기한 것을 전제로 한다. 7절에서 지적하고 있는 이들의 정체성 또한 언약적 의무를 거부하는 행동들이다. 따라서 하나님은 이들을 향한 처참한 심판을 행하실 수밖에 없다. 아모스는 6-7절을 통해 하나님의 철저한 심판에서 살아남을 수 있는 유일한 길을 다시 언급하면서 강조한다. 바로 여호와를 찾으라는 것이다. 그런 후 북이스라엘 백성들에게 그들을 심판하실 하나님의 속성을 선포한다(8-9절).

Wolff는 7절과 10절이 본래 함께 연결되어 있었는데 필사자들이 여백에 기록되었던 6, 8, 9절을 실수로 삽입하면서 현재의 형태를 갖게 된 것으로 설명한다.[43] Mays도 역시 8-9절이 7절과 10절의 연결흐름을 방해하는 것이며 편집과정에서 후대에 삽입된 것으로 간주한다.[44] 따라서 7절과 10절을 함께 묶어 주해를 하고 8-9절은 따로 분리하여 주해를 한다. Soggin은 8-9절을 16-17절 다음에 재배열하여 분석한다.[45] 하지만 표 12에서 제시하고 있는 흐름이 아모스의 의도를

---

42) Dorsey, *The Literary*, 281.
43) Wolff, *Joel and Amos*, 233.
44) Mays, *Amos*, 90.
45) Soggin, *The Prophet*, 88-89.

반영하는 것이라면, 6, 8-9절이 단순한 실수에 의해 삽입된 것으로 보기 어렵다.

IV. 여호와의 속성에 대한 선포(b): 5:8-9

1. 원문

5:8a עֹשֵׂה כִימָה וּכְסִיל
5:8b וְהֹפֵךְ לַבֹּקֶר צַלְמָוֶת
5:8c וְיוֹם לַיְלָה הֶחְשִׁיךְ
5:8d הַקּוֹרֵא לְמֵי־הַיָּם
5:8e וַיִּשְׁפְּכֵם עַל־פְּנֵי הָאָרֶץ
5:8f יְהוָה שְׁמוֹ
5:9a הַמַּבְלִיג שֹׁד עַל־עָז
5:9b וְשֹׁד עַל־מִבְצָר יָבוֹא

2. 사역

5:8 칠요성과 오리온별을 만드시고 짙은 어둠을 아침으로 바꾸시며 낮을 밤으로 어둡게 하시며 바다의 물을 불러서 그것들을 땅의 표면에 쏟아 부으시는 분, 바로 여호와가 그의 이름입니다.

5:9 그가 홀연히 파괴를 강한 자 위에 미치게 하시니 파괴가 산성 위에 임하게 될 것입니다.

3. 원문분석

5:8. 하나님의 속성에 대한 서술을 시작하는 남성, 단수 분사 עֹשֵׂה("만드는 자")는 4장 13절의 선언과 맥을 같이 한다. 즉 하나님의 창조를 서술하는 것이다. כִימָה וּכְסִיל은 각각 "칠요성"과 "오리온성"을 말한다. וְהֹפֵךְ לַבֹּקֶר צַלְמָוֶת("그리고 어둠을 아침으로 바꾸는 자")는 7a의 הַהֹפְכִים לְלַעֲנָה מִשְׁפָּט("공의를 쓴 쑥으로 바꾸는 자")와 구문적 평행을 이루면서 북이스라엘이 언약적 의무를 거부

한 것과 대조를 이루는 하나님의 긍정적인 모습을 묘사한다. 즉 어둠을 아침으로 바꾸시는 모습이며 4장 13절의 여명을 어둠으로 만드시는 하나님의 행위(עֵיפָה עֹשֵׂה שַׁחַר)와 대조를 이룬다. 후자에 심판적 측면이 담겨져 있다면 전자에는 하나님의 창조적 행위가 반영되어 있다. 8c는 등위접속사 바브(ו)와 동사의 목적어들(וְיוֹם לַיְלָה)를 동사 앞에 놓아 의미를 강조할 뿐만 아니라 8b와 구문론적 교차평행을 만든다. 따라서 분사가 아닌 히필 완료형 הֶחְשִׁיךְ가 등장한다. 이 동사는 이중대격(double accusative)을 취하고 있으며 첫 번째 대격(יוֹם)이 기존의 것(thing made)이며 두 번째 대격(לַיְלָה)이 변화되는 것(thing remade)이다.[46] 즉 낮을 어둡게 하여 밤으로 만든다. 따라서 8c는 의미에 있어서 8b와 대조를 이룬다. הַקּוֹרֵא("부르는 자")는 정관사 ה와 남성, 단수 분사가 결합된 형태로 8a-b의 분사를 이어간다. לְמֵי־הַיָּם의 전치사 לְ는 동사 행위의 대상, 즉 부르는 대상을 나타낸다. 부름을 받는 것은 מֵי־הַיָּם("바다의 물")이다. וַיִּשְׁפְּכֵם(문자적 의미: "그가 그것들을 쏟아 부을 것이다")은 바브-미완료 연계형(*wayyqtl*)으로 8d와 8e의 순차적 진행을 나타낸다: 바다의 물을 부른 후 쏟아 붓다. 동사에 첨부된 3인칭, 남성, 복수, 대명사어미의 선행사(ֵם)는 מֵי־הַיָּם이다. עַל־פְּנֵי הָאָרֶץ("땅의 표면에")의 전치사 עַל은 위치나 장소를 나타낸다. יְהוָה שְׁמוֹ는 명사절로 4:13g의 어순을 따르고 있으며 여호와가 강조된다: "바로 여호와가 그의 이름이다."

5:9. 정관사 ה와 분사(남성, 단수, 히필)가 결합된 הַמַּבְלִיג("홀연히 미치게 하는 자")는 8d와 평행을 이루면서 하나님의 속성에 대한 서술을 이어간다. 분사의 동사 בלג는 "빛나다"를 의미하는데, 이 동사의 의미가 이 문맥에서 불분명하기에 고대번역본에서도 다양한 번역이 제기되었으며 이 동사의 해석에 대해 여전히 논의가 되고 있다. BHS는 칠십인경의 번역(ὁ διαιρῶν, to distribute)에 근거하여 הַמַּבְלִיג를 הַמַּפְלִיג("나누다") 또는 הַמַּפִּיל("떨어지게 하다")로 수정할 것을 제안한다. 하지만 필사본들은 MT 독법을 유지하고 있다. 동사 בלג의 히필형이 아랍어의 *falajah* (to cause to come suddenly, "갑자기 오게 하다")과 연관하여 "갑자기 나타나게 하다" (to cause to flash)의 의미를 가진 것으로 보기도 한다.[47] 이와 더

---

46) Cf. WOC §10.2.3c.

불어 9a와 9b의 구문론적 교차평행에서 הַמַּבְלִיג가 동사 יָבוֹא("그가[그것이] 임할 것이다")와 짝을 이루고 있는 것을 고려할 때 בלג의 히필형 분사가 어떤 것을 갑작스럽게 등장하게 하는 것에 대한 언급으로 볼 수 있다. 3장 10절에서는 שֹׁד가 "폭력"(חָמָס)과 함께 등장하고 있으므로 폭력적 행위를 수반하는 "착취"로 번역하였는데, 여기서는 "파괴"나 "폐허"의 의미로 번역할 수 있다. 3장 10절의 단어가 사용된 것에 주목할 필요가 있다. עַל־עָז가 9b의 "산성"(עַל־מִבְצָר)과 평행을 이루고 있는 점을 감안하여 עָז를 "요새"(stronghold)로 번역하기도 한다(cf. 쉬운성경).[48] 그러나 사회적 약자들에게 저지른 북이스라엘의 기득권자들의 행위(2:6-8)와 사마리아의 상류층 여인들의 행위(4:1)를 שֹׁד("착취")로 규정하고 있는 3장 10절에 근거하여 5장 9절이, שֹׁד를 행하던 자들이 이제 שֹׁד의 대상이 될 것임을 선언하는 것으로 해석하면 עָז가 힘과 권력으로 착취를 행하던 힘이 있는 자들을 묘사하는 것으로 볼 수 있다. 그렇다면 עָז를 "강한 자" 또는 "힘 있는 자"로 번역하는 것이 가능하다. מִבְצָר("산성")가 3장 11절에 사용되는 것은 아니지만(3장 11절에는 אַרְמְנוֹתָיִךְ["요새"]가 사용됨), 9b 역시 3장 11절을 반영하는 것으로 보인다. 그렇다면 9a-b는 2장의 심판고소와 3장의 심판선언의 내용을 함께 묶어 북이스라엘의 범죄에 대한 하나님의 심판을 선언하는 것이다.

9b의 문장을 시작하는 וְשֹׁד의 접속사 바브(ו)는 9a의 분사와 연결되면서 결과적 상황을 설명하는 문장을 유도한다.[49] 즉 9b가 9a의 결과를 묘사해 주고 있다. 하지만 이러한 관계는 동사 יָבוֹא의 독법에 따라 달라질 수 있다. שֹׁד를 יָבוֹא(3인칭, 남성, 단수, 칼 미완료형)의 주어로 취하고 있는 MT 독법은 원인과 결과의 흐름을 지지해 준다. 하지만 BHS가 제안하는 바와 같이 יָבוֹא를 히필형 יָבִיא로 수정하여 읽으면 שֹׁד는 주어가 아닌 목적어가 된다. 그렇다면 9b가 9a의 결과적 상황을 설명하는 것이 아니라 여호와의 직접적인 심판의 행위를 나열하는 것이 된다.[50] 주로 고대 역본들이 BHS의 제안과 같이 번역하고 있지만 히브리어 필사

---

47) L. Koehler and W. Baumgartner, W. *The Hebrew and Aramaic Lexicon of the Old Testament*. vols. 1 (Leiden: Brill, 2001), 132(이후로는 HALOT).

48) "그분은 요새를 무너뜨리시며 강하고 튼튼한 성을 폐허로 만드신다" (쉬운성경).

49) Cf. BHRG §40.8/2.

50) 개역과 개역개정은 MT 독법을 따르고 있으며 쉬운성경, 우리말성경, 표준새번역은 BHS

본들은 MT 독법을 따르고 있다. 따라서 MT 독법을 유지하면서 원인과 결과의 흐름을 유지하는 것이 적절해 보인다. 아모스서의 심판선언 형식에서 주로 심판자의 행위가 언급되고 이와 함께 수반되는 사건들이 서술되고 있는 것을 흔히 볼 수 있다. עַל־עָז와 עַל־מִבְצָר의 전치사 עַל은 위치나 장소를 나타낸다.

4. 원문주해

5:8-9. 아모스는 다가올 하나님의 심판에 근거하여 여호와를 찾아 살 것을 권면한 후 북이스라엘이 만나게 될 하나님의 속성에 대해 선언한다. 북이스라엘 백성들이 하나님의 공의와 정의를 괴로운 것("쓴 쑥")으로 바꾸고 땅에 내던져버린 것에 대하여 창조의 능력과 절대적 주권을 가지신 하나님이 심판자이심을 선언한다. 8b와 8c의 의미론적 구문론적 교차평행은 창조와 심판을 행하시는 하나님의 주권을 나타낸다.

צַלְמָוֶת	לַבֹּקֶר	וְהֹפֵךְ	5:8b
c (목적어) -	b (부사구) -	a (분사/동사)	
הֶחְשִׁיךְ	לַיְלָה	וְיוֹם	5:8c
a' (동사) -	b ([부사적]대격) -	c' (목적어)	

9a와 9b에 교차평행은 단순한 의미의 반복이 아니라 의미가 점진적으로 강화된다. 즉 파괴가 "강한 자"(עָז)에서 "산성"(מִבְצָר)으로 이동하면서 확대된다. 또한 "파괴"(שֹׁד)의 반복은 공의와 정의를 저버린 자들에 대한 하나님의 파괴적 심판

의 제안을 따라 여호와를 주어로 하는 히필형으로 번역한다: "저가 강한 자에게 홀연히 패망이 임하게 하신즉 *그 패망이* 산성에 미치느니라"(개역); "*그*가 강한 자에게 갑자기 *패망이* 이르게 하신즉 그 패망이 산성에 미치느니라"(개역개정); "그분은 요새를 무너뜨리시며 강하고 *튼튼한 성을 폐허로 만드신다*"(쉬운성경); "그분은 힘센 사람을 순식간에 멸망시키고 *산성을 멸망시키는 분이시다*"(우리말); "그분은 강한 자도 갑자기 망하게 하시고, *견고한 산성도 폐허가 되게 하신다*"(표준새번역).

을 강조해 준다.51)

הַמַּבְלִיג שֹׁד עַל־עָז 5:9a

[c (부사구) - b (목적어/파괴)] - a (분사/동사)]

וְשֹׁד עַל־מִבְצָר יָבוֹא 5:9b

a' (동사) - [c' (부사구) - b' (주어/파괴)]

이 평행은 자신들의 힘을 가지고 폭력과 착취(חָמָס וָשֹׁד)를 행하던 자들(עָז)에게 שֹׁד로 되갚으시는 하나님의 속성을 선언하는 것이다. 3장 10절에 따르면 힘을 가진 자들(עָז)은 사회적 약자들에게 행한 "폭력과 착취"(חָמָס וָשֹׁד)을 자신들의 요새(בְּאַרְמְנוֹתֵיהֶם)에 쌓아놓고 안전하다고 생각하면서 공의와 정의는 땅에 내던져 버렸다. 그러나 이제 착취를 행하던 자들이 하나님의 착취(שֹׁד)의 대상이 될 것이며 그들이 신뢰하던 산성이 착취(שֹׁד)를 당하게 될 것이다. 그들이 의지하던 산성은 하나님의 "착취"(שֹׁד, "파괴")로부터 그들을 지켜주지 못할 것이다.

8-9절은 창조주 하나님께서 자연을 다스리실 뿐만 아니라 심판자로서 그의 능력과 주권을 인간들에게 행하시는 분임을 선언하는 것이지만 다른 한편으로는 북이스라엘의 실패한 정체성과 대조를 이룬다. 7절은 북이스라엘이 행한 일을 공의와 정의를 내던져버린 것으로 묘사하고 있으며 이들이 행한 일들이 10, 11, 12절에

51) BHS는 칠십인경의 번역(συντριμμὸν ἐπ' ἰσχὺν)에 근거하여 שֹׁד עַל־עָז를 שֶׁבֶר עַל־עֹז로 읽을 수 있는 가능성을 제시한다. 하지만 같은 단어의 반복이 문제가 되는 것은 아니며 오히려 강조의 효과를 나타낼 수 있다. 필사과정에서 שֶׁבֶר("붕괴," "파멸," "곡물")가 שֹׁד로 바뀐 것에 대한 적당한 설명을 찾을 수가 없다. 칠십인경의 이문은 같은 단어를 동일한 헬라어로 번역하는 것을 피하려고 한 것으로 보인다. 또한 BHS는 9a-b의 שֹׁד를 모두 שׁוֹר(황소자리, Taurus)로, עָז는 עֵז(카펠라, Capella)로, מִבְצָר는 מְבַצֵּר(아르쿠투르스, Arcturus)로 수정할 것을 제안한다. BHS의 수정독법에 따라 9절을 읽으면 הַמַּפִּיל הֲמַפְלִיגַע שָׁר עַל־עֵז וְשֹׁר עַל־מְבַצֵּר יָבִיא가 된다. BHS는 8절에서 별을 만드시는 하나님에 대한 언급에 근거하여 이러한 수정독법을 제안하는 것으로 보인다. BHS의 수정독법을 따르면 9절은 심판자가 아닌 창조주로서의 하나님의 속성을 나타내는 것이 된다. 하지만 이러한 독법은 필사본들의 지지가 없는 상황에서 무리한 본문 수정이 요구되기 때문에 설득력이 없다. 공동번역은 BHS의 제안에 따라 번역한다: "염소 성좌에 이어 황소 성좌에 올라오게 하시고 포도 따는 처녀별이 뜨면서 황소 성좌를 지게 하시는 이."

구체적으로 언급된다. 반면에 창조주 하나님은 자연계의 질서를 세우시며 심판을 통해 버려진 공의와 정의를 다시 세우는 분이시다.

V. 북이스라엘의 범죄에 대한 지적(b'): 5:10-13

1. 원문

5:10a שָׂנְאוּ בַשַּׁעַר מוֹכִיחַ
5:10b וְדֹבֵר תָּמִים יְתָעֵבוּ
5:11a לָכֵן יַעַן בּוֹשַׁסְכֶם עַל־דָּל
5:11b וּמַשְׂאַת־בַּר תִּקְחוּ מִמֶּנּוּ
5:11c בָּתֵּי גָזִית בְּנִיתֶם
5:11d וְלֹא־תֵשְׁבוּ בָם
5:11e כַּרְמֵי־חֶמֶד נְטַעְתֶּם
5:11f וְלֹא תִשְׁתּוּ אֶת־יֵינָם
5:12a כִּי יָדַעְתִּי רַבִּים פִּשְׁעֵיכֶם
5:12b [ ] וַעֲצֻמִים חַטֹּאתֵיכֶם
5:12c צֹרְרֵי צַדִּיק
5:12d לֹקְחֵי כֹפֶר
5:12e וְאֶבְיוֹנִים בַּשַּׁעַר הִטּוּ
5:13a לָכֵן הַמַּשְׂכִּיל בָּעֵת הַהִיא יִדֹּם
5:13b כִּי עֵת רָעָה הִיא

2. 사역

5:10 "그들은 성문에서 책망하는 자를 미워하고 진실을 말하는 자를 혐오한다.
5:11 그러므로 너희가 힘없는 자들을 짓밟고 그들에게서 곡물세금을 강제로 거두어들이기 때문에 너희가 다듬은 돌로 된 집을 짓지만 그곳에 살지 못할 것이며 너희가 아름다운 포도밭을 가꾸지만 그곳의 포도주를 마시지 못할 것이다.

5:12 왜냐하면 내가 너희 범죄가 얼마나 많은지 알고 있으며 너희 죄가 얼마나 셀 수 없는지 알고 있기 때문이다. 무고한 자들의 원수들아. 뇌물을 받고 성문에서 가난한 자들의 송사를 굽게 하는 자들아.

5:13 그러므로 이러한 때에는 신중한 자들이 침묵할 것이다. 왜냐하면 악한 때이기 때문이다.

3. 원문분석

5:10. 동사 שָׂנְאוּ("그들이 미워하였다")의 3인칭, 복수, 주어가 분명하게 명시되지 않지만 문맥의 흐름상 7절에서 호격으로 표기된 자들로 볼 수 있다. 주어를 "그들"로 번역할 수 있으며 일반적인 의미에서 "사람들" 또는 "무리"로 번역할 수도 있다(개역, 개역개정, 우리말, 표준새번역).[52] 쉬운성경은 11-12절의 2인칭 서술을 고려하여 주어를 "너희"로 번역하였다.[53] 공동번역은 7절의 호격을 그대로 이어서 호격으로 번역하였다.[54] 10a와 10b를 호격의 문장으로 보기에는 무리가 있다. שָׂנְאוּ의 주어를 일반적인 대상을 가리키는 "사람들" 또는 "무리"로 번역하기보다는 한정된 사람들의 의미를 나타내는 것이 필요하다. 왜냐하면 본문에서 신탁의 대상이 북이스라엘 백성들로 제한되기 때문이다. 물론 문맥을 고려하며 읽을 때 "사람들"(무리)이라는 표현이 북이스라엘에 제한하여 이해될 수 있다. 하지만 보다 제한적 의미를 전달해 줄 수 있는 "그들" 내지는 "너희"가 더 적절해 보인다.[55] בַשַּׁעַר는 장소를 나타내는 전치사 בְּ, 정관사 ה, 명사(שַׁעַר, "성문")가 결합

52) "*무리가* 성문에서 책망하는 자를 미워하며 정직히 말하는 자를 싫어하는도다"(개역; 개역개정); "*사람*들은 성문의 재판하는 곳에서 정직하게 판결하는 사람을 미워하고 정직하게 말하는 사람들을 싫어한다"(우리말); "*사람*들은 법정에서 시비를 올바로 가리는 사람을 미워하고, 바른말 하는 사람을 싫어한다"(표준새번역).

53) "*너희*는 정직한 재판을 싫어하며, 진실을 말하는 사람을 미워한다"(쉬운성경).

54) "성문 앞에서 시비를 올바로 가리는 사람을 미워하고 바른 말 하는 사람을 싫어하는 자들아"(공동번역).

55) 10절의 3인칭 서술("그들")이 11-12절에서 2인칭 서술("너희")로 전환되는데, 10절은 북이스라엘의 범죄를 객관적으로 지적하는 것이며 11-12절은 2인칭 서술을 통해 객관적으로 지적된 범죄를 구체적으로 적용하는 것이다.

된 부사구("성문에서")이다. "성문"은 성의 벽에 마련된 장소로 여러 가지 논의를 하거나 분쟁을 해결하는 장소이다(cf. 21:19; 룻 4:1-2).[56] 부사구 בַשַּׁעַר가 동사 שָׂנְאוּ를 꾸미는 것으로 볼 경우 "그들은 책망하는 자를 성문에서 미워하였다"는 의미로 해석되는데, 이 부사구가 뒤에 나오는 분사 מוֹכִיחַ("책망하는 자")를 꾸미는 것, 즉 즉 "성문에서 책망하는 자"로 해석하는 것이 적절해 보인다. 10a는 법정적 자리("성문")에서 벌어지는 불의를 책망하는 자들이 있었지만 북이스라엘 백성들이 그들의 책망을 받아들이지 않는 것을 의미한다. 부사구 בַשַּׁעַר가 동사와 분사를 함께 꾸며주는 이중적 역할을 하는 것으로 볼 수도 있는데, 이 경우 북이스라엘 백성들이 공의와 정의가 수호되어야 할 자리와 불의를 바로 잡으려는 자들을 모두 거부하는 모습을 그려주는 효과가 있다. 부사구가 꾸며주는 분사 앞에 서술된 것은 10a와 구문론적 평행을 이루고 있는 12e와 관련하여 설명될 수 있다. 10a의 שָׂנְאוּ בַשַּׁעַר(부사구-동사)는 12e의 בַשַּׁעַר הִטּוּ(동사-부사구)와 교차평행을 이루면서 공의와 정의를 지키는 않는 북이스라엘의 범죄를 지적하는 단락(10a-12e)을 함께 묶어주는 역할을 한다. 남성, 단수, 히필형 분사 מוֹכִיחַ(יכח, "결정하다," "판결하다")는 동사 שָׂנְאוּ의 목적어가 되는 명사적 역할(nomen agentis)을 감당하며 잘못을 지적하고 책망하는 자를 의미한다. וְדֹבֵר의 등위 접속사 바브(ו)는 10b를 앞의 문장에 연결시키면서 교차평행구문을 이룬다. 분사 דֹּבֵר(דבר, "말하다")는 동사의 목적어가 되는 명사적 역할을 하며 תָּמִים을 목적어로 취하는 동사의 속성을 가지고 있다. תָּמִים은 형용사이지만 기대되는 명사, 예를 들면, דָּבָר 등이 생략되면서 형용사 자체가 실명사(substantive)의 역할을 취하여 분사 דֹּבֵר("말하는 자"["말하다"])의 목적어가 된다.[57] 이 단어는 "온전한," "흠이 없는," "정직한"의 뜻을 가지고 있다. 따라서 "진실"로 번역할 수 있다. יְתָעֵבוּ는

---

56) Wolff는 "성문"에서의 행위를 법정적 행위로 제한하여 해석하는 반면에 Hayes는 "성문"이 온갖 사회적 행위가 이루어지는 장소로 보아 성문을 법정적 장소나 행위로 제한하지 않는다(Wolff, *Joel and Amos*, 245; Hayes, *Amos*, 162-63).

57) Cf. WOC §14.3.3d; cf. Stuart, *Hosea-Jonah*, 342. 이와는 달리 Paul은 תָּמִים을 부사로 보아 "the one who pleads honestly"로 번역한다(Paul, *Amos*, 157, 171). Wolff도 תָּמִים을 부사로 간주하여 "one who testifies fully"로 번역한다(Wolff, *Joel and Amos*, 230, 246). Cf. Hayes, *Amos*, 152; 개역, 개역개정, 우리말성경.

שָׂנְאוּ와 의미에 있어서 유사하지만 훨씬 더 강한 어조를 가진 동사이다. 따라서 שָׂנְאוּ는 "미워하다"로 해석하고 יְתָעֵבוּ는 "혐오하다"로 번역하는 것이 적절하다. 10a와 10b가 의미론적, 구문론적 교차평행을 이루면서 의미가 강조되고 강화된다. 분사구 בַשַּׁעַר는 10b에도 적용된다.

5:10a שָׂנְאוּ בַשַּׁעַר מוֹכִיחַ

a (*qtl* 동사) - (부사구) - b [(목적어/분사)]

5:10b וְדֹבֵר תָּמִים יְתָעֵבוּ

a' (*yqtl* 동사) - [ ] - b' (목적어/분사)

5:11. לָכֵן("그러므로")은 10a에서 언급한 문제로 인해 수반되는 결과에 대한 서술로의 전환을 유도한다. יַעַן은 원인을 서술하기 위한 전치사인데, לָכֵן과 함께 쓰이는 경우가 극히 드물다. יַעַן에 의해 유도되는 11a-b는 10a-b와 함께 11c-f의 원인이 된다. בּוֹשַׁסְכֶם은 포엘형(*poel*)부정사와 2인칭, 남성, 복수, 대명사어미(כֶם)가 결합된 형태로 대명사어미가 부정사의 주어 역할을 한다. 2인칭 대명사어미의 선행사는 아모스의 말을 듣고 있는 청자들이 된다. 문제는 구약성경에서 이곳에 한번 사용된 부정사의 의미이다. 이 부정사의 어근이 בשס인데, 주로 בוס("짓밟다")에서 파생된 형태로 본다.[58] 또는 아카디어의 동족어 *šabāšu* ("[곡물 세금을] 거두다")의 철자가 히브리어에서 뒤바뀐 것으로 보기도 한다.[59] 그러나 11b에서 3인칭 대명사어미(מִמֶּנּוּ)를 사용하여 "힘없는 자"에게서 세금을 취하는 것이 언급되고 있으므로 세금을 거두어들이는 것으로 보기보다는 같은 단어가 사용되고 있는 2:7(הַשֹּׁאֲפִים ··· בְּרֹאשׁ דַּלִּים)과 4:1(הָעֹשְׁקוֹת דַּלִּים)의 연관성 속에서 בשס를 억압하는 행위로 해석하는 것이 적절해 보인다. 분사 בּוֹשַׁסְכֶם을 꾸며주는 עַל־דָּל의 전치사 עַל은 동사의 행위가 미치는 대상을 나타내며 형용사 דָּל은 실명사의 역할을 하여 "힘없는 자들"을 의미한다. וּמַשְׂאַת־בַּר의 등위접속사

58) Cf. Niehaus, "Amos," 420.

59) Cf. Paul, *Amos*, 172-73. Paul은 11b를 "because you levy a straw tax on the poor"로 번역한다(ibid., 157). Paul의 번역에는 동사의 목적어 "a straw tax"가 첨가되고 있는데 원문은 목적어가 없는 문장이다.

바브(ו)는 이 문장을 יַעַן에 연결시켜주며 11a을 보다 구체적으로 설명해 주는 설명적 바브(epexegetical ו)의 역할을 감당한다.[60] מַשְׂאַת는 동사 נשׂא("들어올리다")에서 파생된 명사로 "공물" 또는 "세금"을 의미한다. 따라서 מַשְׂאַת־בַּר는 "곡물 세금"을 말하는 것이며 동사 תִּקְחוּ("너희가 취하였다")의 목적어가 된다. 이 문맥에서는 강제로 세금을 거두는 행위를 묘사하는 것으로 해석할 수 있다.[61] מִמֶּנּוּ의 3인칭, 남성, 단수, 대명사어미의 선행사는 דָּל("힘 없는 자")다. 11d의 וְלֹא־תֵשְׁבוּ와 11f의 וְלֹא תִשְׁתּוּ의 바브(ו)는 반의접속사(adversative ו)로 11c와 11d를, 11e와 11f를 각각 대조시킨다. בָּם("그곳에")의 대명사어미의 선행사는 בָּתֵּי גָזִית("다듬은 돌로 된 집들")이며 יֵינָם("그곳의 포도주")의 대명사어미의 선행사는 כַּרְמֵי־חֶמֶד("아름다운 포도밭들")이다. 문자적으로 복수형들이지만 한글번역에서는 단수로 번역하는 것이 어의전달에 도움이 된다.

5:12. 접속사 כִּי는 원인을 서술하는 문장을 유도하는 것(causal כִּי)으로 11a의 יַעַן과 짝을 이룬다.[62] 1인칭 완료형 동사 יָדַעְתִּי("내가 알고 있다")는 현재시제로 해석하는 것이 적당하다. 1인칭 주어의 선행사가 누구인가에 대해 다른 견해가 제시되고 있는데, Wolff는 16절(לָכֵן כֹּה־אָמַר יְהוָה אֱלֹהֵי צְבָאוֹת אֲדֹנָי)에서 여호와가 화자로 등장하고 있는 점을 지적하면서 12절의 1인칭 주어의 선행사를 아모스로 본다.[63] 그러면 12절은 아모스가 북이스라엘의 범죄를 알고 있다는 표현이 된다. 반면에 Niehaus와 Stuart는 여호와를 화자로 간주한다.[64]

---

60) Cf. BHRG §40.8/2.

61) Niehaus는 가혹하고 강제적 성격을 명사 מַשְׂאַת에서 추론한다(Niehaus, "Amos," 420).

62) 한글번역본들은 כִּי를 원인으로 번역하지 않는다. Paul은 강조를 위한 כִּי(emphatic כִּי)로 해석한다(Paul, *Amos*, 174; cf. Hayes, *Amos*, 152).

63) Cf. "Since the announcement of punishment [vv. 16-17] is explicitly introduced as a word of Yahweh, the first person pronoun of v 12 indicates that in this part of the oracle Amos himself is speaking, just as he does in 3:9-10; 4:1; and 5:1-2" (Wolff, *Joel and Amos*, 233). Mays도 역시 1인칭 주어의 선행사가 아모스일 가능성을 제안한다(Mays, *Amos*, 97).

64) Niehaus, "Amos," 421; Stuart, *Hosea-Jonah*, 349. Hayes는, 선지자들이 전하는 신탁에서 이러한 화자의 모호성이 흔히 등장하는데 이것은 신탁을 전하는 선지자가 신적 권위를 가진 자들임을 시사하는 것이라고 설명한다(Hayes, *Amos*, 153, 161).

5장 1절을 볼 때 5장 1-17절 단락의 주요 화자는 아모스임을 알 수 있다. 아모스가 자신의 말로 신탁을 전하고 있지만 4-5절에서는 신탁도입형식과 함께 여호와의 신탁을 그대로 인용한다. 6절은 여호와가 3인칭으로 표기되면서 화자가 다시 아모스로 전환된 것을 보여준다. 12절에 신탁도입형식이 나타나지 않기 때문에 아모스를 화자로 볼 수 있지만 심판의 대상을 2인칭으로 서술하고 있는 11절의 심판선언과 연관하여 볼 때 여호와를 12절의 화자로 보는 것이 가능하다. 이 경우 12절은 11절에 언급된 심판선언의 근거로 여호와께서 북이스라엘의 범죄를 알고계심을 전달하는 것이 된다. 여호와의 신탁을 직접 인용하면서 심판을 행하시는 하나님께서 북이스라엘의 범죄를 분명히 알고 계심을 강조한다. 즉 8-9절에서 묘사하고 있는 창조주이며 심판자이신 하나님께서 이들의 문제를 분명히 알고 계시다는 것이다. רַבִּים פִּשְׁעֵיכֶם은 형용사가 먼저 나오고 꾸밈을 받는 명사가 뒤따르는 어순을 가지고 있다("많은 너희의 문제"). 이것은 형용사를 강조하여 범죄가 많음을 지적하는 것이다. 2인칭 대명사어미는 아모스의 청자, 즉 북이스라엘 백성들을 가리킨다. 특히 פִּשְׁעֵיכֶם이 다시 언급되면서 신탁연속물(1:3-2:16), 3장 14절, 4장 4절의 고소내용을 이어가고 있음을 주목할 필요가 있다. וַעֲצֻמִים חַטֹּאתֵיכֶם의 등위접속사 바브(ו)는 이 표현을 앞의 문장에 연결시켜 주는데, 두 개의 문장이 나열되면서 12a의 동사 יָדַעְתִּי가 생략된 것으로 보거나 두 개의 목적어가 바브(ו)에 의해 나열된 것으로 볼 수도 있다. וַעֲצֻמִים חַטֹּאתֵיכֶם 역시 형용사를 명사 앞에 놓아 형용사를 강조하고 있다("그리고 수많은 너희의 죄들"). וַעֲצֻמִים의 עָצוּם은 רַב와 동의어로 "많은," "셀 수 없는"의 의미를 갖기도 하며 힘에 있어서 "강력한"(mighty)의 의미를 취할 수 있다. 여기서는 평행구문에 의해 전자의 의미를 갖게 된다. 이 표현은 רַבִּים פִּשְׁעֵיכֶם와 의미론적 평행을 이루면서 북이스라엘의 수많은 범죄와 죄의 심각성을 지적한다. 번역에서 이러한 강조를 반영할 필요가 있다: "왜냐하면 내가 너희 범죄가 얼마나 많은지 알고 있으며 너희 죄가 얼마나 셀 수 없는지 알고 있기 때문이다." 이 두 표현의 평행관계를 볼 때 북이스라엘의 문제는 하나님의 권위를 거부하고 반항하는 "범죄"(פִּשְׁעֵיכֶם)이며 이 범죄는 곧 "죄"(חַטֹּאתֵיכֶם)이다. 하나님이 보시기에 북이스라엘 백성들은 범죄자와 죄인에 불과하다. 이 죄와 범죄의 내용이 12c-e에서 분사구문을 통해 구체적으로 설명된다. 12c-e는 호격을 사용하면서 범죄의 내용을 서술하고 있는데, 이것은 호격을 사용하고 있는 7절과 짝을 이루면서 공의와 정의를 내버리는 자들이 곧 무고한 자들의 원수이며 공의를 기대하는 가난한 자들에게 고통을 전달하는 자들임을 보여준다. 10절과 11a-b에서도 이들의 구체적인 범죄내용을 찾아볼 수 있다.

צֹרְרֵי는 남성, 복수, 칼 연결형 분사(צרר, "적대시하다," "공격하다")로 "적의를 가지고 대하는 자" 즉 "대적/원수"를 의미한다. צַדִּיק는 형용사지만 실명사의 역할을 하여 연결된 명사적 분사의 목적격 속격이다. 이 단어는 2장 6절에서와 같이 본질적인 의로움보다는 법정적 차원에서의 무고함을 의미한다(cf. 출 23:7; 신 25:1). 따라서 "무고한 자"로 번역할 수 있다. 서술문이 아닌 "무고한 자들의 원수들아"라는 호격이 사용되면서 범죄를 행하는 자들의 정체성이 더욱 강조된다. לֹקְחֵי כֹפֶר("뇌물을 취하는 자")에 접속사 바브(ו)가 생략되었지만 צֹרְרֵי צַדִּיק와 동일한 구문(분사 + 목적어)을 취하면서 북이스라엘의 범죄를 구체적으로 설명해 주는 호격이다. כֹּפֶר는 "뇌물" 또는 징벌을 피하기 위해 내는 "몸값/속전"을 의미한다. Niehaus는 이 단어(כֹּפֶר)가 사용된 민 35:31에 근거하여 율법이 금하고 있음에도 불구하고 살인자를 살려주기 위해 받는 뇌물로 해석할 뿐만 아니라 부유층의 사람들이 이 뇌물로 자신들의 극악한 범죄의 징벌을 면한 것으로 추론한다.[65] 결과적으로 부유층과 빈민층의 불공평한 처우에 대한 범죄를 지적하는 것으로 해석한다. 하지만 이 단어를 반드시 살인자와 관련된 뇌물로 제한하여 해석하기가 어렵다(cf. 삼상 12:3; 잠 6:25). 왜냐하면 וְאֶבְיוֹנִים("그리고 가난한 자들")의 접속사 바브(ו)가 12e를 앞의 분사구문에 연결시키면서 앞의 내용을 보다 구체적으로 설명해 주는 설명을 위한 바브(epexegetical ו)의 역할을 하기 때문이다. 즉 12e는 뇌물을 받는 구체적인 정황을 설명한다. 뇌물로 인해 가난한 자들의 사정이 정당하게 해결되지 않는다. 따라서 לֹקְחֵי כֹפֶר는 뇌물을 받고 공의를 올바로 실현하지 않는 자들을 지적하는 것이다. הִטּוּ는 이미 2:7(וְדֶרֶךְ עֲנָוִים יַטּוּ)에서 유사한 정황을 설명하면서 사용되었던 동사이다. 12e에서는 이러한 일이 벌어지는 장소(בַשַּׁעַר, "성문에서")에 대한 언급을 더하고 있으며 불의를 겪는 대상을 동일한 단어는 아니지만 동의어(אֶבְיוֹנִים, "가난한 자들")로 표현한다. 동사 הִטּוּ("그들이 굽게 하였다")의 목적어로 단순히 אֶבְיוֹנִים만 서술하고 있지만 문맥과 동사를

65) Niehaus, "Amos," 421.

고려할 때 מִשְׁפָּט가 생략된 것으로 보아 "가난한 자들의 송사"로 번역할 수 있다 (cf. 출 23:6; 신 10:18; 16:19; 24:17; 27:19).[66]

5:13. לָכֵן("그러므로")은 12절에 근거한 결과에 대한 설명을 유도해 준다. הַמַּשְׂכִּיל은 정관사 ה와 남성, 단수, 히필형 분사(שָׂכַל, "신중하다")가 결합된 형태로 "신중한 자"를 의미한다. 주어가 동사 앞에 놓이면서 강조된다. 동사 יִדֹּם(3인칭, 남성, 단수, 칼 미완료형)의 원형 דמם은 세 가지 의미가 가능하다. 첫째, "조용히 하다"("침묵하다"), 둘째, "애통하다," 셋째, "사라지다"이다. 어떤 의미를 취하느냐에 따라 해석의 차이가 나타난다. McComiskey는 "침묵하다"의 의미를 취하여 악한 때에 신중한 자들이 침묵하는 것으로 해석한다.[67] 불의가 성행하는 악한 때에는 바른 말과 진실을 말해도 아무런 소용이 없기 때문이라는 것이다. Wolff도 첫 번째 의미로 해석한다. 하지만 Wolff는 침묵의 내용을 달리 제안한다.[68] 12절에 말한 불의에 대한 지적이나 책망이 아니라 하나님께서 내리실 심판(5:16-17)에 대해서 침묵하게 될 것으로 본다. 왜냐하면 Wolff는 13절을 16-17절 다음에 놓는 것이 더 자연스러운 흐름으로 보기 때문이다.[69] 결과적으로 Wolff의 견해를 따르면 13절에서 말하는 "악한 때"란 12절이 묘사하는 상황이 아니라 16-17절이 묘사하는 심판의 상황이 된다. Smith는 דמם의 첫 번째 의미를 취하면서도 13절의 해석을 전혀 다르게 제안한다.[70] Smith에 따르면, הַמַּשְׂכִּיל은 "신중한 자"나 "지혜로운 자"가 아니라 "부유한 자"를 의미하는 것이며(cf. 신29:8; 수 1:7, 8; 삼상 18:5), 13절은 12절에 근거하여 이들을 향한 심판을 선언하는 것이다. Smith는 "침묵하다"의 의미를 취하지만 이것을 죽음을 의미하는 완곡어법으로 제시한다. 즉 불의한 상류층 사람들이 죽음을 맞이하게 될 것으로 해석한다. Paul

66) Cf. וַיִּקְחוּ־שֹׁחַד וַיַּטּוּ מִשְׁפָּט (삼상 8:3)
67) McComiskey, "Amos," 313; Mays, *Amos,* 98.
68) Wolff, *Joel and Amos*, 249-50.
69) Ibid., 250.
70) Gary Smith, "Amos 5:13: The Deadly Silence of the Prosperous," *JBL* 107 (1988): 289-94. Hayes는 악한 때를 북이스라엘에 내전이 일어나게 될 때로 보아 이러한 때에는 어느 편에도 속하지 않고 중립을 지키는 것(잠잠히 있는 것)이 현명하다는 것을 13절이 의미하는 것으로 해석한다(Hayes, *Amos*, 165).

은 두 번째 의미를 취한다.[71] Paul의 해석에 따르면, 4-6절이 14-15절과 교차평행을 이루면서 서로의 연관성을 보여 주는데, 14-15절 다음에 애통을 언급하고 있는 16-17절이 뒤따르고 있다는 것이다. 따라서 이 흐름을 보면 4-6절의 뒤를 잇고 있는 7, 10-12, 13절 단락에서도 16-17절과 같은 애통의 내용이 언급될 수 있다고 본다. 그렇다면 13절은 신중한 자들이 악한 때에 애통하게 될 것으로 해석이 된다. Niehaus는, דמם이 "사라지다"의 의미로 번역될 수 있는 예레미야 49:26과 50:30에 근거하여 세 번째 의미, 즉 "사라지다"로 해석한다.[72] 그러나 예레미야의 본문이 아모스의 본문 해석에 결정적인 근거가 될 수 없으며 예레미야 본문이 묘사하고 있는 정황은 아모스 본문의 정황과 차이가 있다. 결론적으로 5:1-17 단락의 전체 흐름을 고려할 때 דמם을 첫 번째 의미("침묵하다")로 해석하는 것이 적절하다. 13a의 בָּעֵת הַהִיא("이러한 때에")의 지시대명사 הַהִיא는 10-12절의 정황을 가리킨다. 즉 "이러한 때"는 책망하는 자와 진실을 말하는 자들이 배척을 당하고 공의와 정의가 실현되지 못하는 때이다. 따라서 "이러한 때"를 13b에서는 עֵת רָעָה("악한 때")로 규정한다.[73] 신중한 자들의 침묵은 이러한 상황의 심각성을 강조해 준다. 한편으로는 공의와 정의가 실현되지 못하므로 신중한 자들이 사람들의 판결을 신뢰할 수 없으므로 하나님의 정의로운 공의가 이루어질 때까지 침묵할 수밖에 없을 만큼 심각한 상황이라는 것을 의미할 수 있다.[74] 다른 한편으로는 신중한 자들의 침묵은 하나님의 궁극적인 개입이 필요하다는 결론으로 가게 한다. 신중한 자들의 책망과 진실을 거부하고 사회적 불의가 팽배한 상태이기 때문에 하나님의 심판이 불가피한 상황이라는 것이다. 신지자들과 나실인들을 거부하는 북이스라엘의 태도를 지적한 2장 12절은 이러한 상태의 전조이다. 결국 이러한 상황은 16-17절의 선언과 같이 하나님의 심판을 맞이하게 될 것이며 그 결과는 애통과 통곡이 된다.

---

71) Paul, *Amos*, 175-76; cf. Stuart, *Hosea-Jonah*, 342, 349. Paul은 הַמַּשְׂכִּיל의 의미에 대해서도 의문을 제기한다.

72) Niehaus, "Amos," 421.

73) 13b의 כִּי는 이유를 나타내는 접속사(causal כִּי)이며 명사절을 유도한다. 주어 הִיא의 선행사는 עֵת הַהִיא이며 עֵת רָעָה는 명사절의 술어이다. 즉 이러한 때가 악한 때이기 때문에 신중한 자들이 침묵할 수밖에 없다는 것이다.

74) Cf. Mays, *Amos*, 98.

4. 원문주해

5:10-13. Wolff는 13절과 14-15절이 본래의 흐름을 방해하는 것으로 간주하기 때문에 12절이 곧 바로 16-17절로 연결되는 것을 아모스의 원문으로 제안한다.[75] 13절이 "그러므로"(לָכֵן)로 시작되고는 있지만 심판의 원인을 설명하고 있는 12절을 이어가지 못하고 단지 인간들의 결과적 반응을 설명하고 있다는 것이다.[76] Wolff는 앗시리아가 북왕국을 위협하였을 때 아모스의 신탁을 토의하는 과정 중에 후대의 손길에 의해 13절이 삽입된 것으로 간주할 뿐만 아니라 14-15절은 아모스의 제자가 5장 4-5절을 해석하여 넣은 것으로 설명한다. Mays는 13절이 지혜문헌을 따르는 손길에 의해 삽입된 것이며 아모스의 본래 메시지의 정황에는 맞지 않는 것으로 설명한다.[77] 그러나 Garrett은 10-13절의 교차평행에 근거하여 후대삽입의 견해를 반박한다.[78]

A-the prudent man's words are hated [v. 10a-b]
B-the wealthy abuse the poor in the gates [v. 11a-b]
C-judgment will befall the wealthy [v. 11c-12b]
B'-the wealthy abuse the poor in the gates [v. 12c-e]
A-the prudent man must keep silent [v. 13a-b]

이 교차평행에 근거하여 Garrett은 아모스가 13절을 기록하지 않고 불균형한 교차평행으로 마무리하였는데, 후대에 다른 손길에 의해 이러한 교차평행이 완성되었을 것 같지 않다고 설명한다.[79] Garrett은 C 단락에 12a-b를 포함하고 있는데

---

75) Wolff, *Joel and Amos*, 250.
76) Ibid., 233.
77) Mays, *Amos*, 98.
78) D. A. Garrett, "The Structure of Amos as a Testimony to Its Integrity," *JETS* 27 (1984): 275.
79) "Therefore the proposal that 5:13 is a later insertion is not only unnecessary but against the evidence, as it is very unlikely that Amos would write an unfinished chiasmus that was later completed by one of the wisdom writers" (ibid., 276).

12a-b는 B'에 포함시키는 것이 더 타당해 보인다. B 단락의 11a는 일반적인 형태가 아닌 לָכֵן יַעַן으로 시작하면서 결과를 서술하는 것을 멈추고 원인을 다시 설명한다. 이것이 12a의 원인을 나타내는 כִּי와 평행을 이루는 것으로 볼 수 있다. 11a-b는 사회적 약자를 억압하고 착취하는 모습을 지적하고 있는 것이며 이것은 11c-f가 서술하고 있는 심판선언의 원인이 된다. 12a는 11a-b에서 서술하고 있는 사회적 약자들에게 행한 행위를 범죄와 죄로 규정하며 이들이 무고한 자들의 원수이며 공의를 굽게 하는 자들이라고 부른다. 따라서 이 교차평행을 다음과 같이 다시 정리해 볼 수 있다.

A. 책망하는 자와 진실을 말하는 자들에 대한 미움과 혐오 (10a-b)
  B. 심판의 원인(יַעַן): 사회적 약자들에 대한 억압과 착취 (11a-b)
    C. 하나님의 심판 (11c-f)
  B'. 심판의 원인(כִּי): 범죄와 죄, 무고한 자들의 원수, 불의 (12a-e)
A'. 신중한 자들의 침묵, 악한 때 (13a-b)

이 교차평행에서 하나님의 심판(C)이 강조된다. 사회적 불의를 행할 뿐만 아니라 이에 대한 책망과 진실을 거부하므로 결국 북이스라엘은 자신들이 누리길 원하는 것들을 누리지 못하게 될 것이다. 11c-d와 11e-f는 의미론적 구문론적 평행을 이루면서 사회적 불의를 통해 얻은 부를 결코 누리지 못할 것을 강조한다.

5:11c בָּתֵּי גָזִית בְּנִיתֶם
a (목적어) - b (*qtl* 동사)

5:11d וְלֹא־תֵשְׁבוּ בָם
c (반의접속사/부정어/*yqtl* 동사) - d (부사구/대명사어미)

5:11e כַּרְמֵי־חֶמֶד נְטַעְתֶּם
a' (목적어) - b' (*qtl* 동사)

5:11f וְלֹא תִשְׁתּוּ אֶת־יֵינָם
c'(반의접속사/부정어/לתקי 동사) - d' (목적어/대명사어미)

그들이 지은 집에 거하지 못하고 그들이 심은 포도밭의 소출을 누릴 수 없는 것은 언약적 저주이다(cf. 신 28:30, 39). 이것은 언약적 의무를 다하지 못한 결과이다. 공의와 정의를 저버린 북이스라엘의 문제를 지적하고 있는 7절과 관련하여 볼 때 이러한 원인(언약적 의무의 거부)과 결과(언약적 저주)는 더욱 분명해 진다. 결국 이 교차평행은 하나님의 심판을 강조하면서 북이스라엘의 상황이 하나님의 심판을 피할 수 없는 상황인 것을 고소하는 것이다. 이 상황에서 생명을 유지할 수 있는 유일한 길은 여호와를 찾는 것뿐이다. 아모스는 그의 두 번째 권면(14-15절)에서 여호와를 찾는 것이 구체적으로 무엇을 의미하는지를 설명한다.

VI. 아모스의 두 번째 권면 (a"): 5:14-15

1. 원문

5:14a דִּרְשׁוּ־טוֹב

5:14b [ ] וְאַל־רָע

5:14c לְמַעַן תִּחְיוּ

5:14d וִיהִי־כֵן יְהוָה אֱלֹהֵי־צְבָאוֹת אִתְּכֶם

5:14e כַּאֲשֶׁר אֲמַרְתֶּם

5:15a שִׂנְאוּ־רָע

5:15b וְאֶהֱבוּ טוֹב

5:15c וְהַצִּיגוּ בַשַּׁעַר מִשְׁפָּט

5:15d אוּלַי יֶחֱנַן יְהוָה אֱלֹהֵי־צְבָאוֹת שְׁאֵרִית יוֹסֵף

2. 사역

5:14 여러분이 살기 위해서는 악을 찾지 말고 선을 찾으십시오. 그러면 여러분이 말하는 것처럼 여호와 만군의 하나님이 여러분과 함께 하실 것입니다.

5:15 악을 미워하고 선을 사랑하십시오. 성문에서 공의를 세우십시오. 혹시 여호와 만군의 하나님께서 요셉의 남은 자들에게 자비를 베푸실 수도 있습니다.

3. 원문분석

5:14. דִּרְשׁוּ־טוֹב("[너희는] 선을 찾으라")는 4b와 6a를 반복하는 표현인데 목적어의 변화를 볼 수 있다. 앞의 절들에서는 "여호와" (4b, דִּרְשׁוּנִי; 6a, דִּרְשׁוּ אֶת־יְהוָה)가 목적어이지만 여기서는 טוֹב가 목적어로 나타난다. 이 명령의 대상("너희")은 아모스의 신탁을 듣고 있는 청중, 즉 북이스라엘 백성들이다. טוֹב는 형용사이지만 실명사의 역할을 하여 명령형 동사의 목적어가 된다. 이 단어는 רָע("악")과 대조되는 "선"을 말한다. 12절은 רָע의 의미를 규정할 수 있는 배경이 된다. 악이 의미하는 바는 범죄(פִּשְׁעֵיכֶם)와 죄(חַטֹּאתֵיכֶם)이며 공의(מִשְׁפָּט)를 버리고 불의를 행하는 것이다. 따라서 선의 의미도 이와 대조를 이루는 것으로 규정될 수 있다. 아모스는 4b와 6a에 등장하지 않는 וְאַל־רָע("그리고 악이 아닌")를 서술하면서 선을 구하는 것이 구체적으로 무엇을 의미하는지를 밝혀준다. 따라서 접속사 바브(ו)는 구체적인 설명을 위한 설명적 바브(epexegetical ו)로 볼 수 있다. 4c(וִחְיוּ)와 6b(וִחְיוּ)에서 단순히 접속사 바브(ו)와 명령형으로 서술한 것을 14c는 목적이나 결과를 나타내는 접속사 לְמַעַן과 미완료 동사 תִּחְיוּ("너희가 살 것이다")로 표기하여 보다 분명하게 의미를 전달하고 있다. 14a-c를 4b-c, 6a-b와 비교해 볼 때 14절이 앞의 권면을 보다 구체적이고 명확하게 제시하고 있는 것을 볼 수 있다. וִיהִי־כֵן("그러면 그가 있을 것이다")의 바브-미완료 연계형은 14a-c의 결과를 서술하고 있으며 부사 כֵן은 결과를 강조한다.

5:15. 15a의 명령형 שִׂנְאוּ־רָע("악을 미워하라")는 14b의 וְאַל־רָע를 보다 강한 어조로 설명하는 것이다. 즉 악을 찾지 않는 것은 악을 미워하는 것이다. 단순히 찾지 않는 정도가 아니라 미워하고 멀리해야 함을 강조한다. 이 명령형은 같은 동사를 사용하고 있는 10a의 שָׂנְאוּ בַשַּׁעַר מוֹכִיחַ("그들이 성문에서 책망하는 자를 미워하였다")와 대조를 이룬다. 생명을 얻기 위해 여호와를 찾는 것(4b, 6a)은 선을 찾는 것(14a)인데, 이것은 곧 악을 찾지 않는 것(14b)이며 오히려 악을 미워하는 것(15a)이다. 따라서 북이스라엘이 실제로 미워해야하는 것은 죄를 지적하고 책망하는 자(10a)가 아니라 רָע("악")이다. 10a와 12e에서도 사용된 표현이 15c에서 다시 사용되고 있기에 부사구 בַשַּׁעַר("성문에서")의 사용을 주목할 필요가 있다. "성

문"은 법정과 같은 장소이다. 이곳은 책망하는 자가 미움을 받았던 장소(10a)이며 가난한 자들을 위한 공의가 이루어지지 못한 장소(12a)이다. 바로 이 자리에 공의(מִשְׁפָּט)를 세울 것을 권면한다. "공의를 세우라"(וְהַצִּיגוּ בַשַּׁעַר מִשְׁפָּט)는 명령은 7절의 공의를 왜곡시키고(הַהֹפְכִים לְלַעֲנָה מִשְׁפָּט), 정의를 땅에 내버리는 행위(וּצְדָקָה לָאָרֶץ הִנִּיחוּ)와 대조를 이룬다. 동사 יצג는 뒤엎는 행위(הַהֹפְכִים)나 내던져 버리는 행위(הִנִּיחוּ)와 정반대로 세워주는 것을 묘사한다. 공의를 세우라는 것은 모세율법을 행하는 의미를 담고 있다. 일반적으로 מִשְׁפָּט와 함께 서술되는 צְדָקָה("정의")가 15c에 언급되지 않았지만 함께 고려할 수 있다(cf. 5:7, 24; 6:12). 부사 אוּלַי는 "혹시," "아마도," "뜻밖에도"를 의미하며 주로 기대를 나타낼 때 사용하는데 두려움이나 의심을 나타내기도 한다. 동사 יֶחֱנַן(3인칭, 남성, 단수, 칼 미완료, חנן, "은혜를 베풀다")은 상위의 위치에 있는 사람이 자신에게 예속된 사람에게 용서나 은혜를 베푸는 것을 의미한다. שְׁאֵרִית יוֹסֵף("요셉의 남은 자")에 대한 언급은 아모스 3장 12절과 5장 3절의 경우와 같이 북이스라엘을 향한 확정된 심판을 확언해 준다.[80] 왜냐하면 하나님의 은혜를 얻을 수 있다하더라도 그 은혜는 심판 후에 남게 되는 남은 자들의 몫이 되기 때문이다.

4. 원문주해

5:14-15. 두 번째 권면에서 아모스는, 여호와의 권면(4-5절)과 그의 첫 번째 권면(6-7절)에서 말하고 있는 "나를(여호와를) 찾으라"는 명령이 구체적으로 "악"(רָע)을 버리고 "선"(טוֹב)을 구하는 것을 의미하는 것으로 설명한다. 즉 여호와를 찾는 것은 악을 버리고 선을 구하는 것이다. 따라서 아모스는 악을 버리고 선을 구하는 것이 북이스라엘이 하나님의 참혹한 심판(5:2-3, 11)을 면하고 생명을 얻을

---

80) Hayes는 "남은 자"를 북이스라엘이 이미 잃어버린 영토를 가리키는 것으로 해석하며 "이스라엘"이 아닌 "요셉"이 사용된 것은 아모스가 베가와 다른 반 사마리아 파벌에 의해 점령된 영토를 가리키고 있기 때문인 것으로 간주한다(Hayes, *Amos*, 167). 하지만 이스라엘을 가리키는 표현으로 야곱이나 이삭이 쓰이고 있는 점과 영토보다는 신탁의 대상인 북이스라엘 백성들에게 집중하고 있는 점을 고려할 때 "남은 자"가 영토를 가리키는 것으로 보는 데에는 무리가 있다.

수 있는 유일한 길임을 제시한다. 이러한 사실은 "선"(טוֹב)이 반복되고 강조되면서 더욱 분명해 진다. 14a-b와 15a-b의 반복과 대조, 및 교차평행은 권면의 의미를 강조할 뿐만 아니라 강화시키고 있다.

דִּרְשׁוּ־טוֹב	5:14a
וְאַל־רָע	5:14b
שִׂנְאוּ־רָע	5:15a
וְאֶהֱבוּ טוֹב	5:15b

15절은 악이 아닌 선을 구하는 것의 보다 적극적인 태도를 제시한다. 즉 선을 찾는 것은 보다 적극적인 의미에서 악을 미워하고 선을 사랑하는 것이다. 악과 함께 선을 찾을 수 없으며 악을 미워하지 않으면 선을 사랑할 수 없다는 것이다. 15b의 וְאֶהֱבוּ("그리고 사랑하라")는 4장 5절의 표현(כִּי כֵן אֲהַבְתֶּם בְּנֵי יִשְׂרָאֵל, "이스라엘 자손들아, 이렇게 하는 것을 너희가 좋아하기[사랑하기] 때문이다")과 연관하여 고려할 필요가 있다. 북이스라엘 백성들이 사랑한 것은 하나님이 없는 과시적인 종교적 열심과 이기적인 자기만족이었다. 하지만 아모스는 이들에게 과시적 종교행위와 열심, 자신의 탐욕을 만족시켜주는 것(רָע)이 아닌 선(טוֹב)을 사랑할 것을 권면한다.

앞의 4-6절과는 달리 14절은 찾는 대상을 여호와가 아닌 "선"(טוֹב)으로 제시하고 있는데, 이에 대해 van der Wal은, 전자의 정황은 제의식 문세를 다루고 있기 때문에 여호와를 언급하는 것이며 후자의 경우는 사회적 불의를 나루고 있는 정황이기 때문에 "선"을 언급한 것으로 설명한다.[81] 이와 유사하게 Paul도 "선"(טוֹב)을 인간관계의 윤리적 측면과 연관시켜 이해한다.[82] 이들과는 달리 Hayes는 선을 찾고 사랑하라는 명령을 정치적 측면에서 해석할 것을 제안한다.[83] 왜냐

81) van der Wal, "The Structure," 111.

82) Paul, *Amos*, 176; Chisholm, *Handbook*, 391; Niehaus, "Amos," 423.

83) Hayes, *Amos*, 166. 5장 1-17절의 정황에 대해 Hayes는 다음과 같이 서술한다: "The political strife and potential civil war alluded to in 5:1-17 allows one to see the call to seek good as a call to political order and tranquility, a call to end the political

하면 טוֹב가 고대근동의 자료들과 구약에서 정치적 함의를 가지고 사용되었고 아모스의 권면의 정황이 윤리적 이상이 아닌 정치적 문제를 제시하고 있기 때문이라는 것이다. 따라서 Hayes는 선을 구하라는 명령을 북이스라엘 내부에 일어나고 있는 정치적 싸움의 종결을 촉구하는 것으로 해석한다. Noble은 14-15절이 4-6절과 평행을 이루고 있는 점에 근거하여 윤리적 측면과 종교적 측면이 함께 고려되어야 한다고 제안한다.[84)] 그러나 이러한 제안들과는 달리 "선"(טוֹב)의 의미를 규정하기 위해서는 아모스 5장의 정황뿐만 아니라 아모스의 신학적 관점을 고려해야 한다. 특히 아모스가 우주적 주권을 가지신 창조주 하나님에 대한 신학적 관점을 견지하고 있음을 주목할 필요가 있다(cf. 1:3-2:16; 4:13; 5:8-9; 8:9; 9:5-6). 하나님께서 천지를 창조하신 후 선포하신 것은 "보기 좋았더라"(כִּי־טוֹב)이다(cf. 창 1:4, 10, 12, 18, 21, 25, 31). 즉 טוֹב이다. 아담이 범한 죄는 "선"(טוֹב)과 "악"(רָע)을 정하실 수 있는 하나님의 권위와 주권에 도전하여 스스로 "선"(טוֹב)과 "악"(רָע)을 선택하고자 한 것이다. 뱀의 유혹도 선악과를 따먹으면 하나님과 같이 되어 선악을 알게 된다는 것이었다: וִהְיִיתֶם כֵּאלֹהִים יֹדְעֵי טוֹב וָרָע(창 3:5, "너희가 하나님과 같이 선과 악을 알게 될 것이다"). 그러므로 아담의 죄는 선과 악을 결정할 수 있는 주권을 가지신 하나님을 거부하고 자신이 결정하는 선(טוֹב)과 악(רָע)을 따르려고 했던 것이다. 하와는 자신의 눈에 보기에 좋은(טוֹב) 선악과(עֵץ הַדַּעַת טוֹב וָרָע)를 선택하며 하나님의 명령을 거부하였다: וַתֵּרֶא הָאִשָּׁה כִּי טוֹב הָעֵץ לְמַאֲכָל (창 3:6). 창조를 통해 하나님께서 정하신 "선"(טוֹב)은 조화와 질서, 곧 "샬롬"(שָׁלוֹם)이다. 이 조화와 질서는 윤리, 사회, 정치, 또는 종교(제의) 중의 한 영역에만 제한되지 않는다. 이 질서와 조화가 실현되는 구체적인 모양이 공의(מִשְׁפָּט)와 정의(צְדָקָה)이다. 반면에 이러한 질서를 파괴하는 것이 "악"(רָע)이며 곧 하나님의 권위를 거부하고 반항하는 범죄(פֶּשַׁע)인 것이다. 아모스서에서 지적하고 있는 북이스라엘의 범죄는 종교적 측면, 윤리적 측면, 사회적 측면 모두에 나타나고 있다. 이러한 사실은 하나님의 질서나 율법을 파괴하는 죄를 지적하는 용어인 פֶּשַׁע("범죄")가 북이스라엘의 죄를 지적하고 있는 심판고소단락들에서 지속적으

---

dissension" (ibid.).

84) Noble, "The Literary Structure," 214; Mays, *Amos,* 100-01.

로 반복되는 것을 통해 분명히 드러난다. 특히 5장 7절에서 북이스라엘 백성들이 "공의"(מִשְׁפָּט)를 쓴 쑥으로 바꾸고 "정의"(צְדָקָה)를 땅에 내던져 버리는 것을 지적한 후 8절에서 창조주 하나님을 제시하고 있는 점에 주목할 필요가 있다. 또한 사마리아 성읍에서 벌어진 일들은 "샬롬"(שָׁלוֹם)을 파괴하는 "큰 혼란"(מְהוּמֹת רַבּוֹת, disorder)과 "압제"(עֲשׁוּקִים)이며, "공의"(מִשְׁפָּט)와 "정의"(צְדָקָה)를 정면으로 거부하는 "폭력과 착취"(חָמָס וָשֹׁד)이다(3:9-10). 이러한 파괴를 하나님은 "범죄"(פִּשְׁעֵי־יִשְׂרָאֵל)로 규정하신다(3:14). 4장 4-5절에 서술되고 있는 북이스라엘의 종교행위에 대한 조롱에서도 북이스라엘의 문제는 하나님이 아닌 자신들이 사랑하는 바를 행한 것이다: כִּי כֵן אֲהַבְתֶּם בְּנֵי יִשְׂרָאֵל(4:5d). 특히 14b의 וְאַל־רָע ("그리고 악이 아닌")와 15a의 שִׂנְאוּ־רָע("악을 미워하라")는 5a-c의 벧엘, 길갈, 브엘세바로 가지말라는 명령과 평행을 이루고 있음을 주목해야 한다. 북이스라엘이 하나님을 찾는 곳이라고 자부하였던 장소들에서 그들은 오히려 하나님을 거부하고 자신들이 사랑하는 것들만을 추구하였다. 그러므로 여호와는 북이스라엘을 향해 그들이 거부한 "나를 찾으라"(דִּרְשׁוּנִי)고 권면한다(5:4). 아모스는 이것을 "여호와를 찾으라"(דִּרְשׁוּ אֶת־יְהוָה)는 권면으로 반복한 후(5:6), 보다 구체적으로 설명하여 "악을 찾지 말고 선을 찾고 공의를 세우라"고 권면한다: דִּרְשׁוּ־טוֹב וְאַל־רָע(5:14); שִׂנְאוּ־רָע וְאֶהֱבוּ טוֹב וְהַצִּיגוּ בַשַּׁעַר מִשְׁפָּט(5:15). 아모스가 의미하는 악(רָע)이 하나님께서 세우신 창조 질서의 파괴라는 관점에서 주변 나라들의 죄도 역시 "범죄"(פֶּשַׁע)로 규정되는 것이다(cf. 암 1:3-2:16). 결론적으로 아모스의 권면에 따르면 여호와를 찾는 것은 선을 사랑하는 것을 의미하며 이것은 선과 악을 규정하시는 하나님을 인정하고 그가 정하신 선을 따르고 악을 멀리하는 것이다. 따라서 아모스가 언급하고 있는 "선"(טוֹב)과 "악"(רָע)을 윤리적, 종교적, 정치적 측면 중의 하나에 제한적으로 해석하기 보다는 하나님의 창조질서 속에서 그 의미를 찾아야 할 뿐만 아니라 삶의 전체 영역을 포함하는 포괄적인 의미로 해석하는 것이 적절하다.[85] 창조의 질서에서 제시하는 인간의 존엄성을 파괴하는 악, 피조물

---

85) Soggin은 "선을 찾으라"는 명령을 하나님의 계명을 지키는 것, 즉 하나님의 구원의 행위에 대한 인간의 반응으로 해석한다(cf. 출 20:1-2; 신 5:6-7)(Soggin, *The Prophet*, 87). Soggin은 이것을 하나님의 선택으로 인해 하나님의 백성이 된 자들이 자신들이 하나님의

간에 유지되어야 할 신의와 관계를 거부하는 악, 창조주와 언약의 하나님을 인정하지 않고 거부하는 악, 하나님의 백성으로서 지켜야 할 언약적 의무를 거부하는 악, 즉 삶의 전 영역에서 행해지고 있는 "악"(범죄)을 미워하고 하나님께서 세우신 "선"(창조의 질서와 조화)을 사랑하는 것이 곧 하나님을 찾는 것이다. 이와 같이 14-15절의 선과 악의 의미를 아모스가 일관되게 견지하고 있는 신학적 관점 속에서 해석하는 것이 필요하다면 14-15절을 후대삽입으로 보는 Wolff의 견해는 의미가 없는 제안이 된다.[86]

Paul은 15d의 אוּלַי("혹시")라는 표현이 선을 사랑하고 행하는 것 자체가 자동적으로 하나님의 뜻을 바꾸게 하는 것을 보장해 주지 않는다는 사실을 시사할 뿐만 아니라 하나님의 절대적 주권을 강조한다고 해석한다.[87] 따라서 아무리 회개하고 하나님께로 돌아온다 할지라도 북이스라엘의 운명은 하나님의 결정에 달려 있다는 것이다.[88] Paul의 견해에 따르면 "혹시"라는 표현은 회개를 받으실 지는 절대적으로 하나님께 속해 있음을 강조해 주는 역할을 한다. 그러나 15d의 표현

백성임을 인정하는 기본적인 태도로 본다. Soggin의 말을 달리 표현하면 언약적 관계가 요구하는 언약적 의무를 행하는 것이 곧 선을 행하는 것이다.

86) Wolff, *Joel and Amos*, 234. Wolff에 따르며, 14-15절은 서술적 형식으로 4절 하반절을 설명하는 것에 불과하며 이 서술적 형식에 본래 아모스와 전혀 맞지 않는 희망의 메시지를 담고 있다는 것이다. 더 나아가 이 희망의 메시지가 5:2-3, 5b, 16-17절의 파괴적인 징벌과 맞지 않는다는 것이다. 이와 더불어 언어적 차이를 지적한다. 예를 들면, 4절에서는 "이스라엘"이 언급되지만 15절에서는 "요셉"이 언급된다는 것이다. 양식-비평적 관점에서 본문을 분석하기 때문에 Wolff에게는 시적 서술양식과 산문적 서술양식이 함께 어울릴 수가 없다. 하지만 이것은 성경저자를 자신이 만든 양식적 틀 안에 가두어 놓는 것과 같다. 효과적인 전달을 위해 성경저자는 고정된 틀 안에 갇혀 있지 않았음을 성경 전반을 통해 알 수 있다. Longman은 양식 비평적 접근의 융통성 없는 접근의 한계를 지적하며 복음주의적 관점에서의 서술양식(genre)에 대한 이해를 논한다(cf. Tremper Longman, III., "Form Criticism, Recent Developments in Genre Theory, and the Evangelical," *WTJ* 47 [1985]: 46-67).

87) Paul, *Amos*, 178.

88) Cf. "'Perhaps' characterizes the prospect of Yahweh's gracious help as a matter beyond human control and guarantee" (Mays, *Amos*, 102). Wolff는 15d가 지혜전승을 공부한 아모스의 제자에 의해 삽입된 것으로 설명하면서 이 표현에는 이 삽입자의 조심스럽고 거의 회의적인 태도를 담고 있다고 본다(Wolff, *Joel and Amos*, 251).

이 하나님의 입장이 아닌 아모스의 입장에서의 표현이라는 점에 주목할 필요가 있다. 즉 심판을 피할 수 없는 북이스라엘의 상황과 하나님의 확정된 심판을 모두 보고 있는 아모스의 입장에서 하나님의 권면을 따를 때 혹시 있을지 모를 하나님의 은혜를 언급하는 것이다. Paul이 주장하는 바와 같이 "혹시"는 하나님의 절대적 주권을 시사하는 것이기도 하지만 이러한 정황에서 "혹시"는 두 가지 사실을 강조해 준다. 첫째, 확정된 심판을 강조한다. 북이스라엘 백성들이 자신들의 범죄(악)에서 돌이켜 하나님을 찾고 선을 행한다할지라도 은혜의 가능성은 "혹시"에 불과하며 확정적이지 않다. 아모스가 볼 때 그 만큼 심판의 당위성이나 필연성이 분명하다는 것이다. 이것은 북이스라엘의 상황이 절망적임을 강조한다. 다행이 하나님의 은혜를 얻는다고 해도 그것은 심판이 지나고 난 후 남은 자들("요셉의 남은 자")에게나 적용될 수 있는 은혜이다. 둘째, 북이스라엘의 절망적인 상황에서 하나님을 찾는 것, 즉 악을 미워하고 선을 사랑하는 것만이 살 수 있는 유일한 길임을 강조한다. 즉 하나님께서 구원의 길을 열지 않으시면 어느 누구도 넘어진 북이스라엘을 일으켜 줄 수가 없다(cf. 암 5:2). 아모스는 14d에서 이미 하나님께서 북이스라엘 백성들과 함께 하실 수 있는 가능성을 말하고 있다. 그러나 이것은 무조건적인 것이 아니다. 여호와를 찾고 선을 행하는 북이스라엘의 진정한 회개를 전제하고 있다. 표 13에 제시된 14절과 15절의 평행구조를 통해 이러한 사실을 살필 수 있다. 이 평행구조에서 주목해 보아야 할 것은 14a-b와 15a-b에 나타나는 단어들의 교차반복(טוֹב־רָע[14a-b]와 רַע־טוֹב[15a-b])과 B와 B'에서 반복되고 있는 하나님의 명칭(יְהוָה אֱלֹהֵי־צְבָאוֹת)이다. 이 하나님의 명칭은 확정된 심판을 선포하는 4장 13절에서 언급된 명칭이다. 아모스가 하나님의 확정된 심판을 선포하지만 "혹시"라는 표현을 사용하면서 하나님의 권면을 따를 때 심판을 확정하신 여호와 만군의 하나님이 은혜를 베푸실 가능성을 시사하면서 권면을 따를 것을 촉구하는 것으로 볼 수 있다. 하나님께서 은혜를 베푸실 가능성이 없다면 회개권면은 아무런 의미가 없다. 따라서 회개를 받으실 지의 여부를 결정하는 것은 하나님의 절대적 주권이지만 진정한 회개가 있을 때에는 이 주권이 은혜의 가능성을 완전히 배제하지 않는다. 달리 표현하면 "혹시"(אוּלַי)라는 표현을 통해서 아모스는 악을 미워하고 선을 사랑하는 것만이 하나님의 은혜를 얻을 수 있는 유일한 길임을 강조해 주고 있다.[89)]

〈표 13〉 아모스 5장 14-15절의 평행구조

A. 명령형을 통한 권고

5:14a דִּרְשׁוּ־טוֹב

5:14b וְאַל־רָע

5:14c לְמַעַן תִּחְיוּ

B. 권고를 따를 때의 결과

5:14d וִיהִי־כֵן יְהוָה אֱלֹהֵי־צְבָאוֹת אִתְּכֶם

5:14e כַּאֲשֶׁר אֲמַרְתֶּם

A'. 명령형을 통한 권고

5:15a שִׂנְאוּ־רָע

5:15b וְאֶהֱבוּ טוֹב

5:15c וְהַצִּיגוּ בַשַּׁעַר מִשְׁפָּט

B' 권고를 따를 때의 결과

5:15d אוּלַי יֶחֱנַן יְהוָה אֱלֹהֵי־צְבָאוֹת שְׁאֵרִית יוֹסֵף

아모스와 유사하게 스바냐도 확정된 하나님의 심판을 선포한 후(습 2:1-2), 회개를 촉구하는 유사한 권면(3절상반절)을 전하면서 "혹시"(אוּלַי)라는 표현을 사용한다. 스바냐는 이 표현을 통하여 확정된 심판을 강조할 뿐만 아니라 여호와만이 구원을 얻을 수 있는 유일한 길임을 강조한다.

2:1 부끄러움을 모르는 백성이여, 스스로 모이고 모이십시오.

2:2 정해진 것이 순식간에 날아가 버리는 겨처럼 시행되기 전에,

---

89) Cf. Chisholm, *Handbook*, 391.

여호와의 무서운 진노가 너희에게 임하기 전에,
　여호와의 진노의 날이 너희에게 임하기 전에,
2:3 여호와를 구하십시오(בַּקְּשׁוּ אֶת־יְהוָה), 여호와의 규례(מִשְׁפָּטוֹ)를
　행하는 이 땅의 모든 겸손한 자들이여!
정의를 구하고(בַּקְּשׁוּ־צֶדֶק),
　겸손을 구하십시오(בַּקְּשׁוּ עֲנָוָה).
혹시라도(אוּלַי) 여러분이 여호와의 진노의 날(בְּיוֹם אַף־יְהוָה)에
숨김을 받을 수 있을 것입니다(습 2:1-3, 私譯).

"혹시"(אוּלַי)라는 표현을 사용하지는 않지만 요엘은 그의 신탁에서 수사적 표현(מִי יוֹדֵעַ, "누가 알겠는가?)을 통해 진정한 회개(2:12-13)를 촉구한 후 하나님만이 유일한 축복과 은혜의 길이심(2:14)을 강조한다.

2:12 하지만 "이제라도 너희 마음을 다하고 금식과 애곡과 통곡으로 나에게로 돌아오라" 고 여호와께서 말씀하십니다.
2:13 여러분의 옷이 아닌 여러분의 마음을 찢으십시오.
여러분의 하나님 여호와께로 돌아오십시오.
　그는 참으로 은혜로우시며 자비하시며,
　노하기를 더디 하시며 인자하심이 크시며,
　재앙(הָרָעָה)을 돌이키시는 분이기 때문입니다.
2:14 그가 돌이켜 긍휼을 베푸시고 그의 뒤에 "재앙 대신" 축복(בְּרָכָה), 곧 여러분의 하나님 여호와를 위한 전제와 소제를 남겨 주실는지 누가 알겠습니까?(욜 2:12-14, 私譯).[90]

언약적 의무를 거부한 북이스라엘의 셀 수 없는 범죄와 하나님께로 돌아오지 않는 패역으로 인해 하나님의 심판이 확정되었기에 북이스라엘 백성들은 심판자이신 하나님을 만날 수밖에 없는 상황에 처하였다. 그 만남은 애통과 애곡을 자아낼

---

90) מִי יוֹדֵעַ יָשׁוּב וְנִחָם וְהִשְׁאִיר אַחֲרָיו בְּרָכָה מִנְחָה וָנֶסֶךְ לַיהוָה אֱלֹהֵיכֶם (욜 2:14).

것이다. 하지만 이들을 향해 아모스는 이 확정된 심판 속에서 생명을 얻을 수 있는 유일한 길을 제시한다. 그것은 바로 여호와를 찾는 것이다. 여호와를 찾는 것은 곧 하나님의 창조질서 속에 나타난 "선"(טוֹב)을 찾는 것이다. 그렇게 할 때 하나님의 은혜를 경험할 수 있는 기회를 얻게 될 것이다. 아모스는 은혜의 가능성을 언급하면서 여호와께서 북이스라엘을 향해 그의 심판을 행하시기는 하지만 여전히 그들의 언약적 하나님으로 계심을 선포한다.[91]

VII. 신적 선언: 5:16-17

1. 원문

5:16a	לָכֵן כֹּה־אָמַר יְהוָה אֱלֹהֵי צְבָאוֹת אֲדֹנָי
5:16b	בְּכָל־רְחֹבוֹת מִסְפֵּד
5:16c	וּבְכָל־חוּצוֹת יֹאמְרוּ
5:16d	הוֹ־הוֹ
5:16e	וְקָרְאוּ אִכָּר אֶל־אֵבֶל
5:16f	[ ] וּמִסְפֵּד אֶל־יוֹדְעֵי נֶהִי
5:17a	וּבְכָל־כְּרָמִים מִסְפֵּד
5:17b	כִּי־אֶעֱבֹר בְּקִרְבְּךָ
5:17c	אָמַר יְהוָה

2. 사역

5:16 그러므로 주 여호와 만군의 하나님께서 이같이 말씀하셨습니다.
"모든 광장에 애곡이 있을 것이다. 모든 길거리에서 사람들이 '아이고, 아이고' 라고 말하고 농부를 불러 통곡하라고 할 것이며 울음꾼을 불러다가 애곡을 하라고 할 것이다.

91) Cf. Mays, *Amos*, 102.

5:17 모든 포도밭에 애곡이 있을 것이다. 왜냐하면 내가 너의 한 가운데로 지나갈 것이기 때문이다."
여호와께서 말씀하셨습니다.

3. 원문분석

5:16. 심판선언으로의 전환을 나타내는 לָכֵן("그러므로")이 언급된 후 신탁도입형식(כֹּה־אָמַר יְהוָה אֱלֹהֵי צְבָאוֹת אֲדֹנָי)이 서술되면서 선언의 엄중성이 강조된다. 아모스 1-4장에 나왔던 여호와의 명칭이 모두 이 도입형식에 사용되고 있는 것 또한 신탁의 엄중성을 나타낸다. 16b는 동사가 생략된 명사절(nominal clause)이다. 이 문장의 시제는 신탁선언의 정황과 16c의 미완료 동사 יֹאמְרוּ("그들이 말할 것이다")를 고려하여 미래로 해석할 수 있다. בְּכָל־רְחֹבוֹת("모든 광장에서")와 וּבְכָל־חוּצוֹת("그리고 모든 길거리에서")가 평행을 이룰 뿐만 아니라 כָּל이 반복되면서 전 영역에 미치게 되는 심판의 범위가 강조된다(cf. וּבְכָל־כְּרָמִים, 17a). רְחֹבוֹת가 주로 성문에 근접한 넓고 개방된 장소를 의미하므로 "광장"으로 번역할 수 있으며, חוּצוֹת는 일반적인 "길" 또는 "길거리"를 의미한다. 이 표현들은 도시지역을 의미하는 것이며 17a의 כְּרָמִים("포도밭")은 시골지역을 의미한다. 따라서 모든 지역에 임하게 될 심판의 범위가 효과적으로 묘사된다. מִסְפֵּד("애곡")는 죽음, 또는 이미 경험하였거나 닥쳐올 재앙으로 인해 큰소리로 슬피 울부짖는 것을 의미한다. 이 단어가 16절과 17절에 세 번 반복되면서 강조되고 있다. 3인칭, 남성, 복수, 칼 미완료 동사 יֹאמְרוּ의 주어는 문사적으로 "그들"인데, 이것은 북이스라엘의 사람들을 일반적으로 지칭하는 것으로 보아 "사람들"로 번역할 수 있다. הוֹ("아이고")는 슬픈 감정을 표현하는 감탄사이며 반복되면서 의미가 강화된다. 하나님의 심판으로 인한 비통함을 직접화법으로 인용하여 생생하게 전하고 있다. וְקָרְאוּ("그리고 그들이 부를 것이다")는 바브-완료 연계형으로 16c의 동사 יֹאמְרוּ에 연결되며 같은 주어를 이어간다. אִכָּר("농부")는 주로 밭을 소유하지 못한 소작농을 의미하며 동사 קָרְאוּ의 직접목적어 역할을 한다. אֶל־אֵבֶל("통곡으로")은 동사 וְקָרְאוּ를 꾸며주는 부사구이다. 문자적으로는 "그들이 농부를 통곡으로 부를 것이다"인데 "그들이 농부를 불러 통곡하게 할 것이다"로 의역을 하는

것이 어의전달에 적절하다. 16e는 농부들에게도 애곡을 부탁할 정도로 처참한 죽음이 닥친 상황을 시사한다. 동사 קָרְאוּ는 16f에도 적용이 되는 이중적 역할을 감당한다. 여기서는 מִסְפֵּד("애곡")를 직접목적어로 취하고 부르는 대상을 부사구 אֶל־יוֹדְעֵי נֶהִי("울음꾼에게")로 서술한다. Mays는 16b-17c를 농부와 포도원 노동자들이 경제적 기득권을 가진 자들을 장사지내는 장면으로 해석한다: "The oppressed will bury their oppressors in the ground which they coveted!"[92] 16b-17c가 죽음을 배경으로 하는 애곡과 통곡을 말하고는 있지만 장사를 지내는 것이나 기득권자들과 사회적 약자들 간의 역전을 의미하는 것으로 보기는 어렵다. יוֹדְעֵי נֶהִי는 문자적으로 "곡(哭)을 아는 자들"을 의미한다. 이것은 전문적으로 곡을 하는 "울음꾼"을 가리킨다.

5:17. 17a는 16b와 구문론적 평행을 이루는 명사절이며 이것은 수미쌍관(*inclusio*)을 이루면서 16b-17a를 함께 묶어준다. 17b의 כִּי는 원인을 나타내는 접속사 כִּי이며 16a-17a의 상황에 대한 원인을 설명해 준다. Paul은 כִּי를 시간을 나타내는 접속사로 해석해야만 한다고 주장한다(cf. 표준새번역, NAB, TNK).[93] 이와 같이 כִּי를 시간을 나타내는 접속사로 해석하면서 아모스가 심판의 날을 점진적으로 전개해가고 있는 의도와 연관을 지을 수도 있다: "그날"(2:16), "보응하는 날"(3:14), "날들이 임할 것이다"(4:2), "여호와께서 지나가시는 때"(5:17), "여호와의 날"(5:18)(cf. 8:3, 9, 11, 13). 아모스는 심판의 날을 이와 같이 전개해 나가면서 יוֹם("날")을 지속적으로 사용하고 있다. 하지만 5장 17절에서는 יוֹם을 사용하지 않는다. 오히려 4장과의 관계 속에서 17b의 כִּי를 이유를 나타내는 접속사로 볼

---

92) Ibid., 98.

93) Paul, *Amos*, 180. n 213; Hayes, *Amos*, 153; Soggin, *The Prophet*, 89. "내가 너희 가운데로 *지나가*는 *날*, 이 모든 일이 일어날 것이다"(표준새번역). 공동번역은 כִּי를 시간을 나타내는 접속사로 해석하는데, 17b-c의 문장을 16절 앞에 놓아 번역한다: "16. 그런즉 주 만군의 하느님 야훼께서 말씀하신다. '내가 너희 가운데를 *지나가*는 *날*, 장터마다 울음소리가 터지리라. 거리마다 아이고, 아이고 곡하는 소리가 터지리라. 17. 농군을 불러다 울게 하며 울음꾼을 불러다 울게 하리라. 포도원마다 울음소리 터지리라'(공동번역). 우리말성경은 접속사 כִּי의 해석을 모호하게 하고 있으며 지나친 의역으로 보인다: 이것은 내가 너희 가운데로 *지나가*는 *날* 이 모든 일이 일어나 *지나갈 것이기 때문이다*(우리말).

필요가 있다.[94] 왜냐하면 4장 12절에서 하나님께서 "이것"을 행하실 것을 강조했다. 또한 이것을 "행하실 것"이기 때문에 여호와를 만날 준비를 하라고 명령하신다. 따라서 행위에 강조점을 두고 있는 4장의 선언을 이어가고 있는 17b에서는 하나님의 행위 자체에 초점을 두는 것이 타당해 보인다. 이와 더불어 16-17절의 수미쌍관 형식(16a, 17a), 반복어(מִסְפֵּד), 반복어구(בְּכָל־)는 하나님의 행위의 결과에 집중하게 한다. 곧 전 지역에 나타나는 애곡과 통곡이 있을 것인데, 이것은 하나님의 지나가심으로 인해 나타나는 결과이다. 1인칭 동사 אֶעֱבֹר의 주어는 심판선언의 화자인 אֲדֹנָי יְהוָה אֱלֹהֵי צְבָאוֹת이다. 동사 עבר는 "넘어가다" 또는 "통과해 지나가다"를 의미한다. בְּקִרְבְּךָ는 위치를 나타내는 전치사 בְּ, 연결형 명사 קֶרֶב("중앙"), 2인칭 단수 대명사어미(ךָ)가 결합된 형태로 여호와께서 지나시는 위치("너의 한 가운데로")를 서술한다. 2인칭 단수 대명사어미의 선행사는 1절에서 언급한 "이스라엘의 집"(בֵּית יִשְׂרָאֵל)을 가리키는 것으로 보인다. 2인칭 복수 대명사어미를 사용하다가 17b에서 단수 대명사어미를 사용하는 것은 4장 12절에서 2인칭 단수 대명사어미(ךָ; לְךָ; אֱלֹהֶיךָ)를 사용한 것과 같은 맥락에서 이해할 수 있다. אָמַר יְהוָה은 결언으로 신적 선언을 확언할 뿐만 아니라 5:1-17의 신탁을 마무리하는 역할을 한다.

4. 원문주해

5:16-17. לָכֵן("그러므로")은 원인과 결과의 논리적 관계를 나타내는데, 학자들 간에는 לָכֵן이 근거하고 있는 원인에 대해 다양한 견해가 제시되고 있다.[95] 예를 들어, Noble은 16절의 לָכֵן이 1-3절에 근거한 것으로 제안한다.[96] 5장 3절에

---

94) "*이는 내가 너희 가운데로 지나갈 것임이니라*"(개역; 개역개정); "이는 내가 너희 한가운데를 지나며 너희를 심판할 것이기 때문이다"(쉬운성경).

95) N. Tromp는 לָכֵן이 16절에서 결론을 제시하는 역할을 하지 않는다고 본다(N. J. Tromp, "Amos V 1-17: Towards a Stylistic and Rhetorical Analysis," in *Prophets, Worship and Theodicy: Studies in Prophetism, Biblical Theology and Structural and Rhetorical Analysis and on the Place of Worship*, ed. J. Barton, R. P. Carroll, and JP. Fokkelman [Leiden: Brill, 1984], 70).

96) Noble, "The Literary Structure," 213.

언급된 재앙이 16-17절의 애곡의 원인이 된다는 것이다. Wolff, Mays, de Waard는 12절을 לָכֵן의 원인으로 제안한다. Wolff가 12절을 16-17절의 선언의 원인으로 보는 이유는 13, 14-15절을 후대삽입으로 보기 때문이다. 이 절들이 중간에 삽입되면서 이 흐름이 방해하는 것으로 본다. Mays는, לָכֵן이 아모스서에서 상황에 대한 고소와 선언을 연결해 주고 있는데 14-15절에서 고소의 내용을 찾을 수 없고 13절은 12절에 대한 후대의 설명이 삽입된 것이므로 16-17절이 12절로 연결되어야 한다고 주장한다.[97] de Waard는 12절이 13절에 언급하고 있는 사람들의 태도에 원인을 제공할 뿐만 아니라 16-17절의 직접적인 원인이 되는 것으로 설명한다.[98] 14-15절이 이러한 흐름을 방해하지만 4-6절과 짝을 이루면서 현재의 위치에 놓이게 된 것으로 이해한다. 그러나 이들의 견해와는 달리 16-17절의 신적 선언은 1-3절이나 12절에만 제한되지 않는다. 왜냐하면 16-17절이 5장 1-17절의 전체 단락을 마무리하는 결론을 제시하고 있기 때문이다. 따라서 16a의 לָכֵן은 1-15절에 근거하여 결론을 제시하고 있는 것이다. 13, 14-14절을 후대삽입으로 보아야 하는 결정적인 이유가 없다. 1-3절에서 아모스는 확정된 심판으로 인하여 북이스라엘 백성들을 애가로 부르고 있다(1-3절). 확정된 심판의 슬픔을 노래한 후 이들에게 여호와의 권면을 전하면서 살길을 제시한다(4-9절). 이어서 아모스는 이들이 처한 상황은 하나님의 심판을 피할 수 없는 상황이며 오직 하나님의 개입만이 이들의 문제를 해결할 수 있음을 지적한다(10-13절). 이러한 상황에서 이들이 살 수 있는 유일한 길은 여호와의 권면을 따르는 것임을 다시 확언해 주면서 회개를 촉구한다(14-15절). "혹시"(אוּלַי)라는 표현은 하나님만이 생명을 얻을 수 있는 길임을 말하기도 하지만 심판의 확정을 확언해 주는 역할도 함께 감당한다. 달리 말하면 아모스의 입장에서 하나님의 은혜를 "혹시"(אוּלַי)라고 말해야 할 만큼 하나님의 철저한 심판이 확정되었다는 것이다. 이것은 4장 1-13절에서 지속적으로 하나님께로 돌아오기를 완강하게 거부한 북이스라엘의 패역에 대한 확정된 하나님의 심판선언(4:12)의 어감을 반영하는 것이다. 즉 하나님께서 이제 심판으로 행동하실 수밖에 없다는 것이다. 북이스라엘의 수많은 범죄와 헤아릴 수 없는 죄

97) Mays, *Amos*, 96-97.
98) de Waard, "The Chiastic Structure," 175.

로 인해 심판이 확정된 상황이기 때문에(1-15절), "그러므로"(16a) 여호와께서 지나가실 것(17b)이며 그 결과는 북이스라엘의 온 땅에 미치는 애곡과 통곡이라는 것(16b-17a)이다.

주로 여호와의 지나가심(אֶעֱבֹר, "내가 지나갈 것이다")을 여호와께서 이집트 가운데로 지나가시며 심판을 행한 출애굽기 12장 12절의 사건과 연관시켜 해석한다: וְעָבַרְתִּי בְאֶרֶץ־מִצְרַיִם בַּלַּיְלָה הַזֶּה (출 12:12a). Paul, Niehaus, Hayes 등이 이러한 해석을 따르는데, 이들과는 달리 Hauan은 이것을 언약의식을 위한 여호와의 현현과 연관짓는다.[99] 아모스의 용어들이 제의적 배경을 가지고 있다는 사실과 아모스의 언약에 대한 관심이 언약의식을 아모스서의 해석적 배경으로 제시하고 있다는 것이다. 따라서 עבר를 언약의식에서 여호와의 역할을 묘사하는 신현현 용어로 제안한다. Hauan은, 아모스가 이 단어를 사용하면서 하나님의 지나가심이 언약갱신이나 확언을 위한 것으로 기대하는 북이스라엘 백성들의 생각을 반전시킬 뿐만 아니라 오히려 그의 지나가심이 심판과 화가 될 것임을 선포하는 것으로 해석한다. 아모스가 사용한 עבר의 배경이 어떤 것이던지 간에 지나가심의 의도가 심판이라는 것은 분명하다. 왜냐하면 지나가심의 결과가 북이스라엘 전역에 나타나는 애곡과 통곡이기 때문이다. 애곡과 통곡은 죽음과 파괴를 전제로 한다(cf. 2:13-16, 3:11-12, 13-15). 다음의 사실들을 주목할 때, 16-17절은 하나님의 지나가심의 결과가 애곡임을 강조해 주는 것을 알 수 있다. 첫째, 16b와 17c가 의미론적, 구문론적 평행으로 수미쌍관(*inclusio*)을 이루어 16b-17c를 함께 묶어 주고 있다. 둘째, 이 묶음 안에 "애곡"(מִסְפֵּד)이 세 번 반복된다(16b, 16f, 17a). 이와 더불어 "아이고"(הוֹ־הוֹ), "통곡"(אֵבֶל), "곡"(哭, נְהִי)이 언급되고 있다.

---

99) M. J. Hauan, "The Background and Meaning of Amos 5:17B," *HTR* 79 (1986): 337-48. Hauan은 에 대한 그의 견해를 다음과 같이 결론짓는다: "In 5:17b Amos describes Yahweh's theophany to judge disobedient Israel. His language is set in a liturgical and covenantal context. The use of the word *'ābar* is not an allusion to the Exodus epic but rather derives from a specific tradition of covenantal ritual theophany which Amos reverses into a judgment theophany"(ibid., 348).

בְּכָל־רְחֹבוֹת מִסְפֵּד	5:16b
a (명사절): 주어 - 부사구	
וּבְכָל־חוּצוֹת יֹאמְרוּ	5:16c
הוֹ־הוֹ	5:16d
וְקָרְאוּ אִכָּר אֶל־אֵבֶל	5:16e
וּמִסְפֵּד אֶל־יוֹדְעֵי נֶהִי [ ]	5:16f
וּבְכָל־כְּרָמִים מִסְפֵּד	5:17a
a' (명사절): 주어 - 부사구	

또한 이 애곡이 북이스라엘의 전역에 미치게 된다는 것이 다음의 사실에 의해 강조된다. 첫째, כָּל 의 반복이다. 둘째, 언급되고 있는 장소들이 모든 광장, 모든 길거리, 모든 포도밭이다. 도시와 지방을 다 포함한다. 셋째, 농부까지 불러서 애곡을 요구할 만큼 울음꾼의 수요가 있게 될 것이다.

결과적으로 심판을 위한 하나님의 지나가심은 북이스라엘 백성들의 기대를 반전시킨다. 이것은 신탁연속물(1:3-2:16)과 3장 2절, 4장 4-5절에서 북이스라엘 백성들의 기대를 반전시킨 것과 동일한 것이다. 북이스라엘 백성들은 하나님의 임재를 축복으로 생각하였다. 하지만 아모스는 하나님의 임재가 심판이 될 것을 선포한다.

VIII. 5장 1-17절의 절정

Hauan은 여호와의 지나가심이 언약갱신을 기대하는 자들에게 그들의 기대를 뒤집고 심판임을 선포하는 것(17b)을 5:1-17의 절정으로 제안한다.[100] Stuart 역시 16-17절을 이 단락의 절정으로 제안한다.[101] 심판신탁의 흐름을 볼 때 심판선언 단락이 의미론적 무게를 갖게 된다. 그러나 상황에 대한 고소단락에 나타나는

---

100) Ibid., 348.
101) Stuart, *Hosea-Jonah*, 350.

회개촉구도 역시 반복을 통해 강조되는 것으로 볼 수 있다. 심판선언 단락인 5:16-17은 구체적인 심판행위를 묘사하기 보다는 여호와의 지나가심(אֶעֱבֹר)만을 언급하면서 그 결과에 집중하고 있다. 4:1-13의 심판선언 단락(4:12-13)에서 언급한 여호와께서 행하실 "이것"이 5장 17절에서는 "네 가운데로 지나가심"으로 더 설명이 되었지만 여전히 구체적인 내용을 기대하게 한다. 여호와의 지나가심의 성격은 심판이며 그 결과는 북이스라엘 전역에 미치는 애곡(מִסְפֵּד)과 통곡(אֵבֶל)이다. 백성들의 반응은 הוֹ־הוֹ("아이고, 아이고")가 될 것이다. 따라서 5:1-17의 메시지는 심판의 결과인 애곡을 강조한다. 더욱이 5:1-17이 선지자의 애가로 시작되고 전 지역에서 들리게 될 울부짖음으로 마무리되는 것을 볼 때 심판의 결과인 애곡이 강조되는 것을 알 수 있다. 뿐만 아니라 이러한 결과를 가져올 심판에서 생명을 얻을 수 있는 유일한 길인 여호와를 찾는 것, 즉 회개촉구의 메시지 또한 강조되고 있는 것을 볼 수 있다. 다음의 세 가지 사실이 회개촉구가 강조되는 것을 보여준다. 첫째, 4:1-13의 단락에서와 같이 상황에 대한 고소단락에 더 많은 지면이 할애되고 있다(5:1-3, 4-15; 5:16-17). 둘째, 회개촉구를 위한 권면을 세 번 반복하면서 권면의 의미를 보다 구체적으로 설명해 간다(5:4-5, 6-7, 14-15). 이 반복에는 청자의 귀와 독자의 눈을 사로잡기에 충분한 서술기법들이 사용된다. 셋째, 여호와의 속성에 대한 선언(5:8-9)과 북이스라엘의 범죄에 대한 지적(5:10-13)은 회개의 필요성을 논증해 주는 역할을 한다. 즉 창조주 하나님이 심판자가 되실 것이며 북이스라엘이 하나님의 심판을 피할 수 없는 상황에 있기 때문에 이 상황에서 생명을 얻을 수 있는 유일한 길은 여호와를 찾는 것뿐임을 논증해 준다. 따라서 5장 1-17절은 애가와 회개촉구에 모두 무게를 두면서 분명한 메시지를 진달한다. 여호와께서 북이스라엘에 가운데로 지나가실 것이며 그 결과는 처절한 죽음인데 여호와를 찾으면 살 수 있다는 것이다.

IX. 주제적 연관성 및 발전

5장 1-17절에는 처음부터 마지막까지 죽음의 그림자가 짙게 드리워져 있는 것을 느낄 수가 있다. 단락이 한 명의 선지자의 애가로 시작되지만 마지막은 북이스라엘 전체의 애곡과 통곡소리로 마무리된다. 북이스라엘의 완고한 패역으로 인하여 단단히 준비된 하나님의 심판 작정(4장)이 전제된 만큼 죽음의 그림자는 짙을 수밖에 없다. 4장 12-13절이 하나님을 만날 준비를 하라고 명령한 후 바로 애가가 등장하는 것은 북이스라엘이 직면하게 될 상황이 어떤 것인지를 충분히 짐작할 수 있게 한다. 3장 14절은 여호와께서 방문하실 것(וּפָקַדְתִּי)을 말하는데 이 방문은 축복을 위한 것이 아님을 선포하였다. 북이스라엘 백성들을 찾는 여호와의 방문은 심판을 위한 것이다. 여호와의 방문을 5장 17절은 여호와의 지나가심(אֶעֱבֹר בְּקִרְבְּךָ)으로 설명을 하고 있으며 지나가심의 성격은 동일하게 죽음의 결과를 낳는 심판이다. 그러나 5장 17절은 심판을 구체적으로 설명해 주지 않고 잠시 보류하면서 다음 신탁을 기대하게 한다.[102]

5장 7, 10, 11, 12절이 북이스라엘 백성들의 문제를 동일하게 "범죄"(פִּשְׁעֵיכֶם)로 규정하고 있으며 이 범죄는 공의와 정의를 거부한 것임을 밝혀준다. 이것은 3장에서 지적한 언약적 의무를 거부한 북이스라엘의 범죄(פִּשְׁעֵי־יִשְׂרָאֵל)를 다시 확언하는 것이며 2:6-16의 신탁과 맥을 같이 하는 것이다. 5장 5, 11절은 하나님의 심판이 북이스라엘 백성들이 사랑하였던 종교적 행위와 물질적 탐욕을 제거할 것을 확언해 준다. 이것은 3장 14-15, 4장 1-3, 4-5절과의 연관성을 나타낸다.

5장 1-17절이 북이스라엘의 문제를 지적하고 그 결과를 선포하고 있는 면에서 다른 심판신탁들과 짝을 이루는 것으로 볼 수 있다. 그러나 이 단락이 애곡과 회개촉구를 강조하고 있는 면에서 본서의 대안적 구조에서는 다른 심판신탁들과 구분하였다. 회개촉구가 강조되는 점을 고려할 때 이 단락은 회복의 날을 선포하고 있는 9장 11-15절 단락과 간접적으로 연결된다. 왜냐하면 회개촉구의 권면이 여호와를 찾으면 살 수 있고 그와 함께 있을 수 있음을 알려 주고 있기 때문이다. 달리 말하면 회개를 통해 하나님으로부터 생명을 얻었다면 이와 같이 생명을 얻은 자들이 살게 되는 구체적인 상황에 대한 설명이 필요하게 된다. 5장 3절에서 언급하고 있는 10%의 남은 자들은 처참한 멸망의 상태를 확증해 주는 것이지만 5장 15절에서 언급하고 있는 "요셉의 남은 자들"은 하나님의 은혜를 경험할 가능성을 가진 자들이다. 따라서 이들이 진정으로 회개하고 하나님께로 돌아왔을 때 이들을 위한 하나님의 회복을 언급할 필요가 있게 된다.[103] 이 설명을 제시하는 것

102) Cf. Park, *The Book of Amos*, 90.

이 바로 9:11-15의 회복의 신탁이다. 5장 2절의 애가에서 아모스는 처녀 이스라엘이 자기 땅에 넘어져서 일으켜 세워줄 자가 없다(נִטְּשָׁה עַל־אַדְמָתָהּ אֵין מְקִימָהּ)고 선포하는데, 9장 11-15절에서는 여호와께서 다윗의 무너진 장막을 일으켜 세워주실 것(אָקִים)이며 이것을 통해 북이스라엘이 다시 자기 땅에 뿌리를 내리게 될 것(וּנְטַעְתִּים עַל־אַדְמָתָם)이라고 선포한다.

X. 현재적 적용

아모스 5장 1-17절에 근거하여 제시할 수 있는 적용은 다음과 같다. 첫째, 자신이 처한 상황에 대한 정확한 이해가 있는가를 고려하게 한다. 북이스라엘 백성들은 물질적 번영과 풍요를 누리면서 자신들의 호화로운 삶에 대해 만족해하였다. 그들은 하나님과의 언약적 관계가 요구하는 의무를 전혀 행하지 않는 삶을 살고 있음에도 불구하고 단지 자신들의 과시적인 종교적 행위와 열정 및 자신들이 소유하고 있는 물질과 견고하게 만들어 놓은 요새와 같은 집들이 재앙으로부터 자신들을 보호해 줄 것이라고 확신하였다. 하지만 그들의 실상은 죽음의 심판으로 인한 애가(קִינָה)를 들어야 할 상황에 불과하였다. 진정한 생명과 안전을 보장해 주는 여호와를 외면한 그들은 자신들의 상황에 대해 착각을 하였던 것이다. 물질적 풍요와 현실적인 성공은 일시적 평안과 안전을 제공할 수 있지만 영원하지 않다. 특히 불의를 통해 얻은 부와 평안은 단지 속임에 불과하다. 사람의 행위와 동기를 살피시는 하나님의 눈으로 볼 때 그러한 것들은 심판의 원인이 될 뿐이다. 만약 하나님께서 나의 상황에 대해 평가하신다면 혹시 애가를 들어야 할 상황은 아닌가를 되짚어 볼 필요가 있다.

둘째, 진정한 생명과 행복을 얻을 수 있는 유일한 길은 여호와를 찾는 것이다. 하지만 여호와를 찾는 것은 단지 종교적 행위에 대한 열심만을 의미하는 것이 아

---

103) Niehaus는 "요셉의 남은 자"에 대해 다음과 같이 설명한다: "Perhaps Amos refers to the future state of the nation after the Assyrian decimations, or possibly he holds out the hope that God will preserve a remnant and through them fulfill his gracious promises" (Niehaus, "Amos," 423).

니다. 형식적인 면에서 북이스라엘 백성들은 여호와를 찾는 일에 게을리 하지 않다. 그들은 누구보다도 제사를 드리고 절기를 지키는 일에 열심을 내었고 벧엘과 길갈과 같은 종교적 중심지를 소유하고 있었다. 그들은 그러한 것들을 통하여 여호와를 찾고 있으며 그가 그들과 함께 계신다고 스스로 생각하였다. 하지만 아모스는, 여호와를 찾는 것의 진정한 의미는 악이 아닌 선을 찾는 것이며, 보다 적극적으로는 악을 미워하고 선을 사랑하는 것이라고 설명한다. 선을 찾고 사랑하는 것은 창조주 하나님께서 세우신 기본적인 질서를 따르는 것으로 시작하여 삶의 전 영역에서 하나님의 뜻과 그가 요구하시는 율법을 행하는 것이다. 달리 표현하면 하나님께서 그의 주권에 따라 세우신 창조질서와 영적 질서를 회복하는 것이다. 그러므로 여호와를 찾는 것은 인간의 존엄성을 존중하는 것, 서로 간의 신의를 지키는 것, 서로에 대한 증오와 무정함을 멀리하는 것 등을 포함할 뿐만 아니라 진정한 회개와 용서의 은총에 근거한 종교적 행위와 열정을 드러내는 것을 포함한다. 로마서 12장 9-13절에서 바울은 주를 섬기는 것과 삶의 문제를 함께 다루면서 아모스와 동일한 메시지를 전하고 있다: "사랑엔 거짓이 없나니 악을 미워하고 선에 속하라 형제를 사랑하여 서로 우애하고 존경하기를 서로 먼저하며 부지런하여 게으르지 말고 열심을 품고 주를 섬기라 소망 중에 즐거워하며 환난 중에 참으며 기도에 항상 힘쓰며 성들의 쓸 것을 공급하며 손 대접하기를 힘쓰라." 삶의 전 영역에서 여호와를 찾을 때에 그가 약속하시는 진정한 생명과 회복을 경험할 수 있다. 종교적 행위와 열정 자체는 하나님을 사랑하는 것과 신앙성숙의 절대적인 척도가 아니다.

셋째. 종교적 행위를 통하여 찾고 있는 것이 하나님인가 아니면 자기만족과 과시는 아닌지 생각해 보게 된다. 북이스라엘 백성들은 벧엘과 길갈에서 종교적 행위를 멈추지 않았으며 브엘세바로의 먼 여행도 주저하지 않았다. 그들은 그곳에서 여호와를 찾고 만난다고 생각하였다. 하지만 그들이 찾은 것은 자기만족과 과시, 축복과 성공이었다. 그들은 하나님께 집중하기 보다는 이기적인 자신들에게 집중하였다. 그곳에는 하나님이 계시지 않았다. 그들은 벧엘을 "하나님의 집"(בֵּית־אֵל)으로 확신하였지만 더 이상 그곳은 하나님이 계시지 않는 "공허한 집"(בֵּית־אָוֶן)이었다. 왜냐하면 그곳에서 그들은 하나님이 아닌 자신들이 사랑하는 것들을 찾으려고 했기 때문이다. 화려한 예배당을 지어놓고 수많은 종교적 행위를 행하며 그곳을 "여호와의 전" 이라고 부르지만 그곳에서 하나님이 아닌 자신의 이기적인 욕심과 착각을 찾고 있다면 그곳은 더 이상 "여호와의 전" 이 아니다. 단지 심판의 자리에 불과하다. 하나님은 예레미야 선지자를 통하여 이러한 "여호와의 전" (בֵּית יְהוָה)이 "도적의 굴혈" (מְעָרַת פָּרִצִים)로 보이는지를 반문하신 후 멸망을 선언하신다(렘 7:1-15).

넷째, 공의의 하나님은 죄에 대한 철저한 심판을 행하시지만 죄인이 회개하고 그에게 돌아와 생명을 얻기를 더욱 원하신다. 하나님은 북이스라엘을 향한 확정된 심판을 선언하시지만 그들에게 그를 찾고 생명을 얻으라는 권고를 잊지 않으신다. 하나님은 에스겔 선지자를 통하여 이러한 사실을 보다 명확하게 전달하셨다: "나 주 여호와가 말하노라 죽는 자의 죽는 것은 내가 기뻐하지 아니하노니 너희는 스스로 돌이켜 살찌니라" (겔 18:32). 아모스가 여호와의 권면을 그의 말로 반복해서 전하는 것은 하나님의 이러한 심정을 전하고자 하는 것이다.

다섯째, 하나님께서 지금 나의 삶의 한 가운데로 지나가신다면 그 결과가 무엇일지에 대해 생각해 보게 된다. 과연 하나님께서 지나가신 후 내 입술에는 그의 축복으로 인한 기쁨과 찬송이 있겠는가 아니면 죽음의 심판으로 인한 애곡과 통곡이 있겠는가? 만약 애곡과 통곡이라고 생각이 된다면 그가 지나가시기 전에 "나를 찾으라. 그리하면 살리라" 는 여호와의 권면에 반드시 귀를 기울여야만 한다. 왜냐하면 여호와를 찾는 것이 그의 심판을 피하고 그의 자비로운 임재를 경험하는 유일한 길이기 때문이다. 하나님을 소유한 자들에게 그의 임재가 생명과 축복을 의미하지만 자신만을 소유한 자들에게는 죽음과 애곡을 의미한다(cf.욜 3:1-21).

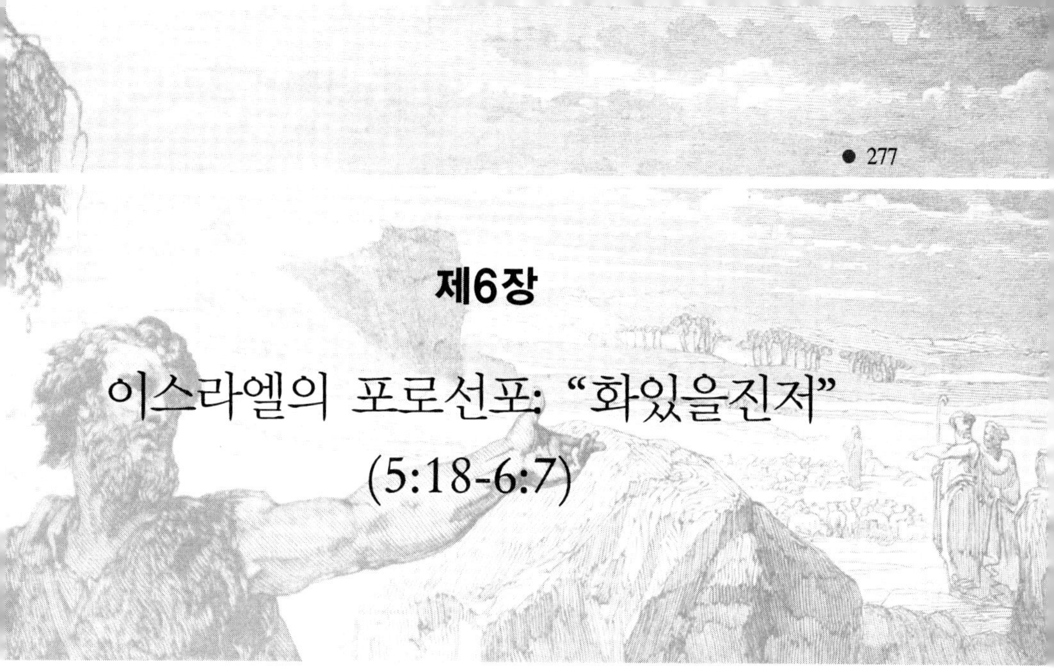

제6장

이스라엘의 포로선포: "화있을진저" (5:18-6:7)

5장 1-17절이 애곡과 통곡에 대한 강조로 마무리된 후 곧 바로 "화" 신탁(Woe oracle)이 주어진다. 심판신탁과 유사하게 "화" 신탁은 크게 원인과 결과의 단락으로 구분할 수 있는 일반적인 형식을 가지고 있다. 첫째, 신탁이 "화"(הוֹי)에 대한 언급으로 시작된다. 둘째, "화"를 당하게 되는 대상이 정관사 ה + 분사(또는 형용사)의 형태로 나타난다. 분사는 주로 경멸과 조롱의 투로 "화" 신탁의 대상을 묘사한다. 셋째, 대상의 문제점을 지적하면서 "화" 신탁이 주어지게 된 직접적인 원인을 서술한다. 넷째, 원인에 따른 심판선언이 이어진다. 5장 18절에서 "화" 신탁으로 새로운 단락이 시작된다고 보는 점에서는 대부분 동일한 분석을 제시한다. 하지만 5장 18절에서 시작된 단락의 범위에 대해서는 학자들 간에 차이를 보이고 있다. 예를 들어, der Wal은 5:18-27을 5:7-17과 구조적 평행을 이루는 단락으로 분류하고 동일한 구조에 따라 6:1-12을 하나의 단락으로 분석한다. 즉 der Wal은 5:7-6:12 안에 세 개의 구조적 평행을 이루는 "화" 신탁이 있는 것으로 제안한다.[1)]

---

1) der Wal, "The Structure," 111.

	I. 5:7-17	II. 5:18-27	III. 6:1-12
1) Cry of Woe	5:7	5:18	6:1
2) *(ywm) Yhwh*	5:8-9	5:18-20	6:3
3) Injustice	5:10-13(social)	5:21-23(religious)	6:3-6
4) Appeal	5;14-15	5:24-25	[ ]
5) Announcement of disaster	5:16-17	5:26-27	6:7-12

der Wal은 구조적 평행뿐만 아니라 동사구 הפך ל와 함께 등장하는 וּצְדָקָה מִשְׁפָּט가 5:7-6:12을 함께 구분할 수 있는 근거로 제시한다.[2] 아모스서에서 מִשְׁפָּט וּצְדָקָה의 사용이 5:7-6:12에만 제한된다는 것이다. 특히 동사구 הפך ל와 מִשְׁפָּט וּצְדָקָה가 나오는 5:7과 6:12이 수미쌍관(*inclusio*)을 이루어 단락을 구분해 준다고 본다.[3] 5장 7절을 "화" 신탁의 시작이라고 하는 것은 7a의 הַהֹפְכִים에 중자탈락(*haplograpy*)이 있는 것으로 간주하여 הוֹי를 추가하기 때문이다: הוֹי הַהֹפְכִים.[4] der Wal에 따르면 6장 13절의 분사(הַשְּׂמֵחִים , "기뻐하는 자들")로 새로운 단락이 시작되고 14절에서 마무리되면서 6:13-14이 하나의 단락으로 아모스 1-6장의 결론적 역할을 한다. 그러나 der Wal에 분석에 대해 두 가지 이의를 제기할 수 있다. 첫째, 5:1-17의 구조적 구성을 Chisholm이 제시하는 교차평행 구조이나 5:1-17이 하나의 심판신탁형식을 구성하는 것으로 볼 때, 5:1-6과 5:7-17을 분리하여 구분하기가 어렵다.[5] 둘째, 6장 1-12절이 하나의 단락으로 구분되지 않을 수 있다. 왜냐하면 לאו רדֵ은 단락을 구분할 때 5장 7절과 6장 12절의 수미쌍관(inclusio)기법을 중요한 근거로 제시하는데, 6장의 8절(נְאֻם־יְהוָה אֱלֹהֵי צְבָאוֹת)과 14절(נְאֻם־יְהוָה אֱלֹהֵי הַצְּבָאוֹת)의 수미쌍관(*inclusio*)을 고려하면 6장 8절부터 14절 역시 하나의 단락으로 구분하고 있기 때문에 어느 수미쌍관에 무게를 두는

---

2) Ibid., 110.

3) Ibid.

4) Cf. Wolff, *Joel and Amos*, 228-29. Wolff는 G. A. Smith의 견해를 따라 הוֹי가 중자탈락에 의해 삭제된 것으로 간주한다.

5) Cf. Chisholm, *Handbook*, 392.

냐에 따라 단락구분이 달라질 수 있다. 그러므로 der Wal의 단락구분과 분석은 아모스 본문의 흐름과 특성을 적절하게 반영하지 못하고 있다.

McConville은 5장 1-7절, 8-28절, 6장 1-14을 각각 묶어 세 개의 소단락을 제시한다.[6] Chisholm은 5:18-27(Israel's Funeral)과 6:1-14(Exile and Defeat)을 분리하여 단락을 구분한다.[7] Dorsey의 경우, 5:18-6:14을 교차평행 구조에 의해 하나의 단락으로 구분하여 분석한다.[8] Dorsey에게 있어서 단락 구분과 관계 규정의 기준은 동일한 주제, 화제, 및 언어의 사용이다. Niehaus도 역시 5:18-6:14을 하나의 단락("Announcement of Judgment")으로 구분하지만 교차평행이 아닌 4개의 소단락들로 구성된 것으로 분석한다: (1) Warning about the Day of Yahweh (5:18-20); (2) Indictment and Judgment of False Religiosity and Idolatry (5:21-27); (3) Woe oracle Against Israel's Complacency (6:1-7); (4) Judgment Announced Against Pride and Uurighteousness (6:8-14).[9] Niehaus

---

6) McConville, *Exploring*, 168-69.

7) Chisholm, *Handbook*, 392-93.

8) Dorsey, *The Literary*, 282. Dorsey의 교차평행구조는 다음과 같다.

Coming judgment (Amos 5:18-6:14)

a **Coming disaster** (5:18-20)
- woe to those who look forward to the day of Yahweh
- disaster depicted by unlikely events involving wild animals
<u>poisonous</u> snake

b **what Yahweh hates** (*sānā'*) and despises: self-righteous religious activity, with all the noise and worship of Yahweh; he prefers that it cease (5:21-24)

c threat of <u>exile</u> (*glh*) (5:25-27)

d CENTER: sevenfold woe (6:1-6)

c' threat of <u>exile</u> (*glh*) (6:7)

b' **what Yahweh <u>hates</u>** (*sānā'*) and detests: the pride of Jacob and his strongholds: Yahweh will cause these evil people to be quiet and to fear even mentioning Yahweh's name (6:8-10)

a' **Coming disaster** (6:11-14)
- coming punishment upon those who proudly recall past victories
- disaster depicted in terms of absurd of domesticated animals
- reference to <u>poison</u>

9) Niehaus, "Amos," 328.

의 경우, 5:18-27이 네 개의 단락으로 구분되면서 대략 을 "화" 신탁(5:18-20과 6:1-7)과 고소 및 선언(5:21-27과 6:8-14)의 이중적 흐름을 가진 것으로 분석한다.

하지만 이들과는 달리 5:18-6:7을 이중구조의 "화" 신탁으로 함께 묶고 6:8-14 역시 이중구조의 심판신탁 형식을 가진 또 하나의 단락으로 분리할 수 있다. "화" 신탁을 시작하는 5장 18절에서 6장 7절이 이중구조의 "화" 신탁으로 하나의 의미론적 단락으로 구분될 수 있는 근거는 다음과 같다. 첫째, 5장 18절에서 새로운 단락의 시작을 볼 수 있다. 5장 17절이 결언(אָמַר יְהוָה)으로 앞의 단락을 마무리하고 있으며 5장 18절은 "화"(הוֹי)에 대한 선언과 함께 새로운 "화" 신탁을 시작하고 있다. 또한 5장 1-17절의 교차평행적 구조는 16-17절의 심판선언 단락으로 이 평행구조를 마무리하고 있는 것을 보여준다. 따라서 새로운 단락의 시작을 5장 18절에서 기대하게 한다. 둘째, 주제적 전환이다. 5장 1-17절이 심판을 선언하는 심판신탁의 형식을 갖추지만 애가와 회개촉구의 권면의 주제에 집중한 반면 5장 18-27절과 6장 1-7절의 "화" 신탁은 심판의 주제에 집중한다. 셋째, 5장 27절에서 첫 번째 "화" 신탁(5:18-27)이 결언과 여호와의 이름에 대한 언급으로 마무리되고 있으며 두 번째 "화" 신탁(6:1-7)이 6장 1절에서 הוֹי로 시작된 후 7절에서 לָכֵן("그러므로")과 함께 심판선언으로 마무리된다. 이렇게 보면 5:18-6:7에 두 개의 "화" 신탁이 있음을 알 수 있다. 그러나 다음의 두 가지 사실에 근거하여 이 두 신탁을 이중구조의 "화" 신탁으로 함께 묶을 수 있다. 첫째, 두 신탁이 연이어 나오고 있으며 화" 신탁의 구성형식에 있어서 서로 평행을 이루고 있다. 둘째, 신적 선언이 "포로"라는 동일한 주제를 제시한다(cf. 5:26-27과 6:7). 셋째, 3:1-15과 4:1-13에 신탁대상의 변화가 나타나지만 하나의 단락으로 구분할 수 있는 것과 같이 5:18-6:7에서도 신탁대상의 변화, 즉 "이스라엘의 집"에서 북이스라엘의 기득권자들에게로 전환되지만 하나의 단위로 구분할 수 있다.

이중구조를 가진 "화" 신탁들 다음에 등장하는 6:8-14은 위에서 언급한 바와 같이 8절과 14절의 수미쌍관에 의해 하나의 단락으로 분리할 수 있다. 문제는 6:8-14의 앞 단락들과의 관계이다. 왜냐하면 6:8-14이 심판선언에 집중하고 있는 선언단락이기 때문이다. 6:8-14이 심판선언에 집중하고 있는 것을 볼 때 좁게는 앞에 나오는 "화" 신탁들의 심판선언을 확언하는 단락으로 고려하거나 또는 7장의 "환상" 신탁으로 전환하기 전에 아모스 1-6장에서 선언하고 있는 심판신탁들의 최종적 결론을 제시하는 단락으로 고려할 수도 있다.

이중구조의 "화" 신탁으로 구성된 5:18-6:7을 표 14과 같이 세부적인 단락으로 구분하여 이 단락의 흐름과 이중구조형식을 살필 수 있다.

〈표 14〉 아모스 5:18-6:7의 단락분석

I. 첫 번째 "화" 신탁 (5:18-27)
- a. הוֹי와 대상에 대한 언급: 5:18a
  - b. "화" 신탁의 원인: 5:18b-25
    1. 여호와의 날에 대한 오해 (18b-20)
    2. 언약적 의무를 외면한 종교행위 (21-25)
  - c. 심판선언(포로): 5:26-27

II. 두 번째 "화" 신탁 (6:1-7)
- a'. הוֹי와 대상에 대한 언급: 6:1
  - b'. "화" 신탁의 원인: 6:2-6
    1. 자신에 대한 오해 (2-3)
    2. 이기적인 사치와 향락 (4-6)
  - c'. 심판선언(포로): 6:7

첫 번째 "화" 신탁의 대상은 일반적인 의미에서의 "이스라엘 집" (בֵּית יִשְׂרָאֵל, 5:25)인데, 두 번째 "화" 신탁은 북이스라엘의 기득권자들에게 집중하고 있다(6:1).[10] 여호와의 날에 대한 오해(5:18b-20)는 기득권자들의 자신에 대한 오해와 연관(6:2-3)이 있으며 종교적 타락(5:21-26)은 윤리적 타락(6:4-6)과 상호 연관되어 있다. 따라서 이중구조의 "화" 신탁이 단순히 반복되는 것이 아니라 상호 보충적이며 신탁을 강화시키는 것을 볼 수 있다. 첫 번째 "화" 신탁(5:18-27)은 언약적 의

---

10) 6장 1절을 비롯하여 아모스가 북이스라엘의 상류층의 문제를 지적하고 심판을 선언할 때 그 대상이 단순히 정치적, 종교적 지도자들에게만 제한되지 않는다. 따라서 본서에서는 북이스라엘의 정치적, 사회적, 종교적 구조 안에서 권력과 지위를 가지고 불의한 부와 쾌락을 누렸던 자들을 모두 포함하는 의미에서 "기득권자"로 표현하고자 한다. 이들의 억압과 착취의 대상을 "약자" 또는 "사회적 약자"로 표현한다.

무를 외면하면서도 단지 종교적 행위에 근거하여 "여호와의 날"을 축복의 날로 기대하는 북이스라엘 백성들의 문제를 지적하고 심판을 선언하고 있으며 두 번째 "화" 신탁(6:1-7)은 기득권자들의 교만과 사치스러운 삶의 문제를 지적하고 동일한 "포로"의 심판을 선언한다.

I. הוֹי와 대상에 대한 언급(a): 5:18a

1. 원문

הוֹי הַמִּתְאַוִּים אֶת־יוֹם יְהוָה 5:18a

2. 사역

5:18a 여호와의 날을 갈망하는 자들에게 화가 미칠 것입니다.

3. 원문분석

5:18a. 감탄사 הוֹי는 다가오거나 이미 닥친 위협에 대해 슬피 부르짖는 소리이며 주로 분사나 형용사와 함께 쓰인다. 때로는 호격과 함께 쓰이기도 한다(cf. 사 1:4; 렘 22:13; 습 3:1). הוֹי는 "화" 신탁을 유도해 준다.[11] הַמִּתְאַוִּים은 정관사 ה와 남성, 복수, 히트파엘(*hitphael*) 분사(**אוה**, "바라다," "마음을 기울이다")가 결합된 형태이며 הוֹי의 대상이 된다. 히트파엘형은 칼형의 의미를 강화하여 "갈망하다"의 의미를 갖는다. 주로 한글번역본은 이 분사를 호격으로 해석한다.[12] 직접목적어

---

11) 선지서의 "화" 신탁에 대한 연구를 보려면, E. Gerstenberger, "The Woe-Oracles of the Prophets," *JBL* 81 (1962): 249-63; R. J. Clifford, "The Use of *HÔY* in the Prophets," *CBQ* 28 (1966): 458-64; Wolff, *Joel and Amos*, 243-45를 참조하라. Westermann은 신탁에 나오는 הוֹי를 "화외침"(Weheruf)으로 보는 반면에 Gerstenberger는 הוֹי 자체에 저주가 담긴 것으로 보지 않으며 Clifford는 הוֹי의 기원이 장송곡(funeral lament)에 있다고 주장한다. Hayes는 הוֹי를 단지 주의를 집중시키기 위한 불변화사로 간주한다 (Hayes, *Amos*, 170-71).

12) "화 있을찐저 *여호와의 날을 사모하는 자여*"(개역; 개역개정); "저주받아라! *너희 야훼께*

표기 אֶת와 함께 쓰인 יוֹם יְהוָה("여호와의 날")는 분사 הַמִּתְאַוִּים의 목적어 역할을 한다.

4. 원문주해

5:18a. "화" 신탁의 화자에 대한 두 가지 이해가 가능하다. 하나는 아모스를 화자로 보는 것이며 다른 하나는 여호와를 화자로 보는 것이다. 전자의 경우, 18-20절이 "여호와"를 3인칭관점에서 서술하고 있으며 산문적 형식인 것이 여호와를 1인칭관점("내가")에서 서술하고 있는 것과 보다 시적인 형식을 갖춘 21-27절과 차이를 나타내는 것에 주목한다. 이 경우 5장 1절에서 시작된 설교형식의 본문을 이어서 "화" 신탁이 서술되는 것을 고려할 때 "화" 신탁의 시작을 자신의 말로 전하는 아모스의 적극적인 개입을 볼 수 있다. 그렇다면 아모스가 18-20절의 수사적 질문들을 던지면서 "여호와의 날"에 대한 오해를 지적한 후 신탁도입형식을 사용하지 않지만 21-27절은 여호와의 고소와 선언을 직접화법으로 인용하고 있는 흐름을 갖게 된다. 이러한 전환은 5:10-13절에서도 나타난다. 그러나 "여호와의 날"이라는 표현을 여호와께서 그대로 인용하여 사용하고 있다는 것에 주목하면 18-20절의 화자를 여호와로 보는 것이 가능하다. 여호와를 화자로 보면 여호와께서 직접 북이스라엘 백성들과 논쟁을 하시면서 그들의 오해를 지적한 후 "여호와의 날"이 심판의 날인 이유(21-25절)와 이에 따른 결과(26-27절)를 선언하는 흐름이 된다. 본 사역에서는 "습니다"체를 사용하여 아모스를 화자로 제시하고 있다. 어떤 견해를 따르던 간에 5:18-27과 짝을 이루는 6:1-7에서도 동일한 화자를 유지하는 것이 필요하다.

"화" 신탁의 대상은 "여호와의 날"을 단순히 기다리는 자들이 아니라 "갈망하는" 자들(הַמִּתְאַוִּים)이다. 동사 אוה의 히트파엘형은 강한 의지적 기대를 나타낸다. 여호와의 날을 갈망하는 강한 기대가 있었는데, 이는 이 날을 축복의 날로 생각하였기 때문이다. 이 날을 갈망하고 있는 자들(הַמִּתְאַוִּים)이 북이스라엘 백성

서 오실 날을 기다리는 자들아"(공동); "화 있으리라! *여호와의 날을 기다리는 사람아*"(우리말); "너희는 망한다! *주의 날이 오기를 바라는 자들아*"(표준새번역). 쉬운성경은 달리 번역한다: "*여호와의 날을 기다리는 사람에게* 재앙이 있다"(쉬운성경).

들임을 25절의 호격 בֵּית יִשְׂרָאֵל("이스라엘의 집")을 통해 알 수 있다. 따라서 아모스는 여호와의 날을 축복의 날로 기대하며 의지적으로 갈망하고 있는 북이스라엘 백성들을 향하여 화가 미칠 것을 선포하고 있는 것이다. 구약의 선지서에서 "여호와의 날"은 심판과 구원의 두 가지 측면을 가지고 있다(cf. 욜 1:15-18; 2:11; 3:1-17, 18-21; 습 1:7-8, 14-15).[13] 19-20절은 "여호와의 날"의 심판의 성격에 대해 설명해 준다.

II. "화"신탁의 원인(b), 여호와의 날에 대한 오해: 5:18b-20

1. 원문

לָמָּה־זֶּה לָכֶם יוֹם יְהוָה	5:18b
הוּא־חֹשֶׁךְ	5:18c
[ ] וְלֹא־אוֹר	5:18d
כַּאֲשֶׁר יָנוּס אִישׁ מִפְּנֵי הָאֲרִי	5:19a
וּפְגָעוֹ הַדֹּב	5:19b
וּבָא הַבַּיִת	5:19c
וְסָמַךְ יָדוֹ עַל־הַקִּיר	5:19d
וּנְשָׁכוֹ הַנָּחָשׁ	5:19e
הֲלֹא־חֹשֶׁךְ יוֹם יְהוָה	5:20a
וְלֹא־אוֹר	5:20b
וְאָפֵל	5:20c
וְלֹא־נֹגַהּ לוֹ	5:20d

2. 사역

5:18b-d 여호와의 날, 이 날이 여러분에게 어떤 날이 되겠습니까? 그 날은 어둠일 것이며 빛이 아닐 것입니다.

---

13) 선지서에 언급된 "여호와의 날"에 대한 논의를 보려면 폴 하우스, 『주의 날을 어떻게 이해할 것인가?』, 장세훈 역 (서울: 그리심), 2006을 참조하라.

5:19 마치 사람이 사자를 피해 도망하지만 곰이 그와 마주치게 되고, 그리고
집 안으로 들어가서 그의 손으로 벽을 짚고 있을 때, 뱀이 그를 무는 것
과 같을 것입니다.
5:20 그렇다면 여호와의 날이 빛이 아니라 어둠이지 않겠습니까? 그 안에는
빛줄기조차 없어 음침하지 않겠습니까?

3. 원문분석

5:18b-d. לָמָּה는 전치사 לְ와 의문사 מָה("무엇," "어떻게")가 결합된 것으로 주로 이유를 묻는 의문문을 유도하지만 18b의 문장에서는 19-20절이 "여호와의 날"의 성격을 서술하고 있으므로 "여호와의 날"의 성격을 묻는 "무엇" 또는 "어떤"으로 해석하는 것이 적당하다(cf. 창 25:22, 32; 27:46; 욥 30:2).[14] 따라서 לָמָּה가 유도하는 의문문은 여호와의 날에 대한 북이스라엘의 이해를 묻는 것이다. 이와는 달리 이유를 묻는 의문문으로 해석할 경우, 19-20절은 "여호와의 날"이 빛이 아니라 어둠임에도 불구하고 그 날을 갈망하는 자들의 어리석음을 지적하는 것이 된다. 하지만 19-20절이 "여호와의 날"의 성격을 설명하면서 강조하고 있는 점을 고려할 때 그 날에 대한 오해를 지적하는 것으로 해석하는 것이 적절해 보인다. לָמָּה־זֶּה의 זֶּה에 대한 두 가지 해석이 가능하다. 첫째, זֶה를 지시대명사가 아닌 의문문을 강조하기 위한 전접어(enclitic)로 간주하여 의문문이 강조된 것으로 해석하는 것이다.[15] 이 경우, יוֹם יְהוָה가 이 의문문의 주어가 된다. 따라서 "*도대체* 여호와의 날이 너희에게 어떤 날이 되겠느냐?"로 번역이 된다. Paul은 זֶה를 전접어로 간주하지만 의문문을 강조하여 번역하지는 않는다: "What avail will the Day of the Lord be for you?"[16] 둘째, זֶה를 지시대명사로 해석하는 것이다. 이 경우, 이 지시대명사의 선행사에 대한 이해를 달리한다. 하나는 זֶה의 선행사를 앞의 문장, 곧 "갈망하는 것"으로 보는 것이며 다른 하나는 זֶה의 선행

14) Cf. Niehaus, "Amos," 427, 428; Paul, *Amos*, 182, 185; Hayes, *Amos*, 170; Wolff, *Joel and Amos*, 253, 255.

15) GKC §136c.

16) Paul, *Amos*, 182, 185.

사를 뒤에 나오는 יוֹם יְהוָה("여호와의 날")로 보는 것이다. 전자의 경우, לָמָּה를 "여호와의 날"의 성격을 묻는 "무엇"으로 해석하지 않고 "왜"라는 이유를 묻는 것으로 해석한다. Stuart가 이 구문해석에 따라 번역하고 있다: "*Why* do you have *this attitude* about the Day of the Lord?"[17] 한글번역본들 역시 이 구문해석을 따르고 있다.[18] 후자의 경우, 18b의 문자적인 의미는 "여호와의 날, 이것이 너희에게 무엇을 위한 것이냐?"이다. יוֹם יְהוָה는 지시대명사 זֶה와 동격을 이루면서 "여호와의 날"을 강조해 준다. "여호와의 날"에 집중하고 있는 정황을 고려할 때 이러한 구문해석이 선호될 수 있다. לָכֶם("너희에게")의 전치사 לְ는 관계를 나타내는 것이며 2인칭, 남성, 복수 대명사어미의 선행사는 הַמִּתְאַוִּים אֶת־יוֹם יְהוָה("여호와의 날을 갈망하는 자들")이다. הוּא־חֹשֶׁךְ의 3인칭, 남성, 단수 [지시] 대명사의 선행사는 יוֹם יְהוָה이며 이 문장은 명사절이다.[19] 따라서 문맥의 정황에 의해 시제가 결정되는데, 18a에서 도래를 갈망하는 "여호와의 날"을 언급하고 있으므로 18b-d의 문장들을 미래시제로 번역할 수 있다: "그 날은 어둠일 것이다." וְלֹא־אוֹר("그리고 빛이 아닐 것이다")는 등위접속사 바브(ו)에 의해 앞의 표현에 연결되며 주어 הוּא가 생략된 것으로 볼 수 있다. חֹשֶׁךְ("어둠")는 "여호와의 날"의 부정적 측면을 묘사하며 반대로 אוֹר("빛")는 "여호와의 날"의 긍정적 측면을 묘사한다.

5:19. כַּאֲשֶׁר는 비교구문을 유도해 주며 19b-e는 바브-완료 연계형 시리즈(וּפְגָעוֹ[19b], וּבָא[19c], וְסָמַךְ[19d], וּנְשָׁכוֹ[19e])를 이루면서 19a의 미완료 동사 יָנוּס("그가 도망하다")에 연결된다. 따라서 9b-e의 문장들은 모두 כַּאֲשֶׁר 문장에 종

---

17) Stuart, *Hosea-Jonah*, 351.

18) "너희가 *어찌하여* 여호와의 날을 *사모하느뇨*"(개역); "너희가 *어찌하여* 여호와의 날을 *사모하느냐*"(개역개정); "너희가 *어찌하여* 여호와의 날을 *기다리느냐*"(쉬운성경); "너희가 *어째서* 여호와의 날을 *기다리느냐*"(우리말); "*왜* 주의 날을 *사모하느냐*"(표준새번역). 영어번역본들 중에서는 ESV, NRS, NIV, TNK가 "why"로 해석하며 NAB, NJB가 "what… mean for you?"로 번역한다. 공동번역은 18b를 의역한다: "야훼께서 오시는 날, *무슨 수라도 날 듯싶으냐*?"

19) הוּא는 3인칭대명사이지만 사물이나 사람을 가리키는 지시대명사의 역할을 하기도 한다 (cf. GKC §136a-b).

속된다. מִפְּנֵי הָאֲרִי의 문자적 의미는 "사자의 얼굴로부터" 인데, "사자를 피해" 로 의역할 수 있다. הַדֹּב("그 곰")은 동사 וּפְגָעוֹ("그[곰]가 그를 마주치다")의 주어가 되며 동사에 첨가된 3인칭, 남성, 단수, 대명사어미(וֹ)의 선행사는 19a의 אִישׁ("사람")이다. 곰을 주어로 표기되면서 사자를 피한 자에게 새로운 재앙이 닥치는 장면이 묘사된다. הַבַּיִת("그 집으로")는 부사적 대격의 역할을 하는 것으로 동사 בָא("그가 들어가다")를 꾸며준다. 정관사 ה가 사용된 것은 자신의 집으로 들어간 것을 의미한다. 자신의 집에서 안전하다고 생각할 때 또 다른 재앙이 미치게 된다. יָדוֹ를 부사적 대격으로 간주하여 "그의 손으로" 또는 "그의 손을 짚고" 로 번역할 수 있다. עַל־הַקִּיר("벽에")의 전치사 עַל은 위치를 나타낸다. הַנָּחָשׁ("뱀")는 동사 נְשָׁכוֹ의 주어이며 동사의 대명사어미의 선행사는 19a의 אִישׁ이다. 19b와 19e는 구문론적 평행을 이루고 있으며 사자를 피한 사람에게 닥치는 어려움을 강조해 준다.

הַדֹּב	וּפְגָעוֹ	5:19b
a (주어[정관사 + 명사]) - b (동사 [바브-완료형+3인칭 대명사어미])		
הַנָּחָשׁ	וּנְשָׁכוֹ	5:19e
a (주어[정관사+ 명사]) - b (동사 [바브-완료형+3인칭 대명사어미])		

5:20. הֲלֹא־חֹשֶׁךְ는 의문문 불변화사 ה, 부정어 לֹא, 명사 חֹשֶׁךְ("어둠")가 결합된 형태이며 주어 יוֹם יְהוָה("여호와의 날")를 꾸며주는 술어부의 역할을 한다. הֲלֹא는 긍정적 답변을 기대하는 수사적 의문문을 유도하여 여호와의 날이 어둠인 것에 동의하게 한다. 20b의 접속사 바브(ו)는 설명적 바브의 역할을 하여 "여호와의 날" 이 "빛이 아닌" (וְלֹא־אוֹר) "어둠" (חֹשֶׁךְ)인 것을 강조한다. 20c에는 등위접속사 바브(ו)와 형용사가 합쳐진 וְאָפֵל("그리고 음침한")만 등장하는데 등위접속사에 의해 20a의 수사적 의문문이 이어지고 있는 것을 알 수 있다. 달리 말하면 הֲלֹא가 생략된 것으로 볼 수 있다.[20] 형용사 אָפֵל은 술어의 역할을 하는 것으로

20) 요엘 2장 2절은 여성형 אֲפֵלָה를 사용하여 חֹשֶׁךְ와 연결시킨다: יוֹם חֹשֶׁךְ וַאֲפֵלָה(욜 2:2).

생략된 주어 יוֹם יְהוָה("여호와의 날")를 꾸며준다. 20d의 접속사 역시 20b의 경우와 같이 설명적 바브(ו)이며 אֶפֶל을 보다 구체적으로 설명하며 의미를 강조한다. 부사구 לוֹ("그[것]에게")의 대명사어미의 선행사는 יוֹם יְהוָה이다. נֹגַהּ은 "빛줄기" 또는 "섬광"을 의미하며 וְלֹא־אוֹר와 평행을 이룬다. 20a-b와 20c-d의 의미론적 구문론적 평행은 20절의 의미를 강조해 줄 뿐만 아니라 두 번째 평행에서는 의미가 강화된다. 20절의 문장을 강조된 평서문으로 번역을 하기 보다는 의문문을 그대로 유지하여 저자의 수사적 의도를 반영하는 것이 필요하다.[21]

5:20a הֲלֹא־חֹשֶׁךְ יוֹם יְהוָה

b (주어) - a (술어/부정어+의문문 ה)

5:20b וְלֹא־אוֹר

c (설명적 바브+부정어+명사)

5:20c וְאָפֵל

[ ] - a' (술어/[ ])

5:20d וְלֹא־נֹגַהּ לוֹ

c' (설명적 바브+부정어+명사)

4. 원문주해

5:18b-20. 아모스는 여호와의 날을 갈망하는 것이 "화"가 되는 첫 번째 이유를 18b-20절에서 수사적 질문과 비유를 통해 지적한다. 첫 번째 이유는 바로 여호와의 날에 대한 북이스라엘 백성들의 오해이다. 북이스라엘 백성들은 그들이

---

21) 개역, 개역개정이 의문문으로 번역하고 있으며, 쉬운성경, 우리말성경, 표준새번역이 평서문으로 번역하며, 공동번역은 의역을 하여 저자의 의도를 전달하고자 한다: "여호와의 날이 어찌 어두워서 빛이 없음이 아니며 캄캄하여 빛남이 없음이 *아니냐*" (개역); "여호와의 날은 빛 없는 어둠이 아니며 빛남 없는 캄캄함이 *아니냐*" (개역개정); "여호와의 날은 빛이 *아니라* 어둠이다. 기쁨이나 희망의 날이 아니라 *슬픔의 날이다*" (쉬운성경); "여호와의 날은 빛이 없는 어둠이며 캄캄해 밝음이 없는 *어둠일 뿐이다*" (우리말); "주의 날은 어둡고 빛이라고는 *없다*. 캄캄해서, 한 줄기 불빛도 *없다*" (표준새번역); "야훼께서 오시는 날, 그 날이 밝은 날인 줄 아느냐? 아니다. 그 날은 다만 깜깜할 뿐 한 가닥 빛도 *없으*

언약적 의무를 거부하는 삶을 살고 있음에도 불구하고 여호와의 날을 축복의 날로 이해하였다. 왜냐하면 그들의 제의적 행위와 열심을 통해 하나님이 그들과 함께 하신다고 확신하였기 때문이다(cf. 5:14). 북이스라엘의 경제적 풍요와 정치적 안정은 이들의 오해를 뒷받침해 주기에 충분하였을 것이다(cf. 왕하 14:23-27). 따라서 이들은 그들의 미래도 역시 밝을 것으로 생각하였던 것이다. 하지만 아모스는 이들의 오해가 결국 화가 될 것임을 선포한다. 여호와의 날은 그들의 기대와는 달리 "빛"이 아니라 "어둠"이 될 것이다. 아모스는 수사적 질문과 적절한 비유를 통해 이들의 기대를 뒤집는 견해를 제시한다. 이러한 기법은 3:2과 4:4-5에서도 사용하였던 것이다. 3장 2절에서는 언약적 관계를 축복으로 이해하였던 북이스라엘 백성들에게 바로 이 언약적 관계가 하나님의 심판의 원인이라고 선포하였다. 4장 4-5절에서는 벧엘과 길갈의 종교적 행위를 자랑하는 자들에게 그들의 행위가 단지 죄를 범하고 범죄를 더하는 것이라고 선포하였다. 아모스는 여호와의 날이 축복이 아니라 저주가 될 것임을 논증하기 위해 하나의 극적인 비유를 언급한다(19절).

19절의 바브-연계형 시리즈에 대한 해석의 차이가 나타난다. 첫째, 두 개의 정황을 묘사하면서 여호와의 날과 비교하는 것으로 보는 해석이다. 이 해석은 19a-e의 평행석 구조에 근거한다. 19a-b가 첫 번째 정황을 설명해 준다. 즉 사람이 사자를 피하지만(A, 19a), 곰이 그와 마주치게 되는 정황(B, 19b)이다. 19c-e는 두 번째 정황을 설명해 준다. 사람이 집으로 가서 벽에 손을 대고 쉬고 있는데(A', 19c-d), 뱀이 그의 손을 물게 되는 정황(B', 19e)이다. 대부분의 영이번역본과 한글번역본이 이러한 구문해석을 따른다.[22] 예를 들면, "마치 사람이 사자를 피하다가 곰을 만나거나 혹 집에 들어가서 손을 벽에 대었다가 뱀에게 물림 같도다"(개역).

리라"(공동).

22) "마치 사람이 사자를 피하다가 곰을 만나거나 혹은 집에 들어가서 손을 벽에 대었다가 뱀에게 물림 같도다"(개역개정); "사자를 피해 달아나다가 곰을 만나는 것과 같고, 집에 들어가 벽에 손을 대다가 뱀에게 물리는 것과 같다"(쉬운성경); "사람이 사자를 피해 도망치다가 곰을 만나고 사람이 자기 집에 들어가서 벽에 손을 댔다가 뱀에게 물리는 것과 같을 것이다"(우리말); "사자를 피하여 도망가다가 곰을 만나거나, 집 안으로 들어가서 벽

כַּאֲשֶׁר יָנוּס אִישׁ מִפְּנֵי הָאֲרִי	5:19a
A [c (부사구) - b (주어) - a (동사)]	
וּפְגָעוֹ הַדֹּב	5:19b
B [주어("곰") - 동사/목적격 대명사어미]	
וּבָא הַבַּיִת	5:19c
A' [c' (부사구) - b' [ ] - a'' (동사)	
וְסָמַךְ יָדוֹ עַל־הַקִּיר	5:19d
וּנְשָׁכוֹ הַנָּחָשׁ	5:19e
B' [주어("뱀") - 동사/목적격 대명사어미]	

둘째, 이 연계형 시리즈가 일련의 사건의 순차적 진행을 묘사하는 것으로 해석하는 것이다. 즉 사자를 피하지만(19a), 곰과 마주하게 되며(19b), 다행히 곰을 피해서 집으로 가서 가쁜 숨을 몰아쉬며 벽에 손을 대고 쉬고 있을 때(19c-d), 뱀이 나와 그의 손을 물게 된다(19e)는 것이다. 예를 들면, 공동번역이 이 구문해석을 따른다: "사자를 피하다가 곰을 만나고 집 안으로 피해 들어 가 벽을 짚었다가 뱀에게 물리리라."23) 두 번째 구문해석이 19절의 의미를 보다 명확하게 전달해 준다. 19b, 19c, 19d가 모두 동일한 주어를 가지고 있기 때문이다. 같은 사람이 사자를 피한 후 곰을 만나게 되지만 곰도 피해 간신히 집으로 들어간다. 그러나 그곳에서도 죽음을 피할 수 없게 된다는 것을 강조해 준다. 결국 가장 안전하다고 안심하고 있는 바로 그 자리에서 죽음을 맞이하게 된다. 이것은 3장 11절과 같은 맥락에서 설명이 된다. 3장 11절은 북이스라엘의 기득권자들이 불의로 얻은 재물을 자신들의 요새에 쌓아놓고 안전하다고 생각한 그 자리가 대적에 의해 약탈당하게 될 것임을 선포하고 있다. 더 앞으로 가면 2장 13절과도 함께 고려할 수 있는데, 2장 13절은 북이스라엘이 처한 그 자리에 그대로 누르실 것을 선포하고 있기 때

에 손을 대었다가, 뱀에게 물리는 것과 같다"(표준새번역).

23) Cf. Stuart, *Hosea-Jonah*, 351; Niehaus, "Amos," 427, 428; Hayes, *Amos*, 170, 172. Paul은 두 번째 구문해석으로 19절의 의미를 설명하지만 번역은 일반적인 영어번역을 따르고 있다: "As when a man flees from a lion And a bear confronts him, Or when he reaches home And leans his hand on the wall A snake bites him!"(Paul, *Amos*,

문이다: "내가 너희를 그대로 짓누를 것이다"(אָנֹכִי מֵעִיק תַּחְתֵּיכֶם). 동일한 주제가 9장 1-4절에서 다시 반복된다. 안전하다고 생각하는 성소에 모여 있을 때 하나님께서 문지방과 기둥머리를 쳐서 그대로 그들의 머리에 무너지게 하신다.

어떤 구문해석을 따르든지 간에 19절의 비유는 "여호와의 날"이 피할 수 없는 재앙의 날이 될 것임을 선포하는 것이다. "여호와의 날"이 그렇다면, 즉 "여호와의 날"이 비유에서 지적하는 바와 같이 피할 수 없는 죽음을 가져오는 날이라면 그 날이 빛이 아니라 어둠이지 않겠느냐고 20a-b에서 되묻는 것이다. 이것을 더 강조하여 20c-d는 그 날이 19절의 비유가 보여주는 것과 같이 빛줄기조차 없는 음침한 날이 아니겠느냐고 다시 묻는다. 아모스의 논증을 듣는 북이스라엘 백성들은 아모스에게 동의할 수밖에 없게 된다. 따라서 "여호와의 날"을 갈망하는 것 자체가 북이스라엘 백성들에게 재앙의 원인이 된다. Paul은 19절의 비유가 순간적 성공은 단지 허상일 뿐임을 지적하는 것이라고 적절하게 설명한다.[24] "여호와의 날"이 임하기 전까지 북이스라엘 백성들은 그들에게 닥친 재앙을 순간적으로 피할 수는 있지만 결국 죽음을 맞이하게 될 것이다.

어둠과 빛의 대조는 재앙과 축복을 대조하는 것이며 이것은 북이스라엘에 닥치게 될 철저한 파멸을 강조한다. 하나님의 심판이 임하게 되면 결국 피할 수 없는 것처럼(cf. 암 2:13-16) "여호와의 날"도 빛줄기조차 없는 음침한 날이 될 것이다. 5장 18절과 20절은 4장 13절, 5장 8절과의 연관성 속에서 고려할 필요가 있다. 4장 13절과 5장 8절에서 빛과 어둠을 바꾸실 수 있는 하나님의 속성에 대해 언급한 것은 결국 북이스라엘 백성들의 기대와는 달리 빛이 아니라 어둠이 될 여호와의 날을 선포하기 위한 정지작업으로 볼 수 있다. 그렇다면 4장 13절과 5장 8-9절의 하나님의 속성에 대한 선언을 후대삽입으로 보는 것은 불필요하다. 같은 맥락에서 8장 9절이 "그 날"(בַּיּוֹם הַהוּא), 즉 "여호와의 날"에 하나님께서 낮을 캄캄하게 하실 것을 선포하는 것이다.

III. "화"신탁의 원인(b), 언약적 의무를 버린 종교행위: 5:21-25

182, 185-86).

1. 원문

5:21a	שָׂנֵאתִי
5:21b	מָאַסְתִּי חַגֵּיכֶם
5:21c	וְלֹא אָרִיחַ בְּעַצְּרֹתֵיכֶם
5:22a	כִּי אִם־תַּעֲלוּ־לִי עֹלוֹת וּמִנְחֹתֵיכֶם
5:22b	לֹא אֶרְצֶה
5:22c	וְשֶׁלֶם מְרִיאֵיכֶם לֹא אַבִּיט
5:23a	הָסֵר מֵעָלַי הֲמוֹן שִׁרֶיךָ
5:23b	וְזִמְרַת נְבָלֶיךָ לֹא אֶשְׁמָע
5:24a	וְיִגַּל כַּמַּיִם מִשְׁפָּט
5:24b	[ ] וּצְדָקָה כְּנַחַל אֵיתָן
5:25a	הַזְּבָחִים וּמִנְחָה הִגַּשְׁתֶּם־לִי בַמִּדְבָּר אַרְבָּעִים שָׁנָה בֵּית יִשְׂרָאֵל

2. 사역

5:21 "내가 너희 절기들을 미워하고 경멸하며 너희 모임들을 기뻐하지 않는다.
5:22 너희가 번제와 너희 곡물제사를 내게 드릴지라도 내가 받지 않을 뿐만 아니라 너희의 살찐 짐승의 화목제를 내가 바라보지도 않을 것이다.
5:23 네 요란한 노랫소리를 내게서 치워버려라. 네 하프 연주도 내가 듣지 않을 것이다.
5:24 오히려 공의를 강처럼 흐르게 하고 정의를 끊임없이 흐르는 시내처럼 흐르게 하라."
5:25 "이스라엘 집아, 너희가 광야에서 40년 동안 희생제물과 곡물제물을 내게 드렸느냐?

3. 원문분석

5:21. **שָׂנֵאתִי**("내가 미워한다")와 **מָאַסְתִּי**("내가 경멸한다")가 접속사 바브(ו)에 의해 연결되는 것은 아니지만 병치되면서 의미가 강조된다. 신탁도입형식이 없지

만 1인칭 동사 שָׂנֵאתִי와 מָאַסְתִּי의 주어는 “여호와”로 볼 수 있다.[25] 이 동사들은 동일하게 חַגֵּיכֶם(“너희 절기들”)을 목적어로 취한다. חָג로 표현되는 절기는 무교병절기(חַג הַמַּצּוֹת), 맥추절(חַג הַקָּצִיר), 수장절(חַג הָאָסִף), 칠칠절(חַג שָׁבֻעֹת), 유월절(חַג הַפָּסַח), 초막절(חַג הַסֻּכֹּת)(출 23:14-17; 34:22-25; 레 23:33-36; 민 29:12-40; 신 16:9-17)등이 있다. 이 중에서 성회와 연결된 무교병절기, 칠칠절, 초막절을 하나님께서 거부하시는 직접적인 절기들로 볼 수 있다.

1인칭, 히필 동사 אָרִיחַ(רוח, “냄새를 맡다”)는 전치사 בְּ와 함께 쓰여 “…의 냄새를 즐기다,” “흠향하다”를 의미하며 비유적으로 “기뻐하다”(to take delight in)의 의미를 갖게 된다. 레위기 26장 31절에서 언약적 저주를 설명하는 중에 유사한 표현이 사용된다: וְלֹא אָרִיחַ בְּרֵיחַ נִיחֹחֲכֶם(“내가 너희 향기로운 향을 흠향치 아니하고” [개역], 또는 “내가 너희 향기로운 향을 기뻐하지 아니하고”). 동사 אָרִיחַ는 여호와께서 제사를 기쁨으로 받으셨을 때 사용하였던 표현이다(창 8:21; 출 30:38; 삼상 26:19). 그러나 부정어 לֹא와 함께 서술되면서 하나님께서 북이스라엘 백성들이 지키는 절기와 모임을 전혀 기뻐하지 않으심을 나타낸다. “너희 모임들”(עַצְּרֹתֵיכֶם)은 חַגֵּיכֶם과 평행을 이루고 있으므로 이 절기들과 관련된 절기모임들로 볼 수 있다(레 23:36; 민 29:35; 신 16:8).

5:22. כִּי אִם은 양보절(concessive clause)을 유도하며 주절은 22b이다.[26] 동사 תַּעֲלוּ(“너희가 올려드렸다”)는 동족목적어 עֹלוֹת(“번제들”)와 מִנְחֹתֵיכֶם(“너희 소제들”)을 목적어로 취한다. 1인칭 칼 동사 אֶרְצֶה는 어떤 대상에 대해 “기뻐하다”(be pleased with) 또는 “기쁘게 받다”를 의미하는데 부정어 לֹא와 함께 쓰여, 하나님께서 기쁘게 받지 않으시는 것을 묘사해 준다. וְלֹא אֶרְצֶה는 וְלֹא אָרִיחַ(“그리고 내가 기뻐하지 않는다”)와 평행을 이루면서 강한 거부를 강조한다. וְשֶׁלֶם מְרִיאֵיכֶם(“그리고 너희의 살찐 짐승의 화목제”)의 문장에서 כִּי אִם־תַּעֲלוּ־לִי가 생략된 것으로 간주하여 “너희가 내게 너희 살찐 짐승의 화목제를 드릴지라도”로 번역할 수도 있

---

24) “Momentary success is only illusionary” (ibid., 186).

25) Cf. Hayes, *Amos*, 172.

26) כִּי אִם이 유도하는 전제절은 있지만 귀결절이 생략된 것으로 보거나 또는 제사 목록을 채우기 위해 후대에 22절 하반절이 삽입된 것으로 설명하기도 한다(Mays, *Amos*, 106). 하

다(cf. 우리말성경; NIV).[27] 이 경우 שֶׁלֶם מְרִיאֵיכֶם은 생략된 동사 תַּעֲלוּ의 목적어 역할을 한다. 이렇게 번역을 하지 않더라도 22a의 어조가 22c에 그대로 이어지면서 שֶׁלֶם מְרִיאֵיכֶם이 동사구 לֹא אַבִּיט("내가 바라보지 않을 것이다")의 목적어로 번역하는 것도 가능하다. אַבִּיט의 원형은 נבט이며 이 동사는 주로 피엘형과 히필형으로 사용되는데, "보다," "바라보다," "주시하다," "주의를 기울려 바라보다" 등을 의미한다. 부정어 לֹא와 함께 하나님께서 전혀 관심을 기울이지 않으심을 표현한다. 22절에 언급된 제사의 목록에 대하여 Hayes는 모든 제사가 아닌 자원제에 속하는 제사들을 거부하는 것이며 의무적으로 드려야 하는 제사는 제외된 것으로 설명한다.[28] 또는 4장 4-5절에서처럼 22절은 북이스라엘 백성들이 즐겨 드리던 제사들을 언급한 것으로 볼 수도 있다. 어떤 견해이던 간에 하나님께서 어떤 형태의 제사도 기뻐하지 않으신다는 의미에는 변함이 없다. 왜냐하면 이들이 의무적으로 드리는 제사들 외에도 자원하여 드리는 제사를 기꺼이 드리지만 하나님께서 이것들을 거부하신다는 의미가 되기 때문이다. 그러나 22절에 언급된 제사들은 상징적으로 모든 제사를 포괄하는 역할을 하는 것으로 보는 것이 적절하다. 무엇보다도 부정어 לֹא의 반복(לֹא אֶרְצֶה; לֹא אַבִּיט)이 하나님의 단호한 거부를 강조해 주고 있음을 주목하게 한다. 즉 하나님께서 북이스라엘 백성들이 드리는 어떤 제사도 받지도 않으실 뿐만 아니라 관심도 기울이시지 않으신다는 것이다. 하나님께서 이렇게 하시는 이유가 24절에 반어적으로 서술된다.

5:23. 남성, 단수, 히필 명령형 הָסֵר(סוּר, "벗어나다")는 "치워버려라"를 의미하며 2인칭 복수에서 단수 명령형으로 전환하면서 개별 대상에게 집중하고 있다.[29] Stuart는 이러한 수의 변화를 찬양을 맡았던 사람들이 전체 백성들 중의 일

지만 22절의 구문 자체가 문제가 되는 것은 아니다.

27) "너희가 내게 번제와 곡식제사를 드려도 내가 그것들을 받지 않을 것이다. *너희가 살진 짐승으로 화목제를 드려도* 내가 돌아보지 않을 것이다"(우리말성경).

28) Hayes, *Amos*, 173.

29) Cf. Paul, *Amos*, 191. 개역, 개역개정, 표준새번역은 MT 독법을 그대로 반영하고 있으며 쉬운성경과 우리말성경은 인칭을 일치시켜서 번역한다: "*네* 노래 소리를 내 앞에서 그칠지어다 *네* 비파 소리도 내가 듣지 아니하리라"(개역; 개역개정); "시끄러운 *너의* 노랫소리를 나의 앞에서 집어치워라! *너의* 거문고 소리도 나는 듣지 않겠다.(표준새번역); "*너희*

부이기 때문인 것으로 설명한다.[30] 하지만 신탁의 대상이 בֵּית יִשְׂרָאֵל(25a)이기에 2인칭 단수대명사의 대상을 일부에 제한하기 보다는 개별성을 강조하는 기법으로 설명하는 것이 적절하다. 이러한 인칭의 수와 성의 변화는 아모스서에서 자주 등장하는 아모스의 서술기법이다(cf. 4:12; 9:11-15). 부사구 מֵעָלַי("내게서")는 전치사 מִן, 전치사 עַל, 1인칭 대명사어미가 결합된 형태로 출처를 나타낸다. הֲמוֹן שִׁרֶיךָ는 "네 요란한 노래 소리"를 의미하며 명령형 הָסֵר("치워버려라")의 목적어이다. 23a의 명령은 22a의 양보절과 평행을 이루는 것이며 양보절의 표현에서 명령으로 전환하면서 의미가 더 강화되는 것을 볼 수 있다. 뿐만 아니라 23a의 명령("치워버려라")은 24a의 명령("흐르게 하라")으로의 전환을 도와준다. 즉 잘못된 것을 제거하고 올바른 것을 세우라는 명령의 흐름을 갖게 된다.

(양보절: כִּי אִם־תַּעֲלוּ־לִי ["너희가 내게 드릴지라도") 5:22a
לֹא אֶרְצֶה 5:22b
לֹא אַבִּיט … 5:22c
(명령형: הָסֵר מֵעָלַי ["내게서 치워버려라"]) 5:23a
לֹא אֶשְׁמָע… 5:23b
(명령형의 역할을 하는 미완료연계형 וְיִגַּל ["흐르게 하라"]) 5:24a

זִמְרָה는 주로 악기를 수반하는 "음악"을 의미하며 נֵבֶל은 "하프"나 "현악기"를 의미한다. 따라서 וְזִמְרַת נְבָלֶיךָ는 "그리고 네 하프연주"로 번역된다. 목적어 זִמְרַת נְבָלֶיךָ가 동사 앞에 위치하면서 강조되고 있으며 23a와 교차평행을 이룬다. 따라서 이 교차평행구조를 고려할 때 명령형 הָסֵר가 הֲמוֹן שִׁרֶיךָ("네 요란한 노랫소리")를 목적어로 취하지만 זִמְרַת נְבָלֶיךָ도 역시 포함하게 되며 23b의 동사구 לֹא אֶשְׁמָע("내가 듣지 않을 것이다")는 הֲמוֹן שִׁרֶיךָ에도 적용되는 것으로 볼 수 있다. 하나님께서 북이스라엘 백성들의 장황한 노랫소리와 연주를 모두 멈출 것을

의 노래를 멈추어라! 나는 *너희의* 비파 소리도 듣지 않겠다"(쉬운성경); "너희는 내 앞에서 노래 부르기를 그치라! *너희가* 켜는 하프 소리도 내가 듣지 않겠다" (우리말).

요구하실 뿐만 아니라 단호히 거부하심을 나타낸다.

5:23a	הָסֵר	מֵעָלַי	הֲמוֹן שִׁרֶיךָ
	a (동사) -	b (부사구) -	c (목적어구)
5:23b	וְזִמְרַת נְבָלֶיךָ		לֹא אֶשְׁמָע
	c' (목적어구) -	[ ] -	a' (동사)

Niehaus는 23b의 미완료형 אֶשְׁמָע가 명령형 다음에 등장하기 때문에 목적을 나타내는 절로 해석을 한다: "that I may not hear the music of your lyres"("내가 네 수금연주를 듣지 않도록").[31] 그러나 위에서 제시한 평행적 흐름을 고려할 때 21c, 22b, 22c에서와 같이 하나님의 강한 의지를 나열하는 것으로 해석하는 것이 적절하다: "하나님께서 기뻐하시지 않으시며(לֹא אָרִיחַ,21c), 받지도 않으시며(לֹא אֶרְצֶה, 22b), 바라보지도 않으시며(לֹא אַבִּיט, 22c), 듣지도 않으실 것이다(לֹא אֶשְׁמָע, 23b)."

5:24. וְיִגַּל의 바브(ו)는 반의접속사("그러나")이며 23a의 명령형 הָסֵר와 평행을 이룬다. 따라서 3인칭, 남성, 단수, 니팔 미완료형(גלל, "흐르다," "흘러가다")은 의미에 있어서 3인칭 명령형(jussive)으로 해석할 수 있다.[32] 24a와 24b의 구문을 분석함에 있어서 두 가지 분석이 가능하다. 하나는 24b의 וּצְדָקָה כְּנַחַל אֵיתָן를 접속사 바브(ו)에 의해 두 개의 목적어구가 나열되는 것으로 분석하는 것이며 다른 하나는 24b에 동사 יִגַּל가 생략된 또 하나의 문장으로 분석하는 것이다. 그러나 24a의 כַּמַּיִם מִשְׁפָּט와 24b의 וּצְדָקָה כְּנַחַל אֵיתָן이 교차평행을 이루고 있는 것을 고려할 때 두 개의 문장으로 분석하는 것이 적절하다. 24a와 24b는 의미론적 평행과 구문론적 교차평행을 통하여 의미를 강조하고 강화시킨다.

5:24a	וְיִגַּל	כַּמַּיִם	מִשְׁפָּט
	a (동사) -	b (부사구) -	c (주어)
5:24b		וּצְדָקָה	כְּנַחַל אֵיתָן
	[a (동사)] -	c' (주어) -	b' (부사구)

30) Stuart, *Hosea-Jonah*, 352.

כַּמַּיִם은 비교를 위한 전치사 כְּ, 정관사 ה, 복수형 명사 מַיִם이 결합된 것이다. מַיִם은 문자적으로 "물들"을 의미하며 이것은 동사 גלל을 고려하여 "강"으로 번역할 수 있다. כְּנַחַל אֵיתָן은 비교를 위한 전치사 כְּ, 단수 명사 נחל, 명사를 꾸며주는 형용사 אֵיתָן("끊임없이 흐르는")이 결합된 부사구이며 כַּמַּיִם과 평행을 이룬다. 형용사 אֵיתָן은 이 평행에서 의미를 강화시키는 역할을 한다. נַחַל은 우기 외에는 물이 흐르지 않는 와디(wadi)를 말한다. 물이 흐르게 될 때는 많은 물이 빠르게 흘러가기 때문에 "여울"(torrent)을 의미하기도 한다. נַחַל을 מַיִם과 평행을 이루는 것을 고려하여 "시내"로 번역하게 된다. 21-24절의 흐름을 고려할 때 하나님께서 거부하시는 과시적이고 형식적인 종교행위와 하나님께서 요구하시는 공의(מִשְׁפָּט)와 정의(צְדָקָה)가 대조를 이룬다. 즉 북이스라엘 백성들의 종교행위에 있어서 언약적 관계가 요구하는 공의와 정의를 행하는 삶이 수반되지 않은 것이다.

5:25. הַזְבָחִים의 의문문 불변화사 הֲ는 이 문장을 수사적 의문문으로 만들어 준다.[33] 복수형 명사 זְבָחִים은 동사 זבח("도살하다")에서 파생된 명사로 신과 헌제자 또는 동급의 상대방과의 연합을 이루기 위해 도살된 양, 염소, 소 등의 "희생제물"을 의미한다. מִנְחָה는 존경이나 감사, 우정, 동맹 등을 표현하기 위해 드리는 "선물"(δῶρα) 또는 "공물"(tribute)을 의미하며 율법에서 사용될 때는 "곡물세물"(θυσία)을 의미한다(cf. 출 29:41; 30:9; 레 2:1-6; 민 4:16; 15:4). זְבָחִים וּמִנְחָה는 모든 종류의 제물을 포함하는 포괄적인 표현이다(cf. 삼상 3:14; 사 19:21).[34] 이 표현이 문장의 맨 앞에 위치하면서 강조된다. 제외적 정황에서 히

---

31) Niehaus, "Amos," 430, 432.

32) Cf. WOC §34.3.

33) 의문문 불변화사 הֲ의 모음부호가 뒤따르는 철자에 의해 Patah(ַ; 후음 앞) 또는 Segol (ֶ; 후음과 Qames)을 취하기도 하며 뒤따르는 철자에 경강점(Dagesh forte)을 첨가하고 Patah를 취하기도 한다. 경강점과 함께 쓰인 הַ는 정관사 형태와 동일하게 나타난다 (cf. GKC §100k, 150d; 레 10:19; 왕상 16:31).

34) Hayes는 25절에서 언급하고 있는 희생제물과 곡물제물이 벧엘과 길갈에서 행하는 가을 축제를 가리키는 제한적 의미로 해석하며 이 축제를 광야방황 기간에는 행하지 않았다는 것이다(Hayes, *Amos*, 175). Hayes와는 달리, Mays는 북이스라엘의 예배행위 모두가 거

필형 동사 הִגַּשְׁתֶּם(נגשׁ, "가까이 나오다," "다가서다")이 부사구 לִי와 함께 쓰여 "너희가 [제물]을 나에게 드리다/바치다"의 표현을 만든다(cf. 출 32:6; 레 2:8; 8:14; 삼상 13:9; 14:34; 말 2:12). אַרְבָּעִים שָׁנָה("40년")는 시간을 나타내는 부사의 역할을 감당하는 부사적 대격으로 동사 נִגַּשְׁתֶּם을 꾸며준다.

4. 원문주해

5:21-25. 아모스는 여호와의 날을 갈망하는 자들에게 화가 미치게 될 두 번째 이유를 21-25절에서 제시한다. 언약적 의무를 거부한 채 행하는 북이스라엘의 종교행위이다. 신탁도입형식이 사용되지는 않지만 1인칭 서술을 보아 하나님의 신탁이 주어지고 있는 것을 알 수 있다. 21절은 선언문과 같은 역할을 한다. 하나님께서 북이스라엘 백성들이 행하는 모든 종교행위들을 미워하시며, 존중하지 않으시며, 기뻐하지 않으신다는 강한 어조로 거부하신다(21절). 22절은 이러한 하나님의 거부가 구체적으로 무엇을 의미하는 지를 설명해 준다. 이들이 열심히 종교적 행위들을 행할지라도 하나님께서는 받지 않으실 뿐만 아니라 쳐다보지도 않으신다. 오히려 이들의 노랫소리는 하나님이 들으시기에 잡음과 소음에 불과하며 듣기 싫은 소리이다(23절). 왜냐하면 그들의 삶 속에서 공의와 정의를 찾아볼 수 없기 때문이다(24절). 24절의 명령은 상대적으로 북이스라엘의 삶 가운데 나타나는 공의와 정의의 부재를 지적하는 것이다. 북이스라엘의 종교적 행위들을 거부하시면서 하나님은 종교적 행위의 개혁을 요구하시지 않는다. 오히려 공의와 정의를 충실히 실현할 것을 명령하신다. 왜냐하면 율법이 실제로 요구하는 정신을 상실한 채 이루어지는 행위적 개혁은 아무런 의미가 없기 때문이다. 달리 말하면 하나님께서 거부하신 것은 종교적 행위 자체가 아니라 언약적 의무를 거부하면서 행하는 종교적 행위와 열심이다. 그렇다고 하나님께서 북이스라엘의 종교행위를 인정

부된 것으로 해석한다: "Yahweh's announcement [21절] proceeds category by category so as to make it unmistakably clear that all of Israel's worship is totally rejected" (Mays, *Amos*, 106; cf. Paul, *Amos*, 188, 190). Wolff는 25-26절이 제의에 대해 근본적인 의구심을 가지고 있는 신명기적 사가의 손길에 의해 후대에 삽입된 것으로 간주한다

하신 것을 의미하는 것은 아니다. 소위 말하는 “종교행위”가 요구하는 삶을 살지 못한 문제를 지적하는 것이 핵심이다. 하나님의 백성으로서의 정체성을 상실한 채 행하는 종교행위는 4장 4-5절에서 지적하는 바와 같이 “범죄”(וּפִשְׁעוּ; הַרְבּוּ לִפְשֹׁעַ)에 불과하다. 그러므로 이에 대한 하나님의 부정적인 반응은 당연한 것이다. 21-23절은 하나님께서 북이스라엘의 종교행위를 전반적으로 거부하시는 것을 보여 준다. 종교행위에 있어서 중요한 절기(21절), 제사(22절), 찬양(23절)이 모두 언급되고 있다.[35] 북이스라엘의 근본적인 문제는 종교적 열심이나 행위의 부족이 아니라 공의와 정의의 부재이다. 동일한 문제가 이미 반복적으로 지적되어 왔다(2:6-12; 3:10-11; 4:1-3, 4-5; 5:4-7, 10-13). 강과 끊임없이 흐르는 시내의 비유는 공의와 정의가 충분히 또한 지속적으로 실현되어야 함을 강조한다.[36]

25절에서 아모스는 “아니오”라는 답변을 기대하는 수사적 질문을 통해 이러한 사실을 다시 확인한다. 아모스는 하나님께서 원하시는 것이 제의 자체가 아니라는 것을 역사적 예를 통해 설명한다. 25절의 질문은 광야에서 40년 동안 이스라엘 백성들이 제의율법에 따른 정식제사를 드렸기 때문에 하나님이 그들과 함께 하셨던 것이 아님을 지적한다. 아모스 2장 10절에서 언급하는 것처럼 이 기간 동안 이스라엘은 하나님의 은혜와 보호를 경험하였다. 하지만 이러한 은혜가 제의적 행위나 종교적 의식을 조건으로 주어진 것이 아니었다.[37] 25절의 질문은 제사를 드린 적이 전혀 없다는 것을 말하는 것이 아니라 제사 자체가 은혜의 조건이 되지 않았다는 것을 지적하는 것이다. 왜냐하면 출 18:2과 레 9:8-24이 이 기간 중에

(Wolff, *Joel and Amos*, 264).

35) Cf. Mays, *Amos*, 106.

36) Cf. 모티어, 『아모스』, 162; Hayes, *Amos*, 174.

37) Paul은 호 2:1; 9:10과 렘 2:2을 언급하면서 아모스가 광야기간을 이스라엘의 역사 중에서 이상적 기간으로 보고 있다고 설명한다(Paul, *Amos*, 194). 그러나 아모스의 질문의 핵심은 광야기간을 이상적 기간으로 제시하는데 있지 않다. 아모스는 북이스라엘 백성들이 언약적 의무를 거부한 채 종교적 행위와 열심만으로도 하나님과 함께 있을 수 있다고 생각하였던 것이 오해인 것을 지적하기 위해 광야기간을 언급하는 것이다. 호세아 2장 14절(2:16, MT)에서 언급하는 “광야”(הַמִּדְבָּר)는 이상적인 장소를 말하는 것이 아니라 하나님의 징계의 심판이 이루어지는 장소이다. “광야”는 북이스라엘이 누리던 풍요로운 땅과 대조를 이루는 장소이며 이곳에서 이들은 “본 남편”에게 돌아갈 마음을 갖게 된다(cf. 호 2:7). 호세아는 결국 북이스라엘이 광야에서 돌이와 다시 그들의 땅에서 회복될 것을

행한 제사를 기록하고 있기 때문이다. 그러므로 하나님과의 관계에 있어서 제의 자체가 우선되는 것이 아니라 언약적 관계가 요구하는 하나님의 백성으로서의 정체성을 근간으로 하는 제의 행위의 중요성을 논하는 것이다.[38] 25절의 수사적 질문은 18b의 수사적 질문과 수미쌍관(*inclusio*)을 이루면서 "화" 신탁의 원인단락을 마무리한다. 21-25절은 "화" 신탁이 주어진 이유뿐만 아니라 "여호와의 날"이 빛이 아닌 어둠이 될 수밖에 없는 근본적인 이유를 제시한다.

IV. 심판선언(c): 5:26-27

1. 원문

5:26a וּנְשָׂאתֶם אֵת סִכּוּת מַלְכְּכֶם וְאֵת כִּיּוּן צַלְמֵיכֶם כּוֹכַב אֱלֹהֵיכֶם
5:26b אֲשֶׁר עֲשִׂיתֶם לָכֶם
5:27a וְהִגְלֵיתִי אֶתְכֶם מֵהָלְאָה לְדַמָּשֶׂק
5:27b אָמַר יְהוָה
5:27c אֱלֹהֵי־צְבָאוֹת שְׁמוֹ

2. 사역

5:26 그러므로 너희는 너희 왕 식굿과 너희 별 신 기윤, 곧 너희가 너희 자신을 위해 만든 너희 형상들을 가지고 갈 것이다.
5:27 내가 너희를 다메섹 너머로 사로잡혀가게 할 것이다."
여호와께서 말씀하셨습니다. 만군의 하나님이 바로 그의 이름입니다.

3. 원문분석

5:26. וּנְשָׂאתֶם은 접속사 바브(ו)와 2인칭, 남성, 복수, 칼 완료형 동사

선포한다(cf. 호 3:5).

38) 이것은 사무엘이 사울의 잘못을 지적할 때 언급된 사실이며(삼상 15:22), 이사야, 예레미야, 말라기 선지자 역시 이러한 사실을 지적하고 있다(사 1:10-17; 렘 7: 22-23; 말 1:6-

נְשָׂאתֶם(נשׂא, "들어올리다," "나르다," "가지고 가다")이 결합된 형태인데, 다양한 구문해석이 제안되어 왔다. 이에 대해서는 주해에서 좀더 구체적으로 다룰 것이다. סִכּוּת("식굿")와 כִּיּוּן("기윤")은 앗시리아 신들의 명칭이다. "식굿" (סִכּוּת)은 전쟁의 신 아달(Adar)의 이름이며 מַלְכְּכֶם("너희 왕")과 동격을 이룬다. 식굿이 왕으로 불리는 것은 식굿이 "판결의 왕" (king of decision)이라는 의미를 가지고 있기 때문이다.[39] "기윤" (כִּיּוּן)은 토성(Saturn)을 신으로 섬기면서 붙인 이름이다.[40] 식굿을 앗시리아 정복 이후에 북이스라엘에 전파된 이방신으로 보아 이 절을 후대 삽입으로 보는 견해가 있다.[41] 하지만 Paul은 이 두 이방신의 역사가 이스라엘에서 오래된 것임을 지적하면서 이러한 견해를 반박한다.[42] 이 신들의 본래 명칭은 Sakkuth과 Kayyamanu이다. 따라서 Wolff는 סִכּוּת가 앗시리아의 신의 명칭으로 사용되려면 모음을 수정하여 סַכּוּת로 읽어야 하는 것을 지적한다.[43] Chisholm과 Paul은 아모스가 다른 모음을 사용하고 있는 것에 대하여 "가증한 것"을 의미하는 שִׁקּוּץ과 "우상"을 의미하는 גִּלּוּל의 모음 유형을 따른 것으로 설명한다.[44]

10; 2:10-16).

39) Niehaus, "Amos," 433.

40) 칠십인경은 סִכּוּת을 "장막"(סֻכַּת)으로 읽고 있는데, 이것은 오역이다.

41) Cf. Ibid., 259-60, 275.

42) Paul, *Amos*, 194-98.

43) Wolff, *Joel and Amos*, 260.

44) Chisholm, *Handbook*, 394; Paul, *Amos*, 198; cf. Wolff, *Joel and Amos*, 260. S. Gevirtz은 5장 26절에서 언급되고 있는 식굿과 기윤이 별과 관계가 없는 것으로 논증을 하면서 식굿은 "사당"(shrine)으로, 기윤은 "거처"(abode)로, כּוֹכַב는 "무리"(host)로 번역할 것을 주장한다(S. Gevirtz, "A New Look at an Old Crux: Amos 5.26," *JBL* 87 [1968]: 267-76). Gevirtz는 25-26절이 북이스라엘의 백성들이 하나님께는 광야 40년 동안 제물을 가져오지 않았지만 자신들을 위해 만든 우상들에게는 드린 것을 지적하는 것으로 해석한다. 하지만 Gevirtz의 주장에는 여러 추론에 근거하여 견해를 개진하는 문제가 있다. Isbell은 מַלְכְּכֶם을 "밀곰"(Milcom)으로 해석할 것을 제안하기도 한다(C. D. Isbell, "Another Look at Amos 5:26," *JBL* 97 [1978]: 239-48). Hayes는 26절의 구문과 단어를 달리 해석하여 26절이 이방신이 아니라 행렬식을 행할 때 소지하였던 물품들에 대해 언급하는 것으로 제안한다: "And did you bear the canopy of your king, and the palanquin of your images, the star-standard of your God, which you have made for yourselves?" (Hayes, *Amos*, 176-77). Hayes의 견해에 따라 25절과 26절을

צַלְמֵיכֶם("너희 형상들")이라는 복수형이 사용된 것은 이 형상들이 "식굿"(סִכּוּת)과 "기윤"(כִּיּוּן)을 가리키기 때문이다. 26b의 אֲשֶׁר가 유도하는 형용사절로 צַלְמֵיכֶם을 꾸며준다("너희가 손수 만든 너희 형상들"). כּוֹכַב אֱלֹהֵיכֶם("너희 별신")은 כִּיּוּן("기윤")과 동격을 이루며 후자를 설명하는 것이다. 부사구 לָכֶם의 전치사 לְ는 주어의 관심이나 감정이 관여된 것을 나타내면서 강조하는 여격(dativus ethicus)이나 이익을 나타내는 여격(dativus commodi)으로 해석할 수 있다.[45] 후자의 여격으로 보면, "너희를 위하여"가 되며 전자의 여격의 경우, "너희 스스로"로 해석이 된다. 이것을 재귀적 용법으로 보기도 한다.[46]

5:27. וְהִגְלֵיתִי("그리고 내가 사로잡혀가게 할 것이다")는 바브-완료 연계형으로 결과를 서술해 준다.[47] מֵהָלְאָה는 전치사 מִן과 시간이나 장소와 관련된 부사 הָלְאָה("그때," "거기," "거리로")가 결합된 형태로 "너머로"의 의미를 갖는다. לְדַמָּשֶׂק("다메섹으로")의 전치사 לְ는 사로잡혀가게 될 방향을 나타낸다. אָמַר יְהוָה와 אֱלֹהֵי־צְבָאוֹת שְׁמוֹ는 신탁을 확언해 줄 뿐만 아니라 단락을 마무리하는 역할을 한다. אֱלֹהֵי־צְבָאוֹת שְׁמוֹ는 명사절이며 주어 אֱלֹהֵי־צְבָאוֹת가 강조된다: "만군의 하나님 여호와가 바로 그의 이름이다."

4. 원문주해

5:26–27. 26절을 시작하는 바브-완료 연계형 וּנְשָׂאתֶם은 다양한 해석적 차

연결시켜 의문문들로 해석을 하면, 광야기간 동안 이러한 소장품들을 가지고 행렬식을 행했느냐는 질문이 된다. 따라서 Hayes는 26절이 우상숭배의 문제를 다루는 것으로 보지 않는다(ibid., 178). Soggin 역시 26절이 행렬과 관계된 것으로 보는데, 북이스라엘 백성들이 이방신을 섬겨야만 하며 또한 주도적인 역할을 하게 될 것을 선포하는 것으로 해석한다(Soggin, *The Prophet*, 101). Soggin은 26절이 신명기사가적 손길에 의해 후대에 삽입된 것으로 간주한다.

45) Cf. WOC §11.2.10d; GKC §119s.

46) Cf. BHRG §39.11/5.

47) Paul은 וַיִּגַּל과 וְהִגְלֵיתִי에 ג와 ל의 음성적 효과가 있다고 본다(Paul, *Amos*, 192. n 48). 공의와 정의를 흐르지 않게 하면(וְיִגַּל, 24a), 하나님께서 이들을 사로잡혀 가게 하실 것

이의 근거가 되어왔다. 이 구문의 해석에 따라 26절이 "화" 신탁의 원인단락에 속하는지 아니면 결과단락에 속하는지 결정이 되며, 또한 과거행위를 가리키는 것인지 아니면 미래행위를 가리키는 것인지도 결정이 된다. 주로 세 가지의 상이한 구문해석이 제시되고 있다. 첫 번째, וּנְשָׂאתֶם이 바브-완료 연계형에 의해 25a의 동사 הַגַּשְׁתֶּם("너희가 드렸느냐")에 연결된 것으로 간주하여 북이스라엘의 문제를 지적하는 고소단락(21-25절)의 결과를 나타내는 것으로 해석한다.[48] 따라서 동사 וּנְשָׂאתֶם을 미래시제로 해석하게 된다. 대부분의 한글번역본들이 이 구문해석을 따른다(cf. ESV, NRS, NAB, RSV, TNK)[49]. 이 구문해석을 따를 경우 26절이 27절과 함께 신판선언 단락으로 구분될 수 있다. 또한 접속사 바브(ו)를 "그러므로"로 번역하여 연계형 바브(ו)의 결과적 속성을 반영한다. 둘째, 접속사 바브(ו)를 반의접속사(adversative ו) "그러나"로 간주하여 동사 נְשָׂאתֶם을 과거에서부터 현재까지 이루진 일을 묘사하는 현재 완료시제로 해석한다: "But you have carried around Sakkuth your king"("그러나 너희는 너희 왕 Sakkuth를 가지고 다녔다").[50] 한글번역본들 중에서는 공동번역이 이 구문해석을 따르며 영어번역본들 중에서는 ASV, KJV, NIV가 וּנְשָׂאתֶם을 현재완료시제로 번역한다. 이 경우 26절은 북이스라엘의 문제를 지적하는 고소단락에 속하게 된다. 셋째, 접속사 바브(ו)를 등위접

(וְהִגְלֵיתִי, 27a)이다.

48) Cf. Mays, *Amos*, 110, 112; Paul, *Amos*, 188, 194; Soggin, *The Prophet*, 97.

49) "너희가 니희 왕 식굿과 너희 우상 기윤 곧 너희가 너희를 위하여 만들어서 신으로 삼은 별 형상을 *지고 가리라*"(개역); "너희가 너희 왕 식굿과 기윤과 너희 우상들과 너희가 너희를 위하여 만든 신들의 별 형상을 *지고 가리라*"(개역개정); "이제는 너희의 우상인 거짓 왕 식굿과 너희의 별신 기윤을 *짊어지고 다녀야 할 것이다*"(쉬운성경); "너희 왕 식굿과 너희 우상 기윤, 곧 너희가 너희를 위해 별 모양으로 만든 너희 신을 너희가 *짊어지고 다녀야 할 것이다*"(우리말); "이제는 너희가 왕으로 떠받드는 식굿의 신상들과 너희의 별신 기윤의 신상들을 너희가 *짊어지고 갈 것이다*. 그것들은 너희가 만들어서 섬긴 우상들이다"(표준새번역).

50) Niehaus, "Amos," 430, 433. Niehaus의 견해에 따르면 26절은 북이스라엘 백성들이 우상을 가지고 가는 것이 아니라 대적이 침입하여 취하여 갈 것을 서술하는 것이며 25절은 북이스라엘 백성들이 과거와 현재에 우상을 가지고 다닌 것을 묘사하는 것이다; "Conseqeuntly, the idea is not that the Israelites will carry their gods with them into exile (which would connect this verse with the next), for a conquering enemy would do that"

속사(copulative ו) "그리고"로 보아 26절이 25절의 질문을 이어가는 것으로 해석한다.[51] 예를 들어, Wolff는 25절과 동일한 주어와 완료형이 26절에서도 사용되고 있는 것에 근거하여 26절이 25절의 질문을 이어가는 것으로 보아야 한다고 주장한다.[52] 결국 Wolff는 26절을 선언단락의 시작으로 보지 않는다. Wolff는 26절을 심판선언(미래시제)으로 보려면 동사의 모음을 수정하여 니팔형으로 읽을 것을 제안한다. 특히 아모스의 심판선언이 하나님의 행위를 언급하고 그 결과를 서술하는 형식을 취하고 있기 때문에 25절을 24절 앞으로 옮기거나 26절을 27절 뒤로 옮겨야 한다고 주장한다.[53] Wolff의 주장 중 타당성이 있는 부분은 아모스가 하나님의 심판선언을 서술할 때는 하나님의 개입을 언급하고 그 결과를 서술하는 형식을 갖는다는 지적이다(cf. 2:13-16; 3:14-15; 8:9-10, 11-14). 이 흐름을 따르려면 Wolff의 지적한 바와 같이 26절을 27절 뒤로 재배열해야 하는 것처럼 보여 진다. 그러나 26절에 부정어 לֹא가 없기 때문에 וּנְשָׂאתֶם을 25절의 의문문을 이어가는 수사적 의문문으로 해석한다면 문장의 의미전달이 용이하지 않다.[54] 부정어가 없는 25절은 "너희가 너희 왕 식굿과 너희 별 신 기윤, 곧 너희가 손수 만든 너희 형상들을 가지고 갔느냐?"로 번역된다. 더욱이 26절을 결과에 대한 서술로 보면서도 아모스가 자신의 일반적이 서술형식을 따르지 않는 이유를 다음과 같이 설명할 수 있다. 21-24절에서 아모스는 언약적 의무를 거부한 채 행하는 북이스라엘의 종교적 행위의 문제점을 지적하였다. 25절에서는 40년 광야기간을 역사적 예로 들면서 제의 자체에 우선권을 두고 있는 이들의 태도의 문제점도 함께 언급하였다. 그렇다면 결국 이들에게 남는 것은 여호와가 아닌 이들이 여호와와 함께 섬겼던 이방신들뿐이다. 북이스라엘 백성들은 하나님께서 자신들의 제의를 기뻐하지 않으며 쳐다보지도 않으신다면 그들의 눈을 그들이 섬기고 있는 이방신들에게로 돌리게 될 것이다. 하나님이 자신들을 거부하시면 이방우상들이 그 자리

(ibid., 434).

51) Cf. Hayes, *Amos*, 170, 176.

52) Wolff, *Joel and Amos*, 265; cf. Stuart, *Hosea-Jonah*, 352.

53) Cf. BHS도 역시 칼형 동사를 니팔형으로 읽을 것을 제안한다.

54) Cf. Wolff, *Joel and Amos*, 260. 부정어 לֹא가 첨부되었다면(וְלֹא נְשָׂאתֶם), "그러나 너희가…가지고 가지 않았느냐?"의 의미가 되어 자연스럽게 25절의 수사적 질문과 연결될 수 있을 것이다. 부정어 לֹא의 부재는 Wolff의 견해를 따르기에 어려움을 준다.

를 대신하여 자신들의 보호와 안전이 될 수 있다는 생각을 하였을 것이다. 그러므로 아모스는 이방신들이 그들을 하나님의 심판에서 구해줄 수 없을 뿐만 아니라 그들이 가지고 함께 포로지로 가야할 대상과 짐에 불과하다는 것을 선포하는 것이 필요하였을 것이다. 따라서 아모스서의 일반적인 서술형식과는 달리 하나님의 개입을 언급하기에 앞서 26절의 선언을 먼저 전하는 것으로 보인다. 하나님의 속성에 대한 선언 중에 하나님께서 칠요성과 오리온별을 만드신 분이라는 표현(5:8)은 창조주 하나님만이 경배의 대상이 됨을 선언하는 것이다. 즉 북이스라엘 백성들이 섬기고 있는 식굿과 기윤은 하나님을 대신할 수 없는 피조물에 불과하다. 이사야 선지자는 이러한 사실을 다음과 같이 말하고 있다: “벨은 엎드려졌고 느보는 구부러졌도다. 그들의 우상들은 짐승과 가축에게 실리웠으니 너희가 떠메고 다니던(נְשֻׂאֹתֵיכֶם) 그것은 피곤한 짐승의 무거운 짐이 되었도다. 그들은 구부러졌고 그들은 일제히 엎드려졌으므로 그 짐을 구하여 내지 못하고 자기도 잡혀 갔느니라” (사 46:1-2, 개역).[55]

27절은 하나님의 심판이 임할 때 궁극적으로 겪게 되는 상황을 서술해 준다. 북이스라엘 백성들은 다메섹 훨씬 너머로 포로로 사로잡혀가게 될 것이다. 약속의 땅에서 추방되는 것은 언약적 의무를 다하지 못했을 때 겪게 되는 언약적 저주이다(cf. 레 26:33; 신 28:25, 36-37). 4장 12절에서 언급한 “이것” 이 5장 17절에서는 “여호와의 지나가심” 으로 설명이 되었고 5장 27절에서는 “포로로 사로잡혀 가게 될 것” 으로 규정된다. 아모스는 포로로 끌려가게 될 지역을 구체적으로 서술하지 않고 “다메섹 너머로” (מֵהָלְאָה לְדַמָּשֶׂק)라는 암시적 표현을 사용한다. 아모스가 앗시리아를 직접적으로 언급하지 않는 이유는 암시적 표현을 사용하여 청자들로 하여금 긴장감과 두려움을 갖게 하는 의도인 것으로 보인다. 이것은 아모스가 자주 사용하고 있는 기법이다(cf. 2:6, 13; 4:12; 5:17). 이 당시 북이스라엘이 다메섹까지 승리의 행진을 했다면 그 너머로는 여호와의 심판을 안고 포로로 사로잡혀 가게 될 것을 선포하는 것이다(cf. 왕하 14:23-27).[56] 창조주이시며 심판자이신 만군의 하나님이 그의 이름으로 이 선언을 확언하신다. 하나님의 심판선언이 주어지

---

55) 예레미야 48:7과 49:3 역시 이방 우상들이 백성들과 함께 포로지로 가게 될 것을 선포한다.

56) Cf. Paul, *Amos*, 198.

면서 여호와의 이름이 언급되고 있음을 주목할 필요가 있다(cf. 4:13; 5:8). 여호와의 이름은 북이스라엘 백성들에게 더 이상 축복을 의미하지 않고 심판과 죽음, 약속의 땅에서의 추방을 의미하게 된다(cf. 6:10). 결국 이 신탁선언은 앗시리아에 의해 실제적으로 성취되어진다: "호세아 구년에 앗수르 왕이 사마리아를 취하고 이스라엘 사람을 사로잡아 앗수르로 끌어다가 할라와 고산 하볼 하숫가와 메대 사람의 여러 고을에 두었더라"(왕하 17:6, 개역).

V. הוֹי와 대상에 대한 언급(a'): 6:1

1. 원문

6:1a הוֹי הַשַּׁאֲנַנִּים בְּצִיּוֹן
6:1b וְהַבֹּטְחִים בְּהַר שֹׁמְרוֹן נְקֻבֵי רֵאשִׁית הַגּוֹיִם
6:1c וּבָאוּ לָהֶם בֵּית יִשְׂרָאֵל

2. 사역

6:1 시온에 안일한 자들과 사마리아 산에 자신만만한 자들, 곧 열국의 으뜸이며 유명하여 이스라엘 집이 나아오는 자들에게 화가 미칠 것입니다.

3. 원문분석

6:1. **הַשַּׁאֲנַנִּים**은 정관사 ה와 형용사 **שַׁאֲנָן**("안일한")이 결합된 형태로 형용사는 실명사의 역할을 하여 "화" 신탁(**הוֹי**)의 대상을 묘사한다. **בְּצִיּוֹן**("시온에")과 **שֹׁמְרוֹן בְּהַר**("사마리아 산에")의 전치사 **בְּ**는 장소를 나타내며 서로 평행을 이루는 표현이다. **הַר שֹׁמְרוֹן**은 4장 1절에서와 같이 사마리아 자체를 가리키며 4장 1-3절의 신탁과의 연관성을 나타낸다. **וְהַבֹּטְחִים**은 정관사 ה와 복수형 분사 **בֹּטְחִים**(**בטח**, "신뢰하다," "믿다")이 결합된 형태이며 **הַשַּׁאֲנַנִּים**과 평행을 이루면서 "화" 신탁의 대상이 된다. **נְקֻבֵי רֵאשִׁית הַגּוֹיִם**은 칼, 수동, 복수분사 연결형 **נְקֻבֵי**(**נקב**, "구멍을 내다," "꿰뚫다"), 연결형 단수명사 **רֵאשִׁית**("처음," "으뜸," "최고," "우두머리"),

복수명사 הַגּוֹיִם("나라들")이 결합된 형태로 "화" 신탁의 대상 הַבֹּטְחִים과 동격을 이루면서 대상을 설명하는 역할을 한다. 수동형 분사 נְקֻבֵי는 "구별된 자들" 또는 "유명한 자들"을 의미한다.[57] 1c의 וּבָאוּ("그리고 그들이 나아가다")의 바브(ו)는 설명을 위한 접속사(epexegetical ו)의 역할을 하는 것으로 נְקֻבֵי רֵאשִׁית הַגּוֹיִם을 보다 구체적으로 설명해 준다. לָהֶם("그들에게")의 전치사 לְ는 방향을 나타내는 것이며 대명사어미의 선행사는 "유명한 자들"(נְקֻבֵי)이다. "이스라엘의 집"(בֵּית יִשְׂרָאֵל)이 동사 וּבָאוּ의 주어이다.[58]

4. 원문주해

6:1. 첫 번째 "화" 신탁에서와는 달리 두 번째 "화" 신탁에서 아모스는 북이스라엘의 기득권자들에게 집중하여 화가 미치게 될 것을 선포한다. 이러한 변화는 3장과 4장에서도 나타났던 것이다. "화" 신탁의 대상을 서술함에 있어서 "시온"(בְּצִיּוֹן)이 언급되는 것은 해석자들에게 어려움을 주었다. 왜냐하면 아모스는 북이스라엘을 향한 심판신탁에 집중하고 있으며 스스로 자신의 사명도 역시 그러하다고 말하고 있기 때문이다(cf. 7:15). 따라서 평행을 이루는 사마리아의 산과 어울리게 하고자 여러 가지 수정독법을 제인하였다.[59] BHS는 בְּצִיּוֹן을 בִּגְאוֹנָם("그들의 영광," "그들의 뛰어남")으로 수정할 것을 제안한다. 하지만 필사본들과 고대역본들은 MT 독법을 따르고 있다. G. Fohrer는 수정을 하는 대신 MT 독법을 유지

57) Hayes는 נְקֻבֵי רֵאשִׁית הַגּוֹיִם이 이스라엘 집이 나아가는 대상이기에 북이스라엘 백성이 될 수 없음을 지적하면서 이 표현이 앗시리아인들을 가리키는 것으로 해석한다(Hayes, *Amos*, 183). 따라서 1절은 북이스라엘 백성들이 사마리아에 있는 앗시리아인들에게 안전을 찾고자 하지만 그들이 도움이 되지 못할 것을 선언하는 것으로 설명한다. 하지만 이 표현은 백성들이 따르는 북이스라엘의 기득권자들을 가리키는 것으로 볼 수 있으며 이들의 교만에 대한 조소적 의미를 갖는다.

58) 이 문장에 대한 다른 독법과 해석을 보려면, W. Holladay, "Amos VI 1b: A Suggested Solution," *VT* 22 (1972): 107-10을 참조하라. Holladay는 נְקֻבֵי רֵאשִׁית הַגּוֹיִם וּבָאוּ לָהֶם בֵּית יִשְׂרָאֵל을 "the pick of the first of the nations, the cream of the crop of the house of Israel"로 번역한다.

59) 제안된 여러 가지 수정독법의 구체적인 예를 보려면 Paul, *Amos*, 199. n 2를 참고하라.

하면서 시온이 남유다 수도의 자리인 것처럼 사마리아가 북이스라엘의 소위 말하는 "시온"이라고 비유적으로 묘사하고 있는 것으로 해석하기도 한다.[60] 가장 간단하게는 이 표현이 유다의 누군가에 의해 후대에 삽입된 것으로 보는 견해이다.[61] 예를 들면, Wolff는 아모스 2:4-5, 3:1b를 삽입한 사람이 아모스의 신탁을 유다에도 적용하기 위해 삽입한 것으로 설명한다.[62] 그러나 2장 4-5절에서 유다에 대한 심판신탁을 전한 아모스가 6장에서 시온을 향한 심판신탁을 전하지 않아야만 한다는 것은 정당한 이유가 되지 못한다. 1장 2절에서 하나님의 심판을 선포하면서 시온과 예루살렘이 언급된 것도 기억할 필요가 있다. 또한 북이스라엘을 향한 심판을 선포하도록 부르심을 받은 아모스가 북이스라엘의 주변나라들에 대해서도 심판을 선포하였다.[63] 이 신탁들 중에는 비평적 학자들도 아모스의 저작을 인정하는 신탁들이 있다. 문제는 아모스가 여기에서 시온을 언급하는 의도를 찾는 것이다.

아모스는 신탁연속물(1:3-2:16)에서 주변 나라들과 유다에 대한 심판신탁 전한 후, 거기서 멈추지 않고 북이스라엘을 향한 심판신탁을 연이어 전한다. 마찬가지로 6장 1절에서도 원전의 구문흐름은 "화가 미칠 것이다(הוֹי), 시온의 안일한 자들에게(הַשַּׁאֲנַנִּים בְּצִיּוֹן)"라는 표현에서 멈추지 않는다. 연이어 "그리고(וְ)"라는 소리를 듣게 되며 곧바로 "사마리아 산에 자신만만한 자들"(וְהַבֹּטְחִים בְּהַר שֹׁמְרוֹן)이 언급된다. 오히려 이들에 대한 묘사가 더 장황하게 주어진다. 이것은 신탁연속물에서 북이스라엘을 향한 심판신탁이 가장 길게 서술되는 것과 같다. "열국의 으뜸이며 유명한 자들"(נְקֻבֵי רֵאשִׁית הַגּוֹיִם)은 북이스라엘의 기득권자들이 자주 자신들을 칭했던 표현들로 보인다. 아모스는 이 표현을 사용하며 이들을 조롱하고 있는 듯하다. 이것은 북이스라엘의 상류층 여인들을 "바산의 암소"라고 언급하며 조롱하는 4장 1절의 의도와 같은 맥락에서 이해할 수 있다.

북이스라엘의 기득권자들은 자신들을 하나님의 산인 시온에 거하면서 안일한 남왕국의 기득권자들과 비교하면서 자신들의 능력으로 이루어 놓은 사마리아에서

---

60) Wolff, *Joel and Amos*, 269에서 재인용.
61) Cf. Soggin, *The Prophet*, 102.
62) Wolff, *Joel and Amos*, 270.
63) Cf. Niehaus, "Amos," 436.

그들 못지않은 번영과 안정, 부를 누리고 있으며 자신들도 안전하다고 확신하였을 것이다(cf. 6:13). 그렇기 때문에 그들은 어떤 재앙도 그들에게 임하지 않을 것이라고 말하였던 것이다(cf. 9:10). 따라서 여호와의 날을 갈망하며 더 큰 축복을 기대하였다. 하지만 아모스는 그들의 기대가 잘못된 것임을 앞의 "화" 신탁에서 지적하였다. 아모스는 시온에 안일한 자들이 "화" 신탁의 대상일 뿐만 아니라 그들 또한 "화"의 대상임을 선포한다. 그러나 북이스라엘의 기득권자들은 여전히 자신들이 이루어 놓은 것들이 하나님의 심판으로부터 자신들을 구해 줄 것이라고 생각할 수 있다. 그러므로 아모스는 그들이 왜 심판을 면할 수 없는지에 대한 이유를 2-6절에서 구체적으로 설명하면서 "화"의 대상이 될 수밖에 없음을 논증한다.

VI. "화"신탁의 원인(b'), 자신에 대한 오해: 6:2-3

1. 원문

6:2a עִבְרוּ כַלְנֵה
6:2b וּרְאוּ
6:2c וּלְכוּ מִשָּׁם חֲמַת רַבָּה
6:2d וּרְדוּ גַת־פְּלִשְׁתִּים
6:2e הטוֹבִים מִן־הַמַּמְלָכוֹת הָאֵלֶּה
6:2f אִם־רַב גְּבוּלָם מִגְּבֻלְכֶם
6:3a הַמְנַדִּים לְיוֹם `רע
6:3b וַתַּגִּישׁוּן שֶׁבֶת חָמָס

2. 사역

6:2 갈네로 넘어가서 보십시오. 거기에서 하맛 라바로 가서 블레셋인들의 가드로 내려가십시오. 여러분이 이 왕국들보다 더 낫습니까? 그들의 영토가 여러분의 영토보다 더 넓습니까?
6:3 악한 날을 밀어내지만 오히려 폭력의 자리를 다가오게 하는 자들이여.

3. 원문분석

6:2. 명령형 **עִבְרוּ**("넘어가라")와 **וּרְאוּ**("그리고 보라")는 중언법(hendiadys)으로 "넘어가서 보라"는 의미를 갖는다. **כַּלְנֵה**("갈네")는 지역 이름으로 보이며 어느 지역인지에 대해서는 정확한 정보가 없다. 이 지역이 창세기 10장 10절에 처음 언급되며 니므롯 왕국의 중요 성읍들 중의 하나로 언급되고 있다.[64] 사용된 동사(**עִבְרוּ**)나 문맥으로 보아 북이스라엘 국경 밖의 지역인 것으로 볼 수 있다. **וּלְכוּ**("그리고 가라")의 등위접속사 바브(ו)에 의해 명령형이 나열된다. **מִשָּׁם**("거기에서")은 출처를 나타내는 전치사 **מִן**와 부사 **שָׁם**이 결합된 형태이며 부사 **שָׁם**은 **כַּלְנֵה**를 가리킨다. **חֲמַת רַבָּה**("하맛 라바로")는 동사의 행위가 이루어지는 방향을 나타내는 부사적 대격의 역할을 한다. **רַבָּה**는 "작은 하맛"과 구별하기 위해 붙인 것으로 추정하기도 하며(cf. Niehaus), 또는 대하 8:3에 언급된 "하맛소바"(**חֲמָת צוֹבָה**)와 구분하기 위해 붙여진 것으로 보기도 한다(cf. Paul).[65] 정확한 해석의 어려움이 있으므로 음역을 그대로 반영하는 것이 좋을 듯하다. "하맛"은 단 북쪽으로 약 240km 떨어진 곳에 위치한 지역이다. 열왕기하 14장 25절은 여로보암 2세가 회복한 영토가 하맛 어귀까지 이르는 것으로 말한다. 2d의 명령형 **וּרְדוּ**("그리고 내려가라")의 등위접속사 바브(ו)는 명령형들이 나열되고 있는 것을 보여준다. 여러 지역과 함께 다양한 동사들의 명령형이 사용되는 것은 아모스의 논증을 견고하게 하는 효과를 준다. 즉 필요한 곳이면 어디든지 그리고 어떻게 하든지 간에 다 찾아가 보고 확인해 보라는 것이다. **גַּת־פְּלִשְׁתִּים**("블레셋인들의 가드")은 블레셋의 주요 다섯 성읍 중의 하나이며 1장 6절에서는 언급되지 않은 지역이다. **הֲטוֹבִים**은 의문문 불변화사 **הֲ**와 복수형 형용사 **טוֹבִים**("나은," "좋은")이 결합된 형태로 의문문을 유도해 준다. 형용사 **טוֹבִים**은 명사절(2e)의 술어역할을 하는데, 주어는 생략되어 있다. 생략된 주어는 "화" 신탁의 대상인 북이스라엘의 기득권자들이다. 이들은 이 질문을 받고 있는 청자이기에 "너희" 또는 "여러분"으로 생략된 주어를 첨가할 수 있다.

---

64) Niehaus는 이 지역을 이사야 10:9에 언급된 "갈로"(כַּלְנוֹ)와 동일한 지역으로 제안한다(ibid.). 이 지역은 기원전 710년 사르곤 2세가 점령한 지역들 중의 하나로 간주된다.

65) Cf. Paul, *Amos*, 202; Niehaus, "Amos," 437.

מִן־הַמַּמְלָכוֹת הָאֵלֶּה("이 왕국들보다")의 전치사 מִן은 비교를 위한 것이며 지시대명사 הָאֵלֶּה의 선행사는 2a-d에 언급된 지역들이다: 갈네, 하맛라바, 가드.[66] אִם־רַב의 אִם은 앞의 의문문 불변화사 ה를 이어가면서 2f의 명사절을 의문문으로 만든다(cf. 3:3-6; 6:12). 형용사 רַב("많은," "넓은," "상당한")은 술어이며 주어는 גְּבוּלָם("그들의 영토")이다. גְּבוּלָם의 대명사어미의 선행사는 2e의 הַמַּמְלָכוֹת הָאֵלֶּה("이 왕국들")나 2a-d에 언급된 지역들이다. מִגְּבֻלְכֶם은 비교를 위한 전치사 מִן, 명사 גְּבוּל("국경, "경계," "영토")의 연결형, 2인칭 대명사어미가 결합된 형태이며 גְּבוּלָם("그들의 영토")의 비교대상이다. 단수 연결형(גְּבֻל)이 사용된 것을 볼 때 대명사어미의 선행사가 "시온 산에 안일한 자들"(남왕국)을 포함하지 않고 "사마리아 산에 자신만만한 자들"(북왕국)에 제한된 것으로 볼 수 있다.

6:3. הַמְנַדִּים의 정관사 ה는 분사 מְנַדִּים(נדה, "제쳐두다," "밀어내다"[피엘형])을 호격으로 볼 수 있게 하며 이것은 2절의 2인칭 서술을 이어간다.[67] Stuart는 הַמְנַדִּים의 원형 נדה가 악카드어 *nadû*("던지다," "예보하다/예언하다")를 반영하고 있는 것으로 간주하여 3a를 "악한 날을 예언하는 자들"로 해석한다.[68] 마찬가지로 2인칭, 남성, 복수 히필 완료형 동사 וַתַּגִּישׁוּן의 원형 נגשׁ을 "점치다"의 의미로 볼 뿐만 아니라 שֶׁבֶת("자리")를 שַׁבָּת("주간," week)로 수정하여 3b가 "해로운 주간을 점치는 자들"을 가리키는 것으로 해석한다. Stuart의 견해에 따르면 3절은 상류층 사람들이 행한 주술적 행위에 대한 지적이 된다. 그러나 Stuart는 필사본들이나 고대역본들의 지지를 받지 못하는 수정을 제안하고 있을 뿐만 아니라 아모스의 의도를 반영하지 못하고 있다. 아모스가 3절에서 수술적 행위에 대한 지적을 하는 것으로 보기보다는 심판이 임할 "악한 날"을 의도적으로 거부하는 행위를 지적하는 것으로 보는 것이 적절하다.[69] 왜냐하면 5:18, 6:1, 9:10이 언급하고 있는 북이스라엘의 태도를 고려할 때, 그들은 악한 날, 즉 재앙의 날에 대해서는 생각조차 하지 않은 것을 볼 수 있다. 더욱이 1절에서 아모스는 북이스라엘의 기득권자들은

66) Cf. GKC §133/a/b.
67) Cf. BHRG §24.4/3.
68) Stuart, *Hosea-Jonah*, 357, 359.
69) Niehaus, "Amos," 438.

자신들의 힘과 권력으로 물질적인 풍요를 이루고 요새를 세우고 사마리아 산에서 자신만만해 하는 것을 지적하였다. 그렇다면 3a를 악한 날에 대한 생각을 피하거나 거부하는 것으로 해석할 필요가 있다(우리말성경, TNK, NJB).[70)]

לְיוֹם רָע의 전치사 לְ는 직접목적어를 유도하는 역할을 할 수 있으므로 이 부사구를 분사 הַמְנַדִּים의 목적어("악한 날을")로 해석할 수 있다. יוֹם רָע는 "악한 날" 또는 "재앙의 날"을 의미한다. יוֹם רע`는 어둡고 음침한 날로 묘사되고 있는 יוֹם יְהוָה("여호와의 날")을 의미하며 2장 16절의 "그 날"(בַּיּוֹם־הַהוּא), 3장 14절의 "보응의 날"(בְּיוֹם פָּקְדִי), 4장 2절의 "다가올 날들"(יָמִים בָּאִים)과 연결이 된다.[71)] 바브-미완료 연계형(*wayyqtl*) וַתַּגִּישׁוּן은 앞의 분사 הַמְנַדִּים에 연결되는데, 2인칭이 사용되는 것은 동일한 청자를 선행사로 가지고 있기 때문이다. 접속사 바브(ו)가 반의접속사("그러나")의 의미를 갖는 것으로 간주하여 3b가 대조적 상황을 서술하는 것으로 해석할 수 있다.[72)] 히필형 תַּגִּישׁוּן(נגשׁ, "오다")은 "가까이 가져오게 하다," "다가오게 하다," "접근하게 하다" 등의 의미를 갖는다.

שֶׁבֶת חָמָס에 대한 여러 가지 해석이 제기되는데 שֶׁבֶת와 관련된 것이다. שֶׁבֶת가 동사 ישׁב("앉다")에서 파생된 것으로 보아 "자리" 또는 "권좌"로 해석하며 여기서 더 나아가 "폭력의 지배(the rule of violence)" 내지는 "폭력적 지배"(the violent rule)로 이해한다. 이와는 달리 שֶׁבֶת가 동사 שׁבת("그치다," "멈추다")에서 파생된 것으로 간주하여 "폭력적 결말" 또는 "폭력의 종료"로 해석하기도 한다. 이 추론은 선지자가 3절에서 의도하는 바와 거리가 있으므로 설득력이 없다.[73)] BHS는 שֶׁבֶת를 שְׁנַת("해," year)나 שֶׁבֶר("재앙"), 또는 שֹׁד("착취")로 수정할 것을 제안한다. 하지만 필사본이나 고대역본의 지지를 받지 못하는 문제가 있다. 첫 번째 추론을 따르면 שֶׁבֶת חָמָס를 "폭력의 자리" 또는 "폭력의 권좌"로 번역할 수

---

70) "너희는 재앙의 날이 멀다 하면서 그날을 생각하기를 싫어하며 폭력의 자리로 가까이 간다"(우리말성경); "Yet you ward off the thought of a day of woe And convene a session of lawlessness"(TNK).

71) 아모스 7-9장에서도 이 날과 연관된 표현들을 볼 수 있다(cf. 8:3, 9, 10, 11, 13). 9장 11절에서는 "그날"(בַּיּוֹם הַהוּא)이 심판의 날이 아닌 구원의 날을 의미한다(cf. 9:13).

72) Cf. WOC §33.2.1d: Soggin, *The Prophet*, 103.

73) Cf. Paul, *Amos*, 205.

있는데, 여전히 "폭력의 자리"가 의미하는 바에 대한 해석적 차이가 나타난다. Wolff는 שֶׁבֶת חָמָס를 "폭력의 지배"(the rule of violence)로 번역하면서, 이것이 4장 1절과 3:9-10절에 언급된 바와 같이 사마리아의 지도자들이 사회적 약자들에게 행하는 학대를 가리키는 것으로 해석한다.[74] Wolff의 해석을 따르면 3절은 북이스라엘의 지도자들이 아모스가 그들을 향해 선포하는 "악의 날"은 거부하면서도 사회적 약자들에게는 폭력과 억압을 행사하는 잘못을 지적하는 것이 된다. Wolff의 견해와는 달리, Paul은 שֶׁבֶת חָמָס("폭력의 자리")가 앞으로 다가올 불행을 가리키는 것으로 해석한다.[75] 즉 북이스라엘의 지도자들이 다가올 재앙을 재촉하고 앞당기게 하는데 책임이 있다는 것이다. 3a와 3b가 대조적 상황을 제시하는 것으로 본다면 Paul의 해석이 설득력이 있다. 즉 북이스라엘의 기득권자들이 다가올 하나님의 심판("악한 날")을 의도적으로 거부하지만(3a), 결국 그들의 그러한 행동은 하나님의 심판이 이루어지는 "폭력의 자리"를 다가오게 할 뿐이라는 것이다(3b). שֶׁבֶת חָמָס("폭력의 자리")라는 표현을 통해 하나님께서 북이스라엘의 기득권자들을 심판하심에 있어서 그들이 행한 것을 그대로 되갚아주시는 것을 볼 수 있다. 북이스라엘의 기득권자들이 사회적 약자들에게 폭력(חָמָס)과 착취(שֹׁד)를 행하였다(3:10). 이에 대하여 아모스는 5장 9절에서 하나님이 "강한 자"(עָז)에게 갑자기 "착취"(שֹׁד)를 행하실 수 있는 분이심을 선포하였다: הַמַּבְלִיג שֹׁד עַל־עָז. 5장 9절은 기대하지 않은 상황에서 갑자기 심판을 행하시는 하나님의 모습을 그려준다. "착취"(שֹׁד)를 행하던 "강한 자"(עָז)에게 동일한 "착취"(שֹׁד)로 갚아 주시는 하나님이시다. 이와 동일하게 하나님은 "폭력"(חָמָס)을 행사하는 자들에게

74) Wolff, *Joel and Amos*, 275; 모티어, 『아모스』, 173; Mays, *Amos*, 116.

75) Paul, *Amos*, 205; Niehaus, "Amos," 438. Hayes는 שֶׁבֶת חָמָס를 "the reign of terror"로 번역하였으며 이것이 다가올 하나님의 심판을 가리키는 것으로 설명한다(Hayes, *Amos*, 181, 185-86). 공동번역, 쉬운성경, 표준새번역은 의역을 통해 이러한 의미를 제시하고 있다: "너희가 불길한 날을 밀어 내려고 하나, 결국 *호되게 맞을 날을* 재촉하고 있구나"(공동); "너희는 다가오는 재앙을 피하려 하지만, 너희의 행동이 오히려 *심판의 날을* 가까이 불러들였다"(쉬운성경); "너희는 재난이 닥쳐올 날을 피하려고 하면서도, 너희가 하는 일은, 오히려 *폭력의 날을* 가까이 불러들이고 있다"(표준새번역); "너희는 흉한 날이 멀다 하여 *강포한 자리로* 가까와지게 하고"(개역); "너희는 흉한 날이 멀다 하여 *포악한 자리로* 가까워지게 하고"(개역개정); "너희는 재앙의 날이 멀다 하면서 그날을 생각하기를 싫어하며 *폭력의 자리로* 가까이 간다"(우리말).

"폭력"(חָמָס)으로 되갚으실 것이다. 따라서 שֶׁבֶת חָמָס는 북이스라엘의 기득권자들이 행하는 폭력으로 보기보다는 하나님께서 이들에게 행하실 심판의 모습으로 보는 것이 적절하다.

4. 원문주해

6:2-3. 아모스는 수사적 질문을 통해 북이스라엘의 기득권자들이 자신들에 대해 가지고 있는 생각이 단지 오해에 불과하다는 것을 논증한다. 이것이 두 번째 "화" 신탁에서 지적하고 있는 "화"를 당하게 되는 첫 번째 원인이다. 여호와의 날을 축복의 날로 오해했던 것처럼 북이스라엘의 기득권자들은 자신들이 이루어 놓은 것과 누리는 것들로 인해 자신들이 "열국 중에서 으뜸"(רֵאשִׁית הַגּוֹיִם)이며 결코 멸망할 수 없다고 생각하였다(cf. 6:13; 9:10). 하지만 아모스는 이것이 단지 오해임을 지적한다. 이들의 오해를 입증하기 위해 아모스는 주변 나라들을 돌아보고 자신의 모습을 보라고 명한다.[76] 일반적으로 갈레를 디글랏빌레셀 3세(Tiglatpileser III)에 의해 주전 739년에 점령을 당한 Kullani와 동일시하고 같은 전쟁에서 디글랏빌레셀에게 하맛의 19개 지역을 복속시킨 것을 고려하여 이 사건이 일어난 후에 2절이 아모스서에 삽입된 것으로 해석한다.[77] 그렇다면 이 왕국들이 다 점령을 당한 상황에서 북이스라엘도 역시 점령을 당하지 않을 수 없다는 논증이 된다. 하지만 Paul이 지적하는 바와 같이 같은 시기(주전 739년)에 북이스라엘도 디글랏빌레셀에 의해 공물을 바치면서 동일하게 고통을 당하고 있는 상황에서 이 수사적 질문은 아무런 의미가 없게 된다.[78] 따라서 북이스라엘이 여전히 번영을 누리고 있었던 상황일 때 이 수사적 질문이 의미가 있기 때문에 2절을 주전 739년의 사건과 연결하여 후대삽입으로 보는 것이 타당하지 않다. 오히려 앗시리아의 살만에셀 3세(Shalmaneser III)가 거의 1세기 전에 이 지역들을 점령한 사건이 있었기에 이 사건을 암시하는 것일 수도 있다. 어찌하든 아모스의 논지는

---

76) Mays는 2절에서 아모스가 북이스라엘의 상류층의 말을 인용하여 그들의 교만을 드러내는 것으로 해석한다(Mays, *Amos*, 115).

77) Cf. G. H. Wittenberg, "Amos 6:1-7," *JTSA* 58 (1987): 57-69.

78) Paul, *Amos*, 203.

북이스라엘 보다 강성했던 나라들이 현재 멸망을 당했다면 이들보다 강하지 않은 북이스라엘이 과연 멸망을 면할 수 있겠느냐는 것이다.[79] 또한 북이스라엘의 북쪽에 위치한 나라와 남쪽에 위치한 나라가 언급되고 있는 것은 아모스의 수사적 의도를 나타낸다. 북이스라엘 보다 강대한 주변의 어느 나라도 하나님의 심판이 임하게 될 때는 멸망을 당할 수밖에 없었다면 (특히, 신탁연속물[1:3-2:16]에서 주변 나라들의 멸망과 하나님의 심판을 연결시키고 있는 것을 볼 때), 북이스라엘의 기득권자들도 자신들의 생각과는 달리 하나님의 심판을 결코 면할 수 없다는 것이다.

3절은 북이스라엘의 기득권자들의 오해를 다시 바로 잡아주며 그들의 실상을 보게 한다. 그들은 자신들이 누리는 풍요로운 삶으로 인해 "악한 날"을 그들 스스로 밀어내고 있다고 생각하였다. 9장 10절에서 언급하고 있는 것처럼 이들은 "화가 우리에게 미치지 않을 것이라"(לֹא־תַגִּישׁ וְתַקְדִּים בַּעֲדֵינוּ הָרָעָה)고 자랑하였다. 하지만 실상은 자신들이 행한 폭력을 되갚으실 하나님의 폭력을 앞당기고 있는 자들에 불과하다.

VII. "화"신탁의 원인(b'), 이기적인 사치와 향락: 6:4-6

1. 원문

6:4a	הַשֹּׁכְבִים עַל־מִטּוֹת שֵׁן
6:4b	וּסְרֻחִים עַל־עַרְשׂוֹתָם
6:4c	וְאֹכְלִים כָּרִים מִצֹּאן וַעֲגָלִים מִתּוֹךְ מַרְבֵּק
6:5a	הַפֹּרְטִים עַל־פִּי הַנָּבֶל
6:5b	כְּדָוִיד חָשְׁבוּ לָהֶם כְּלֵי־שִׁיר
6:6a	הַשֹּׁתִים בְּמִזְרְקֵי יַיִן
6:6b	וְרֵאשִׁית שְׁמָנִים יִמְשָׁחוּ
6:6c	וְלֹא נֶחְלוּ עַל־שֵׁבֶר יוֹסֵף

79) Soggin은 2절이 신명기적 사가의 손길에 의해 후대에 재해석되어 삽입된 것으로 설명한다(Soggin, *The Prophet*, 103). 기원전 8세기의 북이스라엘을 중심으로 한 역사적 정황을 해석의 중요한 열쇠로 사용하는 Hayes는 6장 2절이 갈레, 하맛라바, 가드를 언급하면서

2. 사역

6:4 상아로 꾸민 침상에 누우며 긴 의자 위에서 빈둥거리며 양떼에서 어린 양들과 외양간에서 송아지들을 취하여 먹는 자들이여.

6:5 하프소리에 맞추어 노래를 흥얼거리며 마치 다윗처럼 손수 악기를 만들어 내는 자들이여.

6:6 술을 대접으로 마시며 최상급의 기름을 바르지만 요셉의 파멸에 대해서는 슬퍼하지 않는 자들이여.

3. 원문분석

6:4. הַשֹּׁכְבִים("누워있는 자들아")의 정관사 ה는 이 분사를 호격으로 볼 수 있게 한다. 복수형 분사가 사용되는 것은 동일한 청자를 대하고 있기 때문이다. עַל־מִטּוֹת שֵׁן("상아로 꾸민 침상에")의 분리 전치사 עַל은 공간적 위치를 나타내며 מִטּוֹת שֵׁן은 상아로 만든 고급스러운 침상이나 누울 수 있는 긴 의자를 가리킨다. וּסְרֻחִים의 등위접속사 바브(ו)는 이 형용사를 앞의 분사에 연결시키며 평행구문을 이루어 사치스럽고 게으른 생활을 묘사해 준다. 이것은 1a의 "사마리아 산에 자신만만해 하는 자들"(הַבֹּטְחִים בְּהַר שֹׁמְרוֹן)의 모습을 보다 구체적으로 설명하면서 조롱하는 것이다. 형용사 סָרוּחַ(복수형; סְרֻחִים)은 "매달리다" 또는 "늘어지다"를 의미하는 동사 סרח에서 파생된 것으로 여기서는 빈둥거리는 모습(lounging around)이나 쭉 뻗고 누운 모습(sprawling)을 묘사해 준다. עַל־עַרְשׂוֹתָם은 문자적으로 "자신들의 긴 의자 위"를 의미하며 עַל־מִטּוֹת שֵׁן과 평행을 이루는 부사구이다. 복수형 대명사어미의 선행사는 복수형 분사 סְרֻחִים이다. 4c의 וְאֹכְלִים("그리고 먹는 자들아")의 접속사 바브(ו)는 4a의 호격을 그대로 이어가면서 북이스라엘의 기득권자들의 모습을 서술한다. מִצֹּאן의 전치사 מִן은 출처를 나타내는 것("양떼에서" 또는 "양떼 중에서")이며 כָּרִים מִצֹּאן은 양떼 중에서 어린 양들을 취하는

이들의 친 앗시리아 정책이 성공하지 못하고 실패한 것을 지적하는 것이며 더 나아가 북이스라엘의 친 앗시리아 정책이 성공하지 못할 것을 선언하는 것으로 해석한다(Hayes, *Amos*, 184-85).

것을 의미한다. 이 구문은 וַעֲגָלִים מִתּוֹךְ מַרְבֵּק("그리고 외양간에서[외양간의] 송아지들")와 평행을 이룬다. 이 표현은 최상의 양과 송아지를 선택하여 먹는 모습을 묘사해 준다. מַרְבֵּק는 소를 묶어두거나 가두어서 살을 찌우는 장소를 말한다.

6:5. הַפֹּרְטִים은 정관사 ה와 복수형 분사 פֹּרְטִים이 결합된 형태인데, 이 분사는 이곳에 한번 사용된 것으로 의미가 분명하지 않다. 칠십인경(LXX)은 הַפֹּרְטִים을 시나 노래를 줄줄 외거나 노래하는 것을 의미하는 οἱ ἐπικροτοῦντες로 번역하였다. 동사의 의미가 분명하지는 않지만 문맥을 고려할 때 음악에 맞추어 노래를 흥얼거리는 행동으로 번역할 수 있다. עַל־פִּי는 전치사 עַל에 명사 פֶּה의 연결형 פִּי가 결합된 것으로 "…에 맞추어" 또는 "…에 따라"를 의미하는 부사구이다. 따라서 עַל־פִּי הַנָּבֶל을 "하프에 맞추어"로 번역할 수 있는데, 명사 פֶּה가 악기와 함께 쓰일 때는 악기의 소리(פִּי הַנָּבֶל)를 의미하기 때문에 "하프 소리에 맞추어"로 번역하는 것이 적당하다. כְּדָוִיד는 비교를 위한 전치사 כְּ와 고유명사 דָוִיד가 결합된 것으로 문자적으로 "다윗처럼"을 의미하지만 "마치 다윗이나 된 듯" 또는 "마치 다윗처럼"이라고 번역하여 노래를 흥얼거리는 자들의 교만한 태도를 조롱하는 어투를 보다 정확하게 드러낼 수 있다. Soggin은 כְּדָוִיד가 문장의 흐름을 방해하는 것으로 보며 Wolff는 이것을 번역하지 않는다.[80] 그러나 이 부사구가 동사 חָשְׁבוּ("그들이 만들다")앞에 위치하는데, 이 부사구를 5a와 5b를 모두 꾸며주는 문학적 기교(pivotal device)로 본다면 문장의 흐름을 방해하거나 번역에서 생략할 이유가 없다. 특히 마치 다윗이나 된 듯 행동하는 북이스라엘의 기득권자들의 태도는 1절에서 사마리아를 시온에 비교하면서 자신만만해 하는 태도와 같은 맥락에서 이해할 수 있으므로 문장의 흐름을 방해한다고 볼 수 없다. 5b는 3인칭, 남성, 복수 칼 완료형 동사 חָשְׁבוּ를 사용하여 앞의 분사를 이어가고 있는데, 이와 유사한 서술흐름(분사…완료/미완료동사)이 6절과 5장 7절에도 나타난다. 이 동사의 주어의 선행사는 הַפֹּרְטִים이다. 동사 חשׁב는 무엇인가를 고안하여 발명해 내는 것을 의미한다. לָהֶם의 전치사 לְ는 주어의 관심을 나타내는 여격(*dativus ethicus*)

80) Cf. Soggin, *The Prophet*, 103. Wolff는 כְּדָוִיד을 포로후기의 삽입으로 간주한다(Wolff, *Joel and Amos*, 272-73). 이와 유사하게 Mays는 이 표현을 대하 7장 6절에 근거한 설명어로 본다(Mays, *Amos*, 113).

을 유도하며 대명사어미의 선행사는 חָשְׁבוּ이다. 이 여격은 번역하지 않을 수도 있다. 또는 전치사 לְ를 이익을 나타내는 여격(*dativus commodi*)으로 보아 "자신들을 위하여"로 번역할 수도 있다.[81] 하지만 כְּדָוִיד의 표현을 고려할 때 이들은 마치 다윗이나 된 것처럼 적극적으로 음악과 악기발명에 열중하고 있는 것을 아모스가 조롱하고 있는 듯하다. 그렇다면 "자신들을 위하여"보다는 "손수" 또는 "스스로"로 번역하여 적극적인 참여를 반영할 수 있다. כְּלֵי־שִׁיר는 문자적으로 "노래의 물건"을 의미하며 "악기"로 번역할 수 있다. BHS는 כְּלֵי를 כְּ나 כָּל로 수정할 것을 제안하지만 필사본이나 역본들이 MT 독법을 따르고 있으므로 수정할 필요가 없다.

6:6. הַשֹּׁתִים(שׁתה, "마시다")의 정관사 ה는 이 분사를 호격으로 해석하거나 앞의 문장의 주어를 꾸며주는 형용사절로 해석할 수 있게 한다. 호격이 나열되는 것을 고려할 때 이 분사도 역시 호격으로 번역하는 것이 적절하다. בְּמִזְרְקֵי יַיִן("술대접으로")의 전치사 בְּ(*beth instrumenti*)는 도구를 나타내는 것이며 מִזְרְקֵי יַיִן은 술대접을 가리킨다. 특히 대접을 의미하는 מִזְרָק는 주로 제의에 사용된 대접을 가리키는 용어이다. 이와 더불어 "기름을 바르다"를 의미하는 동사 יִמְשָׁחוּ 역시 제의적 정황에서 사용하는 용어이다. 아모스가 이 용어들을 사용하는 것이 의도적인 것이라면 북이스라엘의 기득권자들이 자신들을 "으뜸"이라고 생각하는 만큼 제의에서처럼 선택되고 구별된 "으뜸"의 대우를 받고 싶어 하는 욕구를 반영하는 것으로 보인다. 이 용어들이 사용되는 것을 Paul은 7b의 "흥청거림"(מִרְזַח)과 연관시킨다. Paul의 견해에 따르면 מִרְזַח가 marzeah(מַרְזֵחַ) 관습과 관련이 있다는 것이다.[82]

---

81) 개역, 개역개정, 우리말성경은 לָהֶם을 *dativus commodi*의 용법으로 번역한다: "다윗처럼 *자기를 위하여* 악기를 제조하며"(개역; 개역개정); "자기들을 위해 다윗처럼 악기를 만드는구나"(우리말). 표준새번역과 공동번역은 이 부사구를 번역하지 않는다: "다윗이나 된 것처럼 악기들을 만들어 내는 자들"(표준새번역); "제가 마치 다윗이나 된 듯 악기를 새로 만들고"(공동). 쉬운성경 역시 부사구를 번역하지 않지만 악기를 만든 것이 아니라 노래를 지은 것으로 번역한다: 다윗처럼 악기에 맞추어 노래도 지었다. (쉬운성경).

82) Cf. Paul, *Amos*, 210-12. *marzeah*(מַרְזֵחַ)에 관한 보다 자세한 연구를 보려면 J. S. Greer, "A Marzeah and a Mizraq: A Prophet's Mêlée with Religious Diversity in Amos 6.4-7," *JSOT* 32 (2007): 243-61을 참조하라. Greer는 *marzeah*의 제의적 측면을 강조한다.

이 관습은 상류층 사람들이 즐기던 제의적 의식과 사회적 교제가 함께 어우러진 7일간의 연회이며 주로 먹고 마시는 일과 기름을 바르는 일 등이 행해졌다. וְרֵאשִׁית שְׁמָנִים("그리고 최상급의 기름")의 등위접속사 바브(ו)는 6b를 6a에 연결시키며 술을 마시는 자들의 또 다른 행동을 묘사한다. 목적어가 동사 앞에 위치하여 강조되고 있으며 6a와 교차평행을 이룬다(분사+부사구[6a]// 목적어+동사[6b]). יִמְשָׁחוּ는 기름 등을 바르거나 붓는 것을 의미한다. וְלֹא נֶחְלוּ의 바브(ו)는 반의접속사(adversative ו)로 앞의 문장과의 대조를 나타내며 נֶחְלוּ는 동사 חָלָה("병이 들다," "아프다")의 니팔형으로 이 문맥에서는 슬픔으로 인한 병듦(괴로움)을 의미하는 것으로 볼 수 있다. 즉 וְלֹא נֶחְלוּ를 "그러나 그들은 슬퍼하지 않는다" 또는 "그러나 그들은 괴로워하지 않는다" 등으로 번역할 수 있다. 이것은 자신들의 음식과 술, 쾌락과 건강을 위해서는 지나친 관심을 갖는 자들이 שֵׁבֶר יוֹסֵף("요셉의 파멸")에 대해서는 전혀 개의치 않는 것을 지적한다. 6c의 표현은 3a의 악한 날에 대한 생각을 제쳐두는 모습과 유사하다. עַל־שֵׁבֶר יוֹסֵף의 전치사 עַל은 이유를 나타내는 전치사("때문에")나 화제("관하여" 또는 "대하여")를 나타내는 전치사로 볼 수 있다: "요셉의 파멸 때문에," 또는 "요셉의 파멸에 대하여."

4. 원문수해

6:4-6. 아모스는 북이스라엘의 기득권자들이 자신들과 상황에 대해 오해하게 된 보다 근본적인 문제들을 언급한다. 물질적 풍요와 사치가 이들의 눈을 멀게 하였고 자신과 현실을 직시하지 못하게 하였다(4-5절). 또한 이들의 이기심은 다인의 아픔에 대해 무감각하게 만들었다(6절). 이것이 바로 "화" 신탁의 두 번째 원인, 이기적인 향락과 사치이다. 아모스는 자신과 현실을 오해하고 직시하지 못하는 자들을 묘사하는 호격을 지속적으로 사용하면서 이들을 조롱하며 그들의 문제를 보게 한다. 자신들을 "으뜸"(רֵאשִׁית)으로 생각한 북이스라엘의 기득권자들은 "으뜸"의 생활환경(상아로 꾸민 침상과 긴 의자), "으뜸"의 음식(어린 양과 살찐 송아지), "으뜸"의 삶(풍유와 술과 최상급["으뜸"]의 기름, רֵאשִׁית שְׁמָנִים)을 요구하고 누리려고 한다. 그들은 자신들이 하나님이 허락하신 "으뜸"의 삶을 살고 있다고 생각하였을 것이다(cf. 시 23:5; 104:15). 하지만 실상은 사치와 쾌락을 즐기는 게으른 자

들이다. 마치 그들은 자신들이 다윗이나 된 것처럼 손수 악기를 연주하고 만들어 내지만, 하나님은 그들이 부르는 노래와 연주를 듣기 싫은 소음으로 간주하신다 (cf. 5:23). 왜냐하면 자신들의 이기적인 욕구를 채우기 위해 사회적 약자들을 억압하고 착취하였기 때문이다(cf. 3:10-11; 4:1). 북이스라엘의 기득권자들은 교만과 착각에 사로잡혀서 다가올 "요셉의 파멸"에 대해서는 전혀 괴로워하거나 슬퍼하지 않는 이기적인 자들이다.[83] 결국 이기적인 사치와 향락, 교만과 착각, 그리고 다가올 파괴에 대한 무관심은 하나님의 심판의 원인이 된다. 결국 그들의 "으뜸"에 대한 욕구에 맞추어 하나님은 심판에 있어서도 이들로 하여금 "으뜸"의 대우를 받게 하신다. 이것이 바로 7절에서 선언하고 있는 심판의 내용이다.

VIII. 심판선언(c'): 6:7

1. 원문

6:7a	לָכֵן עַתָּה יִגְלוּ בְּרֹאשׁ גֹּלִים
6:7b	וְסָר מִרְזַח סְרוּחִים

2. 사역

6:7 그러므로 이제 그들이 사로잡혀가는 자들의 맨 앞에서 사로잡혀갈 것이며 빈둥거리는 자들의 흥청거림이 사라질 것이다.

3. 원문분석

6:7. לָכֵן("그러므로")은 "화" 신탁의 원인단락에서 심판선언 단락으로의 전환

83) שֶׁבֶר יוֹסֵף("요셉의 파멸")은 반드시 다가올 멸망에만 제한되지 않는다. 이 표현은 북이스라엘의 기득권자들로 인해 현재 이루지고 있는 파괴의 상황 또는 파괴로 가고 있는 상황을 의미할 수도 있다. 즉 기득권자들이 그 당시에 벌어지고 있는 사회적 약자들의 억압과 사회적 붕괴에 대하여 무관심한 것을 가리키는 것으로 볼 수도 있다. 하지만 3절의 표현과 연관하여 볼 때 다가올 멸망에 대한 표현에 더 가깝다. Hayes는 "요셉의 파멸"이 북

을 보여준다. עַתָּה("이제")는 심판의 임박성을 강조해 주는 역할을 한다. 동사 יִגְלוּ("그들이 사로잡혀 갈 것이다")의 주어의 선행사는 앞의 단락에 언급한 "화" 신탁의 대상들이며 직접적으로는 1b의 "사마리아 산에 자신만만한 자들"(הַבֹּטְחִים בְּהַר שֹׁמְרוֹן)이다. בְּרֹאשׁ גֹּלִים의 전치사 בְּ는 위치를 나타내는 것이며 רֹאשׁ의 문자적 의미는 "머리"인데, 여기서는 "사로잡혀 가는 자들의 맨 앞" 또는 "선두"를 의미한다. 7b의 바브-완료 연계형 וְסָר("그리고 그[것]가 사라질 것이다")는 신탁선언을 이어간다. 이 동사의 주어는 מִרְזַח סְרוּחִים("빈둥거리는 자들의 흥청거림")이다. מִרְזַח가 예레미야 16장 5절에서는 "통곡의 집" 또는 "초상집"(בֵּית מַרְזֵחַ)을 의미한다. 하지만 6:1-7의 문맥에서 מִרְזַח가 북이스라엘의 상류층이 즐기던 쾌락적이고 탐욕적인 연회나 흥청거림을 의미하는 것으로 볼 수 있다.[84]

4. 원문주해

6:7. 자신들을 "열국의 으뜸"(רֵאשִׁית הַגּוֹיִם)으로 생각하고 "으뜸"의 대우를 요구하는 자들에게 하나님은 그의 심판을 행하심에 있어서 "으뜸"의 대우를 하신다. 하나님은 그들을 사로잡혀 가는 자들 중에서 으뜸의 자리, 즉 "사로잡혀가는 자들의 맨 앞"(בְּרֹאשׁ גֹּלִים)을 차지하게 하신다. 그들의 교만한 태도에 가장 직절하게 심판을 행하시면서 그들의 잘못을 보응하시는 하나님의 모습을 볼 수 있다. 이들을 "빈둥거리는 자들"(סְרוּחִים)로 표현하는 것은 동사 וְסָר와의 음성적 효과 때문인 것으로 보인다. 이 표현은 2-6절에서 서술하고 있는 사치스럽고 향락적인 태도를 모두 담고 있다. 결국 하나님의 심판으로 교만하게 행동하는 북이스라엘의 기득권자들의 흥청거림과 향락적이고 이기적인 생활이 모두 사라지게 될 것이다. 첫 번째 "화" 신탁에서 선언한 포로(5:27)가 다시 반복되면서 하나님의 심판이 다시 확언되고 강조된다. "이제"(עַתָּה)라는 표현을 통해 하나님의 심판이

쪽에서 베가가 여로보암를 대항하는 정치적 충돌로 보며 결국이 이것이 북이스라엘의 내전상황을 만들어 낸 것으로 설명한다(Hayes, *Amos*, 187).

84) Cf. Paul, *Amos*, 211-12.

곧 시작될 것임을 시사한다. 그러나 이 포로가 구체적으로 어떻게 이루어지는지에 대한 설명은 여전히 필요하다. 따라서 이에 대한 설명이 뒤따르게 되는 것이다 (6:8-14). 5:18-6:7과 6:8-14이 이와 같은 구성적 연관성을 가지고 있지만 6장 8절과 14절의 수미쌍관에 의해 단락을 이루고 있으므로 구분하여 다루는 것이 필요하다.

IX. 5:18-6:7의 절정

Paul은 아모스가 첫 번째 "화" 신탁에서 심판선언과 함께 신탁의 절정을 제시하고 있는 것으로 설명한다.[85] Dorsey가 제시하는 5:18-6:14의 교차평행 구조에서는 6:1-7이 핵심부분에 위치하게 된다.[86] 그러나 "화" 신탁의 이중구조를 고려할 때 아모스는 4:1-13과 5:1-17에서처럼 5:18-6:7에서도 원인단락에 집중하고 있는 것으로 보인다. 왜냐하면 동일한 심판의 주제가 반복되면서 강조되고 강화되기도 하지만 "화" 신탁의 원인을 서술하는 것에 더 많은 분량을 할애하면서 아모스는 북이스라엘 백성들이 가지고 있었던 오해가 허상이라는 것을 논증하고 있기 때문이다. 특히 원인을 지적하는 단락에서 모두 수사적 질문을 사용하고 있으며(5:20; 6:2), 두 번째 "화" 신탁에서는 호격이 나열되면서 청자의 주의를 집중시키고 있기 때문이다. 5:26-27과 6:7에서 "포로"의 주제가 반복되지만 이 심판이 어떻게 이루어질 것인지에 대해서 언급하지 않고 있다. 구체적인 내용의 서술은 6장 8-14절로 연기된다. 따라서 5:18-6:7에서는 심판의 원인이 보다 강조되는 것을 볼 수 있다.

북이스라엘을 향한 "화" 신탁의 원인은 첫째, 여호와의 날에 대한 오해이다 (5:18b-20). 북이스라엘 백성들의 기대와는 달리 그날은 피할 수 없는 하나님의 심판이 임하는 어둡고 음침한 날이 될 것이다. 둘째, 언약적 의무를 외면한 종교행위이다(5:21-25). 언약적 관계가 요구하는 공의와 정의를 저버린 채 행하는 종교행위와 열심을 하나님은 결코 용납하지 않으신다. 왜냐하면 제의의 본질이 상실되었

85) Ibid., 198.

86) Dorsey, *The Literary*, 282.

기 때문이다. 셋째, "화" 신탁의 보다 직접적인 원인이 되는 북이스라엘의 기득권자들이 자신들에 대해 가지고 있는 오해이다(6:2-3). 자신들의 권력을 악용하여 얻게 된 부가 그들의 눈을 멀게 하여 자신들의 실상과 현실을 보지 못하게 하였다. 북이스라엘의 기득권자들은 스스로 "으뜸"이라 생각하고 사마리아에서 안전하다고 생각하지만 아모스는 이것이 단지 허상에 불과하고 화의 원인이 됨을 지적한다. 넷째, 기득권자들의 이기적인 사치와 향락이다(6:4-6). 자신에 대한 오해는 결국 부정적인 삶의 모습으로 연결되었다. 이기적인 사치와 향락이 삶의 중심이 되었고 다가올 멸망에 대해서는 무관심하게 되었다. 그들이 스스로 자신들의 가치를 높일 때 하나님은 이에 걸맞은 심판으로 이들의 가치를 인정해 주신다. 이러한 원인들에 근거한 하나님의 심판은 약속의 땅에서의 추방, 곧 "포로"이다. 심판의 근본적인 원인이 된 북이스라엘의 기득권자들은 이 포로의 선봉에 서서 그 대가를 지불하게 된다. 앞에서 이미 선포한 심판신탁들에서와 같이 "화" 신탁에서도 종교적인 문제와 사회적인 문제를 분리하지 않는다.

X. 주제적 발전과 연관성

Noble은 4:1-13과 5:18-6:7과의 연관성을 교차평행구조로 설명한다. 이 단락들에 해당되는 부분만 인용을 하여 연관성을 보고자 한다.[87]

A. Introductory oracles (3:9-15)
B: Heartless indolence in Samaria (4:1-3)
C: Rejection of Israel's cult (4:4-5)
D: The final judgment (4:6-12)
[중략]
D': The final judgment (5:18-20)
C': Rejection of Israel's cult (5:21-27)
B': Heartless indolence in Samaria (6:1, 3-7)

87) Noble, "The Literary Structure," 211. Noble은 C와 C'의 연관성을 설명하면서 5:25-27에 대한 설명은 생략한다(ibid., 211-12).

A': Concluding oracles (6:2, 8-14)

이 구조에서 몇 가지 문제점을 볼 수 있다. 첫째, C와 C'이 북이스라엘의 제의를 거부하는 면에서는 연결이 되지만 5장 25-27절은 4장 4-5절에서 다루지 않은 포로의 주제를 다루고 있다. 따라서 정확한 짝을 이루기가 어렵다. 둘째, Noble의 구조에는 4장 13절을 생략하여 어디에 위치하는지를 보여주지 않는다. 셋째, 6장 2절을 분리해 내서 3장 9-14절(A)과 평행을 이루는 단락(A')에 포함시키고 있다. 6장 2절이 1절에 대한 반증을 위한 수사적 질문으로 본다면 분리해 내는 것이 적절하지 못한다. 또한 6장 2절이 다른 나라에 대해 말하고는 있지만 3장 9절에서 언급하고 있는 이방나라들과의 역할이 틀리다. 이러한 점들을 본다면 Noble이 제안하는 것처럼 4:1-12과 5:18-6:7은 정확한 교차평행을 이루는 것으로 보기 어렵다. 그러나 이 구조분석은 4:1-13과 5:18-6:7이 연관성이 있음을 지적하는 면에서는 긍정적이다. 본서의 대안적 구조에서는 4:1-13(C), 5:18-6:7(C'), 7:10-17(C")이 서로 연관이 있는 것으로 제안하였다. 이 단락들이 연관성을 갖는 것은 두 가지 주제, 곧 여호와의 개입과 포로선언이다. 4:1-13(C)에서는 주로 여호와께서 과거에 언약적 저주로 북이스라엘에 개입하신 것을 집중적으로 서술한다. 하나님은 그의 개입을 통해 북이스라엘이 그에게로 돌아오기를 원했지만 여호와께로 돌아오지 않은 패역을 범하였다.

4장 12-13절은 여호와께서 다시 개입하실 것을 선언하면서 신탁을 마무리한다. 5:18-6:7(C')에서는 여호와의 미래적 개입이 선언된다. 즉 다가올 "여호와의 날"을 통한 하나님의 개입이다. "여호와의 날"은 빛이 아닌 어둠의 날로 북이스라엘에 임하게 될 것이며 그 결과는 포로이다. 여호와의 개입의 이유는 북이스라엘이 종교적 행위를 가지고 있지만 여전히 언약적 의무를 거부하는 삶 때문이다. 4장의 종교행위에 대한 조롱이 "화" 신탁에서도 심판의 원인으로 지적된다. 7:10-17(C")에서 여호와의 개입은 아모스를 선지자로 부르셔서 그의 신탁을 전하게 하는 것으로 나타난다. 하나님의 부르심이 있었기 때문에 아모스는 심판을 선포할 수밖에 없다고 자신의 입장을 변호한다(7:14-15). 그러나 아마샤는, 아모스를 선지자로 부르셔서 심판신탁을 선언하게 하신 여호와의 개입을 거부한다. 아마샤가 넓은 의미에서 북이스라엘 백성들을 대변하기도 하지만 좁은 의미에서는 두 번째 "화" 신탁

(6:1-7)에서 집중하고 있는 북이스라엘의 기득권자들을 대표한다. 아모스와 아마샤의 충돌은, 심판을 선포하면서 북이스라엘 백성들과 기득권자들의 기대를 정면으로 거부한 아모스의 "화" 신탁이 실제적인 상황에서 어떤 결과를 초래하였는지를 보여주는 구체적인 장면이 된다. 하나님의 개입을 거부한 결과는 아마샤가 더러운 땅에서 죽게 되는 것이며(וְאַתָּה עַל־אֲדָמָה טְמֵאָה תָּמוּת, 7:17), 북이스라엘은 사로잡혀서 본토에서 떠나게 되는 것이다(וְיִשְׂרָאֵל גָּלֹה יִגְלֶה מֵעַל אַדְמָתוֹ, 7:17). 즉 포로이다. 따라서 7:10-17은 확정된 심판의 원인으로 북이스라엘 백성들의 부정적인 태도를 지적할 뿐만 아니라 하나님의 포로선언을 확언하는 역할을 하게 된다.

5:18-6:7은 앞의 신탁들에서 사용한 언어들을 여전히 사용하면서 다른 신탁들과의 연관성도 분명히 나타내고 있다. 사용된 언어적 측면에서 보면 5:18-6:7은 5:1-17 단락과 더 밀접한 연관성을 나타낸다. 3장과 4장의 심판신탁, 5장 초반부의 심판신탁, 5장과 6장의 "화" 신탁은 결국 6:8-14에서 최종적인 선언을 듣게 된다. 6:8-14은 3장의 신탁과 보다 직접적인 연관성을 가지고 있다. 이런 흐름을 본다면, 1:3-2:16은 서론적 역할을 하며 북이스라엘을 향한 본격적인 신탁이 시작되는 3장과 마무리하는 6:8-14은 수미쌍관을 이루며 마무리되는 것으로 고려할 수 있다. 이와 같이 1-6장을 마무리한 후 아모스서는 계속해서 7장의 환상신탁과 심판신탁들로 연결된다.

XI. 현재적 적용

이중구조의 "화" 신탁의 메시지(5:18-6:7)에 근거하여 제시할 수 있는 적용은 다음과 같다. 첫째, 물질적 축복 자체는 하나님의 온전한 축복을 의미하지 않을 뿐만 아니라 하나님과의 올바른 관계에 대한 절대적인 확증도 아니다. 북이스라엘 백성들은 물질적 번영과 부를 누리면서 이 모든 것이 하나님의 축복의 결과로 생각하였다. 이러한 생각은 자연스럽게 하나님과의 관계에 있어서도 아무런 문제가 없다는 생각으로 이어졌다. 북이스라엘 백성들의 벧엘과 길갈에서 행하는 종교적, 제의적 행위에 대한 자부심이 이러한 생각을 그대로 반영해 준다. 더 나아가 여호와의 날을 갈망하며 더 큰 축복에 대한 기대를 가지고 있었다. 하지만 북이스라엘 백성들의 생각은 오해에 불과하다. 왜냐하면 하나님께서 그들에게 그러한 풍요를 허락하신 것은 그들의 예배나 삶을 받으시고 축복하신 결과가 아니기 때문이다. 그들의 실제적인 삶에 종교적 형식은 있었지만 그 종교적 형식이 요구하는 진지하고 올바른 삶의 모습은 없었기 때문이다. 그럼에도 불구하고 그들은 물질적 번영과 부를 누리는 것 자체에만 근거하여 하나님의 축복과 임재를 확신하였던 것이다. 하지만 하나님께서 물질적 번영과 부를 허락하신 것은 열왕기서의 저자가 전하는 바와 같이, "이는 여호와께서 이스라엘의 고난이 심하여 매인 자도 없고 놓인 자도 없고 이스라엘을 도울 자도 없음을 보셨고 여호와께서 또 이스라엘의 이름을 도말하여 천하에 없이 하겠다고도 아니하셨으므로"(왕하 14:26-27) 일시적으로 허락하신 상황에 불과하다. 결국 북이스라엘 백성들의 오해는 하나님께로 회개하고 돌아오는 일을 외면하게 만들었다. 억압과 착취를 행하는 불의를 통해 물질적 번영과 부를 누리고 있음에도 불구하고 여전히 그러한 삶이 지속되는 상황에서 그들은 자신들이 하나님의 언약백성이기에 하나님의 축복은 당연한 듯 간주하였을 뿐만 아니라 반드시 하나님은 그렇게 하셔야만 하는 것으로 판단하였다. 그러나 이러한 오해는 하나님께서 심판을 행하시는 원인이 될 뿐이다. 물질적 번영과 부가 하나님께서 허락하시는 축복의 내용인 것은 사실이다. 창세기 1장 28절에서 하나님은 그가 창조하신 사람에게 생육하고 번성하고 땅에 충만하게 되는 축복을 허락하셨다. 하지만 이러한 축복에만 머물고 집중한다면 이것은 단지 동물적 차원의 축복에 불과하다. 왜냐하면 생육하고 번성하고 땅에 충만하게 되는 축복은 동물들에게도 동일하게 주어진 축복의 내용이기 때문이다: "하나님이 그들[생물]에게 *복을 주어* 가라사대 *생육하고 번성하여 여러 바다 물에 충만하라 새들도 땅에 번성하라* 하시니라"(창 1:22). 사람에게 주어진 축복의 내용은 여기에 머물지 않고 하나님께서 맡겨주신 사명을 감당할 뿐만 아니라("땅을 정복하라, 바다의 고기와 공중의 새와 땅에 움직이는 모든 생물을 다스리라," 창 1:28), 그가 예비하신 영원한 안식에 참여하는 것이다("하나님이 일곱째 날을 복 주사 거룩하게 하셨으니," 창 2:3). 하나님의 온전한 축복과 그와의 올바른 관계를 확인하는 척도는 "동물적 차원"의 축복, 즉 생육과 번성을 위한 물질적 번영이나 부가 아니라 "인간적 차원"의 축복, 즉 하나님께서 맡겨주신 사명(그가 요구하시는 삶)을 감당하고 그의 안식에 참여할 수 있는 것이다. 반대로 생육과 번성을 위한 축복이 내게 없다고 해서 하나님의 축복을 누리고 있지 않다는 생각도 역시 오해이다. 하나님께서 약속하신 축복은 동물적 차원의 축복이 전부가 아니기 때문이다. 하나님께서 약속하신 "인간적 차원"의 축복을 누리기 위해서는 예수 그리스도를 통한 회복과 재창조의 역사가 절대적으로 필요하며 하나님의 말씀에 따라 사는 것을 통하여 회복과 재창조를 확증하는 것이 중요하다.

둘째, 순간적인 성공은 허상일 뿐이다. 심판으로서의 "여호와의 날"은 궁극적으로 파멸과 죽음을 가져오는 어둠의 날이다. 때론 사람이 사자를 피할 수 있는 것처럼 하나님의 심판을 피할 수도 있다. 하지만 이것은 순간적인 성공에 불과하다. 왜냐하면 다행히 사자와 곰을 마주치는 죽음의 위험을 피하는 듯하지만 안전하다고 확신하는 그 자리에서 결코 죽음을 피할 수 없기 때문이다. 순간적으로 성공을 한 것 때문에 영원한 안전이 보장된 것처럼 생각하는 것은 허상일 뿐이다. 결국 "여호와의 날"은 이러한 허상을 깨고 실상을 보게 할 것이다. 따라서 순간적인 성공으로 인해 자신만만해 하는 것은 어리석은 것이다. "여호와의 날"이 어둠의 날이 아니라 영원한 안전과 안식을 보장하는 날이 되기 위해서는 내가 만든 요새에 거하며 허상에 빠져있는 것이 아니라 여호와를 찾고 그 안에서 생명을 얻는 것이다.

셋째, 불의한 삶은 결코 종교적 행위나 열심 자체로 대체될 수 없다. 북이스라엘 백성들이 종교적 행위에 열심을 다한 이면에는 자신들의 불의한 삶을 대체해 보려는 계신이 있었던 것으로 보인다. 왜냐하면 여전히 공의와 정의를 외면한 삶을 살면서도 종교적 행위에 더 열심을 내었기 때문이다. 그들은 더 많은 제사를 드리고 절기를 지켰으며 더욱 큰 소리로 연주하며 찬양하였다. 하지만 이러한 행위들은 결코 그들의 불의한 삶을 대체할 수 없는 것이다. 왜냐하면 불의한 삶과 동일하게 이러한 종교적 행위는 범죄에 불과하기 때문이다(cf. 암 4:4-5). 하나님은 올바른 삶의 내용이 빠진 종교적 행위를 돌아보시지도, 들으시지도, 마음을 두시지도 않으시며 온몸으로 거부하시는 단호한 태도를 보이신다. 종교적 행위나 열심 자체가 불의한 삶을 대체할 수 있는 것이 결코 아니다. 잘못을 뉘우치고 회개하여 하나님의 용서를 받는 것이 불의한 삶의 문제를 해결할 수 있다. 하나님의 은혜를 얻는 방법은 형식적인 예배에 있지 않고 진정한 회개를 통해 불의에서 돌아선 후 그의 뜻을 따르는 삶과 이러한 삶의 결과로 드려지는 예배에 있다. 주일마다 예배를 열심히 드리는 만큼 이웃사랑하기를 기뻐하고 있는가? 소리 높여 찬양하는 만큼 아픔을 당하고 있는 자들에게 위로의 말을 전하고 있는가? 기꺼이 헌금을 드리는 것처럼 물질적 고통을 당하는 자들과 기꺼이 나누고 있는가?

넷째, 자신이나 자신과 관련이 있는 것들에 대해 자긍심과 확신을 갖는 것 차체가 문제가 되는 것은 아니다. 하지만 자만심과 건강한 자부심을 구분되어야 한다. 북이스라엘의 기득권자들은 자신들에 대한 확신이 있었다. 또한 자신들과 자신들이 이루어 놓은 것들을 자랑스럽게 생각하였다. 하지만 그들이 갖은 마음은 자부심이 아니라 자만심이었다. 왜냐하면 자만심은 "으뜸"임을 자처하게 되고 "으뜸"의 대우를 요구하는 데까지 나아가게 하기 때문이다. 북이스라엘 백성들의 자만심은 자기 자신에만 집중하게 하였으며 다른 사람이나 하나님을 보지 못하게 하였다. 그들이 앓고 있는 "으뜸" 병의 증상은 이기적이고 사치스러운 삶과 향락으로 드러났다. 이러한 "으뜸" 병에 대한 하나님의 처방은 심판을 통해 그들이 "으뜸"이 아님을 증명하시는 것이다. 이와는 달리 건강한 자부심은 자기 자신 또는 자신과 관련되어 있는 것들에 대해 스스로 그 가치나 능력을 믿고 당당히 여기는 마음이다. 겉으로 드러나는 모습이 유사해 보이지만 자만심과 건강한 자부심은 확연히 구분된다. 이 둘을 구분하는 중요한 요인은 겸손이다. 건강한 자부심에는 겸손이 들어올 자리가 있지만 자만심에는 겸손이 들어올 자리가 없다. 건강한 자부심을 갖고 "으뜸" 병을 예방하는 가장 좋은 방법은 내가 아닌 하나님이 "으뜸"이심을 인정하고 그에게 "으뜸"의 자리를 내어 드리는 것이다. 내가 아닌 하나님께서 예수 그리스도를 통하여 회복시키신 나의 가치를 인정하고 존중하는 자존감은 건강한 자부심의 시작이며 예수 그리스도의 겸손을 본받는 것은 건강한 자부심의 구체적인 실천이다(cf. 빌 2:1-8).

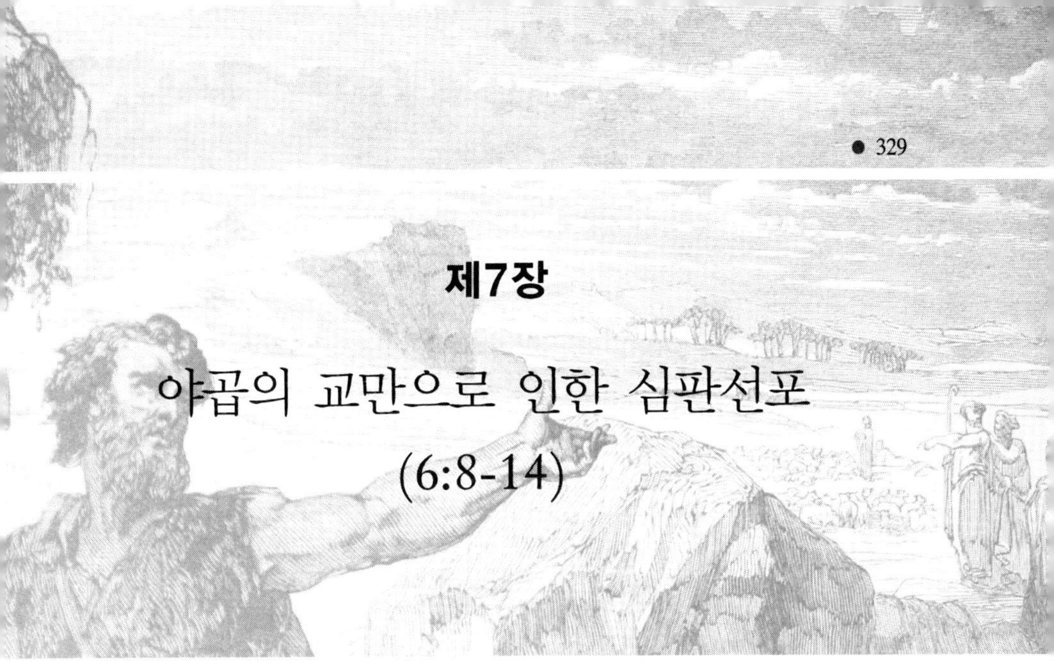

제7장

야곱의 교만으로 인한 심판선포 (6:8-14)

아모스는 이중구조의 "화" 신탁(5:18-6:7)을 전한 후 6:8-14에서 심판신탁을 이어간다. 6:8-14은 "화" 신탁의 심판선언을 이어가기도 하지만 1-6장의 신탁을 마무리하는 이중적 역할을 감당한다. 6:8-14을 하나의 단락으로 구분할 수 있는 근거는 다음과 같다.[1] 첫째, 6장 7절이 לָכֵן("그러므로")과 함께 심판선언을 전하면서 두 번째 "화" 신탁을 마무리하고 있으며 8절의 נִשְׁבַּע אֲדֹנָי יְהוִה("주 여호와께서 맹세하셨다")은 새로운 단락의 시작을 시사한다. 둘째, 6장 8절의 נְאֻם־יְהוָה אֱלֹהֵי צְבָאוֹת("만군의 하나님 여호와의 말씀이다")는 14절의 נְאֻם־יְהוָה אֱלֹהֵי הַצְּבָאוֹת와 수미쌍관을 이루면서 6:8-14을 하나의 단락으로 묶어 준다.[2] 셋째, 7장 1절의 כֹּה הִרְאַנִי אֲדֹנָי יְהוִה("주 여호와께서 내게 이와 같이 보여주셨다")

---

1) Stuart는, 6:8-14에 시문과 산문이 함께 등장하기 때문에 이 단락의 통일성이 불분명함에도 불구하고 6:8-14을 하나의 단락으로 구분하는 것이 가능하다고 주장한다(Stuart, *Hosea-Jonah*, 362). Stuart에 따르면 이 단락의 시작(8절)과 끝(14절)이 분명하고 이 단락 안에 주제적 일관성(thematic consistency)이 있다는 것이다. 특히 하나님께서 북이스라엘에 군사적 패배를 선언하는 것을 이 단락의 중심메시지로 제안한다.

2) Cf. Paul, *Amos*, 213.

는 환상신탁을 시작하고 있음을 나타낸다. 아모스 6:8-14을 하나의 단락으로 구분하는 면에서는 대부분 유사하지만 세부단락 구분에는 차이가 나타난다. Dorsey는 5:18-6:14이 교차평행구조를 갖는 하나의 큰 단락으로 간주하면서 이 구조 안에서 6:8-10이 5:21-24과 평행을 이루고 6:11-14은 5:18-20과 평행을 이루는 것으로 구분한다. 따라서 Dorsey의 경우, 6:8-14을 두 개의 세부단락(6:8-10; 6:11-14)으로 분석하는 것을 볼 수 있다.[3] Paul 역시 두 개의 세부단락으로 분석하지만 단락의 범위가 다르다: (1) 성읍과 거주민들에게 미칠 파멸과 파괴(6:8-11); (2) 윤리적 질서의 전도와 파괴를 앞서는 교만(6:12-14).[4] Andersen과 Freedman은 6:8-14을 세 개의 세부단락으로 구분한다: (1) 맹세(6:8-10); (2) 마지막 "화" 선언들(6:11-13); (3) 마지막 위협(6:14).[5] Stuart 역시 세 개의 세부단락으로 구분하지만 단락의 범위에 차이가 나타난다: (1) 다가올 심판의 범위 (6:8-11); (2) 타락과 징벌 (6:12-13); (3) 다가올 패배의 범위(6:14).[6] 문제가 되는 부분은 11절과 12절의 관계인데, 11절과 12절 사이에 단락의 구분이 나타나는 것으로 볼 수 있다. 왜냐하면 11절은 심판에 대한 선언을 다루고 있으며 12절의 수사적 질문들은 심판의 원인을 제시하고 있기 때문이다. 또한 11절은 בַּיִת("집")의 사용에 의해 9-10절과 함께 분류될 수 있다. 그렇다면 6:8-14을 8-11절과 12-14절로 구성된 두 개의 단락으로 구분하는 것이 적절해 보인다. 이 두 단락이 전형적인 신탁도입형식과 결언을 갖춘 것은 아니지만 다음의 사실에 근거하여 앞의 "화" 신탁들(5:17-6:7)과 유사하게 이중구조의 심판신탁 구조를 가지고 있는 것으로 간주할 수 있다. 첫째, 표 15에서 볼 수 있는 바와 같이 두 단락 모두 심판의 원인을 지적한 후 심판을 선언하고 있다. 둘째, 11절의 כִּי־הִנֵּה יְהוָה מְצַוֶּה("보라. 여호와가 명령을 내리므로")와 14절의 כִּי הִנְנִי מֵקִים("그러나 보라. 내가 일으킬 것이다")는 각 단락을 마무리하는 기능을 한다.[7] 셋째, 심판선언의 서술기법이 동일하게 나타난다. 첫 번

3) Dorsey, *The Literary*, 282.

4) Paul, *Amos*, 213, 218. Soggin은 Paul과 동일한 단락구분을 제시하지만, 8절의 נְאֻם־יְהוָה אֱלֹהֵי צְבָאוֹת을 분리하여 6장 7절에 포함시킨다(Soggin, *The Prophet*, 102, 104).

5) Andersen and Freedman, *Amos*, 519-608.

6) Stuart, *Hosea-Jonah*, 361-62.

7) Park은 11절과 14절의 כִּי־הִנֵּה를 수미쌍관으로 보아 11-14절을 하나의 단락으로 구분할 것을 제안한다(Park, *The Book of Amos*, 91-92).

째 심판선언(8e-11절)에서 8e가 심판에 대한 선언문의 역할을 하고 9-11절이 이 선언에 대한 구체적인 내용을 서술하는 것과 같이 두 번째 심판선언(14절)에서 14a가 선언적 역할을 하고 14c가 구체적인 내용을 서술하고 있다. 따라서 6:8-14에 나타난 이중구조의 심판신탁들의 흐름을 표 15와 같이 나타낼 수 있다. 절의 구분은 아래의 원전구분표기를 따르고 있다.

〈표 15〉 아모스 6:8-14의 이중구조의 심판신탁

야곱의 교만으로 인한 심판선포 (6:8-14)
도입: 8a-b
- I. 첫 번째 심판신탁: 6:8-11
  - a. 심판원인, 야곱의 교만 (6:8c-d)
  - b. 심판선언, 파괴와 죽음 (6:8e-11c)
- II. 두 번째 심판신탁: 6:12-14
  - a'. 심판원인, 불의와 자만 (6:12-13)
  - b'. 심판선언, "한 나라"와 억압 (6:14)

I. 도입: 8a-b

1. 원문

נִשְׁבַּע אֲדֹנָי יְהוִה בְּנַפְשׁוֹ 6:8a
נְאֻם־יְהוָה אֱלֹהֵי צְבָאוֹת 6:8b

2. 사역

6:8a-b 주 여호와께서 자신을 두고 맹세하셨습니다. 여호와 만군의 하나님의 말씀입니다.

3. 원문분석

6:8a-b. נִשְׁבַּע("그가 맹세하였다")는 3인칭, 니팔형으로 אֲדֹנָי יְהוִה("주 여호와")

를 주어로 취하여 여호와의 맹세를 서술해 준다. בְּנַפְשׁוֹ의 전치사 בְּ는 수단(beth instrumenti)을 나타내며 נֶפֶשׁ는 "영혼," "생명," "자신" 등을 의미한다. 따라서 "그의 생명" 또는 "자기 자신"을 가지고 맹세하는 것이 된다. 이것은 맹세의 확실성과 준엄성을 강조해 준다. 유사한 표현이 4장 2절에 사용되었다: נִשְׁבַּע אֲדֹנָי יְהוִה בְּקָדְשׁוֹ (4:2). נְאֻם־יְהוָה("여호와의 말씀이다")는 주로 신탁을 확언하거나 결언으로 사용되는데 8a에서는 맹세를 확언하는 기능과 신탁을 열어주는 기능을 한다. אֱלֹהֵי צְבָאוֹת("만군의 하나님")는 יְהוָה("여호와")와 동격을 이루며 천군을 다스리는 능력을 가지신 심판자로서의 여호와의 속성을 설명해 준다. 8a와 8b를 합쳐서 "만군의 하나님 주 여호와께서 자기 자신을 두고 맹세하여 하신 말씀입니다"로 번역을 하기도 하며 8a와 8b의 순서를 바꾸어 "주 만군의 하나님께서 말씀하셨습니다. 주 여호와께서 자기 자신을 두고 맹세하셨습니다"로 번역하여 신탁도입의 형식을 갖추기도 한다.[8] 어떤 번역을 따르던 간에 하나님의 맹세의 확실성이 강조되는 것을 볼 수 있다.

4. 원문주해

6:8a-b. Soggin은 8b(נְאֻם־יְהוָה אֱלֹהֵי צְבָאוֹת)를 7절 뒤에 재배열하는데, 이 표현이 14b와 수미쌍관을 이루는 것을 고려할 때 이러한 재배열은 불필요하다.[9] 하나님의 맹세와 더불어 신적 확언이 주어지면서 이 단락에서 서술하고 있는 신

---

8) 쉬운성경이 후자의 번역을 따른다: "만군의 하나님 여호와께서 스스로를 가리켜 맹세하신 말씀이다"(쉬운성경). 개역, 개역개정이 후자의 번역을 따르고 있다: "만군의 하나님 여호와께서 *가라사대* 주 여호와가 자기를 가리켜 *맹세하였노라*"(개역); "만군의 하나님 여호와의 말씀이니라 주 여호와가 당신을 두고 맹세하셨노라"(개역개정). 공동번역은 8b를 번역하지 않는다: "주 야훼께서 당신 자신을 걸고 맹세하신다"(공동번역). 우리말성경과 표준새번역은 MT의 흐름을 그대로 반영하여 번역한다: "주 여호와께서 자기 자신을 두고서 맹세하셨다. 만군의 하나님 여호와의 말씀이다"(우리말); "주 하나님이 스스로를 두고 맹세하신다. 만군의 하나님 주께서 하시는 말씀이다"(표준새번역).

9) Soggin, *The Prophet*, 102, 104. Hayes는 8b가 삭제되어야 하는 것으로 주장한다(Hayes, *Amos*, 187). Wolff는 칠십인경이 이 표현을 포함하지 않는 것에 근거하여 삭제할 것과 이 표현의 짧은 형식이 6장 7절에 있어야 할 것으로 제안한다(Wolff, *Amos and Joel*, 279).

탁의 엄중성과 확실성이 강조되고 있다. 앞의 단락의 이중적 "화" 신탁과 연관하여 신적 선언의 강도가 심화되고 있는 것을 볼 수 있다. 여호와의 맹세가 언급되면서 심판의 강도가 강화되는 유사한 흐름은 선지서의 신탁에 흔히 등장한다(cf. 에스겔 14:12-23).

II. 심판원인, 야곱의 교만(a): 6:8b-d

1. 원문

מְתָאֵב אָנֹכִי אֶת־גְּאוֹן יַעֲקֹב 6:8c
וְאַרְמְנֹתָיו שָׂנֵאתִי 6:8d

2. 사역

6:8c-d "내가 야곱의 교만을 증오하며 그의 요새들을 미워한다."

3. 원문분석

6:8c-d. 남성, 단수, 피엘형 분사 מְתָאֵב(תאב, "증오하다," "혐오하다")는 5장 10절에 사용된 동사 תעב의 이형이다. 1인칭 대명사 אָנֹכִי("내가")가 이 분사의 수어이며 인칭대명사와 분사가 사용되면서 행위의 주체인 אָנֹכִי가 강조되고 동사의 행동이 지속적인 것임을 시사하게 된다. 무엇보다도 주목하게 되는 것은 동사의 역할을 하는 분사(מְתָאֵב)를 주어의 역할을 하는 인칭대명사(אָנֹכִי) 앞에서 놓으면서 일반적인 어순(인칭대명사+분사)을 따르지 않고 동사, 즉 행위를 강조하고 있다는 것이다. 특히 이러한 어순의 변화를 통해 8c와 8d의 교차평행이 의도된 것을 볼 수 있다. 이것은 분사 מְתָאֵב("증오하다")와 동사 שָׂנֵאתִי("내가 미워한다")를 강조하면서 하나님의 증오와 미움을 부각시킨다.

אֶת־גְּאוֹן יַעֲקֹב의 목적어표기 אֶת는 분사의 목적어구를 유도한다. גְּאוֹן은 "위엄," "뛰어남," "긍지" 등을 의미하며 부정적인 측면에서 "교만" 또는 "오만"을

의미할 수 있다. 이 문맥에서는 후자의 의미를 취하게 된다.[10] 이와 같이 גְּאוֹן이 추상적 의미에서 교만한 태도를 나타내기도 하지만 경제적 부요, 요새, 궁궐 등과 같이 교만하게 하는 것들을 의미할 수도 있으며, 렘 13:9; 48:29; 호 5:5; 7:10; 나 2:3에서와 같이 한 나라의 수도를 의미하는 경우도 있다. יַעֲקֹב은 북이스라엘 전체를 의미하는 환유(metonymy)이다. וְאַרְמְנֹתָיו("그리고 그의 요새들")의 등위접속사 바브(ו)는 8d를 8c에 연결시키며 목적어를 앞에 놓아 8c와 교차평행을 이룬다. 접속사 바브(ו)는 8c를 보다 세부적으로 설명하는 역할(epexegetical ו)을 감당하는 것으로 볼 수도 있다. וְאַרְמְנֹתָיו의 3인칭 대명사어미의 선행사는 יַעֲקֹב("야곱")이다. "요새"라는 단어가 신탁연속물(1:3-2:16)과 3장 11절에 사용되고 있음을 주목할 필요가 있다. 3장 11절에서는 북이스라엘의 기득권자들이 불의로 모은 재산을 쌓아둔 장소로 요새가 언급된다. "그의 요새들"(וְאַרְמְנֹתָיו)은 גְּאוֹן יַעֲקֹב과 평행을 이루며 야곱의 교만의 근거를 제시하는 역할을 한다.

8d의 שָׂנֵאתִי("내가 미워하다")는 5장 10, 15, 21절에서 사용된 동사이며 이것은 8c의 מְתָאֵב אָנֹכִי와 평행을 이룬다. 8c와 8d는 의미론적 평행과 구문론적 교차평행을 이루면서 동사와 주어를 강조할 뿐만 아니라 의미를 강화시킨다. 8c의 אָנֹכִי는 교차평행구조 안에서 8c와 8d에 모두 적용될 수 있다.

6:8c מְתָאֵב אָנֹכִי אֶת־גְּאוֹן יַעֲקֹב
c (목적어구) - b (주어) - a (분사)

6:8d וְאַרְמְנֹתָיו שָׂנֵאתִי
a' (동사) - [ ] - c' (목적어)

10) 공동번역, 쉬운성경, 표준새번역이 후자의 의미로 번역을 하며 개역, 개역개정, 우리말성경이 전자의 의미로 번역한다: "*야곱의 거만한 태도가* 밉살스럽고"(공동); "나는 *야곱의 교만*을 미워한다"(쉬운성경); "나는 *야곱의 교만이* 밉다"(표준새번역); "내가 *야곱의 영광*을 싫어하며"(개역; 개역개정); "나는 야곱의 영광을 싫어하고"(우리말). Hayes는 גְּאוֹן이 백성들의 특성, 곧 백성들의 교만한 태도를 지적하는 것이 아닌 것으로 해석한다(Hayes, *Amos*, 188). 왜냐하면 Hayes는 גְּאוֹן을 "수도"의 의미로 해석해야만 한다고 보기 때문이다(cf. 암 8:7). Hayes는 아모스의 신탁이 북이스라엘의 수도, 사마리아에 강조를 두고 있는 것으로 본다. 자연스럽게 8절은 하나님께서 대적에게 사마리아 성을 넘겨주는 것이며 11절은 성이 파괴되는 것을 묘사하는 것이 된다(ibid., 189). 하지만 14절에서 하나님의 심판이 북이스라엘의 전 지역을 대상으로 하고 있으므로 사마리아 성에만 제한할 필요가 없다(cf. 암 5:16-17).

4. 원문주해

6:8c-d. 6:1-7에 רֵאשִׁית가 중요하게 사용된 점에 주목할 필요가 있다. 북이스라엘의 기득권자들은 자신들을 열국의 "으뜸"(רֵאשִׁית)으로 여겼고 "최상품"(רֵאשִׁית)만이 자신들에게 어울린다고 생각하였다. 8절에서 이러한 생각과 태도가 "야곱의 교만/영광"(גְּאוֹן יַעֲקֹב)으로 규정된다. 야곱의 교만은 지극히 물질적인 것에 근거하고 있음을 8c-d의 교차평행을 통해 알 수 있다. 교만의 근거는 북이스라엘이 세운 요새와 그곳에 쌓아둔 재물이었다. 따라서 여호와께서 야곱의 교만과 요새들을 미워하신다는 표현은 이런 교만한 태도와 교만의 근거들을 거부하시는 것을 의미한다. 야곱의 교만은 하나님의 선택에 대한 오해에 근거한 것이기도 하다. 하나님께서 자신을 특별히 알고 계시기 때문에(cf. 3:2), 재앙이 임하지 않을 것이라고 확신하였다(9:10).

III. 심판선언, 파괴와 죽음(b): 6:8e-11d

1. 원문

6:8e וְהִסְגַּרְתִּי עִיר וּמְלֹאָהּ
6:9a וְהָיָה
6:9b אִם־יִוָּתְרוּ עֲשָׂרָה אֲנָשִׁים בְּבַיִת אֶחָד
6:9c וָמֵתוּ
6:10a וּנְשָׂאוֹ דּוֹדוֹ [6:10b] לְהוֹצִיא עֲצָמִים מִן־הַבַּיִת
6:10b וּמְסָרְפוֹ
6:10c וְאָמַר לַאֲשֶׁר בְּיַרְכְּתֵי הַבַּיִt
6:10d הַעוֹד עִמָּךְ
6:10e וְאָמַר
6:10f אָפֶס
6:10g וְאָמַר
6:10h הָס
6:10i כִּי לֹא לְהַזְכִּיר בְּשֵׁם יְהוָה

כִּי־הִנֵּה יְהוָה מְצַוֶּה 6:11a
וְהִכָּה הַבַּיִת הַגָּדוֹל רְסִיסִים 6:11b
[ ] וְהַבַּיִת הַקָּטֹן בְּקִעִים 6:11c

2. 사역

6:8e “그러므로 내가 성읍과 그곳에 있는 모든 것을 넘겨줄 것이다.

6:9 그러면 한 집에 열 사람이 남는다 해도 그들이 죽을 것이다.

6:10 죽은 사람의 친척, 곧 그를 화장할 사람이 시체를 그 집에서 가지고 나가면서 그 집의 구석진 곳에 있는 자에게 ‘당신과 함께 있는 사람이 더 있습니까?’ 라고 물을 때 그가 ‘아무도 없습니다’ 라고 말할 것이다. 그러면 그 친척이 “조용히 하십시오. 여호와의 이름을 말하면 안 됩니다’ 라고 말할 것이다.”

6:11 보라. 여호와가 명령을 내리므로 그가 큰 집을 쳐서 산산조각을 낼 것이며 작은 집도 쳐서 조각을 낼 것이다.

3. 원문분석

6:8e. 바브-완료 연계형 וְהִסְגַּרְתִּי는 8c-d의 결과를 서술해 주는 역할을 감당한다. 따라서 접속사 바브(ו)를 “그러므로”로 번역하여 이 전환을 반영할 필요가 있다: “그러므로 내가 넘겨줄 것이다.” עִיר(“성읍”)에 정관사가 사용되지 않지만 정황을 고려하여 사마리아 성을 가리키는 것으로 볼 수 있다.[11] Niehaus는 정관사가 사용되지 않은 점에 근거하여 특정성읍이 아닌 “각 성읍”이라는 의미를 담고 있다고 설명한다.[12] 문맥을 고려할 때 עִיר가 사마리아 성을 우선적으로 연상시키지만 심판이 임하는 범위가 사마리아 성에만 제한되지 않기 때문에 특별히 עִיר를 사마리아 성으로 제한할 필요는 없다(cf. 14절). וּמְלֹאָהּ(“그리고 그곳에 충만한 것”)

---

11) Cf. Paul, *Amos*, 214; Mays, *Amos,* 118.
12) Niehaus, “Amos,” 443.

의 등위접속사 바브(copulative ו)는 동사 הִסְגַּרְתִּי("내가 넘겨줄 것이다")의 목적어를 나열하는 것이며 3인칭, 여성, 대명사어미(הּ ָ)의 선행사는 עִיר이다. מְלֹא는 "충만," "채우고 있는 것"을 의미하며 성읍에 거하는 사람들에게만 제한되지 않고 문자 그대로 성읍을 채우고 있는 "모든 것"을 의미한다. 3장 11-12절을 고려하면 불의로 얻은 재물을 가리키는 것으로 볼 수도 있다.

6:9. 바브-완료 연계형 וְהָיָה("그러면 그[것]가 있을 것이다")는 8e에 언급된 하나님의 심판행위의 결과를 서술한다. אִם־יִוָּתְרוּ의 אִם은 양보절을 유도해 주고 있으며 하나님의 심판이 임하고 난 후의 가정적 상황을 서술한다: "…이 남는다고 하여도."[13] 이 양보절의 주절은 9c이다. 수동형인 니팔 יִוָּתְרוּ(יתר, "남다," "남겨놓다")가 사용되는 것 역시 심판이 임하고 난 후의 결과적 상황을 반영하는 것이며 이 동사의 주어는 עֲשָׂרָה אֲנָשִׁים("열 사람")이다. בְּבַיִת אֶחָד의 전치사 בְּ는 장소를 나타내는 것이며 בַיִת אֶחָד("한 집")는 하나님의 심판 후 남게 된 집을 말하는 것으로 보인다. 9b는 한 가정의 사람들 중 열 명이 남는 상황을 가정하는 것이 아니라 심판이 임했을 때 적은 수의 사람들이 한 집으로 피하여 들어온 정황을 가정하고 있는 것이다.[14] 바브-완료 연계형 וָמֵתוּ("그리고 그들이 죽을 것이다")는 접속사 אִם이 유도하는 양보절의 결과를 나타내며 남은 열 사람이 죽게 될 것을 묘사한다. 이들이 어떻게 죽게 될 지는 분명하게 명시하지 않는데, 이것은 결과에 집중하고 있기 때문인 것으로 보인다.

6:10. וּנְשָׂאוֹ는 바브-완료 연계형이며 시간을 나타내는 부사절을 유도하고 있으며 부사절의 범위는 10a에서 10d까지이다. 3인칭 남성, 단수, 대명사어미(וֹ)는 목적어의 역할을 하는 것으로 집으로 피했다가 죽은 사람을 가리킨다. 이 동사의 주어인 דּוֹדוֹ의 대명사어미 역시 וּנְשָׂאוֹ의 대명사어미와 같은 사람을 가리킨다. 따라서 דּוֹדוֹ는 "죽은 사람의 친척"을 의미한다. וּנְשָׂאוֹ의 문자적 의미는 "그[죽은

---

13) Cf. BHRG §40.5/2; GKC §160a.

14) Wolff는 한 가정의 가족들 중에 열 명이 남게 되는 것으로 이해한다(Wolff, *Joel and Amos*, 282).

사람의 친척]가 그를[죽은 자]운반할 때"이다. וּנְשָׂאוֹ가 유도하는 부사절은 10c도 포함한다. דּוֹד는 "애인," 아버지의 형제인 "삼촌," "친구," "친족/친척" 등을 의미하는데, 여기서는 "친척"의 의미로 해석하는 것이 적절하다. וּמְסָרְפוֹ는 접속사 ו, 피엘형 분사 מְסָרֵף 3인칭, 남성, 단수 대명사어미(וֹ)가 결합된 형태이다. 이것은 דּוֹדוֹ와 동격을 이루며 "그의 친척"을 설명하는 표현이 된다. 따라서 대명사어미들은 동일한 선행사를 가리킨다. 피엘형 분사 מְסָרֵף의 해석에 다양한 의견이 제안되었다. 첫째, סרף를 שׂרף의 이형으로 보아 "타다," "불태우다"의 의미로 해석한다. 이 경우 וּמְסָרְפוֹ는 문자적으로 "곧 그를[또는 그를 위해] 불태울 자"의 의미를 갖게 된다. 불태우는 행위는 시체를 태우는 화장을 의미하거나 죽은 자를 위해 향료를 불태우는 것을 의미하게 된다.[15] 화장이 전통적인 장례의 형식은 아니지만 시체를 불사르는 기록이 성경에 나타난다(레 20:14; 21:9; 수 7:15, 25; 삼상 31:12). 향료를 태우는 것은 주로 왕족의 죽음과 연관되어 언급된다(cf. 렘 34:5; 대하 16:14; 21:19). 둘째, וּמְסָרְפוֹ를 דּוֹדוֹ의 동격으로 보지 않고 דּוֹדוֹ와 짝을 이루는 주어로 해석하기도 한다. 이 경우 דּוֹדוֹ는 아버지의 형제(삼촌)나 친척으로 번역하고 וּמְסָרְפוֹ는 어머니의 형제(외삼촌)나 친척으로 번역한다.16) 하지만 이 해석에는 이 단어가 이러한 의미로 사용된 증거가 없다는 문제가 있다.[17] 셋째, דּוֹדוֹ의 모음을 수정하여 דּוּדוֹ("단지")로 읽으면서 시체를 나르는 용기(容器)로 해석하기도 한다(cf. Hayes).[18] 열왕기하 10장 7절에서 시체의 머리를 용기(בַּדּוּדִים)에 담아 보내는 기록을 볼 수 있다. 넷째, Paul은 분사의 원형 סרף를 "기름을 바르다"의 의미를 갖고 있는 סוּךְ와 연관된 것으로 보아 מסרף를 시체에 향료를 바르는 자로 번역한다(cf. ESV).[19] 이 경우 10a-b는 친족과 향료를 바르는 자가 함께 시체를 나르는 장면을 묘사하는 것이 된다. 다양한 견해가 제시되고 있지만 하나님의 심판으로 많은 사람이 죽은 것을 서술하고 있는 10절의 정황을 고

15) 한글번역본들은 주로 화장을 의미하는 것으로 해석한다. TNK는 דּוֹדוֹ와 וּמְסָרְפוֹ를 동격으로 보면서 וּמְסָרְפוֹ를 향료를 태우는 것으로 번역한다: "who is to burn incense for him."

16) Cf. Gordis, "The Composition," 246; Mays, *Amos*, 119.

17) Paul, *Amos*, 215.

18) Hayes, *Amos*, 189.

19) Paul, *Amos*, 215-16.

려할 때 시체를 화장하려고 온 친족으로 해석하는 것이 적절해 보인다.[20] 특히 레위기 20:11, 14과 여호수아 7:15, 25에서 언급된 시체를 불사르라는 명령이 죄를 범한 자들에 대한 대우로 행하는 점도 고려할 필요가 있다.

עֲצָמִים은 문자적으로 "뼈들"을 의미하는데, 여기서는 부분이 전체를 묘사하는 제유(synecdoche)로 보아 "시체"로 번역할 수 있다. **מִן־הַבַּיִת**("그 집으로부터")의 전치사 **מִן**은 출처를 나타내며 정관사와 함께 쓰인 **הַבַּיִת**는 9b의 **בַּיִת אֶחָד**("한 집")를 가리킨다. 10e의 바브-완료 연계형 **וְאָמַר**는 10a의 부사절을 이어가고 있으며 **דּוֹדוֹ**("죽은 사람의 친척")를 주어로 취한다. **לַאֲשֶׁר**의 **אֲשֶׁר**는 독립 관계사(independent relative)로 전치사 **לְ**의 목적어 역할을 하는 목적절을 유도한다.[21] **בְּיַרְכְּתֵי הַבַּיִת**는 "집의 뒤쪽 구석"이나 "안쪽"을 의미한다. 10d는 죽은 사람의 친척이 말하는 내용을 나타내는데, **הַעוֹד**의 의문문 불변화사 **הֲ**에 의해 말하는 내용이 질문인 것을 알 수 있다. **הַעוֹד עִמָּךְ**는 문자적으로 "너와 함께 있는 것이 있느냐?"를 의미하며 시체가 더 있는지를 묻거나 살아남은 자가 더 있는지를 묻는 것이 될 수 있다.

10e의 **וְאָמַר**는 바브-완료 연계형으로 10c에서 물은 질문에 대한 답변을 주는 것이다. 이 동사의 주어는 "그 집의 구석진 곳에 있는 자"(**אֲשֶׁר בְּיַרְכְּתֵי הַבַּיִת**)이다.[22] 10f는 그의 부정적인 답변을 서술한다: "없습니다"(**אָפֶס**). **אָפֶס**는 문자적으로 "끝," "끝단" 또는 "존재하지 않음"을 의미한다. 시체가 더 이상 없다는 답변이나 그와 함께 살아남은 자가 없다는 답변이 될 수 있다. 10g의 바브-완료 연계형 **וְאָמַר**의 주어는 10a의 **דּוֹדוֹ**("죽은 사람의 친척")이며 답변을 준 사람에게 조용히 할 것을 요구하는 것이다. 10h-i는 말의 내용을 서술하는 것이며 감탄사 **הַס**("쉿!")는 조용히 하라는 신호를 보내는 것이다. 10i의 **כִּי**는 조용히 해야 하는

---

20) Soggin은 이러한 처참한 죽음이 전염병으로 인한 것으로 해석한다(Soggin, *The Prophet*, 108; cf. Wolff, *Joel and Amos*, 282). 하지만 이 심판신탁에서 강조하는 것은 죽음의 원인이나 방편이 아니라 심판의 행위자이다. 따라서 죽음의 원인을 규정하려는 것은 의미가 없다.

21) Cf. WOC §19.3c.

22) Mays는 집안 뒤쪽에 있는 사람을 친척과 함께 시체를 장사지내러 간 사람들 중의 하나로 이해한다(Mays, *Amos*, 119). 이 경우 집안 뒤쪽을 살피고 나오는 사람에게 시체가 더 있는지의 여부를 묻는 질문이 된다.

이유를 설명한다. 즉 כִּי는 원인절을 유도하는 접속사의 역할을 한다. לְהַזְכִּיר는 전치사 לְ와 히필 부정사(זכר, "기억하다")가 결합된 형태로 결과나 목적을 나타낸다. זכר의 히필형은 "언급하다," "말하다"를 의미하는데, 신의 이름과 관련되어 사용될 때는 "부르다"(invoke)의 의미로 번역하기도 한다(cf. 수 23:7; 시 20:9; 사 48:1). 전치사 가 부정사구 לְהַזְכִּיר의 목적어 שֵׁם יְהוָה("여호와의 이름")를 유도한다.

6:11. כִּי־הִנֵּה의 כִּי는 11b-c의 원인을 나타내는 이유절을 유도하는 것으로 보거나 여호와의 명령을 강조하는 כִּי로 볼 수 있다. הִנֵּה("보라")는 주의집중을 유발할 뿐만 아니라 동사의 행위가 임박하였음을 나타내기도 한다.[23] יְהוָה מְצַוֶּה ("여호와가 명령을 내린다")는 8c의 주어와 분사가 결합된 문장의 형태를 이어가면서 행위의 주체인 주어를 강조하고 있다. 바브-완료 연계형 וְהִכָּה (נכה, "쳐부수다")는 명령의 결과를 나타낸다. וְהִכָּה("그리고 그가 칠 것이다")의 3인칭, 남성, 단수 주어의 선행사가 11a의 יְהוָה("여호와")와 문법적으로는 연관이 되지만 יְהוָה를 주어로 보기는 어렵다.[24] 왜냐하면 여호와께서 명하시고 자신이 쳐서 부수는 것으로 해석이 되기 때문이다. 따라서 본 단락에서 직접적인 선행사를 찾을 수 없으므로 동사 וְהִכָּה의 주어는 정체불명으로 남게 된다. 암시적 표현을 서술기법으로 사용하는 아모스서의 특징을 고려할 때 וְהִכָּה의 주어를 "그"로 번역하는 것이 적절하다.[25] 그러나 이 경우 바로 앞에 나오는 יְהוָה를 "그"의 선행사로 볼 수 있기 때문에 11b-c의 문장들을 수동형으로 번역하여 누군가에 의해 파괴되는 장면을

---

23) Niehaus는 כִּי가 8절에서 언급된 파괴에 대한 이유를 설명하는 것으로 간주한다(Niehaus, "Amos," 445). 하지만 9-11절에 계속해서 집(בַּיִת)이 언급되는 것을 고려할 때 כִּי가 11b-c에 연관된 것으로 보는 것이 적절하다.

24) Mays의 경우, יְהוָה מְצַוֶּה를 여호와가 자신을 지휘관으로 표현하는 것(Yahweh is the commander)으로 이해하며 그가 직접 파괴의 행위를 하는 것으로 해석한다(Mays, *Amos*, 120).

25) 아모스 3장 15절에서는 여호와를 주어로 하는 1인칭 동사(וְהִכֵּיתִי)를 사용하여 여호와가 여름저택과 더불어 겨울저택을 쳐부수는 것으로 묘사한다. 따라서 וְהִכָּה의 주어 "그"는 여호와의 심판을 대행하는 자로 볼 수 있다. 이와 유사한 의견을 제시하면서 Hayes는 주어가 사람을 가리키는 "그" 또는 지진 등과 같은 것이 사용될 수 있으므로 "그것"으로 볼 수 있음을 제안하면서 아모스의 의도를 반영하고자 한다(Hayes, *Amos*, 190).

나타내기도 한다. 11c에서는 동사 וְהִכָּה를 생략하여 파괴의 대상에 집중하게 한다. רְסִיסִים은 בְּקִעִים과 평행을 이루는 표현이며 전자는 "파편"이나 "조각"을 의미하며 후자는 "균열" 또는 균열로 인하여 "깨진 조각"을 의미한다.[26] הַבַּיִת הַגָּדוֹל ("큰 집")과 וְהַבַּיִת הַקָּטֹן("작은 집")은 양극단을 말하면서 전체를 포함하는 서술기법(merismus)이다. 즉 모든 집들이 파괴될 것을 선언하는 것이다.

4. 원문주해

6:8e. 야곱의 교만에 근거한 하나님의 심판을 서술하는 단락이다. 하나님께서 야곱이 교만하게 된 근거를 제거하실 것이며 친히 성읍과 그 안에 있는 모든 것을 넘겨주시겠다고 선언하신다. 이것은 하나님의 철저한 파괴의 심판을 묘사하는 것이다. 14절에서 하나님의 심판의 도구로 사용되는 나라가 북이스라엘 전 지역을 억압할 것을 선언하고 있으므로 정관사를 사용하지 않은 עִיר("성읍")는 사마리아 성을 포함하여 북이스라엘의 모든 성읍을 의미할 수 있다. 하나님께서 각 성읍과 그 안에 있는 것을 넘겨주겠다고 하시는데 받는 대상이 누구인지는 분명하게 언급하지 않으신다. 이것은 암시적 표현으로 긴장감과 두려움의 효과를 얻기 위한 것으로 보이며 이 대상은 동일하게 11b에서도 암시적으로 제시된다. 8e가 하나님의 심판에 대한 선언문의 역할을 하는 것이며 9-11절은 이 선언의 구체적인 내용을 서술한다.

9절은 하나님의 심판이 성읍에 임하게 되었을 때 처하게 되는 상황을 설명한다. 성읍에 있는 집들이 다 파괴되고 다행히 파괴되지 않은 한 집으로 살아남은 열 사람이 죽음을 피해 들어갈지라도 이들은 죽음을 피할 수 없게 된다. 5장 3절과 연관하여 볼 때 "열 사람"은 극히 적은 수가 남게 되는 것을 상징적으로 나타낸다. 따라서 9절은 피할 수 없는 하나님의 심판을 반영한다(cf. 2:13-16; 5:19; 9:1-4). 10절은 하나님의 심판이 임하고 난 후의 참혹한 상황을 묘사한다. 살아남은

---

26) Stuart는 이 표현들이 지진을 전제하고 있는 것으로 해석한다(Stuart, *Hosea-Jonah*, 364). 이러한 해석에 가능성이 있지만 심판자이신 하나님께 집중하고 있는 단락의 흐름을 볼 때 불필요한 가정이 될 수 있다.

자들이 친척의 시체를 처리하러 와서 그 집에 살아남은 자와 나눈 대화를 기록하고 있다. 화장을 해서 시체를 처리하는 것은 수많은 시체를 처리하기 위한 방법이며 시체들의 부패로 인한 병을 막고자 하는 것으로 보인다. 시체를 처리하러 온 친척이 그 집에 살아남은 자에게 하나님의 이름을 언급하는 것을 금하는 것을 볼 수 있다. Niehaus는 여호와의 이름을 언급하는 것을 하나님께 도움을 구하는 행위로 해석하여 현재 하나님이 심판의 하나님이기 때문에 그러한 도움을 구하지 말라는 것으로 해석한다.[27] 하지만 이것은 하나님의 이름을 언급하게 되면 혹시라도 하나님의 주의를 끌게 되어 다시 심판을 당할지도 모른다는 두려움을 표현하는 것으로 이해하는 것이 적절하다.[28] 아모스는 "여호와의 이름"을 반복해서 언급하면서 하나님을 심판하시는 분으로 묘사하였다(cf. 4:13; 5:8; 5:27). 심판을 경험하고서야 북이스라엘 백성들은 자신들의 기대와는 달리 여호와가 심판하시는 분임을 깨닫게 된다. 북이스라엘이 경험하게 될 전쟁과 죽음, 집들의 파괴는 언약적 저주의 내용이다(cf. 신 32:25). 따라서 하나님과의 언약적 관계가 심판의 중요한 기준으로 전제되어 있는 것을 볼 수 있다.

11절에 여호와가 3인칭으로 묘사되고 있기 때문에 11절을 아모스가 하는 말로 고려할 수 있다: "여호와께서 명령을 내리시기 때문에." 그러나 하나님께서 자신을 3인칭으로 묘사하면서 심판을 선언하는 것으로 보는 것도 가능하다. 왜냐하면 10절에서 살아남은 자들이 심판을 두려워하여 "여호와의 이름"(שֵׁם יְהוָה)을 언급하는 것을 금하고 있는데, 이것을 이어서 바로 그 "여호와"가 심판을 행할 것임을 하나님이 친히 선포하고 있는 것으로 볼 수 있기 때문이다. 이것은 사람들이 두려워하게 될 바로 그 "여호와"가 심판을 행하실 것임을 확언하는 효과를 갖게 된다. 11절의 문자적 의미를 따르면 여호와께서 누군가에게 명령을 내리시면, 정체가 밝혀지지 않는 "그"가 북이스라엘의 큰 집들과 작은 집들 즉 모든 집들을 쳐서 산산조각을 낼 것이다. 주어의 정체를 분명히 밝히지 않고 있는데, 동일한 서술기법이 4장 2절에서 이미 사용되었다. 따라서 4장 2절에서와 같이 3장 11절을 이 선언의 배경으로 고려한다면 동사 וְהִכָּה("그리고 그가 칠 것이다")의 주어가

---

27) Niehaus, "Amos," 445. Niehaus와는 달리 Wolff는 לְהַזְכִּיר가 단순히 여호와의 이름을 언급하는 단순한 행위를 가리키는 것으로 해석한다(Wolff, *Joel and Amos*, 283).

28) Cf. Chisholm, *Handbook*, 396; Paul, *Amos*, 216-17.

"대적"(צַר)를 암시하고 있는 것으로 볼 수 있다. 또한 이 주어의 정체는 6장 14절에서 "한 나라"(גּוֹי)로 구체적으로 밝혀진다.

야곱의 교만으로 인한 하나님의 심판은 전쟁을 통하여 북이스라엘 백성들이 자신들의 안전과 축복을 자신하고 있는 성읍과 집들을 파괴하는 것이며 처참한 죽임을 당하는 것이다. 하나님의 명을 받은 자가 이 심판을 행할 것이다. 이 심판 선언은 3장 10-15절의 심판선언을 반영할 뿐만 아니라 확언한다. 첫째, 3장 11절은 대적에 의한 성읍과 요새들의 파괴와 약탈을 선포하고 있으며, 3장 15절은 지도자들과 부유층의 사치스러운 집들의 파괴를 서술하고 있다. 둘째, 3장 12절은 처참한 죽음을 비유적으로 묘사하고 있다.

IV. 심판원인, 불의와 자만(a′): 6:12-13

1. 원문

6:12a הֲיְרֻצוּן בַּסֶּלַע סוּסִים
6:12b אִם־יַחֲרוֹשׁ בַּבְּקָרִים
6:12c כִּי־הֲפַכְתֶּם לְרֹאשׁ מִשְׁפָּט
6:12d [ ] וּפְרִי צְדָקָה לְלַעֲנָה
6:13a הַשְּׂמֵחִים לְלֹא דָבָר
6:13b הָאֹמְרִים
6:13c הֲלוֹא בְחָזְקֵנוּ לָקַחְנוּ לָנוּ קַרְנָיִם

2. 사역

6:12 "말들이 바위 위를 달릴 수 있느냐? 사람이 소들을 가지고 바위를 갈 수 있느냐? 그러나 너희는 공의를 독초로 바꾸며 정의의 열매를 쓴 쑥으로 바꾸었다.

6:13 로드발로 인해 기뻐하며 '우리 스스로 우리의 힘으로 가르나임을 취하지 아니하였느냐?' 라고 말하는 자들아.

3. 원문분석

6:12. הֲיָרֻצוּן은 의문문 불변화사 הֲ에 의해 부정을 기대하는 수사적 의문문을 유도하며 동사의 주어는 "말들"(סוּסִים)이다. 부사구 בַּסֶּלַע는 장소를 나타내는 בְּ에 의해 동사의 행동이 이루어지는 장소를 나타낸다. סֶלַע는 "돌출된 바위"나 "절벽"을 의미하며 정관사가 사용되지만 특정지역을 가리키는 것은 아니다. אִם־יַחֲרוֹשׁ의 אִם은 앞의 의문문 불변화사 ה를 이어받아서 수사적 의문문을 유도한다. 전치사 בְּ는 수단이나 방편을 나타내는 것으로 בַּבְּקָרִים은 "소들을 가지고"를 의미한다. 12b는 쟁기질을 하는 장소를 명시적으로 언급을 하지 않는다. 12b는 문자적으로 "그가[사람이] 소들을 가지고 갈 수 있느냐?"는 질문이 된다. 하지만 부정적 답변을 유도하고 있는 문맥의 흐름을 볼 때 이러한 해석이 어울리지 않기 때문에 בַּבְּקָרִים을 בַּבָּקָר יָם으로 읽어 "소를 가지고 바다를 갈 수 있느냐?"는 의문문으로 해석하는 경우도 있다(cf. 표준새번역, 공동번역, NRS, NAB, NJB, RSV).[29] 또는 칼형 동사 יַחֲרוֹשׁ를 니팔형 동사 יֵחָרֵשׁ로 읽어서 해석하는 것을 제안하기도 한다(cf. BHS, TNK). 니팔형 동사로 읽게 되면 주어가 가리키는 것은 바위가 되면서 "바위가 소들로 갈아질 수 있느냐?"는 질문이 된다. 그러나 이러한 수정독법들은 필사본들이나 고대 번역본의 지지를 받지 못하고 있다.[30] 따라

29) "사람이 소를 부려 바다를 갈 수 있느냐?"(표준새번역); "소에 멍에를 씌워 바다를 갈겠느냐?"(공동). Cf. Soggin, *The Prophet*, 109-10; Paul, *Amos*, 218; Mays, *Amos*, 120; 모티어, 『아모스』, 178; Wolff, *Joel and Amos*, 284.

30) Szabó는 수사적 질문에 대한 다른 수정독법을 제안한다(A. Szabó, "Textual Problems in Amos and Hosea," *VT* 25 [1975]:506-7). 첫 번째 질문의 경우, בַּסֶּלַע의 전치사를 상황을 나타내는 B.(B. comitantiae)로 보아 "말이 바위를 가지고 있으면서 달리느냐?"의 질문으로 해석하며, 두 번째 질문의 경우 בַּבְּקָרִים에 철자가 뒤바뀐 것으로 간주하여 이것을 בִּקְבָרִים("무덤들에서," "무덤들 위를")로 수정하여, "사람이 무덤에서 쟁기질을 하느냐?"의 질문으로 해석한다. Szabó는 이러한 독법이 문맥에 더 잘 어울린다고 주장한다. 하지만 필사본들이나 고대역본들의 지지가 없을 뿐만 아니라 MT 독법으로도 불가능한 일에 대해 지적하는 수사적 질문의 기능이 충분히 반영되고 있기 때문에 Szabó의 제안은 불필요하다. A. Cooper도 역시 여러 가지 수정을 통하여 수사적 질문이 북이스라엘의 군사적 정복과 관련된 것으로 보는데, 동일한 이의를 제기할 수 있다(A. Cooper, "The Absurdity of Amos 12a," *JBL* 107 [988]:725-27).

서 12a의 부사구 בַּסֶּלַע가 12b에 생략된 것으로 간주하여 번역하는 것이 적절하다(cf. 개역, 개역개정, 쉬운성경. 우리말).[31] 12b가 일반적인 상황에서 불가능한 일에 대한 질문이므로 동사 יַחֲרוֹשׁ의 주어를 일반적 의미의 "사람"으로 번역하는 것이 적절하다.

כִּי는 부정적인 진술을 서술한 후 상대적 진술을 유도하는 역할을 하는 것으로 해석하여 "그러나"로 번역할 수 있다.[32] 따라서 수사적 의문문들을 통해 전혀 상상할 수 없는 일에 대한 동의를 얻은 후 북이스라엘이 하나님과의 관계에 있어서 결코 있을 수 없는 일을 행하고 있음에 동의하게 한다. 2인칭, 복수, 칼 완료형 동사 הֲפַכְתֶּם("너희가 바꾸어왔다")은 동사의 행위가 과거에서부터 현재까지 지속적으로 행해진 것을 시사한다. 이 동사는 12d에도 적용되는 이중적 역할을 감당한다. לְרֹאשׁ와 לְלַעֲנָה의 전치사 לְ는 동사의 행동에 따른 목적어의 특성이나 상태가 변화된 것을 나타낸다. 전자는 "독초," "쓴 풀," "독"을 의미하며 후자는 "쓴 쑥"을 의미한다. 전자가 후자와 평행을 이루는 것을 고려하여 "독초"로 해석할 수 있다. וּפְרִי צְדָקָה의 등위접속사 ו는 12d를 12c에 연결을 시켜주어 동사의 목적어를 나열한다. "정의의 열매"(פְּרִי צְדָקָה)는 비유적 표현으로 정의에 근거하여 행하여야 할 일들을 묘사한다.[33] 12c와 12d는 의미론적 평행과 구문론적 교차평행을 이루면서 의미를 강화시킨다. 즉 북이스라엘은 언약적 관계가 요구하는 공의와 정의를 따르는 삶을 결코 존중하지 않았다.

6:13. הַשְּׂמֵחִים은 정관사 ה와 복수 분사 שְׂמֵחִים(שׂמח, "기뻐하다," "즐거워하다")가 결합된 것으로 호격("기뻐하는 자들아")이 된다.[34] 이 호격이 13b의 호격

---

31) "소가 어찌 거기 밭 갈겠느냐"(개역); "소가 어찌 거기서 밭 갈겠느냐"(개역개정); "소를 몰아 바위를 갈게 할 수 있겠느냐?"(쉬운성경); "소가 어떻게 쟁기로 바위를 갈겠는가?"(우리말). Cf. Niehaus, "Amos," 442, 445.

32) Cf. BHRG §40.9/3. Cf. Wolff, *Joel and Amosl*, 284. 그러나 Hayes는 כִּי를 의문문을 이어가고 있는 것으로 보아 12절에 세 개의 수사적 질문이 있는 것으로 해석한다(Hayes, *Amos*, 181, 190-91; cf. Mays, *Amos*, 120). 하지만 Hayes는 6장 12절과 평행을 이루는 것으로 보는 3장 7절의 כִּי는 의문문으로 해석하지 않는다. כִּי를 앞의 수사적 질문들을 이어가는 것으로 볼 수도 있다. 그러나 12c-d가 전달하고자 하는 요지에는 변함이 없다.

33) Wolff는 "정의의 열매"를 공동체의 일이나 법정에 관계된 신실한 행위를 묘사하는 것으로 이해한다(Wolff, *Joel and Amos*, 285).

הָאֹמְרִים과 중언법을 이루고 있으므로 "기뻐하며 말하는 자들아"로 번역할 수 있다. לֹא דָבָר를 문자대로 해석하여 "아무것도 아닌 것" 또는 "허무한 것"으로 번역하거나 길르앗 북부에 있는 지역 이름으로 보기도 한다. 전자의 해석을 따를 경우 קַרְנָיִם도 역시 문자적으로 해석하여 속격을 나타내는 לָנוּ와 함께 "우리의 뿔들"로 번역하고 평행적 표현을 유지한다. 이 경우 קַרְנָיִם("한 쌍의 뿔")은 힘과 권력을 나타내는 상징적 비유가 된다.[35] 반면에 후자의 해석을 따르면 קַרְנָיִם도 바산의 중심부에 위치한 "가르나임"이라는 지역 이름으로 번역하게 된다. 이 경우 לָנוּ는 속격이 아닌 여격으로 해석이 된다: "우리를 위하여," 또는 "우리 스스로." 어떤 해석을 따르던 간에 교만하고 자만한 태도가 묘사되고 있는 것은 분명하다. הָאֹמְרִים은 정관사 ה와 복수 분사 אֹמְרִים이 결합된 형태로 13a의 호격 הַשְּׂמֵחִים을 이어가면서 호격의 대상에 대한 정보를 제공한다. 13c는 말하는 내용을 서술한다.

הֲלוֹא는 강한 수사적 의문문을 유도한다: "…이 아니냐?" בְחָזְקֵנוּ("우리의 힘으로")는 수단과 방편을 나타내는 전치사 בְּ, 단수명사 חֹזֶק("힘," "능력"), 1인칭 복수 대명사어미가 결합된 형태로 동사 לָקַחְנוּ("우리가 취하였다")의 행위의 방편을 나타낸다. 13c는 전쟁을 통하여 무력으로 점령한 것을 시사한다. 즉 하나님의 도움이 없이도 자신들 스스로가 정복을 이룬 것이라고 자랑하는 것이다.

4. 원문주해

6:12-13. 앞의 심판신탁에서는 야곱의 교만을 원인으로 지적한 반면에 12-13절은 언약적 의무를 행하지 않은 불의와 자만을 심판의 원인으로 제시한다. 12절의 수사적 질문을 통해 말이 바위 위를 달린다거나 소로 바위를 가는 것이 전혀

---

34) Wolff는 הַשְּׂמֵחִים이 불완전한 형태로 새로운 단락을 시작하는 것으로 설명한다(ibid., 286). 이것이 아모스의 서술기법과 어울리지 않는 것으로 소개한다(cf. 2:7; 3;12; 5:7). 따라서 הוֹי를 הַשְּׂמֵחִים 앞에 추가할 것을 제안한다. 하지만 이것은 13절을 단락의 시작으로 볼 때 나타나는 어려움이다. 12절에 연결된 것으로 볼 때에는 문제가 되지 않는다.

35) 개역, 개역개정, ASV, KJV 등이 전자의 해석을 따른다: "허무한 것을 기뻐하며"(개역; 개역개정).

불가능한 일이라는 것에 동의를 얻은 후, 북이스라엘이 언약적 의무를 지키지 않은 것이 있을 수 없는 일이라는 것을 지적한다. 수사적 질문은 이러한 고소를 결코 부인하거나 거부할 수 없게 만든다. 언약적 관계가 요구하는 공의와 정의를 실현해야 할 의무가 있었음에도 불구하고 북이스라엘 백성들은 공의와 정의를 치명적이고 역겨운 결과를 낳는 독초와 쓴 쑥으로 바꾸어 버렸다. 수사적 질문들이 시사하는 바와 같이 기본적인 질서는 거부할 수 없는 것임에도 불구하고 북이스라엘은 하나님과의 관계가 요구하는 기본적인 질서와 기준을 파괴하였다.

이와 더불어 13절에서 교만과 자만의 문제가 다시 지적된다. 13절은 여로보암 2세가 요단동편을 전쟁을 통해 정복한 사건을 배경으로 하고 있다(cf. 왕하 14:25; 대상 5:16-17). 군사적 힘으로 영토를 확장하는 것을 통하여 부를 누리게 되면서 북이스라엘 백성들은 자신들의 힘과 부를 과신하게 되고 자만에 빠지게 된다. 북이스라엘의 자만이 하나님을 거부하게 되는 이유가 되었으며, 결과적으로 하나님의 심판의 원인이 된다. "로드빌"과 "가르나임"이 언급되는 것은 이 지역 이름들이 가지고 있는 의미 때문인 것으로 보인다. "가르나임"(קַרְנָיִם)은 문자적으로 힘과 능력을 상징하는 "한 쌍의 뿔"을 의미하는데, 이곳을 정복한 것으로 인해 북이스라엘이 자신들의 군사적 능력을 자랑하고 있는 것이 더욱 강조된다. 이와 더불어 "우리의 힘으로"(בְחָזְקֵנוּ)와 "우리 스스로"(לָנוּ)는 이들의 자만을 명확하게 보여주는 표현들이다. "로드빌"(לֹא דָבָר)의 문자적 의미를 고려할 때 북이스라엘 백성들이 이곳을 점령하고 기뻐하고 있지만 실제로는 "허무한 것" 즉 "아무것도 아닌 것"으로 인하여 기뻐하는 것이다. 왜냐하면 하나님의 심판이 임하면 이곳을 대적에게 빼앗기게 될 것이기 때문이다.

V. 심판선언, "한 나라"와 억압(b′): 6:14

1. 원문

6:14a כִּי הִנְנִי מֵקִים עֲלֵיכֶם בֵּית יִשְׂרָאֵל [6:14b] גּוֹי

6:14b נְאֻם־יְהוָה אֱלֹהֵי הַצְּבָאוֹת

6:14c וְלָחֲצוּ אֶתְכֶם מִלְּבוֹא חֲמָת עַד־נַחַל הָעֲרָבָה

2. 사역

6:14 그러나 보라. 이스라엘의 집아. 내가 너희를 칠 한 나라를 일으킬 것이다. 만군의 하나님 여호와의 말이니라. 그들이 하맛 입구에서부터 아라바 골짜기까지 너희를 억압할 것이다.

3. 원문분석

6:14. כִּי를 13절에 언급된 북이스라엘의 자만한 태도와 대조를 이루는 하나님의 심판을 유도하는 것으로 보아 "그러나"로 번역할 수 있다. הִנְנִי의 1인칭 대명사어미가 분사 מֵקִים("일으키다")의 주어이며 8c와 11a에서와 같이 주어가 강조된다. 호격 בֵּית יִשְׂרָאֵל("이스라엘의 집아")는 이 심판신탁이 북이스라엘의 기득권자들에게만 제한되지 않는 것을 보여준다. עֲלֵיכֶם은 "너희를 쳐서" 또는 "너희를 적대하여"의 의미를 가지며 북이스라엘을 칠 גּוֹי("한 나라")를 일으킬 것을 선언하는 것이다. 여기서도 역시 이 나라의 정체를 분명하게 밝히지 않고 있다(cf. 3:11; 4:2; 6:11).

נְאֻם־יְהוָה אֱלֹהֵי הַצְּבָאוֹת는 14a의 선언을 확언하는 기능을 한다. 특히 אֱלֹהֵי הַצְּבָאוֹת("만군의 하나님")이 언급되는 것은 파괴하실 수 있는 하나님의 능력을 강조하는 것이다. 바브-완료 연계형 וְלָחֲצוּ는 14a의 결과를 서술하는 것으로 그 나라가 행할 일을 설명한다. וְלָחֲצוּ("그리고 그들이 억압할 것이다")의 동사원형 לחץ는 "짜다," "누르다"를 의미하며 비유적으로 "억압하다," "압제하다," "괴롭히다" 등의 의미를 갖게 된다. 전치사 מִן과("부터") עַד("까지")는 동사의 행위가 미치는 범위를 나타낸다(cf. 출 3:9). מִלְּבוֹא는 전치사 מִן, 전치사 לְ, 부정사 בוֹא(בוֹא, "들어오다," "들어가다")가 결합된 형태로 "들어가는 곳," 즉 "입구"를 가리킨다. 이 지역은 북이스라엘의 최북단이다. נַחַל은 우기 때 물이 흘러가는 와디를 가리키는 것으로 נַחַל הָעֲרָבָה는 사해북단에 위치한 "아라바 골짜기"를 말한다.

4. 원문주해

6:14. 전쟁을 통해 영토를 확장하고 주변 지역을 차지한 것을 자랑하는 북이스라엘을 향해 하나님께서는 정체가 밝혀지지 않은 “한 나라”(גּוֹי)를 일으켜 북이스라엘을 억압하게 함으로 북이스라엘의 자랑과 자만이 부당한 것임을 증명하실 것이다. 이 나라가 어떤 나라인지 분명하게 밝히고 있지는 않지만 하나님의 명령을 받고 하나님의 심판을 행하는 나라임을 알 수 있다(cf. 11절). 즉 하나님께서 심판의 주체가 되시며 “한 나라”는 심판의 도구가 된다. 역사를 통해 이 나라가 앗시리아임을 알 수 있지만 아모스는 이 나라의 정체에 대해 침묵하고 있다. 이것은 아마도 심판의 주체가 북이스라엘이 거부한 하나님임을 강조하기 위한 의도로 보인다(cf. 4:6-12). “하맛 입구에서부터 아라바 바다까지” (מִלְּבוֹא חֲמָת עַד־יָם הָעֲרָבָה)는 여로보암 2세가 요나 선지자의 예언에 따라 정복하여 회복한 지역이다(cf. 왕하 14:25).[36] 이 정복으로 인해 북이스라엘은 경제적 부요를 누리며 교만과 자만에 빠지게 된 것이다. 따라서 정확하게 이 지역이 심판의 범위로 언급되는 것은 여로보암이 회복한 것을 정면으로 뒤집어 심판으로 되갚는 것이다. 또한 북쪽(로드발)에서부터 남쪽(가르나임)까지 북이스라엘의 전 영토가 압제자의 손에 넘어가게 될 것을 선포하는 것이다. 즉 북이스라엘 전체가 예외 없이 하나님의 심판의 대상이 될 것이다. 이는 북이스라엘이 총체적으로 하나님께 패역을 행하였기 때문이다. 14a에서 이 심판의 대상을 북이스라엘 전체를 가리키는 “이스라엘 집”(בֵּית יִשְׂרָאֵל)으로 표현하고 있는 것을 주목할 필요가 있다.

VI. 6:8-14의 핵심메시지

6:8-14은 이중적 “화” 신탁의 결론역할을 하며 심판을 핵심메지지로 제시한다. 6:8-14은 다음과 같은 측면에서 이중적 “화” 신탁의 결론역할을 한다. 첫째, 6장 8절은 두 번째 “화” 신탁에서 집중적으로 지적한 북이스라엘의 기득권자들의 교만(“으뜸”)에 대한 하나님의 심정을 직접적으로 표현한다. 하나님께서 야곱의 교만, 즉 그들이 말하는 영광(גְּאוֹן)을 증오하시며 그들이 신뢰하고 있는 요새를 미워하

36) הוּא הֵשִׁיב אֶת־גְּבוּל יִשְׂרָאֵל מִלְּבוֹא חֲמָת עַד־יָם הָעֲרָבָה כִּדְבַר יְהוָה אֱלֹהֵי יִשְׂרָאֵל(왕하 14:25a).

신다. 둘째, 6장 8-11절과 14절은 하나님이 이 교만을 구체적으로 어떻게 제거하실 지를 설명한다. 하나님이 일으키실 한 나라에 의해 모두 파괴되어 약탈당하고 살육을 당할 것이다. 뿐만 아니라 북이스라엘의 전 지역이 압제를 당하게 될 것이다. 이것은 북이스라엘의 교만의 근거가 되었던 것들을 제거하는 하나님의 심판을 묘사해 준다. 셋째, 이중적 "화" 신탁에서 선포한 포로(5:27; 6:7)가 하나님께서 일으키시는 "한 나라"에 의해서 이루질 것을 보여주고 있으며 이것이 북이스라엘 전 지역에 미치게 될 것을 선포한다.

6:8, 11, 14절은 하나님이 심판의 주체이심과 심판의 결과를 강조한다. 8절은 하나님께서 넘겨주실 것을 말하고 있으며, 11절은 하나님의 명령에 의해 "그"가 집들을 파괴할 것을 선언하고, 14절은 "그"가 바로 하나님께서 일으키실 "한 나라"임을 밝혀 준다. 하나님의 심판이 임하게 되면 철저한 파괴와 죽음이 있게 될 것이며(cf. 8-11절, 14절), 심판의 주체이신 "여호와의 이름"을 언급할 엄두를 내지 못할 것이다.

VII. 아모스 1-6장 안에서의 6:8-14의 역할

본서의 대안적 구조는 6:8-14(야곱의 교만으로 인한 심판선포, B')은 3:1-15(언약적 의무를 거부한 북이스라엘에 대한 심판선포, B)와 평행을 이루는 것으로 제시하고 있다. 6:8-14은 3:1-15과 주제적으로 또한 언어적으로 밀접한 관계를 가지고 있다.

3:1-15과의 주제적 언어적 연관성을 살피면 다음과 같다. 첫째, 이 두 단락 모두 언약적 의무를 거부한 북이스라엘의 문제를 지적하고 있다. 3장 2절이 언약적 관계를 심판의 이유로 제시한 후 3:9-10은 이 언약적 의무가 요구하는 공의와 정의를 무시하고 정반대로 행동한 것을 구체적으로 언급한다. 북이스라엘 백성들이 행한 것은 큰 혼란과 압제이며, 폭력과 착취를 자신들의 요새(בְּאַרְמְנוֹתֵיהֶם)에 쌓은 것이다. 6장 8절은 이들의 요새를 하나님께서 미워하시는 것(וְאַרְמְנֹתָיו שָׂנֵאתִי)을 선포하고 있으며 이것이 심판의 원인이 된다. 또한 6장 12절은 공의와 정의를 독초와 쓴 쑥으로 바꾸어버린 행위를 지적한다. 둘째, 3장 11-12, 13-15절에서 선포하고 있는 심판의 내용이 6장 9-11, 14절에서 다시 언급된다. 3장 11절은 "대적"이 사방에 있어서 이 대적이 방어물을 제거하고 침입하면 요새들(אַרְמְנוֹתָיִךְ)

이 약탈될 것을 선포한다. 그 결과는 죽음이다(3:12). 또한 3장 15절은 여호와께서 치심(וְהִכֵּיתִי)으로 집들(בָּתִּים)이 파괴되고 사라질 것을 선언한다. 6장 11절도 역시 하나님의 명령을 받은 자가 집들을 치는 것(וְהִכָּה)으로 심판을 묘사한다. 3:15과 6:8-11에 בַּיִת("집")의 사용이 두드러지게 나타나는 것은 주목을 끌기에 충분하다. 셋째, 3장 12절이 심판으로 인한 죽음을 강조하는 것처럼 6장 9절 역시 죽음을 강조한다. 넷째, 3장 13절은 심판신탁의 대상을 "야곱의 집"(בֵּית יַעֲקֹב)으로 제시하고 있는데, 6장 8절도 "야곱"(יַעֲקֹב)을 신탁의 대상으로 언급한다. 다섯째, 3장 3-7절에서 수사적 질문을 제시하면서 사용한 ה…אם…כי의 흐름이 6장 12절에도 나타난다.

결론적으로 3:1-15절에서 지적하고 있는 북이스라엘의 문제의 근본적인 원인을 야곱의 교만에서 찾을 수 있다.[37] 자신에 대한 과신과 자만이 결국 하나님과의 언약적 관계를 무시하게 되는 근본적인 원인이 되었다. 이것이 자연스럽게 언약적 의무에 대한 거부와 종교적 부패로 연결된 것이다. 3장 1-15절에는 종교적 측면을 다루는 부분이 있는 반면에 6장 8-14절에서는 종교적 측면이 구체적으로 언급되지 않는다. 하지만 이것은 종교적 문제와 사회적 문제가 서로 엮여 있는 면에서 후자에 전자가 암시적으로 반영되어 있다고 볼 수 있다. 3장의 종교적 영역에서 사용한 "뿔"이라는 단어가 영역의 차이는 있지만 6장 13절에 사용된다. 3장 14절에서 언급하고 있는 벧엘의 제단 뿔들(קַרְנוֹת הַמִּזְבֵּחַ)은 북이스라엘이 스스로 세워놓은 것들인데, 이것들이 쪼개지는 심판을 당하게 될 것이다. 같은 맥락에서 6장 13절은 북이스라엘이 스스로 정복한 "가르나임"(קַרְנָיִם, "뿔들")을 기뻐하고 자랑하는데, 이곳도 역시 하나님의 심판의 도구인 "한 나라"에 의해 제거될 것이다.

또한 6:8-14은 4-5장과의 연관성을 나타낸다. 특히 6장 10절에서 "여호와의 이름"을 언급하지 말 것을 요구하는 것은 4장 13절, 5장 8, 27절에서 계속적으로 언급되고 있는 "그의 이름", 즉 창조주이시면서 심판을 행하시는 만군의 하나님 여호와와 연관이 있다. 결국 심판을 경험하면서 북이스라엘 백성들은 자신들의 불의에도 불구하고 축복하실 것이라고 믿었던 하나님이 심판을 행하시는 여호와라

---

37) Cf. Mays, *Amos*, 118.

는 것을 깨닫고 "그의 이름"을 언급하는 것조차 두려워하게 될 것이다.

4장 12절에서 암시적으로 선포한 여호와께서 "네게 행하실 일"이 5장 17절에서는 "네 가운데로 지나가심"으로 좀 더 밝혀진다. 이것이 5장 27절과 6장 7절에서는 북이스라엘 백성을 추방하는 "포로"로 좀 더 드러나게 되고 6장 8-11, 14절은 하나님께서 일으키실 "한 나라"에 의해 이루어질 것임을 알게 된다. 아모스는 북이스라엘 가운데 지나가시는 하나님이 대적에게 파괴를 명령하시며 심판을 행하시는 만군의 하나님 여호와이심을 알려준다. 이러한 측면에서 6:8-14은 환상신탁이 7장에서부터 전개되기 전에 일단 1-6장의 신탁을 마무리하는 역할을 감당하는 것을 볼 수 있다.

VIII. 현재적 적용

아모스 6장 8-14절이 제시하고 있는 현재적 적용은 다음과 같다. 첫째, 교만과 자만은 하나님을 거부하게 하는 치명적인 독이다. 스바냐서에서 니느웨의 교만을 지적하는 것과 같이 교만은 "오직 나만 있고 나 외에는 다른 이가 없다"(습 1:15)는 생각에 사로잡히게 한다. 교만은 하나님을 인정하거나 존중하지 않을 뿐만 아니라 다른 이에 대한 인정과 존중을 거부하고 자기 자신에게만 집중하게 한다. 북이스라엘 백성들은 자신들이 이루어 놓은 성과에 근거하여 더욱 교만하였고 결국 하나님을 인정하지도 그가 요구하는 언약적 의무도 소홀히 하였다. 왜냐하면 자신들이 스스로 모든 것을 할 수 있다고 확신하였기 때문이다. 또한 자신에게 집중된 삶의 태도는 사회적 약자들에 대한 불의로 드러났다. 이러한 교만에 대한 하나님의 처방은 철저한 파괴와 심판이다. 하나님은 그를 거부하며 그가 요구하는 삶을 외면하는 교만을 증오하시고 미워하실 뿐만 아니라 교만하게 하는 모든 근거를 제거하신다. 이와 같이 교만에 대한 하나님의 태도는 분명하다. 교만을 치료하는 가장 효과적인 방법은 하나님 앞에서 자신의 모습을 돌아보면서 창조주 하나님을 인정하는 것, 곧 겸손이다. 이 겸손을 지속적으로 유지하는 것은 범사에 하나님을 인정하고 그가 요구하시는 삶을 살고 있는지를 신중하게 살피는 것이다.

둘째, 하나님의 이름을 부르며 찬양할 때 그 이름이 또한 심판자의 이름임을 기억해야 한다. 하나님의 은혜와 구원에 감사하며 목소리를 높여 그를 찬양할 때 함께 기억해야 할 것은 죄에 대해, 교만에 대해 철저하게 대응하시는 심판자이신 하나님이다. 왜냐하면 하나님의 은혜는 결코 정의를 무시하거나 외면하지 않기 때문이다. 하나님은 정의의 요구를 채우신 후 그의 은혜를 허락하셨다. 이것이 바로 예수 그리스도께서 십자가에서 죄를 사하시기 위해 피를 흘리신 이유이다. 심판을 경험한 후 심판자이신 하나님의 이름을 부르기 주저하기 보다는 심판이 임하기 전에 은혜를 베푸신 하나님께서 또한 심판을 행하실 수 있는 분임을 기억하고 죄의 문제에 고민하며 죄를 멀리하는 삶의 태도가 중요하다.

셋째, 하나님께서 성도가 그의 뜻을 따르는 삶을 사는 것을 기대하는 것은 극히 자연스러운 것이다. 오히려 그의 뜻을 따르지 않는 것은 마치 소로 바위를 갈 수 없는 것을 행하려는 것과 같이 지극히 정상적인 행동에 역행하는 것이다. 뿐만 아니라 무리한 요구가 아니다. 왜냐하면 베드로 사도의 말처럼 그가 그러한 삶을 살 수 있는 능력을 허락하셨고 도우시기 때문이다: "그의 신기한 능력으로 생명과 경건에 속한 모든 것을 우리에게 주셨으니 이는 자기의 영광과 덕으로써 우리를 부르신 자를 앎으로 말미암음이라"(벧후 1:3). 하나님의 뜻을 따르는 삶이 극히 자연스러운 삶이되기 위해서는 그를 전적으로 의지할 뿐만 아니라 그를 알아가는 것이 선행되어야 한다.

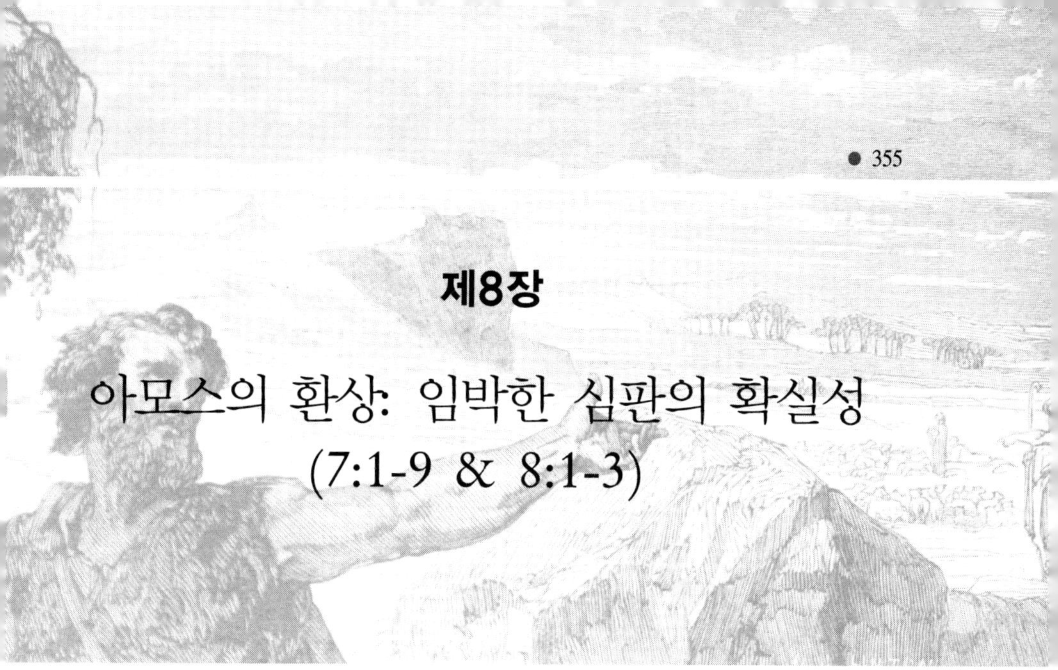

제8장

아모스의 환상: 임박한 심판의 확실성 (7:1-9 & 8:1-3)

아모스서는 7장에서 환상신탁으로 전환된다. 환상신탁이 정형화된 형식을 취하는 것은 아니지만 도입부가 "여호와께서 내게 보이신 것"(הִרְאַנִי אֲדֹנָי יְהוִה)으로 신탁을 시작하면서 전달되는 내용이 환상인 것을 알려준다. 아모스서에 나타나는 환상은 본 것만을 서술하는 것이 아니라 아모스와 하나님과의 대화내용을 기록하면서 환상의 의미를 전달하는 형식을 취한다. "이것을 들으라"(שִׁמְעוּ־זֹאת)는 새로운 단락의 시작이 8장 4절에 등장하고 있기에 7장 1장에서 시작된 환상신탁연속물이 8장 3절에서 마무리되면서 하나의 의미론적 단락을 이루는 것을 볼 수 있다. 일반적으로 아모스 7:1-8:3에 등장하는 환상들의 구조적 유사성에 근거하여 이 단락이 통일성을 이루는 것으로 간주한다. 예를 들면, Andersen과 Freedman은 7:1-8:3에 등장하는 네 개의 환상이 형태와 내용에 있어서 일련의 흐름이 있음을 지적하면서 서로의 연관성을 주장한다.[1] 첫째, 형태

1) Andersen과 Freedman은 형태적, 언어적, 구문론적, 주제적 평행에 대해 세심한 분석을 제시하며 그 기능을 설명하고 있다. 자세한 논의를 보려면, Andersen and Freedman, *Amos*, 611-23을 보라.

적인 면에 있어서 환상 자체의 기록이 긴 기록에서 짧은 기록으로 일정하게 변하고 있다.[2] 둘째, 내용에 있어서 첫 번째 환상과 두 번째 환상은 (1) 선지자가 본 환상, (2) 선지자의 중재, (3) 하나님의 뜻을 돌이킴에 대한 기록하고 있는 반면, 세 번째와 네 번째 환상은 (1) 하나님의 질문, (2) 아모스의 답변, (3) 환상에 대한 하나님의 설명을 전하고 있다. 후자의 환상들에서는 선지자의 중재나 하나님의 뜻을 돌이킴에 대한 기록이 없다. 이러한 변화에 대해 Andersen과 Freedman은 잠재적 심판에서 확고한 심판으로 본문이 진행되고 있는 것으로 설명한다.[3] 이러한 환상신탁의 흐름 속에 아마샤와 아모스의 충돌에 대한 서사적 기록(7:10-17)이 등장하고 있기 때문에 이 기록의 의미와 기능에 대한 문제에 직면하게 된다. 환상신탁들과 아모스와 아마샤의 충돌에 대한 기록 사이에 서술양식과 서술관점의 차이가 나타나기 때문에 해석자들은 아모스 7장 10-17절에 대한 여러 가지 견해를 제시하여 왔다.[4] 결국 이것은 7:10-17의 진정성(authenticity)의 문제로 연결되었다.[5] 대부분의 비평주의 학자들은 이 본문이 독자적으로 존재하다가 후대의 누군가에 의해 세 번째와 네 번째 환상기록 사이에 삽입된 것으로 간주한다.[6] 7:10-17

---

2) "Closer scrutiny shows that the dialogue and associated materials are about the same for all of the visions and that the main difference is in the description of the visions, in which the reduction from first to last is dramatic but regular: 18 ⇨ 13 ⇨ 8 ⇨ 3" (ibid., 619).

3) Cf. Dorsey, *The Literary*, 283. Dorsey는 아모스가 수사적 효과를 위해 이러한 흐름을 의도적으로 사용하고 있음을 지적한다(cf. 1-2장; 4:6-12).

4) 7:10-17의 진정성에 이의를 제기하는 근거는 (1) 1인칭 서술의 환상신탁연속물 속에 삽입된 7:10-17의 3인칭 서술; (2) 환상기록과 자전적 기록의 충돌; (3) 주제의 변화이다 (Andersen and Freedman, *Amos*, 751; Mays, *Amos*, 123; Stuart, *Hosea-Jonah*, 370; Wolff, *Joel and Amos*, 307-8; H. G. M. Williamson, "The Prophet and the Plumb-Line: A Redaction-Critical Study of Amos vii," in *Quest of the Past: Studies on Israelite Religion, Literature, and Prophetism*, ed. A. S. van der Woude [Leiden: Brill, 1990], 102; G. M. Tucker, "Prophetic Authenticity: a Form-Critical Study of Amos 7:10-17," *Interpretation* 27 [1973]: 431).

5) 아모스 7:10-17의 후대 삽입 가능성에 대한 논의는 비평적 접근이 시도되기 전부터 지적되었다(cf. Hasel, *Understanding*, 20; Childs, *Introduction*, 397).

6) Dorsey는 환상연속물(7:1-9; 8:1-3) 중간에 7:10-17이 등장하는 두 가지 이유를 제시한다 (Dorsey, *The Literary*, 283). 첫째, 7:10-17이 환상신탁과 동일하게 이야기체(narrative)의 서술형식을 취하고 있다. 둘째, 환상신탁에서처럼 7:10-17이 아모스의 대화내용을 기록하

에 대한 다양한 견해에 대해서는 다음 장에서 다룰 것이다. 본서에서 이 단락을 환상신탁들과 분리하여 다루는 것은 진정성의 문제 때문이 아니라 분석적 목적 때문이다. 환상신탁들의 흐름을 분석한 후 이 안에 위치하고 있는 7:10-17의 의미와 기능을 논하면서 왜 아모스가 7:10-17을 환상신탁들 가운데 위치하게 하였는지에 대한 의도를 고려하고자 한다. Park은 9:1-4의 환상도 앞의 네 환상신탁들과 연결된 것으로 고려하여 이 환상들 사이에 흐름을 방해하는 단락들이 등장함에도 불구하고 다섯 개의 환상에 근거하여 7:1-9:6을 하나의 단락으로 구분할 것을 제안한다.[7] 9:1-4도 아모스가 본 환상을 기록하고 있지만 9:1-4의 환상신탁의 경우 도입형식과 구조에 있어서 현저한 차이가 있을 뿐만 아니라 서로 간의 거리가 있으므로 환상신탁의 연속물로 함께 고려하는 것은 적절하지 않다.[8] 그렇다면 Park이 제시하고 있는 7:1-9:6의 단락구분도 재고할 필요가 있게 된다.

아모스 7:1-8:3을 하나의 의미론적 단락으로 구분하고 표 16과 같이 세부단락들과 흐름을 살필 수 있다. 서술형식과 구조에 있어서 첫 번째와 두 번째 환상이 짝을 이루며 세 번째와 네 번째 환상이 짝을 이루고 있다.

〈표 16〉 아모스 7:1-8:3의 구조

환상신탁연속물: 7:1-8:3

I. 첫 번째 환상신탁: 메뚜기 떼 (7:1-3)

- a. 도입: 7:1a
  - b. 환상내용(메뚜기 떼): 7:1b-d
    - c. 선지자의 중재: 7:2
      - d. 여호와의 선언: 7:3

고 있다. 그렇지만 7:10-17이 환상신탁들 중간에 기록되는 것에 의문을 제기하면서 7:10-17의 삽입이 7장 9절과 관련이 있는 것으로 설명한다. 즉 9절에 대한 이스라엘의 관료들의 반응을 서술하고 있다는 것이다. 또한 9절의 선언과 17절의 선언이 10-17절의 기록을 감싸고 있음을 지적한다.

7) Park, *The Book of Amos*, 97.

8) Dorsey, *The Literary*, 283; Andersen and Freedman, *Amos*, 679.

II. 두 번째 환상신탁: 불 (7:4-6)
  a'. 도입: 7:4a
    b'. 환상내용(불): 7:4b-d
      c'. 선지자의 중재: 7:5
        d'. 여호와의 선언: 7:6
III. 세 번째 환상신탁: 아낙크 (7:7-9)
  a''. 도입: 7:7a
    b''. 환상내용(아낙크): 7:7b-c
          e. 환상에 대한 질문과 답변: 7:8a-d
        d''. 여호와의 선언: 7:8e-9
IV. 아모스와 아마샤의 충돌 (7:10-17)
V. 네 번째 환상신탁: 여름과일이 담긴 광주리 (8:1-3)
  a'''. 도입: 8:1a
    b'''. 환상내용(여름과일이 담긴 광주리): 8:1b
          e'. 환상에 대한 질문과 답변: 8:2a-d
        d'''. 여호와의 선언: 8:2e-3

I. 첫 번째 환상신탁(황충): 7:1-3

1. 원문

7:1a כֹּה הִרְאַנִי אֲדֹנָי יְהוִה
7:1b וְהִנֵּה יוֹצֵר גֹּבַי
7:1c בִּתְחִלַּת עֲלוֹת הַלָּקֶשׁ
7:1d וְהִנֵּה־לֶקֶשׁ אַחַר גִּזֵּי הַמֶּלֶךְ
7:2a וְהָיָה אִם־כִּלָּה לֶאֱכוֹל אֶת־עֵשֶׂב הָאָרֶץ
7:2b וָאֹמַר
7:2c אֲדֹנָי יְהוִה סְלַח־נָא
7:2d מִי יָקוּם יַעֲקֹב
7:2e כִּי קָטֹן הוּא

נִחַם יְהוָה עַל־זֹאת	7:3a
לֹא תִהְיֶה	7:3b
אָמַר יְהוָה	7:3c

2. 사역

7:1 주 여호와께서 내게 이와 같이 보여주셨습니다.
바로 두 번째 곡물, 곧 왕을 위해 풀을 벤 후 두 번째 곡물이 막 올라오기 시작할 때 여호와께서 메뚜기 떼를 만드시고 계시는 것이었습니다.
7:2 메뚜기 떼가 땅의 풀을 다 먹어치웠을 때 내가 말했습니다. "주 여호와여, 부디 용서하여 주옵소서. 야곱이 어떻게 견딜 수 있겠습니까? 그가 참으로 연약합니다.
7:3 여호와께서 이에 대하여 불쌍히 여겨 뜻을 돌이키셨습니다.
"이것이 일어나지 않을 것이다." 여호와께서 말씀하셨습니다.

3. 원문분석

7:1. כֹּה가 시간이나 장소를 나타낼 경우 각각 "여기"와 "지금"으로 번역이 되며 앞에 언급된 말이나 행위를 가리킬 경우, "앞에서 말한/행한 바와 같이"로 번역한다. 반면에 כֹּה가 뒤에 나오는 말이나 행위를 가리킬 경우에는 "이와 같이" 또는 "다음과 같이" 등으로 번역된다. 여기서는 환상신탁을 소개하는 역할을 하는 것으로 뒤따르는 환상을 가리킨다. 히필 완료형 הִרְאַנִי("그가 내게 보여주었다")의 1인칭 대명사어미(נִי)의 선행사는 화자인 아모스이며 동사의 여격이 된다. 1b에 사용된 וְהִנֵּה("그리고 보라")의 접속사 바브(ו)는 설명을 위한 것(epexegetical ו)으로 여호와께서 아모스에게 보이신 것을 유도한다. הִנֵּה는 주의집중을 요구하는 감탄사의 역할을 하거나 뒤에 언급되는 내용을 강조하여 가리키는 대상 지시어(deictic)의 역할을 감당한다.[9] 따라서 화자인 아모스가 청자들의 주의집중을 요구

9) Cf. BHRG §44.3; GKC §147b.

하는 "보십시오"로 번역하거나 이어서 서술되는 환상을 보게 하는 기능을 하는 것으로 간주하여 "바로 이것입니다"로 의역할 수 있다. 우리말성경이 "보라"로 번역하고 있으며 다른 한글번역본들에서는 해석을 하지 않는다.[10)]

남성, 단수, 칼형 분사 יוֹצֵר(יצר, "만들다")의 주어는 אֲדֹנָי יְהוִה("주 여호와")이다. 분사는 사건이 눈앞에서 일어나고 있는 것처럼 묘사하는 효과를 준다. יוֹצֵר גֹּבַי를 여호와께서 메뚜기 떼를 보내실 준비를 하고 계시는 것으로 해석하기도 한다(쉬운성경; 우리말성경; NIV). גֹּבַי는 집합명사로 "메뚜기 떼"를 의미하며 동사 יוֹצֵר의 목적어 역할을 한다. בִּתְחִלַּת는 시간을 나타내는 전치사 בְּ와 여성명사 תְּחִלָּה("시작," "처음," "초반")가 결합된 형태로 동사 יוֹצֵר의 행위가 이루어지는 때를 나타내는 부사구의 역할을 한다. 연결형 부정사 עֲלוֹת(עלה, "올라오다," "오르다")는 הַלֶּקֶשׁ를 주어로 취하며 연결형 명사 תְּחִלָּה를 꾸며주는 역할을 한다. הַלָּקֶשׁ는 정관사 ה와 명사 לֶקֶשׁ가 결합된 형태이며 לֶקֶשׁ는 동사 לקשׁ("늦다")에서 파생된 명사로 3월과 4월의 늦은 비가 내린 후 자라기 시작하는 곡물, 즉 "두 번째 곡물"을 가리킨다.[11)] 따라서 1c는 "두 번째 곡물이 막 올라오기 시작할 때"로 번역하는 것이 적절하다.

1d의 וְהִנֵּה는 1b의 וְהִנֵּה와 유사하게 주의집중을 요구하며 1c를 보다 구체적으로 설명하는 역할을 한다. גִּזֵּי הַמֶּלֶךְ에서 피지배명사(nomen rectum) הַמֶּלֶךְ("왕")는 지배명사(nomen regens) גִּזֵּי의 목적을 나타낸다.[12)] גֵּז는 양의 털이나 풀을 깎는 것을 의미한다. 따라서 אַחַר גִּזֵּי הַמֶּלֶךְ는 "왕을 위해 풀을 벤 후"로 번역할 수 있다. 양의 털을 깎는 것은 주로 늦은 겨울이나 초봄에 이루어졌다. 사무엘하 13장 23절에서 압살롬이 양털을 깎으면서 다윗 왕의 아들들을 초청하여 연회를 베푼 것을 볼 수 있다. 그러나 여기서는 왕을 위해 풀을 베는 것으로 보는 것이 가능하다(cf. 시72:6). אַחַר גִּזֵּי הַמֶּלֶךְ를 "왕을 위한 곡물을 벤 후"로 의역을 하기도 하는데 왕의 말들을 위한 꼴을 벤 것으로 볼 수 있기 때문에 반드시 곡물을 수확한 것으로 볼 필요는 없다.[13)] 어떤 행위인지에 중점을 두는 것이 아니라

---

10) "보라. 왕에게 바칠 몫의 풀을 벤 후 봄풀의 싹이 다시 나기 시작할 때 여호와께서 메뚜기 떼를 보낼 준비를 하고 계셨다"(우리말).

11) Cf. Niehaus, "Amos," 451.

12) Cf. BHRG §25.4/4. 속격의 הַמֶּלֶךְ가 부사적 역할을 한다.

이 표현(1d)이 시점을 밝히는데 중점을 두고 있음에 주목할 필요가 있다. 1d가 집중하고 있는 시기는 모든 곡물을 파괴하여 극심한 기근을 초래할 수 있는 중요한 순간이다.

7:2. 아모스가 본 환상에 대한 서술을 이어감에 있어서 바브-완료 연계형 וְהָיָה가 어울리지 않는 것으로 보아 BHS는 완료 연계형 וְהָיָה를 미완료 연계형 וַיְהִיה로 수정하고 접속사 אִם을 גֹּבַי("메뚜기 떼")를 가리키는 3인칭 대명사 הֵא로 수정할 뿐만 아니라 동사 כִּלָּה를 분사 מְכַלֶּה로 수정하여 읽을 것을 제안한다: וַיְהִיה הֵא מְכַלֶּה. 즉 MT독법에 중자탈락과 띄어쓰기의 실수가 있었던 것으로 본다. Wolff는 7장 4절의 וַתֹּאכַל과 유사하게 단순히 וְכִלָּה로 읽을 것을 제안하기도 한다.[14] 메뚜기 떼 재앙이 완료되지 않은 상황이어야 아모스의 중재가 적절히 설명될 수 있음을 지적하면서 부정사구 וְהָיֹה로 수정할 것을 제안하기도 하지만 Paul의 설명과 같이 이것이 환상서술이므로 반드시 시간적 흐름을 고려할 필요가 없다.[15] 하지만 וְהָיָה를 과거사건을 묘사하는 분사 다음에 등장하는 바브-완료 연계형으로 간주하여 אִם과 함께 시간을 나타내는 부사절로 번역할 수 있기 때문에 수정독법을 제안할 필요가 없다(cf. 창 2:10; 38:9; 민 21:9). 3인칭, 단수동사 כִּלָּה("그[것]가 끝내다")의 주어는 집합명사인 גֹּבַי("메뚜기 떼")이다. לֶאֱכוֹל은 전치사 לְ와 부정사 אֱכוֹל(אכל, "먹다")가 결합된 형태로 동사 כִּלָּה를 보완하는 역할을 하며 אֶת־עֵשֶׂב הָאָרֶץ("땅의 풀")를 목적어로 취한다. עֵשֶׂב는 단순히 "풀"만 의미하는 것이 아니라 땅 위의 "모든 식물"을 포함한다(cf. 출 10:15). 바브-미완료 연계형 וָאֹמַר는 2a를 이어가면서 아모스가 하나님께 말한 내용을 소개하고 있다. 그가 말한 내용은 2c-e에 서술된다. 명령형 סְלַח(סלח, "용서하다")가 간청을 나타내는 불변화사 נָא와 함께 사용되면서 아모스의 간절한 탄원을 나타낸다. 의문사 מִי는 부사적 의미를 갖는 "어떻게"로 해석된다(cf. 룻 3:16; 사 51:19). 칼 미완료 동사 יָקוּם의 문자적 의미는 "일어나다" 또는 "일어서다"인데, 이 문맥에서는 "견

---

13) Cf. Mays, *Amos*, 128. Soggin은 גִּזֵּי를 열매를 수확하는 것으로 해석한다(Soggin, *The Prophet*, 113).

14) Cf. Wolff, *Joel and Amos*, 292.

15) Cf. Paul, *Amos*, 228 n. 20.

디다"의 의미를 갖게 된다. יַעֲקֹב("야곱")은 북이스라엘을 상징적으로 나타내는 환유이다. 이 명칭이 사용되는 것은 아모스의 호소가 언약적 관계에 근거한 것으로 볼 수 있게 한다. קָטֹן은 크기에 있어서 "작은," 연령에 있어서 "어린," 가치에 있어서 "하찮은," 또는 힘에 있어서 "연약한" 등을 의미할 수 있는데, 여기에서는 하나님의 심판을 견딜 수 없는 상태, 즉 작고 연약함을 나타낸다. 2e의 접속사 כִּי는 명사절을 유도하며 주어 הוּא("그")의 선행사는 יַעֲקֹב("야곱")이다. 접속사 כִּי를 이유를 나타내는 כִּי로 간주하여 야곱이 견딜 수 없는 이유를 서술하는 것으로 해석하거나 강조를 위한 כִּי로 보아 야곱의 상태가 연약하고 힘이 없다는 것을 강조하는 것으로 해석하기도 한다.[16)]

7:3. 니팔형 동사 נִחַם은 전치사 עַל과 함께 쓰여 "…에 대해 후회하다/회개하다" 또는 "…에 대해 측은히 여기다"의 의미를 갖는데, 여기서는 후자의 의미를 취하면서 하나님께서 불쌍히 여겨 그의 뜻을 돌이키신 것을 가리킨다. 이 동사가 하나님을 주어로 취할 때는 어떤 일이 잘못된 것에 대한 후회나 가책을 의미하지 않는다. עַל־זֹאת("이[것]에 대하여")의 지시대명사 זֹאת의 선행사는 앞에 언급된 내용이다. 3b(לֹא תִהְיֶה; "이것이 일어나지 않을 것이다")의 주절은 3c (אָמַר יְהוָה; "여호와께서 말씀하셨다")이다. 하나님께서 말한 내용을 먼저 제시하는 것은 강조를 위한 것이다.

4. 원문주해

7:1-3. 아모스는 하나님께서 그에게 보여주신 환상을 1인칭 관점에서 서술한다. 그가 첫 번째로 본 환상은 하나님께서 메뚜기 떼를 만들고 계시는 장면이다.

---

16) 개역, 개역개정, 우리말성경이 전자의 해석(원인)을 따르며 공동번역, 쉬운성경, 표준새번역이 후자의 해석(강조)을 따른다: "*야곱이 미약하오니* 어떻게 서리이까 하매"(개역; 개역개정); "*야곱이 아직 어리고 약하니* 어떻게 이 일을 견딜 수 있겠습니까?"(우리말); "야곱 가운데 그 누구도 이 일을 견뎌 낼 수 없습니다. *이스라엘은 너무 작습니다*"(쉬운성경); "*야곱은 약할 대로 약해졌습니다.* 이 이상 더 견뎌 낼 것 같지 않습니다"(공동); "야곱이 어떻게 견디어 낼 수 있겠습니까? *그는 너무 어립니다*"(표준새번역).

יוֹצֵר("만들다")는 창조기사에 사용된 단어로 단순히 메뚜기 떼를 모으는 것이라기보다는 메뚜기 떼를 만들고 계시는 장면을 환상으로 본 것으로 이해할 수 있다.[17] 1c-d는 하나님께서 곡물을 파괴할 메뚜기 떼를 만드시는 시기를 강조한다. 두 번째 곡물이 막 싹이 트기 시작하는 할 때라는 것은 첫 번째 곡물을 추수하기 직전이기 때문에 이 재앙이 모든 곡식의 파괴를 의도하고 있다는 것을 의미한다.[18] 바로 이 시기에 메뚜기 떼의 재앙이 임하게 되면 첫 번째 곡물뿐만 아니라 이미 싹이 트기 시작한 두 번째 곡물도 보존하는 것이 어렵게 된다. 그러므로 이 시기에 메뚜기 떼 재앙이 임하면 아무런 소출이 없이 긴 건기의 시기를 지내야만 하기 때문에 북이스라엘은 극심한 기근에 처하게 된다. 상황이 이렇게 되자 아모스는 하나님께 용서해 주실 것을 간청한다. סלח는 항상 하나님을 주어로 취하는 동사이며 하나님이 용서의 주체로 등장한다. 시내 산의 금송아지 사건 후에 모세가 하나님께 이스라엘 백성들을 용서해 주시길 구할 때에 동일한 동사를 사용하였다(cf. 출 34:9; 민 14:19). 모세는 하나님의 은혜의 광대하심(גֹדֶל חַסְדֶּךָ חַן)에 호소하며 용서를 구하였다. 이와 동일하게 아모스도 같은 동사(סלח)를 사용하면서 하나님의 전적인 용서가 아니면 북이스라엘이 심판을 견딜 수 없음을 호소하는 것이다. 달리 말하면 "야곱"이라는 명칭이 사용되고 있기 때문에 하나님의 언약이나 언약적 관계에 호소하는 것이 배제되지는 않지만 하나님의 긍휼하심과 자비에 호소하며 용서를 구하는 것이다. 하나님께서 재앙에 대한 뜻을 돌이키신 동기가 "이에 대하여 불쌍히" 여기신 것임을 통해 이러한 사실이 더욱 분명해진다. 하나님의 전적인 용서가 절대적으로 필요한 이유는 북이스라엘이 하나님의 심판 앞에

---

17) Soggin은 동사 יוֹצֵר를 "창조하다/만들다"의 의미가 아닌 메뚜기 떼가 형성되고 있는 것(forming)으로 해석해야 하는 것을 강조한다(Soggin, *The Prophet*, 114). 왜냐하면 일단 메뚜기 떼가 이루어지면 어떻게 할 수 없기 때문이라는 것이다. 아모스의 중재로 인해 재앙이 취소된 것을 고려할 때 메뚜기 떼가 형성되고 있는 상황에서 흩어질 수 있다는 것이다. 하지만 메뚜기 떼가 먹어치우기는 것을 마무리했음을 서술하고 있는 2a를 고려할 때 이것은 적절한 설명이 되지 못한다. 또한 메뚜기 떼 재앙이 이미 벌어진 것으로 이해한다고 해도 문제가 되지 않는다. 왜냐하면 아모스는 지금 환상을 서술하고 있는 것이기 때문이다. 환상에서 이미 일어난 참혹한 상황을 보고 이것이 실제 상황에서 일어나지 않길 아모스가 중재하고 있는 것으로 이해할 수 있다.

18) Cf. Paul, *Amos*, 227.

참으로 연약한 존재이기 때문이다. 북이스라엘 사람들은 자신들의 부와 번영을 의지하여 열국의 으뜸이며 유명하다(**נְקֻבֵי רֵאשִׁית הַגּוֹיִם**, 6:1)고 자랑하였다. 벧엘을 왕의 성소와 궁정으로 표현하고 있는 아마샤의 평가는 이러한 태도를 적절히 반영해 준다(7:13). 하지만 북이스라엘 대한 아모스의 평가는 그들이 하나님의 심판 앞에서 작고 연약한 존재에 불과하기에 하나님의 심판을 결코 견딜 수 없다는 것이다. 아모스의 간청은 그가 북이스라엘의 멸망을 원하지 않는다는 사실을 보여준다. 아모스의 간청을 들으신 하나님은 용서를 약속하시는 것이 아니라 메뚜기 떼 재앙을 행하시지 않겠다는 답변을 주신다. 결국 아모스의 중재로 북이스라엘은 메뚜기 떼 재앙을 피하게 된다. 메뚜기 떼 재앙은 북이스라엘 백성들에게는 단순한 자연재해 이상의 의미를 갖는다. 왜냐하면 이 재앙이 언약적 저주이기 때문이다(cf. 신 28:38, 42). 따라서 이 환상에서 심판의 원인이 직접적으로 언급되지는 않지만 언약적 관계의 파괴가 심판의 원인인 것으로 볼 수 있다.

II. 두 번째 환상신탁(불): 7:4-6

1. 원문

7:4a כֹּה הִרְאַנִי אֲדֹנָי יְהוִה

7:4b וְהִנֵּה קֹרֵא לָרִב בָּאֵשׁ אֲדֹנָי יְהוִה

7:4c וַתֹּאכַל אֶת־תְּהוֹם רַבָּה

7:4d וְאָכְלָה אֶת־הַחֵלֶק

7:5a וָאֹמַר

7:5b אֲדֹנָי יְהוִה חֲדַל־נָא

7:5c מִי יָקוּם יַעֲקֹב

7:5d כִּי קָטֹן הוּא

7:6a נִחַם יְהוָה עַל־זֹאת

7:6b גַּם־הִיא לֹא תִהְיֶה

7:6c אָמַר אֲדֹנָי יְהוִה

2. 사역

7:4 주 여호와께서 내게 이와 같이 보여주셨습니다.
바로 주 여호와께서 불에 의한 심판판결을 명하시는 것이었습니다. 그러자 불이 큰 바다를 삼켜버렸으며 땅을 삼켜버렸습니다.
7:5 그때 내가 말했습니다. "주 여호와여, 부디 멈추어 주십시오. 야곱이 어떻게 견딜 수 있겠습니까? 그가 참으로 연약합니다."
7:6 여호와께서 이에 대하여 불쌍히 여겨 뜻을 돌이키셨습니다. "이것도 역시 일어나지 않을 것이다." 주 여호와께서 말씀하셨습니다.

3. 원문분석

7:4. 1b와는 달리 4b에서는 분사 קֹרֵא(קרא, "부르다")의 주어 אֲדֹנָי יְהוִה("주 여호와")가 명확하게 명시되면서 강조된다. לָרִב는 전치사 לְ와 부정사 רִב가 결합된 형태로 동사 רִיב의 기본적인 의미는 "싸우다," "논쟁하다"인데, 법정적 정황에서는 죄를 지적하거나 소송을 제기하는 것을 의미한다. 일반적으로 이 동사가 전치사 בְּ를 취할 경우 בְּ 전치사구는 논쟁의 대상을 가리키는데, בָּאֵשׁ의 전치사 בְּ는 수단이나 방편을 나타내는 것으로 불이 심판의 도구로 사용되는 것을 시사한다. 따라서 이 문제를 해결하기 위한 여러 가지 수정독법들이 제안되었다. BHS는 לָרִב בָּאֵשׁ를 분사 קֹרֵא의 목적어 역할을 하는 לַהֶבֶת אֵשׁ("화염을")로 읽을 것을 제안한다. 또는 לְרֹב אֵשׁ("강력한 불을")이나 לִרְבִב אֵשׁ("불줄기를")가 제안되기도 한다.[19] 하지만 Limburg가 주장하는 바와 같이, 이사야 66장 16절에서 동일한 동사는 아니지만 유사한 의미를 갖는 동사 שָׁפַט를 사용하여 불에 의한 심판의 판결을 내리고 있는 것을 볼 때, MT 독법을 그대로 유지할 수도 있다: כִּי בָאֵשׁ יְהוָה נִשְׁפָּט וּבְחַרְבּוֹ אֶת־כָּל־בָּשָׂר("여호와께서 불과 칼로 모든 혈육에게 심판을 베푸신즉"[개역]).[20] 그렇다면 קֹרֵא לָרִב בָּאֵשׁ가 불에 의한 징벌의 판결을

---

19) Wolff는 לִרְבִב אֵשׁ로 읽을 것을 제안하는데, 흔히 사용되지 않는 단수명사 רְבִב("rain")가 사용되었기 때문에 필사과정에서 잘못 분절을 하여서 현재 MT 독법이 된 것으로 설명한다(Wolff, *Joel and Amos*, 293).

내리는 것으로 볼 수 있다.[21] 바브-미완료 연계형(*wayyqtl*) וַתֹּאכַל("그러자 그것이 삼켜버렸다")은 4b의 결과를 서술해 주며 동사의 주어는 אֵשׁ("불")가 된다. 동사 תֹּאכַל의 목적어인 תְּהוֹם은 "태고의 바다"를 가리키는 표현이며(cf. 창 1:2; 시 104:6), "바다," "심연," "바다의 물들"을 의미한다(cf. 시 33:7; 36:6; 77:17; 107:26; 잠 3:20). 또는 Paul이 제안하는 바와 같이 תְּהוֹם이 모든 샘물과 강물의 근원이 되는 땅 밑의 물을 의미하는 것으로 볼 수도 있다(cf. 창 7:11; 사 51:10).[22] 따라서 תְּהוֹם רַבָּה를 "땅 속의 큰 물" 또는 "지하수"로 번역하기도 한다. תְּהוֹם רַבָּה의 의미를 규정하기 위해서는 평행을 이루는 הַחֵלֶק를 함께 고려할 필요가 있다. חֵלֶק는 "몫"을 의미하는데, 몫으로 주어진 땅을 의미하기도 한다(cf. 룻 2:3; 4:3; 삼하 14:30; 왕하 9:21). 이것은 일반적인 땅이 아닌 경작을 할 수 있는 밭을 의미한다. הַחֵלֶק가 תְּהוֹם רַבָּה와 대조적 평행을 이루는 표현이므로, 이 평행관계를 반영하는 번역이 요구된다. 즉 תְּהוֹם을 "큰 바다"로 볼 경우, חֵלֶק는 이와 대조를 이루는 "땅"으로 번역하게 된다(개역, 개역개정). 이와는 달리 תְּהוֹם을 "지하수"(땅 밑의 물)로 번역하면서 חֵלֶק를 "경작지"나 "밭"으로 번역하기도 한다(cf. 표준새번역).[23] 후자의 번역에서는 하나님이 물의 근원을 불로 말리우실 뿐만 아니라 경작이 가능한 땅을 불로 파괴하시는 심판의 장면을 묘사하는 것이 된다. 어떤 해석을 선택하던 간에 תְּהוֹם רַבָּה와 חֵלֶק의 대조적 평행은 완전한 파괴를 묘사하는 양극대칭법(*merismus*)이다.

Wolff는 4c의 미완료 연계형 וַתֹּאכַל이 이미 완료된 상황을 서술하는 반면에 4d의 완료 연계형 וְאָכְלָה은 아직 진행 중인 상황을 서술하는 것으로 해석한다.[24] 이러한 관계를 반영하여 개역과 개역개정은 "불이 큰 바다를 삼키고 육지까지 먹으려 하는지라"로 번역한다. וְאָכְלָה가 진행 중인 상황을 묘사하는 것으로 보고자 하는 것은 아모스의 중재가 가능한 상황을 고려하기 위한 것으로 보인다. 하지만

---

20) J. Limburg, "Amos 7:4: A Judgment with Fire?" *CBQ* 35 (1973): 346-49.

21) Hayes는 רִיב를 판결이 아닌 논쟁으로 간주하면서 불에 의한 논쟁(לָרִב בָּאֵשׁ)을 군사적 방법으로 갈등을 해결하는 것으로 해석한다(Hayes, *Amos*, 203). 아모스가 이 표현을 통해 베가의 반역과 같은 북이스라엘의 내전상황을 암시하고 있는 것으로 제안한다.

22) Paul, *Amos*, 232.

23) "그 불이 깊이 흐르는 지하수를 말리고, 농경지를 살라 버린다"(표준새번역).

24) Wolff, *Joel and Amos*, 293; Soggin, *The Prophet*, 113-14.

아모스가 환상을 서술하고 있는 것이기에 반드시 그러한 시간적 상황이 필요한 것은 아니다. 이것은 첫 번째 환상에서 이미 메뚜기 떼가 땅의 풀들을 다 먹어치운 후(כִּלָּה לֶאֱכוֹל, 7:2a), 아모스의 중재가 이루어진 것과 유사하다. 따라서 바브-미완료 연계형 וַתֹּאכַל 다음에 바브-완료 연계형 וְאָכְלָה이 사용되는 것은 사건의 완료나 진행을 서술하기 위한 것이 아니라 완료형과 미완료형을 모두 사용하여 불에 의한 철저한 파괴를 묘사하기 위한 것으로 보인다.[25)]

7:5. 2c에서와 같이 명령형 חֲדַל(חדל, "멈추다," "끝나다")이 간청을 나타내는 불변화 נָא와 함께 사용되면서 아모스의 간절한 탄원("제발 멈추어 주십시오")을 나타낸다.

7:6. גַּם은 추가를 나타내는 불변화사이다. 따라서 גַּם־הִיא는 "이것도 역시"로 번역이 된다. עַל־זֹאת(6a)의 지시대명사 זֹאת와 6b의 3인칭 대명사 הִיא는 동일하게 4b-d를 선행사로 취한다.

4. 원문주해

7:4-6. 두 번째 심판의 환상이 주어지는 것은 여전히 북이스라엘의 죄가 완진히 용서되지 않았음을 시사한다. 즉 아모스의 중재로 인해 하나님의 심판이 단지 연기된 것에 불과하였다.[26)] 이 환상들이 주어진 정확한 시기나 이 환상들 간의 시간적 간격에 대해서는 알 수가 없지만 아모스가 부름을 받은 초기의 시기로 짐작해 볼 수는 있다.[27)]

두 번째 환상이 동일한 도입형식(כֹּה הִרְאַנִי אֲדֹנָי יְהוִה)을 취하면서 첫 번째 환상과 연관성이 있음을 보여준다. 주의를 환기시키는 הִנֵּה를 사용하여 환상에 집중하게 할 뿐만 아니라 분사 קֹרֵא의 주어(אֲדֹנָי יְהוִה)를 명확하게 제시하면서 불

25) Cf. Niehaus, "Amos," 454.

26) Cf. Wolff, *Joel and Amos*, 298.

27) Cf. Mays, *Amos*, 126.

로 인한 심판판결을 내리시는 하나님을 강조한다. 불에 의한 심판은 아모스서에서 지속적으로 언급되고 있는 하나님의 심판의 방편이다(cf. 1:4, 7, 10, 12, 14; 2:2, 5; 5:6). 두 번째 환상에서는 하나님의 심판의 강도가 강화되는 것을 볼 수 있다. 이에 따라 아모스의 간청에도 변화가 나타난다. 첫 번째 환상에서는 하나님의 절대적인 용서를 구하였는데(**סְלַח־נָא**), 두 번째 환상에서는 하나님께서 심판을 멈추어 주실 것(**חֲדַל־נָא**)을 간청한다. 마치 용서하시는 것이 어렵다면 심판을 멈추어 주시기만이라도 해달라고 간청하는 듯하다. 아모스의 간청에는 간절함뿐만 아니라 다급함도 보인다. 여전히 아모스의 간청의 근거는 하나님의 자비와 긍휼하심이다. 하나님은 아모스의 간청을 들으시고 불의 재앙을 내리시지 않겠다는 선언을 하신다. 하지만 여전히 북이스라엘의 죄가 용서받지 못하고 단지 재앙이 연기된 것을 알 수 있다. 왜냐하면 세 번째 심판의 환상이 주어지기 때문이다.

III. 세 번째 환상신탁(다림줄): 7:7-9

1. 원문

7:7a כֹּה הִרְאַנִי
7:7b וְהִנֵּה אֲדֹנָי נִצָּב עַל־חוֹמַת אֲנָךְ
7:7c וּבְיָדוֹ אֲנָךְ
7:8a וַיֹּאמֶר יְהוָה אֵלַי
7:8b מָה־אַתָּה רֹאֶה עָמוֹס
7:8c וָאֹמַר
7:8d אֲנָךְ
7:8e וַיֹּאמֶר אֲדֹנָי
7:8f הִנְנִי שָׂם אֲנָךְ בְּקֶרֶב עַמִּי יִשְׂרָאֵל
7:8g לֹא־אוֹסִיף עוֹד עֲבוֹר לוֹ
7:9a וְנָשַׁמּוּ בָּמוֹת יִשְׂחָק
7:9b וּמִקְדְּשֵׁי יִשְׂרָאֵל יֶחֱרָבוּ
7:9c וְקַמְתִּי עַל־בֵּית יָרָבְעָם בֶּחָרֶב

2. 사역

7:7 그가 내게 이와 같이 보여주셨습니다. 바로 주께서 아낙크, 곧 그의 손에
있는 아낙크로 된 벽 위에 서계시는 것이었습니다.
7:8 여호와께서 내게 말씀하셨습니다.
"아모스야, 너는 무엇을 보고 있느냐?" 그래서 내가 대답했습니다. "아
낙크입니다." 그러자 여호와께서 말씀하셨습니다. "보라. 내가 내 백성
이스라엘 가운데 아낙크를 놓을 것이다. 내가 더 이상 이스라엘을 용서
하지 않을 것이다.
7:9 이삭의 산당들이 황폐하게 될 것이며 이스라엘의 성소들이 폐허가 될 것
이다. 또한 내가 일어나서 칼로 여로보암의 집을 칠 것이다."

3. 원문분석

7:7. 1a와 4a에서처럼 주어가 직접적으로 명시되는 것은 아니지만 הִרְאַנִי("그가 내게 보여주셨다")가 동일한 주어(אֲדֹנָי יְהוִה)를 가지고 있는 것을 문맥의 흐름에서 쉽게 알 수 있다. 7a의 도입에서 명시적인 주어가 언급되지 않지만 7b에서는 분사 נִצָּב("서있다")의 주어 אֲדֹנָי("주")를 명시적으로 표기하여 앞의 환상들과 연관성을 분명히 제시하고 있다. 주어의 표기를 통해 7b에서 행위자가 강조되는 것을 볼 수 있다. נִצָּב는 재귀적 니팔형으로 주어가 "자리를 잡고 서있는 것"을 묘사한다. עַל־חוֹמַת("벽 위에")는 분사 נִצָּב의 부사구로서 전치사 עַל은 동사의 행위가 이루어지고 있는 "위"나 "옆"의 장소를 가리킨다. אֲנָךְ("*아낙크*")의 의미에 대해서는 원문주해에서 구체적으로 다룰 것이다.

1c-d에서와 같이 7c의 부사구 בְּיָדוֹ("그의 손에")앞에 הִנֵּה("보라")를 언급하지 않지만 동일한 서술기법을 사용하고 있다. 즉 대상을 언급한 후 그 대상을 보다 구체적으로 설명하는 것이다. 7b에서 אֲנָךְ에 대해 언급하고 이 אֲנָךְ가 구체적으로 "그의 손"(וּבְיָדוֹ)에 있는 것으로 설명한다. 따라서 접속사 바브(ו)는 설명을 위한 설명적 바브(epexegetical ו)이다.

7:8. 바브-미완료 연계형(*wayyqtl*) וַיֹּאמֶר("그리고 그가 말씀하셨다")는 상황의 순차적 흐름을 반영하여 사건의 전개를 서술해 준다. 이 동사의 주어는 יְהוָה("여호와")이며 부사구 אֵלַי("내게")는 여호와의 말을 듣는 대상을 나타낸다. 8b의 의문사 מָה("무엇")는 여호와께서 말씀하시는 내용이 질문인 것을 알게 한다. 2인칭 대명사와 분사(אַתָּה רֹאֶה)를 사용하여 동사의 행동이 진행되고 있는 상황을 묘사해 준다. 즉 아모스가 보고 있는 것이 무엇인지를 묻는 질문이다. 바브-미완료 연계형 וָאֹמַר("그러자 내가 말했다")는 질문에 대한 답변을 이어간다. 아모스는 간단히 אֲנָךְ("*아낙크*")라고만 답을 한다. 이것은 아모스가 본 환상의 핵심이 אֲנָךְ인 것을 시사하는 것이며 히브리어 אנח("애통하다")와 음성적 효과를 통하여 슬픔을 암시적으로 시사하는 것으로 볼 수도 있다. 상황의 순차적 진행이 바브-미완료 연계형 וַיֹּאמֶר("그리고 그가 말했다")에 의해 서술되면서 하나님의 선언이 8f-9c에 주어진다. הִנְנִי("보라 내가")는 주의를 환기시키는 הִנֵּה와 1인칭 대명사어미가 결합된 형태이며 대명사어미는 분사 שָׂם("놓다," "세우다")의 주어가 된다. 인칭대명사와 분사를 사용하여 주어를 강조할 뿐만 아니라 하나님의 행위의 임박성을 시사한다. יִשְׂרָאֵל("이스라엘")은 עַמִּי("내 백성")과 동격을 이루며 동격의 대상을 구체적으로 설명하는 역할을 한다: "이스라엘, 곧 내 백성." 연결형 부정사 עֲבוֹר(עבר, "지나가다," "넘어가다")는 동사 אוֹסִיף("내가 더할 것이다")를 보완하는 역할을 하며 목적어를 나타내는 לוֹ를 부사구로 취한다. לוֹ의 3인칭 대명사어미(וֹ)의 선행사는 עַמִּי 곧 יִשְׂרָאֵל이다. 부정사 עֲבוֹר와 לוֹ가 숙어를 이루어 문자적으로 "그를 넘어가다/지나쳐가다"를 의미하는데, 동사 אוֹסִיף, 부정어 לֹא, 부사 עוֹד가 함께 사용되어 "내가 더 이상 그를 용서하지 않을 것이다" 또는 "내가 더 이상 그를 간과하지 않을 것이다"의 의미를 갖게 된다(cf. 미 7:18).

7:9. 바브-완료 연계형 וְנָשַׁמּוּ("그리고 그[것]들이 황폐하게 될 것이다; שׁמם, "황폐하게 되다")는 하나님의 행위(8f-g)의 결과를 서술해 주고 있으며 בָּמוֹת יִשְׂחָק("이삭의 산당들")를 주어로 취한다. בָּמוֹת는 문자적으로 "높은 곳" 또는 "높게 돋은 곳"을 의미하는데, 이 표현이 "이스라엘의 성소들"(וּמִקְדְּשֵׁי יִשְׂרָאֵל)과 평행을 이루면서 종교적 장소의 의미를 갖게 된다. Paul이 제시하는 바와 같이 בָּמוֹת를 히스기야와 요시야의 종교개혁 이전의 합법적인 제의장소를 가리키는 것

으로 보기도 하는데, 이곳이 심판의 대상이 되는 것을 볼 때 이 장소에서 우상숭배와 혼합종교가 행해진 것을 짐작할 수 있다(cf. 호 4:11-14; 10:8; 겔 20:28-29).[28] 따라서 종교적 타락과 연관된 부정적 의미에서의 "산당"을 말하고 있는 것이다. "이삭"(יִצְחָק יִשְׂחָק)은 이스라엘과 짝을 이루는 표현이며 아모스서에서는 북이스라엘을 가리킨다(cf. 7:16). 접속사 바브(ו)와 함께 주어 מִקְדְּשֵׁי יִשְׂרָאֵל("이스라엘의 성소들")이 문두에 놓이게 되면서 연계형 시리즈가 단절되고 9b는 9a를 설명하는 상황절의 역할을 한다. 따라서 미완료형 동사 יֶחֱרָבוּ("그[것]들이 황폐하게 될 것이다/폐허가 될 것이다")가 사용된다. 9a와 9b가 교차평행을 이루면서 의미를 강조한다. וְקַמְתִּי עַל־בֵּית יָרָבְעָם בֶּחָרֶב는 문자적으로 "그리고 내가 여로보암의 집을 대항하여 칼을 가지고 일어날 것이다"를 의미하는데, "또한 내가 일어나서 칼로 여로보암의 집을 칠 것이다"로 의역하기도 한다.

4. 원문주해

7:7-9. 세 번째 환상이 유사한 도입형식으로 시작이 되면서 앞의 두 환상과의 연관성을 나타내기도 하지만 세 번째 환상과 네 번째 환상은 내용과 주제에 있어서 앞의 두 환싱과 치이를 나타낸다. 첫째, 앞의 두 환상에서는 아모스의 중재를 받아들이시는 하나님의 모습을 볼 수 있지만 세 번째와 네 번째 환상에서는 아모스의 중재가 더 이상 나타나지 않는다. 둘째, 앞의 두 환상에서는 아모스가 본 것을 서술하는 반면에 뒤의 두 환상에서는 아모스가 본 것에 대한 하나님의 질문과 아모스의 답변이 서술된다. 앞의 두 환상에서 환싱에 대한 서술이 길게 나타나는 것과 상반되게 뒤의 두 환상에서는 환상에 대한 서술은 간략해지지만 환상에 대한 질문으로 균형을 유지한다. 후자에서는 질문을 통해 환상이 반복되면서 언어적 유희가 나타나고 의미가 강조되는 것을 볼 수 있다. 이러한 차이를 반영하여 사건을 집중적으로 서술하는 "사건환상"(event-vision)과 언어적 유사성을 중심으로 환상을 서술하는 "언어유희환상"(wordplay-vision)으로 구분하기도 한다.[29] 달리 말

---

28) Paul, *Amos*, 236.
29) Cf. Mays, *Amos*, 125. 같은 매락에서 Wolff는 네 번째 환상을 "언어유희-환상"

하면 처음 두 환상은 행위에 집중하는 반면에 뒤의 두 환상은 보여진 물건에 관한 언어에 집중하고 있다. 셋째, 앞의 두 신탁은 "여호와께서 이에 대하여 불쌍히 여겨 뜻을 돌이키셨습니다"(נִחַם יְהוָה עַל־זֹאת)와 "이것이 일어나지 않을 것이다(גַּם־הִיא לֹא תִהְיֶה לֹא תִהְיֶה)"라는 선언에 의해 주제적으로 함께 묶이는 반면에 뒤의 두 환상은 "내가 더 이상 이스라엘을 용서하지 않을 것이다"(לֹא־אוֹסִיף עוֹד עֲבוֹר לוֹ)라는 선언에 의해 함께 연결이 된다. 후자는 확정된 심판을 선언하는 의도를 반영한다.

세 번째 환상을 이해하기 위해서는 이 환상의 핵심을 이루는 단어 אֲנָךְ("아낙크")에 대한 설명이 필요하다.[30] אֲנָךְ는 구약성경 중에서 이 환상에만 네 번 사용된다. אֲנָךְ가 "납"(lead)이나, 여기서 발전된 의미로 납추가 달린 "다림줄"(plumbline)을 가리키는 것으로 보았다. 대부분의 번역본들은 "다림줄"로 번역을 한다. 따라서 חוֹמַת אֲנָךְ가 문자적으로 "다림줄의 벽"을 의미하지만 속격의 אֲנָךְ가 연결형 חוֹמַת에 대한 수단이나 방법을 나타내는 것으로 해석하여 "다림줄로 재서 만든 벽"으로 번역한다. 개역, 개역개정, 쉬운성경, 표준새번역이 이 구문해석을 따라 번역한다.[31] 그러나 1965년에 Landsberger의 연구가 소개된 후, אֲנָךְ

(wordplay-vision)으로 보는 반면에 세 번째 환상은 "상징-환상"(symbol-vision)으로 구분하여 다룬다(Wolff, *Joel and Amos*, 301).

30) Chisholm은 세 번째 환상을 이루는 요소들에 대한 전통적인 해석을 제안한다(Chisholm, *Handbook*, 397; cf. Soggin, *The Prophet*, 116; Mays, *Amos*, 132; Wolff, *Joel and Amos*, 300). 벽은 이스라엘을 상징하는 것이며, אֲנָךְ는 하나님의 윤리적 기준을 상징하는 "다림줄"을 가리키는 것으로 이해하는 것이 전통적인 해석이다. 하나님이 다림줄(하나님의 윤리적 기준)을 가지고 벽(이스라엘)을 살폈을 때 벽이 기울어져 있기 때문에 넘어질 수밖에 없다는 것이다. 하지만 아모스의 환상들이 죄의 지적이 아닌 하나님의 심판에 중점을 두고 있은 것을 고려할 필요가 있다. 그렇다면 다림줄을 가지고 이스라엘의 죄를 지적하고 있는 장면으로 이해하는 전통적인 해석에는 어려움이 있다. 또한 אֲנָךְ 자체가 다림줄로 해석하는데 어려움을 제공하고 있기 때문에 전통적인 해석을 수정할 필요가 있다. Chisholm은 세 번째 환상이 임박한 하나님의 심판을 암시하는 것으로 해석한다. 하지만 אֲנָךְ를 하나님의 심판의 도구에 대한 상징으로 본다면 하나님의 확정된 심판을 암시하는 것으로 고려할 수 있다. 심판의 임박성이 강조되는 것은 네 번째 환상에서이다.

31) "*다림줄을 띄우고 쌓은 담* 곁에 주께서 손에 *다림줄*을 잡고 서셨더니"(개역; 개역개정); "주께서는 *다림줄을 이용하여 쌓은 벽* 옆에 서서, 그 벽이 반듯한가를 *다림줄*로 검사하고 계셨다"(쉬운성경); "*다림줄을 드리우고 쌓은 성벽* 곁에 주께서 서 계시는데 손에 *다림줄*

가 "납"(lead)이 아닌 "주석"(tin)을 의미하는 것이 더 적절하다는 견해가 인정되면서 חוֹמַת אֲנָךְ의 해석의 문제가 제기되어 왔다.[32] 왜냐하면 "주석 다림줄"(tin-line)이나 "주석 벽"(the wall of tin)이 존재하지 않았기 때문이다. 그러므로 BHS는 אֲנָךְ가 중복기록된 것으로 보아 이것을 삭제하고 עַל־חוֹמַת("벽 위에" 또는 "벽 옆에")로만 읽을 것을 제안한다. 또는 אֲנָךְ를 אֶבֶן("돌")으로 수정할 것을 제안하기도 한다. 하지만 이러한 수정독법들은 필사본들과 고대역본들의 지지를 받지 못하고 있다. Holladay는 아모스가 "납"(עֹפֶרֶת)이나 "주석"(בְּדִיל)을 의미하는 히브리어 단어를 사용하지 않고 주석(tin)을 의미하는 아카디아어 *annaku/anāku*에서 유래한 외래어 אֲנָךְ("*아낙크*")를 사용하고 있는 점을 지적한다.[33] Holladay는 하나님께서 "주석 벽"(the wall of tin)을 지키고 계실 뿐만 아니라 그의 손에 주석을 가지고 있다는 것은 하나님께서 북이스라엘을 치기 위한 청동무기를 제작하는 데 중요한 주석을 모을 수 있다는 것을 의미하는 것으로 해석한다. 결국 이것은 북이스라엘이 패할 수밖에 없음을 보여 준다는 것이다. 하지만 Paul은 אֲנָךְ가 청동을 의미하지 않을 뿐만 아니라 무기와도 상관이 없음을 지적한다. 고대문헌이나 구약성경에서 "청동 벽"이나 "철벽"이 요새화된 강한 벽을 의미하는 것에 근거하여 Paul은 "주석 벽"이 "청동 벽"과는 정반대로 약하고 쉽게 파괴될 수 있는 벽을 상징하는 것으로 해석한다.[34] 따라서 "주석 벽"은 북이스라엘의 연약한 상태에 대한 상징이 된다는 것이다. 하지만 Paul의 견해를 따를 경우 하나님의 손에 있는 "주석"(אֲנָךְ)에 대한 의미가 모호하게 될 뿐만 아니라 하나님께서 그의 백성들 가운데 אֲנָךְ를 놓는다는 선언의 의미도 분명하지 않게 된다. Paul의 견해와는 달리 Auld은 אֲנָךְ가 공격을 행하는 자를 묘사하는 것으로 제안한다. Auld은 חוֹמַת אֲנָךְ를 "주석 벽"(the wall of tin)으로 번역하면서도 Gese의 견해를 따

이 들려 있었다"(표준새번역). 공동번역과 우리말성경은 אֲנָךְ를 다림줄로 번역하지만 이 구문을 의역을 하고 있다: "*누군가* 돌담 옆에다 *다림줄*을 대어보고 있었다"(공동); "주께서 손에 *다림줄*을 들고 *수직으로 쌓은 담* 옆에서 담이 반듯한지 살피며 서 계셨다"(우리말). 공동번역은 נִצָּב의 주어를 하나님이 아닌 제 3자로 본다.

32) B. Landsberger, "Tine and Lead-The Adventures of Two Vocables," *JNES* 24 (1965): 285-96.

33) W. L. Holladay, "Once More ʾANAK= 'Tin,' Amos VII 7-8," *VT* 20 (1970): 492.

34) Paul, *Amos*, 234-35.

라 이것이 "거대한" 군사적 잠재력을 상징하는 것으로 제안한다.[35] Auld은 양적인 문제도 강조되고 있는 것으로 본다. 하나님의 손에 있는 주석이 이러한 사실을 더 강조해 주는 것으로 본다. 특히 아모스가 앗시리아의 영향권 아래 있었던 메소포타미아의 언어인 אֲנָךְ를 사용하여 메소포타미아의 군대를 통해 하나님께서 이스라엘을 치실 것임을 암시하는 것으로 해석한다. Auld과 Holladay가 지적하는 바와 같이 아모스가 일반적인 히브리어를 사용하지 않고 외래어를 사용하는 점에 주목할 필요가 있다. 외래어인 אֲנָךְ는 이 단어를 사용하는 이방민족을 상기시켜주는 역할을 하게 된다. 따라서 אֲנָךְ를 하나님께서 일으키실 대적(cf. 6:11, 14; 3:11)을 상징적으로 나타내는 것으로 간주할 수 있다. 아모스가 심판신탁들에서 의도적으로 대적을 명확하게 언급하고 있지는 않지만 이 대적을 앗시리아로 생각할 수 있기 때문에 앗시리아와 연결된 수 있는 외래어 אֲנָךְ를 의도적으로 사용하고 있는 것이다. 그렇다면 "אֲנָךְ의 벽"은 방어가 아닌 대적에 의한 공격적인 성격을 갖게 된다.[36] 특히 이 אֲנָךְ가 여호와의 손에 있다는 표현(7c)은 그의 주권에 따라 사용될 수 있음을 시사한다. 이와 더불어 하나님께서 벽 위에 서계시다는 것(7b) 역시 하나님께서 그의 심판의 도구로 사용될 대적에 대한 권위를 나타낸다.[37] 8f에서 하나님이 친히 이 אֲנָךְ를 "그의 백성 가운데"(בְּקֶרֶב עַמִּי) 두시겠다고 말씀하시면서 8g에서는 더 이상 북이스라엘을 간과하거나 용서하지 않으시겠다(לֹא־אוֹסִיף עוֹד עֲבוֹר לוֹ)고 선언하신다. 이 표현들은 5장 17절에서 하나님께서 "네 가운데로 지나가겠다"(אֶעֱבֹר בְּקִרְבְּךָ)는 선언을 상기시켜 주기도 한다. 이러한 상징적 의도가 אֲנָךְ에 담겨져 있다면 אֲנָךְ를 "주석"(tin)으로 번역하기 보다는 "*아낙크*"라는 음역을 그대로 살리는 것이 이러한 의도와 효과를 반영하는 방법이 될 수 있다.[38]

---

35) Auld, *Amos*, 20.

36) Cf. Niehaus, "Amos," 456. Hayes는 אֲנָךְ의 벽이 이스라엘을 위협하는 대적의 연합군을 상징하는 것으로 해석하며 이스라엘 가운데 있는 אֲנָךְ는 북이스라엘 안에 발생하고 있는 분쟁으로 해석한다(Hayes, *Amos*, 205).

37) Cf. Niehaus, "Amos," 456.

38) Stuart는 אֲנָךְ가 슬퍼하며 내는 신음소리를 의미하는 히브리어 אנח나 אנק를 연상하게 하는 음성적 효과를 가지고 있음을 지적한다(Stuart, *Hosea-Jonah*, 373). 즉 8d에서 서술하고 있는 아모스의 답변인 אֲנָךְ와 하나님의 백성 가운데 놓이게 될 אֲנָךְ가 음성적 효과

하나님께서는 אֲנָךְ를 그의 백성("내 백성") 가운데 허락하신다. 북이스라엘을 "내 백성"(עַמִּי)으로 언급하는 것은 3장 2절에서처럼 언약적 관계가 심판의 원인이 된다는 것을 시사한다. 즉 북이스라엘이 하나님의 백성이기 때문에 심판의 대상이 된다. 하나님의 심판의 도구는 אֲנָךְ가 상징적으로 가리키고 있는 이방대적이다. 세 번째 환상에서 아모스는 더 이상 용서를 구하거나 하나님께서 심판을 멈추어 주시길 간청하지 않는다. 왜냐하면 하나님께서 심판을 확정하신 것을 확인하였기 때문이다. 하나님께서 더 이상 북이스라엘을 지나쳐 가시지 않고(pass by, עֲבוֹר לוֹ), 그들 가운데로 지나가실 것(pass through, אֶעֱבֹר בְּקִרְבְּךָ, 5:17)이다.

9절은 하나님께서 행하실 심판을 구체적으로 설명해 준다. 두 가지 영역에 심판이 이루어지게 될 것이다. 첫째, 종교적 영역이다. 북이스라엘 백성들이 우상을 숭배하던 산당들과 그들이 자부심을 가지고 있었던 성소들이 황폐하게 되고 폐허가 될 것이다. 이삭과 브엘세바가 역사적 연관성이 있으므로(창 26:23, 33), "이삭의 산당"이 브엘세바를 가리키는 것으로 보기도 한다.[39] 이와 더불어 아모스 5장에서 이미 브엘세바에서의 종교행위에 대해 비난하였다는 것도 지적한다. 그러나 이삭의 산당을 브엘세바와 연관지을 필요는 없다. 왜냐하면 이삭이라는 표현이 이스라엘과 평행을 이루면서 북이스라엘을 가리키고 있기 때문이다(cf. 7:16). 왜 "이삭"으로 표현되는 지는 불분명하지만 "이삭의 산당들"이 북이스라엘에 있었던 종교적 장소들을 의미하는 것으로 보는 것이 자연스럽다. 이스라엘의 성소들은 벧엘, 길갈, 단을 가리킨다(cf. 3:14; 4:4-5; 5:4-6). 이 장소들은 하나님의 은혜가 남용되고 북이스라엘의 잘못된 자부심의 근거를 제공해 준 곳이다. 뿐만 아니라 하나님의 율법이 무시되고 사회적 불의와 압제가 이루어진 곳이다(cf. 2:6-8; 4:4-5). 9a와 9b의 교차평행은 이 장소들에 대한 하나님의 심판이 철저하고 완벽하게 임하게 될 것임을 강조해 준다(cf. 3:14; 5:26).

를 통해 하나님의 심판의 결과가 고통의 신음소리가 될 것임을 암시적으로 전달한다는 것이다. 이러한 효과를 완전히 배제할 수는 없지만 네 번째 환상의 언어유희 유형을 볼 때, 8f에서 אֲנָךְ 대신에 אנח나 אנק가 등장하는 것을 기대할 수 있다. 왜냐하면 네 번째 환상에서 언어유희를 의도한 קָיִץ("여름과일")를 보여준 후 이 단어가 의도하는 바를 8:2f에서 분명히 הַקֵּץ("그 끝")로 명시하고 있다.

39) Cf. Ibid., 301-2; Stuart, *Hosea-Jonah*, 374.

7:9a וְנָשַׁמּוּ בָּמוֹת יִשְׂחָק

a (완료형 동사) - b (주어)

7:9b וּמִקְדְּשֵׁי יִשְׂרָאֵל יֶחֱרָבוּ

b' (주어) - a' (미완료형 동사)

둘째, 정치적/사회적 영역이다. “여로보암의 집”(בֵּית יָרָבְעָם), 곧 북이스라엘의 왕조가 하나님의 칼에 의해 멸망하게 될 것이다(9c). 9a와 9b에서는 여호와가 주어로 등장하지 않지만 심판선언을 시작하는 8f와 마무리하는 9c에서는 여호와가 1인칭 주어로 등장하면서 심판이 하나님의 적극적인 개입으로 이루어질 것을 선언한다. 칼이 언급되는 것은 여로보암의 집의 멸망이 하나님의 심판에 의한 것임을 강조해 준다. 이 신탁은 주전 752년에 성취된다(cf. 왕하 15:8-12). 여로보암이 죽고 그의 아들 스가랴가 북이스라엘의 왕이 되지만 6개월을 통치한 후 야베스의 아들 살룸에 의해 암살되어 “여로보암의 집”(예후왕조)은 최후를 맞이하게 된다.

9절의 심판선언이 레위기 26:30-33의 언약적 저주서술과 언어적 유사성을 나타내는데, 이것은 하나님의 심판이 언약적 관계에 근거하고 있음을 시사한다. 세 번째 환상을 통하여 아모스는 연기되었던 하나님의 심판이 확정되었음을 보게 되고 네 번째 환상을 통하여는 이 심판이 임박하였음을 보게 된다.[40)]

IV. 네 번째 환상신탁(여름과일이 담긴 광주리): 8:1-3

1. 원문

8:1a כֹּה הִרְאַנִי אֲדֹנָי יְהוִה

8:1b וְהִנֵּה כְּלוּב קָיִץ

40) Wolff는 세 번째 환상에서 하나님의 심판이 확정되었다는 견해에 이의를 제기한다(Wolff, *Joel and Amos*, 301). Wolff는 אֲנָךְ를 “다림줄”로 해석하며 하나님께서 북이스라엘의 죄과를 측정하시는 모습이 강조되고 있다고 주장한다. 이것이 하나님께서 북이스라엘을 용서하지 않으시는 이유를 제공하는 것으로 본다.

8:2a וַיֹּאמֶר
8:2b מָה־אַתָּה רֹאֶה עָמוֹס
8:2c וָאֹמַר
8:2d כְּלוּב קָיִץ
8:2e וַיֹּאמֶר יְהוָה אֵלַי
8:2f בָּא הַקֵּץ אֶל־עַמִּי יִשְׂרָאֵל
8:2g לֹא־אוֹסִיף עוֹד עֲבוֹר לוֹ
8:3a וְהֵילִילוּ שִׁירוֹת הֵיכָל בַּיּוֹם הַהוּא
8:3b נְאֻם אֲדֹנָי יְהוִה
8:3c רַב הַפֶּגֶר
8:3d בְּכָל־מָקוֹם הִשְׁלִיךְ
8:3e הָס

2. 사역

8:1 주 여호와께서 내게 이와 같이 보여주셨습니다. 바로 여름과일이 담긴 광주리였습니다.

8:2 그가 말씀하셨습니다. "아모스야, 네가 무엇을 보고 있느냐?" 그래서 내가 말했습니다. "여름과일이 담긴 광주리입니다." 그러자 여호와께서 내게 말했습니다.
"내 백성 이스라엘에 끝이 임할 것이다. 내가 더 이상 이스라엘을 용서하지 않을 것이다.

8:3 그날에 왕궁의 노래들이 울부짖음으로 바뀔 것이다. 주 여호와의 말이니라.
시체가 무수할 것이다. 그가 곳곳에 던져버릴 것이다. 조용히 해라."

3. 원문분석

8:1. 네 번째 환상이 동일한 도입형식을 통해 소개되지만 וְהִנֵּה("그리고 보라")

와 함께 간단하게 קָיִץ כְּלוּב("여름과일이 담긴 광주리")로 서술된다. קָיִץ("여름과일")는 늦여름에 수확을 하는 무화과열매나 석류를 가리킨다. 특별히 여름과일이 언급되는 것은 2f에 언급된 קֵץ("끝")라는 단어와의 언어유희 때문이다.

8:2. 7:8a에서와 같이 바브-미완료 연계형 וַיֹּאמֶר("그리고 그가 말하였다")는 상황의 순차적 흐름을 반영하면서 사건을 전개해 간다. 하지만 7:8a와는 달리 주어(יְהוָה)나 대상(אֵלַי)을 명시하지 않으면서 간결하고 신속하게 내용을 전개해 간다. 하지만 2e에서는 동사 וַיֹּאמֶר의 주어(יְהוָה)와 대상(אֵלַי)을 명확하게 언급하면서 심판의 확실성과 명확성을 시사하려는 것으로 보인다. 그런 후 심판선언의 내용이 2f-3e에 제시된다. 완료형 동사 בָּא는 심판선언에서 미래시제로 번역이 된다("그[것]가 임할 것이다"). 이것을 예언적 완료형이라고 하며 완료형이 사용되는 것은 선포되는 내용이 화자의 관점에서는 이미 이루어진 일로 고려되기 때문이다. 부사구 אֶל־עַמִּי("내 백성에게")는 동사 בָּא의 행위가 미치는 대상을 나타내며 יִשְׂרָאֵל("이스라엘")은 עַמִּי("내 백성")와 동격을 이룬다. הַקֵּץ("그 끝")는 "여름과일"(קָיִץ)과 언어유희를 이루면서 "끝," 곧 멸망의 때가 북이스라엘에 이르렀음을 보여준다.[41)]

8:3. 바브-완료 연계형 וְהֵילִילוּ는 2f-g의 결과를 서술해 준다. 동사 הלל은 주로 히필형으로 사용되며 "울음소리를 내다"의 의미를 갖는다. 따라서 문자적으로는 "성전/왕궁의 노래들이 울음소리를 낼 것이다"인데, 주로 "성전/왕궁의 노래들이 울부짖음이 될 것이다"로 의역한다. שִׁירוֹת를 왕궁에서 애가를 부르는 여인들로 해석하기도 한다(cf. Paul, Wolff, TNK).[42)] 이 해석을 따를 경우 הֵיכָל은

---

41) Wolters는 발음의 관점에서 "여름과일"(קָיִץ)과 "끝"(קֵץ)의 언어유희를 설명한다(A. Wolters, "Wordplay and Dialect in Amos 8:1-2," *JETS* 31 [1988]: 407-10). 북이스라엘인들은 "여름과일"(קָיִץ)의 이중모음을 *아이*(*ay*)를 *에*(*e*)로 발음하기 때문에 여름과일의 발음이 유다인들이 "끝"(קֵץ)을 발음하는 것과 동일하다는 것이다. 따라서 북이스라엘인들이 "여름과일"(קָיִץ)을 보며 קֵץ라고 발음하며 결실을 말하지만 실제로는 "끝"(קֵץ)을 말하고 있는 것을 풍자하는 것으로 본다.

42) Paul, *Amos*, 254; Wolff, *Joel and Amos*, 317, 319. שִׁירוֹת를 שׁוּרוֹת("벽")로 읽어 "왕궁의 벽들이 울부짖을 것이다"로 번역하기도 한다(cf. Hayes, *Amos*, 208).

"왕궁"을 의미하게 된다. 왜냐하면 이 여인들이 항상 왕궁과 관련이 있기 때문이다. 반면에 הֵיכָל이 "성전"을 의미하는 것으로 볼 수도 있다. 7장 13절에서 아마샤가 벧엘을 "왕의 성소"(מִקְדַּשׁ־מֶלֶךְ)와 "왕궁"(בֵּית מַמְלָכָה)으로 표현하고 있기 때문에 여기서는 הֵיכָל이 이중적인 의미를 가질 수 있다. בַּיּוֹם הַהוּא("그날에")의 전치사 בְּ는 시간을 나타내는 것이며 "그날"이 가리키는 것은 2f에서 언급한 "끝이 임하는" 때이다(cf. 2:16; 3:14; 4:2; 5:18-20; 8:9, 11, 13). נְאֻם אֲדֹנָי יְהוִה("주 여호와의 말이니라")는 심판선언을 확언하는 기능을 한다. רַב הַפֶּגֶר를 명사절(nominal clause)로 간주하여 "시체가 무수할 것이다"로 번역하거나 명사 הַפֶּגֶר가 형용사 רַב에 의해 꾸밈을 받은 구문으로 간주하여 "수많은 시체"로 번역하기도 한다. 하지만 후자의 경우 형용사에 정관사가 사용되지 않은 서술적 용법이라는 것이 문제가 된다(cf. NIV, TNK). 표준새번역은 후자의 구문해석을 따르면서 רַב הַפֶּגֶר를 동사 הִשְׁלִיךְ("그가 보낼 것이다")의 주어로 간주하여 번역한다: "수많은 시체가 온 땅에 널리고"(표준새번역). 그러나 רַב הַפֶּגֶר를 명사절로 유지하는 것이 적절하다. 왜냐하면 유사한 서술기법이 3장 11절의 심판선언에 사용되었기 때문이다. 3장 11절은 대적을 먼저 언급하고 이 대적이 사방에 있음을 선포한다. 그런 다음에 이 대적이 방어물을 제거한 후 공격을 행하는 장면을 묘사한다. 그리고 그 결과로 요새들이 약탈당하게 될 것을 선언한다. 마찬가지로 3c는 수많은 시체를 먼저 언급하면서 이 시체들에 집중하게 한다. 그런 다음 이 시체들에게 일어날 일을 서술한다. 즉 "그가 던져버릴 것이다." בְּכָל־מָקוֹם은 동사 הִשְׁלִיךְ를 꾸며주는 부사구이며 "곳곳에" 또는 "모든 곳에"로 번역이 된다.[43] 3인칭, 남성, 단수 히필 완료형 הִשְׁלִיךְ(שׁלך, "던지다," "내던져버리다")의 주어는 언급되지 않는다. 따라서 시체들을 의미상의 주어로 간주하여 수동형으로 번역하거나 "사람(들)"을 주어로 명시하여 번역하기도 한다.[44] 즉 הִשְׁלִיךְ를 비인칭 수동으로 번역

43) BHS는 הִשְׁלִיךְ הָס를 אַשְׁלִיכֵם("내가 그것들을 던져버릴 것이다")이나 הִשְׁלִיכָם("그가 그것들을 던져버릴 것이다")로 수정하여 읽을 것을 제안한다. 또는 일부 단어가 삭제되었을 가능성을 의심하기도 한다. 하지만 BHS의 제안은 필사본들이나 고대역본들의 지지를 받지 못한다.

44) 공동번역, 쉬운성경, 표준새번역이 전자의 번역을 따르고 개역, 개역개정, 우리말성경이 후자의 번역을 따른다: "간 데마다 *버려진* 시체투성이가 되리라"(공동); "시체가 곳곳에

하는 것이다. 하지만 동사의 주어를 분명히 명시하지 않고 심판을 선포하여 청자들에게 공포와 긴장감을 유발하는 서술기법을 아모스서에서 볼 수 있다. 4장 2절에서 "바산의 암소들"을 끌고 갈 자를 "그"(וְנִשָּׂא)로 표현하고 있으며 6장 11절에서도 하나님의 명을 받고 집들을 쳐서 파괴할 자가 "그"(וְהִכָּה)로 표현되고 있다. 따라서 이것이 의도된 것이라면 הִשְׁלִיךְ 역시 같은 맥락에서 해석할 필요가 있다. 즉 הִשְׁלִיךְ בְּכָל־מָקוֹם를 문자적으로 "그가 그것들을(시체들을) 곳곳에 던져 버릴 것이다"로 번역하는 것이다. 의미상의 목적어 역할을 하는 "시체"(הַפֶּגֶר)가 생략된 것은 행위를 강조하기 위한 것으로 보인다.

감탄사 הָס("쉿!")에 대한 세 가지 구문해석이 제안되고 있다. 첫째, הָס가 동사 הִשְׁלִיךְ를 꾸며주는 부사적 역할을 하는 것으로 해석한다. 개역, 개역개정, 우리말성경이 이 구문해석을 따른다(cf. ASV, KJV, RSV).[45] 둘째, הָס가 불완전 구문으로 정적의 상태를 묘사하는 것으로 해석한다(쉬운성경, 표준새번역; NAB, NIV).[46] 셋째, הָס를 조용히 하라는 신호로 간주하여 명령형으로 번역한다(NJB, TNK, NRS). 6장 10절에 사용된 הָס는 여호와의 이름을 언급하는 것을 금하기 위해 조용히 하라는 신호의 역할을 한다. 따라서 "조용히 하십시오"의 명령형으로 번역하였다. 8장 3절에서 이 단어를 다시 언급하는 것은 죽은 시체들이 곳곳에 던져진 후 정적이 흐르는 상황을 묘사하거나 말없이 시체를 내던지는 행위를 묘사하기 위한 것이라기보다는 6장 1절에서와 같이 처참하게 죽임을 당한 후 침묵할 것을 요구하는 것으로 보여 진다. 즉 6장 10절의 의미를 이어받아서 하나님이 그의 이름을 감히 부를 수 없는 두려운 존재가 될 것임을 선언하는 것이다.[47]

널리게 될 것이며"(쉬운성경); "수많은 시체가 온 땅에 *널리고*"(표준새번역); "시체가 많아서 *사람이* 잠잠히 처처에 내어버리리라"(개역; 개역개정); "시체가 너무 많아서 *사람들이* 말없이 곳곳에 내다 버릴 것이다!"(우리말).

45) "시체가 많아서 사람이 *잠잠히* 처처에 내어버리리라"(개역; 개역개정); "시체가 너무 많아서 사람들이 *말없이* 곳곳에 내다 버릴 것이다!"(우리말).

46) "침묵만이 가득할 것이다"(쉬운성경); "아무 소리도 들리지 않을 것이다"(표준새번역).

47) Paul은 3c-e를 네 번째 환상을 본 후 아모스가 말하는 것으로 해석한다(Paul, *Amos*, 255).

4. 원문주해

8:1-3. 아모스 7장과 8장의 최종형태의 본문구성에서 네 번째 환상은 세 번째 환상을 바로 이어가지 않는다. 이 환상 전에 아모스와 아마샤가 충돌하는 장면을 서술하는 7:10-17이 등장하면서 네 번째 환상의 서술을 지연시키고 있다. 즉 7:10-17의 내용을 접하고 난 후 네 번째 환상을 대하게 되는 것이다. 이것이 아모스의 의도에 의한 것이라면 이 흐름을 고려하면서 네 번째 환상을 해석해야만 한다. 세 번째 환상에서는 종교적 영역과 정치적 영역에 임하게 될 확정된 하나님의 심판이 선포되었다. 아모스와 아마샤의 충돌은 아모스의 심판신탁을 거부하는 북이스라엘의 일반적인 태도를 드러내면서 심판의 이유와 필연성을 명확하게 밝혀 준다. 그 결과로 북이스라엘이 포로가 될 것을 선포한다. 이것을 이어가는 네 번째 환상에서는 이 심판이 임박하였음이 선포된다.[48)]

아모스가 본 여름과일이 담긴 광주리는 북이스라엘의 끝이 곧 임하게 될 것임을 상징적으로 지적해 준다. "여름과일"(קַיִץ)과 "끝"(קֵץ)의 음성적 효과는 북이스라엘의 기대를 반전시키는 역할을 한다(cf. 3:2; 4:4-5; 5:18-20). "여름과일"을 말하며 풍요로움과 평화를 기대하는 북이스라엘 백성들에게 그것이 "끝" 곧 멸망과 황폐함을 의미하는 것으로 제시된다. "끝"에 대한 하나님의 심판이 이미 확정된 것이기 때문에 네 번째 환상에서도 아모스의 중재가 나타나지 않는다. 오히려 더 이상 북이스라엘을 용서하지 않겠다는 하나님의 확정된 결정이 전달된다(2g). 이 끝이 임하게 되는 "그날"에 노랫소리가 애곡으로 바뀌게 될 것이다(cf. 5:23). 이것은 여호와께서 북이스라엘 가운데로 지나가심의 결과를 애곡과 통곡으로 서술하고 있는 5장 17절과 맥을 같이하는 표현이다. 5장 16-17절에서와 같이 "그날"의 특징은 죽음이 될 것이다. 그날에 사방에 버려져 있는 시체들을 보게 될 것이다. 3d는 이 시체들을 던져 버릴 자에 대해 분명하게 명시하지 않고 단지 "그"로

---

48) Wolff는 세 번째 환상에서 하나님께서 다림줄로 북이스라엘의 죄를 측량하시는 것을 강조하여 세 번째 환상이 죄에 대한 고소단락의 역할을 하고 네 번째 환상이 심판을 선언하는 단락의 역할을 하는 것으로 설명한다(Wolff, *Joel and Amos*, 320). 하지만 세 번째와 네 번째 환상의 관계를 이와 같이 분석하는데 어려움을 주는 것은 세 번째 환상에서 이미 심판선언(9절)이 주어졌다는 것이다. 또한 앞의 주해에서 지적한 바와 같이 אֲנָךְ의 해석에 따라 이러한 관계가 달리 규정될 수 있다.

언급하고 있다. 이것은 4:2과 6:11에서 암시적으로 제시하고 있는 "그"와 동일한 선상에서 이해할 수 있다. 3장 11절과 연관하여 본다면 "그"는 "대적"(צַר)을 가리키는 것이 되며 6장 11절은 이 대적이 하나님의 명을 받고 심판을 행하게 되는 것을 보게 된다. 또한 이 대적은 하나님께서 친히 일으키실 "한 나라"이다(cf. 6:14). 환상신탁연속물의 흐름을 고려하면 3d의 "그"는 하나님의 손에 있는 אֲנָךְ("*아낙크*")와 연결되는 것으로 간주할 수 있다. 하나님께서 친히 이 אֲנָךְ를 그의 백성들 가운데 놓으실 것이며 그 결과는 죽음과 울부짖는 소리가 될 것이다. 이러한 결과를 겪게 되는 북이스라엘 백성들을 향해 하나님께서는 침묵할 것을 요구하신다. 왜냐하면 하나님의 이름이 더 이상 북이스라엘 백성들의 입에 이전처럼 축복의 기대를 가지고 언급할 수 없는 심판자의 이름이기 때문이다(cf. 6:10).

V. 7:1-8:3의 절정/핵심 메시지

이 단락의 핵심 메시지는 다음 장에서 7:10-17을 다루고 난 후 제시할 것이다. 여기서는 환상신탁연속물이 전하고 있는 몇 가지 사실을 정리하여 제시하고자 한다. 첫째, 북이스라엘의 문제에 대한 지적과 고소보다는 심판의 확정성과 임박성에 집중하고 있다. 둘째, 아모스가 북이스라엘의 멸망을 원치 않았다는 사실을 보여준다. 따라서 북이스라엘을 향한 심판이 전적인 하나님의 결정임을 보여준다. 하나님의 부름을 받은 아모스는 하나님의 확정된 심판을 선포할 수밖에 없게 된다(cf. 3:7-8). 셋째, 하나님의 심판이 철회될 가능성이 있었지만 북이스라엘 백성들 스스로가 하나님의 심판을 자초하였다. 아모스의 중재가 있었을 때 하나님께서는 기꺼이 그의 뜻을 돌이키셨다. 그러므로 북이스라엘 백성들은 하나님의 은혜와 자비를 경험할 수 있는 기회를 가지고 있었지만 그들이 스스로 거부하였다. 아모스와 아마샤의 충돌기사(7:10-17)는 이러한 사실을 명백하게 보여 준다(cf. 3:3-8; 5:14; 9:10). 넷째, 환상신탁연속물은 하나님의 심판이 확정되었기에 북이스라엘이 더 이상 하나님의 심판을 돌이킬 수 없는 상황에 처하게 된 것을 선포한다(cf. 1:2). 다섯째, 환상신탁들과 아모스와 아마샤의 충돌기사는 아모스의 소명이나 그의 감정을 설명하는 것이 주요 목적이 아니다. 따라서 이 단락을 아모스의 소명기사와 연관된 것으로 해석하는 것은 적절하지 않다. 여섯 째, 메뚜기 떼와 불에 의한 심판은 심판의 원인이 언약적 관계의 파괴에 있음을 간접적으로 보여준다. 이 재앙들은 언약적 관계를 거부하고 하나님께 불순종하였을 때 임하게 되는 언약적 저주이다(cf. 신 28:38, 42; 32:22). 하나님께서 그의 심판의 대상을 "내 백성"(עַמִּי) 이라고 칭하는 것도 이러한 사실을 반영해 준다(8:2).

VI. 현재적 적용

환상신탁연속물(7:1-8:3)에 근거한 현재적 적용은 다음과 같다(7:10-17의 적용은 다음 장에서 다룰 것이다). 첫째, 심판의 연기는 심판의 취소를 의미하지 않는다. 아모스의 중보로 북이스라엘에 임하게 될 심판이 연기되었다. 하지만 그것은 결코 심판의 취소를 의미하지 않았다. 하나님께서 그의 자비하심에 따라 아모스의 중보를 듣고 심판을 연기하셨지만 회개하지 않을 뿐만 아니라 죄에서 돌이키지 않는 북이스라엘을 용서하지 않으셨다. 그러므로 하나님의 심판을 피할 수 없었던 것이다. 지금 당장 하나님의 심판을 경험하지 않기에 심판이 취소된 것으로 생각하는 것은 단지 착각에 불과하다. 심판이 단지 연기된 것인지 아니면 취소된 것인지를 알 수 있는 것은 내게 기회가 주어졌을 때 무엇을 했는지를 돌아보면 알 수 있다. 심판을 취소하거나 피할 수 있는 것은 때에 맞는 회개이다. 하나님의 은혜를 전적으로 구할 뿐만 아니라 신뢰하는 것은 죄에 대한 뉘우침과 돌이킴을 수반해야만 한다. 하지만 회개 자체가 자동적으로 하나님의 은혜를 보장하지는 않는다. 아모스가 5장 15절에서 지적하는 바와 같이 심판을 피하거나 심판에서 살아남을 수 있는 것은 전적으로 하나님의 주권에 따른 것이다. 지금이 심판을 피할 수 있는 마지막 기회일 수도 있음에도 불구하고 "다음에" 또는 "이번만 지나고"라고 생각하고 있다면 "다음"이 오지 않을 수도 있음을 기억할 필요가 있다. 풍요를 누릴 때라고 말할 때, 곧 "여름과일"(קַיִץ)이라고 말할 때 그것이 "끝"(קֵץ)을 의미할 수 있다.

둘째, 하나님께서도 "다시는 용서하지 않겠다"는 단호한 말씀을 하실 수 있다. 하나님은 사랑과 자비의 하나님이시기에 이런 말씀을 하시리라고는 상상조차 하지 않는다. 왜냐하면 듣고 싶은 말만 듣고 싶기 때문이다. 하지만 죄에서 돌아서지 않는 자들에 대하여 하나님은 분명한 어조로 "다시는 용서하지 않겠다"는 말씀을 하신다. 이는 하나님의 공의의 속성 때문이다. 그러므로 하나님의 심판에 대해 경종을 울리는 사건이나 음성에 귀를 기울이는 민감함이 중요하다. 이러한 민감함은 구원의 하나님이 역시 심판의 하나님이 되실 수 있음을 기억할 때 가능하다. 심판을 경험하고 나서야 심판의 하나님임을 알게 되면 이미 때를 놓친 상황이다.

셋째, 이웃과 공동체의 실패에 대한 태도는 대략 세 가지 형태로 나타날 수 있다. 첫째, 무관심이다. 자신과 상관이 없는 것으로 간주하여 전혀 관심을 두지 않을 뿐만 아니라 의도적으로 외면하는 태도이다. 둘째, 비판적 태도이다. 이웃과 신앙공동체 안에 벌어지고 있는 불의를 지적하면서 비판적이기는 하지만 단지 여기서 멈추는 태도이다. 하나님의 원리원칙에 따라 비판은 정확하고 날카로울 수 있지만 이웃과 신앙공동체에 대한 개인적 책임감이나 관심이 배제된다. 이러한 태도는 자신과 공동체 간에 여전히 거리감을 두고 바라보게 한다. 셋째, 이웃과 신앙공동체의 실패에 대해 함께 아파할 뿐만 아니라 적극적으로 중보하는 것이다. 이러한 태도는 실패나 불의에 동조하지 않지만 자신을 이웃과 공동체로부터 결코 분리시키지 않는다. 아모스가 취한 태도는 세 번째 태도이다. 따라서 아모스는 북이스라엘의 실패와 다가올 심판을 알게 된 후 북이스라엘을 위해 적극적으로 중보하며 하나님의 자비와 긍휼을 구하였다. 그는 북이스라엘의 멸망을 결코 원치 않았을 뿐만 아니라 북이스라엘이 심판을 감당할 수 없음을 안타깝게 생각하였다. 아모스가 북이스라엘을 향해 하나님의 확정된 심판을 선포할 때도 여전히 회개를 촉구하며 그의 안타까운 심정을 전하였다(cf. 암 5:6, 14-15). 공동체로부터 자신을 분리하지 않고 하나님의 은혜와 용서를 간구하는 진정한 중보의 태도는 에스라와 느헤미야에게서도 분명히 확인할 수 있다(cf. 스 9장; 느 1장).

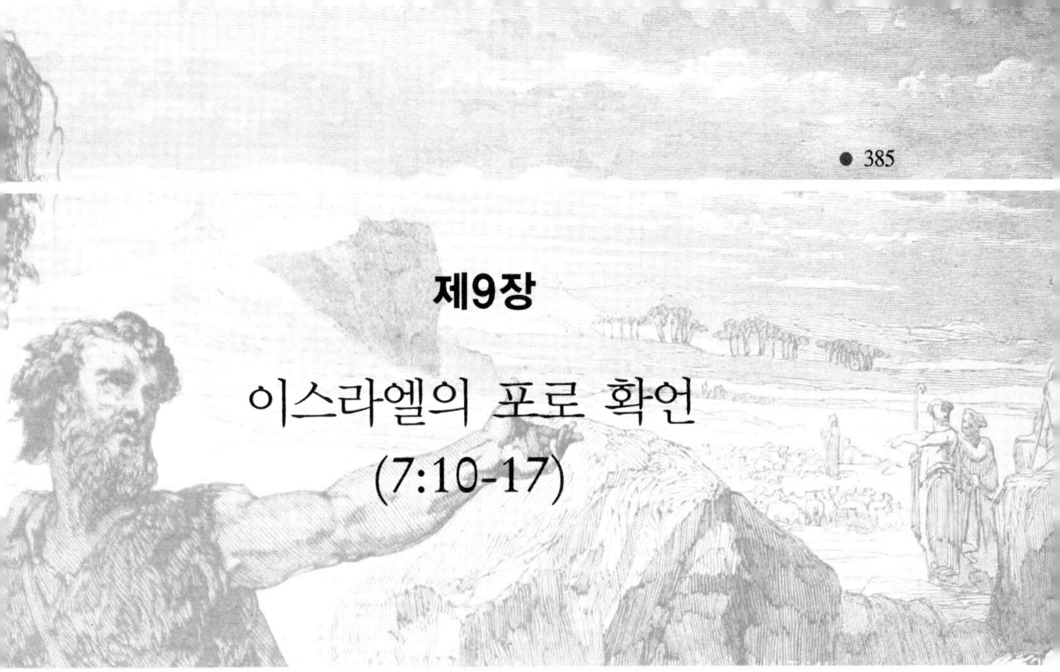

제9장

이스라엘의 포로 확언 (7:10-17)

아모스 7장 10-17절은 서술관점과 형식에 있어서 주변 단락들과 구분되어 하나의 단락을 이룬다. 첫째, 7:1-9과 8:1-3은 아모스가 1인칭 관점에서 서술하는 반면에 7:10-17은 3인칭 관점에서 기록한다. 둘째, 7:1-9과 8:1-3은 환상신탁이라는 서술형식을 취하는 반면에 7:10-17은 아모스와 아마샤의 충돌을 기록하는 이야기체(narrative)의 서술형식을 사용한다. 따라서 도입형식, 서술관점, 주제적 일관성에 있어서 자연스러운 연관성을 가지고 있는 환상신탁연속물의 흐름을 7:10-17이 방해하는 것으로 간주되면서 이 단락의 진정성 문제가 제기되었다.[1] 문서비평학자들에게 있어서 본문분석의 주된 관심은 선지자의 본래 본문(original/authentic texts)과 후대삽입(later/non-authentic addition)을 구분하는 것이다. 그러나 흥미롭게도 19세기 말과 20세기 초의 문서비평학자들은 암 7:10-17의 후대삽입의 가능성을 논하기는 하지만 이 본문을 본래의 본문으로 간주하는 경향

1) 예를 들면, Mays는 환상신탁연속물과 7:10-17 간의 서술형식의 차이가 7:10-17이 본래의 본문이 아님을 보여주고 있다고 분석한다(Mays, *Amos*, 123). 그럼에도 불구하고 7:10-17이 환상신탁연속물 사이에 기록된 것은 7장 9절과 11절의 연결성 때문이라고 본다.

이 있으며 이 단락의 주요목적을 선지자 아모스에 대한 정보를 제공하기 위한 것으로 설명한다.[2)]

양식비평적 접근을 시도하는 Tucker는 서사본문(7:10-17)과 환상본문들이 독자적으로 전승되어 오다가 7:10-17이 바로 앞의 구절인 7:9에 등장하는 "여로보암"이라는 단어에 의해 연결되어 현재의 본문구성을 가지게 된 것으로 설명한다.[3)] Tucker는 7:10-17의 장르를 구체적으로 "예언적 충돌의 이야기"(a story of prophetic conflict)로 규정하고 예언의 진정성과 예언자의 기능에 관한 내용을 전달하는 본문으로서의 기능을 강조한다.[4)] 따라서 본문을 분석하고 해석함에 있어서 Tucker는 선지자의 기능 및 소명에 대한 암시를 주고 있는 7장 15절의 분석에 집중하고 있으며 7:10-17이 환상신탁연속물 가운데 등장하는 현재 위치에서의 의미와 기능을 고려하지 않는다.

Hayes는 7:10-17의 내용과 더불어 아모스에게 유다로 가라는 아마샤의 명령을 고려할 때 7:10-17을 9:11-12 다음에 재배열하는 것이 의미를 이해하는데 더 적당한 것으로 제안을 한다.[5)] 하지만 이러한 접근들은 왜 후대에 이 본문을 이미

---

2) 아모스 7:10-17을 문서 비평적 분석을 통하여 다루고 있는 학자들은 G. A. Smith(1896), W. R. Harper(1905), S. R. Driver(1915) 등을 들 수 있다. G. A. Smith, *The Book of the Twelve Prophets, Commonly Called the Minor, In Two Volumes*, EXB, rev. ed. (New York: Harper and Brothers, 1896; 1928); W. R. Harper, *A Critical and Exegetical Commentary on Amos and Hosea*, ICC (New York: Scribers, 1905); S. R. Driver, *The Books of Joel and Amos* (Cambridge: Cambridge University Press, 1915). Smith는 아모스 7:10-17의 기원과 본래 위치(the source and original position)를 규정하는 것의 어려움과 불확실성을 인정하면서 7:10-17이 표제(1:1)와 더불어 아모스 선지자의 사역 시기와 배경을 제공하는 기능을 하는 것으로 설명한다(Smith, *The Book*, 68-69). 실제 Smith는 이 본문의 후대삽입 여부에 관심을 나타내지 않는 듯 보이며 오히려 이 기사의 사실성을 강조하고 있다(ibid., 113). 흥미로운 것은 Harper가 암 7:10-17을 아모스의 본래 본문으로 간주하고 있다는 것이다(Harper, *Amos and Hosea*, cxxxii).

3) G. M. Tucker, "Prophetic Authenticity: a Form-Critical Study of Amos 7:10-17," *Interpretation* 27 (1973): 425.

4) Tucker는 이 본문을 전형적인 전기적 서사(biographical narrative)나 예언적 설화(prophetic legend)로 다루지 않는다(ibid., 429-30). Tucker는 환상 기록들 가운데 서사가 등장하는 최종형태의 본문을 아모스의 신탁을 수집하고 보존하던 집단의 작업으로 간주한다(ibid., 431).

형성된 문학적 단락("a previously established literary unit")인 환상 기록들 가운데 삽입하였는지에 대한 적절한 답변을 여전히 주지 못하고 있다. 따라서 비평적 접근을 수용하면서 현재의 본문이 제시하고 있는 7:10-17의 기능과 의도에 대해 설명하려는 시도가 있게 된다. 예를 들면, Williamson은 한편으로 아모스 7:9-17이 신명기적 편집자(a Deuteronomistic editor)에 의한 후대의 삽입으로 간주하면서도 다른 한편으로는 세 번째 환상(7:7-8)이 언급하고 있는 다림줄이 바로 아모스 자신임을 설명하기 위하여 7:10-17이 삽입된 것으로 설명한다.[6] 더 나아가 이 본문은 북이스라엘을 향한 피할 수 없는 심판을 선포하는 기능을 하는 것으로 해석한다.

이들과는 달리 Noble은 7:10-17이 환상신탁연속물과 구조적, 수사학적 기능과 의미를 가지고 있기 때문에 최종형태의 본문에서 제거될 수 없음을 강하게 주장한다.[7] Noble의 견해에 따르면, 7:10-17은 7장 9절에서 심판의 대상으로 언급하는 산당, 성전, 여로보암 집의 멸망원인을 제공하는 문학적 기능을 가지고 있다는 것이다.[8] 이와 유사한 관계가 8:1-3과 8:4-6에도 나타나는 것으로 설명한다. 8장 3절에서 언급하고 있는 심판의 구체적인 내용에 대한 정당성을 제공하기 위해 8:4-6이 삽입된 것으로 본다. Noble이 제시하는 구조적 연관성은 다음과 같다.

---

5) Hayes, *Amos*, 231.

6) H. G. M. Williamson, "The Prophet and the Plumb-Line: A Redaction-Critical Study of Amos vii," in *Quest of the Past: Studies on Israelite Religion, Literature, and Prophetism*, ed. A. S. van der Woude (Leiden: Brill, 1990), 116-18.

7) "More specifically: on the one hand, 7:10-17 is structurally parallel to 8:4-6, with each passage performing the same function within its respective vision complex, and on the other hand, 7:10-17 is closely integrated, thematically, with its immediate context, where it imparts further insight into the issues raised by 7:9. So then, the excision of 7:10-17, far from bringing clarity to a confused text, actually diminishes the text both structurally and thematically… Thus, in terms of the structure and meaning of chaps. 7-8 there is nothing to suggest that there was an earlier version of this material" (P. R. Noble, "Amos and Amaziah in Context: Synchronic and Diachronic Approaches to Amos 7-8," *CBQ* 60 [1998]: 435).

8) Ibid., 431. Noble과 유사한 관점에서 Bullock은 7:10-17과 8:4-14을 각각 세 번째 환상과 네 번째 환상의 부록으로 간주하여 해석한다(Bullock, 『구약 선지서 개론』, 94).

7:8	심판에 대한 일반적 선포	8:2
7:9	심판에 대한 구체적인 설명	8:3
7:10-17	심판의 정당성에 대한 설명	8:4-6

Noble은 7:10-17의 환상신탁과의 밀접한 연관성을 제시하면서 이 단락의 진정성을 옹호하지만 전체 환상신탁연속물의 흐름 속에서 7:10-17의 기능과 의미에 대한 설명을 제시하지 않는다. 따라서 본 장에서는 7:10-17의 원전을 분석하고 주해한 후 이 단락의 환상신탁연속물(7:1-8:3)에서의 기능과 의미를 간략히 다룰 것이다.[9)]

아모스 7:10-17을 주로 두 개 내지는 세 개의 소단락들으로 구분한다. 예를 들면, Hayes는 7:10-17을 10-11절과 12-17절의 두 개의 소단락으로 구분한다.[10)] 첫 번째 단락은 이어지는 아마샤와 아모스의 대화를 위한 무대를 만드는 역할을 하는 것으로 설명한다. Dorsey의 경우, 7:10-17을 세 개의 소단락으로 구분한다: (1) Amaziah's report to Jeroboam (7:10-11); (2) Amaziah's address to Amos (7:12-13); (3) Amos's prophecy against Amaziah and Israel (7:14-17).[11)] 그러나 Dorsey가 세 번째 소단락으로 구분하고 있는 7:14-17은 아마샤와 이스라엘을

9) 복음주의 학자인 Archer와 VanGemeren은 아모스 7:10-17의 진정성을 인정하지만 이들의 구조분석은 이 본문의 위치와 기능에 대한 이해의 어려움을 간접적으로 시사하고 있다. Archer는 7:10-17을 세 번째 다림줄 환상(7:7-9)과 네 번째 여름실과 환상(8:1-14) 사이에 놓인 "간주('Interlude'): 아마샤와의 충돌, 그의 운명이 예언됨"으로 설명하며 이것을 괄호로 묶어 그 위치를 나타낸다(아처, 『구약총론』, 364). VanGemeren도 역시 환상을 중심으로 7:1-9:10을 하나의 큰 단락으로 나누고 7:10-17을 "3a"로 표기하고 7:7-9의 다림줄 환상("3")과 연관된 하나의 삽입구("Autobiographical parenthesis")로 간주한다(VanGemeren, 『예언서 연구』, 223).

10) Hayes, *Amos*, 231-40; Soggin, *The Prophet*, 130-33. Park은 두 개의 소단락을 제시한다: (1) Concerning Amaziah's word to Jeroboam (7:10-11); (2) Concerning Amaziah and Amos (7:12-17) (Park, *The Book of Amos*, 95). 하지만 두 번째 소단락을 다시 7:12-13(Amaziah's word to Amos)와 7:14-17(Amos' response to Amaziah)로 세분화하고 있으므로 내용적으로는 7:10-17을 세 개의 소단락으로 구분하고 있다.

11) Dorsey, *The Literary*, 283, n. 34; cf. Mays, *Amos*, 134; Niehaus, "Amos," 460. 이와 유사하게 Stuart도 7:10-17을 세 개의 소단락으로 구분한다:(1) Amaziah's complaint to Jeroboam (7:10-11); (2) Amaziah's attack on Amos (7:12-13); (3) Amos' stubborn reply (7:14-17) (Stuart, *Hosea-Jonah*, 374-75). Stuart가 제시하고 있는 세 번째 단락은

향한 심판신탁만을 담고 있는 것이 아니다. 14-15절은 아모스에게 북이스라엘에서는 예언하지 말하는 아마샤의 경고에 대해 아모스가 예언할 수밖에 없는 불가피성을 말하고 있다. 7장 16절이 새로운 전환을 나타내는 "그러나 이제"(וְעַתָּה)로 시작되는 것을 주목할 필요가 있다. 따라서 사건과 내용의 흐름을 고려할 때 표 17와 같이 네 개의 소단락으로 구분하는 것이 적절하다.[12)]

〈표 17〉 아모스 7:10-17의 구조

아모스와 아마샤의 충돌: 7:10-17
- a. 아모스에 대한 아마샤의 고발 (7:10-11)
  - b. 아모스를 향한 아마샤의 경고 (7:12-13)
    - c. 예언의 불가피성에 대한 아모스의 답변 (7:14-15)
      - d. 아마샤와 이스라엘을 향한 심판신탁 (7:16-17)

I. 아모스에 대한 아마샤의 고발(a): 7:10-11

1. 원문

וַיִּשְׁלַח אֲמַצְיָה כֹּהֵן בֵּית־אֵל אֶל־יָרָבְעָם מֶלֶךְ־יִשְׂרָאֵל	7:10a
לֵאמֹר	7:10b
קָשַׁר עָלֶיךָ עָמוֹס בְּקֶרֶב בֵּית יִשְׂרָאֵל	7:10c
לֹא־תוּכַל הָאָרֶץ לְהָכִיל אֶת־כָּל־דְּבָרָיו	7:10d
כִּי־כֹה אָמַר עָמוֹס	7:11a
בַּחֶרֶב יָמוּת יָרָבְעָם	7:11b
וְיִשְׂרָאֵל גָּלֹה יִגְלֶה מֵעַל אַדְמָתוֹ	7:11c

아모스의 완고한 답변만을 서술하고 있는 것이 아니라 아마샤와 북이스라엘을 향한 심판신탁을 담고 있기 때문에 7:14-17을 "Amos' stubborn reply"라는 제목으로 함께 묶어 구분하는 것은 적절하지 않다. Wolff는 7장 10-11절과 12-13절이 각각 두 개의 장면을 간략히 서술하면서 14-17절에 언급되고 있는 아모스의 신탁을 준비하는 것으로 7:10-17의 흐름을 설명한다(Wolff, *Joel and Amos*, 308).

12) Auld도 역시 7:10-17을 2개의 절을 각각 묶어 네 개의 소단락으로 구분한다: 10-11절,

2. 사역

7:10 벧엘의 제사장 아마샤가 이스라엘의 왕 여로보암에게 사람을 보내어 말하였습니다.
"이스라엘의 집 한 가운데에서 아모스가 당신에 대한 반란을 꾸미고 있습니다. 이 땅이 그의 모든 말을 감당할 수가 없습니다.
7:11 아모스가 이같이 말합니다. '여로보암은 칼에 죽을 것이며 이스라엘은 자기 땅에서 반드시 사로잡혀갈 것이다.' "

3. 원문분석

7:10. 바브-미완료 연계형(*wayyqtl*) וַיִּשְׁלַח("그리고 그가 보냈다," שׁלח)는 7:10-17의 사건이 세 번째 환상신탁과 연관성이 있는 것으로 나타낸다. 칼형 동사 יִשְׁלַח는 주어인 אֲמַצְיָה("아마샤")가 사람을 보내어 여로보암에게 메시지를 전한 것을 말한다. כֹּהֵן בֵּית־אֵל("벧엘의 제사장")은 동사의 주어인 아마샤와 동격을 이루며 아마샤의 직위를 구체적으로 설명하는 역할을 한다. אֶל־יָרָבְעָם("여로보암에게")의 전치사 אֶל은 동사의 행동이 이루지는 방향을 나타내는 것으로 아마샤의 메시지를 받는 대상을 나타낸다. מֶלֶךְ־יִשְׂרָאֵל("이스라엘의 왕")은 יָרָבְעָם("여로보암")과 동격을 이루면서 여로보암의 직위를 구체적으로 설명한다. לֵאמֹר는 전치사 לְ와 부정사 אֱמֹר가 결합된 형태로 메시지의 내용을 소개하는 역할을 하며 메시지의 내용이 10c-11c에 서술된다. עָלֶיךָ("당신에 대한")는 동사 קָשַׁר("묶다," "한패가 되다," "음모나 반란을 꾀하다")의 행위가 미치는 대상을 나타내며 2인칭 대명

12-13절, 14-15절, 16-17절(Auld, *Amos*, 25). Auld은 7:10-17이 아모스가 아닌 후대의 다른 손길에 의해 기록된 것으로 본다: "it is unlikely that it derives from Amos himself or any near contemporary"(ibid., 40). 그러나 Mays의 경우 7:10-17의 저자를 아모스와 동시대의 인물로 본다(Mays, *Amos*, 134).

13) Rosenbaum은 동사 קשׁר를 반역(treason)을 행하는 것으로 해석해야함을 주장한다. 따라서 이 동사가 사용되는 것은 아모스가 남유다 사람이었다면 적용될 수 없는 것이기에 이 동사에 근거하여 아모스가 북이스라엘 사람이었음을 주장한다(Rosenbaum, *Amos of Israel*, 38-40).

사어미(ךָ)의 선행사는 아마샤의 메시지를 전달받는 יָרָבְעָם("여로보암")이다.[13] בְּקֶרֶב는 위치를 나타내는 전치사 בְּ와 연결형 단수명사 קֶרֶב("중앙," "가운데")가 결합된 형태로 "한 가운데에서" 또는 "복판에서"를 의미한다. 따라서 בְּקֶרֶב בֵּית יִשְׂרָאֵל은 "이스라엘의 집 한 가운데에서"를 의미하는 것이며 북이스라엘의 수도인 사마리아를 가리키는 것으로 볼 수 있다.

הָאָרֶץ가 문자적으로는 "그 땅"을 의미하는데, 이 문맥에서는 북이스라엘을 가리키는 것이므로 "이 땅"으로 번역할 수 있다. הָאָרֶץ는 3인칭, 여성, 단수, 칼형 תוּכַל의 주어역할을 하며 부정어 לֹא에 의해 "이 땅이 할 수 없는 것"을 의미하게 된다. לְהָכִיל은 전치사 לְ와 히필 부정사 הָכִיל(כול, "이해하다," "참다")가 결합된 형태로 동사를 보완하는 역할을 한다. 즉 이 땅이 할 수 없는 것이 무엇인지를 설명해 준다. 부정사 הָכִיל은 אֶת־כָּל־דְּבָרָיו("그의 모든 말")을 목적어로 취하며 דְּבָרָיו("그의 말들")의 3인칭 대명사어미(ו)의 선행사는 아모스이다.

7:11. 11a의 접속사 כִּי는 필연적 결과를 가져오는 원인을 나타내는 כִּי 라기보다는 아마샤가 10c-d에서 말하는 것을 설명하거나 확언하기 위해 자신의 생각에 따른 근거를 제시하는 כִּי 이다.[14] כֹּה אָמַר("그가 이같이 말한다")는 아모스가 한 말을 소개하는 역할을 하며 כֹּה("이같이")는 11b-c에 언급될 말을 가리킨다. בַּחֶרֶב("칼에"/"칼로")의 전치사 בְּ는 수단이나 도구를 나타내는 בְּ이며 칼형 미완료동사 יָמוּת("그가 죽을 것이다," מוּת)를 꾸며주는 부사구이다. 이 부사구가 문장의 앞에 놓이면서 강조된다. וְיִשְׂרָאֵל("그리고 이스라엘")의 바브(ו)는 등위접속사의 역할을 하며 동사 יִגְלֶה("그가 사로잡혀갈 것이다")의 주어인 יִשְׂרָאֵל이 앞에 놓이면서 11b와 11c는 교차평행을 이룬다.

יָרָבְעָם	יָמוּת	בַּחֶרֶב	7:11b
c (주어) -	b (동사) -	a (부사구)	
מֵעַל אַדְמָתוֹ	גָּלֹה יִגְלֶה	וְיִשְׂרָאֵל	7:11c
a' (부사구) -	b' (동사) -	c' (주어)	

14) Cf. BHRG §40.9/II.

יִגְלֶה가 자동사로 쓰일 경우, "제거되다," "떠나다," "사로잡혀가다"의 의미를 갖는다. 주동사의 동족부정사 גָּלֹה는 주동사 יִגְלֶה 앞에 놓이면서 동사의 행위나 상태를 확언하는 역할("반드시")을 한다.[15] מֵעַל은 전치사 מִן과 전치사 עַל이 결합된 복합전치사(complex preposition)이며 장소를 나타내는 명사와 함께 사용되면서 동사의 행위가 이루어지는 장소 및 출처를 나타낸다. 즉 북이스라엘이 자신의 땅에서 사로잡혀 그 땅을 떠나게 될 것을 표현하는 것이다. אַדְמָתוֹ("그의 땅")의 3인칭 대명사어미(וֹ)의 선행사는 יִשְׂרָאֵל("이스라엘")이다.

4. 원문주해

7:10-11. 세 번째 환상신탁이 주어진 후 7장의 본문은 10절에서 3인칭 관점 서술 형식으로 바뀌면서 아마샤와 아모스가 충돌한 사건을 서술한다. 북이스라엘의 종교 중심지인 벧엘의 제사장, 아마도 대제사장이었던 아마샤가 사람을 보내어 여로보암 왕에게 메시지를 전한다.[16] 이 사건에서 그는 북이스라엘의 종교적 지도자들을 대표하고 아모스의 예언과 사역에 대한 이들의 태도를 대변하는 역할을 감당한다. 뿐만 아니라 북이스라엘 백성들의 태도도 반영하고 있다. 아마샤가 전달한 메시지는 아모스에 대한 고소(10c-d)이며 이에 대한 증거로 아모스의 말(11a-c)이 인용된다. 아모스에 대한 고소는 아모스가 왕에 대한 반란을 도모하고 있으며 북이스라엘이 감당할 수 없는 말을 전하고 있다는 것이다. 이에 대한 구체적인 증거로 아모스의 말을 직접화법으로 인용하여 생생하게 전달한다. 아마샤가 인용하고 있는 아모스의 신탁은 여로보암의 죽음과 북이스라엘의 포로이다. 후자의 내용은 분명하게 반복해서 언급된 내용이다(cf. 4:2-3; 5:5, 27; 6:7). 하지만 전자의 내용은 아모스의 신탁을 정확하게 전달하는 것이 아니다. 아모스의 심판신탁에 왕을 향한 직접적인 공격이 없었으며 7장 9절이 "여로보암의 집"(בֵּית יָרָבְעָם)에 대해 직접적으로 언급하기는 하지만 이것도 역시 여로보암에 대한 "반역"(קֶשֶׁר)이 아닌 다가올 심판에 대한 선포였다. 7장 9절은 하나님께서 친히 칼로 여로보암을

---

15) Cf. WOC §35.3.1f.

16) Cf. Stuart, *Hosea-Jonah*, 375.

치실 것을 말씀하셨다. 하지만 아마샤는 이 신탁을 여로보암 왕에 대한 아모스의 직접적인 위협으로 해석하여 전달한다. 이와 더불어 아모스가 전한 모든 말을 북이스라엘이 감당할 수 없음을 지적한다. 아모스가 왕에 대한 반란을 도모한다는 고소는 거짓된 것이지만 아모스의 신탁을 북이스라엘이 감당할 수가 없다는 것은 사실이다. 북이스라엘이 아모스의 신탁을 감당할 수 없는 이유를 다음과 같이 생각해 볼 수 있다. 첫째, 아모스는 북이스라엘의 기득권자들이나 일반 백성들이 기대하였던 것들을 모두 거부하면서 정반대의 그림을 제시하고 있기 때문이다(cf. 3:2; 5:18-20). 둘째, 북이스라엘의 범죄와 불의를 거침없이 지적하면서 이들을 구체적으로 비난하며 고소하고 있기 때문이다. 셋째, 북이스라엘에 임할 하나님의 심판을 지속적으로 전하고 있기 때문이다. 특히 이 심판이 대적에 의해 이루어질 것과 그 결과가 처절한 죽음과 북이스라엘의 멸망이 될 것임을 예고하는 것은 북이스라엘이 결코 쉽게 감당할 만한 내용은 아니다.

7:10-17은 아마샤가 보낸 전갈에 대해 여로보암 왕이 어떤 반응을 보이고 어떻게 대처하였는지에 대해서 기록하지 않고 아모스의 신탁에 대한 아마샤의 태도에 집중하고 있다. 아모스가 북이스라엘의 종교적 지역과 종교행위에 대해 비난을 하고 심판을 선언한 것이 그의 신탁 중 상당한 분량을 차지하고 있음에도 불구하고 아마샤는 이것을 그의 전갈에서 제외시킨다. 아마도 종교 지도자들과 직접적인 연관이 있기 때문인 것으로 보인다.[17] 아모스가 종교적 지도자들에 대한 문제를 지적하고 그 결과를 분명하게 선포하였음에도 불구하고 아마샤를 비롯한 종교 지도자들은 자신들의 문제를 외면하고 거짓고소로 아모스를 모함하여 자신들이 원하지 않는 상황을 해결하려고 한다. 달리 말하면 아모스가 전하는 심판신탁의 원인에 집중하여 문제를 해결하려고 하기 보다는 결과인 심판선언에만 관심을 두고 자신들의 불편함을 드러내었다. 아모스는 아마샤에게 임하게 될 심판선언(17절)을 통하여 영적 민감함을 잃은 사람들에게 임할 하나님의 심판이 어떠한 것인지를 예고한다.

17) Cf. Paul, *Amos*, 240.

II. 아모스를 향한 아마샤의 경고(b): 7:12-13

1. 원문

7:12a	וַיֹּאמֶר אֲמַצְיָה אֶל־עָמוֹס
7:12b	חֹזֶה לֵךְ בְּרַח־לְךָ אֶל־אֶרֶץ יְהוּדָה
7:12c	וֶאֱכָל־שָׁם לֶחֶם
7:12d	וְשָׁם תִּנָּבֵא
7:13a	וּבֵית־אֵל לֹא־תוֹסִיף עוֹד לְהִנָּבֵא
7:13b	כִּי מִקְדַּשׁ־מֶלֶךְ הוּא
7:13c	וּבֵית מַמְלָכָה הוּא

2. 사역

7:12 그런 후 아마샤가 아모스에게 말했습니다.
"선견자야, 너는 속히 유다 땅으로 떠나라. 거기서 빵을 벌어먹고 거기서 예언하라.
7:13 그러나 벧엘에서는 더 이상 예언하지 말라. 왜냐하면 이곳은 왕의 성소이며 왕국의 성전이기 때문이다."

3. 원문분석

7:12. 바브-미완료 연계형(wayyqtl) וַיֹּאמֶר("그리고 그가 말했다")는 이어지는 사건을 서술하는 것이며 아마샤가 이제는 아모스에게 직접적으로 말하고 있는 장면을 묘사한다. אֶל־עָמוֹס("아모스에게")의 전치사 אֶל은 동사의 행위가 미치는 대상이나 방향을 나타낸다. 호격 חֹזֶה는 동사 חזה("보다")에서 파생된 명사로 "보는 사람" 즉 "선견자"로 번역이 되며 선지자(נָבִיא)의 동의어이다(cf. 삼하 24:11; 왕하 17:13; 사 29:10).[18] 명령형 לֵךְ("가라")와 בְּרַח("도망하라")가 병치되면서 중언법의

18) 아마샤가 아모스를 선지자(נָבִיא)가 아닌 선견자(חֹזֶה)로 부른 것을 아마샤가 아모스의 선

효과를 갖게 된다. 따라서 "속히 도망하라" 또는 "속히 떠나라"라는 의미로 번역이 된다. לְךָ의 전치사 לְ은 심성적 여격(Dativus ethicus)을 유도하며 2인칭 대명사어미의 선행사는 아모스이다. 심성적 여격은 주어에 대한 화자의 관심을 나타내며 강조를 위한 것이다.[19] 따라서 이것을 아마샤가 아모스에게 호의를 베풀어 떠나라는 권고를 하는 것으로 해석하기도 한다.[20] Paul의 경우, 동일한 표현이 사용되고 있는 민수기 24:10-11의 발람의 예를 들면서 중요한 인물(VIP)에게 예의를 갖추어 추방을 명하는 태도를 나타내는 것으로 제안한다.[21] 하지만 12c-d의 표현을 고려할 때 아마샤가 아모스에게 호의적이거나 예의를 갖추고 있는 것으로 보이지 않는다.

אֶל־אֶרֶץ יְהוּדָה("유다 땅으로")의 전치사 אֶל은 동사의 행위가 일어나는 방향을 나타내는 것으로 명령형 동사 בְּרַח("도망하라")를 꾸며주는 부사구의 역할을 한다. וֶאֱכָל("그리고 먹어라")의 등위접속사 바브(ו)는 명령형 אֱכָל을 12b에 연결시켜 주며 명령형들을 나열해 준다. אֱכָל은 12d의 동사 תִּנָּבֵא(נבא, "예언하다")와 교차평행을 이룬다. 따라서 תִּנָּבֵא가 2인칭 미완료형 동사이지만 평행을 이루는 앞의 명령형 אֱכָל의 영향을 이어받아 명령형의 역할을 하게 된다. 이 동사들의 교차평행은 예언하는 목적이 빵을 먹기 위한 것으로 해석하게 한다. 즉 아모스가 먹고 살기 위해 북이스라엘에서 예언하는 것이라면 남왕국으로 가서 거기서 예언을 해서 먹고 살라는 것이다.

지자적 사역을 무시하기 위한 것으로 해석하기도 한다. 이와는 정반대로 Wolff는 חֹזֶה를 נָבִיא 보다는 위엄과 존경을 나타내는 용어로 설명한다(Wolff, *Joel and Amos*, 313). 따라서 Wolff는 아마샤가 아모스를 חֹזֶה로 표현한 것을 아모스에 대한 존경을 나타내는 것으로 해석한다. 이러한 견해들과는 달리 남유다에서 선지자를 지칭하는 표현이 חֹזֶה이고 북이스라엘에서는 נָבִיא로 불렀다고 보기도 한다. 하지만 이 두 단어를 단순히 동의어로 보며 아마샤가 이 단어를 사용한 이유가 환상신탁들과 연관이 있는 것으로 설명하기도 한다(cf. ibid.).

19) Cf. GKC §119s. 심성적 여격을 재귀용법으로 설명하기도 한다(cf. BHRG §39.12/3.; WOC §11.2.10d).

20) Cf. Mays, *Amos*, 136; Wolff, *Joel and Amos*, 311.

21) "Thus rather than voicing genuine personal concern or belittlement, the expression seems to be the correct manner and proper protocol for the deportation of a VIP (very important prophet)" (Paul, *Amos*, 242).

부사 שָׁם("거기서")의 선행사는 אֶרֶץ יְהוּדָה("유다 땅")이다. 12c와 12d에 이 부사가 반복되면서 강조되고 있으며 13a의 בֵּית־אֵל("벧엘")과 대조를 이룬다. 12d는 등위접속사와 부사구(וְשָׁם)를 동사 앞에 놓아 12c와 교차평행을 이루면서 장소를 나타내는 שָׁם을 강조한다. 접속사 바브(ו)는 설명을 위한 바브(epexegetical ו)로 볼 수 있다.

7:12c	וֶאֱכָל־שָׁם לֶחֶם
7:12d	וְשָׁם תִּנָּבֵא

7:13. וּבֵית־אֵל("그러나 벧엘에서는")의 바브(ו)는 반의접속사의 역할을 하여 "그러나"로 번역된다. 부사적 대격의 역할을 감당하는 בֵּית־אֵל("벧엘에서는")이 문장 앞에 놓여 강조된다. לֹא־תוֹסִיף의 부정사 לֹא와 2인칭 미완료 동사 תוֹסִיף(יסף, "더하다," "추가하다")는 강한 금지명령을 위한 형식이며 부사 עוֹד("더 이상")에 의해 금지의 의미가 강화된다. לְהִנָּבֵא는 전치사 לְ와 니팔형 부정사 הִנָּבֵא("예언하다")가 결합된 형태로 동사 תוֹסִיף의 의미를 보완하여 더 이상 하지 말아야 할 것이 무엇인지를 구체적으로 서술하는 역할을 한다. 즉 아마샤는 더 이상 예언을 하지 말라고 경고한다.

13b의 כִּי는 12b-13a에 언급된 명령의 원인을 설명하는 접속사 כִּי의 역할을 하는 것으로 "왜냐하면 …때문이다"로 번역이 된다. 13b와 13c는 구문론적 평행을 이루는 명사절이며 3인칭 대명사 הוּא의 선행사는 בֵּית־אֵל("벧엘")이다. מִקְדַּשׁ־מֶלֶךְ는 בֵּית מַמְלָכָה와 평행을 이루는 표현이다. 피지배명사 מֶלֶךְ와 מַמְלָכָה는 각각 지배명사 מִקְדַּשׁ와 בֵּית의 속격(genitive)의 역할을 하며 소유를 나타낸다. מִקְדַּשׁ는 주로 "성막"이나 "성전"을 지칭하는 단어이며 이와 짝을 이루는 בֵּית는 "성전"의 의미로 해석된다.[22] 따라서 מִקְדַּשׁ־מֶלֶךְ와 בֵּית מַמְלָכָה는 각각 "왕에게 속한 성소"와 "왕궁에 속한 성전"의 의미를 갖게 된다(cf. 왕상 12:26-33).[23]

22) Paul은 왕궁이 사마리아에만 있었음을 지적하면서 벧엘에 있는 בֵּית를 "성전"으로 해석할 것을 제안한다(ibid., 243).

23) 개역, 개역개정, 우리말, 표준새번역은 בֵּית מַמְלָכָה를 "궁궐" 또는 "왕실"로 번역한다: "이는 왕의 성소요 *왕의 궁*임이니라"(개역); "이는 왕의 성소요 나라의 *궁궐*임이니라"

4. 원문주해

7:12-13. 아모스의 신탁에 대한 아마샤의 대처는 단순히 거짓고소를 왕에게 전달하는 것으로 끝나지 않는다. 12-13절은 아마샤가 직접적으로 아모스의 문제를 해결하려고 하는 것을 서술한다. 아마샤는 아모스의 선지자 사역을 단순히 생계를 유지하기 위한 수단으로 비하하면서 북이스라엘에서의 그의 사역을 거부한다. 생계를 위한 선지자 사역을 하려면 유다가 적합한 곳임을 언급하면서 그곳에 가서 예언할 것을 명한다. 벧엘은 아모스가 선지자로서 사역할 만한 곳이 되지 못한다는 것이다. 왜냐하면 벧엘은 왕의 성소이며 왕국의 성전이기 때문이다. 아마샤의 말에서 유다와 벧엘이 분명하게 대조를 이루는 것을 고려할 때, 북이스라엘을 대표하고 있는 아마샤가 여전히 벧엘과 북왕국에 대한 자부심과 자만심을 가지고 있음을 볼 수 있다. 아모스가 벧엘에 임할 심판을 선포하였음에도 불구하고 아마샤는 벧엘이 심판의 대상이 될 수 없음을 과시하는 듯하다. 그의 과시의 근거는 눈에 보이는 북이스라엘의 왕과 왕국에 근거한 것이다. 따라서 왕의 성소를 맡고 있는 아마샤는 왕권에 근거하여 아모스에게 떠날 것을 명령하는 것으로 보인다.[24]

Paul은 아마샤가 아모스의 선지자적 사역과 그의 신탁의 진정성을 거부하지 않은 것으로 설명하면서 아마샤의 명령을 단지 아모스에게 그의 사역을 북이스라엘이 아닌 남유다에 가서 하라는 긍정적인 경고로 해석한다.[25] 하지만 아마샤는 아모스의 선지자적 사역을 단순히 생계를 유지하기 위한 수단으로 비하하면서 아모스의 예언의 진정성과 권위를 거부하는 것을 볼 수 있다.[26] 특히 아모스의 답

(개역개정); "이곳은 여로보암 왕의 성소이며 왕의 *궁궐*이다"(우리말); "이 곳은 임금님의 성소요, *왕실*이다"(표준새번역). 공동번역과 쉬운성경은 בֵּית מַמְלָכָה를 "성전"으로 번역한다: "여기는 왕의 성소요 *왕실 성전*이다"(공동); "이 곳은 여로보암 왕의 거룩한 곳이요, *이스라엘의 성전*이다!"(쉬운성경).

24) Cf. Stuart, *Hosea-Jonah*, 376.

25) Paul, *Amos*, 242. 같은 맥락에서 Wolff는 아마샤가 아모스를 "선견자"로 부르는 것이 선지자 아모스를 존경하는 것으로 해석할 뿐만 아니라 아마샤가 아모스에게 준 명령도 역시 충돌을 피하거나 아모스의 생명을 구하기 위한 호의적인 권고로 해석한다(Wolff, *Joel and Amos*, 311). Wolff와 유사하게 Roberts도 렘 26:16-19를 참조하면서 아마샤의 경고를 호의적으로 해석한다(J. J. Roberts, "A Note on Amos 7:14 and Its Context," *RQ* 9 [1965]: 175 76).

변(14절)에서 무엇보다 먼저 자신의 선지자적 사명의 진정성을 변호하는 것을 볼 때 더욱 그러하다. 아마샤가 아모스의 사역과 신탁의 진정성을 인정한다하더라도 의도적으로 거부한 태도에 있어서는 차이가 없다. 결국 아마샤가 아모스의 신탁을 거부하고 그의 사역을 방해한 것은 아마샤가 하나님의 심판을 받게 되는 직접적인 원인이 된다(cf. 16절).

III. 예언의 불가피성에 대한 아모스의 답변(c): 7:14-15

1. 원문

7:14a	וַיַּעַן עָמוֹס
7:14b	וַיֹּאמֶר אֶל־אֲמַצְיָה
7:14c	לֹא־נָבִיא אָנֹכִי
7:14d	וְלֹא בֶן־נָבִיא אָנֹכִי
7:14e	כִּי־בוֹקֵר אָנֹכִי
7:14f	וּבוֹלֵס שִׁקְמִים
7:15a	וַיִּקָּחֵנִי יְהוָה מֵאַחֲרֵי הַצֹּאן
7:15b	וַיֹּאמֶר אֵלַי יְהוָה
7:15c	לֵךְ
7:15d	הִנָּבֵא אֶל־עַמִּי יִשְׂרָאֵל

2. 사역

7:14 그러자 아모스가 답변을 하여 아마샤에게 말했습니다.
"나는 선지자도 아니었으며 나는 선지자의 아들도 아니었습니다. 나는 소 떼를 관리하던 자였으며 뽕나무를 가꾸는 사람이었습니다.
7:15 그러나 여호와께서 양떼를 따르는 일에서 나를 붙들어내시고 여호와께서 내게 말씀하셨습니다. '가서 내 백성 이스라엘에게 예언하라.'"

---

26) 주로 거짓선지자들이 신탁을 전하며 금전적 이득을 취한 것이 나타난다(cf. 미 3:5; 겔 13:19).

3. 원문분석

7:14. 바브-미완료 연계형 וַיַּעַן("그러자 그가 대답했다," יען)은 순차적 상황의 흐름을 나타내며 12-13절의 아마샤의 명령에 대한 답변을 서술한다. 14b의 바브-미완료 연계형 וַיֹּאמֶר("그리고 그가 말했다")는 앞의 וַיַּעַן과 중언법을 이룬다. 이러한 중언법을 반영하여 "대답하여 말했다"로 번역할 수 있으며 단순히 "대답하였다"로 번역할 수도 있다. אֶל־אֲמַצְיָה("아마샤에게")의 전치사 אֶל은 아모스의 답변을 듣는 대상을 소개한다. 아모스의 답변의 내용이 14c-15d에 서술된다. 14c와 14d는 부정어 לֹא와 함께 부정을 나타내는 명사절이다. 1인칭 대명사 אָנֹכִי가 반복되면서 강조되고 있으며 또한 부정어 לֹא의 반복을 통해 강한 부정을 나타낸다. 이 명사절들은 과거시제나 현재 시제로 해석할 수 있는데, 여기서는 과거시제로 번역하는 것이 적절하다.[27] 왜냐하면 아모스가 본래 선지자가 아니었지만 현재는

---

27) 14c와 14d의 부정적 서술의 명사절을 현재시제로 해석할 경우, 아모스가 자신을 전통적인 선지자들과 구분하고 있다는 견해로 발전되기도 한다(cf. Auld, *Amos*, 26-27). Zevit은 이러한 견해를 반박하기 위해 14c의 לֹא־נָבִיא אָנֹכִי의 לֹא를 명사절의 부정으로 간주하지 않고 절대부정으로 보아, "[나는 선견자가] 아니다(לֹא). 나는 선지자이다"로 해석할 것을 제안한다(Z. Zevit, "A Misunderstanding at Bethel, Amos VII 14," *VT* 25 [1975]: 783-34). 그러나 Hoffman은 이러한 해석이 구문론적으로 적절하지 않음을 지적하면서 Zevit의 견해를 반박한다(Y. Hoffman, "Did Amos Regard Himself as a *Nābî'* ?" *VT* 27 [1977]: 209-10). Zevit과 같은 맥락에서 Richardson은 לֹא를 절대부정으로 해석할 뿐만 아니라 חֹזֶה를 권위와 위엄을 나타내는 선지자의 명칭으로 보는 Wolff의 견해와는 달리 חֹזֶה가 경멸의 어조를 담고 있는 것으로 해석하여 아모스가 아마샤의 경멸을 거부하는 것으로 본다(H. N. Richardson, "Critical Note on Amos 7. 14," *JBL* 85 [1966]: 89). 14c-d는 아마샤의 경고에 대한 아모스의 답변(14c-d)을 고려할 때, 아마샤의 말(12b-13c)이 아모스가 선지자임을 강조하거나 아모스를 "선견자"(חֹזֶה)로 부르며 다른 차원의 선지자로 인정하는 것으로 보이지 않는다. 따라서 아모스가 자신을 전통적인 선지자들과 구분하기 위해 강조용법을 사용하며 자신에 대해 말하고 있는 것으로 보기는 어렵다. 오히려 아모스는 자신이 본래 선지자가 아니었는데, 하나님의 강권적인 부르심으로 선지자의 사역을 감당하게 되었음을 설명하는 것이다. 14c-d를 현재시제로 해석하는 학자들은 Hayes, Tucker, Soggin, Andersen and Freedman, Rosenbaum 등이다. 14c-d의 구문에 대한 다양한 견해를 간단히 살피려면 Hayes, *Amos*, 235-36; Hasel, *Understanding*, 41-47; Å. Viberg, "Amos 7:14: A Case of Subtle Irony," *TB* 47 (1996): 97-107을 참조하라. Hayes는 14c-d를 현재시제로 해석을 하면서 아모스가 자신이 선지자인 것은 거부하지만 그가 예언행위를 하고 있은 것은 거부하지 않는 것으로 해

하나님의 부름을 받고 선지자가 되었음을 14e-f와 15a에서 분명히 언급하고 있기 때문이다(cf. 3:7-8). בֶּן־נָבִיא는 문자적으로 "선지자의 아들"을 의미하지만, 여기서는 선지자 밑에서 선지자적 사역을 전수받는 "선지자의 제자" 또는 "선지자의 무리"를 의미하는 것으로 보는 것이 적절하다.[28]

14e의 כִּי는 강한 반의("그러나")를 나타내는 역할을 한다. 14e는 긍정적 의미를 전달하는 명사절이다. בוֹקֵר의 의미가 모호한데, 대부분 이 단어가 "소 떼"를 의미하는 명사 בָּקָר에서 파생된 것(denominative)으로 고려하여 가축의 품종을 개량하는 직업을 가리키는 것으로 해석한다.[29] 하지만 이것은 15a에서 말하고 있는 "양떼"(הַצֹּאן)와 문제가 되는 것으로 보일 수 있다. 따라서 Polley는 בוֹקֵר가 유사한 철자를 가진 נקד를 오기한 것으로 설명한다.[30] Bullock은 בוֹקֵר를 1:1에 언급된 נֹקֵד의 동의어로 보아 단순히 "목자"로 보기도 한다.[31] 탈굼 역시 이 두 단어를 동의로 간주하여 "양을 치는 자"로 번역한다. בוֹקֵר는 일반적인 רֹעֶה("목자")와는 구분된다. 따라서 בוֹקֵר는 소 떼와 관련하여 소 떼를 관리하는 자나 배양자를 의미할 수 있지만 반드시 양떼와 무관한 직업을 의미하지는 않는다. 분명

석한다(Hayes, *Amos*, 236; cf. Wolff, *Joel and Amos*, 312-13). Viberg는 14c-d에서 아모스가 반어법(irony)을 사용하여 아마샤의 문제를 지적하고 있는 것으로 해석한다: "I am certainly not a *nābî*! No, I am just a simple worker! You, the priest at Bethel, have totally overestimated my humble status!" (Viberg, "Amos 7:14," 111).

28) Hayes는 נָבִיא와 בֶּן־נָבִיא가 평행을 이루고 있는 점을 강조하면서 בֶּן־נָבִיא가 선지자에 속한 사람, 즉 선지자를 의미할 뿐이며 선지자의 제자나 선지자의 무리에 속한 자를 의미하는 것이 아니라고 주장한다(Hayes, *Amos*, 236). 유사한 구문의 예로 시 8:4; 144:3을 제시한다. 같은 맥락에서 J. Lewis는 aybin"와 בֶּן־נָבִיא가 서로 다른 구성원을 말하는 것이 아님을 여러 유사한 구문의 성경 자료들을 가지고 논증한다. 자세한 논증을 보려면 J. Lewis, "'A Prophet's Son'(Amos 7:14) Reconsidered," *RQ* 49 (2007): 229-40을 참조하라.

29) Cf. Niehaus, "Amos," 463.

30) Polley, *Amos and the Davidic Empire*, 10. Zalcman은 이러한 수정독법을 거부하면서 오히려 בוֹקֵר를 דקר("뚫다," "구멍을 내다")로 수정하여 읽을 것을 제안하며 דקר가 בוֹלֵס שִׁקְמִים와 관련이 있는 것으로 설명한다(L. Zalcman, "Piercing the Darkness at *Bôqēr* (Amos VII 14)," *VT* 30 [1980]: 252-55). 따라서 וּבוֹלֵס שִׁקְמִים의 접속사 바브(ו)는 부연설명을 위한 설명적 바브(epexegetical ו)로 간주한다.

31) Bullock, 『구약 선지서 개론』, 69.

한 것은 아모스 7:15의 מֵאַחֲרֵי הַצֹּאן("양떼를 따르는 일에서")을 볼 때 아모스가 양을 치는 일과 관계된 직업을 가지고 있었다는 것이다.

ובוֹלֵס שִׁקְמִים의 등위접속사 바브(ו)는 14f를 14e에 동등한 절로 연결키며 14f는 1인칭 대명사 אָנֹכִי가 생략된 명사절로 볼 수 있다. 따라서 14c와 14d의 부정적 서술의 명사절들이 14e와 14f의 긍정적 서술의 명사절들과 짝을 이루게 된다. 일반적으로 בוֹלֵס의 원형동사 בלס가 무화과나 뽕나무 등을 가꾸거나 손질하는 것을 가리키는 것으로 보아 בוֹלֵס שִׁקְמִים를 "뽕나무를 가꾸는 자"로 번역한다. 그러나 Wright은 בלס를 "배양하다" 또는 "가꾸다"의 의미로 해석하는 것에 대한 반론을 제기한다.[32] 이스라엘에서 뽕나무가 수정이 없이 열매(parthenocarpy; 단위결과)를 맺기 때문에 배양할 필요가 없다는 것이다. 그러므로 Wright은 여러 근동의 관습에 대한 자료와 유대 문헌에 근거하여 이 동사를 가축의 꼴을 만들기 위해 보리와 뽕나무 잎 또는 열매를 섞는 행위와 관련을 시켜서 "모으다"로 해석할 것을 제안한다.[33] 열매가 잘 익도록 열매에 흠집을 내는 고대 근동의 관습을 고려할 때, 단순히 이 동사가 가축의 꼴을 만들기 위해 열매를 모으는 행위로 제한하기도 어렵다. 어느 견해가 더 정확한지에 대한 결정적인 답변을 내릴 수는 없지만 아모스가 선지자로 부름을 받기 전에 생계를 위한 직업을 충분히 가지고 있었음을 전하는 데에는 문제가 없다.

7:15. וַיִּקָּחֵנִי("그리고 그가 나를 취하였다")는 바브-미완료 연계형(*wayyqtl*)에 1인칭 대명사어미가 첨가된 것으로 대명사어미(נִי)의 선행사는 아모스이다. 접속사 바브(ו)는 연계형을 유도할 뿐만 아니라 반외적 의미("그러나")를 강하게 나타낸다. 이 동사의 주어는 יְהוָה("여호와")이며 다음 문장인 15b에 다시 주어로 등장하면서 행위의 주체가 강조되는 것을 볼 수 있다. 여호와의 말이 직접화법형식으로 15c-d에 서술된다. 2인칭 명령형 לֵךְ와 הִנָּבֵא는 중언법을 이루며 "가서 예언하

---

32) T. J. Wright, "Amos and the 'Sycomore Fig,'" *VT* 26 (1976): 362-368.

33) Koehler와 Baumgartner는 동사 בלס가 다 익지 않은 무화과 열매가 잘 익도록 열매에 손톱이나 철 도구를 사용해 흠집을 내는 행위를 언급하면서도 분사형 בוֹלֵס를 무화과를 따는 자로 설명한다(L. Koehler and W. Baumgartner, *The Hebrew and Aramaic Lexicon of the Old Testament*, vol 1 [Leiden, Brill, 2001], 134).

라"는 명령이 된다. 이 명령을 받는 대상은 아모스이다. אֶל־עַמִּי("내 백성에게")의 전치사 אֶל은 예언을 듣게 되는 대상을 소개하며 עַמִּי("내 백성")은 יִשְׂרָאֵל("이스라엘")과 동격을 이룬다. 부사구 אֶל־עַמִּי는 직접적으로 명령형 הִנָּבֵא를 꾸미는 것으로 해석할 수 있는데, 명령형 לֵךְ에도 적용되는 것으로 볼 수도 있다. מֵאַחֲרֵי은 전치사 מִן과 אַחַר가 결합된 중복전치사(compound preposition)로 문자적으로는 "뒤에서부터(from behind)"를 의미하며 מֵאַחֲרֵי הַצֹּאן은 "양떼를 몰던 때" 또는 "양떼를 따르는 일에서" 등으로 의역을 한다.[34] מֵאַחֲרֵי הַצֹּאן이 하나님께서 다윗을 선택하시는 것을 묘사할 때 사용된 표현이다(삼하 7:8; 시 78:70). 따라서 하나님께서 다윗을 선택하신 것처럼 하나님이 아모스를 그의 선지자로 선택하신 것을 아마샤로 하여금 보게 하기 위한 의도적인 표현으로 설명하기도 한다.[35] עַמִּי("내 백성")이라는 표현은 하나님과 북이스라엘의 언약적 관계를 시사한다.

4. 원문주해

7:14-15. 아마샤의 경고를 들은 아모스는 자신의 답변을 먼저 전한 후(14-15절), 아마샤를 향한 하나님의 심판신탁을 선언한다(16-17절). Wolff는 아모스가 14절과 15절에서 자신에 대해 말하는 것에 대해 과거와 현재의 차이를 지적하는 것이 아니라 직업적인 선지자와 잠정적으로 하나님의 부름을 받은 선지자("아모스 자신")의 차이를 언급하기 위한 것으로 설명한다.[36] 하지만 이러한 구분이 의도된 것으로 보이지 않는다. 왜냐하면 아마샤의 경고에 대한 아모스의 답변에서 다음의

---

34) "*양떼를 따를 때에* 여호와께서 나를 데려다가 내게 이르시기를 가서 내 백성 이스라엘에게 예언하라 하셨나니"(개역; 개역개정); "*나는 양떼를 몰고 다니다가* 야훼께 잡힌 사람이다. 당신의 백성 이스라엘에게 가서 말을 전하라고 하시는 야훼의 분부를 받고 왔을 뿐이다"(공동); "그러나 여호와께서 *양 떼를 치던* 나를 불러 내셔서 '가서 내 백성 이스라엘에게 예언하여라' 하고 말씀하셨다"(쉬운성경); "양 떼를 기르고 있는 내게 여호와께서 말씀하셨다. '내 백성 이스라엘에게 가서 예언하여라'"(우리말); "그러나 주께서 나를 *양 떼를 몰던 곳에서* 붙잡아 내셔서, 주의 백성 이스라엘에게로 가서 예언하라고 명하셨다"(표준새번역).

35) Cf. Niehaus, "Amos," 463; Stuart, *Hosea-Jonah*, 377.

36) Wolff, *Joel and Amos*, 312-13. 14-15절을 주해함에 있어서 Wolff는 아모스가 선지자적 직책은 부정하지만 선지자적 행위는 인정하고 있다고 설명한다.

세 가지 사실이 강조되기 때문이다. 첫째, 아모스 자신이 생계를 위해 선지자의 사명을 감당하는 것이 아님을 분명히 밝힌다. 즉 자신이 선지자도 선지자의 무리에 속하지도 않은 사람이었음을 언급한 후 자신의 직업에 대해 말을 한다. 아모스의 직업을 가리키는 표현들이 이곳에만 사용되는 유일한 표현들이기 때문에 직업에 대한 정확한 규정에 논의가 있는 것은 사실이지만 아모스가 생계를 위한 직업을 충분히 가지고 있었음을 알 수 있다.37) 즉 아모스의 답변은 생계를 위해서라면 굳이 선지자가 될 필요가 없다는 것이다.38)

둘째, 아모스가 선지자의 사역을 할 수밖에 없는 이유를 분명하게 밝힌다. 그가 선지자의 사역을 감당하는 것은 자의에 의한 것이 아니라 하나님의 강권적인 부르심이 있었기 때문이라는 것이다(cf. 3:7-8). 15a는 이러한 사실을 분명하게 보여준다. 아모스가 자신의 직업을 가지고 다른 일에 종사하고 있을 때 하나님의 부르심을 받게 되었다는 것이다. 동사 לקח의 주어가 여호와가 될 때는 주로 그의 주권과 능력으로 취하거나 선택하는 것을 의미한다(cf. 삼하 7:8; 왕상 11:37).39)

셋째, 북이스라엘 가서 예언하라는 하나님의 강권적인 부르심이 있었기 때문에 그가 유다가 아닌 북이스라엘에서 예언할 수밖에 없음을 밝힌다. 또한 이것은 북

---

37) 14절에 언급된 아모스의 답변에 대해 Giles는 흥미로운 제안을 한다(T. Giles, "A Note on the Vocation of Amos in 7:14," *JBL* [1992]: 690-91). Giles는 아모스서 전체가 구분하고 있는 압제자(the oppressor)와 압제를 당하는 자(the oppressed)의 틀 속에서 아모스의 말을 해석하면서 아모스가 자신을 압제를 당하는 자들 편에 속하는 것으로 표현하고 있다는 것이다. 하지만 아모스가 압제자들의 문제를 집중적으로 지적하고 있지만 압제당하는 자들을 심판의 대상에서 제외하지 않고 있음을 주목할 필요가 있다. 아모스의 관심은 이들 간의 구분에 있지 않다. 같은 맥락에서 Schmidt는 다음과 같이 분명히 서술하고 있다: "In the process Amos does not seem to concentrate solely on the sins of the upper class (2:7, 'A man and his father go in to the same maiden'), or at any rate he does not really show partiality to the lower classes. His social criticism is meant rather as a demonstration of guilt, so that it can turn into an announcement of judgment against all Israel (2:13ff. after 2:6ff.; cf. 3:11)"(Schmidt, *Old Testament*, 199).

38) Cf. Stuart, *Hosea-Jonah*, 377.

39) Cf. Niehaus, "Amos," 463. וַיִּקָּחֵהוּ("그가 그를 취하였다")와 וַיִּבְחַר ("그가 [다윗을] 선택하였다")가 평행을 이루는 시 78:70을 고려할 때 לקח를 "선택하다"와 같은 의미로 볼 수 있다(cf. Paul, *Amos*, 249, n. 102).

이스라엘을 향한 심판의 신탁을 전하는 것이 그의 의도가 아님을 나타낸다. 첫 번째와 두 번째 환상신탁에 언급된 아모스의 중재가 이러한 사실을 더욱 분명하게 보여준다. 아모스는 자신에 대한 변론을 명확하게 전달한 후 하나님의 역사를 거부하는 아마샤를 향한 하나님의 심판신탁(16-17절)을 직접화법으로 생생하게 선포한다.

IV. 아마샤와 북이스라엘을 향한 심판선언(d): 7:16-17

1. 원문

וְעַתָּה שְׁמַע דְּבַר־יְהוָה	7:16a
אַתָּה אֹמֵר	7:16b
לֹא תִנָּבֵא עַל־יִשְׂרָאֵל	7:16c
וְלֹא תַטִּיף עַל־בֵּית יִשְׂחָק	7:16d
לָכֵן כֹּה־אָמַר יְהוָה	7:17a
אִשְׁתְּךָ בָּעִיר תִּזְנֶה	7:17b
וּבָנֶיךָ וּבְנֹתֶיךָ בַּחֶרֶב יִפֹּלוּ	7:17c
וְאַדְמָתְךָ בַּחֶבֶל תְּחֻלָּק	7:17d
וְאַתָּה עַל־אֲדָמָה טְמֵאָה תָּמוּת	7:17e
וְיִשְׂרָאֵל גָּלֹה יִגְלֶה מֵעַל אַדְמָתוֹ	7:17f

2. 사역

7:16 그러나 이제 여호와의 말씀을 들으십시오.
"당신이 말합니다. '너는 이스라엘을 쳐서 예언하지 말고 이삭의 집을 쳐서 설교하지 말라.'
7:17 그러므로 여호와께서 이같이 말씀하셨습니다.
'네 아내는 성읍에서 창녀가 될 것이며 네 아들들과 네 딸들은 칼에 넘어질 것이다. 네 땅은 줄로 재어 나뉘게 될 것이며 너는 불결한 땅에서 죽게 될 것이다. 그리고 이스라엘이 자기 땅에서 반드시 사로잡혀 갈 것이다.' "

3. 원문분석

7:16. וְעַתָּה의 바브(ו)는 반의접속사 역할을 하여 "그러나 이제"로 번역이 되며 이 표현은 주의를 환기시키면서 신탁을 유도하는 역할을 한다(cf. 사 5:5; 16:14; 44:1; 47:8; 렘 18:11; 학 1:5). 또한 이것은 아모스의 말의 결론으로 아마샤를 인도하는 역할을 한다. 명령형 שְׁמַע("들으라")를 받는 대상은 아마샤이며 이 명령형의 목적어는 דְּבַר־יְהוָה("여호와의 말씀")이다. 여호와의 말씀의 내용이 16b-17f에 서술된다. 2인칭 대명사 אַתָּה의 선행사는 아마샤이며 분사 אֹמֵר("말하다")의 주어역할을 한다. 인칭대명사와 분사가 사용되면서 주어뿐만 아니라 행위가 강조된다. 아마샤가 말하는 내용이 직접화법으로 서술된 16c-d는 그의 말을 생생하게 전하는 효과가 있다. עַל־יִשְׂרָאֵל과 עַל־בֵּית יִשְׂחָק의 전치사 עַל은 "대하여/관하여" 또는 "쳐서"의 의미를 갖는데, 이 문맥에서는 후자의 의미를 취하는 것으로 보인다("이스라엘을 쳐서"; "이삭의 집을 쳐서"). 왜냐하면 15d에서는 전치사 אֶל("향하여")이 사용되는데, 아마샤의 말에서는 עַל이 사용되며 차이를 나타내고 있기 때문이다. בֵּית יִשְׂחָק("이삭의 집")은 יִשְׂרָאֵל("이스라엘")과 평행을 이루면서 북이스라엘을 가리키는 환유의 역할을 한다.[40] 2인칭, 남성, 단수 히필 미완료형 תַטִּיף는 부정어 לֹא와 함께 강한 금시명령을 나타내며 לֹא תִנָּבֵא와 평행을 이루는 표현이다. 칼형 동사 נטף는 "떨어지다," "흘리다"의 의미를 갖는데, 비유적인 측면에서 선지자들이 거침없이 설교하는 것을 의미하거나 신탁을 선포하는 것을 의미

40) Stuart는 "이스라엘"이 북이스라엘에만 제한되는지 아니면 남유다도 포함하는지가 분명하지 않지만 "이삭의 집"이라는 표현은 남유다를 포함한 하나님의 백성 모두를 가리키는 것으로 해석한다(Stuart, *Hosea-Jonah*, 377). 하지만 아모스가 일관성을 가지고 이스라엘을 북이스라엘을 지칭하는 것으로 사용하고 있는 점과 "이스라엘"과 "이삭의 집"이 평행을 이루고 있는 것을 고려할 때, "이삭의 집"이 남유다를 포함하는 것으로 보기는 어렵다. 특히 "이삭의 집"이 벧엘에서 예언하지 말라는 아마샤의 경고를 반영하고 있는 것에 주목할 필요가 있다.

하는 것으로 해석한다.[41)]

7:17. לָכֵן("그러므로")은 원인에서 결과로의 논리적 전환을 유도한다. 16b-d가 원인이 되며 이에 근거한 결과가 17a-f에 서술된다. 동사 תִּזְנֶה("그녀가 창녀가 될 것이다"/"음행을 행하다")의 주어인 אִשְׁתְּךָ("네 아내")가 문장 앞에 놓이면서 강조된다. 이것은 심판이 임하게 되는 대상에 주의를 기울이게 한다. 17c-f의 문장들이 모두 동일한 강조용법을 사용하면서 심판의 대상에 집중하게 한다. בָּעִיר("그 성읍에서")는 장소를 나타내는 전치사 בְּ, 정관사 ה, 명사 עִיר("성읍")이 결합된 부사구이다. 정관사를 고려하여 사마리아 성읍을 가리키는 것으로 해석하기도 한다.[42)] 이와는 달리 Paul은 בָּעִיר라는 표현이 특정한 장소를 지칭하기 보다는 "공개적으로"라는 의미를 담고 있는 것으로 해석하여 아마샤의 아내가 창녀생활을 통해 생계를 유지하게 되면서 공개적으로 수치와 모욕을 당하게 될 것을 선언하는 것으로 설명한다.[43)] בָּעִיר가 사마리아를 암시하는 10c의 בְּקֶרֶב בֵּית יִשְׂרָאֵל("이스라엘의 한 가운데에서")와 짝을 이루는 것으로 간주한다면, 아모스가 사마리아에서 왕에 대한 반란을 꾀하고 있다는 아마샤의 거짓고소에 짝을 이루는 심판으로 볼 수도 있다. 아마샤의 아내가 사마리아 성읍에서 창녀가 되는 것은 정결함을 생명으로 하는 제사장 아마샤에게 수치와 모욕이 될 것이다(cf. 레 21:7-9, 13-15).

17c-f에 사용된 바브(ו)는 등위접속사의 역할을 하며 문장들을 나열한다. 17b-e에 나타나는 2인칭 대명사어미와 대명사의 선행사는 아마샤이며 대명사어미가 반복되는 것은 강조를 위한 것이다. 이것은 아마샤와 관계된 모든 것이 심판의 대상이 될 것임을 보여준다. בַּחֶבֶל은 수단과 방편을 나타내는 접속사 בְּ, 정관사 ה, 명사 חֶבֶל("줄," "끈")이 결합된 부사구이다. 이 부사구의 문자적 의미는 "줄로"이다. 하지만 חֶבֶל이 측량과 관계하여 사용되며 주어가 אַדְמָתְךָ("네 땅")이기 때문

---

41) Paul은 동사 נטף의 기본적인 의미인 "흘리다" 또는 "떨어뜨리다"와 연관하여 이 단어가 황홀경 속에서 말을 하는 선지자들의 입에서 침이 흘러나오거나 튀는 것으로 해석하기도 한다는 것을 언급한다(Paul, *Amos*, 250). 어찌하든 이 동사가 תִּנָּבֵא와 평행을 이루는 것을 볼 때 예언하는 것과 관련된 선지자의 행위로 보는 것이 적절하다.

42) 공동번역이 간접적으로 사마리아 성읍을 반영한다: "네 아내는 바로 *이 성읍에서* 몸을 팔고"(공동).

43) Paul, *Amos*, 250.

에 "줄로 재어" 또는 "측량줄로 재어"로 의역을 하여 측량의 의미를 나타낸다. "땅"을 꾸며주는 형용사 טְמֵאָה("불결한")는 주로 윤리적, 종교적 측면에서 불결함이나 제의적 측면에서 불결함을 가리킨다. 여기서는 약속의 땅 밖의 이방인들의 땅을 의미한다. 따라서 אֲדָמָה טְמֵאָה를 "낯선 땅"으로 번역을 하기도 한다(쉬운성경; 우리말).[44] 그러나 טְמֵאָה가 정결함을 생명과도 같이 소중하게 유지하여야 할 제사장 아마샤에 대한 가혹하고 수치스러운 심판을 의도적으로 반영하고 있다면 "불결한 땅"으로 번역하는 것이 적절하다(cf. 레 10:10). 17f는 11c를 그대로 반복하면서 아마샤가 아모스의 말을 인용한 것처럼 그대로 이루어질 것을 확언해 준다.

4. 원문주해

7:16-17. 아마샤를 향한 심판신탁은 심판선언의 원인을 서술하는 16b-d와 이에 근거하여 하나님의 심판을 선언하는 17a-f로 구성되어 있다. 이 두 단락을 서술하는 기법에 나타나는 한 가지 특징은 직접화법을 사용하는 것이다. 이것은 7:10-17 단락 전체를 묶어주는 기법이기도 하며 의도적이다. 7:10-17이 아마샤가 전하는 말로 시작하고 있으며 왕에게 보낸 전갈 속에서 아모스의 말이 직접화법(11a-b)으로 서술한다. 아마샤가 아모스에게 준 경고도 역시 직접화법(12b-13c)으로 서술되고 있다. 이에 대한 아모스의 답변 역시 직접화법의 서술형태(14c-15d)를 취하고 있다. 이것을 이어 받아 아마샤의 문제를 지적하는 16b-d도 동일하게 아마샤의 말을 직접화법으로 그대로 담으면서 사건의 내용들을 생생하게 전한다. 아마샤가 말하는 것(אַתָּה אֹמֵר, 16b)은 하나님이 말하는 것(כֹּה־אָמַר יְהוָה, 17a)과 대조를 이루며 심판의 원인과 결과를 명확하게 보여준다.[45] 아마샤가 말하는 것은 하나님께서 아모스에게 부여한 사명과 신탁을 거부하는 것인데, 이것은 결과적으로 하나님을 거부하는 것이다.[46] 따라서 아모스는 아마샤에 대한 하나님의

---

44) "너는 *낯선 땅에서* 죽을 것이다"(쉬운성경); "너는 사로잡혀 가서 *낯선 땅*에서 죽게 될 것이다"(우리말).

45) Cf. Paul, *Amos,* 249.

46) Cf. Wolff, *Joel and Amos*, 308.

심판선언을 직접화법으로 전달한다. 하나님의 심판선언에는 심판을 겪게 되는 대상들이 각 문장의 앞에 위치하면서 강조되고 있다. 아마샤의 아내(17b), 그의 자녀(17c), 그의 재산(17d), 아마샤 자신(17e)이 심판의 대상에 포함된다.[47] 이것은 아마샤의 완전한 멸망을 의미한다. 이러한 심판을 통하여 아마샤는 수치를 면하지 못할 것이다. 북이스라엘이 포로로 사로잡혀가게 될 것에 대한 예언으로 심판선언이 마무리되는데, 이는 아마샤의 태도가 결국 북이스라엘 백성들의 태도를 대변하는 것이기 때문이다(cf. 2:11-12).[48] 그러므로 아마샤에게 임할 심판은 북이스라엘을 향한 심판의 전형이 된다. 북이스라엘의 포로선언(17f)는 아마샤가 인용한 아모스의 말(11c)을 그대로 반복하고 있다. 이것은 아모스의 신탁의 진정성을 확언하는 것이며 성취의 확실성을 시사한다. 17절에 언급된 심판선언에서도 여전히 아모스는 하나님의 심판을 행하는 도구의 정체성에 대해서 침묵하고 있는 것을 볼 수 있다.

V. 7:10-17의 절정/핵심메시지

Wolff는 14-17절이 분량이나 위치에 있어서 이 단락의 절정의 역할을 하는 것으로 제시한다.[49] 하지만 7:10-17은 아마샤를 통하여 아모스의 신탁을 대하는 북이스라엘 백성들의 태도를 서술하면서 두 가지 사실에 무게를 두고 있다. 첫째, 아모스는 하나님의 심판을 선포하지 않을 수 없는 자신의 입장을 변호하면서 심판선언의 진정성을 밝혀준다. 하나님의 강권적인 부르심이 그의 신탁의 진정성을 보증해 준다. 14c-15b에서 서술하고 있는 아모스의 답변은 간략하지만 부정의 명사절(14c-d)과 긍정의 명사절(14e-f)의 대조를 통해 명확하게 자신이 하나님의 부

---

47) Stuart는 אַדְמָתְךָ가 이스라엘 영토를 의미하는 것으로 해석한다(Stuart, *Hosea-Jonah*, 378). 아마샤의 개인소유지를 가리킬 경우 שׂדה가 쓰여야 한다는 것이다. 그러나 17b와 17c에 2인칭 대명사어미가 사용되면서 아마샤에게 속한 아내와 자녀들에게 임할 심판을 기록하고 있으며 이 심판선언은 아마샤 개인에게 있어서는 17e에서 절정을 이룬다. 따라서 אַדְמָתְךָ도 같은 맥락에서 이해하여야 하며 אֲדָמָה가 사용된 것은 17e와 17f에 사용된 אֲדָמָה와 평행을 이루기 위한 것이다.

48) Cf. Hayes, *Amos*, 233.

49) Wolff, *Joel and Amos*, 308.

름을 받게 된 정황을 설명한다. 뿐만 아니라 의도적으로 여호와(יְהוָה, 15a-b)를 반복하면서 부르심의 주체와 그의 강권적인 개입을 서술한다. 아모스의 답변에서 "나"(אָנֹכִי)와 "여호와"(יְהוָה)가 두드러지게 강조되고 있는 것은 청자나 독자의 관심을 끌기에 충분하다.

7:14c לֹא־נָבִיא אָנֹכִי
부정의 명사절 1인칭 대명사 - 부정어

7:14d וְלֹא בֶן־נָבִיא אָנֹכִי
부정의 명사절 1인칭 대명사 - 부정어

7:14e כִּי־בוֹקֵר אָנֹכִי
긍정의 명사절 1인칭 대명사 - 반의접속사

7:14f וּבוֹלֵס שִׁקְמִים
긍정의 명사절 [1인칭 대명사]

7:15a וַיִּקָּחֵנִי יְהוָה מֵאַחֲרֵי הַצֹּאן
여호와 - 1인칭 대명사어미

7:15b וַיֹּאמֶר אֵלַי יְהוָה
여호와 - 1인칭 대명사어미

둘째, 하나님의 심판의 불가피성을 논증한다. 하나님의 심판이 선포된 원인에 집중하여 자신을 돌아보는 것이 아니라 단지 자신의 기대에 맞지 않는 심판선언을 거부하며 외면하려는 아마샤의 태도는 북이스라엘 백성들의 태도를 대변하고 있다. 이러한 태도는 하나님의 심판을 피할 수가 없게 된다. 1/b-f는 심판의 대상을 문장 앞에 놓아 강조할 뿐만 아니라 구문론적 평행을 통하여 독자로 하여금 심판선언에 집중하게 한다.

7:17b אִשְׁתְּךָ בָּעִיר תִּזְנֶה
c (동사) - b (부사구) - a (주어/심판의 대상)

7:17c וּבָנֶיךָ וּבְנֹתֶיךָ בַּחֶרֶב יִפֹּלוּ
c' (동사) - b' (부사구) - a' (주어/심판의 대상)

7:17d וְאַדְמָתְךָ בַּחֶבֶל תְּחֻלָּק

c'' (동사) - b'' (부사구) - a'' (주어/심판의 대상)

7:17e וְאַתָּה עַל־אֲדָמָה טְמֵאָה תָּמוּת

c''' (동사) - b''' (부사구) - a''' (주어/심판의 대상)

7:17f וְיִשְׂרָאֵל גָּלֹה יִגְלֶה מֵעַל אַדְמָתוֹ

b'' '' (부사구) - [주동사/동족부정사]- a'' '' (주어/심판의 대상)

17f는 주동사의 동족부정사를 동사 앞에 놓아 북이스라엘의 포로의 확실성을 강조할 뿐만 아니라 11c를 그대로 반복하면서 아모스가 전하는 신탁의 진정성을 확언해 준다. 이러한 구문론적, 주제적 특징들은 17절의 심판선언의 중요성을 주목하기에 충분하다. 아모스의 사역과 신탁을 거부하는 아마샤에게 임하게 될 심판은 하나님의 율법에 불순종한 결과로 주어지는 언약적 저주들이다(cf. 레 26:32, 38-39; 28:30, 41).

VI. 주제적 연관성과 발전

아모스 7:10-17은 환상신탁연속물 안에 위치하고 있으므로 이 흐름 안에서 우선적인 기능과 의미를 가지고 있다. 뿐만 아니라 주변본문들과의 주제적 연관성과 발전을 나타내고 있다. 본서의 대안적 구조(표 3)는 7:10-17이 4:1-13(C), 5:18-6:7(C')과 연관성이 있는 것으로 제시하고 있다. 이 단락들은 세 가지 측면에서 주제적 연관성과 발전을 보여준다. 첫째, 여호와의 개입이다. 4:1-13(C)에서는 여호와의 과거개입이 서술되는 반면에 5:18-6:7(C')에서는 "여호와의 날"이라는 미래적 사건을 통해 여호와께서 미래에 개입하실 것을 선포한다. 4장 12절이 언급하고 있는 여호와를 만날 준비를 하라는 명령의 내용이 구체화되는 것이다. 즉 여호와께서 심판자로 오실 그날을 예비하라는 것이다. 7:10-17에서는 아모스를 강권적으로 부르셔서 선지자의 사명을 감당하게 하시며 북이스라엘을 향한 예언을 선포할 것을 명하시는 것으로 하나님의 현재적 개입이 나타난다.

둘째, 북이스라엘의 패역으로 인한 하나님의 심판의 필연성이다. 4:1-13(C)은 여호와의 지속적인 개입에도 불구하고 그에게로 돌아오기를 완고하게 거부한 북이스라엘의 패역을 기록하고 있다. 결과는 심판을 행하실 여호와를 만날 준비를 해야 하는 것이다(4:12). 5:18-6:7(C')은 이중구조의 "화" 신탁을 통해 여호와의 날과 자신들에 대한 오해에 사로잡혀 언약적 의무를 외면한 위선적인 종교행위, 교만, 사치와 향락에 빠진 북이스라엘의 패역을 서술한다. 따라서 이들은 여호와의 날을 피할 수가 없게 될 것이다. 7:10-17(C")은 아모스를 통해 전달되는 하나님의 말씀을 거부하는 아마샤(북이스라엘)의 패역을 서술하고 있다. 그러므로 아마샤와 북이스라엘 백성들은 그들이 거부한 하나님의 심판을 경험할 수밖에 없는 운명에 놓이게 된다.

셋째, 북이스라엘의 패역으로 인해 임할 수밖에 없는 심판이 이 단락들을 통하여 구체화되고 확언된다. 4:1-13(C)은 하나님을 만날 것을 준비하라는 명령으로 심판이 임하게 될 것임을 암시한다. 5:18-17(C')은 하나님의 심판이 북이스라엘이 사로잡혀가게 되는 포로임을 선포한다. 7:10-17(C")은 아마샤에게 임하게 될 심판을 통해 북이스라엘이 겪게 될 심판을 구체적으로 서술할 뿐만 아니라 "포로"를 강조하며 확언한다. 포로에 대한 선언은 북이스라엘에 임할 심판을 총괄적으로 서술해 주는 기능을 한다. 북이스라엘이 자신에게 회개하고 돌아오기를 소망하는 하나님의 개입을 거부한 북이스라엘의 패역은 결국 심판을 통한 하나님의 개입을 결코 피할 수가 없게 될 것이다. 이 심판은 여호와의 날에 성취될 것이며 이날에 집중하여 심판을 선언하는 것이 8:4-14이다.

VII. 환상신탁연속물(7:1-8:3) 안에서의 7:10-17의 기능과 의미

앞에서 언급한 바와 같이 아모스 7:10-17은 학자들 간의 논쟁의 핵심단락이다. 이 단락이 환상신탁연속물의 흐름을 여러 가지 측면에서 방해하는 것으로 보이기에 이 문제를 해결하기 위한 다양한 시도가 있어왔다. 하지만 이 단락을 환상신탁연속물에서 제거하거나 환상신탁연속물 밖으로 재배열하는 것은 현재 본문의 형태를 이해하거나 해석하는데 적절하지 않다는 것을 인식하게 되었다. 따라서 환상신탁연속물 안에서 7:10-17이 갖는 기능과 의미를 제시는 것이 보다 중요한 해석적 작업이다.

7:1-8:3의 환상신탁들은 하나님의 심판이 임하게 되는 원인을 지적하는 데 집

중하지 않는다. 오히려 심판에 대한 하나님의 계획을 보게 한다. 첫 번째와 두 번째 환상신탁(7:1-6)은 아모스의 중재로 인하여 하나님의 심판이 연기된 것을 보여준다. 북이스라엘의 죄가 사함을 받은 상태가 아니기에 심판의 위협은 여전히 남아있게 된다. 이 위협이 세 번째 환상신탁에서 구체적으로 모습을 드러내게 된다. 하나님은 세 번째 환상신탁을 통해 심판이 더 이상 돌이킬 수 없는 상태에 있음을 선언하신다. 5장 17절에서 말씀하신 것처럼, *그가* 그의 심판의 도구인 "*아낙크*"(אֲנָךְ)를 통해 북이스라엘 가운데로 지나가실 것임을 선포하신다. 그 결과가 종교적 측면과 정치적 측면, 즉 북이스라엘 전체에 미치게 될 것이다. 따라서 세 번째 환상은 심판의 확정을 선언하는 기능을 한다. 7:10-17을 지나서 네 번째 환상신탁으로 가면 네 번째 환상신탁은 세 번째 환상신탁에서 선언한 확정된 심판이 임박하였음을 선포하면서 그날에 겪게 될 애곡과 죽음을 서술한다. 이 흐름 가운데에 등장하는 7:10-17의 기능과 의미를 파악하기 위해서는 두 가지 관점을 통하여 분석할 필요가 있다. 첫째는 아모스의 관점이다. 아모스가 환상신탁들을 1인칭 관점에서 서술하고 있는 점이 이러한 관점을 통한 분석을 가능하게 한다. 하나님의 심판계획에 아모스는 적극적으로 개입하면서 *그가* 북이스라엘의 멸망을 원하지 않는다는 사실을 보여준다. 하지만 아모스는 하나님의 심판을 선포해야만 하는 입장에 처하게 된다. 왜냐하면 세 번째 환상신탁을 통하여 하나님의 심판이 확정되었음을 확인하였기 때문이다. 아모스는 이렇게 확정된 심판을 선포하게 될 때 겪게 될 북이스라엘 백성들의 반응을 고려하게 된다. 그들은 아모스의 신탁의 진정성과 그의 의도를 의심하게 될 것이다. 이러한 사실은 아마샤의 태도가 잘 대변해 주고 있다. 따라서 7:10-17을 통해 아모스는 *그가* 심판신탁을 선포하는 이유가 생계를 위한 것이 아니라 하나님의 강권적인 부르심에 의한 것임을 설명한다. 아마샤가 아모스의 예언을 인용함에 있어서 하나님께서 전달하시는 신탁으로 묘사하는 것이 아니라 단지 "아모스가 하는 말"(כִּי־כֹה אָמַר עָמוֹס, 7:11)로 전하고 있다. 이에 대해 아모스는 *그가* 선포하는 예언이 자신의 말이 아닌 하나님의 신탁임을 논할 필요가 있게 된다. 북이스라엘의 멸망은 자신이 원하는 바가 아니라 하나님께서 작정하신 계획임을 밝혀준다.

둘째, 아마샤를 통한 북이스라엘 백성들의 관점이다. 북이스라엘 백성들은 하나님의 심판원인에 대해 의문을 갖게 될 것이다. 자신들은 하나님의 심판을 받을 처지에 있는 것이 아니라 축복을 누리고 있으며 더 큰 축복을 기대하고 있다는 태도를 가지고 있기 때문에 하나님의 심판선언을 이해하기가 어려웠을 것이다(cf. 5:18; 9:10). 이것은 아마샤가 벧엘과 여로보암의 집이 하나님의 심판선언을 들을 만한 곳이 아니라고 말하는 것을 통해 잘 드러난다(7:12-13). 아모스는 확정된 심판을 선언함에 있어서 그 원인을 분명히 제시한다. 바로 북이스라엘이 하나님의 개입을 과거와 같이 여전히 거부하는 것이다. 따라서 7:10-17은 하나님의 심판이 확정될 수밖에 없는 이유를 설명하는 역할을 한다.[50)] 달리 말하면 하나님께서 더 이상 북이스라엘을 용서할 수 없는 이유는 북이스라엘이 하나님을 거부한 것임을 지적하는 것이다.[51)]

이러한 사실들을 전함에 있어서 아모스는 7:10-17을 3인칭 관점에서 서술하고 있으며 세 번째와 네 번째 환상 사이에 배열하고 있다. 3인칭 관점으로 이러한 사실들을 논증하고 있는 것은 아모스가 자기 자신을 3인칭으로 서술하면서 하나님의 부르심과 신탁의 객관성을 나타내기 위한 것으로 보인다. 심판신탁을 아모스 자신의 말로 받아들이고 있는 북이스라엘 백성들에게 아모스는 제 3자의 관점에서 사건을 기록하면서 자신의 주관적인 의도와 신탁이 아닌 하나님의 의도와 신탁을 받은 "그"(아모스)가 전할 수밖에 없다는 것을 보여준다. 7:10-17이 세 번째 환상신탁 다음에 위치하면서 확정된 심판이 초래할 결과를 구체적으로 설명한다. 그 결과는 수치, 죽음, 파괴(약탈), 이방나라로의 주방(포로)이다(17절). 네 번째 환상신탁은 하나님을 거부한 북이스라엘이 이 결과를 맞이하게 될 때가 가까이 다

---

50) Cf. Chisholm, *Handbook*, 399; VanGemeren, 『예언서 연구』, 228. Soggin은 7:10-17이 삽입된 것을 아모스의 사역중단과 귀향에 대한 동기를 제공하고 그는 떠나가지만 그가 전한 신탁은 여전히 유효하다는 것을 선포하기 위한 것으로 설명한다(Soggin, *The Prophet*, 130).

51) S. Paas는 아모스서를 읽는 독자의 참여를 강조하면서 7:10-17이 아모스의 선지자적 권위와 북이스라엘의 거부로 인한 하나님의 심판의 원인을 제공할 뿐만 아니라 시대를 분별하여 하나님의 말씀을 전하는 참된 선지자 아모스의 모습에서 독자로 하여금 교훈을 얻게 하는 것이 7:10-17의 중요한 의도라고 주장한다(S. Paas, "Seeing and Singing: Visions and Hymns in the Book of Amos," *VT* [2002]: 262-63, 265). 더 나아가 Paas는 7:1-8:3의 환상신탁들과 아마샤와 아모스의 충돌기사가 아모스의 역할이 중재자에서 심판선포자로 전환되있음을 보여주는 역할을 하는 것으로 설명한다(ibid., 274).

가왔음을 선포하는 것이다. 이 때가 임하면 하나님의 이름을 다시는 그들의 입에 올리지 못하는 상황에 처하게 될 것이다(8:3; cf. 6:10).

문학형식(환상/서사)과 서술관점(1인칭/3인칭)에서 볼 때 환상신탁연속물과 아모스와 아마샤의 충돌기사가 차이점을 나타내기도 하지만 각 단락에 사용된 구체적인 서술기법을 고려할 때 서로 연결성을 가지고 있는 것을 볼 수 있다. 환상신탁들이 단지 아모스가 본 환상을 묘사하는 것이 아니라 하나님과 아모스의 대화를 서술하는 것에 집중하고 있다. 아모스와 아마샤의 충돌기사 역시 직접화법을 사용하면서 대화의 내용에 집중한다. 이상의 내용을 고려할 때 7:10-17이 환상신탁연속물 사이에 위치하고 3인칭 관점에서 서술된 서사인 것은 단순한 후대삽입의 결과가 아니라 아모스의 의도로 보는 것이 가능하다.

VIII. 7:1-8:3의 핵심메시지

아모스 7:1-8:3은 심판선언에 집중한다. 환상신탁연속물(7:1-9; 8:1-3)은 세 번째 환상신탁(7:7-9)에서 확정된 심판을 선언한 후 네 번째 환상신탁(8:1-3)에서는 이 심판이 임박하였음을 선언한다. 아모스와 아마샤의 충돌사건을 기록하고 있는 7:10-17 역시 아모스의 신탁을 거부한 아마샤에게 임하게 될 심판과 더불어 북이스라엘을 향한 심판선언을 강조한다. 환상신탁연속물의 흐름을 고려할 때, 심판이 연기된 것을 서술하고 있는 첫 번째와 두 번째 환상신탁보다는 "내가 더 이상 이스라엘을 용서하지 않을 것이다"(7:8; 8:2)라는 선언이 등장하고 있는 세 번째와 네 번째 환상신탁이 의미론적 무게를 갖게 된다. 북이스라엘을 향한 하나님의 심판이 확정된 것은 하나님께서 더 이상 용서하지 않겠다는 결심 때문이다. 이방민족에 의한 심판을 그려주고 있는 "아낙크" 환상을 통하여 심판이 확정되었음을 알게 된 아모스는 자신도 원치 않지만 심판을 선언할 수밖에 없음을 7:10-17의 사건서술에서 분명하게 전달하며 강조한다. 이것은 자신의 입장에 대한 변호일 뿐만 아니라 피할 수 없는 심판에 대한 확언이 되기도 한다. 이와 더불어 네 번째 환상신탁의 "여름과일"과 "끝"의 언어유희를 통하여 심판의 임박성이 선언되면서 심판에 대한 긴장감이 더해진다. 7:1-8:3의 전체적인 흐름에서 심판선언이 강조되기도 하지만 심판을 받을 수밖에 없는 북이스라엘의 부정적 태도 역시 7:10-17을 통하여 주목을 받게 된다. 왜냐하면 환상신탁의 흐름을 단절시키면서 등장하는 아모스와 아마샤의 충돌사건에 대한 서사적 기록은 독자의 관심을 끌기에 충분하기 때문이다. 앞 장에서 분석한 바와 같이 7:10-17은 심판선언뿐만 아니라 북이스라엘을 향한 심판이 확정된 이유를 분명하게 제시한다. 결론적으로 7:1-8:3은 확정된 심판선언과 심판이 확정된 원인 및 심판의 임박성을 강조하고 있는 것을 볼 수 있다.

환상신탁연속물단락(7:1-8:3)은 아모스서의 전체 흐름을 고려할 때 1-6장에서 선언하고 있는 심판을 환상신탁을 통해 간략하지만 인상적으로 다시 확언할 뿐만 아니라 심판의 날로서의 "여호와의 날"을 서술하고 있는 8:4-14을 위한 발판역할을 하게 된다.

IX. 현재적 적용

아모스 7:1-10에 근거한 현재적 적용을 아모스와 아마샤의 상반된 태도를 고려하여 다음과 같이 제시할 수 있다. 첫째, 원하는 것과 필요한 것을 구분하는 태도이다. 아모스는 자신이 원하는 것보다는 그에게 필요한 것, 즉 그가 감당해야 할 사명에 집중한 반면에 아마샤는 자신이 원하는 것에 집중한다. 아모스가 원하는 것은 북이스라엘이 하나님의 심판을 받지 않는 것이다. 하지만 하나님께서 강권적으로 그를 선택하시면서 그가 감당해야 할 사역, 즉 그에게 필요한 것을 알려주시자 아모스는 자신이 원하는 것이 아닌 그에게 필요한 것에 최선을 다한다. 자신이 원하는 것에 집중하였던 아마샤는 아모스의 신탁을 또한 원하는 바대로 해석하여 사용한 것을 볼 수 있다. 아마샤가 아모스의 신탁을 들었을 때 자신에게 필요한 것이 무엇인지를 돌아보았다면 다른 모습으로 아모스와 대면하였을 것이다. 자신이 원하는 바에만 집중한 아마샤는 아모스의 신탁을 통해 자신을 돌아보지 못하는 실수를 범하게 된다. 필요한 것이 원하는 것이 아니기에 때론 아픔으로 다가올 수 있지만 필요한 것을 취할 때 하나님의 뜻에 더욱 가깝게 다가설 수 있다. 달리 말하면 내 자신이 원하는 것이 아닌 하나님이 원하시는 것을 선택하는 것은 바로 내게 필요한 것을 선택하는 것이다. 내가 원하는 것은 멸망으로 인도할 수 있지만 하나님이 원하시는 나의 필요는 생명으로 인도한다. 그렇다고 하나님께서 내가 원하는 바를 완전히 무시하시지는 않는다. 하지만 나의 이기적인 바람은 하나님께서 원하시는 바와 거리가 있을 수 있다.

둘째, 원하는 것과 필요한 것을 구분하지 못할 때 지적되는 문제에 관심을 두기보다는 원치 않는 결과에 집중하면서 문제 자체를 외면하게 된다. 아모스가 북이스라엘의 문제를 지적하면서 심판을 선언했을 때 아마샤에게 필요했던 것은 심판선언이 주어진 원인을 살피는 것이었다. 아마샤는 문제와 원인에 관심을 두고 결과를 해결하려고 하기보다는 원치 않는 결과에만 집중하면서 문제 자체를 왜곡하고 외면하려고 하였다. 왜냐하면 그가 원하는 것을 포기하고 싶지 않았기 때문이다. 따라서 그는 잘못을 인정하고 돌이키는 것을 통하여 결과에서 벗어나려고 한 것이 아니라 잘못을 간과하고 어떤 수를 쓰더라도 결과에서만 벗어나려고 하였다. 문제는 그에게 필요한 것과 그가 원하는 것을 구분하지 못한 것이다.

셋째, 대중의 소리와 하나님의 소리 중에 어느 것에 귀를 기울이는가의 문제는 하나님 앞에서 상반된 태도를 취하게 할 뿐만 아니라 상반된 결과를 맞이하게 한다. 아모스는 자신의 소리나 대중의 소리가 아닌 하나님의 소리에 귀를 기울이고 신중하게 따른 반면에 아마샤는 대중의 소리에 귀를 기울이고 그에 따라 부정적인 태도를 취한다. 아모스가 선포한 심판이 그 당시 북이스라엘 백성들에게 필요한 메시지임에도 불구하고 자신들이 원하는 바가 아니기에 그들은 아모스의 신탁을 감당할 수가 없을 뿐만 아니라 듣기를 원치 않는다. 이것이 바로 아마샤가 귀를 기울인 대중의 소리이다. 결국 하나님의 소리를 외면하고 대중의 소리를 따른 아마샤는 하나님과의 단절을 경험하게 된다. 아모스는 자신의 모든 것을 포기하면서까지 하나님의 소리를 따르기에 최선을 다한다. 아마샤의 강한 거부에 직면하면서도 아모스가 하나님의 신탁을 담대하게 선포하는 사명을 다하는 것을 볼 수 있다. 이러한 담대함은 하나님의 소리를 확신할 때 가능하다. 하나님의 소리가 들려오더라도 알아채지 못하는 것은 그 소리에 익숙하지 않기 때문일 수도 있고 또한 자신이 원하는 소리가 아니기 때문일 수도 있다. 하나님의 소리에 익숙해지는 훈련은 무엇보다도 성경연구를 통해 가능하다는 것을 기억할 필요가 있다. 이와 더불어 원하는 것이 아닌 필요한 것이 무엇인지에 관심을 둘 때 가능하다. 대중의 소리는 크고 매혹적이며 때론 강력하고 위압적이다. 그 소리에 귀를 막을 때 하나님의 세미한 음성이 들리게 된다. 하지만 이것은 독단적이고 배타적인 삶의 태도를 의미하지 않는다. 하나님의 세미한 음성은 대중의 소리에 어떤 소리가 담겨져 야 하는지를 알려주시기 때문이다.

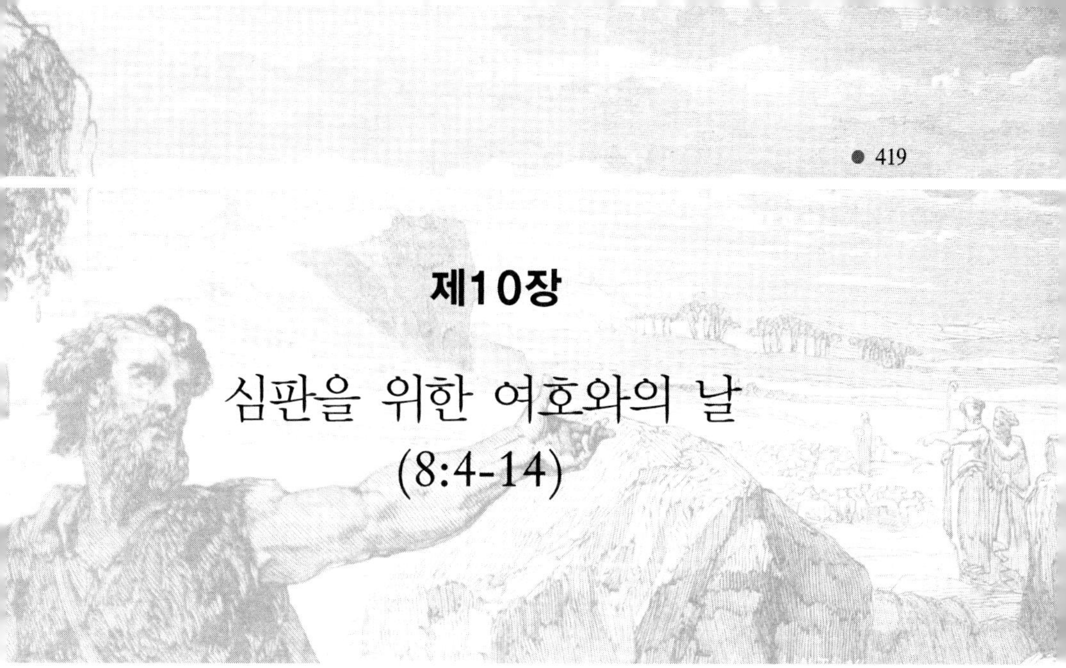

제10장

심판을 위한 여호와의 날 (8:4-14)

아모스 8장 3절로 7장 1절부터 시작된 환상신탁연속물(7:1-8:3)이 마무리되고 8장 4절은 3:1; 4:1; 5:1과 동일하게 "들으라"(שִׁמְעוּ) + "이것을"(זֹאת) + 호격의 형식으로 새로운 단락을 시작한다. 이렇게 시작된 단락은 8장 14절에서 마무리된다. 따라서 8:4-14절은 하나의 의미론적 단락을 이루면서 "그날에"(בַּיּוֹם הַהוּא) 이루어질 심판선포에 집중한다. 8:4-14을 하나의 의미론적 단락으로 구분할 수 있는 근거는 다음과 같다. 첫째, 8장 3절이 네 번째 환상신탁을 마무리하고 있으며 언급한 바와 같이 8장 4절의 "들으라"(שִׁמְעוּ)가 새로운 단락을 열어 준다. 둘째, 9장 1절의 "내가 보니"(רָאִיתִי)라는 표현은 아모스가 본 환상을 1인칭 관점에서 서술하면서 다음 단락을 시작한다. 셋째, 8:4-14이 "그 날"(בַּיּוֹם הַהוּא, 9, 13절)과 이와 동일한 시기를 가리키는 "날들"(יָמִים, 11절)에 임하게 될 하나님의 심판에 집중하고 있다.[1] 8장 4-14절은 "들으라"(שִׁמְעוּ)로 단락

---

1) Noble이 주장하는 바와 같이, 8:4-14이 8:1-3의 네 번째 환상신탁에서 선포하고 있는 심판의 정당성을 설명하는 단락으로 이해하는 견해가 가능하기도 하다(Noble, "Amos," 435; cf. Wolff, *Joel and Amos,* 324). 왜냐하면 8장 3절의 "그날"(בַּיּוֹם הַהוּא)이라는 표현과 8장 9, 13절(cf. 11절)에 반복되고 있는 "그날"(בַּיּוֹם הַהוּא)과 밀접한 연관성을 볼 수 있기

을 시작하면서 심판의 원인(8:4-6)을 논하고 이에 근거한 심판선언(8:7-14)이 주어지는 심판신탁의 형식을 취하고 있다.[2)] 7절에 언급된 하나님의 맹세는 원인단락에서 선언단락으로의 전환을 나타낸다(cf. 4:2). 심판선언 단락은 9절과 11절의 "여호와의 말씀이니라"(נְאֻם אֲדֹנָי יְהוִה)에 근거하여 두 개의 세부 단락들로 구분할 수 있다.

아모스 8:4-14은 표 18이 제시하는 것과 같은 단락의 흐름을 가지고 있다. 심판의 원인을 제시하고(8:4-6), 이에 근거한 심판선언이 주어진다(8:7-8). 이 심판이 이루어질 날은 "그날"(בַּיּוֹם הַהוּא)인데, 이 날이 바로 5장 18-20절에서 빛이 아닌 어둠으로 소개하고 있는 심판을 위한 "여호와의 날"이다. 이 단락과 대조적 주제로 짝을 이루는 단락이 9:11-14이다. 9:11-14도 역시 "그날"에 집중한다. 하지만 9:11-14이 선포하고 있는 "그날"은 회복을 위한 "여호와의 날"이다.

〈표 18〉 아모스 8:4-14의 구조

심판을 위한 여호와의 날: 8:4-14
- a. 심판원인: 사회적 불의 (8:4-6)
  - b. 심판선언 (8:7-8)
    - c. "괴로운 날"(כְּיוֹם מָר)과 같이 될 "그날"(בַּיּוֹם הַהוּא) (8:9-10)
    - c'. 다시 일어설 수 없는 멸망이 임할 "그날"(בַּיּוֹם הַהוּא) (8:11-14)

때문이다. 이것은 7장 9절에 "여로보암의 집"(בֵּית יָרָבְעָם)에 대한 언급이 7장 10-17절의 여로보암(יָרָבְעָם)에 대한 언급과 연결되는 것과 유사하다. Gordis는 아모스가 7:10-17의 아마샤와의 충돌 이후에 북이스라엘에서 쫓겨났기 때문에 8:4-14를 유다에서 선포한 메시지로 간주한다(Gordis, "Composition," 247). 하지만 반드시 7-9장의 배열은 이러한 결론을 요구하지 않는다(cf. Paul, *Amos*, 239).

2) Stuart 역시 8:4-14을 네 개의 소단락으로 구분하는데, 단락범위에 차이가 있다: (1) Hypocrisy in financial practices (8:4-6); (2) Certainty of punishment (8:7); (3) Varieties of punishment (8:8-10); (4) Hunger and thirst (8:11-14) (Stuart, *Hosea-Jonah*, 381-82). Paul의 경우에도 8:4-14을 네 개의 소단락으로 구분한다: (1) Unscrupulous traders in grain and human traffic (8:4-8); (2) Solar eclipse and mourning rites (8:9-10); (3) the inaccessibility of God (8:11-12); (4) Condemnation of popular oath formulae (8:13-14) (Paul, *Amos*, 253-72; cf. Soggin, *The Prophet*,

I. 심판원인(a), 사회적 불의: 8:4-7

1. 원문

שִׁמְעוּ־זֹאת הַשֹּׁאֲפִים אֶבְיוֹן	8:4a
וְלַשְׁבִּית עֲנִוֵּי־אָרֶץ	8:4b
לֵאמֹר	8:5a
מָתַי יַעֲבֹר הַחֹדֶשׁ	8:5b
וְנַשְׁבִּירָה שֶּׁבֶר	8:5c
וְהַשַּׁבָּת [ ]	8:5d
וְנִפְתְּחָה־בָּר	8:5e
לְהַקְטִין אֵיפָה	8:5f
וּלְהַגְדִּיל שֶׁקֶל	8:5g
וּלְעַוֵּת מֹאזְנֵי מִרְמָה	8:5h
לִקְנוֹת בַּכֶּסֶף דַּלִּים	8:6a
[ ] וְאֶבְיוֹן בַּעֲבוּר נַעֲלָיִם	8:6b
וּמַפַּל בַּר נַשְׁבִּיר	8:6c

2. 사역

8:4 가난한 자를 짓밟으며 이 땅의 비천한 자들을 망하게 하는 자들이여, 이 것을 들으십시오.

134-41). Park은 8:4-14이 8장 2절의 "끝"(הַקֵּץ)을 보다 구체적인 설명을 서술하는 단락으로 간주할 뿐만 아니라 크게 두 개의 소단락(8:4-6; 8:7-14)으로 구분한다. 또한 이 안에 나타나는 5개의 독립적인 단락이 16개의 가능한 연관성을 가지고 다양하게 분류될 수 있음을 지적한다: (A) vv. 4-6; (B) v. 7; (C) vv. 8-10; (D) vv. 11-12; (E) vv. 13-14 (Park, *The Book of Amos*, 96, 99-101). Park이 지적하는 것과 유사하게, Hayes는 각각 두 절씩 묶어 8:4-14을 5개의 소단락으로 구분한다: (1) vv. 4-6; (2) vv. 7-8; (3) vv. 9-10; (4) vv. 11-12; (5) vv. 13-14 (Hayes, *Amos*, 208-16). Mays는 8:4-14을 세 개의 소단락으로 구분한다: (1) Never on Sunday (8:4-8); (2) Gloom and grief (8:9-10); (3) Not by bread alone (8:11-14) (Mays, *Amos*, 142-50).

8:5 여러분이 이렇게 말합니다. “초하루 축제가 언제 지나서 우리가 곡물을
팔 수 있는가? 안식일이 언제 지나서 우리가 밀을 내다 팔 수 있을까?
에바는 작게 만들고 세겔은 크게 만들며 부정직한 저울로 속여서 팔고
8:6 은으로 힘없는 자들을 살 뿐만 아니라 신 한 켤레를 가지고 가난한 자
를 사고 밀 찌꺼기까지도 팔 것이다.”

3. 원문분석

8:4. 아모스 3:1; 4:1; 5:1에서와 동일하게 설교형식을 유도하는 “들으라”(שִׁמְעוּ) + “이것을”(זֹאת) + 호격의 형식이 사용된다. 지시대명사 זֹאת(“이것”)의 선행사는 뒤따르는 내용을 가리키는데, 직접적으로는 7절의 내용이며 7-14절의 내용도 함께 포함한다.[3] הַשֹּׁאֲפִים은 정관사 ה와 남성 복수형 분사(שׁאפים)가 결합된 형태이다. שָׁאַף는 문자적으로 “짓밟다,” “짓뭉개다” 또는 “숨을 헐떡이다,” “갈망하다”를 의미한다. 전자의 의미를 따를 경우, 억압에 대한 묘사가 되며 후자의 의미를 따를 경우, 과도한 탐욕에 대한 극적인 묘사가 된다. 동일한 표현이 2장 7절에 사용되는데, 그곳에서는 이스라엘의 범죄내용을 서술하는 형용사적 역할을 하고 있는 반면에 여기서는 아모스가 선포할 내용을 들어야 할 대상을 지시하는 호격의 역할을 한다. 2장 7절에서는 이 분사의 목적어구로 דַּלִּים(“힘없는 자들”)이 서술되는데, 여기서는 동일한 범주에 속하는 사회적 약자들을 표현하는 אֶבְיוֹן(“가난한 자”)가 직접목적어로 사용된다(cf. 4:1).

וְלַשְׁבִּית는 등위접속사 바브(ו), 전치사 לְ, 히필형 부정사 הַשְׁבִּית(שׁבת, “그만두다,” “끝나다”)가 결합된 형태로 등위접속사에 의해 부정사는 앞의 분사의 영향을 받게 되어 호격을 이어가는 표현이 된다.[4] 동사 שָׁבַת의 히필형(*hiphil*)은 “그

---

3) Cf. Stuart, *Hosea-Jonah*, 383; Paul, *Amos*, 256. 대명사의 지시관계를 앞의 것을 가리키는 선조응(anaphoric), 이와는 반대로 뒤에 나오는 것을 가리키는 후조응(cataphoric), 본문 밖의 정황 속에 있는 것을 가리키는 외조응(exophoric), 이와는 달리 선행사가 본문 내에 있는 내조응(endophoric) 등으로 생각해 볼 수 있는데, 4a의 지시대명사 זֹאת(“이것”)의 지시관계는 후조응(cataphoric)에 해당한다. 또한 지시대상이 본문 안에 있는 면에서는 내조응(endophoric)에 해당한다.

만두게 하다," "파괴하다," "망하게 하다" 등의 의미를 갖게 된다. עֲנִוֵּי־אָרֶץ("이 땅의 비천한 자들")은 부정사구 לַשְׁבִּית의 목적어 역할을 한다. אָרֶץ("땅")에 정관사가 사용되지 않지만 문맥을 고려하여 북이스라엘을 가리키는 "이 땅"으로 번역할 수 있다. 복수형 עֲנִוֵּי 역시 2장 7절(עֲנָוִים)에 사용된 점을 고려할 때 2장 7절과의 언어적, 의미론적 연관성을 주목하게 된다.

8:5. לֵאמֹר는 호격으로 언급된 자들이 하는 말을 직접화법으로 전달하기 위해 사용되는 표현인데, 정확한 의미전달과 문장의 흐름을 고려하여 "여러분이 이렇게 말합니다" 또는 "너희가 이르기를" 등으로 의역하는 것이 적절하다.[5] 5절은 심판의 원인이 되는 문제를 직접화법을 통해 구체적으로 제시해 주는 역할을 한다. 직접화법으로 전달되는 내용이 5절과 6절에 서술된다. 따라서 4-6절은 구문론적으로 연결되어 하나의 소단락을 이룬다.

의문사 מָתַי("언제")는 때를 나타내는 의문문을 유도한다. 칼형 미완료 יַעֲבֹר의 원형동사 עבר는 "통과하다," "지나가다," "넘어가다"를 의미하는데, 때와 관련하여서 "[시간이] 지나가다," 또는 "끝나다"의 의미를 갖게 된다. חֹדֶשׁ는 초승달이 다시 떠오르는 날을 가리키며 정관사와 함께 쓰인 הַחֹדֶשׁ는 모세율법에 규정된 4주마다 한번 씩 지키게 되는 "축제일"을 말한다(cf. 민 28:11-15; 사 1:13; 호 2:13; 느 10:34). 따라서 הַחֹדֶשׁ를 "월삭"(초하루) 또는 "초하루 축제일"로 번역한다. 율법이 규정하는 것은 아니지만 관습에 의해 초하루 축제일에 매매행위를 하지 않은 것으로 보인다. 반면에 안식일에 매매행위를 하는 것은 율법에 의해 금지되었다(cf. 출 20:8; 23:12; 34:21; 신 5:12-15; cf. 렘 17:21-27; 느 13:15-22).

וְנַשְׁבִּירָה(שׁבר, "사다")의 접속사 바브(ו)는 앞의 문장에 연관된 결과나 목적을 나타내는 문장을 유도할 수 있다.[6] 1인칭, 복수, 히필 미완료 희구형(cohortative) נַשְׁבִּירָה는 주어의 의지를 나타내는 역할을 하여 곡물을 팔고자 하는

---

4) 히필형 부정사 הַשְׁבִּית의 הַ가 전치사와 결합될 때 생략되면서 전치사 לְ가 הַ의 모음(ַ)을 취한다(cf. GKC §53q).

5) "너희가 이르기를"(개역; 개역개정); "겨우 한다는 소리가"(공동); "너희는 이렇게 말한다"(우리말); "기껏 한다는 말이"(표준새번역).

6) Cf. BHRG §40.8/2.

의지를 강하게 표현하는 것이다. 히필형 동사는 "팔다," "사게 하다"의 의미를 갖는다. שֶׁבֶר("곡물")은 동사의 동족목적어로 동사의 의미를 명확하게 한다. וְהַשַּׁבָּת("안식일")은 הַחֹדֶשׁ("초하루 축제일")와 평행을 이루는 표현이며 등위접속사 바브(ו)에 의해 5b의 의문문의 형태를 그대로 이어간다. 즉 מָתַי יַעֲבֹר("언제 지나서")가 생략된 것으로 볼 수 있다. וְנִפְתְּחָה의 원형동사 פתח자체는 "열다"라는 의미를 갖는데, וְנַשְׁבִּירָה와 평행을 이루고 목적어 בָּר("밀," "곡식")를 취하면서 "우리가 밀을 내서 팔 수 있을까?"라는 의미를 갖게 된다.

5b-c와 5d-e는 의미론적, 구문론적 평행을 이루고 있으며 5f-6c에 서술된 부정사구들이 전자와 후자에 모두 적용되는 것으로 볼 수 있다. לְהַקְטִין은 전치사 לְ와 히필 부정사 הַקְטִין("작게 만들다," "무가치하게 만들다")가 결합된 형태로 앞에 언급된 동사의 행위들의 정황을 설명하는 역할을 한다.[7] 5g-6a에 등장하는 부정사구들 역시 동일한 역할을 하면서 5c와 5e에 언급된 판매행위의 방법을 구체적으로 규정해 준다. אֵיפָה("에바")는 곡물을 측량하는 단위이며 부정사구 לְהַקְטִין("작게 만들다")의 목적어 역할을 한다. 1에바는 39리터가 약간 넘는 양이다. 1되가 1.8리터 정도라고 볼 때, 1에바는 거의 22되에 해당한다. וּלְהַגְדִּיל("그리고 크게 만들다")는 등위접속사 바브(ו)에 의해 앞의 부정사구와 함께 나열되면서 5c와 5e에 언급된 동사의 행위에 대한 설명을 이어간다. שֶׁקֶל("세겔")은 무게를 재는 기본단위를 가리키는 것으로 1세겔은 11그램이 약간 넘는 무게이다. לְעַוֵּת("그리고 속이다")의 피엘형 부정사는 왜곡하는 행위, 즉 속이는 것을 가리킨다. מֹאזְנֵי מִרְמָה의 מִרְמָה("속임," "거짓")는 한정적 속격(attributive genitive)의 역할을 하여 연결형 מֹאזְנֵי("저울")를 꾸며준다.[8] 따라서 "속이는 저울," 또는 "부정직한 저울"로 번역을 한다. וּלְעַוֵּת מֹאזְנֵי מִרְמָה는 조작된 저울을 사용하여 물건을 사는 사람을 속이는 행위를 가리킨다. 5f-h의 부정사구들이 파는 행위를 꾸며주고 있는 것을 고려할 때 부정사구 וּלְעַוֵּת를 "속여서 팔고"로 번역하여 부정사구들의 이러한 역할을 반영하는 것이 필요하다.

---

7) Cf. WOC §36.2.3e; GKC §114o; BHRG §20.1/3.
8) Cf. WOC §9.5.3a.

8:6. 칼형 부정사구 לִקְנוֹת는 접속사 바브를 취하지 않지만 앞의 부정사구들에 연결된다. 부정사구들이 접속사 바브의 사용여부를 통해 구문론적 평행을 이루고 있다: לְהַקְטִין(5f), וּלְהַגְדִּיל(5g), וּלְעַוֵּת(5h), לִקְנוֹת(6a). 동사 קנה는 "얻다" 또는 "손에 넣다"를 의미하는데, 전치사구 בַּכֶּסֶף("은으로")에 의해 "사다"의 의미를 갖는다. 이 부정사구가 6b에 생략된 것으로 볼 수 있으며 6a와 6b는 교차평행을 이루면서 사회적 약자들을 정당하지 못한 가격으로 사는 행위를 가리킨다. 이것은 부당한 노예매매에 관한 지적이다.

דַּלִּים	בַּכֶּסֶף	לִקְנוֹת	8:6a
c (목적어) -	b (부사구) -	a (부정사구)	
בַּעֲבוּר נַעֲלָיִם	וְאֶבְיוֹן	[ ]	8:6b
b' (부사구) -	c' (목적어) -	[a' (부정사구)]	

상대적으로 사회적 약자들은 적은 금액에 자신들을 팔아야 하는 상황에 직면하게 되는 것을 볼 수 있다. 2장 6절은 동일한 표현을 사용하여 이러한 정황을 서술하고 있다.

동사 נַשְׁבִּיר("우리가 팔 것이다")의 목적어인 וּמַפַּל בַּר가 문장 앞에 위치하면서 강조의 의미를 갖게 된다. מַפַּל은 동사 נפל("떨어지나")에서 파생된 명사로 알곡이 없이 땅에 떨어진 곡물 "껍데기"나 "짚"을 가리킨다. 따라서 וּמַפַּל בַּר를 "밀 찌꺼기까지도"로 번역하게 된다. 알곡과 함께 밀 찌끼기를 섞어 파는 행위는 물질에 대한 북이스라엘 백성들의 탐욕을 시사하는 표현이다. Wolff의 경우, 의미론적 연결을 위해 6c를 6a 앞으로 재배열하여 해석할 것을 제안한다.[9] 하지만 1인칭, 복수, 히필 미완료형 נַשְׁבִּיר는 5c의 וְנַשְׁבִּירָה와 수미쌍관(*inclusio*)을 이루면서 직접화법 인용문을 마무리하는 역할을 한다. 따라서 6c를 재배열할 필요가 없다.

9) Wolff, *Joel and Amos*, 322.

4. 원문주해

8:4. 네 번째 환상신탁을 통해 "끝"(הַקֵּץ)이 임하게 될 것임을 선포한 후 아모스는 "그 끝", 곧 "그날에"(8:9, 11, 13) 심판을 경험하게 될 대상을 향하여 심판을 선언한다. 이 신탁을 듣는 대상은 사회적 약자들을 부당하게 억압하고 착취하는 자들이다. 이들의 이러한 정체성은 심판의 원인을 구체적으로 보여준다. 첫째, 사회적 약자들을 억압하고 착취하는 사회적 불의이다(4절). 이 문제는 이미 2장 6-7절과 4장 2절에서 언급된 것이다. 둘째, 행위에 있어서는 종교적 절기와 율법을 지키는 것처럼 보이지만 실제로는 불의한 이득을 얻기에 조급한 모습과 탐욕이다(5절). 율법은 초하루 축제에 노동이나 매매행위를 금하지 않는다. 하지만 이들은 율법이 정한 안식일뿐만 아니라 자신들의 관습에 따라 초하루 축제에도 일을 하지 않으면서 종교적 열심을 나타낸다. 이것은 4장 4-5절에서 지적하고 있는 과시적이고 위선적인 종교적 행위 및 열심과 같은 맥락에서 이해할 수 있다(cf. 5:21-23). 달리 말하면 북이스라엘 백성들은 매매행위나 노동을 중단하면서 초하루 축제(הַחֹדֶשׁ)와 안식일(הַשַּׁבָּת)을 지키지만 이들의 이러한 종교행위는 일상생활에까지 연결되지 않는다. 희구형동사들(וְנִפְתְּחָה וַנַשְׁבִּירָה)의 반복은 불의한 이득을 취하려는 이들의 강한 의지를 잘 반영해 준다. 5f(לְהַקְטִין אֵיפָה)와 5g(וּלְהַגְדִּיל שֶׁקֶל)는 구문론적 평행을 이루지만 의미에 있어서는 대조를 이룬다. 판매하는 곡식을 측량하는 "에바"는 작게 만드는 반면에 물건의 값을 받을 때 재는 "세겔"(שֶׁקֶל)은 크게 만드는 행위를 가리킨다. 즉 파는 물건의 양은 정상적인 양보다 적게 주면서 받는 가격은 정상가격보다 더 받는 부정직한 판매행위이다. 간단히 표현하면 속여서 적게 주고 많이 받는 것이다. 정직한 저울과 측량, 무게를 사용하는 것은 율법이 명하는 바이다(cf. 레 19:35-36; 신 25:13-15; cf. 겔 45:10-11; 잠 16:11). 셋째, 자신의 물질적 욕심을 위해 인간의 존엄성을 무시한다(6절). 율법이 요구하지 않는 불법적인 노예매매를 행하면서 윤리적 기준과 도리가 파괴되었으며 사회적 약자들에 대한 배려가 없는 무정함이 나타난다(cf. 레 25:39-43). 이와 같이 사회적, 경제적, 관계적 측면에 나타나는 북이스라엘 백성들의 불의는 율법이 요구하는 공의와 정의를 거부하는 행위이다(cf. 2:6-7; 3:9-10; 4:1; 5:7, 11-12, 15; 24; 6:12). 따라서 하나님의 심판을 피할 수가 없게 된다(8:7-14).

II. 심판선언(b): 8:7-8

1. 원문

נִשְׁבַּע יְהוָה בִּגְאוֹן יַעֲקֹב	8:7a
אִם־אֶשְׁכַּח לָנֶצַח כָּל־מַעֲשֵׂיהֶם	8:7b
הַעַל זֹאת לֹא־תִרְגַּז הָאָרֶץ	8:8a
וְאָבַל כָּל־יוֹשֵׁב בָּהּ	8:8b
וְעָלְתָה כָאֹר כֻּלָּהּ	8:8c
וְנִגְרְשָׁה	8:8d
וְנִשְׁקְעָה כִּיאוֹר מִצְרָיִם	8:8e

2. 사역

8:7 여호와께서 야곱의 교만을 두고 맹세하셨습니다.
"내가 결코 그들의 모든 행위를 잊지 않을 것이다.
8:8 이것으로 인하여 땅이 요동치며 땅에 거하는 모든 자들이 통곡하지 않겠느냐? 온 땅이 나일 강처럼 솟아오르고 이집트의 나일 강처럼 뒤흔들리다가 가라앉지 않겠느냐?

3. 원문분석

8:7. 3인칭, 니팔형 **נִשְׁבַּע**("그가 맹세하였다")가 **אֲדֹנָי יְהוִה**("주 여호와")를 주어로 취하여 여호와의 맹세를 서술하면서 심판선언단락을 열어줄 뿐만 아니라 선언의 엄중성을 더해 준다. 유사한 형태의 시작이 4장 2절과 6장 8절에 사용되었다. **בִּגְאוֹן יַעֲקֹב**의 전치사 **בְּ**는 수단(*beth instrumenti*)을 나타낸다. 단어 **גְאוֹן** 자체가 "영광," "자긍심" 등의 긍정적인 의미를 가지고 있는 점과 삼상 15:29의 "이스라엘의 지존자"(**נֵצַח יִשְׂרָאֵל**)라는 표현과의 유사성을 고려하여 **גְאוֹן יַעֲקֹב**을 긍정적인 측면에서 해석할 것을 제안하기도 한다.[10] 또한 미가 5장 4절의 "여호와의 이름의 위엄"(**גְאוֹן שֵׁם יְהוָה**)이라는 표현이 이러한 해석을 위한 근거로 언

급하기도 한다. 이러한 해석을 따를 경우, 하나님이 자신을 두고 맹세하는 것으로 해석이 된다.[11] 즉 בִּגְאוֹן יַעֲקֹב을 "그의 거룩함을 두고"(בְּקָדְשׁוֹ, 4:2)나 "자신을 두고"(בְּנַפְשׁוֹ, 6:8)와 유사한 표현으로 이해하는 것이다.[12] גְּאוֹן יַעֲקֹב을 이렇게 해석하더라도 하나님의 맹세에는 조소적 측면이 나타난다. 왜냐하면 야곱이 자랑으로 생각하는 하나님이 그들을 심판하실 것이기 때문이다. 그러나 גְּאוֹן יַעֲקֹב이 6장 8절에서 하나님께서 증오하시는 대상으로 언급된 것에 주목한다면 부정적 의미가 담긴 "야곱의 교만"으로 해석할 필요가 있다.[13] 하나님의 맹세의 내용이 7b-8e에 서술된다.

7b의 אִם이 유도하는 문장은 문자적으로 "만약 내가 영원히 너희 모든 행위를 잊는다면"을 의미한다.[14] 그러나 אִם이 맹세선언과 함께 사용되면서 양태를 나타내는 단어(a modal word)의 역할을 하게 된다.[15] 따라서 이것은 일어나지 않을 일에 대한 화자의 확약을 표현하면서 반대의 의미를 갖는다. 즉, "내가 결코 너희 모든 행위를 잊지 않을 것이다." לָנֶצַח는 전치사 לְ와 명사 נֵצַח("영원," "영속")가 결합된 형태로 문자적으로는 "영원히"를 의미하는데, 이 문장에서는 강한 부정을 나타내는 "결코"라는 의미로 번역될 수 있다. כָּל־מַעֲשֵׂיהֶם("그들의 모든 행위")의 3인칭, 복수, 대명사어미(הֶם)의 선행사는 4a에서 호격으로 언급된 자들(הַשֹּׁאֲפִים)이다.

8:8. הַעַל זֹאת은 의문문 불변화사 הֲ 원인을 나타내는 전치사 עַל 3인칭 지

---

10) Niehaus, "Amos," 472.

11) Cf. Soggin, *The Prophet*, 135; Mays, *Amos*, 145.

12) Hayes는 이러한 해석을 거부하면서 גְּאוֹן יַעֲקֹב이 6장 8절에서와 같이 "사마리아 성"을 가리키는 것으로 해석한다(Hayes, *Amos*, 209). Stuart는 시 47:5에 근거하여 גְּאוֹן יַעֲקֹב이 "이스라엘의 땅"을 가리키는 것으로 설명한다(Stuart, *Hosea-Jonah*, 385).

13) Wolff, *Joel and Amos*, 328; Paul, *Amos*, 260. Wolff는 6장 8절에 사용된 גְּאוֹן יַעֲקֹב의 뉘앙스를 8장 7절에서도 그대로 유지해야 하는 것을 지지한다. 야곱의 교만이 바뀔 수 없는 것처럼 하나님의 맹세도 바뀔 수 없다는 것을 나타내는 것으로 본다. 하지만 Wolff는 이 표현이 후대의 아모스학파(the school of Amos)에 의해 삽입된 것으로 설명한다.

14) 이것은 이러한 일이 일어나게 되면 저주가 임할 것이라는 의미를 내포하게 된다. 따라서 이러한 일이 결코 일어나지 않을 것에 대한 확언이 된다.

15) Cf. BHRG §40.5/4, 41.3/6; GKC §149b-e.

시대명사 זֹאת("이것")가 결합된 형태로 수사적 의문문을 유도한다. 뒤이어 서술되는 바브-완료 연계형 시리즈(8b-e)를 모두 수사적 의문문(8a)의 영향을 받는 것으로 해석하여 동일하게 의문문으로 번역할 수 있다.[16] 이와는 달리 8c-e의 바브-완료 연계형들을 결과를 나타내는 미래형 문장으로 해석하기도 한다.[17] 지시대명사 זֹאת("이것")는 4-6절에서 서술하고 있는 북이스라엘의 기득권층의 사회적 불의 또는 7절의 하나님의 맹세를 가리킬 수 있다. לֹא־תִרְגַּז("그것이 요동치지 않겠느냐")의 부정어 לֹא는 긍정적 답변을 유도하는 수사적 질문을 분명하게 서술해 준다. 동사 רגז는 심하게 흔들리는 것이나 사람이 두려움이나 놀람으로 인해 떠는 것을 의미하는데 여기서는 땅의 흔들림, 즉 지진을 의미하는 것으로 해석할 수 있다.

바브-완료 연계형 וְאָבַל("그리고 *그*가 통곡하지 않겠느냐")은 8a의 수사적 의문문을 이어가고 있으며 כָּל־יוֹשֵׁב("거하는 모든 자")를 주어로 취한다. 장소를 나타내는 전치사 בְּ와 3인칭 여성 대명사어미가 결합된 부사구 בָּהּ는 분사 יוֹשֵׁב("거하는 자")를 꾸며주고 있으며 대명사어미의 선행사는 הָאָרֶץ("땅")이다. 하나님의 심판이 임하는 "땅" 이므로 הָאָרֶץ는 북이스라엘의 땅을 가리키는 제한적 의미를 갖는다. וְעָלְתָה(עלה, "오르다," "올라가다") 역시 바브 연계형에 의해 수사적 의문문을 이어가고 있는 것으로 볼 수 있으며 동사의 주어는 כֻלָּהּ이다. כֻלָּהּ의 대명사어미의 선행사는 "땅"(הָאָרֶץ)이므로 "온 땅" 또는 "땅 전체"를 의미한다. כָאֹר("나일 강처럼")는 비교를 나타내는 전치사 כְּ와 "나일 강"을 의미하는 명사 אֹר가 결합된

16) "그들이 이렇게 죄를 지었는데, 어찌 땅이 *지진을 일으키지 않겠으며*, 어찌 땅 위에 사는 자들이 모두 *통곡을 하지 않겠느냐?* 온 땅이 강물처럼 *솟아오르다가*, 이집트의 강물처럼 불어나다가, *가라앉지 않겠느냐?*"(표준새번역). 공동번역과 쉬운성경은 8a를 포함해서 바브-연계형시리즈를 모두 미래형 문장으로 번역한다: "그리하여 땅은 *뒤틀리고* 거기 사는 사람은 모두 *찌들리라*. 이집트의 나일강처럼 *부풀어 올랐다가 잦아들리라*" (공동); "그 때문에 온 땅이 *흔들리고* 이 땅에 사는 모든 사람이 *슬퍼하며 울 것이다*. 온 땅이 이집트의 나일 강처럼 *솟구쳤다가 다시 가라앉을 것이다*" (쉬운성경).

17) "이로 인하여 땅이 *떨지 않겠으며* 그 가운데 모든 거민이 *애통하지 않겠느냐* 온 땅이 하수의 넘침 같이 *솟아오르며* 애굽강 같이 *뛰놀다가 낮아지리라*" (개역; 개역개정); "이 일로 어찌 땅이 *떨고* 또 땅에 사는 모든 사람들이 *슬피 울지 않겠는가?* 온 땅이 나일 강처럼 넘치고 이집트의 강처럼 *솟구쳤다 가라앉을 것이다*" (우리말)

부사구로 동사 וְעָלְתָה를 꾸며준다. 이것은 8e의 כִּיאוֹר מִצְרָיִם("이집트의 나일 강")과 평행을 이루는 표현이다. כָאֹר는 יְאוֹר의 불완전 표기형태이다.

8e의 MT 독법, וְנִשְׁקָה는 문자적으로 "그녀[땅]가 물에 잠기게 될 것이다"를 의미하는데, 유사한 표현을 반복하고 있는 9장 5절에 וְשָׁקְעָה("그리고 그것이 가라앉을 것이다")가 사용되고 있는 점을 고려할 때 וְנִשְׁקָה를 케레형(*qere*) וְנִשְׁקְעָה로 읽을 필요가 있다. 그러면 "가라앉게 되다"의 의미를 취하게 된다. 바브-완료 연계형 동사 וְנִגְרְשָׁה의 주어는 "온 땅"(כֻּלָּהּ)이며 וְנִשְׁקָה와 중언법을 이루어 "뒤흔들리다가 가라앉게 되다"의 의미를 갖게 된다. 이 표현은 땅이 지진으로 인하여 솟아오르고 뒤흔들리다가 가라앉는 장면을 연상시켜 준다(cf. 사 24:18-20).

4. 원문주해

8:7-8. 여호와의 맹세는 심판의 원인을 서술하는 단락에서 심판선언 단락으로의 전환을 나타내면서 심판에 대한 하나님의 결단을 단호하게 나타낸다. 하나님께서 "야곱의 교만"(גְּאוֹן יַעֲקֹב)을 두고 맹세하시는 것은 반어적 표현으로 볼 수 있다(cf. 6:8).[18] 즉 북이스라엘 백성들이 자부하는 것들과 그들의 교만을 두고 맹세하시면서 이것으로 인해 심판을 선언할 수밖에 없음을 선언하신다. 그들은 자신들이 원하는 바대로 무엇이든 할 수 있다고 생각하였는데, 그들이 확신하는 만큼 하나님의 심판 또한 확고할 수밖에 없다는 것이다. 이러한 흐름을 이어 받는 표현이 8a의 "이것으로 인하여"(הַעַל זֹאת)라는 표현이다. 북이스라엘 백성들의 사회적 불의는 하나님의 심판원인이 되기에 충분하다. 따라서 하나님은 이들에 대한 심판선언을 맹세하시면서 심판의 확실성과 엄준함을 선포하신다. 북이스라엘의 기득권자들이 "우리"라는 표현과 희구법(cohortative)을 사용하여 불의한 이득을 취하고자 하는 자신들의 의지를 분명히 나타낸 것에 맞추어 하나님은 "내가"라는 표현과 맹세를 통해 단호하게 반응하신다. 하나님은 북이스라엘 백성들이 삶의 전 영역에서 행한 불의한 모든 행위(כָּל־מַעֲשֵׂיהֶם)를 결코 잊지 않으시고 심판으로 보응하실 것이다(cf. כָּל־עֲוֹנֹתֵיכֶם, 3:2; פִּשְׁעֵי־יִשְׂרָאֵל, 3:14; בַּמַּמְלָכָה הַחַטָּאָה,

---

18) Cf. Chisholm, *Handbook*, 400.

9:8). 그렇게 되면 땅과 땅에 거하는 사람, 즉 자연과 사람들이 모두 하나님의 심판을 경험하게 될 것이다. 이에 맞추어 9절과 10절에 자연과 사람에 대한 언급이 등장하는 것이다. 하나님의 심판이 임하게 되면 그 결과는 통곡(אָבַל)이다. 5장 17절은 하나님께서 북이스라엘 가운데로 지나가심을 인하여 "애곡"(מִסְפֵּד)과 "통곡"(אֵבֶל)이 북이스라엘 전 지역에 미치게 될 것을 이미 선포하였다.

III. "괴로운 날"(כְּיוֹם מָר)과 같이 될 "그날"(בַּיּוֹם הַהוּא): 8:9-10

1. 원문

8:9a	וְהָיָה בַּיּוֹם הַהוּא
8:9b	נְאֻם אֲדֹנָי יְהוִה
8:9c	וְהֵבֵאתִי הַשֶּׁמֶשׁ בַּצָּהֳרָיִם
8:9d	וְהַחֲשַׁכְתִּי לָאָרֶץ בְּיוֹם אוֹר
8:10a	וְהָפַכְתִּי חַגֵּיכֶם לְאֵבֶל
8:10b	[ ] וְכָל־שִׁירֵיכֶם לְקִינָה
8:10c	וְהַעֲלֵיתִי עַל־כָּל־מָתְנַיִם שָׂק
8:10d	[ ] וְעַל־כָּל־רֹאשׁ קָרְחָה
8:10e	וְשַׂמְתִּיהָ כְּאֵבֶל יָחִיד
8:10f	[ ] וְאַחֲרִיתָהּ כְּיוֹם מָר

2. 사역

8:9 주 여호와의 말씀입니다.
"그날에 내가 정오에 해를 지게 해서 대낮에 땅을 어둡게 할 것이다.
8:10 내가 너희 절기들을 통곡으로 바꾸고 너희 모든 노래를 애가로 바꿀 것이다. 내가 모든 허리에 굵은 베를 두르게 하며 모든 머리를 밀게 하여 대머리가 되게 할 것이다. 내가 이 모든 것을 외아들을 위한 통곡과 같이 만들고 그 끝을 괴로운 날과 같이 만들 것이다.

3. 원문분석

8:9. וְהָיָה בַּיּוֹם הַהוּא를 문자적으로 "그날에 있게 될 것이다"로 번역할 수 있는데, 선지서에서 하나님의 심판이 임하게 될 날을 가리키는 전형적인 표현들 중의 하나이다.[19] 이 표현을 "그날에"로 간략히 번역할 수도 있다. 9b의 נְאֻם אֲדֹנָי יְהוִה("주 여호와의 말")는 하나님의 선언을 시작하는 기능과 확언하는 기능을 한다. 따라서 9c-10f의 1인칭 동사의 주어는 "주 여호와"(אֲדֹנָי יְהוִה)를 가리킨다.

바브-완료 연계형 וְהֵבֵאתִי는 "그날에" 일어나게 될 일을 서술해 주고 있으며 완료형이지만 미래시제로 번역이 된다. 동사 בּוֹא의 히필형은 "오게 하다" 또는 "가게 하다"를 의미하는데, 이 문장에서는 후자의 의미를 취한다: "내가 가게할 것이다"/ "지게 할 것이다." בַּצָּהֳרָיִם은 시간을 나타내는 전치사 בְּ, 정관사 ה, 명사 צָהֳרָיִם("정오," "한낮")이 결합된 부사구로 동사 וְהֵבֵאתִי를 꾸며주며 다음 문장의 בְּיוֹם אוֹר("대낮에")와 평행을 이룬다. 바브-완료 연계형 וְהֵבֵאתִי("그리고 내가 지게 할 것이다")와 וְהַחֲשַׁכְתִּי("그리고 내가 어둡게 할 것이다")는 원인과 결과의 관계로 볼 수 있다. 즉 전자가 원인이 되며 이에 따른 결과가 후자에 의해 서술되는 것이다. לָאָרֶץ의 전치사 לְ는 동사 הַחֲשַׁכְתִּי의 직접목적어를 유도하는 역할을 한다.[20] 따라서 "땅을"로 번역한다.

8:10. 바브-완료 연계형 וְהָפַכְתִּי("그리고 내가 바꿀 것이다")는 하나님의 심판행위를 연이어 서술하고 있으며 הפך는 "바꾸다" 또는 "변형시키다"를 의미한다. 동일한 동사와 구문을 사용하여 5장 7절과 6장 12절에서 북이스라엘이 공의와 정의를 쓴 쑥과 독초로 바꾸어버린 행위를 묘사하였다. 5장 21절과 연관하여 볼 때 חַגֵּיכֶם("너희 절기들")이 무교병절기, 칠칠절, 초막절을 가리키는 것으로 고려할 수 있지만 이 절기들에 제한되지 않고 북이스라엘 백성들이 지키는 모든 절기를 가리킬 수 있다. 2인칭 대명사어미(כֶם)의 선행사는 4a에 언급된 הַשֹּׁאֲפִים("짓밟는

---

19) Cf. 사 7:18, 21, 23; 10:20, 27; 11:10, 11; 14:3; 22:20; 23:15; 렘 4:9; 30:8; 겔 38:10, 18; 39:11; 호 1:5; 2:18, 23; 욜 3:18; 미 5:10; 습 1:10; 슥 12:3, 9; 13:2, 4; 14:6, 8, 13.

20) Cf. BHRG §39.11/5; GKC §119s.

자들")을 포함하여 아모스의 신탁을 듣는 청자들이다. לְאֵבֶל("통곡으로")과 לְקִינָה("애가로")의 전치사 לְ는 동사의 행동에 따른 목적어의 특성이나 상태가 변화된 것을 나타낸다. אֵבֶל("통곡")은 5장 17절에서 언급된 단어이다. קִינָה("애가," "장송곡")는 북이스라엘의 멸망을 슬퍼하며 아모스가 부른 노래를 지칭하여 5장 1절에서 사용되었다. 10a의 동사 הָפַכְתִּי가 10b에 생략되었으며 10a와 10b는 구문론적 평행을 이룬다. 동일한 구문형식이 10c-d와 10e-f에도 나타나는데, 이러한 서술은 거침없이 심판을 행하시는 하나님의 분주한 모습을 연상시켜 준다. שִׁירֵיכֶם("너희 노래들")의 단수형 표현(שִׁירֶיךָ)이 5장 23절에서 사용되었으며 6장 5절에서는 "악기"(כְּלֵי־שִׁיר)를 표현하면서 단수형 שִׁיר가 사용되었다.

바브-완료 연계형 וְהַעֲלֵיתִי는 하나님의 심판행위를 묘사하는 연계형 시리즈를 이어가고 있으며 이 연계형 동사와 더불어 심판의 영역이 자연에서 사람에게로 전환된다. 동사 עלה의 히필형은 문자적으로 "올라가게 하다," "오르게 하다"를 의미하는데, 목적어 שָׂק("굵은 베")가 함께 쓰이면서 "입게 하다" 또는 "두르게 하다"의 의미를 취하게 된다. 동사 הַעֲלֵיתִי가 10d에 생략된 것으로 볼 수 있다. עַל־כָּל־מָתְנַיִם("모든 허리에")의 전치사 עַל은 위치를 나타내는 부사구를 유도하며 동사 הַעֲלֵיתִי의 행위가 이루어지는 위치를 나타낸다. 이 부사구는 וְעַל־כָּל־רֹאשׁ("모든 머리에")와 구문론적 평행을 이룬다. כָּל־מָתְנַיִם은 문자적으로 "모든 허리에" 또는 "허리마다"로 번역하는데, 신체의 중심부인 "허리"를 사람을 가리키는 환유로 간주하여 "모든 사람들" 또는 "사람마다"로 번역하기도 한다.[21] שָׂק는 굵고 거친 베로 만든 천이나 옷을 의미하며 "굵은 베" 또는 "굵은 베옷"으로 번역할 수 있다. 굵은 베는 입기에 불편한 천인데 이것을 두르는 것은 몸의 편함을 거부할 정도의 깊은 슬픔을 나타내는 것이다. קָרְחָה는 슬픔의 표현으로 머리를 깎는 "삭발"(tonsure)을 의미한다. 슬픔의 표현으로 삭발을 하는 것이 모세율법에서 금하고 있는 바이지만(cf. 레 21:5; 신 14:1), 선지서에서는 슬픔의 표현으로 머리를 밀것을 언급한다(cf. 사 22;12; 렘 16:6; 겔 27:31; 미1:16). 구문론적 평행을 이루는 히브리어 문장을 그대로 반영하여 וְעַל־כָּל־רֹאשׁ קָרְחָה를 문자적으로 번역하면,

---

21) "*너희 모두가* 베옷을 입게 하겠고"(쉬운성경); "내가 *모든 사람에게* 굵은 베 옷을 입히고"(표준새번역).

"내가 모든 머리에 삭발(대머리)을 올라가게 할 것이다" 인데, 이 번역이 한글표현으로는 어색하기 때문에 "모든 머리를 밀게 하여 대머리가 되게 할 것이다" 로 의역하는 것이 필요하다.

바브-완료 연계형 וְשַׂמְתִּיהָ("그리고 내가 그것을 만들 것이다")는 계속해서 연계형 시리즈를 이어가면서 하나님의 심판행위를 서술한다. 3인칭, 여성 대명사어미 הָ는 동사의 목적어 역할을 하며 선행사는 앞에서 언급한 하나님의 심판의 행위 모두이다(9c-10d).[22] 따라서 대명사어미를 "이것" 으로 문자적으로 번역하거나 "이 모든 것" 으로 의역할 수 있다.[23] כְּאֵבֶל יָחִיד("외아들을 위한 통곡처럼")의 전치사 כְּ는 비교를 나타내는 부사구를 유도하며 כְּיוֹם מָר와 평행을 이룬다. יָחִיד는 "독자," "외아들"을 의미한다. "외아들을 위한 통곡"(אֵבֶל יָחִיד)은 슬픔의 정도가 심한 비애를 나타낸다(cf. 렘 6:26; 슥 12:10). וְאַחֲרִיתָהּ에는 동사 שַׂמְתִּי가 생략되었으며 3인칭, 여성, 대명사어미(הָ)는 앞에서 언급한 하나님의 심판행위 전부(9c-10d)를 가리킨다. 따라서 וְאַחֲרִיתָהּ는 하나님의 심판의 결말("그 끝")을 의미한다. 형용사 מָר("괴로운," "쓴")는 יוֹם("날")을 꾸며주고 있으며 כְּיוֹם מָר는 "괴로운 날과 같이" 로 번역이 된다.

4. 원문주해

8:9-10. 앞의 7-8절에서 하나님의 확고한 심판이 선언된 후 하나님의 심판행위가 동일한 표현 נְאֻם אֲדֹנָי יְהוִה("주 여호와의 말이다"; 9절과 11절)에 의해 두

---

22) Cf. Wolff, *Joel and Amos,* 329; Niehaus, "Amos," 474. Hayes는 이 대명사어미가 앞에 언급된 절기(חַגֵּיכֶם)를 가리키는 것으로 간주하여 절기가 통곡의 날이 될 것임을 선포하는 것으로 해석한다(Hayes, *Amos,* 211).

23) 한글번역본들에서 이 대명사어미의 번역과 관련된 어려움을 볼 수 있다. 개역, 개역개정, 공동번역, 쉬운성경은 이 대명사어미를 번역하지 않는다: "독자의 죽음을 인하여 애통하듯 하게하며" (개역); "독자의 죽음으로 말미암아 애통하듯 하게하며" (개역개정); "외아들이라도 잃은 듯 통곡하리라" (공동); "외아들을 잃은 날과 같이 슬퍼하게 만들겠고" (쉬운성경). 우리말성경은 대명사어미를 "그날" 과 관계된 것으로 번역한다: "내가 *그때를* 외아들이 죽어 슬피 우는 것처럼 만들어" (우리말). 이와는 달리 표준새번역은 대명사어미를 사람들로 번역한다: "그래서 *모두들* 외아들을 잃은 것처럼 통곡하게 하고" (표준새번역).

개의 단락으로 언급된다. 하나님의 심판이 임하게 될 날을 "그날"(בַּיּוֹם הַהוּא)로 표현하는데, 이미 2장 16절과 3장 14절에서 언급된 것이며 5장 18절은 "그날"을 "여호와의 날"(יוֹם יְהוָה)로 표현한다. 8절은 땅에 일어날 일을 서술하고 9절은 하늘에서 일어나게 될 일을 서술한다(cf. 욜 2:10). 즉 전 우주가 하나님의 심판을 경험하게 될 것을 시사한다. 8절에서 땅과 땅에 거하는 사람들을 언급한 것처럼 하나님의 심판의 행위가 하늘과 사람에게 미치게 되는 것을 볼 수 있다. 하나님의 심판행위는 다음과 같다. 첫째. "그날"에 빛이 사라지고 어둠이 임하게 될 것이다(9절; cf. 신 28:29; 렘 13:16).[24] 이것을 행하시는 분은 여호와이시다. 이러한 자연의 변화를 가능하게 하실 수 있는 하나님의 능력이 이미 4장 13절과 5장 8절에 시사되었다. 5장 18절은 여호와의 날이 빛이 아니라 어둠의 날(וְלֹא־אוֹר הוּא־חֹשֶׁךְ)이 될 것임을 분명하게 선포하였다. 둘째, 북이스라엘 백성들이 자부심을 가지고 있는 종교적 행위와 이들의 즐거움이 통곡과 애곡으로 바뀌게 될 것이다(10절). 이 심판선언은 하나님께서 북이스라엘 백성들의 기대를 반전시킨다. 왜냐하면 절기 등의 종교적 행위를 기쁨의 기회로 기대하는 자들에게 통곡과 애곡을 선포하시기 때문이다. 하나님은 북이스라엘의 종교적 행위들, 즉 절기와 성회를 증오하시며 이들의 제사를 기뻐하지 않으신다(cf. 5:21-23). 이는 율법이 실제적으로 요구하는 공의와 정의를 떠나서 사회적 불의에 빠진 자들이 행하는 것들이기 때문이다(cf. 5:7; 6:12). 하나님은 이러한 종교행위들을 범죄로 규정하셨다(cf. 4;5-6). 따라서 북이스라엘의 종교행위들은 하나님의 심판의 원인과 대상이 된다. 하나님께서는 이들의 종교행위들을 슬픔으로 만드실 것인데, 이 슬픔의 정도를 외아들을 잃은 슬픔에 비교한다. "굵은 베"(שָׂק)와 "삭발한 머리"(קָרְחָה)는 청각에 호소하는 슬픔의 표현인 "통곡"(אֵבֶל, 10a)과 "애가"(קִינָה, 10b)를 시각화하는 것이다. "애가"(קִינָה)가 언급되는 것은 죽음을 전제로 하는 것이며 그 결말은 괴로움(מַר)이 될 것이다(cf. 3:12; 5:1, 16-17). 북이스라엘 백성들은 여호와의 날을 축복과 번영의 날로 기대하였지만 하나님은 그날을 "괴로움의 날"(יוֹם מָר)로 만드실

24) 이 표현을 주전 784년과 763년에 있었던 일식과 연관하여 해석하는데, 이러한 현상들이 이 표현이 의미하는 바를 분명하게 떠올릴 수 있게는 하겠지만 이때 일어난 일식과 반드시 연관지어 해석할 필요는 없다.

것이다. 9-10절의 흐름을 고려할 때 "그날"(וְהָיָה בַּיּוֹם הַהוּא, 9a)이 결국 하나님의 심판에 의해 "괴로운 날"(כְּיוֹם מָר)이 될 것임을 볼 수 있다. 이 단락과 평행을 이루는 11-14절에서는 "그날들"이 임하게 되면(הִנֵּה יָמִים בָּאִים, 11a), 북이스라엘이 넘어져서 다시 일어나지 못하게 될 것임을 선포한다(וְלֹא־יָקוּמוּ עוֹד, 14f). 따라서 이 두 단락은 하나님의 심판이 임하게 될 그날의 성격과 결과에 대해 서로 보완하여 설명한다.

IV. 다시 일어설 수 없는 멸망이 임할 "그날"(בַּיּוֹם הַהוּא): 8:11-14

1. 원문

הִנֵּה יָמִים בָּאִים	8:11a
נְאֻם אֲדֹנָי יְהוִה	8:11b
וְהִשְׁלַחְתִּי רָעָב בָּאָרֶץ	8:11c
לֹא־רָעָב לַלֶּחֶם	8:11d
וְלֹא־צָמָא לַמַּיִם	8:11e
כִּי אִם־לִשְׁמֹעַ אֵת דִּבְרֵי יְהוָה	8:11f
וְנָעוּ מִיָּם עַד־יָם	8:12a
וּמִצָּפוֹן וְעַד־מִזְרָח יְשׁוֹטְטוּ לְבַקֵּשׁ אֶת־דְּבַר־יְהוָה	8:12b
וְלֹא יִמְצָאוּ	8:12c
בַּיּוֹם הַהוּא תִּתְעַלַּפְנָה הַבְּתוּלֹת הַיָּפוֹת וְהַבַּחוּרִים בַּצָּמָא	8:13a
הַנִּשְׁבָּעִים בְּאַשְׁמַת שֹׁמְרוֹן	8:14a
וְאָמְרוּ	8:14b
חֵי אֱלֹהֶיךָ דָּן	8:14c
וְחֵי דֶּרֶךְ בְּאֵר־שָׁבַע	8:14d
וְנָפְלוּ	8:14e
וְלֹא־יָקוּמוּ עוֹד	8:14f

2. 사역

8:11 주 여호와의 말씀입니다.
"보라. 날들이 임할 것이다. 내가 이 땅에 기근을 보낼 것인데, 빵이 없는 기근이나 물이 없는 갈증이 아니라 여호와의 말을 듣지 못하는 기근과 갈증이다.
8:12 사람들이 이 바다에서 저 바다로 비틀거리며 가고, 북에서 동으로 여호와의 말을 구하며 열심히 돌아다니지만 찾지 못할 것이다.
8:13 그날에 아름다운 처녀들과 젊은이들이 갈증으로 기력을 잃을 것이다.
8:14 사마리아의 죄를 두고 맹세하며 '단아, 네 신의 삶을 두고' 또는 '브엘세바로 가는 길의 삶을 두고' 라고 말하는 자들은 넘어질 것이며 결코 일어나지 못할 것이다."

3. 원문분석

8:11. הִנֵּה("보라")로 두 번째 심판선언 단락을 시작하면서 청자의 주의집중을 요구하고 심판의 임박성을 선언한다. **יָמִים בָּאִים**은 문자적으로 "날들이 너희에게 임할 것이다"로 번역할 수 있는데, 복수형 "날들"을 "때" 또는 단수형 "날"로 번역하기도 한다. **יָמִים**("날들")은 하나님의 심판이 임하게 될 9a의 "그날"(**בַּיּוֹם הַהוּא**)과 연관되이있다. 동일한 표현(**בָּאִים יָמִים**)이 "바산의 암소들"에게 임할 심판의 날을 선포하는 4장 2절과 구원의 날을 선포하는 9장 13절에 사용되고 있다. 9b와 평행을 이루는 11b의 **נְאֻם אֲדֹנָי יְהוִה**는 하나님의 선언을 시작하는 기능과 확언하는 기능을 한다.

바브-완료 연계형 **וְהִשְׁלַחְתִּי**("그리고 내가 보낼 것이다")는 분사 **בָּאִים**("오다"/"가다")을 이어서 심판의 날에 하나님께서 행하실 심판을 서술하고 있으며 **רָעָב**("기근")을 목적어로 취한다. **בָּאָרֶץ**("그 땅에")는 장소를 나타내는 접속사 **בְּ**, 정관사 **ה**, 명사 **אֶרֶץ**("땅")이 결합된 부사구로 하나님의 기근심판이 이루어지는 지역을 나타낸다. 정관사와 함께 쓰인 **אֶרֶץ**("그 땅")은 북이스라엘의 땅을 가리킨다(cf. 4:6-9). 11d와 11e는 부정어 **לֹא**와 함께 구문론적 평행을 이루면서 11c에 언급된 רָעָב("기근")의 성격을 분명하게 설명한다. 이어서 서술되고 있는 11f는 기근의 실제 성격을 규명해 준다. לַמַּיִם과 לַלֶּחֶם의 전치사 לְ는 앞에 나오는 표현과의 정확한 관계를 규정하거나 명확하게 설명하는 역할을 한다(cf. 왕상 10:23; 겔 3:3; 욥 30:1; 32:4).[25] 따라서 רָעָב לַלֶּחֶם은 "빵과 관련된 기근" 또는 "빵이 없는 기근"으로 번역하며 צָמָא לַמַּיִם은 "물과 관련된 갈증" 또는 "물이 없는 갈증"으로 번역한다. 11f의 부정사구 לִשְׁמֹעַ("듣는 것과 관련된") 역시 동일한 역할을 한다. כִּי אִם은 부정적 서술 다음에 그와 반대가 되는 서술을 유도하거나 다른 상황 또는 대안을 서술하기 위해 사용된다.[26] 이 경우 כִּי אִם은 "그러나"로 번역된다. רָעָב("기근")과 צָמָא("갈증")은 부정사구 לִשְׁמֹעַ에도 적용되는 이중적 역할을 한다. 따라서 לִשְׁמֹעַ אֵת דִּבְרֵי יְהוָה는 여호와의 말을 들을 수 없는 기근과 갈증을 가리킨다. 부정사구 לִשְׁמֹעַ는 직접목적어 표시 אֵת에 의해 유도된 "여호와의 말들"(דִּבְרֵי יְהוָה)을 직접목적어로 취한다.

8:12. וְנָעוּ("그러면 그들이 비틀거리며 갈 것이다")는 11c의 연계형 동사를 이어가는 바브-완료 연계형이며 하나님께서 보내시는 기근의 결과를 서술한다. 주어의 선행사가 구체적으로 규정되지 않은 채 3인칭 복수주어("그들")가 사용되는데, 일반적인 북이스라엘 백성들을 가리키는 "사람들"로 의역하여 해석할 수 있다. 동사 נוע는 4장 8절에도 사용된 것이며 갈증으로 인해 탈진한 상태에서 이동하는 모습을 묘사한다. 12a와 12b의 מִן("부터")과 עַד("까지")는 동사의 행위가 이루어지는 범위를 나타낸다. 전치사의 사용과 양극단을 표기하는 듯한 표현을 고려할 때 מִיָּם עַד־יָם이 전체를 묘사하는 것으로 이해하는 것이 가능하다. 즉 "이 바다에서 저 바다까지"의 전체를 묘사하는 양극대칭법(*merismus*)으로 볼 수 있다. 하지만 이 표현이 지중해와 서해를 가리킨다면 실제 방위에 있어서는 서와 남이 된다. מִזְרָח는 "해가 뜨는 곳" 즉 "동(쪽)"을 의미한다.

12b의 וּמִצָּפוֹן וְעַד־מִזְרָח("그리고 북에서 동으로")가 12a와 연결되어 동사 נָעוּ가 생략된 구문으로 해석하기도 한다(cf. ESV, NRS, ASV, RSV, Paul; Hayes).[27]

---

25) Cf. WOC §11.2.10d.
26) Cf. BHRG §40.9.II/3.

따라서 이 해석에 따라 12절의 구문형태를 나누면 다음과 같다.

8:12a	וְנָעוּ מִיָּם עַד־יָם
8:12b	[ ] וּמִצָּפוֹן וְעַד־מִזְרָח
8:12c	יְשׁוֹטְטוּ לְבַקֵּשׁ אֶת־דְּבַר־יְהוָה
8:12d	וְלֹא יִמְצָאוּ

이 경우, 12c가 바브-완료 연계형 대신에 미완료형 동사 יְשׁוֹטְטוּ를 사용하여 서술을 이어가는 구문형태를 취하게 된다. 이것은 연계형 시리즈를 이어가는 자연스러운 구문형태가 아니다. 따라서 위의 원전본문 구분과 같이 וּמִצָּפוֹן וְעַד־מִזְרָח가 연계형 시리즈를 잠시 중단하고 12a를 더 구체적으로 서술하는 상황절로 간주하여 분석하는 것이 미완료형 동사 יְשׁוֹטְטוּ의 사용을 더 자연스럽게 설명할 수 있다. 즉 וּמִצָּפוֹן וְעַד־מִזְרָח에 동사가 생략된 것이 아니라 יְשׁוֹטְטוּ를 꾸며주는 부사구로 해석하는 것이다: "그들이 북에서 동으로 열심히 돌아다닐 것이다" (cf. KJV, NAB, NIV, NJB, Niehaus, Soggin, Mays).[28] 이것은 12a와 12b가 이루는 교차평행을 통해서 더욱 지지를 받는 구문해석이 된다. 폴렐(polel) 동사 יְשׁוֹטְטוּ(שׁוט, "돌아다니다," "배회하다")는 칼형의 의미가 강화되어 "열심히 돌아다니다"의 의미를 갖게 된다.

8:12a וְנָעוּ מִיָּם עַד־יָם
a (동사) - b (부사구)

8:12b וּמִצָּפוֹן וְעַד־מִזְרָח יְשׁוֹטְטוּ לְבַקֵּשׁ אֶת־דְּבַר־יְהוָה
b' (부사구) - a' (동사) - c (목적/상황을 나타내는 부사구)

27) "사람이 이 바다에서 저 바다까지 북에서 동까지 비틀거리며 "(개역); "사람이 이 바다에서 저 바다까지, 북쪽에서 동쪽까지 비틀거리며" (개역개정); "사람들이 이 바다에서 저 바다로, 북쪽에서 동쪽으로 비틀거리며 돌아다닐 것이다" (우리말).

28) "이 바다에서 저 바다로 헤매고 *북녘에서 동녘으로 돌아다니며*" (공동); "그들이 지중해에서 사해까지 헤맬 것이요, *북쪽에서 동쪽으로 여호와의 말씀을 찾아다녀도* 찾지 못할 것이다" (쉬운성경); "이 바다에서 저 바다로 헤매고, *북쪽에서 동쪽으로 떠돌아다녀도*" (표준새번역).

이 교차평행구조는 의미를 강조하고 강화하는 효과를 갖는다. 이 교차평행을 고려할 때 부사구 לְבַקֵּשׁ אֶת־דְּבַר־יְהוָה가 12a에도 적용되는 것으로 볼 수도 있다(cf. 표준새번역). 12a의 מִיָּם עַד־יָם 표현에서 바다(יָם)가 가리키는 것은 각각 "지중해"와 "사해"로 보이며 서쪽과 남쪽의 방위를 나타낸다.[29)] 그렇다면 12a-b는 동서남북 사방을 의미하게 되며 그 어느 곳에서도 하나님의 말씀을 구할 수 없게 된다는 것이 강조된다. לְבַקֵּשׁ가 이끄는 부정사구문은 목적을 나타내는 구문 또는 상황을 설명하는 구문으로 해석하게 된다.[30)] 전자를 따르면 "여호와의 말을 구하려고/구하기 위하여"로 번역이 되며 후자를 따르면 "여호와의 말을 구하며"로 번역이 된다(cf. Paul, Stuart).[31)]

וְלֹא יִמְצָאוּ의 바브(ו)는 반의접속사("그러나")의 역할을 하며 부정사 לֹא에 의해 부정적인 결과를 서술한다: "그러나 그들이 찾지 못할 것이다." 미완료형 동사

---

29) Cf. Soggin, *The Prophet*, 139; Mays, *Amos*, 149; Stuart, *Hosea-Jonah*, 386; Paul, *Amos*, 266. 쉬운성경이 동일한 해석을 따른다: "그들이 지중해에서 사해까지 헤맬 것이요"(쉬운성경). Niehaus는 이 표현이 하나님의 심판이 있고 난 후의 정황임을 전제하면서 지중해에서 사해까지가 아니라 지중해에서부터 페르시아만까지 이르는 지역을 가리키는 것으로 해석한다(Niehaus, "Amos," 476). 시 72:8과 슥 9:10을 언급하면서 Wolff는 이보다 더 확장된 지역, 곧 땅 끝("the uttermost boundaries of the earth")로 해석할 것을 제안한다(Wolff, *Joel and Amos*, 330-31). 어떤 해석을 따르던 간에 이 표현이 의도하고 있는 바는 동일하다. 어느 곳으로 다녀도 하나님의 말씀을 찾을 수 없다는 것이다.

30) Wolff는 לְבַקֵּשׁ 구문을 신명기사가적 손길에 의한 후대삽입으로 설명한다(ibid., 330). 하지만 이것은 본문 자체가 증명해 주는 것이 아니라 단지 Wolff의 주관적 관점에서의 해석에 불과하다. 2장 12절은 북이스라엘 백성들이 선지자를 통한 하나님의 말씀을 거부하는 태도를 서술한다. 따라서 이들의 이러한 태도에 대한 심판으로 하나님께서 그의 말씀을 허락하지 않으시는 심판으로 이해할 수 있다.

31) ESV, ASV, KJV, RSV, TNK, 개역, 개역개정, 표준새번역이 전자의 구문해석을 따른다: "*여호와의 말씀을 구하려고* 달려 왕래하되 얻지 못하리니"(개역); "*여호와의 말씀을 구하려고* 돌아다녀도 얻지 못하리니"(개역개정); "그 때에는 사람들이 *주의 말씀을 찾으려고* 이 바다에서 저 바다로 헤매고, 북쪽에서 동쪽으로 떠돌아다녀도, 그 말씀을 찾지 못할 것이다"(표준새번역). NRS, NAB, NIV, NJB, 공동번역, 쉬운성경, 우리말성경이 후자의 구문해석을 따른다: "북녘에서 동녘으로 돌아다니며 *야훼의 말씀을 찾아도* 들을 수 없는 세상이다"(공동); "북쪽에서 동쪽으로 여호와의 말씀을 찾아다녀도 찾지 못할 것이다"(쉬운성경); "*여호와의 말씀을 찾*아 이리저리 급히 돌아다니겠지만 찾을 수 없을 것이다"(우리말).

יִמְצָאוּ(מצא, "찾다")의 목적어가 명시되지는 않지만 12b의 דְּבַר־יְהוָה("여호와의 말")을 목적어로 고려할 수 있다.

8:13. 칼형 동사 עלף는 "덮다" 또는 "감싸다"를 의미하는데, 이 동사의 재귀형인 히트팔엘(תִּתְעַלַּפְנָה)은 "자신을 감싸다" 즉 "기절하다" 또는 "기력을 잃다"의 의미를 갖는다. 한 개 이상의 주어가 등위접속사 바브(ו)에 의해 나열될 경우 동사의 성과 수는 맨 앞에 언급된 주어의 성과 수에 일치한다. 따라서 הַיָּפוֹת הַבְּתוּלֹת("그 아름다운 처녀")가 앞에 서술되었기 때문에 3인칭, 여성, 복수 동사 תִּתְעַלַּפְנָה가 사용된 것이다. בַּצָּמָא("그 갈증으로 인해")는 원인을 나타내는 전치사 בְּ(*beth causa*), 정관사 ה, 명사 צָמָא("갈증)이 결합된 형태로 기절하게 되는 원인을 나타내는 부사구이다(cf. 신 26:11; 사 59:3; 호 12:13; 욘 1:12, 14).[32] 이 갈증은 실제적인 갈증을 의미할 수도 있으며 12절에서 언급한 영적 갈증을 의미할 수도 있다.

8:14. 정관사 ה와 복수분사가 결합된 הַנִּשְׁבָּעִים("맹세하는 자들")는 14a-d의 불완전 구문(*casus pendens*)을 유도한다. 이 불완전 구문은 14e에 언급된 동사 וְנָפְלוּ("그리고 그들이 넘어질 것이다")의 주어역할을 한다.[33] 14b의 바브-완료 연계형 וְאָמְרוּ("그리고 그들이 말한다")는 분사 הַנִּשְׁבָּעִים을 이어가는데, 이 연계형을 앞의 분사의 행위에 뒤따르는 행위나 상황을 서술하는 것으로 해석하거나 또는 분사의 행위를 구체적으로 설명하는 역할을 하는 것으로 해석할 수 있다.[34] 즉 후자의 경우 말(וְאָמְרוּ)을 하면서 맹세하는 것(הַנִּשְׁבָּעִים)을 의미하게 된다(cf. TNK).[35] 어떤 구문해석을 취하던 간에 14b-d는 불완전구문에 연결된다. בְּאַשְׁמַת שֹׁמְרוֹן("사마리아의 죄를 가지고")의 접속사 בְּ는 수단과 방편을 나타내며 "사마리아"(שֹׁמְרוֹן)는 소유를 나타내는 속격(possessive genitive)으로 "사마리아의"

---

32) Cf. BHRG §39.6/3.

33) Cf. WOC §37.5a.

34) Cf. WOC §32.2.5b.

35) 이 구문해석을 따를 경우 14절을 다음과 같이 번역하게 된다: " '단아, 네 신이 살아있는 한' 또는 '브엘세바의 길이 살아있는 한' 이라고 말을 하면서 사마리아의 죄를 두고 맹세하는 자들은 넘어질 것이며 결코 일어나지 못할 것이다."

אַשְׁמַת("죄")를 의미한다. 또는 행위자를 나타내는 주격 속격으로 "사마리아가 가지고 있는" אַשְׁמַת를 의미할 수 있다.

חֵי는 강한 맹세를 유도하는 것이며 "사는 한" 또는 "삶을 두고"의 의미를 나타낸다. אֱלֹהֶיךָ("네 신")의 대명사어미(ךָ)의 선행사는 호격으로 등장하는 דָּן("단")이다. "네 신"이 여로보암 1세가 단에 세운 금송아지를 가리키는 것으로 볼 수 있다(cf. 왕상 12:28-30).[36] וְחֵי의 바브(ו)를 선택접속사(alternative conjunction)로 간주하여 "또는"으로 번역하거나 계합접속사(copulative conjunction)로 보아 "그리고"로 번역할 수 있다. דֶּרֶךְ בְּאֵר־שָׁבַע은 문자적 의미는 "브엘세바의 길"인데, 이러한 의미가 이 문맥에서 모호한 면이 있기 때문에 수정독법이 제안되어 왔다. 예를 들면, 14c와 14d의 의미론적, 구문론적 평행을 고려하여 "브엘세바"(בְּאֵר־שָׁבַע)를 호격으로 간주하고 דֶּרֶךְ를 דדך("네 사랑", "네가 사랑하는 것")로 수정하여 읽는 것이다: " '단아, 네 신이 살아있는 한' 그리고[또는] '브엘세바야, 네 사랑이 살아있는 한' "(cf. BHS, NAV).[37] 더 나아가 "네 사랑"이라는 표현이 "네 신"이라는 의미로 발전될 수 있는 것으로 가정하기도 한다. 수정독법과 함께 14c와 14d의 평행구조를 다음과 같이 나타낼 수 있다.

דָּן	אֱלֹהֶיךָ	חֵי	8:14c
c (호격) -	b (명사/2인칭어미) -	a (맹세도입)	
בְּאֵר־שָׁבַע	דדך	וְחֵי	8:14d
c' (호격) -	b' (명사/2인칭어미) -	a' (맹세도입)	

칠십인경(LXX)은 위와 동일한 구문해석을 따르지만, דֶּרֶךְ를 이와 평행을 이루는 אֱלֹהֶיךָ와 동일하게 ὁ θεός σου("네 신")으로 번역한다.[38] 칠십인경의 ὁ θεός

36) Cf. Niehaus, "Amos," 477.

37) "Those who swear by the shameful idol of Samaria, 'By the life of your god, O Dan!' 'By the life of your love, O Beersheba!' those shall fall, never to rise again"(NAB). 개역, 개역개정이 이와 유사한 번역을 제시한다: "단아 네 신의 생존을 가리켜 맹세하노라 하거나 *브엘세바의 위하는 것의 생존을* 가리켜 맹세하노라" (개역); "단아 네 신들이 살아 있음을 두고 맹세하노라 하거나 *브엘세바가 위하는 것이 살아 있음을* 두고 맹세하노라"(개역개정).

σου를 "네 삼촌"(ὁ θειος σου)에 대한 칠십인경 자체의 오기로 보기도 한다.[39] Stuart는 우가릿 유사어 *drkt*("힘," "주권")에서 유추하여 14b의 דֶּרֶךְ를 "능력"(power)로 번역한다: "그리고 브엘세바야, 네 능력이 살아있는 한"("And, 'As your power lives, Beersheba!'").[40] 그러나 דֶּרֶךְ בְּאֵר־שָׁבַע 는 14c의 אֱלֹהֶיךָ와 평행을 이루는 표현으로 맹세의 대상을 나타내는 것에 주목할 필요가 있다. 이 구문에서 속격(בְּאֵר־שָׁבַע)이 방향이나 위치를 나타내는 부사적 속격(adverbial genitive)의 역할을 하는 것으로 간주하면 "브엘세바로 가는 길"로 번역할 수 있다. 이 경우, 브엘세바로의 순례길을 가리키는 것이며 דֶּרֶךְ בְּאֵר־שָׁבַע는 북이스라엘의 종교적 행위에 대한 표현이 된다.[41] 하나님은 "브엘세바로도 넘어가지 말라"(וּבְאֵר שֶׁבַע לֹא תַעֲבֹרוּ)는 명령을 전하시면서 이러한 종교행위를 지적하셨다(암 5:5). 따라서 דֶּרֶךְ בְּאֵר־שָׁבַע를 이러한 종교적 행위에 근거하여 맹세를 하는 행위로 해석할 수 있다. Niehaus는 Driver의 주장을 인용하면서 아랍인들이 비생물체를 두고도 "살아있는 한"이라는 표현을 사용하여 맹세하는 것을 지적한다.[42] 이러한 사실을 고려하면 MT독법을 그대로 유지하여 번역하는 것이 더욱 가능하다.

14e의 바브-완료 연계형 וְנָפְלוּ("그리고 그들이 넘어질 것이다")는 맹세하는 자들에게 결과적으로 임하게 될 일을 서술한다(cf. 5:2). לֹא···עוֹד는 강한 부정의 의미를 나타낸다. 따라서 "결코"로 번역하는 것이 적절하다.

---

38) NIV는 בְּאֵר־שָׁבַע를 호격으로 보지 않지만 דֶּרֶךְ בְּאֵר־שָׁבַע를 "as surely *as the god of Beersheba* lives"로 번역한다. 쉬운성경, 우리말, 표준새번역이 유사한 번역을 세시한다: " '단의 살아 있음을 두고 맹세한다' 고 말하는 사람들, '*브엘세바 신의* 살아 있음을 두고 맹세한다' 고 말하는 사람들은"(쉬운성경); " '단의 신이 살아 있는 한' 이라고 하거나 '브엘세바 신이 살아 있는 한' 이라고 말한다"(우리말); "'단아, 너의 신이 살아 있다', '*브엘세바야, 너의 신이* 살아 있다' 하고"(표준새번역).

39) Cf. Paul, *Amos*, 271.

40) Stuart, *Hosea-Jonah*, 382. 유사하게 Soggin은 דֶּרֶךְ를 "Power"로 번역하며 이것을 신의 이름으로 설명한다(Soggin, *The Prophet*, 140-41).

41) Cf. Paul, *Amos*, 272; Niehaus, "Amos," 469, 477; Wolff, *Joel and Amos*, 332; Mays, *Amos*, 150.

42) Niehaus, "Amos," 477

4. 원문주해

8:11-13. 하나님의 심판이 구체적으로 언급되는 두 번째 단락이며 심판을 행하시는 하나님의 적극적인 개입을 볼 수 있다. 하나님께서 북이스라엘의 땅에 기근의 저주를 내리실 것인데, 이것은 하나님의 말씀의 부재를 의미한다(11절).[43] 즉 하나님과의 단절을 선언하는 것이다.[44] 왜냐하면 하나님께서 그의 백성들에게 그의 뜻을 알리고 헌신의 모범을 보이기 위해 선지자와 나실인을 세워주셨지만 이들은 이 모든 것을 거부하였기 때문이다(cf. 2:11-12). 북이스라엘 백성들은 언약적 관계가 요구하는 언약적 의무를 따르지 않았을 뿐만 아니라 자신들의 편의와 욕구에 따라 제의를 행하였다(3:2, 9-10; 4:4-5). 이들이 하나님께로 돌아오길 기대하며 하나님께서 여러 가지 방편으로 이들에게 개입하셨지만 이들은 완고하게 그에게로 돌아오기를 거절하였다(cf. 4:6-11). 따라서 하나님은 그의 말씀을 더 이상 허락지 않으시는 것을 통해 이들과의 단절을 선포하신다. 북이스라엘 백성들이 사방을 돌아다니며 하나님의 말씀을 얻으려고 하지만 이들은 결코 찾을 수 없게 될 것이다(12절; cf. 신 32:20). 심판의 날인 "그날"이 임하게 되면 힘과 미래를 상징하는 젊은 남녀가 육체적 갈증뿐만 아니라 영적 갈증으로 인해 기력을 잃고 쓰러지게 될 것이다(13절). 이것은 5장 1-3절의 애가에서 처녀 이스라엘이 자기 땅에서 버려지는 것과 동일한 모습이다. 그렇게 되면 기력을 잃고 쓰러진 북이스라엘을 일으켜 줄자가 없게 된다. 본 단락에서는 아니지만 아모스는 그들을 일으켜 줄 유일한 자이신 여호와를 찾고 선을 행할 것을 명령하였다(cf. 5장). 그렇게 하면 북이스라엘 백성들이 말하는 것처럼 하나님이 함께 하실 것이다. 하나님과의 단절된 관계를 회복하는 길을 하나님께서 열지 않으시면 결코 가능하지 않다.

8:14. 북이스라엘 백성들이 맹세를 할 때 사용하는 근거 또는 대상에 대한 논의가 있다. 14절에서 언급하는 대상이 단에서부터 브엘세바에 이르는 다양한 종교지에서 이루어지는 예배나 제의와 관계된 "하나님"을 가리키는 것인지 아니면

---

43) Cf. Paul, *Amos*, 265; Mays, *Amos*, 149.

44) 기근과 갈증은 신 28:48에 기록하고 있는 언약적 저주이다. 따라서 북이스라엘이 경험하게 될 심판의 원인이 언약적 관계의 거부에 근거하고 있음을 알 수 있다.

"이방신들"을 가리키는 것인지에 대한 문제이다.[45] 14절에서 언급하고 있는 맹세의 대상은 이방신들이라기보다는 북이스라엘 백성들이 자의적으로 해석하고 적용하여 행하는 그들의 "하나님"과 그들의 "종교행위"로 보인다.[46] אַשְׁמַת는 문자적으로 "죄(guilt)"를 의미하는데, 14c-d에 언급된 우상들과 연관하여 "(죄된/부끄러운) 우상"으로 번역하기도 한다.[47] Niehaus는 אַשְׁמַת가 사마리아에서 섬기던 "아세라"를 의미하는 것으로 설명하며 혼합종교의 문제를 지적한다.[48] 하지만 Paul의 제안이 더 설득력이 있다.[49] Paul에 따르면 "사마리아의 죄"(בְּאַשְׁמַת שֹׁמְרוֹן)가 벧엘에 있던 사마리아의 성전에서 금송아지 형상을 통해 하나님을 섬긴 행위를 가리킨다는 것이다. 아모스와 동시대의 인물인 호세아가 "사마리아의 송아지"(עֵגֶל שֹׁמְרוֹן, 8:6)를 언급하고 있으며 בָּמוֹת אָוֶן(아웬산당; "벧엘")과 관련하여 "이스라엘의 죄"(חַטַּאת יִשְׂרָאֵל, 10:8)를 언급하고 있는 것을 지적한다. 또한 신명기 9장 21절은 금송아지를 "너희 죄"(חַטַּאתְכֶם)로 규정하고 있다. 따라서 Paul의 견해는 북이스라엘 백성들이 자부심을 가지고 있는 "사마리아의 송아지"(עֵגֶל שֹׁמְרוֹן)

45) Cf. Paul, *Amos*, 268-69.

46) 하지만 이방신을 맹세의 대상으로 할 수 있는 가능성을 완전히 배제할 수는 없다. 그렇다면 금송아지에만 제한되기 보다는 5장 26절에서 언급하고 있는 우상들도 함께 고려할 수 있다. Stuart는 14절에서 혼합종교의 문제가 지적되고 있는 것으로 해석한다(Stuart, *Hosea-Jonah*, 383, 386-87; cf. Chisholm, *Handbook*, 400, n. 158). 따라서 "사마리아의 죄"가 사마리아의 바알과 아세라 우상을 가리키는 것으로 본다. Wolff는 "사마리아의 죄"가 바알과 아세라 우상을 섬기는 공식적인 성전이 있었던 사마리아 성을 의미하는 것을 해석한다(Wolff, *Joel and Amos*, 332). Jeremias는 14절을 이방신과 관련된 혼합종교의 문제로 해석하지만 이것이 후대의 손길에 의해 삽입된 것으로 설명한다(J. Jeremias, *The Book of Amos* [Louisville: Westminster John Knox Press, 1998], 153). 즉 본래 아모스는 북이스라엘의 혼합종교의 문제를 다루지 않았지만 후대에 북이스라엘의 멸망에 대한 원인을 설명하기 위하여 혼합종교에 대한 문제를 책망하는 내용이 삽입되었다는 것이다. 아모스가 혼합종교 문제에 집중하지는 않지만 이 문제를 그의 신탁에서 완전히 배제하지 않는다(cf. 5:26).

47) אַשְׁמַת를 왕하 17:30에 언급된 하맛 사람들이 섬긴 우상 אֲשִׁימָא에 대한 표기로 간주하여 "아시마"로 번역하는 경우도 있다(NRS, RSV, 공동번역). "사마리아 여신 아시마를 두고 맹세하는 것들, 단의 신이 살아 있다 하고 브엘세바의 신 도드도 살아 있다면서 그 신을 두고 맹세하는 것들은 모두 쓰러져 다시 일어나지 못하리라"(공동).

48) Niehaus, "Amos," 477.

49) Paul, *Amos*, 270.

를 아모스가 경멸의 어투로 "사마리아의 죄"(בְּאַשְׁמַת שֹׁמְרוֹן)라고 부르며 이들의 문제를 지적하는 것으로 해석할 수 있다는 것이다(cf. 4:1; 6:1). 그렇다면 북이스라엘 백성들은 자신들의 종교행위에 대해 자부심을 갖은 반면에 하나님은 이들의 행위를 "죄"(אַשְׁמַת)로 규정하신다. 이것은 4:4-5에서 북이스라엘의 종교행위를 "범죄"(וּפִשְׁעוּ)로 규정하신 것과 같은 맥락에서 이해할 수 있다. "네 신/하나님"(אֱלֹהֶיךָ)은 단에 세워진 금송아지를 가리키는 것이 된다. 원문분석에서 언급한 것처럼 "브엘세바로 가는 길"(דֶּרֶךְ בְּאֵר־שָׁבַע)은 북이스라엘 백성들이 브엘세바로 순례를 행한 것을 가리키는 것이다. 브엘세바로 가는 길을 두고 맹세하는 것은 자신들의 종교행위에 대한 자부심을 나타낸다. 7a에서 하나님이 "야곱의 교만"(גְּאוֹן יַעֲקֹב)을 두고 맹세하는 것과 관련하여 고려하면 북이스라엘의 교만은 하나님의 심판의 확실한 이유가 된다. 단과 브엘세바가 언급되는 것은 양극단을 언급하여 전체를 나타내는 양극대칭법의 효과를 위한 것이다. 즉 하나님과 관련하여 북이스라엘의 전 지역(또한 그 너머, "브엘세바")에서 행하는 모든 종교행위를 가리킨다. 북이스라엘 백성들은 자신들의 종교행위에 자신감을 가지고 맹세의 근거로 삼고 있지만 하나님은 이 모든 것을 거부하시며 심판의 대상으로 삼으신다. 5장 5절에서 지적하고 있는 것처럼 북이스라엘 백성들은 자신들의 방법대로 벧엘에서 하나님을 만나고 있다고 확신하고 있다. 하지만 벧엘(בֵּית־אֵל)은 하나님이 계시는 집이 아니라 하나님을 찾을 수 없는 "공허한 집"(בֵּית־אָוֶן)이 될 것이다. 하나님과 함께 할 수 없는 북이스라엘 백성들은 5장 2절에서 이미 선언한 것처럼 결국 넘어질 것이며 결코 다시 일어나지 못하게 될 것이다. 이들이 넘어졌을 때 하나님 외에는 이들을 일으켜줄 자를 찾지 못할 것이다.

V. 아모스 8:4-14의 위치와 기능

아모스 8:4-14은 하나님의 미래적 개입이 있게 될 "그날"("여호와의 날")이 빛이 아니라 어둠의 날, 즉 괴로움의 날이 될 것을 선포하며(8:9-10), 어느 누구도 이 심판에서 북이스라엘을 구할 수 없음을 선언한다(8:11-14). 결국 8:4-14은 하나님의 심판이 이루어질 "그날에 집중하면서 심판신탁연속물(1:3-2:16)에서 환상신탁연속물(7:1-8:3)까지 선포된 북이스라엘을 향한 하나님의 심판을 최종적으로 정리하고 마무리하는 기능을 한다. 표 19에서 볼 수 있는 바와 같이 8:4-14은 앞의 신탁들에 사용된 중요한 단어들을 다시 사용하면서 이러한 기능을 하고 있다. 8:4-14은 이러한 언어적 연관성뿐만 아니라 주제적 연관성도 함께 나타난다. 앞의 심판신탁들이 지적하고 있는 것처럼 8:4-14도 역시 사회적 불의와 종교적 부패를 심판의 원인으로 제시하고 있으며 하나님의 심판이 이 두 측면에 임하게 될 것을 선포한다. 8:4-14의 이러한 기능과 연관성은 아모스서 전체를 크게 이중구조로 보는 것을 가능하게 한다. 즉 1:3-8:14과 9:1-15의 이중구조로 보는 것이다. 심판신탁연속물(ן 1:3-2:16)에서 피할 수 없는 하나님의 심판이 선포되고 이 심판의 원인과 결과가 3:1-8:3의 신탁들을 통해 보다 구체적으로 설명된다. 결국 8:4-14은 심판의 날로서의 "여호와의 날"("그날")에 집중하면서 피할 수 없는 하나님의 신탁을 마무리한다. 2장 16절과 8:4-14에 "그날"이 사용되면서 수미쌍관을 이루는 것도 주목할 필요가 있다. 따라서 8:4-14에서 이중구조의 첫 번째 주요단락(1:3-8:14)이 마무리된다.

그런 후 9:1-10에서 아모스는 피할 수 없는 심판을 다시 선언하면서 두 번째 주요단락(9:1-15)을 새롭게 시작한다. 심판신탁연속물(ן 1:3-2:16)과 9:1-10(ן)은 앞에서 분석한 것처럼 분명한 연관성을 나타내고 있다. 따라서 심판신탁연속물(ן)과 9:1-10(ן)이 수미쌍관을 이루고 있는 것으로 고려할 수도 있다. 하지만 전체 아모스서가 9:1-10로 최종적으로 마무리되는 것이 아니라 9:11-15이 뒤이어 등장하는 것과 9:1-10이 9:11-15에서 선포하고 있는 회복의 여지를 던져주고 있는 점을 고려하면 9:1-10이 두 번째 주요단락을 시작하는 것으로 볼 수 있다. 첫 번째 주요단락(1:3-8:14)에서 심판의 원인과 결과를 구체적으로 설명했던 것과는 달리 두 번째 주요단락(9:1-15)은 피할 수 없는 심판(9:1-10)을 선포한 후 곧 바로 회복의 날에 대한 선포로 전개된다. 이러한 전환에 대한 결정적인 이유를 설명할 수는 없지만 하나님의 심판이 그의 백성의 최종적인 결말이 아님을 제시하기 위한 것으로 짐작해 볼 수 있다. 전체 아모스서의 중심 메시지는 심판에 무게를 두고 있다. 하지만 이것은 회복의 소망을 완전히 배제하지 않는다. 왜냐하면 9장 8절이 완전히 멸망하지 않게 될 북이스라엘에 대해 언급하고 있으며 9:11-15은 "그날"의 또 다른 측면인 회복을 선포하며 전체 아모스서를 마무리하고 있기 때문이다. 9:1-10의 분석과 주해에서 9:11-15(회복의 신탁)이 등장할 수 있는 가능성을 논할 것이다.

9:11-15을 다루면서는 8:4-14과의 구조적, 주제적 연관성을 제시하면서 9:11-15의 진정성의 문제를 논할 것이다.

〈표 19〉 아모스 8:4-14에 사용된 주요단어 분포목록

8:4	2:7	4:1	5:11
הַשֹּׁאֲפִים	הַשֹּׁאֲפִים		
אֶבְיוֹן		אֶבְיוֹנִים	וְאֶבְיוֹנִים
עַנְוֵי־אָרֶץ	עֲנָוִים		

8:6	2:6	2:7	4:1	5:11
בַּכֶּסֶף	בַּכֶּסֶף			
דַּלִּים		דַּלִּים	דַּלִּים	דָּל
אֶבְיוֹן	אֶבְיוֹן		אֶבְיוֹנִים	וְאֶבְיוֹנִים
בַּעֲבוּר נַעֲלָיִם				
	בַּעֲבוּר נַעֲלָיִם			

8:7	3:13	4:2	6:8	7:2	7:5	9:8
נִשְׁבַּע יְהוָה		נִשְׁבַּע אֲדֹנָי יְהוִה	נִשְׁבַּע אֲדֹנָי יְהוִה			
גְּאוֹן יַעֲקֹב			גְּאוֹן יַעֲקֹב			
יַעֲקֹב	יַעֲקֹב			יַעֲקֹב	יַעֲקֹב	יַעֲקֹב

8:8	1:2	2:10	3:1, 9	3:11	4:10	5:16	7:2	7:10	9:5	9:7
הָאָרֶץ				הָאָרֶץ			הָאָרֶץ	הָאָרֶץ		
אָבַל	וְאָבְלוּ					אֵבֶל				
מִצְרַיִם		מִצְרַיִם	מִצְרַיִם		מִצְרַיִם					מִצְרַיִם
כִּיאוֹר מִצְרָיִם									כִּיאֹר מִצְרָיִם	

8:9	2:16	5:8	9:11
בַּיּוֹם הַהוּא	בַּיּוֹם הַהוּא		בַּיּוֹם הַהוּא
וְהַחֲשַׁכְתִּי		הֶחְשִׁיךְ	

8:10	1:2	5:1	5:8	5:16	5:21	5:23	6:5
וְהָפַכְתִּי			וְהָפַךְ				

חַגֵּיכֶם			חַגֵּיכֶם	
אֵבֶל	וְאָבְלוּ		אֵבֶל	
וְכָל־שִׁירֵיכֶם				כְּלֵי־שִׁיר שִׁרֶיךָ
לְקִינָה		קִינָה		

8:11	4:2	4:8	9:13
הִנֵּה יָמִים בָּאִים	הִנֵּה יָמִים בָּאִים		הִנֵּה יָמִים בָּאִים
לַמַּיִם		מַיִם	

8:12	4:8
וְנָעוּ	וְנָעוּ

8:13	4:10	5:2
הַבְּתוּלֹת הַיָּפוֹת		בְּתוּלַת יִשְׂרָאֵל
וְהַבַּחוּרִים	בַּחוּרֵיכֶם	

8:14	2:16	3:9	3:14	4:1	5:2	5:5	6:1	6:14	7:8,13	8:2,14	9:11
שֹׁמְרוֹן		שֹׁמְרוֹן		שֹׁמְרוֹן			שֹׁמְרוֹן				
בְּאֵר־שָׁבַע						וּבְאֵר שֶׁבַע					
וְנָפְלוּ			וְנָפְלוּ		נָפְלָה						הַנֹּפֶלֶת
לאעְוֹד									לאעוֹד לאעְוֹד		
וָאָקִים יָקוּמוּ								מֵקִים			אָקִים

VI. 아모스 8:4-14의 현재적 적용

북이스라엘의 사회적, 종교적 부패에 근거한 심판선언을 전하고 있는 아모스 8:4-14에 근거한 현재적 적용을 다음과 같이 제시할 수 있다. 첫째, 하나님은 죄에서 의도적으로 돌아서지 않는 자들과의 관계의 단절을 선언하시는 것을 주저하지 않으신다. 하나님과의 관계가 단절되는 것은 가장 큰 불행이다. 왜냐하면 진정한 생명을 얻을 수 있는 길에 들어설 수 없기 때문이다. 북이스라엘 백성들은 종교적 행위에 열심을 다하며 하나님을 찾는 일에 분주하였지만 실상은 하나님이 원하시는 삶이 아닌 자신들의 탐욕을 채우는 일에 조급함을 드러내었다. 하나님을 찾는 일에 분주하기에 앞서 보다 중요한 것은 죄를 고백하고 죄에서 돌아서는 것이며 그런 후 하나님과의 진정한 관계를 사회적, 공동체적 정황에서 온전히 드러내는 것이다. 그렇지 않을 경우 종교적 행위는 형식적이거나 자기만족에 불과하며 결코 종교적 열정으로 불의한 삶의 문제를 대체할 수 없다. 하나님과의 단절된 삶의 종국은 괴로운 날과 같이 될 것이다.

둘째, 하나님을 찾으려고 해도 찾을 수 없는 것은 하나님이 원하시는 길이 아닌 나의 길에서 하나님을 찾으려고 하기 때문이다. 북이스라엘은 외형적으로는 하나님을 섬기는 신실한 종교인들처럼 보였다. 안식일을 율법규정에 따라 지키는 듯 보였고 더 나아가 율법에서 요구하는 것 이상의 열정을 가진 듯 행동하였다. 사마리아와 단에서 무수한 제의를 행하고 자신들의 지경을 넘어 브엘세바로 순례여행을 떠나는 열정을 가지고 있었지만 이것은 단지 자신들을 만족시키는 것에 불과하였다. 잘못된 종교행위와 자기만족적인 열정으로는 결코 하나님을 찾을 수 없고 오히려 심판의 원인을 쌓아갈 뿐이다. 하나님의 심판이 임하게 되면 결코 다시 일어나지 못하게 될 것이다. 이때가 임하기 전에 자신이 아닌 하나님을 만족케 하는 삶의 길로 돌아서는 것이 생명을 얻는 유일한 길이다.

셋째, 하나님께서 바라보시는 나의 정체성은 무엇인가를 생각해 보아야 한다. 북이스라엘 백성들은 자신들이 "경건하고 신실한 종교인"의 정체성을 가지고 있다고 자부하였지만 하나님이 평가하시는 그들의 정체성은 "사회적 약자들을 억압하는 자들"이며 "교만한 자들"이었다. 아무리 자신들을 경건하게 부른다할지라도 그들이 행한 모든 행위가 하나님께 분명하게 기억되어 있기 때문이다. 죄를 회개하고 돌아서지 않은 채 자신을 미래에 대한 소망과 생명력을 가진 아름다운 처녀와 젊은이로 판단하면서 밝은 앞날을 상상하고 기대하지만 실상은 심판의 대상인 "불의를 행하는 자"이다. 현재의 물질적 풍요와 활력이 아름다운 처녀와 젊은이와 같아 보이지만 결코 하나님의 심판을 피하거나 이겨낼 수가 없다. 하나님의 심판은 빛이 아닌 어둠을, 생명이 아닌 죽음을, 세움이 아닌 넘어짐을 가져올 것이다. 삶의 "끝"이 괴로운 날과 같이 될 것인가 아니면 하나님의 구원을 경험하는 은혜의 날이 될 것인가는 하나님 앞에서의 자신의 정체성이 무엇인지에 따라 결정될 것이다. 나의 정체성이 하나님께서 인정하시는 그의 백성의 정체성이 아니라면 결국 그 무엇으로도 통곡과 수치를 면할 수가 없게 될 것이다.

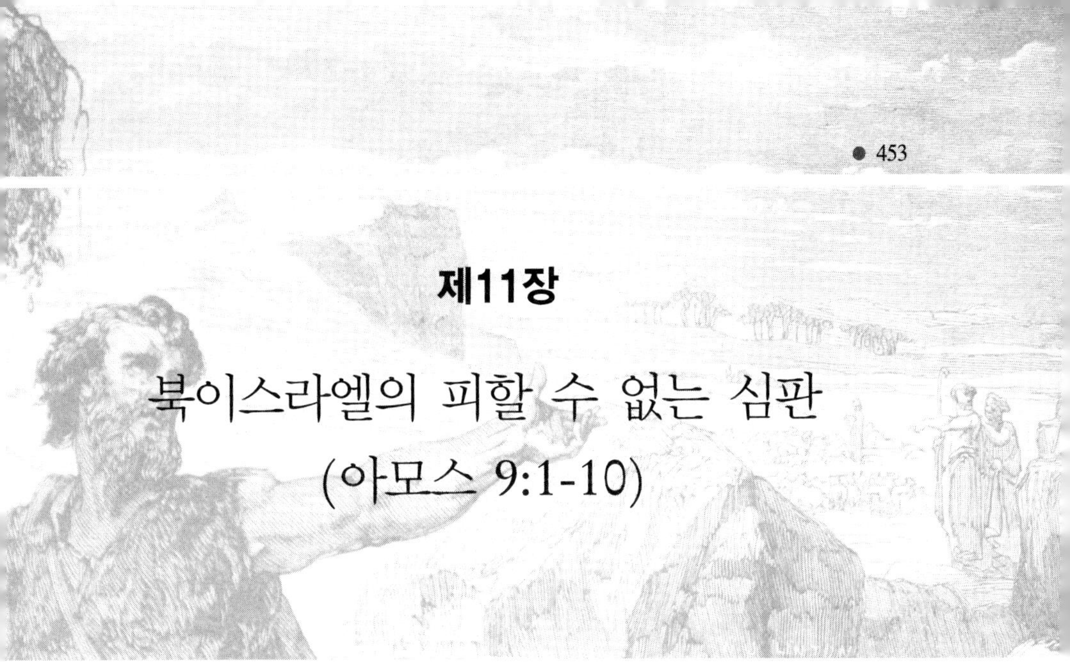

제11장

북이스라엘의 피할 수 없는 심판 (아모스 9:1-10)

아모스가 본 네 개의 환상이 7-8장에 기록된 후 다섯 번째의 환상이 9:1-10에 기록되고 있다.[1] 환상의 내용은 아모스가 본 것(9:1a)과 들은 것(9:1b-4d)으로 구성되어 있으며 9:5-10은 이에 따른 신탁을 전달한다. 9:1-10은 다음에 근거하여 하나의 의미론적 단락으로 구분하여 분석할 수 있다. 첫째, 8장 14절에 앞의 신탁을 마무리하는 "여호와의 말씀이니라"(נְאֻם־יְהוָה) 등의 전형적인 표현이 등장하는 것은 아니지만 9장 1절이 환상을 소개하는 도입구 "내가 보니"(רָאִיתִי)가 등장하면서 새로운 단락으로 전환되고 있음을 알 수 있다. 둘째, 주제의 변화이다. 환상에 대한 서술로 시작된 심판선언단락이 9장 10절에서 마무리하고 9장 11절에서 회복의 주제로 전환된다. 9장 11절은 "그날에"(בַּיּוֹם הַהוּא)라는 표현과 함께 8장 4-14절과 동일하게 "그날에" 집중하고 있지만 회복의 측면을 서술하고 있다. 따라서 9장 1-10절을 하나의 의미론적 단락으로 볼 때 표 20과

1) 9장에 서술하고 있는 환상신탁은 아모스 7-8장에 등장하는 환상신탁들과 서술형식과 구조에 있어서 차이를 나타낸다. 후자의 환상신탁들은 하나님께서 아모스에게 보여주신 환상과 관련하여 아모스와의 대화가 서술되는 반면에 전자의 환상신탁은 피할 수 없는 심판을 행하시는 하나님의 모습을 간단히 서술하고 하나님의 말씀을 집중적으로 전하고 있다.

같은 단락의 흐름을 볼 수 있다.[2)]

〈표 20〉 아모스 9:1-10의 구조

북이스라엘의 피할 수 없는 심판 (9:1-10)
a. 피할 수 없는 심판의 환상: 9:1-4
b. 심판을 행하시는 여호와의 속성: 9:5-6
c. 심판확정과 남은 자: 9:7-10

I. 피할 수 없는 심판의 환상(a): 9:1-4

1. 원문

רָאִיתִי אֶת־אֲדֹנָי נִצָּב עַל־הַמִּזְבֵּחַ	9:1a
וַיֹּאמֶר	9:1b
הַךְ הַכַּפְתּוֹר	9:1c
וְיִרְעֲשׁוּ הַסִּפִּים	9:1d
וּבְצַעַם בְּרֹאשׁ כֻּלָּם	9:1e
וְאַחֲרִיתָם בַּחֶרֶב אֶהֱרֹג	9:1f
לֹא־יָנוּס לָהֶם נָס	9:1g
וְלֹא־יִמָּלֵט לָהֶם פָּלִיט	9:1h
אִם־יַחְתְּרוּ בִשְׁאוֹל	9:2a

2) Paul은 9:1-10을 두 개의 세부 단락으로 구분하여 분석한다: (1) Fifth Vision: Inescapability from Divine Judgment (9:1-6); (2) Destined for Decimation (9:7-10)(Paul, *Amos*, 273-87). Hayes는 7:10-17을 재배열하여 다섯 개의 환상신탁들과 9:15절까지 함께 묶어 하나의 단락으로 제시한다(7:1-9; 8:1-9:15)(Hayes, *Amos*, 194-228). 9:1-10은 세 개의 소단락으로 구분한다: (1) 9:1-4; (2) 9:5-6; (3) 9:7-10. Stuart 역시 세 개의 소단락을 제시한다: (1) No escape(9:1-4); (2) Hymn refrain (9:5-6); (3) Application to Israel (9:7-10)(Stuart, *Hosea-Jonah*, 388-89). Niehaus의 분석에서도 세 개의 단락을 볼 수 있다: (1) The Vision (9:1-4); (2) Identification of the Lord and Judge (9:5-6); (3) Judgment Announced (9:7-10) (Niehaus, "Amos," 478-88). Dorsey와 Limburg는 8:4-9:15을 하나의 의미론적 단락으로 제시한다(Dorsey, *The Literary*, 284; Limburg, "Sevenfold," 218).

מִשָּׁם יָדִי תִקָּחֵם	9:2b
וְאִם־יַעֲלוּ הַשָּׁמַיִם	9:2c
מִשָּׁם אוֹרִידֵם	9:2d
וְאִם־יֵחָבְאוּ בְּרֹאשׁ הַכַּרְמֶל	9:3a
מִשָּׁם אֲחַפֵּשׂ	9:3b
וּלְקַחְתִּים	9:3c
וְאִם־יִסָּתְרוּ מִנֶּגֶד עֵינַי בְּקַרְקַע הַיָּם	9:3d
מִשָּׁם אֲצַוֶּה אֶת־הַנָּחָשׁ	9:3e
וּנְשָׁכָם	9:3f
וְאִם־יֵלְכוּ בַשְּׁבִי לִפְנֵי אֹיְבֵיהֶם	9:4a
מִשָּׁם אֲצַוֶּה אֶת־הַחֶרֶב	9:4b
וַהֲרָגָתַם	9:4c
וְשַׂמְתִּי עֵינִי עֲלֵיהֶם לְרָעָה וְלֹא לְטוֹבָה	9:4d

2. 사역

9:1 주께서 제단 곁에 서 계시는 것을 내가 보았습니다.
그가 말씀하셨습니다.
"문지방들이 흔들리도록 기둥의 머리를 쳐서 그것들로 모든 사람들의 머리에 무너져 내리게 하라. 그들 중 마지막 사람까지 내가 칼로 죽일 것이다. 그들 중 도망하는 자가 결국 도망하지 못할 것이며 그들 중 피하는 자도 결국 피하지 못할 것이다.
9:2 만약 그들이 땅 밑으로 파고 들어가면 그곳에서 나의 손이 그들을 끄집어 낼 것이며 하늘로 올라가면 그곳에서 내가 그들을 끌어내릴 것이다.
9:3 만약 그들이 갈멜산 꼭대기에 숨으면 그곳에서 내가 찾아서 그들을 끄집어 낼 것이며 그들이 내 눈을 피해 바다의 밑바닥에 숨으면 그곳에서 내가 뱀에게 명하여 그들을 물게 할 것이다.
9:4 만약 그들이 그들의 원수들 앞에 포로로 끌려가면 그곳에서 내가 칼에게 명하여 그들을 죽이게 할 것이다. 내가 복이 아닌 재앙을 위해 내 눈을 그들에게 고정시킬 것이다.

3. 원문분석

9:1. 1인칭, 단수, 칼 완료형 동사 רָאִיתִי("내가 보았다")의 주어는 화자인 아모스이며 그가 본 환상에 대한 서술을 유도한다. 직접목적어 표기(אֶת)는 이 동사의 목적어 "주"(אֲדֹנָי)를 소개하며 단수분사 נִצָּב("서있는")는 אֲדֹנָי를 서술해주는 형용사적 역할을 감당한다. נִצָּב는 재귀적 니팔형으로 주어가 자리를 잡고 서있는 것을 묘사한다(cf. 7:1). עַל־הַמִּזְבֵּחַ("제단 곁에")는 분사 נִצָּב를 꾸며주는 부사구이며 전치사 עַל은 분사의 행위가 이루어지고 있는 "위"나 "옆"의 장소를 가리킨다. 정관사 ה와 함께 쓰인 הַמִּזְבֵּחַ는 문자적으로 "그 제단"을 의미하며 벧엘의 제단을 가리키는 것으로 보인다(cf. 3:14).[3] וַיֹּאמֶר("그리고 그가 말했다")는 완료형 동사 רָאִיתִי를 이어가는 바브- 미완료 연계형(*wayyqtl*)이며 순차적 사건의 진행을 나타낸다. 동사의 3인칭 주어의 선행사는 אֲדֹנָי("주")이며 그가 말한 내용이 1c-4d에 직접화법으로 인용되고 있다.

남성, 단수, 히필명령형 הַךְ("쳐라," נכה)가 누구에게 주어진 것인지 불분명하다. 아모스가 이 명령을 받은 것으로 볼 수도 있으며 또는 환상 가운데 하나님과 함께 있는 천사를 명령의 대상으로 고려할 수도 있다(cf. 왕하 19:35).[4] 이러한 모호성 때문에 BHS는 הַךְ를 앞의 분사 נִצָּב를 이어가는 바브-미완료(3인칭) 연계형 וַיַּךְ("그리고 그가 쳤다")으로 수정하거나 분사의 형태를 나열해 가는 히필형 분사 מַכֵּה(ו)로 수정할 것을 제안한다. 이 수정독법을 따르면 동사의 주어는 하나님이 된다. 하지만 필사본들이나 고대역본들이 MT 독법을 그대로 유지하고 있을 뿐만 아니라 이 정황에서는 명령을 받는 대상이 중요한 쟁점이 아니므로 MT 독법을 따라 번역할 수 있다. 1e에 계속해서 2인칭 단수 명령형 וּבְצַעַם이 사용되고 있는 것도 주목할 필요가 있다.[5] 동사의 목적어인 הַכַּפְתּוֹר는 건물의 지붕을 받쳐주고

---

3) Cf. Harper, *Amos and Hosea*, 188; Chisholm, *Handbook*, 400-01; Soggin, *The Prophet*, 122; Hayes, *Amos*, 216.

4) Harper는 삼하 24:16에서와 같이 천사가 하나님의 명령을 받는 것으로 해석한다(Harper, *Amos and Hosea*, 188). Soggin은 선지자가 상징적 행위를 행하라는 명령을 받는 것으로 보는 견해를 선호한다(Soggin, *The Prophet*, 120, 121; cf. Wolff, *Joel and Amos*, 337). Mays는 대상을 고려한 명령이 아니라 화자의 권위를 강조하기 위한 수사적 장치로 설명한다(Mays, *Amos*, 153).

있는 기둥의 꼭대기에 있는 둥근모양의 돌출부를 말한다. 따라서 "기둥의 꼭대기" 또는 "기둥의 머리"로 번역하게 된다(cf. 습 2:14). 단수명사가 사용되지만 집합적 의미에서 성전을 받치고 있는 모든 기둥의 머리들을 의미하는 것으로 볼 수 있다.

וְיִרְעֲשׁוּ는 등위접속사 바브(ו)와 미완료형 יִרְעֲשׁוּ(רעשׁ, "흔들리다")가 결합된 형태로 명령형 הַךְ("쳐라")를 이어가면서 이 명령형의 목적이나 결과를 나타낸다. 목적으로 해석할 경우, "흔들리도록 쳐라"를 의미하게 되며 결과로 해석할 경우, "쳐서 흔들리게 하라"를 의미하게 된다. 미완료형 동사의 목적어인 הַסִּפִּים은 방이나 건물대문의 "문지방들"을 의미한다. הַכַּפְתּוֹר("기둥의 머리")와 הַסִּפִּים("문지방들")은 건물의 꼭대기와 바닥을 가리키는 양극대칭법(*merismus*)을 이루어 제단이 있는 성전 전체를 의미하게 된다. וּבְצַעַם은 등위접속사 바브(ו), 명령형 בְּצַע(בצע, "잘라내다"), 복수 대명사어미(ם)가 결합된 형태로 앞의 명령형을 이어가면서 행할 일을 알려 준다. "기둥의 머리"와 "문지방들"을 대명사어미의 선행사로 볼 수 있는데, 이 경우 동사의 의미가 불분명해 진다.[6] 왜냐하면 동사 בצע는 옷감 짤 때 실 등을 잘라 내는 것을 의미하기 때문이다. 반면에 이 동사가 비유적으로 "죽이다"의 의미로 사용되기도 하지만(cf. 사 38:12; 욥 27:8), 이 동사의 목적어("그것들"; "문지방들"과 "기둥의 머리")나 부사구 בְּרֹאשׁ("머리에")를 고려할 때 본래의 의미("잘라내다")를 유지하기가 어렵다. 따라서 Paul의 경우 וּבְצַעַם בְּרֹאשׁ를 번역하지 않고 모호하게 남겨둔다.[7] Stuart는 ראשׁ를 기둥 꼭대기의 머리를 의미

---

5) BHS는 1e의 וּבְצַעַם 역시 1인칭 동사 אֶבְצָעֵם로 수정하여 읽을 것을 제안한다. 하지만 이 수정독법을 지지하고 있는 필사본이나 고대역본의 증거가 없다.

6) Niehaus는 וּבְצַעַם과 כֻּלָּם의 복수 대명사어미가 동일하게 사람들을 가리키는 것으로 해석한다: "and cut them off at the head, all of them" (Niehaus, "Amos," 479). 이 경우 목적어가 반복이 되면서 강조되는 효과를 갖게 되며 성전에 있는 사람들의 머리를 제거하라는 명령이 된다. 하지만 이러한 해석은 1f("그들 중 살아남은 자들[또는 마지막 사람]을 내가 칼로 죽일 것이다")를 고려할 때 자연스럽지 않다. 왜냐하면 이 해석을 따르면 모든 사람의 머리를 제거하고 그래도 살아남은 자를 하나님께서 칼로 죽이시겠다는 표현이 되기 때문이다. 오히려 성전 건물이 무너져 내린 후에도 살아남은 자를 하나님께서 칼로 죽이겠다는 흐름이 자연스럽다.

7) Paul, *Amos,* 273. K. Cathcart는 ראשׁ를 "독"(poison)으로 해석한다(K. Cathcart, "*Rōš*, 'Poison,' in Amos IX 1," *VT* 44 [1994]: 393-96). Cathcart의 견해를 반박하면서 T. Hadjiev는 בְּרֹאשׁ כֻּלָּם를 동사 וּבְצַעַם의 대명사어미를 꾸며주는 형용사절의 역할을 하는

하는 것으로 해석하여 번역하기도 한다: "*All* (כלם) pillars were to be razed"("모든 기둥들이 잘려져 나갔다").[8] 하지만 1c-d를 고려하여 동사 בצע를 기둥의 머리와 문지방들이 건물에서부터 분리되어(잘리게 되어) 무너져 내리는 것을 묘사하는 것으로 의역할 수 있다.

בְּרֹאשׁ כֻּלָּם은 위치를 나타내는 접속사 בְּ와 지배명사 רֹאשׁ("머리")가 결합된 형태이며 רֹאשׁ는 피지배명사구 כֻּלָּם를 취한다. כֻּלָּם의 남성, 복수 대명사어미(ם)가 모호한데, 지배명사의 의미("머리")와 신전의 정황을 고려할 때 제의에 참여하는 사람들을 가리키는 것으로 볼 수 있다. 따라서 בְּרֹאשׁ כֻּלָּם을 "모든 사람들의 머리에"로 번역하게 된다. 이러한 번역이 가능한 것은 1f에 서술된 וְאַחֲרִיתָם("그리고 그들 중 마지막 사람까지도")의 대명사어미 역시 기둥머리와 문지방들이 무너져 내렸을 때 살아남게 되는 자들을 가리키는 것으로 보이기 때문이다. אַחֲרִית는 "(살아) 남은 자" 또는 "마지막 사람"으로 번역할 수 있는데, 하나님의 피할 수 없는 철저한 심판을 강조하고 있는 문맥을 고려할 때 후자의 번역이 의미를 더욱 분명하게 반영한다. 여호와를 주어로 하는 1인칭 미완료형 동사 אֶהֱרֹג("내가 죽일 것이다")의 목적어 אַחֲרִיתָם("그들 중 마지막 사람까지")이 문장 앞에 놓이면서 강조되고 있다. וְאַחֲרִיתָם과 유사한 표현(וְאַחֲרִיתְכֶן)이 4장 2절에서 "바산의 암소들"이 겪게 될 하나님의 철저한 심판을 묘사하면서 사용되었다. בַּחֶרֶב("칼로")는 수단을 나타내는 전치사 בְּ와 함께 부사구를 이루면서 하나님께서 죽이시는 방편을 설명해 준다. 이것은 전쟁을 통한 살육을 암시한다.[9]

1g와 1h는 의미론적, 구문론적 평행을 이루면서 하나님의 적극적인 심판의 결

것으로 간주하여 בְּרֹאשׁ를 "제일 앞에," 또는 "선두에"를 의미하는 것으로 해석한다: "Kill those (who are) at the head of them all, and the last of them I will slay by the sword" (T. Hadjiev, "'Kill All Are in Front': Another Suggestion about Amos ix 1," *VT* 57 [2007]: 386-99). 이 경우 בְּרֹאשׁ("선두에")는 1f의 וְאַחֲרִיתָם("그들 중 마지막")과 짝을 이루는 표현이 된다는 것이다. 따라서 처음과 마지막 전체를 아우르는 표현으로 해석한다. 하지만 이 경우 בְּרֹאשׁ에 연결된 피지배명사구 כֻּלָּם의 사용이 자연스럽지 못하게 된다. Wolff는 칠십인경의 번역에 근거하여 1e가 사람들의 머리를 쪼개어 가르는 것으로 해석한다: "I will cleave the head of them all" (Wolff, *Joel and Amos*, 335).

8) Stuart, *Hosea-Jonah*, 391.

9) Cf. Hayes, *Amos*, 217.

과를 서술할 뿐만 아니라 강조한다.

9:1g	לֹא־יָנוּס	לָהֶם	נָס
	a (동사-부정어) -	b (부사구) -	c (주어)
9:1h	וְלֹא־יִמָּלֵט	לָהֶם	פָּלִיט
	a' (동사-부정어) -	b' (부사구) -	c' (주어)

이것은 2장 13-16절이 부정어 לֹא의 사용과 함께 구문론적 평행을 통해 피할 수 없는 하나님의 심판을 묘사한 것과 동일한 효과를 갖는다. 2장 14-15절에 사용된 동사 נוס("도망하다," "피하다")와 מלט("달아나다," "빠져나가다")가 1g-h에 다시 사용되고 있다. מלט의 경우 부정어 לֹא와 함께 2장 14-15절에 세 번 반복해서 사용되면서 피할 수 없는 하나님의 심판을 강조하였다. 동사 יָנוּס와 같은 원형(נוס)을 사용한 분사 נָס는 실명사의 역할을 하여 동사의 주어가 되며, 부사구 לָהֶם과 함께 "그들 중 도망하는 자"로 번역이 된다.

1g와 1h에 사용된 부사구 לָהֶם의 대명사어미의 선행사는 앞의 복수대명사어미(כֻּלָּם[1e]; וְאַחֲרִיתָם[1f])와 동일하게 성전에서 제의를 행하기 위해 모인 "사람들"을 가리킨다. 따라서 1g는 문자적으로 "그들 중 도망하는 자는 도망하지 못할 것이다"를 의미하는데, 이것을 "그들 중 어느 누구도 도망하지 못할 것이다"로 번역하여 의미를 강조하기도 한다. 동일한 구문형식을 따라 서술되고 있는 1h는 문자적으로 "그들 중 피하는 자는 피하지 못할 것이다"를 의미하는데, 역시 강조의 의미를 반영하여 "그들 중 어느 누구도 피하지 못할 것이다" 또는 "그들 중 어느 누구도 살아남을 수 없을 것이다"로 번역할 수 있다. 1f와 1h는 잠시는 도망가서 피하는 것 같지만 결국에는 결코 하나님의 심판으로부터 도망을 치거나 피할 수 없음을 선언하는 것이다. 그러므로 원문의 구문과 의미를 반영하여 다음과 같이 의역하는 것이 적절하다: "그들 중 도망하는 자가 결국 도망하지 못할 것이며 그들 중 피하는 자도 결국 피하지 못할 것이다." 이에 대한 구체적인 정황들이 2-4절에 서술되면서 1g-h의 선언이 확언된다.

9:2. 접속사 אִם이 유도하는 조건절과 귀결절의 구문이 2-4절에 반복되면서 1f-h에서 언급된 선언이 구체적으로 설명되고 있다. 모두 다섯 개의 조건절과 귀

결절의 구문조합이 등장하고 있다. 첫 번째와 두 번째 조합은 한 문장의 조건절과 한 문장의 귀결절로 평행을 이룬다(1+1의 조합). 세 번째와 네 번째 조합은 한 문장의 조건절과 두 문장의 귀결절로 평행을 이루고(1+2의 조합), 다섯 번째 조합은 한 문장의 조건절과 세 문장의 귀결절(1+3의 조합)로 전체 조건절-귀결절 시리즈를 마무리한다. 조건절들은 동일하게 접속사 אִם과 미완료형 동사가 결합된 형태를 취하며 사실과 반대되는 정황을 가정하게 된다. 즉 “있을 수 없는 일이지만 만약 일어난다면”의 가정이 된다. 미완료형 יַחְתְּרוּ의 원형동사 חתר는 “파다”를 의미하는데, 부사구 בִשְׁאוֹל(“스올로” 또는 “땅 밑으로”)와 함께 쓰여 “파고 들어가는 것”을 묘사한다. שְׁאוֹל은 주로 “음부”/“스올”(hell)이나 “무덤”을 의미하는데, 이 문맥에서는 2c의 הַשָּׁמַיִם(“하늘”)과 대조를 이루는 “땅 밑”을 의미하는 것으로 볼 수 있다(cf. 욥 11:8; 시 139:8; 사 14:13-15).[10] 에스겔 31장 16절에서 שְׁאוֹל이 אֶרֶץ תַּחְתִּית(“땅 아래의 가장 낮은 곳”)와 평행을 이루면서 “땅 밑”을 의미한다. 부사구 מִשָּׁם(“그곳에서”)의 전치사 מִן은 출처를 나타내며 שָׁם(“그곳”)은 שְׁאוֹל(“땅 밑”)을 가리킨다. 이 부사구가 문장 앞에 위치하면서 강조된다.

3인칭, 단수, 여성 미완료형 תִּקָּחֵם(“그것이 그들을 취할 것이다,” לקח)의 주어는 יָדִי(“나의 손”)이며 복수대명사어미(ם)의 선행사는 앞의 조건절에 언급된 사람들이다. יָדִי는 신인동형적 표현으로 하나님의 심판의 행위를 보다 생생하게 연상할 수 있게 한다. 또는 יָדִי를 שְׁאוֹל(“음부,” “땅 밑”)에까지 미치는 “하나님의 주권과 능력”을 나타내는 비유적 의미로 고려할 수 있다. 고대 이스라엘인들은 שְׁאוֹל을 하나님의 주권이 미치지 않아 하나님께 기도해도 소용이 없는 장소로 여겼는데(cf.

---

10) “저희가 파고 음부로 들어갈찌라도 내 손이 거기서 취하여 낼 것이요 하늘로 올라갈찌라도 내가 거기서 취하여 내리울 것이며”(개역); “그들이 파고 스올로 들어갈지라도 내 손이 거기에서 붙잡아 낼 것이요 하늘로 올라갈지라도 내가 거기에서 붙잡아 내릴 것이며”(개역개정); “땅 속으로 들어가도 잡아내고 하늘로 올라가도 끌어 내리리라”(공동); “그들이 죽음의 세계까지 뚫고 내려가더라도 내가 끌어올리겠고, 하늘 높이 올라가더라도 내가 끌어내리겠다”(쉬운성경); “그들이 무덤으로 파고 들어가더라도 내 손이 무덤에서 그들을 붙잡아 올 것이다. 그들이 하늘로 올라가더라도 내가 하늘에서 그들을 끌어내릴 것이다”(우리말); “비록 그들이 땅 속으로 뚫고 들어가더라도, 거기에서 내가 그들을 붙잡아 올리고, 비록 그들이 하늘로 올라가더라도, 거기에서 내가 그들을 끌어내리겠다”(표준새번역).

사 38:18; 시 6:6; 88:6; 115:17), 그와 같이 먼 곳으로 도망하여 하나님의 심판을 면해 보고자 하지만 그곳에도 하나님의 손길(주권)이 미칠 수 있음을 보여주는 것이다.[11] וְאִם־יַעֲלוּ("그리고 그들이 올라가면")의 등위접속사 바브(ו)는 두 번째 조건절-귀결절 구문조합을 나열하면서 이 조합의 시리즈를 형성해 주고 있다. שְׁאוֹל("땅 밑")과 הַשָּׁמַיִם("하늘")은 양극대칭 기법(*merismus*)으로 전체를 표현하는 것이다. 즉 땅 밑이든 하늘이든 어느 곳으로 도망을 가더라도 결코 숨을 수 없음을 강조해 준다. 2d 역시 부사구 מִשָּׁם("그곳에서")를 문장 앞에 두어 강조하고 있다. 이 문장에서 שָׁם은 הַשָּׁמַיִם("하늘")을 가리킨다. 2d의 1인칭 미완료 동사 אוֹרִידֵם("내가 그들을 끌어내릴 것이다," ירד)를 사용하여 하나님의 적극적인 심판의 행위를 반영한다. 대명사어미(ם..)의 선행사는 조건절에서 언급된 자들, 곧 하늘로 올라간 자들이다.

9:3. אִם과 מִשָּׁם은 2절과 동일하게 해석할 수 있다. 3절의 조건절-귀결절 구문조합은 2절의 문장들과 동일한 구문형식을 취하고 있다. 한 가지 차이점은 바브-완료 연계형의 문장(וּלְקַחְתִּים, 3c; וּנְשָׁכָם, 3f)이 귀결절에 각각 추가되어 1+2의 조합형식을 갖는 것이다. 미완료형 동사 יִסָּתְרוּ와 יֵחָבְאוּ는 동의어이며 주로 니팔형으로 쓰이면서 재귀적 용법을 나타낸다. 즉 자신을 숨기는 행위를 가리킨다.

בְּרֹאשׁ הַכַּרְמֶל("갈멜산 꼭대기에")은 장소를 나타내는 בְּ가 유도하는 부사구로 동사의 행위가 이루어지는 장소를 나타낸다. בְּרֹאשׁ הַכַּרְמֶל은 בְּקַרְקַע הַיָּם("바다의 밑바닥에")와 대조적 평행을 이루면서 전체를 반영하는 양극대칭기법(*merismus*)으로 사용된다. 이 기법은 "그 어느 곳에서도" 하나님을 피해 숨을 곳이 없음을 강조한다. 3c의 바브-완료 연계형 וּלְקַחְתִּים("그리고 내가 그들을 취할 것이다")은 3b의 귀결절을 이어서 설명하는 문장을 유도하며 אֲחַפֵּשׂ("내가 찾아낼 것이다")와 함께 중언법을 이루어 "찾아서 그들을 끄집어내다"의 의미를 갖게 된다. מִנֶּגֶד는 전치사 מִן과 전치사 נֶגֶד가 결합된 중복전치사(compound preposition)로 전치사의 기능을 그대로 유지하면서 묘사하고 있는 정황을 보다 명확하게 설명한

11) Cf. Soggin, *The Prophet*, 123.

다.[12] 따라서 מִנֶּגֶד는 "앞에서부터" 또는 "앞에서"의 의미를 갖게 된다.

3f의 바브-완료 연계형 וּנְשָׁכָם(נשׁך, "물다")의 주어는 הַנָּחָשׁ("그 뱀")이며 문자적으로는 "그것이(뱀이) 그들을 물 것이다"를 의미한다.[13] 그러나 앞의 동사 אֲצַוֶּה("내가 명할 것이다")와 연관하여 "(뱀에게 명하여) 그들을 물게 할 것이다"로 번역하게 된다. 심판의 날로서의 여호와의 날에 대해 논증하는 5장 18-20절은 사자를 피하여 간신히 자신의 집에 도망쳐온 사람을 뱀이 물어서 죽이는 장면을 묘사하고 있다(וּנְשָׁכוֹ הַנָּחָשׁ, 5:19).

9:4. יֵלְכוּ בַשְּׁבִי("그들이 포로로 끌려갈 것이다")는 숙어적 표현으로 포로로 끌려가는 것을 의미한다(cf. 신 28:41; 사 46:2; 렘 20:6; 22:22; 애 1:18; 겔 12:11; 나 3:10). 4b-c와 3e-f는 구문론적 평행을 이루고 있으므로 구문에 대한 설명은 3절의 원문분석을 참조하라. 3e와 4b는 הַנָּחָשׁ("뱀")와 הַחֶרֶב("칼")가 하나님의 심판의 도구로 사용되고 있음을 보여준다. לִפְנֵי는 전치사 לְ와 연결형 명사 פְּנֵי("얼굴")가 결합된 형태로 전치사("앞에")의 역할을 하는 것으로 동사 יֵלְכוּ를 꾸며주는 부사구를 유도한다.[14] לִפְנֵי אֹיְבֵיהֶם("그들의 원수들 앞에")라는 표현은 원수들에 의해 포로로 끌려가는 장면을 묘사한다. מִשָּׁם("그곳에서")이 가리키는 것은 לִפְנֵי אֹיְבֵיהֶם이다.

4d의 바브-완료 연계형 וְשַׂמְתִּי("그리고 내가 놓을 것이다," שׂים)은 4b-c의 귀결절들을 이어가고 있으며(1+3의 조합), 2a에서 시작된 조건절-귀결절 구문조합시리

---

12) 중복전치사(compound prepositions)와 복합전치사(complex prepositions)는 둘 다 전치사들이 결합된 것인데, 전자의 경우 사용된 전치사의 속성과 의미가 유지되는 반면 후자의 경우 전치사의 의미와 기능이 결합되는 또 다른 전치사나 명사에 의해 달라질 수 있다(cf. WOC §11.3).

13) 표준새번역은 הַנָּחָשׁ를 "바다 괴물"로 번역한다: "거기에서 내가 바다 괴물을 시켜 그들을 물어 죽이게 하겠다"(표준새번역). הַנָּחָשׁ를 우가릿 신화나 성경의 시에 혼돈을 상징하는 바다괴물 리워야단(Leviathan)으로 해석하기도 한다(cf. Harper, *Amos and Hosea*, 189). 하지만 3e와 4d의 "뱀"(הַנָּחָשׁ)과 "칼"(הַחֶרֶב)이 구문론적 평행을 이루면서 하나님의 심판의 도구를 서술하고 있는 것을 고려할 때, 단순히 הַנָּחָשׁ가 "뱀"을 의미하는 것으로 간주하는 것이 적절하다. 5장 19절에서 הַנָּחָשׁ가 주로 "뱀"으로 번역되고 있는 것을 고려할 필요가 있다.

14) Cf. WOC §11.3.1.

즈를 마무리하는 역할을 한다. עֲלֵיהֶם("그들에게")의 전치사 עַל은 동사 שַׂמְתִּי의 행위가 이루어지는 위치를 서술해 준다. 복수 대명사어미(הֶם)의 선행사는 4a의 조건절에 언급된 도망하는 자들뿐만 아니라 앞의 조건절들에서 언급한 하나님의 심판을 피해 도망하는 자들을 모두 포함할 수 있다. 그러므로 4d에서 하나님은 그의 심판을 피해 도망하는 모든 자들 위에 그의 눈을 놓으실 것인데, 즉 그들을 주목하실 것인데, 그렇게 하시는 것이 לְרָעָה וְלֹא לְטוֹבָה("복을 위한 것이 아니라 재앙을 위한 것")임을 선포하면서 이 시리즈를 마무리한다.[15] 4d의 וְשַׂמְתִּי עֵינִי עֲלֵיהֶם("그리고 내가 나의 눈을 그들에게 놓을 것이다")이 창 44:21, 렘 24:6; 39:12에서는 하나님의 돌보심과 축복을 기대하게 하는 긍정적인 의미로 사용되었다. 그러나 여기에서는 이러한 기대를 역전시킨다. 복이 아니라 재앙을 내리시기 위해 그의 눈을 북이스라엘 백성들에게 고정시키신다. לְרָעָה("재앙")와 לְטוֹבָה("복")의 전치사 לְ는 이익이나 불이익을 나타내는 전치사의 역할을 하며 동사가 서술하고 있는 행위의 목적이나 이유를 나타낸다. 유사한 표현이 예레미야서에 자주 등장한다(cf. 렘 14:11; 21:10; 24:5, 6; 29:16; 44:27).[16]

4. 원문주해

9:1. 아모스가 본 다섯 번째 환상신탁은 그가 본 것과 들은 것을 서술하고 있다. 앞의 네 환상신탁들과는 달리 이 환상신탁에는 아모스와 하나님과의 대화가 등장하지 않는다. 내용적으로는 아모스가 본 것보다는 직접화법으로 인용된 하나님의 말씀에 주목하게 된다. 다섯 번째 환상신탁은 북이스라엘 백성들이 벧엘 성

---

15) "내가 저희에게 주목하여 화를 내리고 복을 내리지 아니하리라"(개역); "내가 그들에게 주목하여 화를 내리고 복을 내리지 아니하리라"(개역개정); "내가 놓칠세라 노려보며 재앙을 내리리라. 저자들에게 무슨 복을 내리겠느냐?"(공동); "내가 그들을 지켜 보리니, 복을 주기 위해서가 아니라 재앙을 주기 위해서이다"(쉬운성경); "내가 복이 아니라 벌을 내리려고 그들을 지켜보겠다"(우리말); "그들이 복을 받지 못하고 재앙을 만나도록, 내가 그들을 지켜보겠다"(표준새번역).

16) 특히 렘 24:6에 동일한 구문이 등장하고 있으며, 렘 44:27의 경우 동사만 차이가 날뿐 동일한 구문을 사용한다: וְשַׂמְתִּי עֵינִי עֲלֵיהֶם לְטוֹבָה (렘 24:6); הִנְנִי שֹׁקֵד עֲלֵיהֶם לְרָעָה וְלֹא לְטוֹבָה (렘 44:27).

전에 모여 자신들의 종교행위를 행할 때 하나님께서 이 성전을 파괴하시는 것을 묘사한다. 이 환상신탁은 다음과 같은 사실을 명확하게 전달하고 있다. 첫째, 벧엘의 단과 그 단의 뿔들을 쪼개어 파괴하시겠다는 3장 14절과 벧엘을 허무하게 하시겠다는 5장 5절의 선언을 실현하는 것이다. 둘째, 북이스라엘 백성들의 종교행위를 하나님께서 증오하시며 거부하시는 사실을 다시 확언하는 것이다(cf. 5:21-23). 북이스라엘 백성들은 자신들의 종교행위를 통해 안전과 번영을 자신하고 있었다(cf. 4:4-5; 5:18; 6:1; 9:10). 아마샤의 벧엘 대한 자부심이 이러한 태도를 잘 반영해 준다(cf. 7:13). 그러나 그들이 자부하고 있는 벧엘이 구원의 장소가 아닌 심판의 장소가 될 것이다. 셋째, 다섯 번째 환상신탁은 2장 13-16절이 강조하고 있는 바와 같이 피할 수 없는 하나님의 심판을 강조한다. 2:13-16과 9:1-4 간의 언어적, 구조적 평행이 이러한 사실을 더욱 분명하게 보여준다.

I. 피할 수 없는 심판선언	2:13	9:1
II. 구체적인 정황에 대한 설명을 통한 확증	2:14-16	9:2-4

9장 1절은 피할 수 없는 심판을 선언하고 있으며 2-4절의 조건절-귀결절 구문조합 시리즈는 1절의 선언의 의미를 확증하고 강화하는 기능을 한다. 하나님의 심판이 임하게 될 때 일시적으로 도망을 칠 수는 있지만 결국 하나님의 심판을 피할 수는 없게 된다(1절). 하나님의 심판을 피하고자 더 멀리 그리고 보다 안전한 장소로 도망하여 하나님께서 찾아야 하고 뱀에게 명해야 할 정도로 몸을 숨길지라도 하나님께서 찾아내시고 효과적인 방법을 통하여 철저하게 심판하실 것을 강조한다(2-3절). 양극대칭법("땅 밑"과 "하늘"; "갈멜산 꼭대기"와 "바다 밑바닥")이 반복되면서 어느 곳으로도 도망하여 안전할 수 없음이 분명히 선언된다. 북이스라엘 백성들이 하나님의 낯을 피하여 포로로 사로잡혀가는 것이 그의 심판을 피할 수 있는 것이라고 혹시 생각할 수도 있지만(4절), 이것도 역시 심판을 피하여 목숨을 구할 수 있는 안전한 방법이 아니다. 왜냐하면 하나님께서 칼에게 명하여 그들을 그곳에서 죽이실 것이기 때문이다. 이것은 약속의 땅에 제한되지 않는 하나님의 우주적 주권을 시사한다. 자신들이 안전하다고 생각하는 그 자리에서 그들은 결국

하나님의 심판을 맞이하게 될 것이다(cf. 5:19). 하나님께서 북이스라엘 백성들을 주목하실 것이다. 하지만 이것은 그들의 기대와는 달리 복을 위한 것이 아니라 재앙을 위한 것이다. 이러한 사실을 고려하면 북이스라엘 백성들은 어떠한 소망도 기대할 수 없게 된다.

II. 심판을 행하시는 여호와의 속성(b): 9:5-6

1. 원문

9:5a וַאדֹנָי יְהוִה הַצְּבָאוֹת
הַנּוֹגֵעַ בָּאָרֶץ
9:5b וַתָּמוֹג
9:5c וְאָבְלוּ כָּל־יוֹשְׁבֵי בָהּ
9:5d וְעָלְתָה כַיְאֹר כֻּלָּהּ
9:5e וְשָׁקְעָה כִּיאֹר מִצְרָיִם
9:6c הַבּוֹנֶה בַשָּׁמַיִם מַעֲלוֹתוֹ
9:6b וַאֲגֻדָּתוֹ עַל־אֶרֶץ יְסָדָהּ
9:6c הַקֹּרֵא לְמֵי־הַיָּם
9:6d וַיִּשְׁפְּכֵם עַל־פְּנֵי הָאָרֶץ
9:6e יְהוָה שְׁמוֹ

2. 사역

9:5 주 만군의 여호와, 그가 땅을 만지시니 땅이 녹아내리고 그곳에 거하는 모든 자들이 애통하며 온 땅이 나일 강처럼 솟아오르고 이집트의 나일 강처럼 가라앉게 됩니다.

9:6 그는 하늘에 그의 거처를 지으시고 그의 궁창의 기초를 땅 위에 세우시는 분이십니다. 그는 바다의 물을 불러서 그것들을 땅의 표면에 쏟아 부으시는 분이십니다. 여호와가 바로 그의 이름입니다.

3. 원문분석

9:5. וַאדֹנָי יְהוִה הַצְּבָאוֹת("그리고 주 만군의 여호와")가 문장 앞에 놓이면서 강조가 되고 있다. 따라서 "주 만군의 여호와, 그는(그가)"으로 번역하여 의도된 강조를 반영하는 것이 적절하다. 정관사와 함께 쓰인 분사 הַנּוֹגֵעַ("만지시는 자")는 וַאדֹנָי를 서술해 주는 술어의 역할을 하는 것("주는 만지시는 분이다")으로 보거나 형용사적 역할을 하여 וַאדֹנָי를 꾸며주는 것("만지시는 주")으로 볼 수 있다. הַנּוֹגֵעַ의 원형동사 נגע는 "만지다"를 의미하며 대상이 주로 전치사 בְּ나 אֶל에 의해 서술된다. 따라서 하나님께서 만지시는 대상은 אֶרֶץ("땅")이다. 5b의 바브-미완료 연계형(*wayyqtl*) וַתָּמוֹג("그리고 그것이 솟아오른다")는 하나님께서 땅을 만지신 행위의 결과를 서술해 주고 있으며 이어지는 5c-e의 바브-완료 연계형 동사들(וְשָׁקְעָה וְעָלְתָה וְאָבְלוּ)은 이 결과를 보다 구체적으로 서술해 준다. 5b에서와 같이 5c-e에서도 미완료 연계형 동사들이 기대되지만 8장 8절과의 연관성으로 인해 8장 8절의 완료 연계형 동사들을 그대로 사용하는 것으로 보인다. 5c-e의 구문에 대한 설명은 8장 8절의 원문분석을 참조하라.

9:6. 정관사와 함께 쓰인 분사 הַבּוֹנֶה("짓는 자," בנה)는 5a의 הַנּוֹגֵעַ와 같이 וַאדֹנָי יְהוִה הַצְּבָאוֹת를 꾸며주는 역할을 하며 하나님의 속성을 서술해 준다. מַעֲלוֹתוֹ("그의 계단")의 3인칭 대명사어미의 선행사는 여호와이며 복수명사 מַעֲלוֹת는 성전이나 제단의 "계단"을 의미한다. 이 문장에서 이러한 의미를 갖는 명사가 등장하는 것에 대한 어려움을 고려하여 BHS는 מַעֲלוֹתוֹ의 מ이 앞의 בַּשָּׁמַיִם으로 의해 중복필사(dittography)가 된 것으로 보아 מ을 제거하고 עֲלִיָּתוֹ("그의 윗방")로 수정하여 읽을 것을 제안한다. 그러나 필사본들과 고대역본들이 MT독법을 따르고 있으므로 MT독법을 그대로 유지할 필요가 있다.[17] Niehaus는 מַעֲלוֹתוֹ를 부분으로 전체를 나타내는 성전에 대한 제유로 간주하여 "그의 성전" 또는 "그의 전"으로 번역할 것을 제안한다.[18] 하지만 성전보다는 하

---

17) 칠십인경(LXX)은 מַעֲלוֹתוֹ를 ἀνάβασιν αὐτοῦἀν("그의 오르는 길")로 번역한다.
18) Cf. Niehaus, "Amos," 483-84.

늘에 있는 "그의 거처" 내지는 "그의 궁전"을 의미하는 것으로 보는 것이 더 적절해 보인다(cf. 시 103:19; 104:3; 사 66:1).[19] 어떤 해석을 따르던 간에 6a는 하나님이 창조주로서 우주적 주권을 가지고 계심을 시사하는 것이다.

6b의 וַאֲגֻדָּתוֹ는 등위접속사 바브(וּ), 연결형 명사 אֲגֻדַּת, 3인칭 대명사어미(וֹ)가 결합된 형태로 동사 יְסָדָהּ("그가 그것을 세운다," יסד)의 목적어 역할을 하는데, 문장 앞에 놓이면서 6a와 6b가 교차평행을 이룬다. אֲגֻדָּה는 식물의 "묶음"(bunch)이나 사람들의 "무리"(band)를 의미한다. אֲגֻדָּה가 기본적으로 함께 견고하게 묶여있거나 연결되어 있는 것을 의미하기에 "궁창"(the vault of heaven)으로 번역한다.[20] 6b는 하늘에 있는 מַעֲלוֹתוֹ("그의 거처")를 אֲגֻדָּתוֹ("그의 궁창")으로 다시 표현하면서 이 처소의 기초가 땅 위에 세워져 있음을 묘사한다.[21] 달리 말하면 하나님의 초월적인 주권이 땅에도 역시 미치고 있다는 것이다.

6a-b의 구문론적 교차평행과 בַּשָּׁמַיִם("하늘에")와 עַל־אֶרֶץ("땅 위에")의 양극대칭기법(*merismus*)은 하나님의 우주적 임재와 주권을 효과적으로 명확하게 서술해 준다.

מַעֲלוֹתוֹ	בַּשָּׁמַיִם	הַבּוֹנֶה	9:6a
c (목적어) -	b (부사구: "하늘에") -	a (동사)	
יְסָדָהּ	עַל־אֶרֶץ	וַאֲגֻדָּתוֹ	9:6b
a' (동사) -	b' (부사구: "땅 위에") -	c' (목적어)	

6c-e의 원문분석은 5장 8절의 분석을 참조하라. 5장 8절의 분상들이 6c-e에서 그

---

19) "그 *전*을 하늘에 세우시며"(개역); "*그의 궁전*을 하늘에 세우시며"(개역개정); "그 하늘 위에 *다락*을 지으신 이"(공동); "여호와께서 하늘에 *다락*을 지으시며"(쉬운성경); "하늘에 *그분의 집*을 지으시고"(우리말); "하늘에 높은 *궁전*을 지으시고"(표준새번역).

20) Stuart는 אֲגֻדָּה가 의미하는 바에 대한 어려움을 인정하지만 מַעֲלוֹתוֹ와 평행을 이루는 이 문맥에서는 אֲגֻדָּה가 "저장소"(storeroom)를 의미하는 것으로 해석한다: "Who builds his upper chamber in heaven, And has founded his storeroom on the earth" (Stuart, *Hosea-Jonah*, 389, 393).

21) "*그 궁창의 기초*를 땅에 두시며"(개역); "*그 궁창의 기초*를 땅에 두시며"(개역개정); "땅에 *기둥을 세워 하늘을* 떠받드시고"(공동); "*그 기초*를 땅에 세우신다"(쉬운성경); "땅에 창공의 *기초*를 세우셨다"(우리말); "땅 위에 *푸른 하늘을 펼치시며*"(표준새번역).

대로 반복되면서 창조주로서의 하나님의 능력과 주권을 나타낸다.

4. 원문주해

9:5-6. 다섯 번째 환상신탁은 하나님의 심판의 원인을 구체적으로 서술하지 않고 하나님의 철저한 심판행위에 집중하고 있다. 이러한 심판을 행하실 수 있는 하나님의 창조주로서의 속성과 능력을 선포한다. 이것은 하나님의 심판을 확증하기 위해 그의 속성을 선언하고 있는 4장 13절, 5장 7-8절, 8장 9절에 이미 나타난 흐름이다. 하나님의 심판이 임하게 되면 땅이 감당할 수 없을 뿐만 아니라 당연히 그곳에 거하는 모든 자들은 애통하며 하나님의 심판의 결과를 경험하게 될 것이다(cf. 5:16-17; 8:9-10). 그러면 창조주이신 여호와는 북이스라엘 백성들에게 더 이상 언약의 은혜를 약속하는 이름이 아닌 심판자의 이름이 될 것이다. 창조주 여호와의 우주적 주권이 미치지 않는 곳이 그 어디에도 없기에 그의 심판을 피해 도망한다는 것은 불가능하다. 하지만 이것은 상대적으로 하나님만이 생명을 구할 수 있는 유일한 길임을 강조하는 기능을 한다. 즉 하나님의 심판을 맞이하게 될 자들이 살 수 있는 유일한 방법은 여호와를 찾는 것 외에는 없다는 것이다(cf. 5:4-6, 14-15).

9장 5-6절은 2-4절에 언급된 심판을 행하실 하나님의 속성을 제시할 뿐만 아니라 뒤따르는 하나님의 우주적 주권의 근거를 제공하는 역할을 감당한다. 하나님은 언약의 백성들뿐만 아니라 모든 나라의 역사를 주관하시며 그들의 운명을 결정하시는 분이시다.

III. 심판확정과 남은 자(c): 9:7-10

1. 원문

9:7a הֲלוֹא כִבְנֵי כֻשִׁיִּים אַתֶּם לִי בְּנֵי יִשְׂרָאֵל

9:7b נְאֻם־יְהוָה

9:7c הֲלוֹא אֶת־יִשְׂרָאֵל הֶעֱלֵיתִי מֵאֶרֶץ מִצְרַיִם

9:7d וּפְלִשְׁתִּיִּים מִכַּפְתּוֹר

9:7e וַאֲרָם מִקִּיר
9:8a הִנֵּה עֵינֵי אֲדֹנָי יְהוִה בַּמַּמְלָכָה הַחַטָּאָה
9:8b וְהִשְׁמַדְתִּי אֹתָהּ מֵעַל פְּנֵי הָאֲדָמָה
9:8c אֶפֶס כִּי לֹא הַשְׁמֵיד אַשְׁמִיד אֶת־בֵּית יַעֲקֹב
9:8d נְאֻם־יְהוָה
9:9a כִּי־הִנֵּה אָנֹכִי מְצַוֶּה
9:9b וַהֲנִעוֹתִי בְכָל־הַגּוֹיִם אֶת־בֵּית יִשְׂרָאֵל
9:9c כַּאֲשֶׁר יִנּוֹעַ בַּכְּבָרָה
9:9d וְלֹא־יִפּוֹל צְרוֹר אָרֶץ
9:10a בַּחֶרֶב יָמוּתוּ כֹּל חַטָּאֵי עַמִּי
9:10b הָאֹמְרִים
9:10c לֹא־תַגִּישׁ
9:10d וְתַקְדִּים בַּעֲדֵינוּ הָרָעָה

2. 사역

9:7 여호와의 말씀입니다.
"이스라엘 자손들아, 너희가 내게 구스 자손들과 같지 아니하냐? 이스라엘을 내가 이집트 땅에서 이끌어 내었고, 블레셋 사람들을 갑돌에서, 또한 아람인들을 길에서 이끌어 내지 않았느냐?
9:8 보라. 주 여호와의 눈이 죄를 지은 왕국에 있으며 내가 그 왕국을 땅의 표면에서 제거할 것이다. 그렇지만 내가 야곱의 집을 완전히 제거하지는 않을 것이다. 여호와의 말이니라.
9:9 보라, 반드시 내가 명하여 체로 흔드는 것처럼 이스라엘의 집을 모든 나라들 중에서 흔들 것이며 돌멩이 하나라도 땅에 떨어지지 않을 것이다.
9:10 내 백성 가운데 '재앙이 닥치지 않을 것이며 우리에게 미치지 못할 것이다' 라고 말하는 모든 죄인들이 칼에 죽을 것이다."

3. 원문분석

9:7. הֲלוֹא는 긍정적 답변을 기대하는 수사적 질문을 유도하여 청자나 독자로 하여금 신탁에 참여하게 한다. 따라서 직설법으로 번역하기 보다는 수사적 의문문으로 번역하는 것이 적절하다.[22] כִּבְנֵי כֻשִׁיִּים("구스 자손들처럼")의 전치사 כְּ는 비교를 위한 כְּ이며 비교의 대상을 서술해 준다. בְּנֵי כֻשִׁיִּים("구스 자손들")은 나일강 유역의 고대왕국인 누비아(Nubia)에 살았던 에디오피아인들이다. 누비아는 현재 수단이 위치한 지역이다. 이들이 언급되는 것은 지역적 관계 때문인 것으로 보인다(cf. 사 18:1-2).[23] 그들이 약속의 땅에서 멀리 떨어진 지역의 사람들이지만 창조주이신 하나님의 입장에서 볼 때 북이스라엘들과 다를 바가 없다는 것이다. 2인칭 복수대명사 אַתֶּם("너희")의 선행사는 호격으로 등장하는 בְּנֵי יִשְׂרָאֵל ("이스라엘 자손들")이다. 즉 신탁을 듣는 대상을 가리킨다. נְאֻם־יְהוָה("여호와의 말이다")는 신탁을 열어 줄 뿐만 아니라 심판의 기원이 하나님께 있음을 보여준다. 따라서 이 신탁은 신적 권위를 갖게 된다.

1인칭, 단수, 히필형 동사 הֶעֱלֵיתִי("내가 올라오게 할 것이다")의 목적어인 אֶת־יִשְׂרָאֵל("이스라엘을")이 문장 앞에 놓이면서 강조되고 있다. 7d와 7e도 역시 목적어인 וּפְלִשְׁתִּיִּים("그리고 블레셋 사람들을")과 וַאֲרָם("그리고 아람 사람들을")을 문장 앞에 놓아 비교의 대상을 강조하고 있다. 7d와 7e에 수사적 의문문을 유도하는 הֲלוֹא와 동사 הֶעֱלֵיתִי가 생략되었지만 7d-e가 7c와 구문론적 평행을 이루고 있는 것을 볼 수 있다. 히필형 동사 הֶעֱלֵיתִי(עלה, "올라가다/올라오다," "오르다")는 "올라오게 하다" 또는 "이끌어 내다"의 의미를 갖는다. מֵאֶרֶץ מִצְרַיִם("애굽 땅에서")과 מִכַּפְתּוֹר("갑돌에서"), מִקִּיר("길에서")에 사용된 전치사 מִן은 이끌어 내는 출처를 나타낸다. כַּפְתּוֹר("갑돌")는 크레타(Crete)를 가리키는 것으로 보이며 칠십인경은 소아시아에 있는 "갑바도기아"(Καππαδοκίας, Cappadocia)로 번역한다.[24] קִיר("길")은 아모스 1장 5절에서도 언급된 지명이다.

---

22) 쉬운성경과 우리말 성경이 7절의 문장들을 직설법으로 번역한다: "여호와의 말씀이다. '이스라엘아, 너희는 나에게 에티오피아 백성과 다를 것이 없다. 내가 이스라엘을 이집트 땅에서, 블레셋 백성을 크레타에서, 아람 백성을 길 땅에서 이끌어 냈다' "(쉬운성경); "여호와께서 하신 말씀이다. '이스라엘 자손들아, 너희는 내게 에티오피아 사람들과 같다. 내가 이스라엘을 이집트 땅에서 나오게 하고 또 블레셋 사람을 갑돌에서 나오게 하고 아람 사람을 길에서 나오게 했다' "(우리말).

23) Cf. Paul, *Amos*, 282; McComiskey, "Amos," 327; Soggin, *The Prophet*, 143.

9:8. הִנֵּה("보라")는 청자의 주의를 환기시키면서 하나님의 심판의 원인에 주목하게 한다. 8a는 동사가 사용되지 않은 명사절이다. 주어는 עֵינֵי אֲדֹנָי יְהוִה("주 여호와의 눈[들]")이며 부사구인 בַּמַּמְלָכָה הַחַטָּאָה("죄를 짓는 왕국에")가 술어의 역할을 한다. 따라서 8a는 문자적으로 "주 여호와의 눈이 죄를 짓는 왕국에"를 의미하는데, 이것을 의역하여 "여호와께서 죄를 짓는 왕국을 지켜보고 있다/주목하고 있다"로 번역할 수 있다. 8a는 8b가 서술하고 있는 행위에 대한 근거내지는 원인을 서술해 준다. 즉 "…때문에 그러므로"의 논리적 흐름을 갖는다. 히필형 동사 הִשְׁמַדְתִּי("내가 파괴하다")는 부사구 מֵעַל פְּנֵי הָאֲדָמָה("땅의 표면에서부터")와 함께 쓰여 "지면에서 완전히 제거하는 것"을 의미한다. 이 동사가 8절에서 세 번 반복되면서 죄를 짓는 왕국의 멸절이 강조된다: הִשְׁמַדְתִּי, הַשְׁמֵיד, אַשְׁמִיד(cf. 2:9).

동사 הִשְׁמַדְתִּי의 목적어인 אֹתָהּ의 여성, 3인칭, 대명사어미(הָ)는 הַמַּמְלָכָה הַחַטָּאָה("죄를 짓는 왕국")을 가리킨다. אֶפֶס כִּי("그러나," "그렇지만")는 앞의 언급에 대한 예외적 사항을 제공한다. 따라서 북이스라엘이 하나님의 심판을 경험하지만 완전히 멸망하지는 않을 것이라는 의미를 전달한다.[25] 히필 절대형 부정사 הַשְׁמֵיד가 동사 אַשְׁמִיד 앞에 위치하면서 동사의 의미를 강화시키고 강조하는 역할을 한다.[26] 따라서 전멸의 의미를 전달하는 "완전히"로 번역하게 된다. 목적어 בֵּית יַעֲקֹב("야곱의 집")는 북이스라엘을 가리킨다(cf. 암 3:13; cf. 6:8; 7:2, 6; 8:7). נְאֻם־יְהוָה("여호와의 말이다")는 심판선언을 확언해 주는 역할을 한다.

9:9. כִּי는 원인을 나타내는 접속사("왜냐하면") 또는 강조를 위한 불변화사("반드시")로 해석할 수 있다. הִנֵּה("보라")는 청자의 주의집중을 요구하며 하나님

---

24) Cf. G. Wainwright, "Caphtor-Cappadocia," *VT* 6 (1956): 199-210.

25) Harper는 8c를 후대삽입으로 간주한다(Harper, *Amos and Hosea*, 193). 절(strophe)의 배열을 고려할 때 추가된 절로 보이며 완전한 파멸을 선언하고 있는 문맥의 개념과 어울리지 않는다는 것이다. Harper의 논쟁의 보다 근본적인 근거는 7장 1절 이후로 아모스가 회복을 선포하지 않는 심판의 선지자라는 전제이다. Mays 역시 8절이 아모스의 신탁의 중심 주제와 상충되는 점을 지적하면서 6세기에 유다의 편집자에 의해 삽입된 것으로 간주한다(Mays, *Amos*, 160). 하지만 5장 15절에서 아모스가 회개에 근거한 회복의 가능성을 언급한 점을 주목할 필요가 있다.

26) Cf. GKC §113n.

께서 하실 일에 주목하게 한다. 1인칭 대명사와 분사로 된 문장(אָנֹכִי מְצַוֶּה, "내가 명한다")을 사용하여 행위의 주체 뿐만 아니라 동사의 행위가 강조된다. 이러한 기법은 6장 8-14절에서 여호와를 심판의 주체로 제시할 때 사용한 구문형식이다.

바브-완료 연계형 וַהֲנִעוֹתִי("그리고 내가 흔들 것이다," נוע)는 앞의 분사 מְצַוֶּה("명한다")를 이어가면서 하나님의 행위를 묘사해 준다. 9b-c의 문맥에서 בְּכָל־הַגּוֹיִם의 전치사 בְּ는 수단이나 방편을 나타내는 בְּ(*beth instrumenti*) 또는 위치나 장소를 나타내는 בְּ(*beth locale*)로 볼 수 있다.[27] 전자의 경우, 9c의 בַּכְּבָרָה("체를 가지고")와 평행을 이루는 것으로 간주하여, 하나님께서 "모든 열방"을 통하여 이스라엘의 집을 흔드실 것이라는 표현이 된다. 하지만 아모스서에서 심판의 도구로 암시된 대상이 단수로 표기되고 있는 점을 고려한다면(cf. "대적," 3:11; "한 나라," 6:14), 후자의 해석이 적절하다. 이 해석을 따르면, 9b-c는 북이스라엘 백성들을 열방으로 흩으시면서 하나님께서 이스라엘의 집을 흔들어 צְרוֹר("돌멩이")를 골라내시는 장면이 된다. כְּבָרָה는 곡물의 알곡과 불순물을 골라내거나 모래를 걸러내어 돌들을 구분하기 위해 사용하는 "체"(sieve)를 의미한다. בֵּית יִשְׂרָאֵל("이스라엘의 집")은 8c의 בֵּית יַעֲקֹב("야곱의 집")과 짝을 이루는 표현으로 북이스라엘을 가리킨다.

9c의 כַּאֲשֶׁר는 하나님이 흔드시는 행위에 대한 비교대상을 유도해 준다. 3인칭, 단수, 니팔형 יִנּוֹעַ("그것이 흔들리게 되다," נוע)의 주어가 불분명하다. 무엇이 체에 흔들리게 되는 것인지 정확하게 표기되지 않지만 9c는 거두어들인 곡물을 체에 넣고 흔들어서 쭉정이나 돌과 같은 불순물을 골라내는 장면을 묘사할 수 있다. 아니면 돌멩이들이 섞인 모래를 체에 걸러서 가는 돌멩이를 걸려내고 모래를 채취하는 장면을 묘사할 수도 있다. 어떤 장면이던 간에 9b-c는 צְרוֹר가 체에 남게 되는 것을 그려준다. 동사 יִנּוֹעַ가 부사구 בַּכְּבָרָה("체를 가지고")와 함께 쓰이고 있으므로 이 구문을 "체질하다"로 번역하게 된다.

9d의 וְלֹא־יִפּוֹל의 바브는 반의접속사("그러나")의 역할을 하면서 대조적 상황을 서술해 준다. צְרוֹר는 "묶음," "꾸러미," 또는 "돌멩이"를 의미한다.[28]

---

27) Cf. BHRG §39.6.

28) 한글번역본들은 צרור를 다양하게 번역하고 있다: "내가 명령하여 이스라엘 족속을 만국

אֶרֶץ("땅")는 동사 יִפּוֹל(נפל, "떨어지다")를 꾸며주는 부사적 역할을 하는 대격이다. 따라서 "땅에"로 번역한다.

9:10. 수단이나 방편을 나타내는 전치사 בְּ가 유도하는 부사구 בַּחֶרֶב("칼로")가 문장 앞에 놓이면서 죽음을 맞이하게 되는 방편이 강조된다. 이것은 전쟁을 통한 심판을 암시하는 전형적인 표현이다(cf. 4:10; 7:9, 17; 9:1, 4). 미완료형 동사 יָמוּתוּ("그들이 죽을 것이다")는 앞으로 오게 될 일을 서술해 주며 כֹּל חַטָּאֵי עַמִּי("내 백성 중 모든 죄인들")를 주어로 취한다. כֹּל חַטָּאֵי עַמִּי는 8a의 הַמַּמְלָכָה הַחַטָּאָה("죄를 범한 왕국")과 평행을 이루는 표현이다. 정관사와 함께 쓰인 복수분사 הָאֹמְרִים(אמר, "말하다")는 כֹּל חַטָּאֵי עַמִּי를 꾸며주는 형용사적 역할을 하면서 모든 죄인들의 태도와 생각을 나타낸다. 이들이 말하는 내용이 직접화법으로 10c-d에 서술되고 있다.

동사 תַגִּישׁ(נגשׁ, "다가오다")의 주어는 10d에 등장하는 "재앙"(הָרָעָה)이다.[29]

중에 체질하기를 곡식을 체질함 같이 하려니와 *그 한 알갱이도* 땅에 떨어지지 아니하리라"(개역; 개역개정); "나 이제 내 뜻을 분명히 밝힌다. 농부가 체로 *돌을 말끔히* 골라내듯 내가 이스라엘 가문을 만국 중에서 체질하리라"(공동); "내가 이스라엘을 온 나라 가운데에서 체질하도록 명령하겠다. 곡식 가루를 체로 치면 가루가 떨어지고 *돌멩이는* 남듯이 이스라엘에게도 그렇게 하겠다"(쉬운성경); "내가 명령했다. 곡식을 *한 알도* 땅에 떨어지지 않게 체질하는 것처럼 내가 이스라엘 백성을 체질하듯 모든 민족들 가운데서 걸러 낼 것이다"(우리말); "똑똑히 들어라. 내가 이제 명령을 내린다. 곡식을 체질하여서, *돌멩이를* 하나도 남김없이 골라내듯이, 세계 만민 가운데서, 이스라엘 집안을 체질하겠다"(표준새번역). 체에 남게 되는 것은 좋은 것이나 체에 남게 되는 것이 멸망의 개념을 전달하지 않는다는 것에 근거하여 Harper는 צְרוֹר를 "알곡"(kernel)으로 해석할 것을 주장한다(Harper, *Amos and Hosea*, 197). Hayes는 צְרוֹר를 "돌멩이"로 해석하는 것에 이의를 제기하면서 이 단어를 "연결된 이음매"(bonded joint)로 해석할 것을 제안한다(Hayes, *Amos*, 222). Hayes는 이 표현을 6장 11절과 연관하여 해석한다. 따라서 Hayes의 해석은 연결하는 이음매들이 땅에 떨어져 건물이 무너져 내리는 장면을 연상케 한다.

29) תַגִּישׁ는 문법적으로 여성 3인칭 단수형과 남성 2인칭 단수형이 다 가능하다. 따라서 Niehaus는 이 동사를 2인칭 동사로 간주하여 "너"로 언급되는 주어가 "여호와"를 가리키는 것으로 해석한다: "You shall never approach or confront us with evil"(Niehaus, "Amos," 485, 488). 이 번역은 הָרָעָה를 동사의 주어가 아닌 부사적 대격("재앙으로"/"재앙을 가지고")으로 간주한다. Niehaus는 10c-d를 강조된 명령형으로 해석하면서 하나님에 대한 북이스라엘의 불손한 태도가 드러나는 것으로 이해한다: "You shall never approach

히필형 동사 תַּגִּישׁ는 "다가오게 하다," "닥치다," "미치다" 등의 의미를 갖는다. וְתַקְדִּים("그리고 그것이 미칠 것이다")은 등위접속사 바브(ו)에 의해 10c에 연결이 되는 문장을 나열하면서 동일한 의미를 반복하고 있다. 동사 קדם는 נגשׁ와 같은 의미를 갖는다. בַּעֲדֵינוּ("우리에게" 또는 "우리에게까지")는 중복전치사 בַּעֲדֵי와 1인칭, 복수, 대명사어미(נוּ)가 결합된 형태로 동사를 꾸며주는 부사구의 역할을 한다.

4. 원문주해

9:7-8. 하나님의 말씀은 북이스라엘의 확정된 심판을 다시 확언할 뿐만 아니라 남은 자에 대한 여지를 남겨준다. 확정된 심판을 선포함에 있어서 수사적 질문들을 통하여 출애굽이라는 중요한 사건에 대한 북이스라엘의 잘못된 이해를 지적한다.[30] 북이스라엘은 출애굽 사건을 통하여 자신들만이 하나님의 특별한 은혜를 누리고 있으며 이것이 자동적으로 축복과 번영이라는 결론으로 인도한다는 생각을 가지고 있다. 그러나 수사적 질문들은 이러한 생각을 역전시킬 뿐만 아니라 이러한 결론을 완전히 거부한다(cf. 3:2). 하나님의 주권과 은혜를 경험했다는 자체가 북이스라엘을 특별하게 만들지는 않는다는 것이다. 달리 말하면 출애굽 사건 자체만을 놓고 본다면 북이스라엘에게 특별한 것이 없다. 왜냐하면 하나님의 우주적 주권에 의해 출애굽과 같은 사건이 블레셋 백성들과 아람 백성들에게도 있었기 때문이다. 하지만 출애굽 사건이 다른 민족들과 특별한 의미를 갖게 되는 것은 출애굽 후 하나님께서 시내산에서 이스라엘과 언약을 맺은 사실이다(cf. 출 19). 즉 하나님과의 언약적 관계가 북이스라엘과 하나님과의 특별한 관계를 규정하는 근거가 된다. 하지만 북이스라엘은 이러한 언약적 관계를 거부하였다. 따라서 언약적 관계를 거부한 백성들은 언약적 관계가 수반하는 특별한 혜택의 대상이 될 수 없게 된다. 북이스라엘이 하나님과의 언약적 관계를 거부하고 다른 민족들과

---

or confront us with evil"(ibid., 485).

30) 아모스는 신학적 측면에서 이스라엘의 선택을 거부하지 않는다. 하지만 이 선택이 언제나 또한 어떤 상황에서도 하나님의 심판을 면할 수 있다는 것을 의미하지 않는다는 것을 선포하고 있다(cf. McConville, *Exploring*, 174).

동일하게 행동한다면 그들은 단지 "죄를 지은 나라"에 불과하며 하나님의 심판의 대상이 될 수밖에 없다. 여호와의 눈이 죄를 범하는 나라를 주목하시며 그러한 나라를 지면에서 완전히 제거하실 것이다. 블레셋과 아람에 관한 언급은 각 민족의 운명을 주장하시는 하나님의 우주적 주권을 반영한다. 아모스가 견지하고 있는 우주적 하나님의 관점을 유지하고 있는 표현이다.

8절은 두 가지 해석이 가능하다. 첫째, "죄를 짓는 왕국"(הַמַּמְלָכָה הַחַטָּאָה)이 북이스라엘만을 가리키는 것으로 지시대상을 제한하는 해석이다(cf. Niehaus, Soggin, Harper; Stuart).[31] 이 경우 8a-b는 하나님께서 북이스라엘을 죄를 짓는 왕국으로 규정하고 이 왕국을 지면에서 제거하시겠다는 선언이 된다. 통치권을 행사하는 것을 의미하는 "왕국"(מַמְלָכָה)이라는 단어가 사용되고 있는 점과 7장 9절에서 "여로보암의 집"(בֵּית יָרָבְעָם)을 치시겠다는 하나님의 선언을 고려할 때 이러한 해석이 가능할 수 있다. 그렇다면 8절이 선언하는 것은 한 나라의 통치권을 행사하면서 죄를 짓고 있는 북이스라엘 왕국은 지면에서 제거될 것이지만 "야곱의 집"(בֵּית יַעֲקֹב), 즉 북이스라엘의 근간이 되는 백성들은 완전히 제거되지 않을 것임을 의미하게 된다.

둘째, "죄를 짓는 왕국"(הַמַּמְלָכָה הַחַטָּאָה)이 가리키는 것이 북이스라엘을 포함하여 죄를 짓는 모든 왕국을 의미하는 것으로 해석하는 것이다(cf. Paul, Mays).[32] 심판신탁연속물(1:3-2:16)에서 이미 하나님은 죄를 범한 나라들이 하나님의 심판의 대상임을 선포하셨고 이 목록에 죄를 범한 이스라엘도 포함되었다. 죄를 짓는 왕국은 어느 왕국이든 하나님의 완전한 심판의 대상임을 선포하였다. 같은 맥락에서 8a-b가 하나님께서 북이스라엘을 포함하여 죄를 범한 모든 왕국을 지켜보고 계시며 결국 이들을 지면에서 모두 제거하실 것임을 선포하고 있다는 것이다. 그러나 다른 범죄한 나라들과는 달리 야곱의 집만은 완전한 멸망을 면하게 될 것이다(8c).[33] 북이스라엘 왕국은 다른 나라들과 동일하게 심판의 대상이

31) Niehaus, "Amos," 486; Harper, *Amos and Hosea*, 193; Soggin, *The prophet*, 144. 쉬운성경은 בַּמַּמְלָכָה הַחַטָּאָה를 이스라엘에 제한하여 해석한다: "나 주 여호와가 *죄 많은 나라*, 이스라엘을 지켜 보고 있다"(쉬운성경).

32) Cf. Paul, *Amos*, 284.

33) Soggin은 8c가 기원전 536년 이후에 포로에서 돌아온 사람에 의해 삽입된 것으로 설명한

되지만 완전히 멸망하지 않고 일부가 남게 될 것이다.[34)]

9장 1-10절이 심판신탁연속물(1:3-2:16)과 언어적, 주제적 연관성을 나타내고 있는 것을 고려할 때 두 번째 해석이 선호된다. 하지만 어떤 해석을 따르던 간에 8절의 핵심이 되는 내용은 다음과 같다. 죄를 범한 나라는 하나님의 심판의 대상이 되며 결과적으로 제거의 대상이 된다. 죄를 범한 북이스라엘도 역시 심판의 대상이 될 수밖에 없다. 북이스라엘이라는 정치적 개체는 멸망을 하게 되지만 북이스라엘의 백성들 중 남은 자들이 있게 될 것이다. 요셉의 남은 자에게 임할 수도 있는 하나님의 은혜에 대해 언급하고 있는 5장 15절을 고려한다면 심판신탁을 집중적으로 전하였던 신탁에 남은 자에 대한 암시를 담고 있는 8절의 등장이 전혀 불가능한 것이다. 더 나아가 이러한 사실은 9장 11-15절의 회복신탁의 등장 역시 기대하게 한다.

9:9-10. כִּי에 대해 두 가지 해석이 가능하다. כִּי의 해석에 따라 8절과 10절에 대한 9절의 의미와 기능이 달라질 수 있다. 첫째, כִּי를 원인을 나타내는 접속사("왜냐하면")로 해석하는 것이다: "*왜냐하면*, 보라, 내가 명하여 체로 흔드는 것처럼 이스라엘의 집을 모든 나라들 중에서 흔들 것이지만 돌멩이는 땅에 떨어지지 않을 것이기 때문이다"(9절). 이 경우 9절은 8c에서 언급한 야곱의 집이 완전히 멸망하지 않는다는 선언에 대한 이유를 제시한다.[35)] 마치 거두어들인 곡물을 체에 놓고 흔들어서 알곡을 하나도 땅에 떨어뜨리지 않고 골라내는 거처럼 하나님께서 알곡과 같은 자들을 남겨두실 것이다. 이 해석을 따를 경우, צְרוֹר를 부정적 의미의 "돌멩이"로 번역하기 보다는 긍정적 의미를 담고 있는 "알곡"으로 번역하게 된다(cf. 개역; 개역개정; 우리말성경). 즉 체에 남게 되는 것은 남은 자에 대한 암시가 된다. 그러므로 야곱의 집이 완전히 멸망하지 않게 된다는 것이다.

다(Soggin, *The Prophet*, 144-45). אֶפֶס כִּי가 유도하는 8c의 문장을 후대삽입으로 보는 견해에 대해 Paul은 성경적 예들을 제시하면 후대삽입이 될 수 없음을 논증한다(Paul, *Amos*, 284-85).

34) Cf. Hayes, *Amos*, 221.

35) Mays는 후대의 편집자가 9절을 8절에 연결시키기 위하여 כִּי를 삽입한 것으로 설명한다(Mays, *Amos*, 160).

둘째, כִּי를 확언을 위한 강조용법으로 간주하여 "반드시"로 해석하는 것이다: "보라. 반드시 내가 명하여 체로 흔드는 것처럼 이스라엘의 집을 모든 나라들 중에서 흔들 것이며 돌멩이는 땅에 떨어지지 않을 것이다." 이 경우 9절은 10절과 더 밀접한 관계를 갖게 된다. 8절의 선언이 נְאֻם־יְהוָה로 마무리되고 9절에서 다시 하나님의 선언이 시작되는 구조가 된다. 이 흐름을 따르면 9절은 비유적 표현을 서술하는 것이며 10절은 9절이 의미하는 바를 설명하는 것이 된다. 하나님께서 걸러내서 돌멩이를 남기시는데(9절), 이 돌멩이는 10절에서 서술하고 있는 죄인들을 비유적으로 암시하는 것이다.[36] 이들은 걸러내어져서 하나님의 심판을 결코 피할 수 없게 될 것이다.[37] 그렇다면 10절은 하나님께서 "내 백성"(עַמִּי) 중에서 재앙이 임하지 않을 것이라고 말하는 "모든 죄인들"(כֹּל חַטָּאֵי)을 걸러내고 그들을 칼로 죽이실 것이라는 선언이 된다. 이 해석을 따를 경우 9절은 남은 자에 대한 암시라기보다는 심판의 대상에 대한 철저한 심판을 확언하는 표현이 된다.[38] 하나님의 백성들 중에서 심판의 대상은 걸러내어지게 될 것이며 그들은 결코 하나님의 심판을 피할 수 없게 될 것이다. 반면에 긍정적인 측면에서 이것은 하나님의 거르는 체를 통과하여 남게 되는 자들에 대한 간접적인 암시가 된다. 따라서 9-10절은, 하나님의 심판이 심판의 대상과 하나님의 구원을 얻게 될 남은 자들을 구별해 내는 성격을 가진 것임을 시사한다. 이것은 5장에서 강조하여 언급한 회개 촉구와 연관하여 볼 때 가능한 측면이다. 그렇다면 하나님의 확정된 심판은 북이스라엘의 멸망을 예고할 뿐만 아니라 남은 자를 구별해 내는 작업이 될 것이다.[39] 아모스서의 신탁들은 지속적으로 하나님께서 죄인들에게 심판을 행하실 것을 선포하고 있다. 또한 심판을 묘사할 때 하나님의 적극적인 개입이 항상 강조되었다. 그러므로 하나님께서 체를 흔들어 צְרוֹר를 골라내시는 것이 긍정적인 의미를 내

36) Cf. Paul, *Amos*, 286; Mays, *Amos*, 161-62; Stuart, *Hosea-Jonah*, 394. 이 해석의 경우, צְרוֹר를 긍정적 의미의 알곡으로 해석할 수 없게 된다.

37) Cf. Limburg, *Hosea-Micah*, 125.

38) Cf. Wolff, *Joel and Amos*, 349.

39) Park은 9장 9-10절에 언급된 심판이 정결케 하며 변화를 위한 것으로 해석한다(Park, The Book of Amos, 106-8). 심판의 대상을 걸러내는데 이 대상을 선지자의 경고에 무감각하게 반응하는 자들로 본다.

포하는 것이라기보다는 부정적인 의미를 내포하는 것으로 보는 것이 일관성이 있다. 따라서 두 번째 해석이 더 적절한 것으로 보인다.

언약적 관계에 대한 오해에서 발전된 여호와의 날에 대한 오해 및 자신들의 종교행위와 열심에 근거한 오만한 태도로 인해 재앙이 임하지 않을 것이라고 과신하고 있는 자들을 하나님께서는 죄인(חַטָּאֵי)으로 규정하시며 이들이 예외가 없이 모두 그의 철저하고 피할 수 없는 심판의 대상이 될 것임을 선포하신다. 이들은 하나님께서 일으키실 "대적"(צַר, 3:11), 곧 "한 나라"(גּוֹי, 6:14)의 칼에 모두 죽임을 당하게 될 것이다. 9장 7-10절은 북이스라엘의 멸망이 하나님의 언약에 어떤 영향을 미치게 될 지에 대한 답변을 준다. 언약적 관계와 의무를 거부한 북이스라엘은 심판의 대상이 되지만 하나님과의 언약적 관계는 남은 자들을 통하여 유지될 것이다. 결국 이것은 그의 언약에 따라 다윗의 왕조를 다시 세우는 것을 통하여 이루어지게 될 것이다(9:11-15).

IV. 아모스 9:1-10의 주제적 연관성과 발전

인접한 본문들과의 관계 속에서 다음의 세 가지 연관성들을 언급할 필요가 있다. 첫째, 아모스 9장 1-4절은 8장 2절에서 언급한 "끝"(הַקֵּץ)의 모습을 구체적으로 서술한다. 특히 이 "끝"이 피할 수 없는 심판으로 다가올 것임을 선언한다. 세부적으로는 3장 14절에서 선언한 벧엘의 멸망의 모습을 그려주고 있다. 하나님은 벧엘에서 행하는 북이스라엘의 종교행위를 거부하실 뿐만 아니라(cf. 4:4-5; 5:4-6, 21-23), 벧엘을 심판의 장소로 삼으시며 이곳에서 제의를 행하는 자들을 심판의 대상으로 삼으신다. 둘째, 9장 5-6절은, 심판을 행하시는 하나님의 속성에 대한 언급이 확정된 심판을 선언하는 신탁들에서 일관성이 있게 등장하는 구성요소임을 보여준다.[40] 하나님의 속성에 대한 선언은 우주적 주권을 가지신 하나님께서

40) Wolff는 9:5-6이 자신의 개인적 신앙을 고백하길 원했던 편집자에 의해 후대에 삽입된 것으로 설명한다(Wolff, *Joel and Amos*, 217-18). 하지만 하나님의 속성에 대한 선언이 선포되고 있는 신탁을 확언하는 기능을 가지고 있는 점을 고려할 때 단순히 후대의 편집자에 의한 것으로 보기는 어렵다. McComiskey는 하나님의 속성에 대한 선언이 신탁과의 개념적 유사성을 강조하면서 후대삽입의 견해를 반박한다: "One of them is that the

심판을 행하시면 피할 수 있는 곳이 어디에도 없음을 분명하게 확언해 준다. 이러한 사실은 하나님의 속성을 선포하는 4장 13절, 5장 8-9절, 8장 9절, 9장 5-6절을 후대삽입으로 간주하는 견해를 거부한다. 셋째, 9장 7-10절의 신탁은 확정된 심판을 확언할 뿐만 아니라 야곱의 집은 완전히 멸하지 않으시겠다는 선언과 함께 회복에 대한 기대를 갖게 한다. 따라서 이것은 회복의 날을 선포하고 있는 9장 11-14절의 등장을 가능하게 한다.[41] 그렇다면 9장 11-14절이 아모스에게 전혀 어울리지 않는 신탁이라는 견해를 재고해 볼 수밖에 없다.

본서의 대안적 구조에서 제시하는 바와 같이 9장 1-10절은 심판신탁연속물(1;3-2:16)과 언어적, 주제적 연관성을 분명히 나타내고 있다. 이미 본서의 2장에서 이에 대해 구체적으로 언급하였으므로 여기서는 한 가지 사실만을 첨언하고자 한다. 9:1-10과 심판신탁연속물(1:3-2:16)은 피할 수 없는 심판이라는 동일한 주제를 다루면서 상호보완적 기능을 한다. 2:6-16은 대상에 집중하고 있는 반면에 9:1-10은 장소에 집중하고 있다. 2:6-16은 언약적 의무를 거부하는 자는 어느 누구도, 어떤 방법을 동원하더라도 결코 하나님의 심판을 피할 수 없음을 강조한다. 반면에 9:1-10은 북이스라엘 백성들이 확신을 가지고 자부하고 있는 벧엘 성전이 심판의 자리가 될 것이며 그들은 그 어느 곳에서도 하나님의 심판을 피할 수 있는 장소를 얻지 못할 것임을 강조한다. 이러한 사실은 5장 4-5절에 서술된 하나님의 권면을 상기하게 한다. 벧엘, 길갈, 브엘세바는 심판의 자리가 될 것이기에 살기 위해서는 여호와를 찾는 것 외에는 다른 방법이 없다. 여호와께로 돌아와 그와 함께 하지 않는다면, 그 어느 누구도, 그 어느 곳에서도 구원을 기대할 수 없다. 여호와만이 유일한 소망임을 재확인해 줄 뿐만 아니라 구원에 대한 확신을 갖게 하는 것이 9장 11-14절이 선포하고 있는 회복신탁의 메시지이다.

---

doxologies are poetic representations of theological truth written by Amos himself to give awesome validation to the content of the oracle that precedes each doxology" (McComiskey, "The Hymnic Elements," 153-55). Soggin은 편집자에 의한 9:5-6의 후대삽입 가능성을 언급하지만 9:5-6이 신탁 안에서 갖는 기능에 대해서는 동일한 견해를 제시한다(Soggin, *The Prophet*, 123; cf. Hayes, *Amos*, 217-18).

41) Cf. Park, *The Book of Amos*, 107.

V. 아모스 9:1-10의 현재적 적용

피할 수 없는 북이스라엘의 심판을 선언하는 것에 집중하고 있는 아모스 9:1-10에 근거하여 현재적 적용을 다음과 같이 제시할 수 있다. 첫째, 하나님의 철저한 심판을 피할 수 있는 곳은 어느 곳에도 없으며 어떤 인간적인 방편도 소용이 없다. 북이스라엘 백성들은 사마리아에 요새를 세워 방비하고 벧엘의 성전을 유지하면서 안전을 장담하고 자신만만해 하였다. 하지만 그곳은 하나님의 심판을 피하는 장소가 아니라 심판이 임하는 장소였다. 하나님의 공의는 죄인이 살아남는 것을 결코 허용하지 않는다. 하나님의 공의로운 눈은 복이 아닌 재앙을 위해 죄인들을 주목하신다. 하나님의 심판이 미치지 않는 곳은 어디에도 없으며 하나님께로 돌아오지 않는 한 안전한 곳은 없다. 따라서 하나님의 심판에서 도망하여 피할 수 있다는 생각은 착각과 허상일 뿐이다.

둘째, 하나님의 은혜와 도움을 경험한 것 자체가 성도를 특별하고 구별된 자들로 만드는 것은 아니다. 우주를 다스리시는 하나님의 은혜와 도움을 경험한 자들은 성도만이 아니다. 세상을 창조하신 하나님은 세상의 피조물들에게 여러 모양으로 그의 돌보심과 은혜를 허락하신다. 그러나 성도가 경험한 은혜가 특별한 것은 하나님께서 성도를 그의 자녀로 삼으셨기 때문이다. 이것은 경험한 은혜에만 집중하여 안일하게 하는 것이 아니라 그의 자녀로서의 정체성을 드러내는 삶을 살 것을 요구한다. 이러한 삶이 성도를 특별하게 한다. 그러나 하나님의 자녀로서의 정체성을 외면하는 삶을 살 때는 단지 심판의 대상인 "죄 지은 자"에 불과하다. 사드락과 메삭과 아벳느고는 풀무불에서 건져주시는 하나님의 은혜를 경험하지 못한다하더라도 결코 왕이 세운 우상 앞에 절할 수 없었다(cf. 단 3장). 왜냐하면 하나님의 백성으로서의 정체성을 드러내는 그들의 구별된 삶을 포기할 수 없었기 때문이다. 따라서 그들은 "그리 아니하실찌라도 왕이여 우리가 왕의 신들을 섬기지도 아니하고 왕의 세우신 금 신상에게 절하지도 아니할 줄을 아옵소서"(단 3:18)라고 고백하면서 기꺼이 풀무불에 던져지는 것을 선택하였다. 그들에게 하나님은 단지 구원과 은혜의 수단이 아니라 그들의 목적이었다. 왜냐하면 그가 그들의 분명한 정체성을 부여하셨기 때문이다. 하나님의 백성으로서의 성도의 자랑은 경험하는 은혜에 있는 것이 아니라 그의 백성으로서의 정체성을 드러내는 경건한 삶에 있다. 이러한 삶은 현재의 평안과 번영을 약속하지 않을 수 있지만 영원한 안식과 평안을 분명히 약속한다.

셋째, 창조주 하나님의 일반적인 은혜를 경험할 수 있는 대상은 모든 피조물이지만 구원의 특별한 은혜를 경험할 수 있는 대상은 오직 하나님을 구원의 주로 섬기는 자들이다. 아모스는 하나님의 구원의 은혜를 경험하기 위해서는 "여호와를 찾으라"고 권면한다(암 5:6). 여호와를 찾는 것은 단지 종교적 행위만을 의미하는 것이 아니라 삶의 전 영역에서 드러나는 "선"(טוֹב)을 행하는 것이다(암 5:14-15). 미가 선지자는 이러한 사실을 다음과 같이 전하고 있다: "사람아, 그가 네게 무엇이 선한 것(טוֹב)인지 알려 주셨으니, 여호와께 네게 요구하시는 것이 무엇입니까? 바로 공의(מִשְׁפָּט)를 행하고, 인애(חֶסֶד)를 사랑하며, 네 하나님과 함께 겸손히 걸어가는 것(וְהַצְנֵעַ לֶכֶת עִם־אֱלֹהֶיךָ)입니다"(미 6:8, 私譯). 같은 맥락에서 스바냐는 구원의 대상을 다음과 같이 서술하고 있다: "여호와를 찾으십시오, 여호와의 규례(מִשְׁפָּטוֹ)를 행하는 이 땅의 모든 겸손한 자들이여(כָּל־עַנְוֵי הָאָרֶץ)! 정의(צֶדֶק)를 구하고, 겸손(עֲנָוָה)을 구하십시오. 혹시라도 여러분이 여호와의 진노의 날에 숨김을 받을 수 있을 것입니다"(습 2:3, 私譯). 죄를 범한 죄인은 하나님의 철저한 심판의 대상이 되지만 하나님의 하나님되심을 겸손히 인정할 뿐만 아니라 죄를 뉘우치고 죄에서 돌이켜 하나님의 구원의 방편을 선택한 죄인은 구원의 대상이 된다.

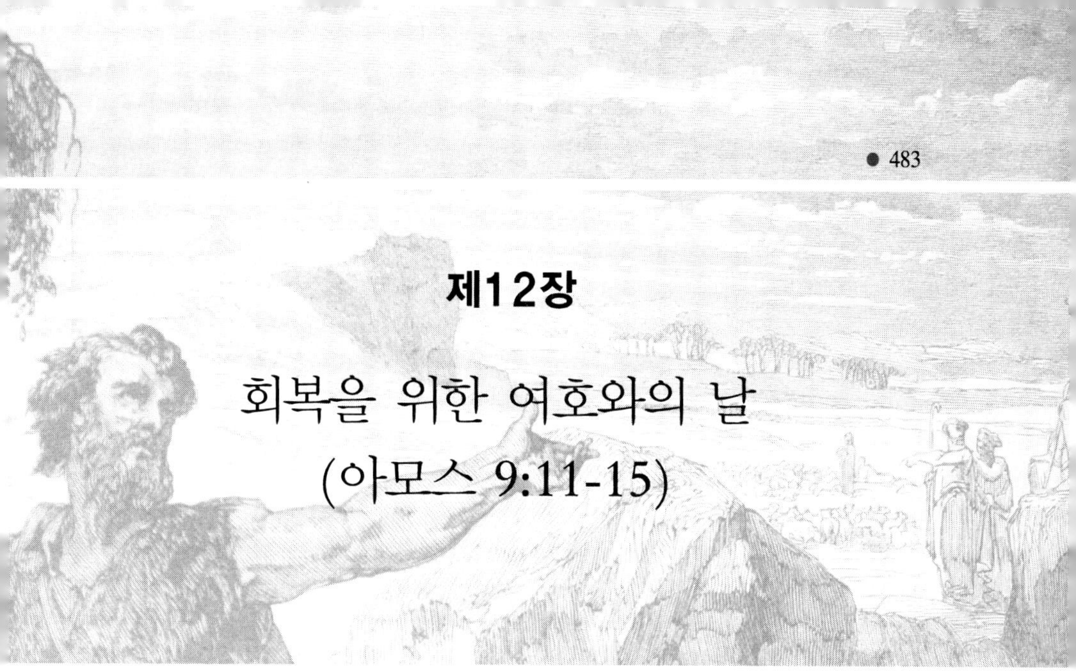

제12장

회복을 위한 여호와의 날 (아모스 9:11-15)

북 이스라엘을 향한 심판으로 일관하던 아모스서가 9장 11절에 와서는 회복의 메시지로 갑자기 전환하면서 전체 아모스서를 마무리한다. 아모스가 북이스라엘을 향한 심판신탁만을 전한 심판의 선지자로 보는 견해를 따르는 해석자들은 9:11-15에서 서술하고 있는 회복의 메시지가 본래 아모스와 어울리지 않는 것으로 간주하여 이 단락을 후대삽입으로 분류한다. 아모스가 선포한 심판신탁이 성취되고 난 후인 포로기나 포로후기에 유다의 관점을 따르는 누군가가 위로와 소망을 제시하기 위해 회복신탁을 덧붙였다는 것이다.[1] 따라서 9:11-15을 다룸에 있어서 두 가지 작업이 필요하다. 첫째, 9:11-15을 분석하여 의미를 파악하는 것이다. 둘째, 이 단락의 진정성에 대해 논의하는 것이다. 9:11-15의 원전분석과 주해를 한 후 앞에 선포된 심판의 메시지와의 연관성에 근거하여 아모스의 저작 가능성을 제시할 것이다. 또한 아모스서 전체구조 안에서의 9:11-15의 의미와 기능을 살필 것이다.

아모스 9:11-15은 하나의 의미론적 단락으로 쉽게 구분되어진다. 첫째, 주제의

---

1) Cf. Wolff, *Joel and Amos*, 352-33.

변화가 나타난다. 바로 앞 단락인 9:1-10이 심판의 주제를 다루고 있는 반면에 11절에서 "그날에"(בַּיּוֹם הַהוּא)라는 표현과 함께 회복의 주제로 전환된다. 둘째, 15절에 신탁을 마무리하는 "여호와 네 하나님이 말씀하셨다"(אָמַר יְהוָה אֱלֹהֶיךָ)라는 표현이 등장하면서 단락을 닫아주고 있다. Stuart는 9:11-15을 세 개의 소단락으로 구분한다: (1) 대적을 이길 능력에 대한 약속(11-12절); (2) 풍부한 농작물에 대한 약속(13절); (3) 귀향과 재(再)소유에 대한 약속(14-15절).[2] 그러나 9:11-15에 나타난 서술형식의 구조적 측면을 고려할 때 이 단락은 세부적으로 두 개의 소단락으로 나누는 것이 적절하다.[3] 첫 번째 소단락이 11절의 "그날에"(בַּיּוֹם הַהוּא)로 시작되고 12절의 "여호와의 말씀"(נְאֻם־יְהוָה)으로 끝나는 것과 유사하게 두 번째 단락도 13절의 "보라. 날들이 임할 것이다"(הִנֵּה יָמִים בָּאִים)로 시작되고 15절의 "여호와 네 하나님이 말씀하셨다"(אָמַר יְהוָה אֱלֹהֶיךָ)로 마무리된다. 특히 13절의 분사 בָּאִים으로 시작된 바브-완료 연계형 시리즈가 두 번째 소단락 전체(13-15절)를 함께 묶어주는 기능을 한다. 또한 14a가 1인칭주어의 문장으로 시작되고 3인칭 주어의 문장들(14b-g)이 뒤따르는 구조가 동일하게 15절에서도 나타난다: 15a(1인칭주어의 문장)-15b(3인칭주어의 문장). 따라서 표 21에서 보는 바와 같이 9:11-15은 다윗왕조의 회복을 통한 북이스라엘의 회복을 선포하고 있다.

〈표 21〉 아모스 9:11-15의 구조

회복의 날로서의 여호와의 날: 9:11-15
a. 다윗왕조의 회복과 열방 (9:11-12)
  b. 이스라엘의 회복 (9:13-15)

---

2) Stuart, *Hosea-Jonah*, 396-97. Smith도 세 개의 소단락으로 나누지만 단락범주에 있어서 차이가 있다: (1) 회복에 대한 여호와의 약속(11-12절); (2) 풍요에 대한 여호와의 약속(13-14); 안전에 대한 여호와의 약속(15절)(B. Smith and F. S. Page, *Amos, Obadiah, Jonah*, NAC [Nashville: Broadman & Holman Publishers, 1995], 126).

3) Wolff, Hayes, Mays는 9:11-15을 11-12절과 13-15절의 소단락으로 나누고 있다(cf. Wolff, *Joel and Amos*, 351; Hayes, *Amos*, 223-28; Mays, *Amos*, 163-68). Park은 9:7-15을 하나의 단락으로 구분하여 이스라엘을 위한 하나님의 회복계획으로 분석한다(Park, *The Book of Amos*, 105-6; cf. Jeremias, *The Book of Amos*, 160). 하지만 세부적인 면

I. 다윗의 무너진 장막의 회복과 남은 자(a): 9:11-12

1. 원문

9:11a בַּיּוֹם הַהוּא אָקִים אֶת־סֻכַּת דָּוִיד הַנֹּפֶלֶת
9:11b וְגָדַרְתִּי אֶת־פִּרְצֵיהֶן
9:11c וַהֲרִסֹתָיו אָקִים
9:11d וּבְנִיתִיהָ כִּימֵי עוֹלָם
9:12a לְמַעַן יִירְשׁוּ אֶת־שְׁאֵרִית אֱדוֹם וְכָל־הַגּוֹיִם
9:12b אֲשֶׁר־נִקְרָא שְׁמִי עֲלֵיהֶם
9:12c נְאֻם־יְהוָה
9:12d עֹשֶׂה זֹּאת

2. 사역

9:11 "그날에 내가 다윗의 무너지는 장막을 일으켜 세우고 장막의 갈라진 틈을 메울 것이다. 내가 파괴된 것을 일으켜 세우고 그 장막을 옛날과 같이 다시 지을 것이다.

9:12 그리하면 그들이 에돔의 남은 자들과 나의 이름으로 불리는 모든 나라들을 소유하게 될 것이다." 이것을 행하시는 여호와의 말씀입니다.

3. 원문분석

9:11. **בַּיּוֹם הַהוּא**("그날에")은 시간을 나타내는 전치사 **בְּ**에 의해 동사를 꾸며주는 부사구의 역할을 하며 지시대명사 **הוּא**는 미래에 오게 될 시점을 가리킨다. 이 날은 **יוֹם יְהוָה**("여호와의 날")과 관련된 표현이다. 앞의 신탁에서는 이 날이 하나님의 심판이 이루어지는 날로 서술된 반면에 여기에서는 하나님의 회복이

에서 9장 11-15절을 정치적 회복을 다루는 11-12절과 풍부한 농작물을 다루는 13-15절로 구분하면서 두 개의 소단락을 제시한다.

이루어지는 날로 서술된다. 여호와의 신탁이 직접화법으로 전달되고 있는 신탁(divine speech)이므로 1인칭, 히필 미완료형 동사 אָקִים("내가 일으켜 세울 것이다")의 주어는 "여호와"이다(cf. נְאֻם־יְהוָה, 12절). 이것은 하나님의 미래적 개입을 나타내며 אֶת־סֻכַּת דָּוִיד("다윗의 장막을")를 목적어구로 취한다. 목적어구에 사용된 속격 דָּוִיד("다윗")는 소유를 나타내는 것으로 다윗에게 속한 סֻכַּת를 서술해 준다. סֻכַּת는 임시거처로 사용하는 "장막" 또는 "천막"을 의미한다.[4] 이것은 다윗왕조와 왕국에 대한 상징적 표현이다. 뒤따르는 갈라진 틈 등의 표현에 근거하여 이것이 예루살렘 성을 의미하는 것으로 보기도 한다. 이사야 16장 5절에는 유사한 단어가 사용되면서 "다윗의 장막"(אֹהֶל דָּוִד)이 언급된다. הַנֹּפֶלֶת는 정관사 ה와 칼형 분사 נֹפֶלֶת(נפל, "떨어지다," "넘어지다")가 결합된 형태로 여성명사 סֻכַּת("장막")를 꾸며주는 형용사적 역할을 한다. 따라서 אֶת־סֻכַּת דָּוִיד הַנֹּפֶלֶת는 "다윗의 무너져 내리는 장막" 또는 "다윗의 무너지는 장막"으로 번역하여 다윗의 장막이 무너지고 있는 것으로 해석할 수 있다. 대부분의 번역본들은 נֹפֶלֶת를 완료형의 의미로 간주하여 "무너진"(fallen)으로 번역한다. 이 번역은 다윗의 장막이 이미 무너진 것과 같은 의미를 전달한다.

11b의 바브-완료 연계형 וְגָדַרְתִּי는 1인칭 서술을 이어가면서 연계형 시리즈를 형성한다. 동사 גדר는 "벽을 세우다"를 의미하는데, 목적어 אֶת־פִּרְצֵיהֶן("그것들의 갈라진 틈을")와 함께 쓰이면서 "메우다" 또는 "수리하다"의 의미를 갖게 된다. פִּרְצֵיהֶן의 3인칭 여성, 복수 대명사어미(הֶן)와 문법적으로 일치하는 선행사가 등

---

4) Stuart는 סֻכַּת를 요르단 계곡 동쪽에 있는 숙곳(Succoth)로 번역한다(Stuart, *Hosea-Joanh*, 398). 이곳은 군사적 요충지로 "모든 나라들"을 정복하기에 중요한 지역이므로 이곳이 회복될 것으로 해석한다. P. Davies는 Tel Dan Stela의 고고학적 발굴에 근거하여 סֻכַּת דָּוִיד를 비유적 의미가 아닌 *dwd*라고 불리는 신에게 바쳐진 실제 건물을 가리키는 것으로 해석할 것을 제안한다(P. Davies, "BYTDWD and SWKT DWYD: A Comparison," *JSOT* 64 [1994]: 23-24). Tel Dan의 bytdwd를 신전과 관계가 있는 건물이나 지명으로 해석하며 이것을 9장 11절에 언급된 סֻכַּת דָּוִיד의 해석의 근거로 제시한다. סֻכַּת דָּוִיד를 "장막" 또는 "숙곳"으로 해석할 지에 대한 논의를 보려면, H. Richardson, "*SKT* (Amos 9:11): 'Booth' or 'Succoth'?," *JBL* 92 (1973): 375-81을 참조하라. 아모스서의 메시아사상에 대한 논의를 보려면, A. Benson, "From the Mouth of the Lion: Messianism of Amos," *CBQ* 19 (1957): 199-212를 참조하라.

장하지 않지만 문맥의 정황을 고려할 때 여성 단수명사인 "장막"(סֻכַּת)을 대명사 어미의 선행사로 볼 수 있다.[5] 연결형 복수명사 פִּרְצֵי는 "파열" 또는 벽 등에 난 "틈"을 의미한다. 장막과 연관하여 볼 때, 장막의 갈라진 틈을 가리키는 것으로 보인다. 동일한 단어가 4장 3절에 사용되면서 "바산의 암소들"이 성 밖으로 나가는 성벽의 틈을 묘사하였다.

וַהֲרִסֹתָיו("그리고 그[것]의 폐허들")는 등위접속사 바브(ו), 연결형 복수명사 הרסת, 3인칭, 남성, 대명사어미가 결합된 형태로 동사 אָקִים("내가 일으켜 세울 것이다")의 목적어역할을 한다. 문법적으로만 본다면 성과 수가 일치하는 다윗이 대명사어미의 선행사가 된다. 이 경우 וַהֲרִסֹתָיו는 "그리고 다윗의 폐허들(폐허가 된 성읍들)"을 의미하게 된다. 11a와 11c의 평행구조를 고려한다면 하나님께서 다윗의 무너진 장막을 다시 일으켜 세우시고 그의 폐허들을 다시 일으켜 세우시는 것으로 이해할 수 있다.[6] 그러나 문법적으로 명사와의 성이 일치하는 것은 아니지만 "장막"이 대명사어미의 선행사가 될 수도 있다. 이러한 성과 수의 불일치와 변화가 원전본문에 흔하게 나타난다. 이 경우 선행사를 결정하는 결정적인 요인은 문맥이 된다. 하나님의 작업이 장막에 집중하고 있는 문맥을 감안하면 대명사어미를 "장막"으로 볼 수 있다.

הֲרִיסָה는 이곳에만 유일하게 사용된 단어(*hapax legomenon*)로 "폐허"나 "잔해"를 의미한다. 이 목적어가 동사 앞에 놓이면서 연계형 시리즈가 중단되고 있기 때

5) Niehaus는 פִּרְצֵיהֶן이 장막의 갈라진 틈이 아닌 일반적인 성읍의 벽들에 갈라진 틈을 가리키는 것으로 설명한다(NIehaus, "Amos," 490). 따라서 하나님께서 이것을 수리하시는 것은 불안전한 상태를 예전의 안전한 상태로 회복시키실 것에 대한 선언으로 해석한다. 같은 맥락에서 וַהֲרִסֹתָיו가 성읍들의 폐허를 의미하는 것으로 본다(ibid.). Hayes는 פִּרְצֵיהֶן을 유대 성읍들의 다윗왕조에 대한 반란으로 해석한다(Hayes, *Amos*, 225). 9:11에 나타나는 대명사어미의 불일치에 대해 J. Nogalski는 MT독법을 그대로 유지하면서 11절이 가지고 있는 평행구조 안에서 여성 단수 명사와 복수어미를 조합하여 집합적 개념을 전하려는 의도적인 불일치로 설명을 한다(J. Nogalski, "The Problematic Suffixes of Amos IX 11," *VT* 43 [1993]: 411-18). 더 나아가 9장 11절의 סֻכַּת דָּוִיד는 14절과의 연관성 속에서 다윗왕조의 파괴된 성읍들을 가리키는 것으로 읽을 것을 제안하다. 따라서 סֻכַּת דָּוִיד가 포로기나 포로후기의 정황에 맞는 표현이라고 주장한다.

6) 이러한 구문해석에 따라 11a와 11c를 번역하면 다음과 같다: "그날에 내가 다윗의 무너진 장막을 일으켜 세울 것이며(11a)…그[다윗]의 폐허들을 일으켜 세울 것이다(11c)."

문에 11c를 앞의 문장을 보충하여 설명하는 상황절로 간주하게 된다. 또는 의미상으로는 사건의 흐름을 이어가는 것이지만 미완료형 אָקִים을 의도적으로 드러내면서 동일한 동사 אָקִים이 사용되고 있는 11a와의 평행적 구문을 유도하는 것일 수도 있다. 하지만 전자의 구문해석이 더 적절해 보인다. 즉 다윗의 무너진 장막을 일으켜 세우고 갈라진 틈을 메운다는 것은 장막의 파괴된 것을 일으켜 세우고(11c), 장막을 예전과 같이 다시 짓는 것(11d)을 의미한다.

9:11b וְגָדַרְתִּי אֶת־פִּרְצֵיהֶן
b (목적어) - a (동사)
9:11c וַהֲרִסֹתָיו אָקִים
a' (동사) - b' (목적어)

바브-완료 연계형 וּבְנִיתִיהָ("그리고 내가 그것을 세울 것이다," בנה)는 11c에서 중단되었던 연계형 시리즈를 이어가면서 하나님의 회복의 행위를 서술한다. 이 동사에 첨가된 대명사어미(הָ)는 동사의 직접목적어 역할을 하며 סֻכַּת("장막")를 선행사로 취한다. כִּימֵי עוֹלָם의 비교를 나타내는 전치사 כְּ는 동사 וּבְנִיתִיהָ를 꾸며주는 부사구를 유도한다. עוֹלָם은 문자적으로 "고대"나 "미래"를 의미할 수 있는데, 이 문맥에서는 과거시대를 가리킨다. 즉 다윗 왕 때의 번영의 시기를 암시한다. 따라서 כִּימֵי עוֹלָם은 "옛날과 같이," "옛 시대와 같이"로 번역이 된다.

9:12. 접속사 לְמַעַן은 목적이나 결과를 서술하는데, 여기서는 결과를 서술하는 것으로 해석하여 "그리하면"으로 번역하게 된다. 3인칭, 남성, 복수, 미완료 동사 יִירְשׁוּ("그들이 소유할 것이다," ירשׁ)의 주어("그들")가 가리키는 선행사가 불분명하다. 이러한 이유로 Wolff는 12절이 11절과 관계가 없는 것으로 설명하면서 이차적 삽입으로 간주하기도 한다.[7] 하지만 이러한 흐름은 아모스서 여러 곳에서 발견되어진다(cf. 4:2; 6:8, 11). 분명하게 명시되지 않은 복수주어는 11절과 연관하여 고려할 때, 회복된 다윗의 왕위를 이을 후대의 왕들로 생각할 수 있다.[8] 그들은

---

7) Wolff, *Joel and Amos*, 351.
8) Cf. Paul, *Amos*, 291.

아모스의 시점에서는 정확히 알 수 없는 자들이다. 따라서 문자적으로 "그들"로 번역하는 것이 가능하다. אֶת־שְׁאֵרִית אֱדוֹם("에돔의 남은 자를")와 등위접속사 바브(ו)에 의해 연결되는 וְכָל־הַגּוֹיִם("그리고 모든 나라들을")이 동사 יִירְשׁוּ의 목적어 역할을 한다.[9] 지배명사 שְׁאֵרִית가 וְכָל־הַגּוֹיִם에도 적용되는 것으로 간주하여 "에돔과 모든 나라들의 남은 자"로 번역하기도 한다(cf. KJV, NJB). 칠십인경(LXX)은 אֱדוֹם을 τῶν ἀνθρώπων("사람")으로 번역하고 있는데, אֱדוֹם을 אָדָם으로 읽은 것으로 보인다. 사도행전 15:16-17의 인용문은 칠십인경 번역을 반영하고 있다.

12b의 관계사 אֲשֶׁר에 의해 유도되고 있는 문장은 12a의 כָל־הַגּוֹיִם("모든 나라들")을 꾸며주는 형용사절의 역할을 한다. 3인칭 남성, 단수, 니팔형 נִקְרָא(arq, "부르다")의 주어는 שְׁמִי("내 이름")이며 부사구 עֲלֵיהֶם("그들에게")의 선행사는 כָל־הַגּוֹיִם이다. "나의 이름"(שְׁמִי)의 1인칭 대명사어미의 선행사는 화자인 여호와이다. 즉 "여호와의 이름"을 의미한다. שְׁאֵרִית가 וְכָל־הַגּוֹיִם에도 적용되는 것으로 본다면 "에돔과 모든 나라들의 남은 자"를 부사구의 복수대명사어미(הֶם)의 선행사로 볼 수 있다. 부사구 עֲלֵיהֶם은 동사의 행위가 미치는 대상을 나타내며, נקרא…שֵׁם…עַל의 숙어적 표현은 "(어떤) 이름으로 불림을 받는 것" 또는 "(어떤) 이름을 간직하고 있는 것"을 의미한다. 즉, 하나님의 소유권과 주권을 나타내는 것이다(신 28:10; 렘 14:9; 7:10, 11).[10] נְאֻם־יְהוָה("여호와의 말이다")는 하나님의 신탁을 확언할 뿐만 아니라 이 단락을 닫아주는 역할을 한다. 분사구문 עֹשֶׂה זֹּאת은 יְהוָה("여호와")를 꾸며주는 형용사적 역할을 한다. 분사의 목적어역할을 하는 지시대명사 זֹּאת는 앞의 문장들에서 언급한 하나님의 회복의 행위들을 가리킨다.

Wolff는 11절과 12절의 차이를 지적하면서 이차적 삽입의 가능성을 제시한다.[11] 그가 지적하고 있는 근거는 세 가지이다. 첫째, 12절이 산문적 서술이며 이

---

9) Rudolph는 אֶת־שְׁאֵרִית אֱדוֹם를 "에돔의 나머지(남은 지역)"로 해석하여 현재는 북이스라엘이 에돔의 일부만을 차지하고 있지만 다윗왕조가 회복되는 때에는 에돔의 나머지 지역도 모두 점령하게 될 것으로 해석한다(Paul, *Amos*, 291에서 재인용). 뿐만 아니라 Rudolph는 에돔의 일부만을 차지하고 있는 역사적 시대가 웃시아 왕의 통치기간임을 지적하면서 אֶת־שְׁאֵרִית אֱדוֹם라는 표현을 본문의 진정성을 변호할 수 있는 중요한 근거로 제시한다.

10) Cf. Niehaus, "Amos," 491; Paul, *Amos,* 292; Soggin, *The Prophet*, 147.

서술과 짝을 이룰만한 평행서술이 없다는 것이다. 둘째, 12절의 복수주어(יִירְשׁוּ)의 선행사가 11절에 없다는 것이다. 셋째, 11절의 내용이 12절에 서술된 결과를 전제하고 있지 않다는 것이다. 이러한 차이에 대하여 Wolff는, 11절과 12절이 서로 다른 전승의 본문이었는데 누군가에 의해 취합되어 아모스서에 삽입된 것으로 설명한다. Wolff는 13-15절에도 세 개의 다른 형식의 서술이 나타나지만 하나의 단락으로 묶어주는 구성형식 속에서 취합되었기에 한 명의 손길에 의한 작업이라고 설명한다.[12] 하지만 이러한 흔적이 아모스에 의한 것이 아니라는 결정적인 객관적 증거가 있는 것은 아니다.

4. 원문주해

9:11-12. 아모스는 9장 11절에서 "그날에"(בַּיּוֹם הַהוּא)라는 표현으로 단락을 시작한다. 하지만 8장 4-14절의 "그날"과는 대조적인 성격을 가진 날이다. 왜냐하면 여기서 말하고 있는 "그날"은 하나님께서 회복을 이루실 날이기 때문이다. 다윗의 무너지는(무너진) 장막을 기원전 586년에 바벨론 제국에 의해 멸망한 남유다를 시사하는 것으로 해석하면서 이 표현을 후대삽입으로 간주하기도 하는데, 반드시 그런 것은 아니다.[13] 오히려 남왕국과 북왕국으로 나뉜 상태의 다윗왕조를 가리키는 것으로 해석하는 것이 자연스럽다.[14] 솔로몬의 죄로 인해 통일왕국이 분열되고 다윗왕조의 통치권이 축소된 것 자체가 온전한 상황이 아닌 하나님의 심판의 결과이기 때문이다. 칼형 분사 הַנֹּפֶלֶת("무너지는")가 사용된 것도 이러한 사실을 반영하는 것으로 보인다. 그러나 하나님의 회복이 임하게 되는 "그날"이 오면 다윗왕조가 무너지는 또는 무너진 상황에서 벗어나게 될 것이다. 이와는 달

11) Wolff, *Joel and Amos*, 351.

12) "The framework formulas combine them into one unconditional oracle of weal. Here too, therefore, we can better posit the work of a single author who combined various forms and themes received from tradition than assume the presence of several literary strata" (ibid., 351-52).

13) Mays는 12절이 확연히 예루살렘 멸망 이후의 시기를 가리키고 있는 것으로 해석한다 (Mays, *Amos*, 165).

14) Cf. Soggin, *The Prophet*, 148-49; Hayes, *Amos*, 224.

리 아모스 당시에 다윗왕조가 완전히 무너진 것은 아니지만 예언의 미래적 관점에서 고려하면 이 회복신탁이 성취되는 때는 다윗왕조가 완전히 무너진 이후이기에 סֻכַּת דָּוִיד הַנֹּפֶלֶת라는 표현이 바벨론에 의한 완전한 멸망을 암시하고 있는 것으로 볼 수도 있다.

1인칭 동사들이 나열되는 것은 다윗왕조의 회복을 위한 하나님의 적극적인 개입을 시사해 준다. 11-12절에서 서술하고 있는 하나님의 회복약속은 북이스라엘 백성들의 태도의 변화에 근거한 것이 아니라 무조건적이다. 이러한 하나님의 적극적인 개입은 다윗언약에 근거한 하나님의 전적인 은혜이다(cf. 삼하 7장). 다윗왕조의 회복은 정치적 측면의 회복을 담고 있다. 하지만 이것에만 제한되지 않는다. 다윗왕조의 정치적 회복 이면에는 영적인 회복이 수반되기 때문이다. 이것은 호세아 3장 5절의 "그 후에 이스라엘의 자손들이 돌아와서 그들의 하나님 여호와와 그들의 왕 다윗을 찾을 것이다"(וּבִקְשׁוּ אֶת־יְהוָה אֱלֹהֵיהֶם וְאֵת דָּוִד מַלְכָּם)라는 표현이 시사하고 있는 바이다. 특히 에스겔 34장과 37장의 회복신탁은 통일왕국을 다시 통치하게 될 "한 목자"(רוֹעֶה אֶחָד), "한 왕"(מֶלֶךְ אֶחָד), "한 통치자"(נָשִׂיא)인 다윗의 후손을 바라보고 있는데, 이것과 더불어 영적 회복, 즉 예배와 성전의 회복을 함께 서술하고 있다.

12절은 11절에서 언급하고 있는 회복을 위한 하나님의 개입의 결과를 서술해 준다. 하나님의 회복은 이스라엘에만 제한되지 않는다. 회복의 결과를 열방이 누리게 된다. 즉 다윗왕조가 옛날과 같이 회복되게 될 때 열방은 회복된 다윗왕조를 통하여 하나님의 회복을 경험하는 은혜에 참여하게 될 것이다. 하지만 이 은혜에 참여하게 되는 자들이 이스라엘의 범주를 벗어나는 면에서는 포괄적이지만, 하나님의 이름을 간직하고 있는 열방의 사람들, 즉 하나님의 소유가 된 백성들로 국한되는 면에서 제한적이다. 이러한 사실을 정확하게 이해한 야고보는 예루살렘성회에서 이 본문을 인용하면서 이방인들의 교회유입 문제를 해결한다(행 15:15-18).[15]

---

15) 사도행전에서 야고보가 인용하고 있는 본문은 칠십인경 번역이다: ὅπως ἂν ἐκζητήσωσιν οἱ κατάλοιποι τῶν ἀνθρώπων τὸν κύριον καὶ πάντα τὰ ἔθνη ἐφ οὓς ἐπικέκληται τὸ ὄνομά μου ἐπ αὐτούς λέγει κύριος ποιῶν ταῦτα (행 15:17-18, Westcott & Hort NT); ὅπως ἐκζητήσωσιν οἱ κατάλοιποι τῶν ἀνθρώπων καὶ πάντα τὰ ἔθνη ἐφ᾽ οὓς ἐπικέκληται τὸ ὄνομά μου

분사구문 עֹשֶׂה זֹּאת은 נְאֻם־יְהוָה와 함께 하나님께서 선포한 회복의 확실성을 강조해 준다. 즉 하나님은 단지 선포만 하시는 것이 아니라 이것을 실제로 행하시는 분이시다. 아모스는 이미 하나님께서 심판을 행하실 수 있는 우주적 주권을 선포하였다(cf. 4:13; 5:8-9; 9:5-6). 동일한 하나님께서 그의 주권을 가지고 회복을 이루실 것임을 선언한다.

II. 이스라엘의 회복(b): 9:13-15

1. 원문

9:13a הִנֵּה יָמִים בָּאִים
9:13b נְאֻם־יְהוָה
9:13c וְנִגַּשׁ חוֹרֵשׁ בַּקֹּצֵר
9:13d [ ] וְדֹרֵךְ עֲנָבִים בְּמֹשֵׁךְ הַזָּרַע
9:13e וְהִטִּיפוּ הֶהָרִים עָסִיס
9:13f וְכָל־הַגְּבָעוֹת תִּתְמוֹגַגְנָה
9:14a וְשַׁבְתִּי אֶת־שְׁבוּת עַמִּי יִשְׂרָאֵל
9:14b וּבָנוּ עָרִים נְשַׁמּוֹת
9:14c וְיָשָׁבוּ
9:14d וְנָטְעוּ כְרָמִים
9:14e וְשָׁתוּ אֶת־יֵינָם
9:14f וְעָשׂוּ גַנּוֹת
9:14g וְאָכְלוּ אֶת־פְּרִיהֶם
9:15a וּנְטַעְתִּים עַל־אַדְמָתָם
9:15b וְלֹא יִנָּתְשׁוּ עוֹד מֵעַל אַדְמָתָם
9:15c אֲשֶׁר נָתַתִּי לָהֶם
9:15d אָמַר יְהוָה אֱלֹהֶיךָ

ἐπ᾽ αὐτούς λέγει κύριος ὁ θεὸς ὁ ποιῶν ταῦτα (암 9:12, LXX Septuaginta Rahlfs'). 사도행전 15장의 아모스 9장 9-15의 사용에 대한 논의를 보려면, W. Kaiser, "Amos 9:9-15 and Acts 15:13-18: A Test Passage for Theological System," *JETS* 20 (1977): 97-111을 참조하라.

2. 사역

9:13 여호와의 말씀입니다.
"보라. 날들이 임할 것이다. 밭가는 자가 추수하는 자를 뒤쫓고 포도 밟는 자가 씨 뿌리는 자를 뒤쫓을 것이다. 산들이 단 포도주를 흘릴 것이며 모든 언덕들이 단 포도주로 넘쳐흐를 것이다.
9:14 내가 내 백성 이스라엘의 사로잡힘을 돌이킬 것이다. 그러므로 그들이 황폐하게 된 성읍들을 다시 짓고 그곳에 살게 될 것이다. 그들이 포도밭을 심고 그곳의 포도주를 마실 것이며 과수원을 만들고 그곳의 열매들을 먹을 것이다.
9:15 내가 그들을 그들의 땅에 심을 것이다. 그러므로 내가 그들에게 준 그들의 땅에서 그들이 다시는 뿌리째 뽑히지 않을 것이다."
네 하나님 여호와께서 말씀하셨습니다.

3. 원문분석

9:13. הִנֵּה("보라")는 청자들의 주의를 환기시켜 줄 뿐만 아니라 앞으로 일어나게 될 일에 대한 서술을 유도해 준다. הִנֵּה יָמִים בָּאִים("보라. 날들이 임할 것이다")과 동일한 표현이 4:2와 8:12에 사용되었다. 그곳에서는 이 표현이 하나님의 심판이 임하게 될 날들을 선포하는 것인데, 여기서는 동일한 표현으로 하나님의 회복이 이루어지게 될 날들을 선포한다. 복수명사 יָמִים은 문자적으로 "날들"을 의미하는데, 이것을 "때" 또는 "날"로 번역하기도 한다. נְאֻם־יְהוָה("여호와의 말이다")는 13-15절 단락을 열어 주는 역할과 신탁의 신적기원을 확언하는 역할을 한다.

13c의 바브-완료 연계형 וְנִגַּשׁ("그가 가까이 갈 것이다"/ "바싹 따라붙을 것이다")는 분사 בָּאִים을 이어서 연계형 시리즈를 시작한다. 이 시리즈는 15c에서 마무리된다. 13c의 니팔형 동사 נִגַּשׁ는 13d에도 적용되는 이중역할을 한다. 즉 13d는 נִגַּשׁ가 생략된 문장이다. חוֹרֵשׁ(חרשׁ, "깎아내다," "새기다," "갈다")는 "밭가는 자" 또는 "밭을 가는 일"을 의미하며 실명사의 역할을 하여 동사 נִגַּשׁ의 주어가 된다. בַּקֹּצֵר는 전치사 בְּ, 정관사 הַ, 분사 קֹצֵר(קצר, "추수하다")가 결합된 부사구로 분

사는 "추수하는 자" 또는 "추수하는 일"을 의미한다. 니팔형 동사가 사용된 수동형 문장에서 행위자는 주로 전치사 בְּ 나 לְ 에 의해 서술된다. 따라서 동사 נִגַּשׁ를 수동의 의미로 간주하여 13c의 문장을 문자적으로 해석하면 "밭가는 자가 추수하는 자에 의해 접근을 당할 것이다"가 되며 이것을 능동형 문장으로 서술하면 "추수하는 자가 밭가는 자를 바짝 따를 것이다"가 된다. 하지만 이 문장이 의미하는 바는 추수하는 자가 그의 일을 다 마치기 전에 그의 뒤를 따라 밭가는 자가 밭가는 일을 한다는 것이다. 니팔형 동사 נִגַּשׁ가 칼(*qal*)형과 동일하게 능동의 의미를 취할 수 있으므로 능동형의 문장으로 간주하여 "밭가는 자가 추수하는 자를 뒤쫓아 갈 것이다"로 번역할 수 있다. 이 경우 בַּקֹּצֵר의 전치사 בְּ는 동사의 행위가 미치는 대상을 나타내는 역할을 하게 된다.

13d는 13c와 구문론적 평행을 이루고 있으며 분사구 וְדֹרֵךְ עֲנָבִים은 동사 נִגַּשׁ의 주어역할을 한다. 분사 דֹּרֵךְ(דרך, "밟다")는 עֲנָבִים("포도들")을 목적어로 취한다. 따라서 דֹּרֵךְ עֲנָבִים은 "포도를 밟는 자" 또는 "포도를 밟는 일"을 의미한다. 이것은 포도를 추수한 후 포도주를 만들기 위해 포도를 밟는 행위를 가리킨다. בְּמֹשֵׁךְ הַזָּרַע의 전치사 בְּ는 동사의 행위가 미치는 대상을 나타내며 분사 מֹשֵׁךְ는 "꺼내다"를 의미하는데, מֹשֵׁךְ הַזָּרַע는 자루에서 씨를 꺼내는 행위를 가리킨다. 따라서 "씨를 뿌리는 자" 또는 "씨를 뿌리는 일"의 의미를 갖게 된다.

13e의 바브-완료 연계형 וְהִטִּיפוּ("그리고 그들이 흘릴 것이다")는 연계형 시리즈를 이어가면서 하나님의 회복의 결과를 서술한다. 히필형 동사 הִטִּיפוּ(נטף, "떨어지다," "흘리다")는 הֶהָרִים("산들")을 주어로 취하고 עָסִיס("단 포도주")를 목적어로 취한다(cf. 욜 3:18). 13f에서 동사의 주어 כָּל־הַגְּבָעוֹת("모든 언덕들")가 접속사 바브(ו)와 함께 동사 앞에 놓이면서 연계형 시리즈가 단절된다. 따라서 13f는 13e를 구체적으로 설명하는 상황절이 된다. 결과적으로 13e와 13f는 교차평행을 이루면서 의미를 강조한다.

9:13e	וְהִטִּיפוּ	הֶהָרִים	עָסִיס
	a (동사) -	b (주어) -	c (목적어)
9:13f	וְכָל־הַגְּבָעוֹת	תִּתְמוֹגַגְנָה	
	b' (주어) -	a' (동사)	

3인칭 여성, 복수, 미완료 히트폴렐(*hithpolel*) 동사 **תִּתְמוֹגַגְנָה**(**מוג**, "녹다")는 문자적으로 "녹아내리는 것"을 의미하는데, 과장된 표현으로 넘쳐흐르는 것을 의미하게 된다. 13f에 목적어가 서술되지 않지만 13e와의 교차평행을 고려할 때 13e의 목적어 **עָסִיס**(c)가 교차평행의 중앙에 놓이면서 13f에도 적용이 되는 것으로 볼 수 있다. 따라서 언덕들이 단 포도주로 넘쳐흐르는 것을 묘사하는 것으로 해석할 수 있다. 또는 동사의 문자적 의미를 유지하면서 산들에서 흘러내리는 단 포도주로 인해 언덕들이 녹아내리는 것으로 해석하기도 한다.16) 어떤 해석이던 간에 풍성한 수확의 그림을 연상할 수 있다.

13e와 13f의 교차평행을 13c와 13d까지 확장하기도 한다. 이 경우 13f가 곡물을 심고 거두는 장면을 서술하고 있는 13c와 평행을 이루는 것으로 보아 13f의 문장을 "모든 언덕이 곡물로 물결칠 것이다"라고 번역한다(cf. TNK, Paul).

9:13c	**וְנִגַּשׁ חוֹרֵשׁ בַּקֹּצֵר**	[곡물]
9:13d	**וְדֹרֵךְ עֲנָבִים בְּמֹשֵׁךְ הַזָּרַע**	[포도]
9:13e	**וְהִטִּיפוּ הֶהָרִים עָסִיס**	[단 포도주]
9:13f	**וְכָל־הַגְּבָעוֹת תִּתְמוֹגַגְנָה**	[곡물]

9:14.바브-완료 연계형 **וְשַׁבְתִּי**("그리고 내가 돌이킬 것이다")는 연계형 시리즈를 이어가면서 회복을 위한 하나님의 적극적인 개입을 서술한다. 14a는 14b-15c에서 서술하고 있는 이스라엘의 회복의 근거가 된다. 즉 14b-15c는 하나님께서 이스라엘을 포로에서 회복시키겠다는 14a의 선언의 결과로 일어나게 되는 일들을 서술한다. 즉 하나님께서 이스라엘의 회복을 이루실 것이며 이스라엘은 이것을 전적으로 누리게 되는 장면을 연상할 수 있다. 이러한 원인과 결과의 관계를 고려하여 14a를 선언문으로 제시하고 14b의 바브-완료 연계형 **וּבָנוּ**의 바브(ו)를 "그러므로" 또는 "그러면"으로 번역하는 것이 적절하다.

אֶת־שְׁבוּת עַמִּי는 동사 **שַׁבְתִּי**의 목적어 역할을 하며 **שְׁבוּת**는 "사로잡힘" 또는 "포로"를 의미한다(cf. 민 21:29). 소유를 나타내는 속격 **עַמִּי**과 함께 쓰여 "내 백

16) Cf. Harper, *Amos and Hosea*, 199.

성의 사로잡힘/포로"로 번역이 된다(cf. 5:27; 6:7). יִשְׂרָאֵל("이스라엘")은 עַמִּי의 동격으로 "내 백성"을 설명해 주는 역할을 할 뿐만 아니라 14b-15b의 3인칭 동사들의 주어의 선행사가 된다. 앞의 심판신탁들에서 이스라엘은 주로 북이스라엘을 제한적으로 가리켰는데, 여기에서는 북왕국과 남왕국을 포함하는 하나님의 백성을 의미하는 것으로 볼 수 있다. 같은 맥락에서 선지서 저자들이 선포하는 이스라엘의 회복은 통일왕국이 다시 이루질 것에 대한 그림을 담고 있다(cf. 호 1:11; 3:5; 겔 34:23-24; 37:15-28; 사 9:1-7; 11:10-14).

14b의 바브-완료 연계형 וּבָנוּ는 연계형 시리즈를 계속해서 이어가면서 앞으로 오게 될 일을 서술한다. 동사 וּבָנוּ("그러면 그들이 지을 것이다")의 주어는 포로에서 돌아오게 될 하나님의 백성들을 가리킨다. 니팔형 복수분사 נְשַׁמּוֹת("황폐하게 된")는 수동의 의미를 가지며 성읍을 꾸며주는 형용사적 역할(adjectival participle)을 한다. עָרִים נְשַׁמּוֹת("황폐하게 된 성읍들")는 대적에 의해 약탈과 파괴가 이루어진 성읍들을 가리킨다(cf. 3:11, 15; 4:3; 5:11; 6:11, 14).

14c의 바브-완료 연계형 וְיָשָׁבוּ("그리고 그들이 거할 것이다")는 וּבָנוּ와 함께 중언법(hendiadys)을 형성하면서 성읍들을 짓고 그곳에 거주하는 모습을 묘사해 준다. 이와 유사한 중언법의 표현, 즉 두 개의 동사가 사용되면서 한 화제에 연관하여 서술하는 기법이 "심고"(וְנָטְעוּ, 14d)와 "마시고"(וְשָׁתוּ, 14e), "만들고" (וְעָשׂוּ, 14f)와 "먹고"(וְאָכְלוּ, 14g)에 나타난다.

עָרִים נְשַׁמּוֹת	וּבָנוּ	9:14b
황폐하게 된 성읍들 -	다시 짓고	
	וְיָשָׁבוּ	9:14c
[그곳에] -	거하다	
כְּרָמִים	וְנָטְעוּ	9:14d
포도밭들 -	심고	
אֶת־יֵינָם	וְשָׁתוּ	9:14e
그곳의 포도주를 -	마시다	
גַנּוֹת	וְעָשׂוּ	9:14f
과수원들 -	만들고	
אֶת־פְּרִיהֶם	וְאָכְלוּ	9:14g
그곳의 열매들을 -	먹다	

이 문장들 간에는 구문론적 평행이 나타날 뿐만 아니라 동사들은 모두 동일하게 포로에서 돌아온 하나님의 백성들, עַמִּי("내 백성")을 주어로 취한다. אֶת־יֵינָם("그것들의 포도주를")의 대명사어미의 선행사는 כְרָמִים("포도밭들")이며 אֶת־פְּרִיהֶם("그것들의 열매들을")의 대명사어미의 선행사는 גַנּוֹת("과수원들")이다.

9:15. 바브-완료 연계형이 계속해서 이어지는데 1인칭 동사 וּנְטַעְתִּים("그리고 내가 그들을 심을 것이다")가 연계형 시리즈를 이어가면서 회복을 위한 하나님의 개입이 서술된다. וּנְטַעְתִּים의 대명사어미의 선행사는 앞의 문장에서 주어로 등장한 "그들," 곧 하나님께서 포로에서 회복시킬 "내 백성 이스라엘"(עַמִּי יִשְׂרָאֵל, 14a)을 가리킨다. עַל־אַדְמָתָם("그들의 땅에")의 대명사어미도 동일한 선행사를 취한다. עַל־אַדְמָתָם라는 표현은 15a의 מֵעַל אַדְמָתָם("그들의 땅에서[부터]")라는 표현과 대조를 이루면서 하나님의 백성들이 하나님께서 그들에게 허락하신 땅(אֲשֶׁר נָתַתִּי לָהֶם, 15c)에 영원히 정착하게 될 것임을 서술해 준다.

바브-완료 연계형 시리즈가 15b에서 부정어 לֹא에 의해 단절된다(וְלֹא יִנָּתְשׁוּ). 따라서 니팔 미완료형 동사 יִנָּתְשׁוּ(נתשׁ, "뽑다," "뿌리째 뽑다")가 등장한다. 하지만 의미상으로는 15a의 결과를 서술해 주는 역할을 감당한다. לֹא…עוֹד는 강한 부정을 나타내며, 동일한 표현이 7:8, 13; 8:2, 14에 사용되었다.

15c의 관계접속사 אֲשֶׁר는 אַדְמָתָם("그들의 땅")을 꾸며주는 형용사절을 유도한다. 완료형 동사 נָתַתִּי("내가 주었다")의 주어는 여호와이며 땅을 받게 되는 대상(לָהֶם)은 "내 백성"이다. אָמַר יְהוָה אֱלֹהֶיךָ("네 하나님 여호와께서 말씀하셨다")는 이 신탁을 마무리하는 기능을 하며 아모스서 전체를 고려할 때는 아모스서 전체를 닫아주는 역할을 한다. 갑작스러운 2인칭, 단수, 대명사어미(אֱלֹהֶיךָ)의 등장을 후대삽입으로 간주하기도 하는데, 반드시 이것을 후대삽입으로 볼 필요는 없다.[17)]

---

17) 2인칭 대명사어미의 선행사에 대해 여러 가지 제안이 있어 왔다. 아모스가 그의 책을 웃시아나 요담에게 준 것으로 고려하여 단수어미의 선행사를 웃시아나 요담으로 보기도 한다. 아니면 아모스의 명을 받고 이 메시지를 전달하는 사람이 전달받는 자를 가리키면서 "네 하나님"이라는 표현을 사용한 것으로 보기도 한다. Park은 אֱלֹהֶיךָ의 대명사어미가 회복의 약속을 받는 개인과 이와 더불어 집합적 개념의 이스라엘도 암시할 수 있음을 설득력있게 논증한다(Park, *The Book of Amos*, 53-64).

왜냐하면 2인칭, 단수, 대명사어미가 아모스의 신탁을 듣는(또는 읽는) 자들을 개별적으로 지칭하면서 전달하는 메시지를 개인적으로 신중하게 받아들이고 숙고할 것을 권면하는 효과를 갖기 때문이다(cf. 시 45:8; 50:7; 68:29; 느 9:18). 또한 2인칭 대명사어미가 집합적 의미에서 14a에 사용된 עַמִּי יִשְׂרָאֵל("내 백성 이스라엘")을 단수로 받아 표현하는 것일 수도 있다(cf. 암 4:12; 5:17; 호 14:2; 사 41:8-10). 무엇보다 주목하게 되는 것은 언약적 관계를 나타내는 전형적인 표현인 עַמִּי("내 백성")과 אֱלֹהֶיךָ("네 하나님")이 사용되고 있다는 것이다. 이러한 표현들의 사용은 하나님께서 선언하시는 회복이 근본적으로 언약적 관계의 회복을 의미하는 것을 시사한다.

4. 원문주해

9:13-14. 이 단락은 נְאֻם־יְהוָה(13b)와 אָמַר יְהוָה אֱלֹהֶיךָ(15d)가 수미쌍관(*inclusio*)을 이루면서 이 신탁의 신적 권위를 분명하게 시사해 준다. 11a에서 "그 날"(בַּיּוֹם הַהוּא)로 표현한 회복의 날을 여기서는 "날들"(יָמִים)로 표현하면서 이 날들의 도래를 선언한다. 다윗왕조와 영토의 회복을 선포한 후(11-12절), 아모스는 13-14절에서 하나님의 회복이 이루어지는 때에 누리게 될 풍성한 경작의 축복을 선포한다. 정상적인 경작주기를 따르면 추수(4-5월)가 끝나고 약 6개월의 간격을 두고 밭을 갈고 씨를 뿌리는 일(10-11월)이 진행된다. 하지만 하나님의 회복이 임하게 되면 이러한 간격이 없이 지속적으로 추수와 파종이 이루어질 만큼 풍부한 경작이 이루어질 것이다. 마찬가지로 포도수확은 8-9월에 이루어지고 포도 씨를 뿌리는 것은 11-12월인데, 포도경작도 간격이 없이 연이어 이루어질 것이다. 결과적으로 모든 산과 언덕이 감당할 수 없을 정도의 풍부한 소출로 넘쳐나게 될 것임을 그려준다. 이것은 레 26:4-5에서 언급된 언약적 축복이다.

북이스라엘의 패역의 결과는 대적에 의한 약탈과 포로로 사로잡혀가게 되면서 하나님의 약속의 땅을 상실하는 것이다. 따라서 하나님의 회복은 하나님의 약속에 땅에서 추방을 당한 자들을 다시 돌아오게 되면서 절정에 이르게 된다. 하나님께서 다시 그의 백성들을 약속의 땅으로 돌아오게 하시면, 돌아온 자들은 하나님의 회복에 적극적으로 참여하게 될 것이다. 이들은 하나님께서 다윗의 장막을 옛날과 같이 다시 지으시는 것(וּבְנִיתִיהָ, 11d)처럼 "황폐하게 된 성읍들"(עָרִים נְשַׁמּוֹת)을 다시 지을 것이다. 5장 11절에서는 북이스라엘의 사회적 불의로 인해 북이스라엘 백성들이 지은 집과 심은 포도원과 포도주를 누리지 못하게 될 것을 선포하였다. 하지만 하나님의 회복이 이루어지는 구체적인 영역은 성읍(עָרִים, 14b-c), 포도밭(כְּרָמִים, 14d-e), 과수원(גַנּוֹת, 14f-g)이다. 하나님의 회복이 임하게 되면 하나님의 심판의 대상이었던 장소들이 다시 축복을 누리는 장소들로 바뀌게 될 것이다. 심판으로 인해 겪어야 했던 굶주림과 갈증의 문제가 하나님의 회복을 통해 해결될 것이다.

9:15. 하나님의 적극적인 개입을 통해 포로에서 돌아오게 될 그의 백성들(עַמִּי, "내 백성")은 다시 약속의 땅에 정착하게 될 것이다. "자기 땅에서"(מֵעַל אַדְמָתוֹ, 7:17) "다메섹 너머로"(לְדַמֶּשֶׂק מֵהָלְאָה, 5:27) 추방당하였던 백성들이 "그들의 땅에"(עַל־אַדְמָתָם) 다시 심겨질 것이며 "그들의 땅에서"(מֵעַל אַדְמָתָם) 다시는 뽑히지 않게 될 것이다(cf. 호 2:23). 이것은 하나님의 회복이 철저하게 하나님의 심판을 역전하는 것을 시사한다. 심판신탁들이 1인칭 서술을 통하여 하나님께서 심판의 주체임을 강조한 것처럼 9장 13절과 15절도 동일하게 하나님이 회복의 주체임을 강조한다. 하나님께서 이루시는 회복은 확고하고 완벽하기 때문에 다시는 약속의 땅에서 뽑히는 일이 결코 있지 않을 것이다. 이 회복은 북이스라엘의 태도의 변화에 근거한 것이 아니라 이들을 여전히 "내 백성"(עַמִּי)이라고 부르시고 이들에게 여전히 "네 하나님"(אֱלֹהֶיךָ)이라고 말씀하시는 하나님의 은혜와 언약에 근거한 것이다. 하나님의 회복의 근거가 되는 언약은 다윗언약(cf. 11절)과 더불어 15b-c의 "내가 그들에게 준 그들의 땅"(אַדְמָתָם אֲשֶׁר נָתַתִּי לָהֶם)이라는 표현이 반영하고 있는 아브라함 언약과 시내산 언약이다. 하나님의 회복을 누리게 되는 자들은 5장 4-5절(cf. 6, 14-15절)의 권면을 듣고 여호와를 찾고 선을 구하고 사랑하는 자들이다. 이들이 바로 하나님의 은혜를 누리게 될 "요셉의 남은 자들"(שְׁאֵרִית יוֹסֵף, 5:15)이다. 5장 15절의 "요셉의 남은 자"라는 표현과 함께 9장 8절의 "야곱의 집을 완전히 다 멸하지 않으시겠다"는 언급은 남은 자들에 대한 암시이다. 그러므로 이들을 위한 회복의 메시지를 기대하게 된다. 이에 따라 9장 11-15절의 회복의 메시지가 선포되는 것이다.

III. 아모스 9:11-15의 진정성 논의

심판의 메시지에 집중하며 심판선언으로 일관하던 아모스서가 갑자기 회복의 신탁으로 마무리되는 것은 해석자들에게 많은 논란의 여지를 남겨 주었다. 비평적인 시각으로 9:11-15을 다루는 연구가들은 이 단락을 아모스의 핵심 메시지나 의도와 맞지 않는 후대삽입의 결과로 설명한다. 따라서 9:11-15의 진정성을 논할 필요가 있다. 진정성에 대한 주장은 아모스서 안에서 갖는 이 단락의 의미와 기능을 설명해 줄 것이다.

일반적으로 9:11-15절의 후대삽입의 근거로 신학적, 주제적, 언어적 차이를 제시한다. 예를 들어, Schmidt는 신학적, 주제적 측면에서 9:11-15의 아모스 저작을 확실히 결정할 수는 없지만 아모스가 북이스라엘의 상황을 바라보는 관점은 결코 희망의 메시지를 담을 수 없는 것으로 이해한다: “It is hardly Amos himself who utters the predictions of salvation at the end of the book.”[18)] Harper의 경우, 12절에 에돔이 언급되는 것이 아모스의 시대에 맞지 않는 것으로 설명한다.[19)] 즉 에돔에 대한 적대감이 드러나게 된 것이 포로기간 중이기 때문에 이 본문이 후대에 속하는 것으로 해석한다. 이와 더불어 14절에서 구체적으로 서술하는 내용들은 포로후기에 귀향을 경험하고 난 후에 기록된 것으로 간주한다.[20)] 이와 같이 아모스가 앞으로 일어나게 될 일을 바라보고 예언을 한 것에 대한 여지를 주지 않는 견해와 아모스를 심판의 선지자로 제한하는 전제는 결코 아모스의 저작에 대한 가능성을 담을 수가 없다. 이것은 본문의 문제가 아니라 전제와 관점의 문제이다.

비평적 학자들이 주장하는 것과는 달리 회복의 메시지에 에돔(אֱדוֹם)이 언급되는 것 자체가 후대삽입의 근거가 되지 않을 수 있다.[21)] 심판신탁연속물(1:3-

---

18) Schmidt, *Old Testament Introduction*, 199.

19) Harper, *Amos and Hosea*, 198. Harper는 이스라엘의 정치적 격상이 아모스의 메시지와 맞지 않는 것으로 본다.

20) Ibid., 199; Mays, *Amos*, 164.

21) Stuart는 에돔과의 적대적 관계가 포로기 시대에만 제한되지 않음을 지적하며 이 견해를 반박한다(Stuart, *Hosea-Jonah*, 397).

2:16)에서 주변 나라들에 대한 심판을 선언하는데, 에돔이 자주 언급된 것을 기억할 필요가 있다(cf. 1:6, 9, 11). 주변 나라들의 범죄에 직간접으로 관여하였던 에돔의 남은 자를 다윗왕조의 통치자들이 소유하게 된다는 것은 회복의 의미를 더욱 강조해 주는 역할을 하며 다윗왕조의 회복의 결과가 주변 나라들의 문제에도 영향을 줄 수 있음을 시사해 준다.

아모스에게서 전혀 기대할 수 없는 메시지가 등장하면서 신탁의 주제가 심판에서 회복으로 갑작스럽게 전환되는 것에 근거하여 후대삽입을 주장하는데, 확정된 심판의 선포와 회복의 가능성의 관계에 대한 고려가 필요하다.[22] 아모스는 북이스라엘의 죄로 인해 하나님의 심판이 확정되었음을 선포하였다. 심판은 돌이킬 수 없는 것이며 어느 누구도 피할 수 없는 것이다. 하지만 이것은 회복의 가능성을 완전히 배제하지 않는다.[23] 달리 말하면 아모스의 신탁은 확정된 심판을 선포하는 것이지 심판으로 모든 것을 마무리하는 최종적인 심판을 선포하는 것이 아니다(cf. 9:8). 최소한 아모스의 회개촉구에 반응하는 자들에게는 확정된 심판의 성취가 회복으로의 전환을 기대하게 한다. 일반적으로 선지자들이 선포한 심판은 심판으로 마무리되는 것이 아니라 회복으로 전환하는 발판이 된다.[24] 예를 들어, 에스겔은 확정된 예루살렘의 멸망을 선포하지만, 이 심판이 성취된 후에는 회복의 메시지로 전환하고 있다.

갑작스러운 주제적 전환과 더불어 무조건적 회복선언을 문제시한다. 아모스가 하나님의 심판을 북이스라엘의 분명한 죄악에 근거하여 선포한 반면에 회복에 대해서는 무조건적인 회복을 선언하고 있다는 것이다. 그러나 아모스 9:11-15의 신탁이 회복을 위한 하나님의 전적인 사역을 강조하고 있는 점에 주목할 필요가 있다. 회복은 하나님의 은혜에 따른 그의 전적인 결정이며 사역이다.[25] 하나님께서 그의 약속을 이루시기 위하여 회복을 계획하시며 이 회복으로 그의 백성들을 초대하신다. 그가 인간에게 요구하시는 것은 회개하고 그에게로 돌아오는 것뿐이다

22) Chisholm은 후대의 손길이 희망의 메시지를 아모스의 메시지에 삽입할 수 있었다면 왜 아모스 자신은 심판의 메시지에 희망의 메시지를 첨언할 수 없는 것인지에 대한 의문을 제기하며 후대삽입의 논의를 반박한다(Chisholm, *Handbook*, 401).

23) Cf. Stuart, *Hosea-Jonah*, 397.

24) Cf. Paul, *Amos,* 289; Park, *The Book of Amos*, 109-10.

25) Cf. Mays, *Amos*, 168; Wolff, *Joel and Amos,* 354-55.

(암 5:4-5, 6, 14-15; cf. 신 4:29-30; 30:1-3). 회개하고 돌아오는 자들은 하나님께서 전적으로 이루실 은혜의 회복에 참여하게 된다.

언어적 측면에서 다윗(דָּוִיד)의 히브리어 철자(*scriptio plene*)가 후대히브리어에 속한다는 견해에 따라 9:11-15의 후대삽입을 주장한다. 하지만 비평주의학자들도 아모스의 저작이라고 일반적으로 간주하는 6장 5절에서도 동일한 철자(כְּדָוִיד)가 등장하고 있음을 주목할 필요가 있다.[26] 북이스라엘 기득권자들은 자신들의 부유한 삶을 살면서 다윗처럼 산다고 생각하며 안전하다고 여겼다(암 6:5). 삶의 방식도 왕과 같이 사치스럽고 최고의 대접을 요구하였다. 하지만 9장 11절은, 확실한 안정은 하나님에 의해 다윗의 장막이 세워지는 것을 통하여만 가능한 것을 지적한다.

Wolff와 Mays는 9:11-15의 후대삽입을 인정하면서도 아모스의 가혹한 메시지를 부드럽게 만들고 희망을 제시하기 위한 것으로 아모스서 안에서 이 단락의 의미를 찾으려고 한다. 마찬가지로 Childs 역시 후대삽입의 가능성을 인정하지만 다른 목적을 제시한다. Childs는 후대의 편집자가 아모스의 신학적 관점을 넘어 종말론적 영역으로 이동하면서 하나님의 관점에서만 회복의 희망을 찾을 수 있음을 선포하기 위해 삽입한 것으로 설명한다.[27]

이들과는 달리 아모스서 전체에 나타나는 언어적, 신학적, 주제적 일관성과 회복선언의 필요성에 근거하여 9:11-15의 진정성을 주장할 수 있다. 첫째, 아모스의 서술기법이 9:11-15에서도 언어의 반복과 구조적 측면에 나타난다. 특히 9:11-15과 대조적 주제로 평행을 이루고 있는 8:4-14과 함께 고려할 때 이러한 사실을 더욱 분명하게 볼 수 있다. 8:4-14은 하나님의 심판이 이루어질 "그날"(בַּיּוֹם הַהוּא)에 집중하며 심판을 선포한 반면에 9:11-14은 동일한 표현인 "그날"(בַּיּוֹם הַהוּא)에 회복이 이루어질 것을 선포한다. 여호와의 날에 대한 두 가지 측면을 제시하는 것이다. 즉 심판의 날로서의 여호와의 날과 회복의 날로서의 여호와의 날이다. 이것을 서술함에 있어서 아모스는 아래와 같은 유사한 구성적 서술기법을 사용하고 있다.

---

26) Cf. Paul, *Amos*, 289.
27) Childs, *Introduction*, 407-8.

8:9 "그날에" (וְהָיָה בַּיּוֹם הַהוּא) - "내가": 1인칭 동사(9-10절)
8:11 "보라. 날들이 임할 것이다" (הִנֵּה יָמִים בָּאִים) - נְאֻם אֲדֹנָי יְהוִה
8:13 "그날에" (בַּיּוֹם הַהוּא)

9:11 "그날에" (בַּיּוֹם הַהוּא) - "내가": 1인칭 동사(11-12절)
9:13 "보라. 날들이 임할 것이다" (הִנֵּה יָמִים בָּאִים) - נְאֻם־יְהוָה>

이러한 구성적 기법은 8:4-14과 9:11-15에만 나타난다. 이와 더불어 심판선언과 회복선언의 서술기법을 살필 필요가 있다. 8장 7-8절의 선언을 보면, 하나님을 주어로 하는 1인칭서술을 통한 선언이 7절에 주어지고 이에 따른 결과가 8절에서 3인칭 동사들로 서술된다. 이와 유사한 흐름이 8:11-14의 선언에도 나타난다.

아모스 8:7-8
- a. 하나님의 선언 (1인칭서술, אֶשְׁכַּח): 8:7
  - b. 선언의 결과 (3인칭서술): 8:8
    וְנִשְׁקְהָ, וְנִגְרְשָׁה, וְעָלְתָה, וְאָבַל, לֹא־תִרְגַּז

아모스 8:11-14
- a. 하나님의 선언 (1인칭서술, וְהִשְׁלַחְתִּי): 8:11
  - b. 선언의 결과 (3인칭서술): 8: 12-14
    וְלֹא־יָקוּמוּ, וְנָפְלוּ, תִּתְעַלַּפְנָה, וְלֹא יִמְצָאוּ, יְשׁוֹטְטוּ, וְנָעוּ

이와 동일한 서술형식이 회복을 선포하고 있는 9:11-15에도 나타나고 있는 것에 주목할 필요가 있다.

- a. 하나님의 선언 (1인칭서술, וְשַׁבְתִּי): 9:14a
  - b. 선언의 결과 (3인칭서술): "그러므로"
    וּבָנוּ 9:14b
    וְיָשָׁבוּ 9:14c
    וְנָטְעוּ 9:14d

וְשָׁתוּ	9:14e
וְעָשׂוּ	9:14f
וְאָכְלוּ	9:14g

a'. 하나님의 선언 (1인칭서술, וּנְטַעְתִּים): 9:15a

b'. 선언의 결과 (3인칭서술): "그러므로"

וְלֹא יִנָּתְשׁוּ 9:15b

아모스는 이러한 서술기법을 신탁선언에서 지속적으로 사용하고 있다. 예를 들면, 3장 14-15절에 동일한 서술기법이 사용되었다(cf. 4:2; 6:11, 14).

보응의 날 (3:14a)	כִּי בְּיוֹם פָּקְדִי פִשְׁעֵי־יִשְׂרָאֵל עָלָיו
a. 하나님의 선언(1인칭, 3:14b)	וּפָקַדְתִּי עַל־מִזְבְּחוֹת בֵּית־אֵל
b. 결과 (3인칭, 3:14c)	וְנִגְדְּעוּ קַרְנוֹת הַמִּזְבֵּחַ
(3인칭, 3:14d)	וְנָפְלוּ לָאָרֶץ
a'. 하나님의 선언(1인칭, 3:15a)	וְהִכֵּיתִי בֵית־הַחֹרֶף עַל־בֵּית הַקָּיִץ
b'. 결과 (3인칭, 3:15b)	וְאָבְדוּ בָּתֵּי הַשֵּׁן
(3인칭, 3:15c)	וְסָפוּ בָּתִּים רַבִּים

둘째, 아모스의 신학적 관점의 일관성이다. 아모스는 하나님을 우주적 주권을 가지신 창조주로 제시하고 있다. 호세아가 하나님과 이스라엘과의 관계에만 제한적으로 집중하고 있다면 아모스는 하나님과 북이스라엘의 관계뿐만 아니라 하나님과 열방과의 관계를 고려하고 있다. 심판신탁연속물(1:3-2:16)은 주변 나라들을 향하여 심판을 행하시는 하나님의 우주적 주권을 시사한다. 우주적 주권과 관심을 가지신 하나님께서 이스라엘과 특별한 관계를 가지신 분이시며(cf. 3:2), 이 하나님이 북이스라엘에게 심판을 행하실 것이다. 이미 과거에 자연재해를 통하여 북이스라엘을 심판하셨지만 이들이 하나님께로 돌아오지 않았다(cf. 4:6-11). 아모스는 북이스라엘이 직면하게 될 심판주로서의 하나님이 우주적 주권을 가지신 창조주 하나님이심을 4:13; 5:8-9; 9:5에서 반복해서 강조한다. 동일하게 우주적 하나님에

대한 아모스의 신학적 관점이 하나님의 회복을 선포하는 9:11-15에서도 그대로 나타난다. 하나님의 회복은 다윗왕조와 이스라엘에만 제한되지 않고 에돔을 비롯한 열방을 포함하고 있다.[28] 이 예언의 성취를 사도행전 15장에 기록된 예루살렘 회의를 통해 확인할 수 있다. 아모스는 회복을 이루시는 하나님을 동일하게 자연을 다스릴 수 있는 창조주 하나님으로 제시한다(cf. 9:13-14). 특히 신탁선언에 נְאֻם־יְהוָה를 사용하는 것이 전형적인 서술형식인데 9장 12절에는 여호와를 꾸미는 형용사적 역할을 하는 분사구(עֹשֶׂה זֹּאת)가 첨가된다. 이것은 분사를 사용하여 하나님의 속성을 나타내는 아모스서의 서술형식과 유사하다(cf. 4:12, 13; 5:8).

셋째, 아모스가 선포하고 있는 회복은 그의 심판을 역전시키는 것이다. 호세아가 심판을 선포할 때, 자녀들의 이름을 사용한다: 이스르엘(יִזְרְעֶאל), 로루하마(לֹא רֻחָמָה), 로암미(לֹא עַמִּי)(호 1:2-9). 마찬가지로 자녀들의 이름을 사용하면서 심판을 역전시킬 회복을 선포한다. 피흘림의 장소였던 이스르엘(יִזְרְעֶאל)이 생명의 자리가 될 것이다(1:10; 2:22). 긍휼을 얻지 못하던 백성이 긍휼을 얻게 될 것이다(רֻחָמָה, 2:1, 23). 마찬가지로 내 백성이 아니었던 자들이 내 백성이라고 불릴 것이다(עַמִּי, 2:1, 23). 호세아가 선포하는 회복이 정확하게 심판을 역전시키는 것을 볼 수 있다. 동일한 역전이 요엘서에도 나타난다. 요엘은 하나님의 심판을 메뚜기 떼 재앙으로 묘사한다(욜 1:2-7). 메뚜기 떼 재앙의 결과는 황폐함과 애곡이다. 이것은 하나님의 부재를 의미한다(욜 2:17). 이것이 여호와의 날에 일어날 심판이다. 하지만 요엘은 이 "여호와의 날"에 하나님의 회복과 구원이 임하게 될 것을 선포한다. 그날에 메뚜기 떼 재앙으로 인해 파괴된 것들을 하나님께서 갚아 주실 것과 기쁨과 즐거움을 누리게 될 것을 선포한다(욜2:18-27). 성령을 부어주심에 대한 예언은 이러한 회복을 보증하는 것이며(욜 3:28-32), 심판을 상징하는 하나님의 부재를 역전시켜 하나님의 임재를 선언한다(욜 2:27; 3:17, 21). 요엘이 선포하는 회복은 심판의 내용과 결과를 정확하게 역전시키는 것이며 이러한 회복을 누리게 되는 자들은 옷이 아닌 마음을 찢고 하나님 여호와께로 돌아오는 자들이

---

28) 심판신탁에서 주변 나라들을 향한 하나님의 심판을 선포한 것(1:3-2:3)과 짝을 이루어 회복의 신탁에서도 회복된 다윗왕조를 통한 열방의 회복을 선포하고 있다. Paul은 이러한 연관성이 아모스서 전체의 수미쌍관(*inclusio*)을 이루는 것으로 설명한다(Paul, *Amos*, 292).

다(욜 2:12-13).

같은 맥락에서 아모스 9:11-15에서 선포하고 있는 회복은 앞에서 언급된 심판의 내용과 결과를 정확하게 역전시키고 있다. 5장 2절에서 애가를 통해 아모스는 북이스라엘이 넘어져서 다시 일어날 수 없으며(לֹא־תוֹסִיף קוּם), 자기 땅에(עַל־אַדְמָתָהּ) 던짐을 당하지만 일으켜 세워줄 자가 없다(אֵין מְקִימָהּ)는 것을 선포한다. 하나님께서 한 나라를 일으키셔서 북이스라엘을 심판하실 것이다(הִנְנִי מֵקִים, 6:14). 그 결과는 엎드러지고 다시 일어나지 못하는 것이다(וְנָפְלוּ וְלֹא־יָקוּמוּ עוֹד, 8:14). 하지만 하나님의 회복은 이것을 역전시키실 것이다. 북이스라엘을 심판할 "한 나라"를 일으켜 세우신 하나님께서 친히 다윗의 무너지는 장막을 다시 일으켜 세워서 넘어진 북이스라엘을 세워주신다(אָקִים, 9:11). 넘어진 북이스라엘을 일으켜 세워줄 자가 아무도 없지만 하나님께서 친히 이 일을 행하실 것을 선포하는 것이다. 또한 심판으로 인한 북이스라엘의 여로보암 왕조의 멸망(7:9)은 다윗왕조의 회복을 통해 회복될 것이다. 심판신탁연속물(1:3-2:16)은 열방을 하나님의 심판의 대상으로 언급하지만 9장 12절은 회복된 다윗왕조를 통한 회복과 구원의 대상으로 열방을 소개하면서 역전을 나타낸다.[29]

아모스는 하나님의 심판을 통해 집들이 파괴되고 요새들이 약탈을 당하고 폐허가 될 것이라고 선언하였다(3:10-11, 15; 5:11; 6:8, 11). 뿐만 아니라 소출을 누리지 못하고 자연재해를 경험하게 될 것이다(5:11; 8:8-9). 그러나 하나님의 회복은 포로에서 돌아온 자들에게 황폐하게 된 거주지, 포도밭, 과수원을 재건하는 것을 허용하시며 풍성한 축복을 약속하신다(9:13-14).

무엇보다 중요한 것은 포로에서의 회복이다. 아모스가 선포한 심판의 핵심은 결국 북이스라엘 백성들이 약속의 땅에서 추방을 당하여 포로로 사로잡혀가는 것이다(4:2; 5:5, 27; 6:7; 7:11, 17; 9:4). 하지만 9장 15절은 "다메섹 너머로"(מֵהָלְאָה לְדַמָּשֶׂק, 5:27) "자기 땅에서"(מֵעַל אַדְמָתוֹ, 7:17) 추방당하였던 백성들이 "그들의 땅에"(עַל־אַדְמָתָם) 다시 심겨질 것이며 "그들의 땅에서"(מֵעַל אַדְמָתָם) 다시는 뽑히지 않게 될 것임을 선포한다. 이것은 하나님의 회복이 포로상태를 완전히 역전시킬 것임을 선포하는 것이다. 즉 자신의 땅에서 던짐을 당하고 학대받고 자신의 땅에서

29) Cf. McConville, *Exploring*, 171.

쫓겨난 자들(cf. 5:2; 6:14)이 다시 약속의 땅에서 세움을 얻게 된다는 것이다. 자신들의 힘과 부를 믿고 사마리아 산에서 자신만만해 하던 자들은 모두 포로로 사로잡혀가게 될 것이다(6:1, 7). 하지만 하나님의 회복은 그의 이름을 간직한 자들로 하여금 약속의 땅에 확실히 거하게 하실 것이다. 아모스는 לֹא···עוֹד 용법을 사용하면서 강한 부정적 선언을 하였는데(7:8, 13; 8:2, 14), 9장 15절은 동일한 용법을 사용하여 회복을 확언해 준다. 심판의 대상이었던 "내 백성 이스라엘"(עַמִּי יִשְׂרָאֵל, 7:8, 15; 8:2; 9:10)이 "그날"이 임하게 되면 하나님의 회복의 대상이 될 것이다(9:14).

넷째, 아모스의 회개촉구와 남은 자에 대한 언급은 회복에 대한 선언을 요구한다. 아모스 5:1-17의 핵심 메시지 중의 하나는 회개촉구이다. 하나님의 권면(4-5절)에 근거하여 아모스는 반복해서 여호와를 찾고 생명을 얻을 것을 촉구하면서 권면의 중요성을 강조하였다(5:6, 14-15). 만약 회복에 대한 기대가 있지 않다면 이러한 촉구는 의미가 없게 된다. 특히 5장 15절은 "요셉의 남은 자"(שְׁאֵרִית יוֹסֵף)에게 하나님의 은혜가 임할 가능성을 선언하고 있다. 이와 더불어 9장 8절에 "야곱의 집"(בֵּית יַעֲקֹב)을 완전히 멸하지 않을 것이라는 표현은 회복에 대한 가능성을 한층 더 열어놓게 된다. 이러한 흐름을 고려한다면, 9장 11-15절의 회복에 대한 선언은 아모스의 메시지에서 전혀 이질적이거나 불가능한 것이 아니다.

이상의 사실들을 고려할 때, 9:11-15을 단지 주제적 변화나 후대의 정황에 따른 해석에 근거하여 후대삽입으로 보는 것에 문제가 있음을 볼 수 있다. 아모스는 하나님의 명을 받고 북이스라엘을 향한 하나님의 확정된 심판을 선언하였다. 북이스라엘은 심판을 경험하게 될 것이며 멸망을 맞이하게 될 것이다. 하지만 하나님은 이 심판 너머에 자리하고 있는 그의 회복을 바라보며 이제라도 하나님께로 돌아와 그의 남은 자로 남을 수 있기를 촉구하신다. 북이스라엘을 향해 선포된 "끝"(הַקֵּץ)은 결코 하나님의 "끝"을 의미하지 않는다.

IV. 아모스 9:11-14의 현재적 적용

언약에 신실하신 하나님께서 약속하시는 영광스러운 회복을 선포하고 있는 아모스 9:11-15에 근거하여 다음과 같은 현재적 적용을 제시할 수 있다. 첫째, 인간의 실패는 하나님의 실패를 의미하지 않는다. 아모스 당시의 북이스라엘 백성들은 자신들의 이기적 탐욕과 만족에서 벗어나지 못하였다. 결과적으로 그들은 제의와 예배를 통한 하나님과의 관계에 있어서 뿐만 아니라 주변 사람들과의 사회적 관계에 있어서 언약적 관계가 요구하는 삶을 사는 것에 실패하였다. 하지만 그들의 실패는 하나님의 실패나 포기를 의미하지 않았다. 언약백성이기를 포기하고 "이방인들"과 같은 삶을 사는 자들에게 하나님은 여전히 "내 백성"이라고 부르실 뿐만 아니라 그들의 삶에 심판으로 또한 구원으로 개입하시면서 성실히 그의 언약을 성취하신다. 언약에 대한 하나님의 신실하심은 그의 전적인 은혜에 근거한 것이다. 거듭되는 실패로 인해 좌절에 빠질 수 있지만 결국에는 언약에 신실하신 하나님께서 그의 언약을 이루실 것임을 소망할 필요가 있다. 하지만 이것은 하나님의 백성으로서의 정체성을 지켜야 하는 인간의 책임을 외면하는 막연한 낙관주의를 거부한다. 하나님은 철저히 그의 말씀에 따라 구별된 삶을 살아가는 헌신을 요구하신다. 인간의 한계와 죄의 본성으로 인해 할 수 없는 것을 하나님께서 전적으로 이루실 것이다(cf. 신 30:6; 사 58-59장).

둘째, 구원과 회복은 오직 여호와께로 말미암는다. 북이스라엘의 기득권자들은 사마리아에서 자신들의 안전과 평안을 확신하며 자신만만해 하였다. 또한 마치 다윗이나 된 것처럼 행동하면서 다윗언약을 통한 안전과 평안을 외면하였다(cf. 암 6:1-7). 그러나 온전한 구원과 생명은 여호와의 구원의 방편을 통하여만 가능하다. 하나님의 심판으로 인해 다윗왕조가 무너지는 상태에 있었지만 그 다윗왕조를 다시 일으켜 세우시는 것을 통하여 언약공동체의 구원과 회복을 선언하시는 것은 구원과 회복이 오직 하나님의 방법으로 가능한 것임을 보여주는 것이다. 달리 말하면 심판을 행하시는 하나님만이 그 심판에서 구원을 베푸실 수 있다는 것이다. 이러한 하나님의 구원을 경험하게 되는 자들은 "남은 자들"이다. "남은 자"란 생명을 얻고자 하나님을 찾는 자들이며 선을 사랑하고 악을 미워하는 자들이다. 달리 말하면 "남은 자"란 하나님의 이름을 간직하고 있을 뿐만 아니라 그 정체성을 드러내는 자이다. 하나님의 구원이 이루어질 때 이러한 남은 자들을 혈통적인 이스라엘에서 뿐만 아니라 열방 중에서 볼 수 있을 것이다.

셋째, 하나님께서 이루실 영광스러운 회복은 인간의 책임을 요구한다. 구원과 회복은 전적인 하나님의 사역이다. 하나님의 전적인 사역이기에 다시 뽑히는 일이 없는 확실한 구원이다. 구원과 회복을 이루기에 인간이 할 수 있는 일이나 해야 할 일은 없다. 또한 하나님께서 그의 구원을 허락하지 않으시면 인간 편에서 그 구원을 얻을 수 있는 방편도 없다. 하지만 이것은 인간의 수동적인 참여를 의미하지 않는다. 하나님께서 전적으로 구원과 회복을 이루시지만 인간의 적극적인 참여와 책임을 요구하신다. 하나님께서 그의 백성을 다시 약속의 땅으로 인도해 들이시고 그 땅에 심으실 것이다. 그러면 그의 백성들은 하나님께서 다윗의 무너진 장막을 다시 세우신 것처럼 황폐하게 된 성읍을 다시 지어야 한다(cf. 14절). 아모스의 회복신탁에서 하나님이 회복을 약속하실 뿐만 아니라 그의 백성에게 이 회복을 성실히 이루어 갈 것을 명령하시는 것을 볼 수 있다. 포로후기의 성경 기록들은 귀환한 백성들이 이러한 명령을 성실히 수행하지 않아서 겪게 되는 불행한 역사를 보여준다(cf. 학개 1-2장). 현재에도 하나님의 회복을 온전히 누리지 못하는 것은 신앙공동체와 그 구성원들이 하나님이 요구하시는 책임을 다하지 않기 때문이다. 하나님의 구원을 누리는 자들은 하나님께서 회복하신 것들을 성실히 지켜나가는 사명을 감당할 때 지금 이곳에서 하나님의 구원과 회복을 누릴 수 있으며 미래의 더 크고 영광스러운 회복을 소망할 수 있다. 현재의 경험이 온전한 미래적 경험의 전조가 되기 위해서는 하나님께서 구원과 회복을 약속하신 것뿐만 아니라 그의 백성들에게 명령하신 것을 마음에 새기어야 한다.

> "내가 진실로 진실로 너희에게 이르노니 나를 믿는 자는 나의 하는 일을 저도 할 것이요 또한 이보다 더 큰 것도 하리니 이는 내가 아버지께로 감이니라."
> (요한복음 14:12).

참고문헌

모티어, J. A. 『아모스』 강성열 역. 서울: 두란노, 1987.

반 게메렌, W. A. 『예언서 연구』 김의원/이명철 역. 서울: 엠마오, 1993.

Bullock, H. C. 『구약 선지서 개론』 류근상 역. 서울: 크리스찬출판사, 2001.

아처, 글리아슨 L. 『구약총론』 김정우 역. 서울: 기독교문서선교회, 1985.

하우스, 폴 『주의 날을 어떻게 이해할 것인가?』 장세훈 역. 서울: 그리심, 2006

하워드, D. M.『구약 역사서 개론』 류근상 역. 서울: 크리스찬출판사, 2001.

Alter. R. *The Art of Biblical Narrative*. New York: Basic Books, 1981.

Andersen, Francis I., and David Noel Freedman. *Amos: A New Translation with Introduction and Commentary*. AB 24A. New York: Doubleday, 1989.

Auld, A. G. *Amos*. Sheffield: JSOT Press, 1990.

Barr Efrat, S. "Some Observations on the Analysis of Structure in Biblical Narrative." *Vetus Testamentum* 30 (1980): 155-73.

Barré, Michael L. "Amos 1:11 Reconsidered." *Catholic Biblical Quarterly* 47 (1985): 420-427.

______________ . "The Meaning of *L''sybnw* in Amos 1:3-2:6." *Journal of Biblical Literature* 105 (1986): 611-31.

Benson, A. "From the Mouth of the Lion: Messianism of Amos." *Catholic Biblical Quarterly* 19 (1957): 199-212.

Boyle, M. O. "The Covenant Lawsuit of the Prophet Amos: III.1-IV.13." *Vetus Testamentum* 21 (1971): 339-62.

Bramer, S. J. "The Literary Genre of the Book of Amos." *Bibliotheca Sacra* 156 (1999): 42-60.

_____________ . "Analysis of the Book of Amos," *Bibliotheca Sacra* 156 (1999): 160-74.

Cathcart, K. "*Rōš*, 'Poison,' in Amos IX." *Vetus Testamentum* 44 (1994): 393-96.

Carroll Rodas, M. D. *Amos-The Prophet and His Oracel: Research on the Book of Amos*. Louisville: Westminster John Knox Press, 2002.

Childs, Brevard S. *Introduction to the Old Testament as Scripture*. Philadelphia: Fortress, 1979.

Chisholm Jr., R. B. "'For Three Sins··· Even for Four': The Numerical Sayings in Amos." *Bibliotheca Sacra* (1990): 188-97.

____________ . *Handbook on the Prophets*. Grand Rapids: Baker, 2002.

Christensen, D. L. "The Prosodic Structure of Amos 1-2," *Harvard Theological Review* 67 (1974): 427-36.

Clifford, R. J. "The Use of HÔY in the Prophets." *Catholic Biblical Quarterly* 28 (1966): 458-64.

Cooper, A. "The Absurdity of Amos 12a." *Journal of Biblical Literature* 107 (1988): 725-27.

Coote, R. B. *Amos among the Prophets: Composition and Theology*. Philadelphia: Fortress, 1981.

Craigie, P. C. "Amos the noqed in the Light of Uagritic." *Studies in Religion* 11 (1982): 29-33.

Crereско, A. R. "Janus Parallelism in Amos's 'Oracles against the Nations." *Journal of Biblical Literature* 113 (1994): 485-93.

Davies, P. "BYTDWD and SWKT DWYD: A Comparison." *Journal for the Study of the Old Testament* 64 (1994): 23-24.

Dillard, Ray B. and Tremper Longman III, *An Introduction to the Old Testament*. Grand Rapids: Zondervan, 1994.

Driver, S. R. *The Books of Joel and Amos* (Cambridge: Cambridge University Press, 1915.

Dorsey, David A. *The Literary Structure of the Old Testament: A Commentary on Genesis-Malachi*. Grand Rapids: Baker, 1999.

Garrett, D. A. "The Structure of Amos as a Testimony to Its Integrity." *Journal of the Evangelical Theological Society* 27 (1984): 275-76.

Gerstenberger, E. "The Woe-Oracles of the Prophets." *Journal of Biblical Literature* 81 (1962): 249-63.

Gevirtz, S. "A New Look at an Old Crux: Amos 5.26." *Journal of Biblical*

Literature 87 (1968): 267-76.

Giles, T. "A Note on the Vocation of Amos in 7:14." *Journal of Biblical Literature* (1992): 690-91.

Gitay, Yehoshua. "A Study of Amos's Art of Speech: A Rhetorical Analysis of Amos 3:1-15." *Catholic Biblical Quarterly* 42 (1980): 293-309.

Gordis, R. P. "The Composition and Structure of Amos," *Harvard Theological Review* 33 (1940): 239-51.

Greer, J. S. "A Marzeah and a Mizraq: A Prophet's M?l?e with Religious Diversity in Amos 6.4-7." *Journal for the Study of the Old Testament* 32 (2007): 243-61.

Hadjiev, T. "'Kill All Are in Front': Another Suggestion about Amos ix 1." Vetus Testamentum 57 (2007): 386-99.

Harper, W. R. *A Critical and Exegetical Commentary on Amos and Hosea*, ICC (New York: Scribers, 1905.

Harrison, R. K. *Introduction to the Old Testament*. Grand Rapids: Eerdmans, 1969.

Hauan, M. J. "The Background and Meaning of Amos 5:17B." *Harvard Theological Review* 79 (1986): 337-48.

Hayes, John H. *Amos the Eight-Century Prophet: His Times & His Preaching*. Nashville: Abingdon Press, 1988.

Hayes, J. H., ed. *Old Testament Form Criticism*. San Antonio: Trinity University Press, 1974.

Hoffman, Y. "Did Amos Regard Himself as a *Nābi*?" *Vetus Testamentum* 27 (1977): 209-12.

Holladay, W. L. "Once More *'ANAK*= 'Tin,' Amos VII 7-8." *Vetus Testamentum* 20 (1970): 492-94.

____________ . "Amos VI 1b: A Suggested Solution." *Vetus Testamentum* 22 (1972): 107-10.

Isbell, C. D. "Another Look at Amos 5:26." *Journal of Biblical Literature* 97 (1978): 239-48.

Jacobs, P. F. "'Cows of Bashan-A Note on the Interpretation of Amos 4:1." *Journal of Biblical Literature* 104 (1985): 109-10.

Jeremias, J. *The Book of Amos*. Louisville: Westminster John Knox Press, 1998.

Kaiser, W. "Amos 9:9-15 and Acts 15:13-18: A Test Passage for Theological System." *Jouranl of the Evangelical Theological Society* 20 (1977): 97-111.

Kautzsch, E. *Gesenius' Hebrew Grammar*. 2d. English ed. Translated by A. E. Cowley. Oxford: Clarendon, 1910.

Kleven, T. "The Cows of Bashan: A Single Metaphor at Amos 4:1-3." *Catholic Biblical Quarterly* 58 (1996): 215-227.

Koch, K. *The Growth of the Biblical Tradition*. Trans. S. M. Cupitt. New York: Charles Scribner's Sons, 1969.

Koehler, L. and W. Baumgartner. *The Hebrew and Aramaic Lexicon of the Old Testament*. vols. 1 & 2. Leiden: Brill, 2001.

Landsberger, B. "Tine and Lead-The Adventures of Two Vocables." *Journal of Near Eastern Studies* 24 (1965): 285-96.

Lewis, J. "'A Prophet's Son'(Amos 7:14) Reconsidered." *Restoration Quarterly* 49 (2007): 229-40.

Limburg, J. "Amos 7:4: A Judgment with Fire?" *Catholic Biblical Quarterly* 35 (1973): 346-49.

______________ . "Sevenfold Structures in the Book of Amos." *Journal of Biblical Literature* 106 (1987): 217-22.

Long, B. O. "Report of Visions among the Prophets." *Journal of Biblical Literature* 95 (1976): 353-65.

Longman, Tremper III. "Form Criticism, Recent Developments in Genre Theory, and the Evangelical." *Westminster Theological Journal* 47 (1985): 46-67.

Mays, J. L. *Amos: A Commentary*. OTL. Philadelphia: Westminster, 1969.

McComiskey, T. E. "Amos." In *The Expositor's Bible Commentary*, vol 7, 267-331. Edited by F. E. Gaebelein. Grand Rapids: Zondervan, 1985.

______________ . "The Hymnic Elements of the Prophecy of Amos: A Study of Form-Critical Methodology." *Journal of the Evangelical Theological Society* 30 (1987): 139-57.

McConville, Gordon. *Exploring the Old Testament: A Guide to the Prophets*. Downers Grove: InterVarsity Press, 2002.

van der Merwe, C. H. J., J. A. Naudé, and Jan H. Kroeze, *A Biblical Hebrew*

Reference Grammar. Sheffield: Sheffield Academic Press, 1999.

Miller, Jr., P. D. "Fire in the Mythology of Canaan and Israel." *Catholic Biblical Quarterly* 27(1965): 256.

Moller, Karl. "'Hear this Word against You': A Fresh Look at the Arrangement and the Rhetorical Strategy of the Book of Amos." *Vetus Testamentum* 50 (2000): 499-518.

Niehaus, J. "Amos." In *The Minor Prophets: An Exegetical and Expository Commentary*. Edited by T. McComiskey. Grand Rapids: Baker, 2000.

Noble, P. R. "The Literary Structure of Amos: A Thematic Analysis." *Journal of Biblical Literature* 114 (1995): 209-26.

____________ . "Amos and Amaziah in Context: Synchronic and Diachronic Approaches to Amos 7-8." *Catholic Biblical Quarterly* 60 (1998): 423-39.

Nogalski, J. "The Problematic Suffixes of Amos IX 11." *estus Testamentum* 43 (1993): 411-18.

Paas, S. "Seeing and Singing: Visions and Hymns in the Book of Amos." *Vetus Testamentum* (2002): 253-74.

Park, A. *The Book of Amos as Composed and Read in Antiquity*. New York: Peter Lang, 2001.

Partlow, Jonathan A. "Amos's Use of Rhetorical Entrapment as a Means for Climatic Preaching in Amos 1:3-2:16." *Restoration Quarterly* 49 (2007): 23-32.

Paul, S. M. "Amos 1:3-2:3: A Concatenous Literary Pattern." *Journal of Biblical Literature* 90 (1971): 397-403.

___________ . "Amos III. 15 Winter and Summer Mansions." *Vetus Testamentum* 28 (1978): 358-360.

____________ . "Fishing Imagery in Amos 4:2." *Journal of Biblical Literature* 97 (1978): 183-90.

____________ . *Amos: A Commentary on the Book of Amos*. Herm. Philadelphia; Fortress, 1991.

Payne, J. B. "Chronology of the Old Testament." In *Zondervan Pictorial Encyclopedia of the Bible*. Vol. 1. Edited by M.C. Tenney. Grand Rapids: Zondervan, 1975.

Perdue, L. G. *The Collapse of History*. Minneapolis: Fortress, 1994.

Polley, M. E. *Amos and the Davidic Empire: A Socio-Historical Approach*. New York: Oxford University Press, 1989.

Pratt, R. L. *He Gave Us Stories* (New Jersey: P & R Publishing, 1993.

Ramsey, G. W. "Speech-forms in Hebrew Law and Prophetic Oracles." *Journal of Biblical Literature* 96 (1977): 45-58.

Richardson, H. N. "Critical Note on Amos 7. 14." *Journal of Biblical Literature* 85(1966): 89.

____________ . "SKT (Amos 9:11): 'Booth' or 'Succoth'?" *Journal of Biblical Literature* 92 (1973): 375-81.

Roberts, J. J. "A Note on Amos 7:14 and Its Context," *Restoration Quarterly* 9 (1965): 175-78.

____________ . "Recent Trends in the Study of Amos." *Restoration Quarterly* 13(1970): 1-16.

Rosenbaum, Stanely N. *Amos of Israel*. Macon: Mercer University Press, 1990.

Roth, W. M. "The Numerical Sequence x / x + 1 in the Old Testament," *VT* 12(1962): 300-311.

Sandy, D. B. and R. L. Giese, Jr., eds. *Cracking Old Testament Codes*. Nashville, Tenn.: Broadman and Holman, 1995.

Schmidt, Werner H. *Old Testament Introduction*. Louisville: Westminster John Knox Press, 1995.

Schmitt, J. J. "The Virgin of Israel: Referent and Use of the Phrase in Amos and Jeremiah." *Catholic Biblical Quarterly* 53 (1991): 365-87.

Segert, Stanislav. "A Controlling Device for Copying Stereotype Passage? (Amos I 3-II 8, VI 1-6)." *Vetus Testamentum* 34 (1984): 481-82.

Smith, B. and F. S. Page. *Amos, Obadiah, Jonah*. NAC. Nashville: Broadman & Holman Publishers, 1995.

Smith, G. A. *The Book of the Twelve Prophets, Commonly Called the Minor, In Two Volumes*, EXB, rev. ed. (New York: Harper and Brothers, 1896; 1928.

Smith, G. V. *Amos: A Commentary*. Grand Rapids: Zondervan, 1988.

____________ . "Amos 5:13: The Deadly Silence of the Prosperous." *Journal of Biblical Literature* 107 (1988): 289-94.

Soggin, J. A. *The Prophet Amos: A Translation and Commentary*. Trans. John Bowden. London: SCM, 1987.

Steinmann, A. E. "The Order of Amos's Oracles against the Nations: 1:3-2:16." *Journal of Bibilcal Literature* (1992): 683-89.

Stuart, D. *Hosea-Jonah*. WBC. Waco: Word Books, 1987.

Synder, G. "The Law and Covenant in Amos." *Restoration Quarterly* 25 (1982): 158-66.

Szabó, A. "Textual Problems in Amos and Hosea," *Vetus Testamentum* 25 (1975): 500-24.

Tromp, N. J. "Amos V 1-17: Towards a Stylistic and Rhetorical Analysis." In *Prophets, Worship and Theodicy: Studies in Prophetism, Biblical Theology and Structural and Rhetorical Analysis and on the Place of Worship*, ed. J. Barton, R. P. Carroll, and JP. Fokkelman, 56-84. OTS 23. Leiden: Brill, 1984.

Tucker, G. M. "Prophetic Authenticity: a Form-Critical Study of Amos 7:10-17." *Interpretation* 27 (1973): 423-34.

Viberg, Å. "Amos 7:14: A Case of Subtle Irony." *Tyndale Bulletin* 47 (1996): 91-114.

de Waard, J. "The Chaistic Structure of Amos V 1-17." *Vetus Testamentum* 27 (1977): 170-77.

Wainwright, G. "Caphtor-Cappadocia." *Vetus Testamentum* 6 (1956): 199-210.

van der Wal, A. "The Structure of Amos." *Journal for the Study of the Old Testament* 26 (1983): 107-13.

______________ . *Amos: a Classified Bibliography*. 3d ed. Amsterdam: Free University Press, 1986.

Waltke, Bruce K. and M. O'Connor. *An Introduction to Biblical Hebrew Syntax*. Winona Lake: Eisenbrauns, 1990.

Watts, J. D. W. "Notes on the Text of Amos V 7." *Vetus Testamentum* 4 (1954): 215-16.

Weiss, M. "The Pattern of Numerical Sequence in Amos 1-2: A Re-examination." *Journal of Biblical Literature* 86 (1967): 416-23.

Westermann, C. *Basic Forms of Prophetic Speech*. Trans. H. C. White. Philadelphia: Westminster, 1966.

_____________ . *Prophetic Oracles of Salvation in the Old Testament*. Trans. K. Crim. Louisville: John Knox, 1991.

Wicke, D. W. "Two Perspectives (Amos 5:1-17)." *Current in Theology and Mission* 13 (1986): 89-96.

Williams, A. J. "A Further Suggestion about Amos IV 1-3." *Vetus Testamentum* 29 (1979): 206-11.

Williamson, H. G. M. "The Prophet and the Plumb-Line: A Redaction-Critical Study of Amos vii." In *Quest of the Past: Studies on Israelite Religion, Literature, and Prophetism*, ed. A. S. van der Woude. Leiden: Brill, 1990.

Wittenberg, G. H. "Amos 6:1-7," *Journal of Theology for Southern Africa* 58 (1987): 57-69.

Wolff, Hans W. *Joel and Amos: A Commentary on the Books of the Prophets Joel and Amos*. Trnas. W. Janzen, S. D. McBride, Jr., and C. A. Muenchow. Hermeneia. Philadelphia: Fortress, 1977.

Wolters, A. "Wordplay and Dialect in Amos 8:1-2." *Journal for the Study of the Old Testament* 31 (1988): 407-10.

Wright, T. J. "Amos and the 'Sycomore Fig.'" *Vetus Testamentum* 26 (1976): 362-368.

Zalcman, L. "Piercing the Darkness at *Bôqēr* (Amos VII 14)." Vetus Testamentum 30 (1980): 252-55.

_____________ . "Laying *DMŠQ 'Rś* to Rest." *Vetus Testamentum* 52 (2002): 557-559.

Zevit, Z. "A Misunderstanding at Bethel, Amos VII 14." *Vetus Testamentum* 25 (1975): 783-90.

창세기 1장에 대한 언약적 읽기

창조를 위한 하나님의 패턴

GOD'S PATTERN FOR CREATION

W. Robert 갓프리 ● 이동수 역

그리심
도서출판

W. Robert 갓프리/이동수 역

W. Robert Godfrey(Ph.D.)

저자는 캘리포니아에 위치한 Westminster Theological Seminary에서 1981년 이후 교회사 교수로 가르쳤고, 제3대 학장이었으며, 미국 연합 개혁교회(United Reformed Churches) 소속 목사이다. 그는 *An Unexpected Journey, Reformation Sketches, Pleasing God in Our Worship*의 저자이다. 그는 로잔회의(the Lausanne Committee)나 필라델피아컨퍼런스와 라이고니어 사역(Ligonier Ministries) 등의 많은 컨퍼런스에서 연설자로 활동했다.

"태초에 하나님이 천지를 창조하시니라."

태초는 중요하다. 만약 우리가 전체로서 성경을 이해하기를 원한다면, 그것이 창조에 대해서 가르치는 바가 무엇인지를 이해하는 것은 필수적인 것이다.

W. Robert Godfrey는 이 연구를 사려 깊은 크리스천들을 염두에 두고 썼다. 그는 성경이 항상 하나님과 그의 백성들 사이의 관계에 초점이 맞춰진 언약적인 기록이라는 것을 주지하면서 그 본문을 심도 있게 연구한다.

"W. Robert Godfrey는 성경 본문을 어떻게 읽어야 하는지를 이해하고 있다. 창세기 1장은 오늘날 혼란의 와중에 있는데, 그는 분명하고도 적절하게 초점을 맞추어 기록하고 있다. 그에 의하면, 창세기 1장은 언약적이고 문학적이며 우리를 위한 것이다! 나는 이 책을 여러 사람들에게 나눠주고 싶다."

–BRYAN D. ESTELLE

"Godfrey는 우리에게 창세기 1장의 해석을 분명하고 간결하고도 감탄스럽게 해주고 있다. 이 놀라운 책에서 그는 우리에게 성경의 다른 부분을 해석하기 위한 건전한 원리들 뿐 아니라 창세기 1장에 담겨있는 실제적인 신학을 가르치고 있다. 나는 진심으로 이 책을 추천한다."

–MARK D. FUTATO